Gonçalo Vilas-Boas/Teresa Martins de Oliveira (Hg.)

Macht in der Deutschschw

CW01064389

Literaturwissenschaft, Band 31

Gonçalo Vilas-Boas/Teresa Martins de Oliveira (Hg.)

Macht in der
Deutschschweizer Literatur

Frank & Timme

Verlag für wissenschaftliche Literatur

Umschlagabbildung: Ferdinand Hodler: Ansicht des Fromberghorns von Reichenbach aus, 1903. Öl auf Leinwand, Sammlung Thomas Schmidheiny.

Instituto de
Literatura Comparada
MARGARIDA LOSA

Gedruckt mit Unterstützung des Instituto de Literatura Comparada Margarida Losa da Faculdade de Letras da Universidade do Porto

ISBN 978-3-86596-411-3
ISSN 1860-1952

Herstellung durch das atelier eilenberger, Taucha bei Leipzig.
Printed in Germany.
Gedruckt auf säurefreiem, alterungsbeständigem Papier.

www.frank-timme.de

Inhaltsverzeichnis

Inhaltsverzeichnis

© Frank & Timme   Verlag für wissenschaftliche Literatur

Inhaltsverzeichnis

© Frank & Timme   Verlag für wissenschaftliche Literatur

Zur Einführung

Das Institut für vergleichende Literaturwissenschaft, *Instituto de Literatura Comparada Margarida Losa,* der Geisteswissenschaftlichen Fakultät der Universität Porto hat eine Tagung zum Thema *Macht in der deutschschweizer Literatur* organisiert, die zwischen dem 13. und dem 15. Oktober 2011 in Porto stattfand. Sie war die Folge einer Reihe von Tagungen zur Schweizer Literatur, die zuvor in Madrid, Breslau und Bergen durchgeführt wurden.[1]

Was das Thema der Macht angeht, sei kurz daran erinnert, dass dies im Laufe des 20. Jahrhunderts ein weit reichendes strukturierendes Thema des Denkens in vielen Fachbereichen und in zahlreichen Wissenschaften geworden ist. In Machttheorien und Machtphilosophien, sowie zerstreut in politischen, ökonomischen, rechtlichen, soziologischen und geschichtlichen Studien und auch in philosophischen, psychologischen, ethischen oder religiösen Untersuchungen werden Phänomene der Macht und ihrer Ausübungen, der Machtlegitimation und der Machtquellen unter die Lupe genommen.

Nach der inzwischen klassisch gewordenen Definition von Max Weber, nach der Macht „jede Chance, innerhalb einer sozialen Beziehung den eigenen Willen auch gegen Widerstreben durchzusetzen, gleichviel worauf diese Chance beruht" (*Wirtschaft und Gesellschaft*, 1922, § 16) bedeutet, häuften sich die Definitionen des Begriffs, und Autoren wie Bertrand Russel, Hannah Arendt, Michel Foucault, Niklas Luhmann, Pierre Bourdieu und viele andere widmeten dem Thema wichtige Werke. Inzwischen ist die Sinnverwandtschaft des Begriffs mit anderen wie Herrschaft, Autorität, Widerstand oder Gewalt, sowie die Allgegenwärtigkeit von Machtstrukturen und Beziehungen häufig thematisiert worden, die oft auf Auseinandersetzungen mit Ideologien und Reflexionen über den Machtbegriff und über Machtsysteme und Machtausübungen aus dem 19. Jahrhundert aufbauen. Weitgehend akzeptiert wird dabei die innere Verknüpfung zwischen Macht und gesellschaftlichen Beziehungen und auch zwischen Macht

---

1 Es wurden folgende Tagungsbände herausgegeben: Hernández, Isabel / Martí Peña, Ofelia (Hrsg.), *Eine Insel im vereinten Europa? Situation und Perspektiven der Literatur der deutschen Schweiz*, Weidler Buchverlag, Berlin 2006; Komorowski, Dariusz (Hrsg.), *Jenseits von Frisch und Dürrenmatt. Raumgestaltung in der gegenwärtigen Deutschschweizer Literatur*, Königshausen & Neumann, Würzburg 2009 und Sandberg, Beatrice (Hrsg.), *Familienbilder als Zeitbilder. Erzählte Zeitgeschichte(n) bei Schweizer Autoren vom 18. Jahrhundert bis zur Gegenwart*, Frank & Timme, Berlin 2010.

und heterogener positioneller Lage der betroffenen Akteure. Neben individuellen und privaten Akteuren treten staatliche oder privatrechtliche Institutionen als Machtausüber hervor und spielen in den Machtbeziehungen eine Rolle. Nicht zu vergessen sind Phänomene der Macht, die nicht von Menschen protagonisiert werden: Gott und andere übernatürliche Mächte und ebenfalls die Macht der Natur, das Verhältnis zwischen Menschen und dem Elementaren. Letztere haben ganz besonderen Einfluss in einem Land wie der Schweiz, wo die gebirgige Landschaft die Ehrfurcht der Menschen verdient.

Die Erkenntnis, dass das Wort und die Literatur Instrumente der Macht sind, hat die Wahl unseres Themas entscheidend beeinflusst. Literatur ist bekanntlich nicht nur ein privilegiertes Mittel, um Macht zu thematisieren, sie in Frage zu stellen oder ihrer zu trotzen, sondern auch um Macht auszuüben. Das beweisen die vielen Bücherverbote und Verbrennungen und die verschiedensten Arten der Diskriminierungen und Verfolgungen, denen viele Schriftsteller zum Opfer fielen (fallen) oder, im Gegensatz dazu, die Verehrung von literarischen Werken und Dichterpersönlichkeiten bzw. von Wirkungsgeschichten mancher literarischen Werken und auch wie manche Schriftsteller sich im Dienste der Propaganda den verschiedensten Mächten stellen.

Auf der Tagung interessierte uns vor allem die Situation in der Schweiz, namentlich wie Schweizer (oder in der Schweiz tätige) Autoren sich in ihren Texten zu diesem Thema geäußert haben, auch in den Fällen, in denen der Begriff „Macht" nicht einmal präsent ist. Dadurch entstand ein multiperspektivisches Bild bezüglich der Macht und der Verschiedenheit ihrer Thematisierungsmöglichkeiten in der Literatur.

Die im vorliegenden Band veröffentlichten Beiträge werden in der chronologischen Folge der analysierten Texte präsentiert, wie es bei der vorigen Tagung über Familienbilder auch der Fall gewesen ist. Dadurch hoffen wir, auch auf die Wichtigkeit der historischen Dimension, der gesellschaftlichen, politischen, religiösen und kulturellen Kontexte des literarischen Phänomens und der textuell präsentierten Machtausübung aufmerksam zu machen. Problematisch bei dieser Anordnung sind allerdings Beiträge über Texte, die in verschiedenen Zeiten angesiedelt sind. Bei diesen haben wir uns entschieden, sie dem ältesten thematisierten Text gemäß einzuordnen.

Wir fangen unsere Reise durch die Schweizer Literatur mit Salomon Gessner (1730–1788) an. Anna Fattori sucht hinter der Idyllenwelt, hinter den

Utopien, die Gessner produziert hat, Momente der kontextuellen Macht, des Machtmissbrauchs und der politischen Gewalt, die „in der in sich abgeschlossenen, arkadischen Schäferwelt evoziert"[2] werden.

Die Schweizer Literatur des 19. Jahrhunderts wurde besonders von drei realistischen Autoren vertreten: Jeremias Gotthelf (1797–1854), Gottfried Keller (1819–1890) und Conrad Ferdinand Meyer (1825–1898). Zwei Beiträge beschäftigen sich u.a. mit Gotthelfs, drei mit Kellers und einer mit C. F. Meyers Texten.

Malcolm Pender geht von historischen und erfundenen Darstellungen der Macht der Natur in Form von Naturkatastrophen aus, die in der Schweiz aufgrund der Morphologie des Landes und der Alpenrealität eine wiederholte Tatsache sind. 1838 schildert Jeremias Gotthelf in seiner Predigt *Die Wassernot im Emmental* die Folgen von großen Überflutungen „wegen von Menschen unbezähmbare[m] Zerstörerische[m]". Bei Walter Kauers (1935–1987) *Spätholz* (1976) kommen die rauen Verhältnisse im Leben eines Bauern zwischen der Tradition und der modernen Welt zur Sprache. In *Der Mensch erscheint im Holozän* (1979) erzählt Max Frisch (1911–1991) über das enzyklopädische Wissen eines alten, einsamen Menschen und über eine Lawine, die den Birkenwald wegfegt. Franz Hohler (*1943) zeigt in seiner Novelle *Die Steinflut* (1998), in der Perspektive eines Kindes, das ein Bergsturz überlebt hat, dass das Leben weiter gehen muss. „So stellen die vier [hier] besprochenen Texte, die alle in Schweizer Tälern spielen, auch Stationen im allgemeinen historischen Wandel im Verhältnis des Menschen zur Macht der Natur dar".

Anhand der literarischen Texte *Die Käserei in der Vehfreude* (1850) von Jeremias Gotthelf, *Heimat* (1913) von Jakob Bosshart (1862–1924), *Der Schwarze Tanner* (1947) von Meinrad Inglin (1893–1971), sowie *LandwirtLeibundgut* (2009) von Werner Wüthrich (*1947) analysieren Roman K. Abt und Gesche Gerdes die Beziehungen zwischen „Bauern" und „Frauen" vom 19. bis zum 21. Jahrhundert. Diese Texte funktionieren als „disparate Archive, anhand derer sie Kontinuitäten und Brüche entlang des kulturellen Wandels in den Repräsentationen untersuchen". In diesen Beziehungen sind selten Verbalisierungen von Gefühlen vorhanden, denn „die Ehe fungiert als Arbeits- und Schicksals-

---

2 Alle nicht identifizierten Zitate stammen entweder aus dem Abstract, das der jeweilige Autor an die Organisatoren der Tagung geschickt hat, oder in wenigen Fällen, aus den Beiträgen selbst.

gemeinschaft". Problematisch erscheint auch das Verhältnis „der Bauern" und „Frauen" zum Staat.

Regina Hartmann spricht über die Macht des Wortes in der frühen Lyrik von Gottfried Keller, dessen dichterische Anfänge auch im politischen Kampf gegen die Jesuiten bis zum Sonderbundskrieg (1843–1847) entstanden. Ausgehend von einem ausgewählten Textkorpus „wird ein Einblick in die Schreibwerkstatt des Dichters gegeben, der an exemplarisch ausgewählten Beispielen den Einsatz des ‚Wortes' (Keller, 1843) zeigt, mit dem der ‚revolutionäre Freischärler' (Keller, 1847) im politischen Kampf Partei ergreift". Rainer Diederichs untersucht die Geschichte vom Hexenkind Meretlein, eine Binnengeschichte in Kellers *Der Grüne Heinrich* (1853–1855; 1879–1880): „Die aufrüttelnde Geschichte von Meretlein ist eine Art Zerrspiegel, in welchem der Romanheld Heinrich Lee wie auch Keller selbst ihr eigenes Sträuben gegen eine missbräuchliche religiöse Erziehung erkennen". Hugh Ridley geht der vormärzlichen Tradition der Kritik an der Macht nach, wie man sie auch bei Keller und Wagner erkennen kann. Beide Autoren teilten die Idee der ‚Macht des Volkes'. „Kellers Hoffnung, diese Macht zu feiern', hing mit Wagners Werk eng zusammen. Die Schweiz gab auch Wagner wichtige Impulse auf dem Weg zum Volk und Kunst vereinenden Festspiel".

László Szabó analysiert die Machtstrukturen bei C. F. Meyer, besonders in den Novellen *Das Amulett* (1873) und *Das Leiden eines Knaben* (1883). Meyers Psychohistorismus tut sich „in der ideologiefreien Verknüpfung von psychologischen Movens und historischer Handlung [kund]".

Macht und entgegengesetzte Machtbehauptungen, ihre Durchsetzung, Auflösung und Revidierung waren ein zentrales Thema im Europa des 20. Jahrhunderts. Unser Weg durch diese Zeitperiode fängt mit Hermann Hesse (1877–1962) an, der zwar in Deutschland geboren wurde, aber die größte Zeit seines Lebens in der Schweiz als Schweizer Bürger verbrachte und deshalb auch auf der Tagung behandelt wurde. Ana Isabel Boura geht auf die Erzählung *Der Wolf* (1907) ein und reflektiert über „die Naturmacht- und Kulturmachtverhältnisse" anhand des Konfliktes eines verhungernden Wolfes und der Dorfbewohner. Gennady Vasilyev wählt Hesses *Glasperlenspiel* (1943) als Gegenstand seiner Analyse. „Im Mittelpunkt [des Beitrags] steht das Problem der Auseinandersetzung zwischen der realen (politischen) und der ‚geistigen' Macht, der Abgerissenheit der Eliten sowie ihre Zusammenwirkung in Bezug auf das wirkliche Leben", geprüft an der Auseinandersetzung zwischen Joseph Knecht, Vertreter des autonomen Geistes, und dem Diktator.

Robert Walser (1878–1956) wurde in zwei Beiträgen behandelt. Jens Hobus geht auf die Selbstreflexivität in den Werken Walsers ein, in denen der Schriftsteller oft die Ohnmacht des Schreibens und die Macht der Sprache thematisiert. „Sprache in ihrer Materialität – als Klang und Zeichen – dominiert jegliche Form der Sinngenerierung". Zusammen mit dieser Thematik werden die „Gesten des Kleinseins und der Demut" vor allem in Texten mit masochistischen Themenkreisen analysiert.

Über die Problematik des Kleinseins und des Untergeordnetseins kann man im Beitrag von Kerstin Gräfin von Schwerin lesen, konkretisiert im Roman *Jakob von Gunten* (1909). Jakob besucht eine Dienerschule, das Institut Benjamenta, wo er die persönlichkeitszerstörende Autorität des Direktors erlebt: „In Walsers Zöglingsgeschichte sind Macht und Autorität auf eine bedrückende Weise gegenwärtig".

Aus derselben Zeit stammt Carl Albert Loosli (1877–1957), den Dariusz Komorowski als Fallbeispiel für die komplexen Beziehungen zwischen dem Intellektuellen und dem Staat analysiert. Zum Autor schreibt er: „Als ‚Homme de Lettres' greift er zur Feder, um all die Missstände anzuprangern, die den Menschen entwürdigen oder der Demokratie seines Vaterlandes schaden".

Daniel Annen thematisiert den Gottesbezug in Werken von Meinrad Inglin (1893–1971), Max Frisch und Thomas Hürlimann (*1950). Dabei geht Annen von der Tatsache aus, dass die Schweizer Geschichte, wie die anderer westlichen Nationen, von der christlichen Religion geprägt ist. Der Gottesbezug ist deshalb allgegenwärtig, wie man immer noch in Debatten auf verschiedenen Ebenen feststellen kann, und er kann „[…] als Verweis auf die Grenzen des Menschen aufgefasst werden." In der Literatur erscheint der Gottesbezug als Möglichkeit der Entwicklung, aber auch als Hinweis auf Machteinschränkung. Im Beitrag werden Inglins *Welt in Ingoldau* (1922) und *Schweizerspiegel* (1938), Frischs *Stiller* (1954) und Hürlimanns *Der grosse Kater* (1998) analysiert.

Annemarie Schwarzenbach (1908–1942) hatte ein kompliziertes Verhältnis zu ihrer Mutter. Anabela Mendes spricht von der Macht, die die Mutter auf die Tochter ausübte. Nähe und Verständnis einerseits, Beherrschung andererseits bestimmten die Verhältnisse beider zueinander. Das hat auf das Werk der Schriftstellerin, Journalistin, Fotografin und Reisende eingewirkt. Maria de

Lurdes das Neves Godinho beginnt mit Schwarzenbachs Text „Lob der Freiheit" (1931), um dann in vielen ihrer Reportagen aus verschiedenen Kontinenten festzustellen, wie die Menschen ständig von sozialen und politischen Instanzen unterdrückt werden. Als Gegensatz dazu erscheint immer wieder das „[N]ach Hause zurückkehren" und das andere Europa, befreit von den Schrecken des Nationalsozialismus.

Annarosa Zweifel wählt ein großes Zeitspektrum, nämlich die Macht und Machtverhältnisse in der deutschsprachigen Schweizer Lyrik des 20. Jahrhunderts. Es werden verschiedene Gedichte von AutorInnen nach 1945 analysiert: Erika Burkhart (1921–2010), Kurt Marti (*1921), Jörg Steiner (*1930), Eveline Hasler (*1933), Beat Brechbühl (*1939), Mariella Mehr (*1947), und dabei wird festgestellt, „dass in der „apolitischen", „idyllischen" Schweiz die Lyrik, so wie andere Formen von Literatur, oft Widerstand leisten und als Antimacht betrachtet werden können.

Ofelia Martí Peña schreibt über die Auseinandersetzung Max Frischs mit der Macht- und Gewaltfrage in der Gesellschaft und über die Art und Weise wie der Autor sie in öffentlichen Reden, Essays, journalistischen Arbeiten und im *Tagebuch 1966–1971* thematisiert und literarisiert. Dabei konzentriert sich der Beitrag besonders auf biographisch-historische Daten und auch auf die Frage, „welche literarischen Möglichkeiten dem Schriftsteller durch die erwähnten Formen angeboten werden, und wie sich Max Frisch dieser bedient".

Steffen Richter lenkt seine Aufmerksamkeit auf die Macht der Infrastrukturen, wie Tunnels, besonders in Texten von Friedrich Dürrenmatt (1921–1990), Hermann Burger (1942–1989), Rolf Dobelli (*1966) und Christian Kracht (*1966). Ausgehend von den geologischen Verhältnissen der Schweiz mit der alpinen Landschaft „[…] wird der Tunnel […] oft zur psychoanalytischen oder existenzialistischen Metapher", in der verschiedene Machtarten der Menschen und der Natur dargestellt werden.

Nach einer Periode, in der Max Frisch und Friedrich Dürrenmatt die Literaturszene dominiert haben, meldeten sich viele andere Schriftsteller und Schriftstellerinnen. Otto F. Walter (1928–1994) war ab den sechziger Jahren eine der wichtigsten Stimmen der Literatur in der Deutschschweiz. Anhand des Romans *Zeit des Fasans* (1988) und anderer Erzählungen (*Wie wird Beton zu Gras* (1979) und *Die verlorene Geschichte* (1993)) zeigt Dorota Sośnicka „[den] unablässige[n] Machtkampf zwischen Matriarchat und Patriarchat". Dabei konzentriert sie sich nicht nur auf den „geschilderten familiären Konflikt", sondern auch auf andere politisch-gesellschaftliche Machtkonstellationen.

Virginia Spyratou schreibt über Verena Steffan (*1947) und Gertrud Leutenegger (*1948). Sie analysiert „ihre weiblichen Figuren und ihr[en] archetypische[n] Hintergrund […] in Zusammenhang mit ihren Spiegelungen, Projektionen und Gegenbildern". Spyratou geht auf Werke verschiedener Epochen der Autorinnen ein, um die „Umwandlung der Machtverhältnisse im Laufe ihrer literarischen Produktion" zu erkundigen.

Jürgen Barkhoff analysiert die Rituale der Macht im literarischen Werk von Thomas Hürlimann. Dabei wird festgestellt, dass schon bei der frühen Novelle *Das Gartenhaus* (1989) die „innige Verknüpfung von privatem und politischem Machtkampf" konstitutiv für die Machtinszenierungen des Autors ist. Im Mittelpunkt des Aufsatzes steht die Analyse des Romans *Der grosse Kater* (1998), in dem, laut Barkhoff, die verschiedensten Formen der Macht, der Machtspiele und der Machtinstitutionen (auch der Literatur) zum Ausdruck kommen.

Ján Jambor konzentriert sich auf Peter Stamms (*1963) Roman *Agnes* (1998). In seinem Beitrag stellt er zuerst verschiedene Machtarten vor, „die für Stamms Texte typisch sind", um dann die Macht der Fiktionen, patriarchale Machtstrukturen und die Macht der Liebe darzulegen. „Durch die unauflösliche Verknüpfung von diesen Machtarten entsteht ein dichtes Macht-Netz, in das sich die Hauptfiguren des Romans verstricken, so dass sie auf der Suche nach menschlichem Glück scheitern". Auch Filomena Viana Guarda behandelt Texte von Peter Stamm zusammen mit Texten von Silvio Huonder (*1954) und Zoe Jenny (*1974), um anhand „genauer Analysen einzelner Prosatexte jeweils nach den Gründen für die Beliebtheit" der Machtthematik in der Jahrtausendwende zu fragen.

Isabel Hernández nimmt ein Spätwerk von Adolf Muschg (*1934) als Gegenstand ihres Beitrags, den Roman *Kinderhochzeit* (2008), den man nicht nur als Kriminalroman, sondern auch als historischen Roman lesen kann. Es geht hier hauptsächlich um die Vergangenheitsbewältigung: Einige Schweizer Firmen hatten dunkle Beziehungen zum NS-Deutschland und haben sich unrechtmäßig bereichert, wie die Familie, die im Zentrum des Romans steht.

Aus demselben Jahr stammt der von Gonçalo Vilas-Boas analysierte Roman *Hundert Tage* von Lukas Bärfuss (*1971). Das Werk konzentriert sich auf die Zeit des Genozids in Ruanda im Jahre 1994. Es entwickeln sich viele

Machtarten: die Macht Europas, in diesem Fall der Schweiz, über die Länder der dritten Welt, die Konflikte innerhalb des Landes, zwischen Tutsi und Hutu, aber auch die privaten Machtbeziehungen innerhalb der internationalen Organisationen, zwischen Weißen und Schwarzen, Männern und Frauen.

Teresa Martins de Oliveira geht von dem beständigen Interesse zahlreicher Autoren an Auseinandersetzungen mit Vater- oder Mutterfiguren und mit Familiengeschichten in der zeitgenössischen Literatur aus. Am Beispiel des Romans von Alain Claude Sulzer (*1953) *Zur falschen Zeit* (2010) wird die sich wandelnde Macht des Patriarchats analysiert.

Joanna Flinik untersucht ein transversales Thema innerhalb der deutschsprachigen Literatur der letzten Zeit, nämlich die Migrantenprosa, also die „Einbilderung des Fremden in der Deutschschweizer Literatur". Das Problem des „Sich-Behaupten-Müssen[s] gegenüber fremder (Staats-)Macht, gegenüber fremder Umgebung" und die Suche nach einer neuen Identität inmitten des „Nirgendwo-Heimisch-Werden[s]". Ausgewählte Texte von Dragica Rajic, Catalin Dorian Florescu, Dante Andrea Franzetti, Francesco Micieli, Melinda Nadj-Abonji, Aglaja Veteranyi, Yusuf Yesilöz gehören zur deutschsprachigen Schweizer Literatur.

Diese thematische Reise durch die Literatur zeigt ein breites Spektrum von Variationen der Inszenierungen von Macht und Ohnmacht. Die chronologische Präsentation ermöglicht es, diese Variationen historisch zu verstehen, wie auch die Entwicklung der Gesellschaften und die Allgegenwart der Macht in allen Zeiten, auch wenn die Machtarten sich verändern können, einige ihrer Aspekte verschoben werden und andere verschwinden, um anderen wieder Platz zu machen.

Zur Tagung war die junge Schweizer Autorin Dorothee Elmiger (*1985) eingeladen, die 2010 beim Bachmann-Wettbewerb in Klagenfurt die zweite Auszeichnung, den Kelag-Preis, für ihren Debütroman, *Einladung an die Waghalsigen*, erlangte. Nach der Auszeichnung in Klagenfurt, wurden ihr der aspekte-Literaturpreis und der Rauriser Literaturpreis verliehen, ebenfalls für ihren Erstling, der inzwischen im Dumont Verlag erschienen ist.

Dorothee Elmiger las aus dem Roman und beantwortete zahlreiche Fragen zu seiner Entstehung, und zur Handlung, Konstruktion und Sprache. Dass es in ihrem Text auch um Macht geht, kann man wohl behaupten: Vor allem die Macht der Unverwüstlichkeit und der Hoffnung. In einem riesigen Bergbaurevier, wo vor Jahrzehnten ein Feuer ausgebrochen ist und es immer noch unterirdisch lodert, spiegelt die postapokalyptisch aussehende Landschaft die zerstörten gesellschaftlichen Verhältnisse. Im Sperrgebiet sind als einzige Jugendlichen der verwüsteten Stadt Margarete und Fritzi geblieben, mit ihrem Vater, dem Chef der Polizeistation. Die Schwestern konzentrieren sich auf die Geschichte des Ortes, die sie in übriggebliebenen Fachbüchern und Dokumenten, aber auch durch Bereisung der Umgebung rekonstruieren möchten. Sie suchen vor allem nach einem Fluss namens Buenaventura, von dem sie sich eine nicht genau spezifizierte Rettung erhoffen.

Die fetzenartige Erzählweise unterstützt den Mangel an Systematik bei dieser Suche und verschafft ihr fast mythische Züge, was sich auch mit dem gewählten Handlungsort bzw. mit der gewählten Handlungszeit in Verbindung bringen lässt. Außergewöhnlich sind der Sound des Textes, seine graphische Komposition und vor allem die vielen intertextuellen Bezüge aus den verschiedensten Texten und Textarten und vor allem die Handlung, voller Andeutungen und Anspielungen, die als eine große Allegorie für unsere Zeit gelesen werden kann.

Der Autorin, die ebenfalls im Goethe-Institut Portos und Lissabons las, und der Kulturstiftung Pro Helvetia, die ihre Teilnahme an der Tagung ermöglichte, gilt unser herzlicher Dank. Besonderer Dank gebührt dem Schweizer Botschafter Rudolf Schaller und dem Botschaftsrat Marzio Tartini für ihre freundliche Unterstützung. Wir bedanken uns ebenfalls für die Unterstützung des *Instituto de Literatura Comparada da Faculdade de Letras da Universidade do Porto*, das sowohl das Kolloquium, als auch die Herausgabe dieses Bandes ermöglicht hat und der *Fundação para a Ciência e a Tecnologia*. Wir danken ferner dem *DEG – Departamento de Estudos Germanísticos–* und der *Faculdade de Letras da Universidade do Porto*, und noch den Kollegen Simone Tomé und Ulrich Kamien für die sprachlichen Korrekturen und Maria de Lurdes Gonçalves, vom ILC, die uns freundlich zur Seite stand.

Porto, Juni 2012

Gonçalo Vilas-Boas
Teresa Martins de Oliveira

Anna Fattori (Università di Roma ‚Tor Vergata')

„[W]ir sehen weit hinaus auf frömde Gefilde von Glük". Spuren von Macht und Machtverhältnissen in Salomon Gessners Idyllenwelt

1   Zur Idyllengattung

Das Wort ‚Idylle' evoziert eine Welt von Glückseligkeit und Ruhe, einen in sich abgeschlossenen und nach außen hin abgeschirmten Raum, in dem Gleichgesinnte in der freundlichen Natur ungestört und frei von jeglicher Sorge sich der Muße, der Liebe, der Freundschaft und der Kultivierung der eigenen Empfindungen widmen können. Als literarische Gattung wurde die Idylle lange Zeit als die raffinierteste Form der Flucht aus den gesellschaftlichen Verhältnissen und dem historischen Kontext betrachtet; zu dieser undifferenzierten Betrachtungsweise trugen die Äußerungen prominenter Persönlichkeiten wie z. B. Friedrich Hegels bei, welcher in dieser Gattung eine selbstgenügsame und beschränkte Lebensweise sieht, die dem Wesen der Menschen nicht angemessen sei und die seine Würde sogar negiere. Die Idylle bedeutet nach Hegel „einen Mangel der Entwicklung des Geistes" (Hegel 1835: 333); vernichtend wirkt sein berühmter Satz: „Der Mensch darf nicht in solcher idealen Geistesarmut hinleben, sondern er muß arbeiten" (ebd.). Auch der junge Goethe äußert sich zu dieser Gattung kritisch, wie man seiner 1772 in den *Frankfurter Gelehrten Anzeigen* publizierten Rezension von Gessners *Idyllen* (1772 war die zweite Sammlung erschienen) entnehmen kann. Obwohl „einzelnen Stellen wahres Dichtergefühl" (Goethe 1988: 171) nicht abzusprechen sei, gelinge es dem Dichter nicht, „Szene, Handlung und Empfindung [zu] verschmelzen" (ebd.). Der Text *Der Sturm* wird lapidar als „unerträglich" (ebd.) charakterisiert, und zwar in erster Linie aufgrund der Statik der Handlung, die selbstverständlich dem Sturm und Drang-Dichter ganz fern lag, und wegen der Unentschlossenheit der Figuren, die vor sich hin monologisieren, ohne aktiv zu handeln; auch der von ihm in mancher Hinsicht geschätzte Text *Das hölzerne Bein. Eine Schweizer Idylle* wird kritisiert, und zwar wegen des „schäfermäßigen" (ebd.) Schlusses:

[K]ann eine Handlung durch nichts rund werden, als durch eine Hoch-
zeit? Wie lebendig läßt sich an diesem kleinen Stücke fühlen, was Geßner
uns sein könnte, wenn er nicht durch ein zu abstraktes und ekles Gefül,
physikalischer und moralischer Schönheit, wäre in das Land der Ideen
geleitet worden, woher er uns nur halbes Interesse, Traumgenuß herüber-
zaubert. (ebd.)

Ungefähr 230 Jahre nach Goethes Rezension spricht Hugo Loetscher bezüglich
dieses Textes „von geradezu prähollywoodschem ‚Happyendismus'" (Loetscher
2003: 61). Goethe wird 1797 selber eine Idylle verfassen, nämlich das bürgerli-
che Hexameterepos *Hermann und Dorothea*, das sich im Gegensatz zu den
Texten Gessners durch die bewegte Handlung auszeichnet und das – so Hegel – „Züge, Schilderungen, Zustände, Verwicklungen" (Hegel 1835: 335)
meisterlich darzustellen vermag. Offenheit und Dynamik charakterisieren
auch Schillers als Idylle angelegtes Gedicht *Der Spaziergang*, das zu einem
Panorama der idealen geschichtsphilosophischen Entwicklung der Menschheit
wird. Schiller schätzt zwar angesichts der wachsenden gesellschaftlichen Entfremdung das Bemühen, „den Menschen im Stand der Unschuld" (Schiller
1988: 187) zu beschreiben, er betrachtet jedoch die Idylle als eine anachronisti-
sche Gattung, weil das erträumte Ideal auf eine zu überwindende, archaische
Hirtenwelt zurückweist:

Er [der Dichter. A. v. A. F.] führe uns nicht rückwärts in unsere Kindheit,
um uns [...] eine Ruhe erkaufen zu lassen, die nicht länger dauern kann,
als der Schlaf unsrer Geisteskräfte; sondern führe uns vorwärts zu unsrer
Mündigkeit, um uns die höhere Harmonie zu empfinden zu geben, die den
Kämpfer belohnet, die den Überwinder beglückt. (Schiller 1988: 191)[1]

Die Tendenz zur Verharmlosung und Verniedlichung dieser Gattung lässt sich
in der Literaturgeschichtsschreibung und in den kritischen Beiträgen bis in die
jüngste Zeit verfolgen. Die begeisterte Aufnahme, die Gessners *Idyllen* bei-

---

1 Weitere Rezensionen bzw. kritische Beiträge von Zeitgenossen zu Gessners *Idyllen* in: Schneider
   1988. Zu Gessners Beziehung zu der aufklärerisch-empfindsamen Ästhetik vgl. Pirro 2012. Für
   Hinweise und Diskussion möchte ich mich bei Jürgen Barkhoff (Dublin) und Bruno Berni (Rom)
   bedanken.

spielsweise bei den französischen Jakobinern fanden,[2] hat die Literaturgeschichtsschreibung mit Absicht ignoriert. Völlig übersehen wurden jahrzehn-
telang auch die Bemühungen einiger weniger Forscher, welche Anfang des 20.
Jahrhunderts versuchten, Gessners „Sehnsucht, aus seiner Zeit und der steifen,
einengenden Kultur herauszukommen" (Beyel 1910: 9) als Kritik an den
schweizerischen kleinbürgerlichen politischen Verhältnissen zu interpretieren.
   Die Wende in der Idyllenforschung meldet sich mit dem 1968 erschienenen, berühmten Aufsatz *Arkadien und Utopien* von Ernst Bloch, welcher das
utopietaugliche Moment der Idyllengattung betont, die seiner Ansicht nach
nicht als eine evasive, sondern als eine auf eine ‚sanfte‘ Art gesellschaftskritische Schreibweise anzusehen sei: „Arkadisches [hält] in seiner gleichsam ange-
stammten Freundlichkeit, Friedlichkeit, Menschlichkeit ein helfendes Maß, ein
Korrektiv besonderer Art und Eindringlichkeit in sich wach" (Bloch 1976: 6).
Dass der Wunsch, der Realität zu entfliehen, dem Unbehagen an den äußeren
Zuständen entspringt, dies hat in aller Deutlichkeit Bloch ausgeführt, der mit
seiner Interpretation der Idyllenforschung einen entscheidenden Impuls gegeben hat, obwohl der Vorwurf des Eskapismus noch nicht ausgestorben ist.
Diese banalisierende traditionelle Auffassung wird noch lange wirken.[3] In den
70er Jahren schrieb sehr zu Recht E. Theodor Voss, Gessner sei „noch immer
ein ‚Geheimtip‘ unter den Germanisten […]; zumal in der auf das ‚Realitäts-
postulat‘ eingeschworenen marxistischen Germanistik hat die Idylle noch
immer einen schlechten Namen" (Voss 1977: 240). Renate Böschenstein, welche in zahlreichen grundlegenden wissenschaftlichen Beiträgen auf die Idyllengattung eingegangen ist,[4] äußert ihr Bedenken gegenüber der seit dem Erscheinen von Blochs Aufsatz geläufigen Gleichsetzung von Utopie und Idylle
und plädiert für eine Berichtigung der ‚trivialisierten‘ Version der These des
Philosophen, indem sie den eigentlich von Bloch selbst bereits dargelegten
mittelbaren Charakter der Darstellung der idyllischen Gegenwelt betont, die

....

2   Vgl. dazu Garber 2009: 85f.

3   Sehr richtig stellt Remy Charbon in der neuesten *Schweizer Literaturgeschichte* von Metzler fest:
    „Gessners Idyllen [sind] nicht eskapistisch, sondern Utopien eines unentfremdeten Lebens in
    Harmonie und Anmut. […] Bukolische Szenerie, antikisierende Einkleidung und empfindsamer
    Ausdruck kontrastieren mit den Zwängen der Lebenswelt und der formalisierten Sprache der Be-
    hörden und der kirchlichen Orthodoxie […]. Im Gegensatz zu den vernunftgeleiteten Utopien
    der Aufklärung, zu den Staatstheorien und Robinsonaden, ist die Gessnersche gefühlsbestimmt"
    (Rusterholz – Solbach 2007: 64).

4   Vgl. Böschenstein 1967, 2001 u. 2002 und Böschenstein-Schäfer 1981 u. 1982.

erst „indirekt die Mängel der gegenwärtigen Realität" (Böschenstein-Schäfer 1981: 10) zu erkennen gibt. Manche Vertreter der jüngeren Idyllenforschung neigen hingegen dazu, in Gessners Texten eine offene „Anklage gegen eine Sozialordnung [zu sehen], in der der niederste Stand des Bauern, vielfach immer noch an Leibeingenschaft gefesselt, diese Erniedrigung erleiden muß" (Garber 2009: 84).[5]

2 „Alle öffentlichen Freuden verboten": Gessner und Zürich

Mögen Gessners Idyllen den Eindruck von Glückseligkeit, Spannungslosigkeit und Frieden erwecken,[6] so erweist sich diese dem Anschein nach perfekte Welt bei näherer Lektüre nicht ohne Brüche: Machtmissbrauch, Unterdrückung, gesellschaftliche Konflikte, Krieg sowie der Gegensatz von Stadt und Land durchziehen mehrere Texte des Zürcher Idyllikers.[7] Es sind eben diese Spuren einer Aggression von Außen, die den utopischen Gehalt der Idyllen sichtbar machen: Aggression muss da sein, um Sinn und Wert der Idylle als Gegenwelt erscheinen zu lassen.[8] Es wäre aber natürlich gattungsgeschichtlich und -theoretisch verfehlt, nach expliziter Gewalt – etwa in der Form einer spannenden Kriminalgeschichte oder einer politischen Intrige – in Gessners *Idyllen* zu suchen; die Aggression kommt eher in der Form einer Gefahr von außen vor, die ständig bevorsteht und die zum Schutz auffordert, einer Bedrohung, der man sich durch Redlichkeit und Tugend entziehen kann. Erst in den wissenschaftlichen Beiträgen der letzten zwei bis drei Jahrzehnte wurde die Bezüglichkeit, die Gessners Idyllen zukommt, ansatzweise erforscht.[9] Wie E. Theodor Voss sehr richtig erkannt hat, hat Gessner „in Entsprechung zum

---

5 Hugo Loetscher ist der Ansicht, dass Gessners Idyllen „über die Literaturgeschichte hinaus einen aufschlussreichen Beitrag zur Sozialgeschichte unseres Landes [der Schweiz, A. v. A. F.]" leisten (Loetscher 2003: 21).

6 Wesentliches zu poetologischen, philosophischen und literaturgeschichtlichen Aspekten von Gessners Idyllen in: Pirro 2003.

7 In seinen Briefen weist Gessner oft auf die Missstände in seiner Heimatstadt hin. Vgl. dazu Bircher 1974: 126f.

8 Ernst Bloch beschreibt Arkadien als „eine selber durchaus sanfte Gemeinschaft, idyllisch vorhandenes einfaches Glück, *von Wölfischem a limine fern* [H. v. A. F.]". Vgl. dazu Böschenstein-Schäfer 1982.

9 Vgl. besonders Burk 2003 und Kesselmann 1976.

Bewußtseinsstand fortschrittlichster Autoren des 18. Jahrhunderts wie Swift, John Gay und Diderot nicht nur die Möglichkeit, sondern auch die Notwendigkeit der Verwendung des Idyllischen zur Aufdeckung der Grundübel seiner Zeit gesehen" (Voss 1977: 257). Diese sozialkritische Komponente zu verkennen heißt, wie Klaus Garber in seinem schönen Buch *Arkadien* feststellt, die Idylle von Gessner „ihres geschichtlichen Zeitkerns zu berauben, um dessentwillen Zeitgenossen sie enthusiastisch begrüßten und der im historischen Lesen wieder freigelegt sein will" (Garber 2009: 92).[10] Dass im Rahmen des im 18. Jahrhundert florierenden Philhelvetismus viele Rezipienten dazu neigten, die eigene Begeisterung für die Schweiz auf Gessners *Idyllen* zu transponieren, ihnen einen großen Wirklichkeitsbezug zu geben und demzufolge Gessner als Gewährsmann für ein ungetrübtes helvetisches Idyllenbild zu betrachten, hat Uwe Hentschels ausführliche Arbeit in aller Deutlichkeit dargelegt.[11]

Im 18. Jahrhundert war Zürich zwar in kultureller Hinsicht „die Hochburg des geistigen Lebens im deutschen Sprachraum" (Cattani 1982: 11), politisch war die Situation aber anders und sicher nicht idyllisch. Zürich hatte keine demokratische, sondern eine oligarchische Verfassung und die wenigen regierenden Familien verfügten über eine unbeschränkte Autorität, die zu Konflikten mit den liberalen Jugendbewegungen führte. Beinahe lächerlich wirken heutzutage die sog. ‚Sittenmandate' („Mannspersonen dürfen weder Geld noch Silber, noch Sammet oder Seide; Frauenzimmer keine Edelgesteine, Spitzen oder Federn tragen [...] In der Stadt darf niemand in Kutschen Besuche machen", Sittenmandate apud Cattani 1982: 12) und die Zensur war außerordentlich aktiv. Der Patrizier Franz Urs Balthasar schreibt 1744:

Man kann ja fast mit Händen fühlen, dass wir am Ende unserer Freiheit und dem völligen Verfall ganz nahe sind; wir sehen die alte Tapferkeit versunken; die Ehre der Nation verflogen; die Armuth eingedrungen, um so mehr, als Pracht, Uebermuth und Verschwendung sich emporschwinget; [...] die Gerechtigkeit selbst muss sich oft geschändet sehen, und zwar öfter von solchen, welche als Vätter des Vaterlandes ihr starkes [sic!] Hand bieten sollten. (Balthasar apud Burk 1981: 39)

----

10 Zu Gessners Wirkung und Rezeption im Ausland vgl. Reed 1905, Hibberd 1976, Cantarutti 2005.
11 Vgl. Hentschel 2002.

Die Konzentration der Macht und des Reichtums auf der einen Seite und Armut, Unwissenheit und politische Unmündigkeit auf der anderen brachten immer häufiger soziale Konflikte hervor. Gessner war Mitbegründer der „Helvetischen Gesellschaft", die versuchte, auf die undemokratischen politischen Verhältnisse zu reagieren und die auf die Verwirklichung der Freiheit und der Unabhängigkeit des einzelnen Bürgers abzielte.[12] Der Dichter engagierte sich aktiv, sobald es um die Menschenrechte und um die Gedankenfreiheit der Intellektuellen und Künstler ging. Bei der Lektüre von Gessners *Idyllen* sollte man diesen biografisch-politischen Kontext nicht aus dem Blick verlieren.

3 Verführte Mädchen, bekehrte Herren, Gecken, Hirten und Jäger, die einsame Melida

Trotz des Topos der Spannungslosigkeit in Gessners Idyllenwelt lassen sich Konfliktsituationen in etlichen Texten des Zürcher Dichters erkennen, und zwar in Form von gesellschaftlichen Antagonismen, Machtmissbrauch oder auch einer ironisch-satirischen Gegenüberstellung zweier Sozialgruppen. Es sei hier auf ein paar besonders gewichtige Beispiele hingewiesen.

In Daphne widersetzt sich eine junge Dienstmagd, nämlich die Titelfigur, dem Ansinnen des reichen Bürgers Nicias, der aufgrund ihrer untergeordneten Stellung meint, sie als Leibeigene hörig machen zu können; er bedrängt das Waisenmädchen mit schmeichelhaften Worten und steckt sogar einen Ring an ihren Finger, wobei sie von seinem Aussehen, Benehmen und von seiner galanten Rede angetan zu sein scheint. In der rückblickenden monologischen Erzählung am Grab ihrer Mutter gibt *Daphne* zu, der Verführung beinahe erlegen zu sein. In ihrem Selbstgespräch kommt ihre aufgrund der erotischen Empfindungen entstandene Sorge um ihre Tugend zum Ausdruck. Erstaunlich, dass die „liebesgeschwängerte Atmosphäre" (Loetscher 2003: 68) der Stelle, die die Prüderie des damaligen Publikums erheblich verstört haben soll, jener Zürcher Zensur entgangen ist, die Gessners Roman *Daphnis* (1754) bereits verboten hatte:

---

12   Vgl. dazu Burk 1981: 36f, Kesselmann 1976: 102f., Im Hof 1982.

Heute früh fand er im Garten mich; da faßt er mich freundlich unter dem Kinne: Bringe, sprach er, mir frische Blumen, ich möchte an ihrem Geruch mich erquicken, dort in die Laube von Myrthen. Geschäftig und freudig sucht' ich die schönsten aus, und lief mit froher Eile nach der Laube. Leicht bist du wie ein Zephir, und schöner als die Göttin der Blumen; so sagt er, und – Götter, Götter! Noch beb ich durch alle Gebeine, er riß mich auf seinen Schooß hin, drückt' an seinen Busen mich, und alle Verheissungen die verführen, und alles was Liebe reitzendes sagen kann, das floß von seinen Lippen. Ich weinte, ich bebte und wäre der Verführung zu schwach, ach! jetzt unglücklich, jetzt nicht mehr dein unschuldiges Kind. Hätte, so dacht ich, deine fromme Mutter dich je unkeusche Umarmungen niederträchtig dulden gesehn! Ich dachts, und bebte zurück und entfloh. Jetzt komme ich, Geliebte! Ich komme auf deinem Grabe zu weinen. (Gessner 1974: II 72–73)

Die für die Dichtung des 18. Jahrhunderts typische *stumme Sprache*[13] („noch bebe ich durch alle Gebeine", „ich weinte, ich bebte", „ich bebte zurück") sowie die bewegte, durch Ausrufezeichen, doppelten Gedankenstrich und Interjektionen („ach!") gekennzeichnete Ausdrucksweise sind als Symptome für die innere Unruhe, für die Aufgeregtheit und nicht zuletzt für die sinnliche Betroffenheit von Daphne zu interpretieren (eine sehr ähnliche Ausdrucksweise findet man im Roman *Pamela* von Samuel Richardson, in dem es 400 Seiten lang um *virtue in distress*, also um die Erprobung der Tugend geht). Diese und ähnliche Stellen lassen Hugo Loetschers vielleicht verblüffend wirkende Charakterisierung von Gessners Idyllen als „erotische Dichtung" (Loetscher 2003: 68), als „ländliches Boudoir" (Loetscher 2003: 70) als keine aus der Luft gegriffene Behauptung erscheinen. Die höhere gesellschaftliche Schicht von Nicias spielt beim Verführungsversuch eine zentrale Rolle. Das Mädchen ist von den Aufmerksamkeiten „von einem so reichen und mächtigen Herrn" beeindruckt und geschmeichelt; die Macht des Wortes („alles, was Liebe reitzendes sagen kann, floß von seinen Lippen"), die Macht einer zur Schau gestellten billigen Belesenheit („leicht bist du wie ein Zephir, und schöner als die Göttin der

---

13 Es handelt sich um die „Möglichkeit, innere Zustände – Gefühle und Empfindungen – durch äußerlich wahrnehmbare Erscheinungen […] erzählbar zu machen" (Tarot 1996: 22).

Blumen") und der Reiz des locus amoenus (Garten, Laube von Myrthen), der dem armen Mädchen nur als Arbeitsstätte und nicht als Zufluchtsort für Liebende bekannt ist, all dies soll Daphne nachgiebig machen, die sich aber im letzten Augenblick *just in time* dank der Erinnerung an die Ermahnungen der Mutter besinnt und entflieht. Aber damit geht der Text nicht zu Ende. Nicias hat nämlich das Selbstgespräch gehört, das Daphne am Grab der Mutter gehalten hat, und er lässt sich von der „frohen Empfindung der Tugend" (Gessner 1974: III 75), die durch sie hinströmt, anstecken: „Dank deiner Tugend, du hast mich von dem Verbrechen gerettet, deine Unschuld verführt zu haben! Verzeihe, keusches Mägden, und fürchte von mir kein neues Verbrechen. Auch meine Tugend siegt!" (ebd.). Nach dieser für den Denkhorizont der für die Erziehbarkeit plädierenden Aufklärung unspektakulären Wende schließt die Geschichte mit einem happy ending ab: „Nimm das Geschenke, das mein redliches Herz dir giebt, und laß mich ferner für dein Glück sorgen" (Gessner 1974: III 76), sagt Nicias zu Daphne.

Auf soziale Polarität und auf gegensätzliche Anschauungen und Lebensstile gründet die Figurenkonstellation von *Die Gegend im Gras*, in dem ein junger Hirte den der arkadischen Lebensweise ganz fremden Gecken Hyacinthus in zweifacher Hinsicht ironisch stigmatisiert: Auf der einen Seite wird der junge Mann als Angehöriger einer adligen Schicht dem einfachen, in der Natur lebenden und diese zeitlupenartig beschauenden Hirten gegenübergestellt; auf der anderen Seite wird das „schöne goldene Kleid" (ebd.: II 147) von Hyacinthus auf eine spottend-satirische Art mit einem prächtig-schillernden Würmchen verglichen, dessen Flügel „die hellen Farben des Regenbogens" (ebd.: 148) haben und das die Aufmerksamkeit des Hirten völlig auf sich lenkt. In der *Als ich Daphnen auf dem Spaziergang erwartete* betitelten Urfassung dieser Idylle kommt noch eine weitere Gegenüberstellung hinzu: Wirkt Hyacinthus' geputzte Geliebte Henriette als Repräsentantin einer nur äußerlich „schöne[n] Welt" (ebd.: 147 und Gessner 1973: 65), so wird die innere Schönheit von Daphne, der Freundin des Hirten, betont: „Wie lächelt ihr Mund, wie schön ist ihr Auge! Aber sie würden für mich nicht schön seyn, verriethen sie nicht die schön denkende Seele und das edleste Herz" (Gessner 1973: 65).[14]

---

14 Zur Entstehungsgeschichte dieser Idylle bzw. zu den verschiedenen Fassungen vgl. den Herausgeberteil in Gessner 1973: 240f.

Weniger spielerisch wirkt die Gegenüberstellung von Stadt und Land bzw. Hirtenwelt im Text *Menalkes und Äschines, der Jäger*. Nachdem der Hirt Menalkes den verirrten Jäger rettet, möchte dieser ihn dadurch belohnen, dass er ihm einen Aufenthalt in der Stadt anbietet, in der ihm allerlei Versuchungen zur Verfügung stünden: luxuriöses Leben, raffiniertes Essen, hübsche Mädchen, usw. Der Hirt widersteht aber auf eine sprachlich sehr gewandte, literarisch schäfermäßige, aber sicher nicht mimetische Weise jeder Versuchung:

Menalkes sprach: Was soll ich in der Stadt? Ich wohne sicher hier in meiner niedern Hütte, sie schützt mich vor Regen und rauhen Winden, und stehn nicht Säulen umher, so stehn doch fruchtbare Bäume und Reben umher, dann hol ich aus der nahen Quelle klares Wasser im irdenen Krug, auch habe ich süssen Most [...]. (Gessner 1974: II 74)

Das Gespräch wirkt insofern exemplarisch für die im 18. Jahrhundert so typische Gegenüberstellung von Stadt und Land bzw. Palast und Hütte,[15] als es mehrere Topoi der beiden Lebensbereiche explizit erwähnt und gegeneinander ausspielt:

Stadt	Land
Palläste von Marmor	ströherne Hütten
hohe Säulen	fruchtbare Bäume und Reben
Silber und Gold	Blumen auf dem Tisch
schön geordnete Beete	ungekünstelter schattichter Hain mit [...] gekrümmten Gängen, Wiesen mit tausendfältigen Blumen [...] Majoran und Lilien und Rosen
Mädchen im seidenen Gewand, weiß wie Milch, mit Gold und köstlichen Perlen geschmükt	[...] braunes Mädchen, mit frischen Rosen und einem bunten Kranz
die schönen Gesänge künstlicher Saitenspieler	die Nachtigal, oder die liebliche Grasmüke
[eine] Hand voll Gold	Früchte, Blumen

Tab.: Gessner 1974: II 73–78

---

15 Vgl. dazu Meyer 1964, Sengle 1963, Bircher 1974: 114f.

Mag *Menalkes und Äschines* „unter künstlerischem Gesichtspunkt zu den schwächsten [Idyllen] des Zürichers" (Burk 1981: 38) gehören, weil die zwei Protagonisten als Sprachrohre fungieren, so ging es dem aufklärerisch gesinnten Gessner gerade eben um die schematische, katalogartig verwirklichte Gegenüberstellung Stadt-Land bzw. Kultur-Natur, Künstlichkeit-*Simplicitas*, Schein-Sein. Die Stadtkritik weist auf das Unbehagen an der Hierarchie der Standesgesellschaft und an der von dieser herrührenden Unterdrückung hin. Der Mangel an Naturerfahrung – in der höfischen Welt findet man ausschließlich Luxus- und Kunstobjekte, bezeichnenderweise ist der von Menalkes beschriebene Garten ein französischer Garten –, ist als Symptom für eine nicht empfindsame, ‚defekte' Innenwelt und für eine Bedenken erregende Moral anzusehen. (Man denke an Jean Pauls Romane, in denen die Höflinge sich sogar in ihrem Aussehen durch ihre Falschheit und Künstlichkeit auszeichnen). Die Natur der Schäferlandschaft hat eine nicht nur gefühlsmäßig, sondern auch sittlich regenerierende Funktion.

Dieser sowie die weiteren hier kurz kommentierten Texte, in denen es ziemlich explizit um soziale Konflikte geht,[16] sollen dem Leser – dies meine Auffassung – als unentbehrliche Anhaltspunkte für das Verständnis und die Entschlüsselung derjenigen Idyllen dienen, die thematisch-inhaltlich keine solchen Spannungen aufweisen und die als in sich geschlossene Bilder wirken, in denen ideale, empfindsame Menschen ohne Geschichte sich in abgegrenzten und zeitlosen Landschaftsräumen bewegen.

Bevor ich ein paar sprachliche Besonderheiten unter die Lupe nehme, möchte ich auf die ziemlich unbekannte längere Dichtung *Der erste Schiffer* (1762) hinweisen, Gessners Lieblingstext, der zu den ätiologischen Idyllen gehört. Hier geht es nicht um Machtmissbrauch bzw. um politische Verhältnisse, sondern um die *Macht der Liebe*, die einen Jüngling ingeniös macht, indem

---

16 Im Text *Der zerbrochene Krug* ist die Aggression bzw. die Aggressivität, die von Verdrängung herzuleiten scheint, im Unterschiede zu den hier besprochenen Idyllen *innerhalb* der Hirtengesellschaft festzustellen. Unheimlich wirkt die Gewalt, die einige Hirten an einem schlafenden Faunen ausüben: sie binden den Faunen an eine Eiche und werfen ihm Eicheln ins Gesicht, damit er aufwacht. Am Stamm der Eiche fest gebunden, muss er den Hirten ein Lied singen, bevor sie ihn befreien. Obwohl die Darstellungsweise die Gewalt eher als einen spielerischen Zeitvertreib erscheinen lässt, so sind hier der kompakten, „staats- und ständelose[n]" (Wölfflin 1889: 82) Hirtengemeinschaft die Ausgewogenheit und die Gelassenheit abzusprechen, die die arkadische Welt charakterisieren.

sie ihn dazu führt, das erste Schiff zu erfinden.[17] Die recht amüsante, sehr altertümlich gefärbte Erzählung, die nach Adolf Freys Ansicht „das reinste Bild von Geßners Geist und Kunst [bietet] und zugleich aufs glücklichste die Sehnsucht einer Epoche [kristallisiert]" (Frey 1919: 57), fängt mit einer knappen Beschreibung der Macht der Natur an: Eine fürchterliche Sturmflut hat vor vielen Jahren aus dem Festland ein von der Witwe Semira und deren Tochter Melida bewohntes Stück Land getrennt, das zu einer Insel geworden ist, wo die beiden seitdem ein einsames Leben führen. Ein auf dem Festland lebender Jüngling, der von den Auswirkungen der Sturmflut gehört hat, träumt jede Nacht von der schönen Melida (obwohl er sie nicht kennt), die er unbedingt erreichen möchte. Indem er die Schwimmtechnik der Schwäne beobachtet, gelingt es ihm, einen Nachen zu bauen, mit dem er hinüber zu der Insel fährt. Das in der Natur lebende Mädchen hat inzwischen gemerkt, dass „alle Geschöpfte [Tiere, A. v. A. F.] sich mehren" (Gessner 1974: II 178) und sie „kann den Wunsch nicht unterdrücken, daß unser Geschlecht sich auch, wie andre, vermehren möchte; wie das geschehen kann, das kann ich nicht ausforschen, das muß ich den Göttern überlassen" (ebd.: 181). Es geht hier um sexuelle Neugier („O ich sterbe vor Wollust!" (ebd.: 226), sagt Melida); gegen die Liebesmacht bzw. die Erotik kann die Mutter nichts tun. Sobald der von Amor unterstützte Jüngling erscheint, verlieben sich die beiden und die Insel wird von einem Exil zu einem Asyl: von der Insel der Robinsonade zu der der Fluchtutopie. Es scheint, dass Goethe, welcher oft dazu neigte, Gessner zu verkennen, in der „offenen Erotik" (Lütteken 2010: 199) dieses Textes Anregungen zur Darstellung der Sexualsymbolik in seiner Elegie *Alexis und Dora* (1797) fand.

4 „*Weg* in ein goldenes Zeitalter": „*ungestörtes Glük*", „*un*verdorbene Natur", „ein *eingezäunter Plaz*", da „*stünde* mein einsames Haus"

Interessanter als die explizite Thematisierung der Herrschaftsverhältnisse sind hinsichtlich der hier behandelten Problematik die sprachlichen Spuren jener

---

17 Zur Interpretation dieses Textes vgl. Nagel 1970: 94f., und Brunner 1967: 114-115.

Sehnsucht nach einem von der realen Welt abgeschiedenen, geborgenen Lebensraum, die Gessners Schreibweise charakterisieren und die *per contrarium* auf das Ungenügen der Zeit schließen lassen. Äußert sich in den erzählerisch angelegten und meistens breiteren Texten, die die Gründe für die Verwerfung der realen Welt thematisieren, die dynamische Dimension der Idylle, so stellen die Schilderungen des harmonischen Zusammenlebens, d. h. der erreichten Ruhe, die statische Komponente dar, wobei wiederkehrende strukturelle und sprachlich-stilistische Besonderheiten stets auf die ‚Ursituation‘, d. h. auf die ‚böse‘ Welt und auf die Notwendigkeit, von dieser zu fliehen, verweisen. Zeitkritik manifestiert sich insofern in der idealen Gegenwelt, als deren formal-stilistische Oberfläche rekurrierende Sprachsignale hinsichtlich ihrer Gegenbildlichkeit zu der realen Welt aufweist; somit kann die Idylle auf eine ästhetisch subtile Weise ihre ‚sanfte‘ – so Bloch – gesellschaftskritische Funktion erfüllen.

Dass Gessner seine Idyllen nicht als *Ab*bilder, sondern als *Gegen*bilder und *Wunsch*bilder betrachtet, geht aus seiner Vorrede *An den Leser* deutlich hervor:

Diese Dichtungs-Art [die Idylle, A. v. A. F.] bekömmt [...] einen besonderen Vortheil, wenn man die Scenen in ein entferntes Weltalter setzt; [...] sie [passen] für unsere Zeiten nicht, wo der Landmann mit saurer Arbeit unterthänig seinem Fürsten und den Städten den Überfluß liefern muß, und Unterdrükung und Armuth ihn ungesittet und schlau und niederträchtig gemacht haben. (Gessner 1974: II VIII-IX)

Man findet in der kurzen Vorrede nicht nur die Grundbegriffe, die Gessners Einstellung zu der damaligen städtischen Gesellschaft charakterisieren, die seiner Ansicht nach durch „sklavische Verhältnisse", „unglückliche Entfernung von der Natur", „widrige Eindrücke" und „falsch-ekle Galanterie" gekennzeichnet ist, sondern auch *die sprachlichen Gebilde* für den in den Idyllen immer wieder rekurrierenden Gestus des Rückzugs aus der Realität in einen dieser entgegengesetzten und genau abgegrenzten Mikrokosmos harmonischen menschlichen Zusammenlebens, das zur Verwirklichung eines ähnlichen Modells im realen Alltagsleben anregen soll. Der Dichter möchte „aus der Stadt *los*", „aus unseren Sitten *weg* in ein goldenes Zeitalter" von „*unge*störtem Glük", wo Natur und Herzen „*un*verdorben" sind. Betonen ‚los‘ und

‚weg' den Wunsch, sich von der Kultur zu trennen, so charakterisiert die Vorsilbe ‚un-', die Unbedingtheit und die Radikalität des Impulses sowie den oppositionellen Charakter des neuen Kontextes.

Beinahe auf jeder Seite findet man Metaphern oder minimale sprachliche Signale für die Sehnsucht nach einem von der realen Welt abgegrenzten individuellen Lebensraum. Die ideale Landschaft, die in zahlreichen Texten dargestellt wird, wird auf exemplarische Weise in *Der Wunsch* geschildert:

O [..] könnt' *ich in* einsamer *Gegend mein Leben ruhig wandeln, im kleinen Landhaus, beym ländlichen Garten,* unbeneidet *und* unbemerkt!
Im grünen Schatten wölbender Nußbäume stünde *dann mein einsames Haus, vor dessen Fenstern kühle Winde und Schatten und* sanfte Ruhe *unter dem grünen* Gewölbe *der Bäume wohnen; vor dem friedlichen Eingang* einen kleinen Plaz eingezäunt *[...] Aussen am Garten* müßt' *ein klarer Bach meine Gras-reiche Wiese durchschlängeln;* er schlängelte sich *dann durch den* schattichten Hain *fruchtbarer Bäume [...] Ich* würd *ihn in der Mitte zu einem* kleinen Teich *sich sammeln lassen, und* in des Teiches Mitte baut' ich eine Laube *auf eine kleine aufgeworfene* Insel; *[...].* (Gessner 1974: II 151–154)

Der Hirte bewohnt eine Hütte, die in einem „eingezäunten Plaz" steht, der von einem Hain umgeben ist; in der Mitte des Hains befindet sich ein Teich mit einer Insel, auf der man unter einer Laube ausruhen kann. Sind Hütte, Laube und Hain Sinnbilder für *Simplicitas*, Familienglück, Liebe, Innerlichkeit und Naturgebundenheit, so weist die Beschaffenheit von Naturelementen wie Teich und Insel, die durch scharfe Umrisse gekennzeichnet sind, auf ihre Separiertheit hin. Außerdem ist die Kreisform, worauf sich Insel und Teich zurückführen lassen, als Schutzform zu betrachten, die auf das nachdrückliche Absichern (Teich, Insel und Laube sind wie ineinander verschachtelt) gegen eine als gefährlich empfundene äußere Welt hinweist. Diesem existentiellen Bedürfnis entspricht in Gessners *Idyllen* der konkrete Gestus des Einzäunens – oft mit Dornbüschen – des Platzes, wo man wohnt, also die programmatische Schaffung eines eigenen, freien Lebensraumes.

Äußern ‚los', ‚weg-' und ‚ent-' die Fluchtbewegung, ist die Vorsilbe ‚un-' als Anzeichen für das Anderssein der ‚neuen' Welt anzusehen, drückt sich in Verben wie ‚einzäunen‘ und ‚umgeben‘ semantisch wie formal (in den Vorsilben ein- und um-) die Idee der Geschlossenheit aus, sind scharf konturierte, kreisförmige Landschaftselemente wie Teich und Insel auf das Bedürfnis nach Schutz und Einsamkeit zurückzuführen (man denke an die inselhaften Fluchtutopien des 18. Jahrhunderts), so ist im Text *Der Wunsch* auch die Semantik des Verbmodus besonders zu beachten. Anders als in der Mehrheit der Idyllen von Gessner wird in *Der Wunsch* die ideale Landschaft von außen geschildert, nämlich aus der Perspektive eines Menschen, der „fern vom Getümmel der Stadt", (Gessner 1974: II 151) sein möchte. Aus seinem Streben nach der Idealität lässt sich der konjunktivische Modus erklären, der zur Beschreibung der ersehnten Landschaft benutzt wird, während der Indikativ für die prosaische, korrupte Alltagswelt steht, „wo dem Redlichen unausweichliche Fallstrike gewebt sind" (ebd.). Aus der Abwechslung zwischen Konjunktivität und Indikativität entsteht eine Spannung, die die Diskrepanz zwischen Wunschvorstellungen und Realität sichtbar macht.

Bewirkt die diffuse Konjunktivität (ich würde, ich könnte, es stünde usw.), die für die suggestive melancholische Grundstimmung verantwortlich ist, dass die hier beschriebenen Lebensverhältnisse nicht als gegeben, sondern als nur erwünscht und als abstrakt erscheinen, so kommt der reale literarhistorische Horizont durch die etwa befremdlich wirkende Erwähnung von Gessners Lieblingsautoren Wieland, Ewald von Kleist, Bodmer und Breitinger zum Vorschein; dass sie hier als Schriftsteller gekennzeichnet werden, deren Wert von der „verwöhnten Nation miß[kannt]" (ebd.: II 166) wird, spricht für die hohen Ansprüche, die Gessner an die Literatur stellt – auch an seine konjunktivisch gebauten Texte, die versuchen, trotz der resignativen Erkenntnis („was träum‘ ich […] eitler Traum" (ebd.: II 166–167), liest man gegen Ende des Textes) die Hoffnung auf ein besseres, utopisches ‚Noch nicht‘ aufscheinen zu lassen.

Benutzte Literatur

BEYEL, Franz (1910), „Salomon Gessner". In: *Heraldiker-Zeitschrift* 2, 2. H. (Oktober 1910), S. 1–24.

BIRCHER, Martin (1974), „Nachwort". In: Salomon Gessner, *Sämtliche Schriften in drei Bänden*. Martin Bircher (Hrsg.), Zürich, Füssli, S. 109–135.

BIRCHER, Martin (1995), „Arkadien in Helvetien. Gesundheit und Krankheit in der Idylle". In: *Euphorion* 89 (1995), S. 349–366.

BLOCH, Ernst (1976), „Arkadien und Utopien". In: Klaus Garber (Hrsg.), *Europäische Bukolik und Georgik*, Darmstadt, Wissenschaftliche Buchgesellschft, S. 1–7.

BÖSCHENSTEIN, Renate (1967), *Idylle*. Stuttgart, Metzler (SM 63).

-- (2001), „Idyllisch/Idylle". In: *Ästhetische Grundbegriffe*. Karlheinz Barck u. a. (Hrsg.), Stuttgart-Weimar, Bd. 3, S. 119–138.

-- (2002), „Idillio oggi". In: Rita Svandrlik (Hrsg.), *Idillio e anti-idilio nella letteratura tedesca moderna*. Bari, Palomar, S. 263–299.

BÖSCHENSTEIN-SCHÄFER, Renate (1981), „Arbeit und Muße in der Idyllendichtung des 18. Jahrhunderts". In: Gerhard Hoffmeister (Hrsg.), *Goethezeit. Studien zur Erkenntnis und Rezeption Goethes und seiner Zeitgenossen*. München, Beck, S. 9–30.

-- (1982), „Gessner und die Wölfe. Zum Verhältnis von Idylle und Utopie". In: *Maler und Dichter der Idylle. Salomon Gessner 1730–1788*, 2. durchgesehene Auflage, Wolfenbüttel (Ausstellungskataloge der Herzog August Bibliothek, Bd. 30), S. 71–73.

BRUNNER, Horst (1967), *Die poetische Insel. Inseln und Inselvorstellungen in der deutschen Literatur*. Stuttgart, Metzler.

BURK, Berthold (1981), *Elemente idyllischen Lebens. Studien zu Salomon Geßner und Jean Jacques Rousseau*. Frankfurt a. Main, Bern, Peter Lang.

CANTARUTTI, Giulia (2005), „Die vergessene Bibliothek eines 'Letterato buon cittadino' und die Anfänge der Gessner-Verehrung in Italien". In: Wolfgang Adam/Markus Fauser (Hrsg.), *Geselligkeit und Bibliothek. Lesekultur im 18. Jahrhundert*. Göttingen, Wallstein Verlag, S. 217–251.

CATTANI, Alfred (1982), „Zürich um 1780". In: *Maler und Dichter der Idylle. Salomon Gessner 1730–1788*. 2. durchgesehene Auflage, Wolfenbüttel (Ausstellungskataloge der Herzog August Bibliothek, Bd. 30), S. 11–16.

FREY, Adolf (1919), *Schweizer Dichter*. Leipzig, Quelle & Meyer.

GARBER, Klaus (1976), „Vorwort". In: Klaus Garber (Hrsg.), *Europäische Bukolik und Georgik*. Darmstadt, Wissenschaftliche Buchgesellschaft, S. VII-XXII.

-- (2009), *Arkadien. Ein Wunschbild der europäischen Literatur*. München, Fink.

GESSNER, Salomon (1973), *Idyllen*. Kritische Ausgabe. E. Theodor Voss (Hrsg.), Stuttgart, Reclam.

-- (1974), *Sämtliche Schriften in drei Bänden*. Martin Bircher (Hrsg.), Zürich, Füssli.

GOETHE, Johann Wolfgang (1988), „Idyllen von Geßner". Rezension aus den *Frankfurter Gelehrten Anzeigen* (1772). In: Helmuth J. Schneider (Hrsg.), *Deutsche Idyllentheorie im 18. Jahrhundert*. Tübingen, Narr (Deutsche TextBibliothek, Bd. 1), S. 169–172.

HÄMMERLING, Gerhard (1981), *Die Idylle von Geßner bis Voß. Theorie, Kritik und allgemeine geschichtliche Bedeutung*. Frankfurt a. Main, Berlin, Peter Lang.

HEGEL, Georg Wilhelm Friedrich (1835), *Vorlesungen über die Ästhetik I 3* („Das Kunstschöne oder das Ideal"). In: *Hegel's Werke*. Vollständige Ausgabe. Bd. 10, H. G. Hotho (Hrsg.), Berlin, Duncker und Hublet .

HENTSCHEL, Uwe (2002), *Mythos Schweiz. Zum literarischen Philhelvetismus zwischen 1700 und 1850*. Tübingen, Niemeyer.

HIBBERD, John (1976), *Salomon Gessner: His Creative Achievement and Influence*. Cambridge, Cambridge University Press (Anglica Germanica: Series 2).

IM HOF, Ulrich (1982), „Salomon Gessner und die Helvetische Gesellschaft". In: *Maler und Dichter der Idylle. Salomon Gessner 1730–1788*. 2. durchgesehene Auflage, Wolfenbüttel (Ausstellungskatalog der Herzog August Bibliothek, Bd. 30), S. 62–66.

KESSELMANN, Heidemarie (1976), *Die Idyllen Salomon Gessners im Beziehungsfeld von Ästhetik und Geschichte im 18. Jahrhundert*. Kronberg/Ts., Scriptor.

LOETSCHER, Hugo (2003), „Salomon Geßner und die leichte Flöte". In: Hugo Loetscher, *Lesen statt klettern. Aufsätze zur literarischen Schweiz*. Zürich, Diogenes, S. 52–72.

LÜTTEKEN, Anett (2010), „Distanz durch Nähe – Goethe (ver)kennt Gessner". In: *Idyllen in gesperrter Landschaft. Zeichnungen und Gouachen von Salomon Gessner. Katalog der Ausstellung im Kunsthaus Zürich, 26. Februar bis 16. März 2010*. München und Zürich, Hirmer Verlag, Kunsthaus Zürich, S. 190–203.

MEYER, Hermann (1964), „Hütte und Palast in der Dichtung des 18. Jahrhunderts". In: *Formenwandel. Festschrift zum 65. Geburtstag von Paul Böckmann*. Hamburg, Hoffman und Campe Verlag, S. 138–153.

NAGEL, Leo (1970), „Zum Problem der Idyllendichtung". In: *Weimarer Beiträge* 16, 7 (1970), S. 87–111.

PIRRO, Maurizio (2003), *Anime floreali e utopia regressiva. Salomon Gessner e la tradizione dell'idillio*. Udine, Campanotto.

-- (2012), "Salomon Gessner und Johann Georg Sulzer". In: Maurizio Pirro (Hrsg.), *Salomon Gessner als europäisches Phänomen*. Heidelberg, Winter, S. 95–113.

REED, Bertha (1905), *The Influence of Solomon* [sic!] *Gessner upon English Literature*. Philadelphia, Americana Germanica Press (Americana Germanica, Bd. 4).

RUSTERHOLZ, Peter u. Solbach, Andreas (Hrsg.) (2007), *Schweizer Literaturgeschichte*. Stuttgart, Weimar, Metzler.

SCHILLER, Friedrich (1988), „Idylle". Aus: *Über naive und sentimentalische Dichtung* (1795). In: Helmuth J. Schneider (Hrsg.), *Deutsche Idyllentheorie im 18. Jahrhundert*. Tübingen, Narr (Deutsche TextBibliothek, Bd. 1), S. 185–192.

© Frank & Timme   Verlag für wissenschaftliche Literatur

SENGLE, F[riedrich] (1963), „Wunschbild Land und Schreckbild Stadt. Zu einem zentralen Thema der neueren deutschen Literatur". In: *Studium Generale* 16 (1963), S. 619–631.

TAROT, Rolf (1996), „Grundzüge erzählerischer Verfahrensweisen". In: Rolf Tarot (Hrsg.), *Erzählkunst der Vormoderne*. Bern, Berlin, Peter Lang (Narratio. Arbeiten zu Geschichte und Theorie der Erzählkunst, Bd. 11), S. 11–50.

VOSS, E. Theodor (1977), „Salomon Gessner". In: Benno von Wiese (Hrsg.), *Deutsche Dichter des 18. Jahrhunderts. Ihr Leben und Werk*. Berlin, Schmidt, S. 249–275.

WEHRLI, Max (1982), „Zürichs Goldenes Zeitalter". In: *Maler und Dichter der Idylle. Salomon Gessner 1730-1788*. 2. durchgesehene Auflage, Wolfenbüttel (Ausstellungskataloge der Herzog August Bibliothek, Bd. 30), S. 67–70.

WÖLFFLIN, Heinrich (1889), *Salomon Gessner. Mit ungedruckten Briefen*. Frauenfeld, Huber.

MALCOLM PENDER (UNIVERSITY OF STRATHCLYDE, GLASGOW)

Vier Darstellungen von der Macht der Natur in der Deutschschweizer Literatur

Man kann behaupten, dass der Diskurs der Neuzeit um das Verhältnis des Menschen zur Macht der Natur in unserem Gastgeberland Portugal begann. Das Erdbeben von Lissabon am 1. November 1755 war ein europäisches Ereignis, sowohl in Bezug auf die geographische Ausdehnung der Störungen als auch auf den Umfang der intellektuellen Reaktionen auf die Katastrophe. Zu den bekanntesten gehört die Satire auf den herrschenden philosophischen Optimismus *Candide* (1759) von dem damals in der Schweiz wohnhaften Voltaire. Doch erschienen hauptsächlich tradierte Deutungen der Welt, von denen viele das Erdbeben als göttliche Strafe auffassten. Dieses Urteil war für den damals 31jährigen Immanuel Kant „ein sträflicher Vorwitz, der sich anmaßet, die Absichten der göttlichen Ratschlüsse einzusehen und nach seinen Einsichten auszulegen" (Kant 1922: 471). Seine im März 1756 erschienene Schrift, *Geschichte und Naturbeschreibung der merkwürdigsten Vorfälle des Erdbebens*, findet das Erdbeben „lehrreich" (Kant 1922: 440), stellt eine wissenschaftliche Theorie zur Ursache von Erdbeben auf, die sehr konkret auf der damaligen Praxis im Bergbau und im Militär basiert, und verwendet in einem der ersten Beispiele bei einem deutschen Autor das Wort „Katastrophe" (Kant 1922: 465) in seinem modernen Sinn (Briese 2008: 490, 500). Interessant ist, wie sich Kant die Darstellung der Katastrophe doppelspurig vorstellt: Zum einen dürfe die „Geschichte des letztern Erdbebens" (Kant 1922: 444)[1] auf keinen Fall zu einem Katalog werden – „keine Geschichte der Unglücksfälle", „kein Verzeichnis der verheerten Städte" –, sondern man müsste mit vollem Einsatz der Fantasie und des Mitgefühls das „Entsetzen" der Betroffenen schildern, wenn sich die Erde bewegt, Gebäude einstürzen, Tod und Verlust erfolgen; die Erfahrung des Einzelnen und die durch die Macht der Natur ausgelösten Folgen für die Menschen sollten in einer „Erzählung" dargestellt werden, die Kant „geschickteren Händen" überlassen wollte. Zum anderen beschränkt

1   Alle folgenden Kant-Zitate in diesem Absatz haben dieselbe Seitenangabe.

er sich selbst darauf, „nur die Arbeit der Natur" zu beschreiben. Auf diese Weise würde schöpferisch und wissenschaftlich eine Gesamtdarstellung für die Gegenwart und für die Nachwelt entstehen. Ich möchte kurz zeigen, wie sich in der Deutschschweizer Literatur vier Darstellungen von Katastrophen verschiedenen Ausmaßes – zwei von wirklichen Ereignissen im 19. Jahrhundert, zwei von fiktiven Ereignissen im 20. Jahrhundert – erzählend mit dem Geschehen auseinandersetzen und so eine sich entwickelnde Wahrnehmung des Verhältnisses des Menschen zur Macht der Natur widerspiegeln.

1838 schildert Jeremias Gotthelf in *Die Wassernot im Emmental 1837* die Folgen eines Ereignisses, von dem behauptet wird, es habe „für das Berner Volk eine Bedeutung ähnlich der des Erdbebens von Lissabon für die Welt der Aufklärung" (Buess 1948: 124) gehabt. Der Überschwemmung vorangegangen waren ein harter Winter und ein trüber Frühling, der das Wachstum kaum förderte. Die Schilderung der so entstandenen bitteren Not zeigt die Abhängigkeit der Bauern von der natürlichen Welt und beim Anblick der nach dem anhaltenden Sommerregen stark angeschwollenen Flüsse fühlt der Mensch „die Grenzen seiner Macht", spürt, „daß nicht er es sei, der die Wasserströme brausen lasse" (W: 19).[2] Das bestätigen die alles verwüstenden Überflutungen am Katastrophentag, am Sonntag, dem 13. August 1837, einem religiösen Feiertag wie in Lissabon, den Gotthelf im doppelten Sinne als den „Tag des Herrn" (W: 20) beschreibt. Die unfassbare Gewalt der Natur wird plastisch vermittelt durch die Emmenschlange der Sage, die, wie später die bekanntere Spinne, losgebrochen ist und als „handelndes Wesen" (Muschg 1931: 283) das von Menschen unbezähmbar Zerstörerische versinnbildlicht. Damit wird durch das Bild von einem von den Menschen verabscheuten und gefürchteten Wesen auch diese Katastrophe in eine lange Tradition gewaltsamer Einbrüche in das von Menschen geregelte Leben eingereiht: Es ergreift alle, beim Brüllen des Wassers und beim Krachen des Donners, „der heilige Schrecken des jüngsten Tages" (W: 27). Nachdem das Wasser zurückgegangen ist, liegt eine Art Urlandschaft vor, in der die beschädigten Bäume wie „Kraken ihre ungeheuren Arme ausbreiten" (W: 35), wo „die Stille des Grabes" (W: 49) herrscht und wo die Einwohner „zum Grab ihrer Habe" (W: 51) zurückkommen. Aber im Ge-

---

2   Gotthelf (1966), „Die Wassernot im Emmental 1837" wird im laufenden Text mit W und Seitenangabe zitiert.

gensatz zu dem „Anblick eines Schlachtfeldes, einer zerschossenen Stadt", der etwas „Kleinliches, Unzusammenhängendes, Zufälliges" habe, besitze eine Landschaft, „wo die Elemente ungezähmt wüteten", „eine großartige Einförmigkeit, ein Ungeheueres" – einen solchen Schauplatz wird man „nie vergessen, aber auch nie darstellen können" (W: 47). Gotthelf habe in den Mächten der Überschwemmung diejenigen wahrgenommen, „die an der Weltschöpfung beteiligt waren und sie noch immer unterhalten" (Muschg 1931: 284).

Verkörpert die Sage der Emmenschlange die unbegrenzte Macht der Natur, so kennzeichnet die Legende des bösen Ritters von Brandis die begrenzte, aber notwendige Macht der menschlichen Selbsthilfe. Die alte Geschichte wird am Mittelpunkt von *Die Wassernot im Emmental 1837* am Abend des grauenvollen Tages erzählt, als der Sturm sich legt, vorgetragen. Sie enthält eine Mahnung zur Vorsorge und stellt die zeitgenössischen Vernachlässigungen in eine andere Art Kontinuität. Denn die soeben geschehene Überschwemmung hatte gezeigt, dass die Zerstörung weniger schlimm hätte ausfallen können, wenn die Schutzdämme nicht mangelhaft erhalten gewesen wären und wenn die Holzflößerei, betrieben in der Emme für die Herstellung von Eisen in der Fabrik im Tal, sie nicht beschädigt hätte. Es heißt lapidar in Bezug auf die praktischen Maßnahmen, die jetzt zu ergreifen wären: „Nun werden die Menschen wohl klug werden" (W: 55). Was aber die menschliche Solidarität angeht, seien glücklicherweise die Menschen in der kleinen, republikanischen Schweiz, wo „jede zerstörte Hütte Bedeutung" (W: 47) habe, viel bereitwilliger „zu helfen und zu geben" als diejenigen „in Fürstenländern" (W: 68).

Auf einer anderen Ebene wird eine unmissverständliche Botschaft vermittelt: Gotthelf habe die in der Katastrophe enthaltene „Predigt des Herrn" auf seine Weise „zu deuten versucht" (W: 80). Zentral zu dieser Deutung ist die Allmacht Gottes: Wie Gott die Dauer des einzelnen Menschenlebens bestimmt (W: 28), so bestimmt er die Naturereignisse. Der Text bringt Beispiele des harten Schicksals, das dieses besondere Naturereignis den Menschen zufügt (z.B. W: 27, 53, 54), zeigt aber verständnisvolles Mitleid mit den Betroffenen – es waltet immer, auch in Zeiten, die für die Menschen schwer und schwer zu verstehen sind, „nicht der Zorn Gottes, sondern die Liebe des Vaters" (W 15). Am Gottesdienst eine Woche nach der Überflutung kam über „die betäubten Bewohner" des Tals in der Zeit ihrer tiefsten Verunsicherung „ein kindlicher Glaube" (W 66): Gott habe zeigen wollen, dass er „nehmen und geben könne nach seinem Wohlgefallen", „daß er der Herr [...] bleiben werde" (W: 72). Dann begreifen die Talbewohner, „daß in der Zerstörung immer der Keim einer herrlichen Schöpfung liegt" (W: 76) und tatsächlich werden im darauffolgenden fruchtbaren Sommer „die Todesfluten" „zu Lebensströmen" (Blaser 1999: 198). Die Katastrophe und ihre Folgen stellen für Gotthelf im Wandel seiner Zeit das Unwandelbare der göttlichen Ordnung und des menschlichen Lebens dar: „Je systematischer und erfolgreicher der Mensch des 19. Jahrhunderts seine Herrschaft über die Natur ausbaut, um so lauter erhebt Gotthelf seine Stimme zur Warnung" (Beuss 1948: 122). Denn „des Herrn Predigt" in *Die Wassernot im Emmental 1837* gilt „nicht den Talbewohnern allein" (W: 78), sondern weist auch auf die Allgemeingültigkeit der Deutung der Katastrophe im Schweizer Tal.

Ein halbes Jahrhundert nach der Wassernot in Emmental, die 3 Tote forderte (Sauer 2005), geschah der sogenannte Bergsturz von Elm, „die opferreichste Katastrophe in der Geschichte des schweizerischen Bundesstaates" (Blauer 2002: 115). Am 11. September 1881 – wieder einem Sonntag – löste sich der Berg über dem Schieferbruch oberhalb des Dorfes Elm im Kanton Glarus und begrub dort 114 Menschen. Die Ursache war „mitnichten eine natürliche" (ebd.: 115), sondern die Folge des unsachgemäß betriebenen Schieferbaus und der konsequenten Missachtung der vielen Vorboten der zunehmenden Gefahr. Obwohl vielen Zeitgenossen die Zusammenhänge klar waren, entstand nach der Katastrophe eine „Unschuldsrhetorik": „Waren im Gegensatz zu früheren Katastrophen die 'Strafe-Gottes-Erklärungen' verschwunden [...], so waren es dieses Mal die Massenmedien, die mit ihrer Berichterstattung von der eigentlichen Ursache ablenkten", indem sie von „blinden Naturkräften" berichteten (ebd.: 120). Die 7-jährige Katharina Disch überlebte als einziges Mitglied ihrer Familie, weil sie wegen der bevorstehenden Niederkunft ihrer Mutter zusammen mit ihrem vierjährigen Bruder zum Hof ihrer Großmutter oberhalb des Dorfes geschickt wurde – für diese historische Gestalt hat Franz Hohler in seiner Novelle *Die Steinflut* (1998) für Freitag, Samstag und Sonntag des Schicksalswochenendes Gedanken und Gefühle erfunden.

Erlaubte Gotthelfs Perspektive einen Überblick über das Gesamtgeschehen, der dem betroffenen Einzelnen verwehrt ist, so schildert Hohler die Katastrophe aus der Perspektive des Kindes, das die Katastrophe direkt miterlebt. Die

Gedanken und Erinnerungen des Mädchens, dessen Eltern die Dorfwirtschaft führen, vermitteln ein Bild des armen, rauhen Lebens im Tal. Von den Gesprächen in der Wirtsstube versteht Katharina auf ihre Weise die wirtschaftliche Bedeutung des Schieferwerkes und dort hört sie auch, es seien vom Berg „in letzter Zeit immer wieder Steinbrocken heruntergestürzt" – man hat „kaum mehr von etwas anderem gesprochen" (St: 7).[3] Die Angst, verdrängt aber stets gegenwärtig, nimmt eine verachtete Stelle in der Gesellschaft ein: „Angsthase" sei „eines der bösesten Schimpfwörter unter den Kindern und eigentlich auch unter den Erwachsenen" (St: 38) – Katharina hat in der Wirtschaft beobachtet, wie diejenigen, die auf den zunehmend sich verschlechternden Zustand des Berges aufmerksam machten, verspottet und zum Schweigen gebracht wurden (St: 38, 103–4).

Beim anhaltenden Regen bringt der Gedanke an die Bibelgeschichte der Sintflut wiederholt in den Kopf des Kindes die ängstliche Vorstellung einer alles Menschliche verschlingenden Überschwemmung. Im Religionsunterricht hatte es geheißen, Gott habe beschlossen, „es regnen zu lassen über der Erde", weil die Menschen „so böse waren" (St: 28) und Katharina stellt sich die Gegend um Elm unter Wasser vor (St: 29) und lässt sich von ihrer Großmutter versichern, Noah sei nicht als „Angsthase" wegen seiner Vorbereitungen im Trockenen (St: 87) verlacht worden. Bei ihrer Großmutter hört Katharina in Gesprächen ihrer Verwandten, wie um die Zukunft des Schieferwerks, das endlich an dem Donnerstag wegen der nicht mehr zu leugnenden Gefahr geschlossen wurde, und um den Erwerb der hundert dort Beschäftigten gebangt wird (St: 49, 103–5). Vom Haus der Großmutter aus hat Katharina einen guten Überblick über den Berghang, sie kann sehen, wie groß der Riss dort ist, wie eine Reihe Bäume schief steht und wie nach jedem Poltern kleine Wölklein aufsteigen (St: 90). Am Sonntagmittag erfährt sie, wie in der Kirche der Gottesdienst mehrmals vom Poltern unterbrochen sei (St: 133). Als sich die sicht- und hörbaren Warnzeichen mehren, weigert sich Katharina, in einer Vorahnung des Schrecklichen, der Anweisung der Großmutter zu folgen, mit ihr und dem kleinen Bruder wieder ins Dorf hinunterzugehen – eine in der damaligen Gesellschaft unerhörte Geste des Trotzes gegen die Autorität, die Katharina selbst äußerst erschrickt. Wenige Zeit später ereignet sich das Krachen, das

---

3   Hohler (2000), *Die Steinflut. Eine Novelle* wird im laufenden Text mit St und Seitenangabe zitiert.

den Bergsturz auslöst, es hört sich an, als würde der Berg förmlich angreifen, als würde „ein Kanonenschuß auf das Haus [der Großmutter] abgefeuert, der sämtliche Scheiben erzittern ließ" (St: 146). Und Katharina stellt sich in lebhaftester Weise vor, wie alle unten sich retten, bis sich diese verzweifelte Hoffnung mit allmählich zunehmendem Entsetzen in die gräßliche Sicherheit wandelt, dass alle verloren sind, dass alles „in einer Steinflut" ertrinkt, „die nie mehr zurückweichen" (St: 155) wird.

Katharina wird für eine menschliche Kontinuität sorgen – sie überlebt und im ersten Satz der Novelle wird auf ihre spätere Hochzeit hingewiesen. Dieses Wissen begleitet die Entfaltung der Erzählung und macht auf den Grund für ihr Überleben aufmerksam: Ohne sich der Sache völlig bewusst zu sein, hat das Kind auf seine eigene Angst gehört und sie respektiert. Für Katharina war die Angst verhaltensbestimmend und lebensrettend. In ihrer Umwelt wird die Verdrängung der Angst, die ihre Warnfunktion ausschaltet, kulturell hoch bewertet. Dazu kommt noch die wirtschaftliche Abhängigkeit der Gegend vom Schieferbruch, in dem eine Ausbeutung des Bodenschatzes betrieben wird, die die Struktur des Berges missachtet. Somit entsteht eine Situation, in der die vielen Warnungen bewusst übersehen werden, übersehen werden müssen, bis es zu spät ist. In einer Welt, in der die kirchlichen Strukturen noch intakt zu sein scheinen, schildert die Katastrophe in Elm die Folgen der menschlichen Eigenmächtigkeit: Die vom Himmel veranlasste biblische Sintflut wird in die von Menschen verursachte Steinflut umgedeutet.

Fast ein Jahrhundert nach der Katastrophe von Elm spielt Walther Kauers Roman *Spätholz* (1976) 1970 in dem fiktiven Tessiner Tal Terzone. Der alte Bergbauer Rocco, geboren 1900, im Jahr der Jahrhundertwende, die von vielen als „Zeichen des Neubeginns" (Sp: 199)[4] gesehen wurde, wartet in seinem kleinen Haus darauf, dass der Lebensbaum, nach seiner Geburt von seinem Vater gepflanzt, per Gerichtsbeschluss gefällt wird, weil er die Aussicht des reichen deutschen Industriellen, der das angrenzende Anwesen gekauft hat, versperrt. Rocco, fest entschlossen Widerstand zu leisten, lässt während des Wartens die Umstände seines Lebens Revue passieren. So entsteht das Bild einer mühsamen Mangelwirtschaft der knappen Ressourcen dieser Landschaft. Die Pflege der Terrassen z.B., die für einen Anbau am Hang nötig war, war

---

4   Kauer (1981), *Spätholz. Roman* wird im laufenden Text mit Sp und Seitenangabe zitiert.

   © Frank & Timme   Verlag für wissenschaftliche Literatur

eine ständige „Plackerei" (Sp: 102). Der Ertrag der harten Arbeit reichte nie ohne Nebenverdienst aus: Roccos inzwischen verstorbene Frau machte Heimarbeit und Rocco selbst arbeitete im Winter in der Pulverfabrik im Tal oder im Steinbruch (Sp: 13). Eine Verpflichtung dem Gemeinwesen gegenüber war allerdings lebenswichtig: Die Teilnahme an einer gemeinsamen Aktion jedes Frühjahr für den Unterhalt des Waldgürtels um den Berg oberhalb des Dorfes. Denn der Berg, der das Tal dominiert, war „in ständiger Bewegung" (Sp: 65) und „ohne diesen von Generationen in mühseliger Arbeit hochgezogenen Waldschutz hätte der Berg längst alles wieder an sich gerissen" (Sp: 82).

Ein radikaler Einbruch in diese Lebensweise kommt 1950 mit der Errichtung eines Staudammes und eines Kraftwerkes oben am Berg. Die Bauarbeiten schaffen neue Beschäftigungsmöglichkeiten, gerade als Roccos zwei Söhne alt genug sind, um dort sehr gegen den Willen ihrer Eltern angeheuert zu werden. Damit wird der Bruch mit dem traditionellen Bauernleben vollzogen und die Gegenüberstellung zweier Lebensauffassungen bildet das Thema eines Gesprächs zwischen Rocco und einem Baubüroangestellten bei dem „Gigantenwerk" (Sp: 22), das allerdings nur eins der Projekte in den Bergen darstellt, die „immer gewaltiger" werden und die durch eine „Schinderei" (Sp: 27) der Arbeiter zustande kommen. Auf Roccos Frage, wie sein Tal zu schützen sei, sollte der Damm brechen, versichert der andere, der Damm werde „für alle Ewigkeit" (Sp: 25) halten und es sei sowieso ein ausgedehntes Warnsystem in die Anlage eingebaut worden. Auf Roccos Einwand, der Damm bedeute „den Untergang von allem, was wir hier hochgehalten haben" (Sp: 27), wird entgegnet, er bringe in die Bergtäler „Elektrizität, Industrie, Arbeitsplätze" (Sp: 27) und auf den Einwand, es sei „Gottes und der Natur Gesetz" (Sp: 28), dass Wasser den Berg hinunterfließen müsse, sagt der Angestellte, indem er anerkennend auf die Härte von Roccos Leben hinweist, es gebe auch ein anderes Naturgesetz, „dass der Mensch sich mit dem Fortschritt aus der Abhängigkeit der Natur befreit" (Sp: 28). Dass die zwei Männer trotzdem miteinander gut auskommen, lässt vielleicht auf die Ohnmacht des Einzelnen in den Strömungen der Zeit schließen.

Roccos Erinnerungen machen verständlich, warum die junge Generation wegzieht, um „im Kraftwerk, in den Fabriken im Tal" (Sp: 8) zu arbeiten. Die dadurch entstehende Verödung der Gegend – das Dorf zählt inzwischen keine 50 Einwohner mehr (Sp: 7) – wird zum Teil durch den Zuzug von Fremden, die Ferienwohungen suchen und Landparzellen aufkaufen, kompensiert. Aber die Atomisierung des einst intakten Gemeinwesens hat dazu geführt, dass der Unterhalt des Schutzwaldes völlig vernachlässigt wird, obwohl er immer noch nötig ist: „War nicht der Berg derselbe geblieben, trotz Hotels und Pensionen, trotz der Villen der reichen Fremden?" (Sp: 87). Von den Zugezogenen aber wird die Landschaft ausschließlich in ästhetischen Kategorien wahrgenommen: Nach Meinung des benachbarten Industriellen könne Rocco in seinem „idyllischen Tal" keine Ahnung von dem Druck in der Industrie haben, „immer der Schnellere, der Klügere, der Stärkere und der Rücksichtslosere" (Sp: 76) sein zu müssen; für Rocco dagegen ist es unverständlich, warum die Wiese seines Nachbarn „immer gemäht und frisch bewässert werden" (Sp: 83) müsse, wenn der Mann weder Kühe noch Ziegen besitzt. Genauso unverständlich ist für Rocco das Benehmen des Sohnes des Industriellen, der im Zug einer romantisierenden städtischen Alternativbewegung ein dilettantisches Interesse für das Landleben zeigt. Das Fällen seines Lebensbaumes verpasst Rocco am nächsten Morgen doch, weil er oben auf dem Berg die Wasserleitung zu seinem Hof repariert; dabei sieht er, dass der Regen einen Bergsturz herbeiführen könnte; im Dorf werden seine Warnungen nicht beachtet, ein Gewitter kommt und das Tal wird von den Wässern des Staudammes überflutet.

Der Roman stellt keinen Abgesang auf das Bauernleben in einer modernen Welt dar, sondern malt ein überzeugendes Bild von den rauhen Verhältnissen, denen die Bergbauern einen kargen Ertrag abgerungen haben, und von der Landflucht der jüngeren Generation, der andere Möglichkeiten zur Verfügung stehen und an deren Stelle Siedler mit Geld kommen, für die das Land nur Kulisse ist. Rocco, Zeuge dieses Wandels, sieht an einem Punkt ein Bild von sich selbst: „Ein starrköpfiger alter Bauer, der nicht begriffen hatte, dass im Terzone andere Zeiten angebrochen waren" (Sp: 51). Zu seiner Marginalisierung gehört nicht nur seine symbolische Vereinsamung im Tal selbst, sondern auch das Überflüssigwerden seines Wissens, wie man mit der natürlichen Welt umzugehen hat. Dieses Wissen respektiert gerade die Abhängigkeit, von der der Kraftwerkangestellte stellvertretend die Menschheit befreien wollte und die die Katastrophe vernichtend bestätigt. Dass das Dorf jetzt unter Wasser steht, scheint jegliche Kontinuität mit der Vergangenheit auszuschließen, und die Überflutung zeigt, dass menschgemachte Katastrophen aus dem modernen Leben nicht mehr wegzudenken sind.

Die Katastrophe in Max Frischs *Der Mensch erscheint im Holozän* (1979) hat auf den ersten Blick nicht das Ausmaß der anderen drei: Nach sintflutartigem Sommerregen kommt es zu Hängerutschen im Onsernonetal im Tessin, durch die u.a. ein Bergdorf vorübergehend abgeschnitten wird. Doch werden die durch die natürliche Umwelt verursachten Ereignisse von der Hauptgestalt der Erzählung, dem 73-jährigen Rentner aus Basel, Herrn Geiser, durchaus als Katastrophe erlebt, denn sie bringen das normale Leben in seinem kleinen Haus im Dorf, wo er seit vierzehn Jahren allein lebt, zum Stillstand: Sämtliche elektrischen Geräte funktionieren nicht mehr, weil der Strom ausfällt, der Postbus, Symbol der Verbindung zur übrigen Welt, verkehrt nicht mehr, weil die einzige Straße gesperrt ist und die kleine, von Herrn Geiser selbst gebaute Trockenmauer im Garten eingestürzt ist – ein Symbol anderweitiger Schäden. Teils aus Langeweile während seiner aufgezwungenen Isolierung, teils aus Angst, er könne Wissenswertes vergessen, denn „Wissen beruhigt" (H: 215),[5] heftet Herr Geiser an die Wand Ausschnitte aus Büchern seiner kleinen Bibliothek. Als das Wetter sich verbessert, unternimmt er einen Ausflug ins nächste Tal, macht aber kehrt kurz vor seinem Ziel; wieder zu Hause, erlebt er einen leichten Schlaganfall. Als das gute Wetter endlich kommt, scheint der Friede des idyllischen Tales zurückgekehrt zu sein.

Die Schlichtheit der Fabel von *Der Mensch erscheint im Holozän* steht im umgekehrten Verhältnis zur Bedeutung der in ihr getragenen Themen, die erdgeschichtliche und erdzeitliche Dimensionen haben. Denn Herr Geisers Zettel geben Auskunft „über Geologisches, Klimatisches, Historisches usw." (H: 213) und das Wissen, das sie enthalten, versinnbildlicht zum einen die „Überzeugung der Enzyklopädisten", dass man durch „das Prinzip der Synthese und der Klassifizierung" „die Herrschaft über sich selbst und die Natur" (Butler 1983: 98) aufrechterhalten konnte. Zum anderen aber greift das moderne Wissen – vor allem die Befunde der Geologie über das Alter der Erde – diese Herrschaft an und auf die zersplitternde und verunsichernde Wirkung dieses neuen Wissens weisen die typographischen Unterschiede der Zettel hin. Gerade die Schwierigkeit, sich Einzelheiten unter der Vielfalt zu merken, hatte Herrn Geiser, Stellverterter des modernen Menschen, angetrieben, seine Zettel

---

5   Frisch (1986), *Der Mensch erscheint im Holozän. Eine Erzählung* wird im laufenden Text mit H
     und Seitenangabe zitiert.

zu schaffen: „Ohne Gedächtnis kein Wissen" (H: 210), heißt es. Vielleicht auch kein religiöser Glaube, spekuliert Herr Geiser: Könne es sein, angesichts der unfassbar langen Geschichte der Erde und des relativ kurzen Aufenthaltes des Menschen, dass dieser Aufenthalt befristet sei, und würde es einen Gott geben, „wenn es einmal kein menschliches Hirn mehr gibt, dass sich eine Schöpfung ohne Schöpfer nicht denken kann" (H: 212). Die Unermesslichkeit der Erdzeit berücksichtigt auch die neuzeitliche ästhetisierende Sicht der Natur: In der Höhe des Tales sei bei gutem Wetter „die Aussicht herrlich, nicht anders als vor Jahrtausenden" (H: 245). Gleichzeitig heißt es von dem Prozess der Natur, der der Oberfläche der Erde ihre Form gibt: „Die Erosion ist ein langsamer Vorgang" (H: 245). Aber der Eindruck entsteht, dass dieses neue Wissen eher parallel zu alten Denkmustern über die Stellung des Menschen läuft, als dass es sie verändert hätte.

Genau in der Mitte der Erzählung befindet sich das Abbild eines Wandzettels, auf dem der Begriff ‚Mensch' als „ein geschichtliches Wesen" bezeichnet wird, das durch seine Intelligenz unter anderem „zur Zurichtung und Veränderung beliebiger Naturumstände" (H: 250) fähig sei. Im darauffolgenden Text auf der gleichen Seite wird von den Verwüstungen hinten im Tal berichtet: „Der ganze Birkenwald sei weg, einfach weg", von der einzigen Straße „sei nichts mehr zu sehen", kurz, die Gegend „sei nicht wiederzuerkennen"; das Lakonische des Schlusssatzes, „Menschen sind nicht umgekommen" (H: 250), kommentiert die Willkür dieses Ausgangs. Diese Reihenfolge auf der gedruckten Seite stellt die Beschaffenheit des Menschen und die Eigengesetzlichkeit der Natur einander gegenüber und zeigt auch das, was man Frischs „künstlerische Methodologie" (Thomas: 115) genannt hat, nämlich den Verzicht auf eine strikt gehaltene narrative Sequenz zugunsten eines „Kohärenzfaktors" (H: 297), der auffordert, durch die räumliche Nachbarschaft von Textabschnitten und Wandzettelabbildern Zusammenhänge und Assoziationen wahrzunehmen – ironischerweise ein Vorgang, der bei der Lektüre aber kaum noch in der wirklichen Welt möglich ist.

Im Wandzettel über den Menschen heißt es, es seien bei ihm auch „zahllose Möglichkeiten erhaltungswidrigen (nicht-angepassten) Verhaltens gegeben, Irrtümer und Irrwege, Fehlentwürfe und Fehlentscheidungen" (H: 250). Veranschaulicht wird diese angeborene Fehlerhaftigkeit in zwei Ausflügen in die natürliche Welt, die Herr Geiser zu weit auseinanderliegenden Zeitpunkten

    © Frank & Timme   Verlag für wissenschaftliche Literatur

seines Lebens unternommen hat. Im ersten verliert Herr Geiser während der mit allen Unsicherheiten der Jetztzeit begleiteten Wanderung ins nächste Tal drei Stunden durch einen „Irrgang" (H: 268); im zweiten machten vor fünfzig Jahren Herr Geiser und sein Bruder beim Abstieg vom Matterhorn einen „Fehler", gar „eine Idiotie" (H: 298). Beiden Ausflügen ist gemeinsam, dass sie durch Zufall und nicht durch menschliche Planung ohne Schaden ausgehen – „der Mensch bleibt ein Laie" (H: 255). Die Schilderung des ersten Ausfluges folgt direkt einem Zettelhinweis darauf, dass die Erdgeschichte „nach neuen Forschungen 5 Milliarden Jahre" (H: 262) betrage und dieses Wissen prägt das Denken des Ausflüglers: „Der Mensch erscheint im Holozän" (H 271), überlegt sich Herr Geiser bei einer kurzen Rast auf einer Bank, nach der er, seine eigene, sehr begrenzte Situation akzeptierend, kehrt macht, weil er hört, „was in seinem Kopf beschlossen wird" (H: 272) – eine Formulierung, die an Katharinas instinktives Verhalten erinnert. Mehrmals freut sich Herr Geiser, dass niemand von seinem Ausflug, der als Flucht aufgefasst werden könnte, Bescheid weiß.[6] Dagegen ist die große Leistung seiner Jugend am Matterhorn durch unzähliges Vortragen (H: 289) zu einer sinnentleerten, unveränderlichen Anekdote („das bleibt im Gedächtnis" (H: 293)) erstarrt, die, fast am Ende der Erzählung geschildert, nach den vorangehenden Relativierungen des Menschen im Verhältnis zur Natur wie eine ironische Persiflage auf die heldenhaft bestandenen Herausforderungen der tradierten Bergliteratur wirkt.[7]

Ein weiterer Aspekt, der das Verhältnis des Menschen zur Natur beleuchtet, zeigt sich in der auffallenden Häufigkeit der Negativformulierungen, die im Text in zweifacher Form vorkommen. Schon auf der ersten Seite der Erzählung glaubt „niemand im Dorf", dass „der ganze Berg ins Rutschen kommt" (H: 207); Herr Geiser, der nicht an die Sintflut glaubt (H: 218), kann sich andererseits sehr lebhaft vorstellen, wie ein See das Tal allmählich füllt und „sich mit steigenden Seen der anderen Täler vereint", aber gleichzeitig ist das „nicht denkbar" (H: 222); von den durch das Wetter verursachten Störungen des normalen Lebens, sind die Einheimischen angeblich „überzeugt, dass es nicht lange dauern kann" (H: 223). So, und auch in anderen Beispielen, werden die

....

6   Achtmal freut sich Herr Geiser, dreimal bei der Hinreise (H: 262, 263, 267), fünfmal bei der Rückreise (H: 273 (3), 275 (2)).

7   Auch auf Frischs eigenen Bergroman *Antwort aus der Stille. Eine Erzählung aus den Bergen* (1937).

unausgesprochenen Ängste vor dem Unberechenbaren der Natur doch zum Ausdruck gebracht, Ängste, die sich auch durch kommentarlose, leitmotivistische Wiederholungen bemerkbar machen, wie z.B. das „Gurgeln" des Wassers um das Haus von Herrn Geiser (H: 297, 217, 222, 239). Zweitens werden die Bedingungen für die Gültigkeit einer Aussage negativ formuliert: „Wenn die Strasse nicht wegen Unwetter gesperrt ist, so ist Basel in fünf Stunden erreichbar" (H: 223); nach einer Liste ähnlicher Vorbehalte werden das Dorf als „ein malerisches Dorf" (H: 224) und das Tal als „ein malerisches Tal" (H: 230) beschrieben. Es ist, als würden die Negativformulierungen auf ein Wunschdenken hindeuten, das sich nicht ganz mit der Wirklichkeit deckt und das auch noch dazu Kategorien der Wahrnehmung bestimmt: In den Unsicherheiten der Gegenwart z.B. sucht Herr Geiser mit seinem Feldstecher die Berghänge nach möglichen neuen Rissen oder Spalten ängstlich ab und er sieht „ein Gebirge, das die Gletscher der Eiszeit überragt hat, ein zuverlässiges Gestein" (H: 233). Aber allmählich wird es Herrn Geiser bewusst, als er seinen eigenen Abschied aus einer zeitlichen Dimension herannahen sieht, dass, bei einer völlig teilnahmslosen Natur, Kategorien wie „zuverlässig" ganz einfach überflüssig sind, denn „die Gesteine brauchen sein Gedächtnis nicht" (H: 296).

Eingangs hatte es geheißen, dass sich Romane „in diesen Tagen" – also bei dem Unwetter und auch in der heutigen Zeit – nicht eignen würden, weil sie nur von menschlichen Beziehungen handeln würden, „als sei das Gelände dafür gesichert, die Erde ein für allemal Erde, die Höhe des Meeresspiegels geregelt für allemal" (H: 211–12). Gerade diese trügerischen Annahmen in Bezug auf die Stabilität der Erde stellt die Erzählung *Der Mensch erscheint im Holozän* bloss. Aber für seine während des Unwetters gewonnenen Einsichten findet der zweifach marginalisierte Herr Geiser – sozial als Rentner, geographisch als Einwohner des entlegenen Bergdorfes – kein Gehör bei anderen Gestalten: Die Burschen im Dorfcafé interessiert nicht „die Erosion, die draussen stattfindet" (H: 231) und über die Verwüstungen, die stattgefunden haben, weiß Herr Geisers Tochter in Basel schon „alles aus der Zeitung" (H: 287). Dass die Einblicke des alten Mannes nicht weitervermittelt werden, zeigt schließlich das letzte Bild des Tales: Nach der Rückkehr des guten Wetters veranschaulicht die ironische Schlussidylle, in der die Landschaft noch einmal durch die im Text schon diskreditierten Sprachfetzen wahrgenommen wird, wie brüchig und illusorisch dieses menschliche Konstrukt auf die Macht der

Natur ist. „Geologisches" hat während des Unwetters den Blick von Herrn Geiser auf die Dimensionen der Erdenzeit gerichtet – er begreift, wie kurz der Aufenthalt des Menschen im Verhältnis zur unermesslichen Länge der Erdgeschichte ist und auch, dass die unumkehrbare Eigengesetzlichkeit der Naturgesetze bei der Ankunft des Menschen schon bestand und nach seinem möglichen Aussterben auch weiterbestehen wird. Zu den drei Kränkungen des Menschen als Herrn der Schöpfung, die Sigmund Freud in seinem Aufsatz *Eine Schwierigkeit der Psychoanalyse* (Freud 1917) auflistet – die kosmologische durch Kopernikus, die biologische durch Darwin und die psychologische durch Freuds eigene Forschungen – kommt jetzt eine vierte, nämlich „die *zeitliche* Marginalisierung des Menschen", denn die in den letzten 200 Jahren gewonnenen Erkenntnisse der Geologie über die Erdgeschichte haben „eine fundamentale Erschütterung des neuzeitlichen Bewusstseins" (Braungart 2007: 33)[8] verursacht. Die Hängerutschen im Onsernonetal – eigentlich kaum eine Katastrophe im normalen Sinne des Wortes – sind mit mehr Schaden verbunden als das schlimmste natürliche Desaster. Denn das menschliche Wissen ist entmachtet: Gegen Ende der Erzählung sieht Herr Geiser ein: „Alle die Zettel, ob an der Wand oder auf dem Teppich, können veschwinden" (H: 296).

1756 beschreibt Kant die moralische Funktion einer schöpferischen Vermittlung des Lissaboner Erdbebens: Eine „Erzählung" sei „rührend" und könne daher „eine Wirkung auf das Herz", „vielleicht auch eine auf die Besserung desselben" haben (Kant 1922: 444). Genau dieses Ziel hat 1838 Gotthelfs Erzählung der Emmentaler Katastrophe, indem sie die schreckliche Großartigkeit der Verwüstungen und damit die „Gleichnisrede" (W: 7) der Natur sowohl in der Katastrophe als auch in der darauffolgenden Fruchtbarkeit schildert. Mit diesem Zeugnis seiner Allmacht habe Gott die Herzen der Talbewohner „öffnen wollen der Erkenntnis, daß er der Herr sei" (W: 72). Von Strafe ist keine Rede, sondern von Mitleid und Erbarmen für die Opfer, gleichzeitg aber steht der Rahmen der menschlichen Existenz unverrückbar fest: Gott bestimmt das Verhältnis des Menschen zur Natur. An der Schwelle der großen industriellen und technologischen Fortschritte der Mitte des 19. Jahrhunderts, die die Wahrnehmung dieses Verhältnisses umprägen, setzt Gotthelf seine

---

8   Diesem aufschlussreichen Aufsatz verdanke ich viele Einsichten.

Deutung der Emmentaler Wassernot als Schutzdamm gegen die Strömungen der Zeit und beansprucht für sie eine absolute Allgemeingültigkeit.

Die Texte von Hohler und Kauer zeugen von der in der zweiten Hälfte des 20. Jahrhunderts stark zugenommenen Sensibilisierung des menschlichen Verhältnisses zur Natur und von einem Sinn der Mitveranwortung für die Umwelt angesichts der dort angerichteten Schäden. Aus dieser Perspektive wird die menschliche Eigenmächtigkeit in Bezug auf die natürliche Umwelt thematisiert. Schilderte Gotthelf eine größenteils noch bäuerliche Welt, in der die Wirkung der Industrialisierung immer noch peripher war, so ist bei Hohlers Rückblick auf das 100 Jahre zuvor passierte Elmer Unglück diese Wirkung 50 Jahre nach Emmental in die Mitte des Blickfeldes gerückt. Die Ausnutzung der Naturressourcen schafft eine wirtschaftliche Abhängigkeit, die eine opferreiche menschgemachte Katastrophe herbeiführt. Konnte 1881 die damalige Vertuschung der wahren Ursache der Elmer Katastrophe noch einer gewissen Unklarheit über die Folgen menschlichen Handelns zugeschrieben werden, so ist das bei Kauer 1970 nicht mehr der Fall. Hier ist man sicher, dass man mit den nötigen Vorkehrungen die Naturkräfte ungestraft nutzbar machen kann und hier hat sich das moderne Dilemma noch zugespitzt: Der Erhalt der modernen Lebensweise ist von einer Ausnutzung natürlicher Ressourcen abhängig, die eine permanente Gefährdung darstellt. Das als Folge der menschgemachten Katastrophe irreversibel unter Wasser stehende Dorf straft die Hybris Lügen, dass ein solches Desaster nicht passieren könnte

Seitdem Kant das Lissaboner Erdbeben „lehrreich" fand, haben sich die Erkenntnisse der Wissenschaft, vor allem diejenigen der Geologie, unvorstellbar erweitert. Indem Frisch dieses Wissen in *Der Mensch erscheint im Holozän* thematisiert, schafft er auch einen Paradigmenwechsel: Der vom Unwetter im Onsernonetal ausgelöste Überblick über die Erdgeschichte vereint das Erzählerische und das Wissenschaftliche und stellt somit das Verhältnis des Menschen zur Natur in ein völlig neues Licht. Zeigte Gotthelf die Machtlosigkeit des Menschen vor Gott in einer Welt, die man nach der Bibel auf etwa 6000 Jahre kalkulierte (Braungart 2007: 33), so zeigt Frisch die Belanglosigkeit der Aufenthaltsdauer des Menschen auf einer Erde, die Milliarden Jahre alt ist. Frischs Erzählung räumt endgültig mit dem Begriff der Natur als Widersacher auf, die Herausforderungen stellt, die gemeistert werden können – Denkmuster, die den in den Texten von Hohler und Kauer geschilderten Zuständen noch zugrunde liegen. Spielen die vielen Literarisierungen von Katastrophen in der Literatur aus der Schweiz eine Rolle in dem Selbstverständnis des Landes (Utz 2010), so stellen die vier hier besprochenen Texte, die alle in Schweizer Tälern spielen, auch Stationen im allgemeinen historischen Wandel im Verhältnis des Menschen zur Macht der Natur dar.

Malcolm Pender

Benutzte Literatur

BEUSS, Eduard (1948), *Jeremias Gotthelf. Sein Gottes- und Menschenverständnis*. Zürich, Evangelischer Verlag.

BLASER, Klauspeter (1999), „Todesfluten – Glaubensbrücken – Lebensströme. Theologische Anmerkungen zu Gotthelfs „Die Wassernot im Emmental"". In: Pape, Thomke, Tschapp (Hrsg.), *Erzählkunst und Volkserziehung. Das literarische Werk des Jeremias Gotthelf.* Tübingen, Max Niemeyer, S. 185–198.

BLAUER, Hans Peter (2002), „Der Bergsturz von Elm an 11. September 1881. Ursache und gesellschaftliche Bewältigung einer menschgemachten Naturkatastrophe". In: Pfister (Hrsg.), *Am Tag danach. Zur Bewältigung von Naturkatastrophen in der Schweiz 1500–2000*. Bern, Haupt, S. 113–130.

BRAUNGART, Georg (2007), „„Katastrophen kennt allein der Mensch sofern er sie überlebt", Max Frisch, Peter Handke und die Geologie". In: Dutt/ Luckscheiter (Hrsg.), *Figurationen der literarischen Moderne*. Heidelberg, Winter, S. 23–41.

BRIESE, Olaf (2008), „Militärisch, juristisch, moralisch. Immanuel Kants wesentliche kulturelle Translation". In: Lauer/ Unger (Hrsg.), *Das Erdbeben von Lissabon und der Katastrophendiskurs des 18. Jahrhunderts*. Göttingen, Wallstein, S. 482–500.

BUTLER, Michael (1983), „Die Dämonen an die Wand malen. Zu Max Frischs Spätwerk: Triptychon und Der Mensch erscheint im Holozän". In: Arnold (Hrsg.), *Max Frisch*. München, Text + Kritik, 3. erw. Auflage, S. 88–107.

FREUD, Sigmund (1986), „Eine Schwierigkeit der Psychoanalyse". In: Anna Freud u.a. (Hrsg.), *Sigmund Freud. Gesammelte Werke*. 18 Bde, Frankfurt am Main, S. Fischer, Bd. 12, S. 3–12.

FRISCH, Max (1986), „Der Mensch erscheint im Holozän. Eine Erzählung". In: Mayer (Hrsg.), *Max Frisch. Gesammelte Werke in zeitlicher Folge 1976–1985*. Frankfurt am Main, Suhrkamp, Bd. VII, S. 205–299.

GOTTHELF, Jeremias (1966), „Die Wassernot im Emmental 1837". In: Hunziker u.a (Hrsg.), *Kleinere Erzählungen. 4 Bde*, Erlenbach-Zürich, Eugen Rentsch, Bd. 4, S. 5–80.

HOHLER, Franz (2000), *Die Steinflut. Eine Novelle*. München, Deutscher Taschenbuch Verlag.

KANT, Immanuel (1922), „Geschichte und Naturbeschreibung der merkwürdigsten Vorfälle des Erdbebens, welches an dem Ende des 1755sten Jahres einen großen Teil der Welt erschüttert hat". In: Buchenau (Hrsg.), *Vorkritische Studien von Immanuel Kant. 4 Bde*, Berlin, Cassirer, Bd. I, S. 438–475.

KAUER, Walther (1981), *Spätholz*. Roman. Reinbek bei Hamburg, Rowohlt Taschenbuch.

MUSCHG, Walter (1931), *Gotthelf. Die Geheimnisse des Erzählers*. München, C.H.Beck.

SAUER, Hans Dieter, „„Die Wassernot im Emmental". Simulation des historischen Hochwassers von 1837". In: *Neue Zürcher Zeitung*, 12.07.2005.

THOMAS, Noel L. (1985), „Readiness is all. Max Frisch's Der Mensch erscheint im Holozän". In: *New German Studies*, Bd. 13, S. 115–129.

UTZ, Peter (2010). „Der Kitt der Katastrophen". In: Barkhoff/Heffernan (Hrsg.), *Schweiz schreiben. Zur Konstruktion und Dekonstruktion des Mythos Schweiz in der Gegenwartsliteratur*. Berlin, de Gruyter, S. 65–76.

ROMAN K. ABT (UNIVERSITÄT BASEL) /
GESCHE GERDES (UNIVERSITÄT MÜNSTER)

„Bauern" und „Frauen". Literarisierungen von Macht in ländlichen Lebensräumen der deutschsprachigen Schweiz

1   Einleitung

Anhand der literarischen Texte *Die Käserei in der Vehfreude* (1850) von Jeremias Gotthelf, *Heimat* (1913) von Jakob Bosshart, *Der Schwarze Tanner* (1947) von Meinrad Inglin sowie *Landwirt Leibundgut* (2009) von Werner Wüthrich untersuchen wir Kontinuitäten und Veränderungen der Konstruktion von „Bauern" und „Frauen" unter literaturwissenschaftlichen und wirtschaftshistorischen Gesichtspunkten. Ausgehend von der Frage, wie Beziehungen zwischen „Frauen" und „Bauern" von Macht- und Herrschaftsverhältnissen durchdrungen sind, beschäftigen wir uns mit den in den Texten angeführten wirtschaftshistorischen Aspekten und deren Literarisierungen. Wir interessieren uns für aufgerufene Frames und semantische Felder, die ins Zentrum der erzählten Handlungen führen.

Für die Auswahl des Korpus wurden folgende Kriterien berücksichtigt: erstens sind die Texte bis in die Gegenwart bei einem breiteren Publikum bekannt,[1] zweitens spielt Landwirtschaft für die erzählten Handlungen eine wesentliche Rolle, und schließlich wird drittens (agrar)wirtschaftlicher Wandel thematisiert. Während Gotthelf in seinem Roman das Aufkommen von Talkäsereien, das von einer zunehmenden Export-Orientierung der Milchwirtschaft begleitet wird, in der ersten Hälfte des 19. Jahrhunderts behandelt, nimmt Bosshart die Landnutzungskonkurrenz zwischen agrarischer Produktion und dem Bau eines Stausees zur Elektrizitätserzeugung in der wirtschaftspolitisch liberalen Vorkriegszeit zum Ausganspunkt seiner Erzählung. Inglin

----

1   *Die Käserei in der Vehfreude* wurde beispielsweise 2010 im Rahmen der Thunerseespiele in einer Musicaladaption gezeigt. *Heimat* ist Teil der Neuauflage von Bossharts Werkausgabe, die 1988 mit Unterstützung des Zürcher Regierungsrates gedruckt wurde. *Der Schwarze Tanner* wurde 2004 vom damaligen Bundesrat Hans-Rudolf Merz in einer Rede aufgegriffen (vgl.: www.efd.admin.ch/-00468/index.html?lang=de&msg-id=20467 – Letzter Zugriff am 26.11.2011).

thematisiert den Widerstand eines „Bauern" gegen den Aufbau einer starken Agrarmarktregulierung während des zweiten Weltkriegs, und Wüthrich erzählt die Geschichte eines Landwirtes in einem Dorf, das durch Stadtnähe einem starken Wandel unterworfen ist, vor dem Hintergrund der neueren Agrarpolitik seit den 1990er Jahren.

In Anlehnung an Max Webers Konzeptualisierung von „Macht" und „Herrschaft" unterscheiden wir Herrschaftsverhältnisse, bei denen der Inhalt eines Befehls offen vorliegen muss, von Machtverhältnissen, die ebenfalls die Befolgung eines fremden Willens beinhalten, bei denen der Befehlsinhalt jedoch nicht explizit vorliegen muss.[2] Unsere These lautet, dass in den untersuchten Texten für die Bauernfiguren Männlichkeit konstitutiv ist und immer durch Abgrenzung von Weiblichkeit inszeniert wird. Ein konstitutives Merkmal des Verhältnisses zwischen „Bauern" und „Frauen" besteht darin, dass die Frauenfiguren durch die Bauernfiguren beherrscht werden und viel eher aktiv an Macht- als an Herrschaftsverhältnissen partizipieren. Indem wir unsere Aufmerksamkeit auf die Analyse von Verflechtungen zwischen „Bauern" und „Frauen" lenken, können wir zeigen, dass im „Bauern"-Stoff eine zeitübergreifende Geschlechterkonstruktion vorliegt: während die Bauernfiguren relational-männlich präsentiert werden, sind „Frauen" in unseren literarischen Texten funktional-weiblich konstruiert. Anders gesagt: ein rechter „Bauer" ist immer ein „Mann". Legitimieren muss er sich nur gegenüber seiner selbst. Kein Zufall also, dass die zentralen Figuren und Handlungsträger unserer Beispiele alle männlich sind.

Um die verschiedenen Literarisierungen von Macht im ländlichen Raum vergleichbar zu machen, arbeiten wir mit einem Text-Kontext-Modell von Moritz Baßler. Das Kippmodell, das Baßler für den Poetischen Realismus entworfen hat, werden wir im Folgenden zunächst vorstellen, um dann in einem zweiten Schritt die wichtigsten Aspekte und Orte des Wirtschaftens im literarischen Korpus aufzuzeigen. Zum Schluss stellen wir unsere These vor und fragen nach deren Reichweite.

---

2   Vgl. für die Definitionen im Wortlaut: Weber 1980: 28.

2 Analyse der Text-Kontext-Beziehungen

Das Kleine als Großes, Alltag als politisches Handeln, die Provinz als exemplarischer Raum, so wird die Dorfgeschichte in der Literaturwissenschaft häufig konzeptualisiert (vgl. Hein 1976: 25 oder Mahlmann-Bauer 2006: 13). In der Tat spielen die meisten Bauerngeschichten in der auf eine Dorfgemeinschaft reduzierten Sphäre, die als symbolischer Raum verstanden werden kann. Als Symbol für *was* die von uns untersuchten Prosatexte stehen, soll hier aber gar nicht entschieden werden. Vielmehr geht es uns um das realistische Verfahren, das allen vier Beispielen gemein ist und mit Hilfe von Moritz Baßlers Kippmodell des Poetischen Realismus erfasst werden kann (auch wenn literaturhistorisch maximal zwei unserer Texte der realistischen Epoche zuzuordnen sind). Baßler beschreibt die realistisch-literarische Praxis durch zwei Achsen, der vertikalen Achse der Symbolisierung und der horizontalen Achse der Metonymisierung. Zwischen diesen beiden Achsen schwankte ein realistischer Text: sobald der Symbolcharakter eines Elements der Diegese[3] (Ü) zu stark mit Bedeutung aufgeladen werde, ist „der realistische Charakter des Textes gefährdet und die semiotische Bewegung des Textes kippt zurück auf die Achse der Metonymisierung" (Baßler 2010: 66). Umgekehrt wird die Achse der Symbolisierung in dem Moment wieder aktualisiert, in dem sich die Diegese „nur noch historisch, faktual oder alltäglich präsentiert", es folgen „wieder Prozesse der verklärenden Bedeutungsaufladung" (ebd.). Das Viereck (□) steht in Baßlers Modell für die regulierenden Gesetzmäßigkeiten der konkreten Erscheinungen. Verklärung passiert also durch die Achse der Symbolisierung, während die Achse der Metonymisierung für Entsagung sorgt (vgl. Baßler 2010: 65). Baßler visualisiert mit seinem Kippmodell die gleichzeitige Existenz der poetischen Bedeutungsaufladung (vertikale Achse) und einer realistischen Narration (horizontale Achse), zwischen denen ein Text des Poetischen Realismus hin- und herkippt:

---

3   Hier und im Folgenden wird der Diegese-Begriff nach Gérard Genette verwendet.

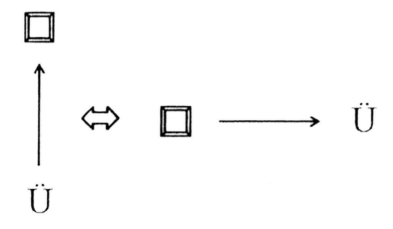

Abb.: „Poetischer Realismus" aus Baßler 2010: 66

Der 1850 in Deutschland erschienene Roman von Jeremias Gotthelf *Die Käserei in der Vehfreude*. *Eine Geschichte aus der Schweiz* handelt von den Veränderungen, die aus der Gründung einer Käserei für das Dorf Vehfreude resultieren. Produktion für den Markt und Export im Rahmen einer genossenschaftlichen Organisation mit Verzicht auf Anklage (vgl. Gotthelf 1984: 415) führen im Dorf zu unterschiedlichen Reaktionen: Die weiblichen Figuren stellen sich anfänglich zusammen mit dem Schulmeister und dem Pfarrer gegen die Käserei, weil diese anstelle einer Schule gebaut wird. Im Verlaufe des Käsejahres aber führt die Genossenschaft die „Frauen" vor das Problem, dass das gesamte monetäre Kapital für „greisete Kühe" (Gotthelf 1984: 44ff., 352ff.) und Futter investiert wird, und die Milch bis auf den letzten Tropfen in die Käserei abgeliefert werden muss. Deshalb wird in einigen Küchen der Kaffee neuerdings schwarz getrunken. Die weiblichen Figuren verlieren die Herrschaft über das Milchgeschäft an die „Bauern" und der pekuniäre Ausgleich ist noch dazu erst nach dem Käseverkauf zu erwarten – ein Bedürfnisaufschub, den einige Protagonistinnen nicht zu erbringen vermögen. Lassen sich die Bauernfiguren davon beeindrucken?

Eigentlich nicht, denn in der Diegese der *Käserei in der Vehfreude* fürchten sich die männlichen Figuren vor ihren „Frauen", die als Evas Erbinnen Gott lästern, mit Freude anderen Menschen schaden und nur ihr eigenes Wohl im Auge haben (exemplarisch Gotthelf 1984: 396f.), der satirische Charakter des Romans rückt das Geschlechterverhältnis und damit auch die Geschlechterhierarchie jedoch wieder gerade (vgl. Jörgensen 1999). Auch wenn „die Frauen" als Gesamtheit im Text nicht gut wegkommen – es mangelt nicht an allgemeinen Aussagen des heterodiegetischen Erzählers über „die Frau"[4] – so enthält *Die Käserei in der Vehfreude* auch Frauenfiguren, die in der erzählten Welt positiv gesehen werden. Die Ammännin Bethi und ihre kleine Schwester Änneli zeichnen sich im Vergleich zu ihrer Gegenfigur Eisi und den Mägden durch Ehrlichkeit und Anstand aus, was ihnen im Dorf zu einem guten Ruf verhilft. Es überrascht nicht, dass zwischen diesen Frauenfiguren und ihren (Ehe-)Männern ein gutes Verhältnis besteht. Konnte in den 1950er Jahren über Gotthelfs Frauenfiguren noch geschrieben werden, Gotthelf sehe das heilige Menschenbilde besonders in Mädchen und Frauen verkörpert, vor denen er sich selber staunend beuge (siehe Günther 1958: 39), so muss doch zumindest darauf hingewiesen werden, dass die Mehrheit der Frauenfiguren in der *Käserei in der Vehfreude* diesem Ideal keineswegs entspricht.[5]

In Gotthelfs Käserei-Roman „kippen" die Achsen weniger hin und her, sie sind vielmehr über die Metacodes Sittlichkeit und Fortschritt arretiert – was von Baßler als „regulative Idee der poetisch-realistischen Programmatik" (Baßler 2010: 65) beschrieben wird. Hier ist jedes Einzelphänomen der erzählten Welt „transparent auf die ihr innewohnende, sie regulierende und sinnhaft machende Gesetzmäßigkeit [...]. Zugleich ist aber jedes Gesetz immer nur in den konkreten Erscheinungen gegeben" (ebd.). Ein Haus, das Dorf symbolisiert ein Land oder die Welt, individuelle Beziehungen eine Gesellschaft, denn

---

4   Einige Beispiele dafür: „Eine Frau, wenn sie was will, ist selten um die Mittel verlegen" (Gotthelf 1984: 147); „Denn es wird selten eine Frau sein, welche nicht Spaß am Manne hat, wenn er in etwelche Verlegenheit kommt, die es nicht wundernimmt, wie er sich darauszieht, und die es ihm nicht ein klein wenig gönnen mag, wenn er ein klein wenig darin hängen bleibt" (Gotthelf 1984: 330); „Des Weibes Macht und Herrschaft liegt im Gemüte, und dieses Gemüt ist unter kein Gesetz zu tun, es ist kein äußerliches, und seine Macht ist eben deswegen so groß, weil kein Gesetz sie begrenzen kann" (Gotthelf 1984: 396).

5   Weitere Arbeiten, die sich mit den Frauenfiguren in Gotthelfs Werken befassen sind Buess 1994; Holl 1985; Künzi 1984; Ott et al. 2004. Für den Zugang der vorliegenden Arbeit ist bemerkenswert, dass den Männerfiguren bisher keine Aufmerksamkeit zuteil wurde.

„[i]m Kleinen liegt oft Großes, in scheinbar Unbedeutendem eine ganze Lebensrichtung" (vgl. Gotthelf 1984: 446).[6] Die sich überkreuzenden und ergän-
zenden Achsen der Metonymisierung und Symbolisierung des narrativen
Strukturmodells finden in der Figurenkonstellation von Gotthelfs Roman ihre
Entsprechung: Sämtliche Figuren agieren als Paare, entweder als gleichrangige
oder als spiegelbildliche Typen. Die harmonische Konstellation trifft z.B. auf
Bethi und Sepp oder auf den Ammann und seine Frau zu, ein negatives Zwei-
ergespann bilden Eisi und Peterli. Zur Ergänzung bzw. Vereinigung kommen
die Gegensätze in Änneli und dem Ammannsohn Felix. Hier steht der sittsa-
men Entsagung des Verdingkindes Änneli, die wegen eines Kusses Tränen der
Scham vergießt, die Selbstsicherheit des draufgängerischen Felix gegenüber
(vgl. Gotthelf 1984: 90ff.).

Dass die „Frauen" nur dann auf der Achse der Verklärung punkten können,
wenn sie die Achse der Entsagung kontinuierlich einhalten, zeichnet das Geschlechterverhältnis in *Die Käserei in der Vehfreude* aus. Entsagen müssen die
weiblichen Figuren vor allem der Herrschaft. Bethi und die Ammännin „regie-
ren" zwar ihre Ehemänner (vgl. Gotthelf 1984: 97, 419), sind aber weit entfernt
von einer hinterlistigen und eigennützigen Herrschaft wie sie von Eisi über
Peterli ausgeübt wird. Die Frage der Macht entscheidet sich bei Gotthelf durch
Entsagung. Die vererbte soziale Stellung kann dadurch wie im Fall von Änneli
in den Hintergrund treten, oder es kann wie bei Bethi und Sepp wirtschaftlich
aufwärts gehen. Es sind dagegen die Bauernfiguren, die – wenn auch mit mehr
oder weniger Geschick – die gefällten Entscheidungen ihren Frauen gegenüber
durchzusetzen haben. Im Wertesystem der Protagonisten sind es materielle
Güter, die Ruhm und Ansehen mehren und die Dorfgemeinschaft ordnen.
Dieses Wertesystem gilt jedoch nur innerhalb des Dorfes, was sich darin zeigt,
dass die Versuche der Vehfreudiger, über die Anhäufung von Reichtum berühmt oder dauerhaft glücklich zu werden, scheitern (vgl. Walder 2005: 215f.).

In Jakob Bossharts Novelle *Heimat*, erstmals 1912 im Band *Erdschollen* erschienen, sind die sozialen Schichten generell weniger relevant für die Diegese.
Um Macht wird hier vielmehr über innere, psychologische Vorgänge gerun-
gen, besonders mit der „namenlose[n] Reue" (Bosshart 1988: 16) um die Hei-

---

6   Im Vorwort schreibt Gotthelf außerdem: „Der Verfasser glaubt die wahren Bedürfnisse der Zeit
    zu kennen […]" (Gotthelf 1984: 6).

mat, wie beim Tobelhofbauern Schollenberger. Die Herrschaftsverhältnisse dagegen sind klar: Der „Bauer" kann sein Eigentum verkaufen oder wird dazu gezwungen werden (vgl. Bosshart 1988: 13f.). Die Stadt mit ihren wirtschaftlichen und sozialen Verlockungen hat bei der jungen Generation Vorrang (vgl. Bosshart 1988: 11, 19). Der „Bauer" Schollenberger dagegen ist mit seiner durch den Verlust erwachten Vorstellung von Heimat unbeweglich. Dass seine früh verstorbene Frau als Magd auf den Hof kam, hat Tradition, und auch der Sohn weiß, dass ihn das gleiche Schicksal erwartete. Sein Vater dagegen ist ohne den über Generationen vererbten Hof als „Bauer" weder in der Lage, mit sich noch mit der Dorfgemeinde in Frieden zu leben.[7] Der Tobelhofbauer imaginiert sich als Schutzherr über die Tiere des Hofes, aber die Beziehungen zu seinen Kindern und seiner Schwester Grite laufen ohne Reflexion ins Leere. Alleine fühlt er sich erst, als er von den Tieren verlassen wird. Schwester und Kinder haben sich da schon längst anderweitig integriert. Nur der männlichen Bauernfigur gelingt kein Neuanfang. Die Heimat, die Schollenberger nicht mehr loslässt, macht ihn einsam:

Mit dem Tobel verband ihn eine Art Verwandtschaft, der Hof hatte etwas wie eine Seele, und nun war diese Seele verkauft, dem Tode verschachert. […] Eine namenlose Reue erfasste ihn; ihm war, er sei aus einem Rausch erwacht und merke, daß er im Unverstand seine Seele dem Teufel verkauft habe. (Bosshart 1988: 16)

Der Hof, den der „Bauer" schweren Herzens aufgibt, wird den LeserInnen nicht gerade als anheimelnder Ort beschrieben: er liegt in einem dunklen Tal an einem unberechenbaren Fluss und steht auf unfruchtbarem Boden (vgl. Bosshart 1988: 8). Das „enge Stübchen" (ebd.: 7), in dem der „Bauer" zu Beginn der Erzählung sitzt, steht für seine enge Welt, die sich im Verlauf des Textes immer weiter verkleinert und die Umwelt mitsamt den Menschen daraus zunehmend ausschließt. „Das Kleine" bei Bosshart ist also nur beschränkt repräsentativ oder vorbildhaft, denn intradiegetisch führt dieser Rückzug ins Private zur Isolation und zum Tod. Eine positive Alternative fehlt gänzlich:

....

7   Erst durch den Verlust des Hofes eröffnet sich ihm die Bedeutung des Wortes „Heimat" (Vgl. Bosshart: 16).

Schwester Grite und die beiden Kinder sind der Macht des Geldes erlegen, einzig in der Erinnerung des „Bauern" an seine unbeschwerte Kindheit in der Natur steckt ein positives Bild, wenn auch kein vorwärtsgewandtes. Ein Traum flüstert ihm ein, er solle angesichts des Stausees, der seinen Hof verdrängt hat, zu einem Fisch werden, „da ist man vor dem Ertrinken sicher" (ebd.: 39). Der Tobelhofbauer kann sich von der Vergangenheit nicht lösen, er verfällt dem Alkoholismus. Wer gewinnt den inneren, vereinzelnden Kampf um die Deutungsmacht im Tobelhofbauer? Das „Lied unserer Zeit" (ebd.: 44), das der Wald nach dessen Tod singt, warnt und kippt damit auf die Achse der Symbolisierung. Poetologisch reflektierend endet der Text in der Verklärung: „Wenn einmal die Werke unsrer Zeit alt geworden sind und ein neuer Geist sie verdrängt, liegt vielleicht auch über ihnen der verklärende Glanz der Dichtersonne" (ebd.: 44).

Die Macht des Geldes, ganz nach dem Motto „Wer das Geld hat, hat die Wahl!" (ebd.: 15) spielt zeitlich und räumlich eine zentrale Rolle. Die Summe von 28'000 Franken ist es, welche die Kinder bereits durch die Vorstellung verlockt, und die Schwester Grite spätestens dann, als es physisch vor ihr liegt. Dem Tobelhofbauern dagegen wird angesichts des Geldes erst klar, was er verkauft hat: zwar kann er aufgrund der Wertsteigerung des Bodens durch den geplanten Bau eines Elektrizitätswerkes einen „besseren" Hof kaufen, aber die Erinnerungen, die imaginierte Heimat, sind an den Tobelhof gebunden, und lassen sich für ihn nicht in Geld aufwiegen. Schollenberger findet in der Dichtung nur einen Ausweg, indem er zum Fisch wird. Die weltliche Herrschaft lässt er hinter sich. Ob er die Deutungsmacht verloren hat, lässt die Erzählung offen. In diesem Beispiel dominiert also das Begehren nach Verklärung, was sich an dem symbolischen Verfahren des Textes zeigt (vgl. zum Prinzip der Verklärung in poetisch-realistischen Texte Baßler 2010: 66f.).

Auch in der 1947 erschienenen Erzählung *Der Schwarze Tanner* von Meinrad Inglin verengt sich die Diegese im Verlauf des Textes auf die Figur des Tanners und dessen Welt. Sämtliche Umwelt wird ausgeschlossen, vor allem seine „Frau" tritt als Handlungsträgerin in den Hintergrund, einzig der Kaplan hat noch Zugang zum Schwarzen Tanner und seinen Gefühlen. In dieser Erzählung konstruiert der Text die Bauernfigur nicht durch Heimatbilder, sondern durch den nicht zu bändigenden Wunsch nach Freiheit. Als er wegen wiederholter Zahlungs- und Kooperationsverweigerung mit der Ackerbaustelle im Gefängnis einsitzt, wird sein Freiheitsdrang mit dem eines Tieres verglichen (vgl. Inglin 1990: 287).[8]

Während dem „Bauern" jedoch eine Läuterung gegönnt ist, verschwindet die Tannerin aus dem Text. Vielmehr bleibt die Entwicklung der „Frau" ebenso wie die anfängliche Partizipation ganz am Handeln des „Bauern" ausgerichtet. Für Tanner endet die Erzählung mit einem Gleichgewicht zwischen der Achse der Entsagung (Metonymisierung) und der Achse der Verklärung (Symbolisierung): die Situation ist für ihn zwar lebbar, aber gleichzeitig defizitär (vgl. Baßler 2010: 67), er ist im Innersten „gedemütigt, wund vor Scham und bereit, aus seiner vermessenen blinden Eigenrichtigkeit [...] in den rechten Weg einzulenken" (Inglin 1990: 296). Auch wenn seine „Frau" im letzten Drittel des Texts unerwähnt bleibt, ist sie für dessen Funktionieren sowie für Tanners Selbsterkenntnis unerlässlich. Ohne sie und den Sohn würde der Milch- und Hofbetrieb in Tanners Abwesenheit nicht weitergehen, sie ermöglicht ihrem Mann die Rückkehr an den gleich gebliebenen Hof. Sie übernimmt also die Funktion der kontinuierlichen Existenzsicherung und kann ihre Zweifel, die sich ganz an denjenigen des Mannes ausrichten (vgl. Inglin: 260), nicht auf die gleiche Weise überwinden. Gleichsam sind es seine „Frau", der Sohn und die Töchter, an denen sich Tanner „schuldig gemacht" (Inglin 1990: 296) hat, was ihm den Gefallen an der Herrschaft verdirbt – das zumindest ist eine denkbare Leseweise der Erzählung. Am Ende ist es der Staat, der durch Machtausübung, vermittelt durch den Kaplan, dem „Bauern" das autarke Handeln als Verfehlung vor Augen führt. Dem schwarzen Tanner wird das verdiente Geld zum „Sündengeld" (Inglin 1990: 295).

Die Frage nach der Macht im ländlichen Lebensraum bei Inglin ist eng verknüpft mit dem wirtschaftshistorischen und gesellschaftlichen Wandel seit dem Ersten Weltkrieg. Die davor liberale Agrarpolitik des schweizerischen Bundesstaates lässt den „Bauern" angesichts der Kriegswirtschaft der 1940er Jahre zwischen zwei agrarpolitischen Epochen stehen und zwingt ihn schließlich zum Umdenken und zum Einlenken in ein solidarisches Wirtschaften (vgl. Inglin 1990: 293f.). Das eröffnet der Kaplan dem Schwarzen Tanner in klaren Worten: „Du hast dich da oben auf Gschwend gegen alles abgeschlos-

---

8   Vgl. auch folgendes Zitat: „Tanner hörte diese Worte, ohne sie zu verstehen, das sah man ihm an, er stand regungslos da, seine tiefliegenden Augen funkelten wild und sein Atem fauchte" (Inglin 1990: 284).

sen, was nicht zu deiner eigenen kleinen Welt gehörte, und diese Welt ging nicht weit über Oberschwand hinaus. […] Das ist auch eine Unabhängigkeit, aber eine eigensüchtige und hochmütige" (Inglin 1990: 293). Die als ursprungshaft und naturgebunden markierte Freiheit des „Bauern" wird als letztlich nicht gemeinsinniges und zukunftsfähiges Modell präsentiert, was Tanner unter Tränen einzusehen vermag.

Den letzten Sprung über rund 60 Jahre machen wir von Meinrad Inglin zu Werner Wüthrich. Seine Erzählung *Landwirt Leibundgut. Lioba! Lioba! Por t'aria* ist Teil des Bandes *Die sie Bauern nannten. Vom Mythos und Überleben unserer Landwirtschaft* (2009). Auch in dieser Geschichte wird ein Dorf mit Wandel und „Fortschritt" konfrontiert; der Text endet mit der wehmütigen Aussage einer der Protagonistinnen, dass „das einstige Bauerndorf […] beinahe schon eine Vorortsgemeinde" (Wüthrich 2009: 128) geworden sei. Anlass für diese Besorgnis war der Verkauf des Lerchenfeld-Hofes, einem der größten Aussiedler-Höfe des Bauerndorfes (ebd.: 102). Sein Besitzer Hans Lukas Leibundgut, auch Hallu genannt, begründet seine Entscheidung mit der Unzeitgemäßheit des Bauer-Seins sowie mit dem unternehmerischen Zwang vonseiten der Verbände und des Staates (vgl. Wüthrich: 120, 122). Die Dorfgemeinschaft, allen voran die Rothaus-Bäuerin, akzeptieren Hallus Entscheidung nicht, sondern sehen in ihr einen Angriff auf Tradition und Bäuerlichkeit. Bauer-Sein wird in der Erzählung exemplarisch von der Tochter der Rothaus-Bäuerin, Martina, definiert – und zwar über den Besitz von Kühen: Sie sagt zu Hallu: „Man kann sich dich nicht ohne Kühe vorstellen" (ebd.: 121).[9] Der Lerchenhof-Bauer ist jedoch anderer Ansicht, er hat genug vom Landleben, denn „wenn einer ein Milchbauer sei und so wie er einen ganzen Viehstand mit Kühen, Rindern und Kälbern zu versorgen habe, bleibe man leider bei seinen Tieren. Vierundzwanzig Stunden und wo immer man sich aufhalte" (ebd.: 119).

Anders als in den vorher thematisierten Prosatexten des ländlichen Raumes gibt es bei Wüthrich keine ausführlichen Landschafts- und Naturbeschreibungen. Nach einer kurzen Werbebroschüren-ähnlichen Einleitung im Präsens werden vor allem Umstände geschildert, die seit der Neuausrichtung

⋯⋯⋯⋯⋯⋯⋯⋯⋯⋯⋯⋯⋯⋯

9   Vgl. auch die Aussage des unfokalisierten heterodiegetischen Erzählers: „Ansonsten war er [Hallu, d.V.] ein normaler Bauer, wie es seine direkten Vorfahren auch alle gewesen waren. Bauer und Landwirt, mit Getreide, Zuckerrüben und vor allem Vieh" (Wüthrich 2009: 103).

der Agrarpolitik in den 1990er Jahren (mehr „Markt", Umstellung von Sub-
ventionen auf (ökologische) Direktzahlungen, gelenkter Strukturwandel), ihre
Selbstverständlichkeit verloren haben, wie z.b. die Namensgebung der Ler-
chenfeld-Kühe (vgl. Wüthrich 2009: 104). Darüber hinaus stehen die Vorbereitungen für eine Theateraufführung als Sinnbild für einen Versuch der Rück-
gewinnung von Gemeinschaft (vgl. Wüthrich 2009: 116). Verklärt wird hier im
Vergleich zum poetischen Realismus wenig. Bei der Erzählung handelt es sich
vielmehr um eine Dekonstruktion des idyllischen Mythos vom bäuerlichen
Landleben mit Dorfgemeinschaft. Der bäuerliche Zusammenhalt erscheint als
kontrollierende und normierende und nicht mehr zeitgemäße Instanz, die
Hallu letztendlich zur Flucht aus dem Tal motiviert (vgl. Wüthrich 2009: 123).
Dazu zählt auch die Ehe- und Familienlosigkeit des Lerchenfeld-Bauers, die
von seinen Nachbarn immer wieder skandalisiert wird (vgl. Wüthrich 2009:
102f., 105f., 108 etc.). Die imaginierte Gemeinschaft hat die Macht bzw. die
soziale Kontrolle über den Einzelnen verloren.

3 Orte des Wirtschaftens

In allen Texten spielen Bauernhöfe als Eigentum von „Bauern" eine prominente Rolle in der erzählten Handlung. Mit landwirtschaftlicher Produktion bestreiten die Protagonisten und ihre Familien den Lebensunterhalt. Nebst dem
tradierten Alltag stehen Veränderungen an, die – so eine in den Texten artiku-
lierte Hoffnung – unter arbeitsökonomischen Gesichtspunkten ein angeneh-
meres Leben ermöglichen werden. Gleichsam partizipieren die „Bauern"
dadurch am „Fortschritt". Auf allen Höfen wird Viehwirtschaft betrieben, aber
während in Gotthelfs *Die Käserei in der Vehfreude* die Umstellung auf Kä-
sereiwirtschaft im Zentrum der angestrebten ökonomischen Besserstellung
steht, ist es bei Bossharts *Heimat* der Landverkauf, der einen weniger kargen
Hof und somit eine weniger anstrengende Arbeit in Aussicht stellt. In Inglins
Der schwarze Tanner werden durch den Schwarzhandel neue Märkte erschlos-
sen, die eine bessere Gewinnmarge bieten, und auf dem Aussiedlerhof in
Wüthrichs *Landwirt Leibundgut* wird der durch die nahende Stadtagglomera-
tion bedrängte landwirtschaftliche Betrieb für eine vielversprechendere Zukunft mit geehelichter „Frau" versteigert.

Eine anders geartete wirtschaftliche Kontinuität zwischen den Texten ist in den beanspruchten juristischen Dienstleistungen und Zahlungen zur Schlichtung von Rechtsstreitigkeiten auszumachen. Während im Gotthelf-Text, dessen Handlung in den 1830er Jahren angesiedelt ist, Androhungen von Klagen und Wiedergutmachungen von Körperverletzungen eine Rolle spielen, ist es zu Beginn des 20. Jahrhunderts der Versuch des Rückkaufs des veräußerten Bauernhofs, der den Gang zum Anwalt motiviert. Im Zweiten Weltkrieg werden Strafen wegen verweigertem Gehorsam gegenüber dem Staat ausgesprochen, welche zu beträchtlichen Aufwendungen für beide Parteien führen. In der Gegenwart schließlich werden unter anderem Rechtsdienste beansprucht, um die Veräußerung des Betriebes unter Abwesenheit durchführen zu können.

Obwohl die sozioökonomischen Bezugseinheiten zwischen Familie, Dorf, Handelsplatz, Stadt, Kanton und Staat changieren, zieht sich das normativ aufgeladene Idealbild des „Bauern" als autarkes Familienoberhaupt und ideologisch aufgeladene Figur durch sämtliche Texte. Dies wird besonders deutlich, wenn es gilt, diese Figur als bedrohte wieder herzustellen. Der „Bauer" Leibundgut – dem die Tiere zur Familie geworden seien (vgl. Wüthrich 2009: 106) –, aus seiner Perspektive durch die Agrarpolitik und „die Normalen" stigmatisierter, befreit sich durch seinen Auf- oder gar Ausbruch in eine offene aber zumindest selbstbestimmte Zukunft mit einer in „Indonesien oder Malaysia" gebürtigen „Frau" (ebd.: 110). Tanner findet zurück in seinen Stall, weil der von ihm geachtete alte Kaplan die Verantwortung für dessen Handeln auf mehrere Schultern zu verteilen weiß. Der Tobelhans kehrt in seine Heimat zurück, indem er in den See geht. Und in dem bereits durch sein anderes Genre viel weiter verflochtenen Gotthelf-Roman, ließe sich dies an Antihelden wie Peterli oder Eglihannes ebenso zeigen, wie wir es hier nur für die männlichen Protagonisten Felix und Sepp tun. Felix wird erst zum Nachfolger und dem Vater ebenbürtigen Ammannssohn, indem er seine Liebesheirat vor seinem Vater als Vernunftheirat zu legitimieren vermag. Sepp verkörpert diese ideologische Figur idealtypisch und ist in diesem Sinne eine Ausnahme. Er ist nicht nur sympathisch, sondern auch ein fortschrittlicher „Bauer", der sich in konfliktarmen Herrschaftsverhältnissen bewegt, indem er seine „Frau" bei seinen Entscheidungen einbezieht und niemals Streit sucht.

Bisher haben die „Frauen" unter wirtschaftshistorischen Gesichtspunkten noch kaum Bedeutung erlangt. Das ist dem Umstand geschuldet, dass „die

Frauen" lediglich funktional-weiblich von Gewicht sind. Übrigens genauso wie die Kinder, denen in ähnlicher Weise konstitutive Nebenrollen zukommen. Nebst der Reproduktionsfunktion, die auch preiswerte Arbeitskräfte bereitstellt (vgl. Gotthelf 1984: 407, 455), sind es in *Die Käserei in der Vehfreude* die sogenannten „Weiber", welche sowohl die Kommunikation vorantreiben als auch im Hintergrund der Entscheidungen und Beschlüsse der „Bauern" eine Rolle spielen. In *Heimat* verliert der „Bauer" Schollenberger mit dem Verkauf seines Eigentums nicht nur Land, Haus, Hof und Tiere, sondern hat bereits davor seine „Frau" verloren, und seine Schwester sowie die Kinder wenden sich anderen Tätigkeiten zu. Der Schwarze Tanner kommt zu seinem Schwarzhandelsgeschäft über seine Tochter, die in einem städtischen Haus angestellt ist, und seine „Frau" versorgt die acht zusätzlich für den Schwarzhandel (vgl. Inglin 1990: 273) gehaltenen Hühner. Die Rothausbäuerin, die zwar bis auf das biologische Geschlecht alles hätte, um in der Erzählung eine ebenbürtige ideologisch aufgeladene Figur zu werden, wird nur bedeutsam hinsichtlich des Umstandes, dass sie für die Hochzeit des Lerchenfeldbauern ein Dorffest initiiert und bei diesem Tun gänzlich falsch die Absichten und Entscheidungen des Nachbarbauern vorwegnimmt. Eine hierarchische Gegenüberstellung von männlichen und weiblichen Figuren bzw. zwischen „Bauern" und „Frauen" ist also in allen Texten unseres Korpus festzustellen – unabhängig der agrarischen Kontexte.

4   Schluss

Vier literarisierte Bauernschicksale zwischen 1850 und 2009 publiziert – und eine erstaunlich konstante Konstruktion von „Bauern" und „Frauen". Die Hauptprotagonisten sind alle männlich, bei Bosshart und Inglin verengt sich die erzählte Welt im Textverlauf derart stark, dass die weiblichen Nebenfiguren ganz aus der Darstellung verschwinden. Spielt man das Jakobson'sche Spiel auf der paradigmatischen Ebene – Was passiert, wenn man ein Element des Paradigmas durch ein äquivalentes ersetzt? – so zeigt sich: „Frauen" sind kein äquivalentes Element zum „Bauern"; die männlichen Figuren lassen sich bei gleich bleibender Diegese in keinem Textbeispiel durch „Frauen" ersetzen. Denn die Geschlechter sind in ihren Konstruktionen und Funktionen klar voneinander zu unterscheiden: „Bauern" werden textübergreifend männlich konnotiert, wobei ihre Männlichkeit nur in Abgrenzung zur weiblichen Funktion der biologischen, sozialen und wirtschaftlichen Reproduktion verdeutlicht werden kann. Die Reflexion über das Bauer-Sein wird von den männlichen Figuren übernommen, sie sind auch diejenigen, denen ein Entwicklungspotential innerhalb der erzählten Handlungen zukommt.

Die realistische Verfahrensweise benötigt in unseren Texten entweder den Metacode „Fortschritt" oder Sittlichkeit, um weder in die Verklärung noch auf die Seite der Entsagung zu kippen, wie es bei Gotthelf (Sittlichkeit) und Inglin („Fortschritt") vorgeführt wird. Bossharts Protagonist stirbt vor lauter Heimatverklärung und Wüthrichs Held kann sich nur durch den Verzicht auf sein Bauer-Sein retten. In allen Fällen dominiert ein Gegensatz zwischen einer unterschiedlich stark imaginierten Gemeinschaft, die sich unter den Weichenstellungen des „Fortschritts" außerhalb zu behaupten hat. Die Bauernfiguren werden als durch gesamtwirtschaftliche und gesellschaftliche Entwicklungen bedrohte vorgeführt, die sich mit den von außen wirkenden Mächten auseinandersetzen müssen. „Bauern" werden als Figuren repräsentiert, welche die erfahrenen Macht- und Herrschaftsverhältnisse nach innen gegenüber den „Frauen" verdoppeln.

Ohne dass diese Schlussfolgerung bei der Textauswahl im Vorfeld intendiert war, hat sich bei der Analyse unseres literarischen Korpus herausgestellt, dass hinsichtlich der Machtbeziehungen zwischen „Bauern" und „Frauen" eine Kontinuität zu Ungunsten der Frauenfiguren besteht. Auch wenn dieses ungleiche Macht-, vor allem aber Herrschaftsverhältnis nicht für sämtliche Texte der hier untersuchten Autoren belegt werden kann, so scheint diese Kontinuität angesichts des gesellschaftlichen Wandels über knapp zwei Jahrhunderte dennoch bemerkenswert. Es bieten sich unseres Erachtens drei Interpretationsmöglichkeiten an: Erstens kann die Ursache für diese Kontinuität in der Ausbildung eines literarischen Motivs gesehen werden. Zweitens ist denkbar, dass die Literarisierungen dieser Konstellation zwischen „Bauern" und „Frauen" in einer kontinuierlichen Perspektivierung der Wahrnehmung von Bauerntum und Landwirtschaft durch die Autoren der behandelten Texte begründet liegt. Und schließlich drittens sind auch Kontinuitäten auf der realen Ebene des thematischen Gegenstandes denkbar. Wenn wir uns hier nicht für eine dieser Varianten entscheiden, ist der Grund hierfür darin zu sehen, dass wir die Auswahl unserer Texte nicht für repräsentativ halten. Damit geht keineswegs eine Begrenzung der Aussagekraft der Ergebnisse einher. Vielmehr gilt es zu bedenken, dass die These der Kontinuität des Macht- und Herrschaftsverhältnisses zwischen „Frauen" und „Bauern" sich auf die vier von uns ausgewählten Texte bezieht, die immerhin aus vier verschiedenen (Agrar)wirtschaftlichen Zeitepochen stammen und von Autoren stammen, die bis heute rezipiert werden.

Benutzte Literatur

BASSLER, Moritz (2010), „Figurationen der Entsagung. Zur Verfahrenslogik des Spätrealismus bei Wilhelm Raabe". In: Göttsche/ Schneider (Hrsg.), *Jahrbuch der Raabe-Gesellschaft 2010*. Berlin u.a., de Gruyter, S. 63–80.

BOSSHART, Jakob (1988), „Heimat" [1912]. In ders.: *Werke in sechs Bänden. Band 1 und 2*. Zürich u.a., Orell Füssli, S. 7–44.

BUESS, Eduard (1997), *Das Bild der Frau bei Jeremias Gotthelf*. Basel, F. Reinhardt.

CIMAZ, Pierre (1998), „Der Fortschritt und seine Versuchungen. Die Käserei in der Vehfreude". In ders.: (Hrsg.), *Jeremias Gotthelf (1797–1854). Der Romancier und seine Zeit*. Tübingen u.a., Francke, S. 403–435.

COMMENT, François (1990), *Der Erzähler Jakob Bosshart*. Bern u.a., Haupt.

GOTTHELF, Jeremias (1984), „Die Käserei in der Vehfreude. Eine Geschichte aus der Schweiz" [1850]. In ders.: *Volks-Gotthelf. Band 10*. Zürich, Rentsch.

GÜNTHER, Werner (1958), *Neue Gotthelf-Studien*. Bern, Francke.

HEIN, Jürgen (1976), *Dorfgeschichte*. Stuttgart, Metzler.

HOLL, Hanns Peter (1985), *Gotthelf im Zeitgeflecht. Bauernleben, industrielle Revolution und Liberalismus in seinen Romanen*. Tübingen, Niemeyer.

INGLIN, Meinrad (1990), „Der schwarze Tanner" [1947]. In: Schoeck (Hrsg.), *Meinrad Inglin. Gesammelte Werke. In zehn Bänden. Band 9.1*. Zürich, Amman, S. 257–297.

JÖRGENSEN, Sven Aage (1999), „Humor, Komik und Satire in der 'Käserei in der Vehfreude'". In: Pape *et al.* (Hrsg.), *Erzählkunst und Volkserziehung. Das literarische Werk des Jeremias Gotthelf. Mit einer Gotthelf-Bibliographie*. Tübingen, Niemeyer, S. 55–68.

KILCHMANN, Esther (2009), *Verwerfungen in der Einheit. Geschichten von Nation und Familie um 1840*. München, Fink.

KÜNZI, Hans (1984), *So ein handlich Weib ist denn doch ein kitzlig Ding. Frauengestalten und Frauenpsychologie im Werk von Jeremias Gotthelf*. Langnau, Emmentaler Druck.

MAHLMANN-BAUER *et al.* (Hrsg.) (2006), *Jeremias Gotthelf, der Querdenker und Zeitkritiker*. Bern, Peter Lang.

MAHLMANN-BAUER, Barbara (2010), „Sozial- und Erzählstruktur in Werken Jeremias Gotthelfs und Berthold Auerbachs im Vergleich". In: Aurnhammer (Hrsg.), *Von der Spätaufklärung zur badischen Revolution*. Freiburg, Rombach, S. 555–596.

MÖRKE, Olaf (2003), „Kuh, Milch, Käse und der Stier. Das Rind in der politischen Symbolik der frühneuzeitlichen Eidgenossenschaft". In: Stamm-Kuhlmann *et al.* (Hrsg.), *Geschichtsbilder. Festschrift für Michael Salewski zum 65. Geburtstag*. Wiesbaden, Steiner, S. 188–200.

OTT, Paul *et al.* (2004), *Gotthelf Lesen. Auf dem Weg zum Original*. Bern, h.e.p..

SEIDENSPINNER, Wolfgang (1997), „Oralisierte Schriftlichkeit als Stil. Das literarische Genre Dorfgeschichte und die Kategorie Mündlichkeit". In: *Internationales Archiv für Sozialgeschichte der deutschen Literatur* 22 (1997), Heft 2, S. 36–51.

WALDER, Charlotte (2005), *Von der Kunst des Käsens und des Erzählens. Strukturalistische Analyse des Romans ‚Die Käserei in Der Vehfreude' von Jeremias Gotthelf.* Bern, Peter Lang.

WÜTHRICH, Werner (2009), „Landwirt Leibundgut. Lioba! Lioba! Por t'aria". In ders.: *Die sie Bauern nannten. Vom Mythos und Überleben unserer Landwirtschaft.* Frauenfeld, Huber, S. 102–128.

REGINA HARTMANN (UNIVERSITÄT SZCZECIN)

Die Macht des Wortes: Gottfried Kellers frühe Lyrik im politischen Kampf

Nach dem Fehlschlag, den der junge Gottfried Keller erlebt hatte, in München eine Ausbildung zum Maler zu absolvieren und in der dortigen Künstlerszene Fuß zu fassen, war er 1843 nach Zürich zurückgekehrt. In dieser Zeit der persönlichen Krise fand er im Juli zum Schreiben von Gedichten und hatte damit seine eigentliche – dichterische – Begabung verwirklicht. Der entscheidende Anstoß dazu (vgl. Peuckert 1985: 90–109) kam von Georg Herweghs erstem Band der *Gedichte eines Lebendigen* von 1841, der, getragen von der Vormärz-Bewegung in Deutschland, für Furore und eine außerordentliche Breitenwirkung gesorgt hatte.

Herweghs Band war das erste Buch, das im „Literarischen Comptoir in Zürich und Winterthur", dem wichtigsten deutschsprachigen Exilverlag des Vormärz, erschienen war. Julius Fröbel, dessen Gründer, war nicht als deutscher Emigrant in die Schweiz gekommen, sondern hatte in dieser Zeit eine Lehrerstelle an der Zürcher Kantonallehranstalt und später eine Professur an der dortigen Universität inne. Auf den Einfall, eine Verlagsbuchhandlung zu gründen, war er durch August Adolf Ludwig Follen und seinen Kreis deutscher Emigranten gekommen, bei denen Herweghs Gedichte begeisterte Aufnahme gefunden hatten. Fröbel berichtet rückblickend: Das Ziel des Unternehmens war „die [...] Verbreitung zensurflüchtiger Schriften zur Förderung des in Deutschland erwachten politischen Geistes und zugleich, den literarischen Kampf gegen die in der Schweiz ausgebrochene Reaktion [...]" (Fröbel 1890: 95) zu führen.

Herweghs Gedichtband hatte auch auf Keller eine außerordentliche Wirkung, die geradezu einem Erweckungserlebnis gleichkommt:

Eines Morgens, als ich im Bette lag, schlug ich den ersten Band der Gedichte Herweghs auf und las. Der neue Klang ergriff mich [wie] ein Trompetenstoß, der plötzlich ein weites Lager von Heervölkern aufweckt [...], so daß ich genug zu tun hatte, die Masse ungebildeter Verse, welche sich täglich und stündlich hervorwälzte, mit rascher Aneignung einiger Poetik zu bewältigen [...]. (Keller, 1926 ff. [1947: 19])

Keller schickte kurze Zeit später ein ansehnliches Konvolut von Versen an Julius Fröbel, der bereits am 30. August 1843 ausgesprochen positiv reagierte und Kellers dichterische Schaffensfreude damit noch beflügelte. Nun schaltete sich Fröbels Verlagsmitarbeiter, A. A. L. Follen,[1] ein und redigierte diese Gedichte, ehe sie in den Druck gingen. Und hier stößt man nun auf eine gravierende Besonderheit: Die Druckfassungen von Kellers zwischen 1843 und 1846 publizierten Gedichten sind alle durch Follen bearbeitet worden.

„Follen erlaubte sich Eingriffe in die Gedichte Gottfried Kellers, die ihm dieser auch gestattete, sei es, weil er sich seiner Stellung als Dichter noch nicht sicher genug war [...], sei es weil er zu dieser Zeit in ihnen tatsächlich Verbesserungen sah" (Peuckert 1985: 126). Die Bearbeitungspraxis betraf die Reimtechnik sowie die Wortwahl an einzelnen Stellen, was nach Auffassung Follens zum Teil der Klarheit und Verschärfung der politischen Aussage dienen sollte, und machte auch vor der poetischen Bildsprache nicht halt. Diese editorische Situation wirft also die Frage nach der Authentizität der frühen Lyrik auf. Zum Glück gibt es eine Möglichkeit, Follens Eingriffe nachzuvollziehen, denn Keller hat seine dichterischen Anfänge in sogenannten *Schreibbüchern* dokumentiert, die allerdings erst seit Walter Morgenthalers historisch-kritischer Keller-Ausgabe (Keller, Morgenthaler-Ausg. 1996ff.) öffentlich zugänglich sind. Morgenthaler kommentiert: Es ist „eine Art lyrischer Tagebücher mit regelmäßigen, meist datierten Eintragungen. Für die Zeit von 1843 bis 1846 waren es drei ansehnliche, gebundene Bände mit rund 300 Gedichten, von denen 121 in der Gedichtsammlung von 1846 publiziert wurden" (Morgenthaler 2008: 175).

Somit ist auch der Beginn von Kellers lyrischem Schaffen mit den Versen *Pfingstfest* vom 15. Juli 1843 als früheste Eintragung dokumentiert; ebenso wie der Schluss, denn ab dem 20. Januar 1846 führt der Dichter die *Schreibbücher* nicht weiter.

Das Verdienst Morgenthalers besteht darin, dass er die *Gedicht-Schreibbücher* zum ersten Mal als eigenständiges Medium[2] behandelt. Er polemisiert

---

1 A. A. L. Follen überwarf sich allerdings wenig später mit Fröbel und war aus dem Verlagsunternehmen bereits ausgetreten, als er sich um Kellers Gedichte kümmerte.

2 In die Nachlassbände 17.1 u. 17.2 sind sie faksimiliert aufgenommen worden.

© Frank & Timme   Verlag für wissenschaftliche Literatur

in diesem Zusammenhang zu Recht gegen Jonas Fränkel, dem Begründer der wissenschaftlichen Keller-Ausgabe, der in dem Bemühen, die ursprünglichen Fassungen wieder herzustellen, nicht etwa Schreibbuch- und Druckfassung nebeneinander stellte, sondern höchst eigenmächtig entschied, was denn nun als authentischer Text zu gelten hatte. Auf diese Weise entstand neben der Follen- eine Fränkel-Edition. Morgenthaler urteilt über Fränkel: „Resultat ist eine herausgeberische Eigenkomposition, die sich sowohl den Textzeugen wie dem kritischen, auf Kontrollmöglichkeit bedachten Leser gegenüber hermetisch abdichtet" (Morgenthaler 2008: 189).

Diese Situation hat Morgenthaler grundsätzlich beendet: Er nimmt nicht nur die *Schreibbücher* in seine Ausgabe auf, sondern markiert darüber hinaus die Veränderungen, die Follen vorgenommen hat. Die handschriftlichen Texte und das Follensche Arrangement ergeben nun ein vollständiges Bild. Das ist nicht zuletzt auch insofern von Bedeutung, als das einzelne Gedicht sich auf diese Weise in den konkreten Entstehungszusammenhang als Kontext (*apud* Morgenthaler 2008: 190) einordnen lässt.

Die vorliegende Untersuchung nutzt nun Kellers *Gedicht-Schreibbücher*, um seine lyrischen Anfänge auf exemplarische Weise zu erhellen. Dazu bieten sich die im ersten *Schreibbuch* enthaltenen Gedichte in der Konstellation *die(!) gute Sache*, *Jesuitenlied* und *Herwegh II* an, die Morgenthaler als „Kampftrilogie" (Morgenthaler 2008: 186) bezeichnet. Das *Jesuitenlied* brachte Follen 1845 in dem vom „Literarischen Comptoir" herausgegebenen *Deutschen Taschenbuch*[3] unter, und zwar nun in der Reihung *Pietistenwalzer*, *Jesuitenlied* und *Apostatenmarsch*. Das heißt, der ursprüngliche Kontext ist hier, wie auch 1846 in der Gedichtsammlung[4], verloren gegangen. Es versteht sich von selbst, dass das nicht ohne Folgen für den Einzeltext bleiben kann, zumal Keller seine Gedichte zum Teil als Pendants angeordnet hat.

Das mit dem 3. August 1843 datierte *Jesuitenlied* gibt eine konkrete politische Stoßrichtung an. Das Thema ist von außerordentlicher Aktualität und Brisanz in der Schweiz: Die politische Auseinandersetzung hatte sich an der

---

3   *Deutsches Taschenbuch*, 1. Jg. (1845), Zürich u. Winterthur 1844. Hier steht das Gedicht unter dem Titel *Loyola's wilde verwegene Jagd*. Keine Vision.

4   Gottfried Keller (1846), *Gedichte*. Heidelberg Akademische Verlagshandlung C. F. Winter. A. A. L. Follen hatte sich zu diesem Zeitpunkt bereits mit dem „Literarischen Comptoir" entzweit; daher der Verlagswechsel.

„beabsichtigten Überlassung des Luzerner Lehrerseminars an die Gesellschaft Jesu" (Craig 1988: 238) entzündet. Es folgte am 11.12.1845 der Zusammenschluss der ultramontanen Kantone Luzern, Uri, Schwyz, Unterwalden, Zug, Freiburg und Wallis, die sich den Jesuiten öffneten, zum Sonderbund, der freilich nur Einfünftel der Gesamtbevölkerung ausmachte (vgl. Keller 1985: 1383). Das Geschehen gipfelte schließlich in einem am 3.11.1847 von den Sonderbundstruppen eröffneten Bürgerkrieg, der aber schon am 29.11. mit dem Sieg der eidgenössischen Truppen endete. Der Sonderbund wurde aufgelöst, und die Jesuiten wurden ausgewiesen. Obwohl die Auseinandersetzung ihren Ausgang von religiösen Dingen genommen hatte, war es kein eigentlicher Religionskrieg:

Hinter allen Streitigkeiten stand vielmehr die Kardinalfrage der Bundesrevision, der Gegensatz zwischen liberalen [...] Kantonen, die einen unitarischen Bundesstaat erstrebten, und konservativ-katholischen Kantonen, die am Staatenbund mit freien Vereinbarungen festhielten. (ebd.: 1384)

Im Grunde standen sich hier im Zeichen der europäischen Entwicklung des Vormärz Liberalismus und Restauration gegenüber.

In diesem politischen Klima nimmt Keller auf Seiten der Liberalen nicht nur mit politischer Kampflyrik Stellung, sondern er beteiligt sich auch an zwei Freischarenzügen gegen Luzern, im Dezember 1844 und im März 1845. Der Versuch der Freischärler, die Luzerner konservativ-katholische Regierung zu stürzen – übereilt und planlos durchgeführt – endete freilich unrühmlich. Doch für Keller selbst war das letztendlich kein Fiasko; so notierte er Ende 1847 in sein Tagebuch, dass die Zürcher liberalen Führer mit ihrem mutigen und entschlossenen Handeln in dieser nationalen Auseinandersetzung ihn von „einem vagen Revolutionär und Freischärler à tout prix" (*apud* Craig 1988: 238) zu einem politisch und besonnen denkenden Anhänger hatten werden lassen, der die politischen Tugenden bewunderte, die schließlich zum Entstehen eines Bundesstaates liberaler Prägung führten.

Um den Gegenstand des *Jesuitenliedes* in die Entstehungszeit einordnen zu können, muss man berücksichtigen, dass die „Jesuitenfrage [...] in Zeitungen, Broschüren, Gedichten, Pamphleten, Karikaturen, Reden" gestellt wird; „alles richtet sich gegen die Jesuiten, und wer sie in Schutz nimmt, verrät sich als Feind des Vaterlandes, der Demokratie und der Freiheit" (Biaudet 1977: 952). Keller, der eine ganze Reihe von „Jesuiten"-Gedichten[5] verfasst hat, erhebt seine Stimme also nicht etwa als vereinzelter Avantgardist, sondern im Chor der vielen anderen. Das *Jesuitenlied*, das hier in Gänze angeführt wird, ist die erste Gedichtpublikation Kellers überhaupt, und zwar unter dem Titel *Sie kommen, die Jesuiten* am 3. Februar 1844 in der Beilage der ersten Nummer der Zeitschrift *Die freie Schweiz. Politisch-literarische Wochenschrift* (*apud* Peuckert 1985: 98):

Jesuitenlied

Hussa! Hussa! die Hatz geht los!
es kommt geritten klein und groß;
das springt und purzelt gar behend,
das kreischt und zetert ohne End',[6]
sie kommen, die Jesuiten.

Da reiten sie auf Schlängelein
und hintennach auf Drach' und Schwein;
was das für muntre Bursche sind
Wohl graut im Mutterleib dem Kind:
sie kommen die Jesuiten.[7]

Huh! wie das krabbelt, kneipt und kriecht
und wie's so infernalisch riecht
Jetzt fahre hin! du gute Ruh!
Geh' Grethe, mach das Fenster zu!
sie kommen die Jesuiten.

....

5 So entstanden nach dem ersten Freischarenzug im Dezember 1844: *Die Jesuiten in Luzern einge-*
zogen, *Antijesuitenverein* und *Die Luzerner und die Walliser Flüchtlinge*.

6 Von Follen geändert in: „Der springt [...] / Der kreischt [...]".

7 Fehlende Kommasetzung in der letzten Verszeile im Original.

Von Kreuz und Fahne angeführt,
den Giftsack hinten aufgeschnürt,
Fanatismus ist Feldprofoß
und Lug und Trug im Lagertroß[8]
sie kommen die Jesuiten.

O Schweizerland, du schöne Braut!
du bist[9] *dem Teufel angetraut*
ja weine nur, du armes Kind
vom Gotthard weht ein schlimmer Wind
sie kommen, die Jesuiten.[10]

Die Verse sind unverkennbar an Herwegh geschult; dabei geht es nicht nur um das Pathos, das mit seinem appellativen Charakter die „Hatz" auf die Jesuiten ins Zentrum rückt. Dem Aufruf „Hussa!" – man hört förmlich die Peitsche knallen – folgt in den übrigen Strophen die Charakteristik der Jesuiten als Begründung; die poetischen Bilder sind außerordentlich plastisch: In der ersten Strophe kommt „es", nicht sie, geritten; unaufhaltsam und gesichtslos – „das" springt / „das kreischt" – wie satanische Heerscharen. Jede Strophe endet, ein bewährtes Stilmittel Herweghs, mit einem Refrain, der die Bedrohung ins Bild setzt. Das Dämonische hervorhebend, reiten die Jesuiten auf Schlangen, Drachen und Schweinen. Ihr Auftreten zeigt Wirkung, denn die dritte Strophe setzt mit dem Angstlaut „Huh!" ein; die Vorstellung von etwas, das „krabbelt, kneipt und kriecht" ruft Abscheu und Ekel hervor. Die Deutung folgt mit dem „infernalisch(en)" Geruch – ein Vorgriff auf den „Teufel" in der letzten Strophe. Das Symbol des Kreuzes in der vierten Strophe wird in blasphemischer Manier umgedeutet.[11] Es verliert seine Heilsbotschaft und wird vielmehr mit Fanatismus, Lüge und Betrug assoziiert. Die Änderung Follens „Der Fanatismus ist Profoß" bedient offensichtlich die regelmäßige Taktfüllung des vierhebigen Jambus und lässt sich damit auch rechtfertigen. Der veränderte Wortlaut des folgenden Verses „Die Dummheit folgt als Betteltroß" ist

---

8 Von Follen geändert in: „Der Fanatismus ist Profoß / Die Dummheit folgt als Betteltroß".
9 Von Follen geändert in „wirst".
10 Gottfried Keller, *Jesuitenlied*. In: Walter Morgenthaler (Hrsg.), *Schreibbuch* MS GK 3, Nr. 20.
11 Auch dieses Verfahren ist typisch für Herwegh.

aber ein fragwürdiger Eingriff: Zu „Fanatismus" passt eher „Lug und Trug", mit dem er arbeitet, als die „Dummheit", die ihm „folgt" – hier wird das Verdikt von den Jesuiten auf ihre Anhänger umgelenkt. Die letzte Strophe ruft das „Schweizerland" auf, in das die Jesuiten einfallen, um als „Teufel" gegen den Willen der „Braut" mit ihr Hochzeit zu feiern – ein unheiliger Bund, der Trauer auslöst.

Der Gedichttext als Ganzes ist ein gutes Beispiel dafür, wie sich die Konstellation in den Machtverhältnissen zwischen Jesuiten – respektive der konservativ-katholischen Sonderbundspartei – und den Liberalen als Gesten der Er- bzw. Entmächtigung (*apud* Stoellger 2008: 1–32) in den Text einprägen: Am Beginn steht mit „Hussa!" – dem Jagdsignal auf die Jesuiten – eine Geste der Ermächtigung. Diese wird aber zurück genommen mit dem Angstlaut „Huh!", der als Geste der Entmächtigung die Macht der Jesuiten hervorhebt. Dieser Umschlag verleiht dem im Wortlaut gleich bleibenden Refrain ein verändertes Sinnpotential: Während das anfängliche „sie kommen, die Jesuiten" noch aus einer Überlegenheit heraus gesprochen wird, signalisiert der Refrain nach dem Angstlaut das Gefühl der Unterlegenheit. Dieses Zusammenspiel hat die Funktion, die Bedrohung sichtbar zu machen, die von den Jesuiten für die Schweiz ausgeht.

Das im Schreibbuch vorangestellte Gedicht *die (!) gute Sache*[12] steht unter dem Datum 8. August 1843 und gehört zu den Gedichten, die nicht veröffentlicht wurden. Demzufolge weist es auch keine Änderungen durch Follen auf. Der Text lebt von einer Antithetik: Es stehen sich „Sie" und „Wir" gegenüber:

die (!) gute Sache

1.
Sie haben Blei und Eisen
und gute Polizei;
wenn das nicht hilft, so ist es
mit ihrer Macht vorbei.

---

12 Gottfried Keller, *die (!) gute Sache*. In: *Schreibbuch* MS GK 3, Nr. 19.

2.
Wir ha'n das Wort, das alte,
das stets lebendig war;
wenn das uns nicht will retten,
ist's aus für manches Jahr.

3.
Sie haben Blei und Eisen
und gute Polizei;
wenn das nicht hilft, so ist es
mit ihrer Macht vorbei.

Wer das „Sie" ist, wird klar, wenn man die poetischen Bilder zuordnet: „Blei und Eisen", „Polizei" und in der 5. Strophe „Kerker" stehen für die Staatsmacht, die mit brutaler Gewalt vorgeht. Auf der Seite des „Wir" wird mit der Macht des „Wortes" gekämpft – ein, wie es scheint, ungleicher Kampf. Doch dieser zunächst aufkommende Eindruck trügt, denn zu dem „alten", aber stets „lebendigen" „Wort" gesellen sich „Wahrheit" und „Freiheit".

4.
Wir ha'n die alte Wahrheit
die stets lebendig war,
wenn die uns nicht kann helfen,
ists aus für immerdar.

5.
Sie haben wohl auch Kerker
und Wächter g'nug dazu,
drinn (!) mögen viele Blumen
verblühn in guter Ruh!

6.
Wir aber ha'n die Freiheit
und ihren Todesmuth;

manch ehrlich Männerleben,
manch Herz voll gutes Blut!

Die 4. Strophe greift – leicht verändert – auf den Wortlaut der 2. Strophe zurück und verleiht damit dem „Wir" neue Stärke: Nicht nur das „Wort" ist „alt" und „lebendig", sondern auch die „Wahrheit". Auf beidem ruht die Hoffnung des lyrischen Ichs, aus dessen Perspektive hier in der Art eines Rollengedichtes gesprochen wird. Es ist freilich ein Hoffen, das mit dem Einsatz der äußersten Mittel verbunden ist. Das Scheitern – „ist's aus für manches Jahr" oder gar „für immerdar" – stets mitgedacht. Der Ernst der Lage wird nur allzu deutlich; daraus erwächst in der 6. Strophe der rhetorische Aufschwung, die mit „Todesmuth" verteidigte Freiheit.

Wie wir gesehen haben, gibt es in den Strophen 1 bis 6 eine Reihe von Wiederholungen, die aber durch den Textzusammenhang mit Bedeutung aufgeladen werden. Ein besonderer Fall ist die 3. Strophe, die mit der ersten absolut gleichlautend ist. Dadurch wird die Macht der „Sie"-Partei dokumentiert, und gleichzeitig der alternierende Wechsel vom „Sie" zum „Wir" möglich: So steht das korrekte „Sie haben" dem volkssprachlich anmutenden „Wir ha'n" gegenüber.

Nach der 6. Strophe erfolgt eine Zäsur, es gibt jetzt keine wortwörtlichen Wiederholungen mehr, der Sprecher wird mit „Man sagt" ausgewiesen und der Titel in der Redewendung „Die gute Sache" aufgegriffen:

7.
Man sagt: „Die gute Sache
trug stäts den Sieg davon!"
Laßt sehn, wer in dem Streite
empfängt den Sieg's Lohn.

Damit rückt die „gute Sache" ins Zentrum, mit der sich die Hoffnung auf den Sieg verbindet, und die folgenden Strophen verstärken deren Überzeugungskraft.

8.
Ob oben bleibt das Eisen
und unten todt das Wort

und ob die helle Wahrheit
wird in den Grund gebohrt.

9.
wie's geh'n will, muß es gehen,
wir geben uns darein;
doch erst, wenn unsern Leichnam
umschließt ein Tannenschrein.

Strophe 8 nimmt mit „Eisen", „Wort" und „Wahrheit" die poetischen Bilder aus dem ersten Teil auf, und jetzt ist das Gewicht der Argumentation auf das „wir" verschoben, denn zu „Wort" und „Wahrheit" kommt in der letzten Strophe „Todesmuth": Der Kampf wird bis zum Sieg oder Tod geführt.

Unter dem 10. August 1843 trägt Keller sein Gedicht *Herwegh II*[13] ein, das ebenfalls nicht das Licht der Öffentlichkeit erblickte und daher von Follen unbehelligt blieb. Die Bauform ist ein Sonett mit zwei Quartetten und zwei Terzetten im gebräuchlichen fünfhebigen Jambus. Auch das Reimschema erfüllt mit a – b – b – a in den Quartetten und c – d – c, d – c – d in den Terzetten genregerechte Vorgaben.

Herwegh II

Die Noth ist groß, und schwer sind diese Zeiten,
wo sich das alte Chaos endlich lichtet
und vom Verworrenen das Klare sichtet;
da muß man auch mit scharfen Waffen streiten.

Wild mag dein Lied den wilden Sturm begleiten!
denn wo das Elend berghoch aufgeschichtet,
hat Mildigkeit nie etwas ausgerichtet
Ein (!) kühner Arm nur kann das Steuer leiten.

---

13 Gottfried Keller, *Herwegh II*. In: *Schreibbuch* MS GK 3, Nr. 24.

Doch wann nach Wettergrau's die Sonne lacht
und der Dämonen dunkle Schaar bezwungen,
Zurückgescheucht in ihres Ursprungs Nacht:

Dann wird das Lied, das jetzt so rau geklungen,
erst recht erblüh'n in holder Frühlingspracht
nur durch den Winter wird der Lenz errungen!

Das lyrische Subjekt spricht von „schwer(en)" „Zeiten" und begründet dies damit, dass es Übergangsjahre sind, „Zeiten", die „mit scharfen Waffen strei-ten". Das Bild des sich lichtenden Chaos kann als eine Anspielung auf den ersten Tag der Schöpfungsgeschichte – Gott scheidet Licht und Finsternis – gelesen werden. Das zweite Quartett beginnt mit einer an Herwegh direkt gerichteten Ansprache und hat den Charakter einer sein Dichten rechtferti-genden Erklärung: Das „wild(e)" „Lied" ist Begleiter des „wilden Sturm(s)", in dem es einen „kühne(n) Arm" braucht, um das „Steuer" zu halten. Das aus dem Bereich Sturm und Meer abgeleitete poetische Bild ruft also elementare Naturgewalten auf, um das Argument zu stützen, dass „Mildigkeit" hier fehl am Platze ist; das „Elend" hat so erdrückende Ausmaße angenommen, dass es geradezu „berghoch" im Vergleich zum Meer ist – ein etwas gesucht anmuten-des Bild, das vermutlich von ‚haushoch' inspiriert ist. Die beiden Terzette sind durch ein Bedingungsgefüge, eine Wenn-Dann-Konstruktion geformt. Das Bild des Wetterwechsels – „Wettergrau's" korrespondiert mit „Sturm", „Sonne" mit „lichtet" – wird wiederum mit dem „Lied" Herweghs verbunden: Das „wild(e)" „Lied" wird zu einem den Frühling feiernden werden. Keller spielt hier unverkennbar das im Vormärz gängige Bild vom ‚Völkerfrühling' an. Mit der Gegenüberstellung von „Winter" und „Lenz" bedient er sich einer Natur-bild-Metaphorik,[14] die der Zukunftsvision, mit der das Sonett ausklingt, unab-wendbare Gesetzmäßigkeit verleiht. Gestützt wird dies durch ein zweites Bild, das der vertriebenen „Dämonen", die in ihre „Ursprungs Nacht" zurückkehren müssen, in das „alte Chaos". Dämonen, nach christlichem Verständnis Unheil bringende Geister, von Gott abgefallene Engel, die im Sinne der Heilsvorstel-

---

14 Das ist ein für Keller charakteristisches Verfahren, das sich in einer ganzen Reihe seiner frühen politischen Lyrik findet.

lung besiegt werden – so in den Dämonenaustreibungen Christi. Auf diese Weise erhält die Argumentation eine mythologische Dimension, die wiederum die Siegesgewissheit untermauert.

Sieht man die drei Gedichte in ihrer entstehungszeitlichen Zusammengehörigkeit, so bleibt festzuhalten: Das „Wort" aus dem Gedicht *die (!) gute Sache* wird im Sonett zum „Lied", und es ist das Lied Herweghs, dessen Wirkungsmächtigkeit erprobt ist. Darin ist nicht nur eine an Herwegh gerichtete Huldigung zu sehen, sondern hierin spricht sich auch die Überzeugung Kellers von der ‚Macht' des dichterischen Wortes aus. Das im Zentrum der „Kampftrilogie" stehende *Jesuitenlied* ist als Erprobung der „Deklarations- und Deklamationslyrik" (Kaiser 1981: 610) wohl die gelungenste Umsetzung der Herwegh-Rezeption Kellers, während die mit der Sonettform verbundene Hinwendung zur Reflexion bereits auf eine charakteristische Eigenheit des Dichters voraus weist: Auf sein „episches Gedicht" (ebd: 609), das – anders als die tradierte Erlebnislyrik – erzählt, sich dem „Erörtern", einem „räsonierenden Gefühl und einem gefühlvollen Räsonnement" (ebd: 610) öffnet. Und noch etwas lässt diese „Kampftrilogie" erkennen: Keller war im Kreis der deutschen Emigranten in der Schweiz zu einem politischen Lyriker geworden, und zwar zu einem, der auf die Schweiz und auf Deutschland blickt (*apud* Müller 1997: 91).

Benutzte Literatur

BIAUDET, Jean-Charles (1977), „Der modernen Schweiz entgegen". In: Hanno Helbling (Hrsg.), *Handbuch der Schweizer Geschichte*, Bd. 2, Zürich, Verlag Berichtshaus, S. 950–971.

CRAIG, Gordon A. (1988), *Geld und Geist. Zürich im Zeitalter des Liberalismus 1830–1869. Aus dem Englischen übersetzt von Karl Heinz Siber*. München, Beck.

FRÖBEL, Julius (1890), *Ein Lebenslauf I*. Stuttgart, Cotta.

KAISER, Gerhard (1981), *Gottfried Keller. Das gedichtete Leben*. Frankf./M., Insel-Verlag.

KELLER, Gottfried (1926ff.), *Sämtliche Werke. Auf Grund des Nachlasses besorgte u. mit einem wissenschaftlichen Anhang versehene Ausgabe*. 22 Bde., hrsg. von Jonas Fränkel, Bd. 21, hrsg. von Carl Helbling, Bern, Benteli 1947. „Autobiographische Skizze" von 1876.

-- (1996ff.), *Historisch-Kritische Gottfried Keller-Ausgabe*. Hrsg. von Walter Morgenthaler, Basel, Frankf./M., Zürich, Stroemfeld.

-- (1985), *Sämtliche Werke in fünf Bänden*. Hrsg. von Thomas Böning u. Gerhard Kaiser, Bd. 2, Frankf a. M., Deutscher Klassiker-Verlag.

MORGENTHALER, Walter (2008), „Gottfried Kellers Gedicht-Schreibbücher". In: Rüdiger Nutt- Kofoth / Bodo Plachta / Winfried Woesler (Hrsg.), *editio. Internationales Jahrbuch für Editionswissenschaft*. Bd. 22, S. 174–190.

MÜLLER, Dominik (1997), „Wo, ungestört und ungekannt, ich Schweizer darf und Deutscher sein!" Gottfried Keller im Spannungsraum zwischen der Schweiz und Deutschland". In: *Jahrbuch für Internationale Germanistik*. Jg. XXIX, H. 1, S. 85–104.

PEUCKERT, Sylvia (1985), *Freiheitsträume. Georg Herwegh und die Herweghianer. Politische Gedichte der 1840er Jahre und Metaphern für Freiheit in dieser Zeit*. Frankf./M. [u.a.], Peter Lang.

STOELLGER, Philipp (2008), „Sprachen der Macht zwischen potentia, impotentia und potentia passiva". In: Philipp Stoellger (Hrsg.), *Sprachen der Macht. Gesten der Er- und Entmächtigung in Text und Interpretation*. Würzburg, Königshausen & Neumann, S. 1–32.

RAINER DIEDERICHS (GOTTFRIED KELLER-GESELLSCHAFT)

Vom Hexenkind Meretlein in Kellers *Grünem Heinrich* oder die Gefährlichkeit christlichen Übereifers

Der Ausgangstext ist ganze neun Seiten kurz. Das Meret-Kapitel im *Grünen Heinrich* kommt in beiden Fassungen des Romans vor und erzählt die anrührende Geschichte vom Meretlein, Tochter aus wohlhabendem, adligem Hause. Das Kind verweigert standhaft Gebet und Kirchgang, benimmt sich verhaltensauffällig, so dass die Eltern es in die Obhut des sittenstrengen Ortspfarrers geben, damit dieser das Kind von seiner Verstocktheit befreie. So gesehen wäre die Geschichte früher wie heute alltäglich. Kinder haben manchmal wunderliche Ansichten, Eltern fühlen sich überfordert und die Besserungsanstalt war früher meistens die Kirche, heute eher ein Internat oder gar ein Heim für schwer Erziehbare.

Heinrich Lee, der Protagonist des *Grünen Heinrich,* erzählt unmittelbar vor dem Meretlein-Kapitel ebenfalls von seinen eigenen traumatischen Kindheitserlebnissen, hinter denen der Autor Gottfried Keller spürbar ist. Heinrich wird in der Schule mit Nachsitzen über die Mittagszeit hinaus bestraft und lernt den Hunger als erzieherisches Mittel kennen. Ebenso straft die Mutter seine Weigerung, vor einer Mahlzeit laut zu beten, mit Essensentzug, bei welchem sie jedoch selber am meisten leidet. Die mütterliche, inbrünstige Gottesliebe war weder Heinrich noch Gottfried gegeben, beide fühlen Scham sich selbst gegenüber, mit gefalteten Händen feierlich zu beten. Die Mutter gibt ihrem eigenwilligen Kind jeweils nach, um sich mit ihm lieber zu versöhnen. Durch das Schicksal des Meretleins wird der erwachsene Heinrich wieder an seine eigene Kindheitsgeschichte erinnert. Auslöser dafür war eine kleine steinerne Tafel in der Friedhofsmauer seines Heimatdorfes. Auf ihr war lediglich ein Familienwappen mit der Jahreszahl 1713 zu sehen. Die Dorfbewohner nannten diese Stelle das Grab des Hexenkindes und wussten allerlei Geschichten von ihm zu erzählen. So sei es selbst dem gestrengen Herrn Pfarrer nicht gelungen, das Kind von seiner Gottlosigkeit und Hexerei zu heilen. Das feine und kluge Mädchen habe sogar erwachsene Mannspersonen verliebt gemacht, kaum hatten sie es erblickt. Auch Tiere wie zum Beispiel die klugen Forellen konnten sich seiner Verzauberung nicht entziehen und schwänzelten um das Kind herum, welches tagelang am Ufer sass. Zu Heinrichs Kindheitserinnerungen gehört auch ein dunkles Ölgemälde im Pfarrhaus mit dem Bildnis der siebenjährigen Meret. Gottfried Keller hatte dafür als gedankliche Vorlage ein anonymes Kinderporträt vor Augen, welches er einst beim Spielen auf dem Estrich einer Zürcher Familie gesehen hatte und das ihm nun als Anregung diente.

Anonymes Kinderporträt von 1623, Zentralbibliothek Zürich.

Im *Grünen Heinrich* heißt es:

Es war ein außerordentlich zartgebautes Mädchen in einem blaßgrünen Damastkleide, dessen Saum in einem weiten Kreise starrte und die Füßchen nicht sehen liess. Um den schlanken feinen Leib war eine goldene Kette geschlungen und hing vorn bis auf den Boden herab. Auf dem Haupte trug es einen kronenartigen Kopfputz aus flimmernden Gold- und Silberflittern, von seidenen Schnüren und Perlen durchflochten. In seinen Händen hielt das Kind den Totenschädel eines andern Kindes und eine weiße Rose. (Keller 2006: 46)

Der Bildvergleich zeigt Unterschiede im Detail, doch der Bildaufbau stand Keller klar vor Augen. In der Bildvorlage hält das Kind eine rote Nelke, im Text hingegen ist es eine weisse Rose. Diese Beigabe findet die Zustimmung des Pfarrers als ein gutes „Symbolum". Das auffallend rote Kleid des Kindes erscheint im Text als blassgrün, einer Farbe, die bei Keller oft in Beziehung zum Tod steht und auch hier ein Verwelken andeutet (Meurer 1994: 46). Dazu passt auch die Allegorie des Totenschädels als Bild der Vergänglichkeit. Dieses barocke Motiv erscheint an mehreren Stellen im *Grünen Heinrich*, vor allem in der zweiten Fassung. So bringt Heinrich nach seiner gescheiterten Ausbildungszeit in der Kunststadt München als einzige Habe einen Schädel mit in seine Heimatstadt, was auf das Ende seiner Laufbahn als Maler hindeutet (Pfeiffer 1997: 62).

Den Kindheitserinnerungen Heinrichs folgt als Binnenerzählung das Meretlein-Kapitel, welches eine poetische Erfindung Kellers ist. Sie besteht aus Heinrichs Notizen, die er dem vergilbten Tagebuch des Pfarrers entnommen hatte. Dieses schildert authentisch in der Sprache des frühen 18. Jahrhunderts das Schicksal des unglücklichen Geschöpfs namens Meret, welches als Kurzform von Emerentia hergeleitet ist. Der Pfarrer sieht in dem widerborstigen Wesen eine Erblast des Kindes, „dass sich die Sünden des Herrn Großpapa väterlicher Seits, welches ein gottloser Wütherich und schlimmer Cavalier ware, an diesem armseligen Geschöpflein vermerken lasse und rechen" (Keller 2006: 49). Meret war ausserdem das Kind aus einer unglücklichen ersten Ehe. Das Tagebuch bezeugt, dass sie ihre wöchentlich zukommende und sich verschärfende „Correction" erhält, indem sie auf einer Bank liegend mit einer

Rute gezüchtigt wird. Trotz ihres Jammerns und Geschreis verharrt sie in ihrer Verstocktheit. Ein Arrest in der dunklen Speckkammer bleibt ebenfalls ohne bessernde Wirkung. Nach anfänglichem Wimmern und Klagen beginnt sie dort zu singen und jubilieren wie die drei Männer im Feuerofen. Deren Psalmen, die sie sonst verweigert hat, singt sie nun auf verdrehte, weltliche Weise. Der Pfarrer erkennt in ihrem Gebaren das infernalische Wirken des Teufels. Er ändert seine Therapie und verordnet ihr Hungerkur und Busskleidung aus grobem Sacktuch. Meret entzieht sich den drakonischen Strafen und flüchtet hinaus in die befreiende Natur, hängt ihr Busshemd an einen Baumast und badet nackt in einem Weiher des Waldes. Mit den Bauernkindern erfreut sie sich an Tanz und ausgelassener Unterhaltung. Ein Bauernbursche und der junge Schulmeister ergreifen für Meret sogar Partei, doch der Pfarrer weiss sich zu wehren. Die Aufzeichnungen des Tagebuchs schildern eingehend, wie auf Wunsch von Merets Eltern das Kinderbildnis entstanden ist, welches die besondere Schönheit und Anmut des Kindes festhalten sollte. Dazu habe man es zur Freude Merets im Sonntagsstaat eingekleidet. Auf Befehl der Mutter gab man Meret auch den Totenschädel eines Kindes in die Hand, wogegen sie sich weinend heftig wehrte. Der Schädel sollte jedoch als Zeichen ernsthafter Busse dienen. Meret wird in der Folge von allen weltlichen Unterweisungen ausgeschlossen, insbesondere vom Französisch- und Musikunterricht, was für sie eine schwer empfundene Strafe war. Gottfried Keller hatte als Jugendlicher Ähnliches erlebt, als er von der Schule gewiesen wurde. Im *Grünen Heinrich* heisst es: „[…] ein Kind von der allgemeinen Erziehung ausschließen, heißt nichts anderes, als seine innere Entwickelung, sein geistiges Leben köpfen" (Keller 2006: 171). Das Kapitel nach Heinrichs Wegweisung von der Schule steht unter dem Titel „Flucht zu Mutter Natur". Auch das Naturkind Meret flieht ein weiteres Mal, da es alle geistige Förderung entbehren muss. Es wird erst am dritten Tag aufgespürt, wie es nackt in der Sonne sitzt mit aufgeflochtenem Haar und einem Kranz von Buchenlaub darauf. Der beigezogene Arzt diagnostiziert, es werde irr- oder blödsinnig werden und sei nun der ärztlichen Behandlung anheim zu stellen, wozu er sich gleich selber anbietet. Die körperlichen und seelischen Misshandlungen haben bei dem Kind deutliche Spuren hinterlassen. Meret kommt ins Pfarrhaus zurück, wo sie einen neuen Aufenthaltsort während des Tages inmitten von Bohnenstauden findet. Dort hat sie den einst so verhassten Kinderschädel sorgsam eingegraben, sie legt Essensvorräte an, erhält Besuch von Bauernkindern und Tieren, sogar eine Gift-schlange gesellt sich zu ihr. So fristet sie ein naturverbundenes, selbstbestimm-tes Dasein in Distanz zu ihrem Peiniger. Doch sie ist geschwächt, die Kräfte lassen nach. Eines frühen Morgens schleicht sie aus dem Haus, um sich in einer selbst geschaffenen Erdkuhle zwischen den Bohnen zum Sterben nieder-zulegen. Die Bestürzung ist gross, als man sie erstarrt findet. Ein christliches Begräbnis wird vorbereitet. Als man den Sarg hinuntersenken will, ertönt ein seltsamer Schrei. Der Arzt öffnet rasch den Sargdeckel, und die Totgeglaubte richtet sich zum Schrecken der Trauernden lebendig auf. Im Moment des allgemeinen Entsetzens eilt Meret davon zum Dorf hinaus in den Wald, ver-folgt von einer grossen Schar von Schulkindern. Die Flucht ist bald zu Ende, denn Meret bricht leblos zusammen und wird vom Arzt endgültig für tot er-klärt. Alsbald wird sie in aller Stille beigesetzt. Das merk- und denkwürdige Ende des Naturkindes erregt die Gemüter und belebt den Aberglauben der Dorfbevölkerung. Manche sahen in ihm ein „Feyen- oder Koboltskind", ande-re erkannten eher die Züge eines Hexenkindes. Beide Sichtweisen tragen zur Mystifizierung der Meretgestalt bei.

Der Pfarrer stellt im Dorf die höchste Autorität dar und versteht es, diese Stellung unangefochten zu behaupten. Merets strenggläubige Eltern vertrauen sich ihm in ihrer Hilflosigkeit an und übergeben ihm das Kind zur Erziehung und Besserung im Sinne der Kirche. Er versucht, Merets ursprüngliches Wesen und ihre Hinwendung zur Natur zu unterdrücken. So unterbindet er den Um-gang mit den Dorfkindern, mit denen Meret im kindlichen Übermut gespielt, nackt gebadet und getanzt hat. Er entzieht ihr aber auch die Unterrichtsstun-den und damit die geistige Förderung ihrer Entwicklung. Durch Hungerkuren, körperliche und seelische Züchtigung will der Pfarrer sie auf den Pfad der Tugend zurückführen. Er kann aber Merets Willen nicht brechen. Sie entzieht sich ihm durch Schweigen oder Flucht in ihren *Hortus includus* der Bohnen-stauden und lebt dort ihre von Sinnlichkeit geprägte, sprühende Vitalität. Meret lehnt sich gegen die als düster und kalt empfundene Kirche auf und fürchtet sich vor dem schwarzen Mann auf der Kanzel. Der Pfarrer deutet diesen unerklärlichen Widerstand als Erbgut ihres Grossvaters. Gegenüber den drei Sympathisanten, die sich für Meret einsetzen und sie der kirchlichen Macht entziehen wollen, hat der Pfarrer leichtes Spiel. Mit dem gewalttätigen Bauernbengel Müllerhans beschränkt sich die Auseinandersetzung vorläufig auf eine Disputation. Den jungen Schulmeister, der den Pfarrer zu verklagen droht, lässt er gefangen setzen und zum Landvogt führen. Der das Meretlein behandelnde Arzt bietet sich an, das Kind zu heilen, indem er es in sein Haus aufnimmt. Der Pfarrer jedoch ist um seine Pfründe besorgt, stellt er doch der hochwohlgeborenen Mutter quartalsweise Rechnung für das Kostgeld und ist für weitere Geschenke empfänglich. Er berichtet deshalb dem Arzt, dass Gott seinen Plan an diesem Geschöpf nunmehr zu Ende führe und Menschenhand daran nichts ändern könne und dürfe. Er selbst ist davon überzeugt, das Kind sei eine Hexe, auch wenn die Vernunft dagegenspricht. Zumindest stecke der Teufel in ihm, was ihm auch das Recht zum Exorzismus gebe. So wandelt sich Nächstenliebe zu einem christlichen Fanatismus. Dieser Sozialisierungszwang mit Erziehungs- und Strafmassnahmen richtet schliesslich die Gesundheit Merets zugrunde.

Die Ausübung von Macht in einer Gesellschaft ist durchaus begründet und dient dem Zusammenleben aller Mitglieder, sei es in Familie, Ausbildung, Beruf oder im Zusammenleben eines Volkes. Wo jedoch Menschen über Menschen willkürlich herrschen, ihnen ihren Willen aufzwingen und so gefügig machen, kommt es zum Missbrauch von Macht. Gefährlich ist die unkontrollierte Konzentration von Macht, wie dies die Geschichte vom *Meretlein* beispielhaft zeigt. Eine Dissertation der Historikerin Nicole Bettlé hat in jüngster Zeit festgestellt, dass es in der Schweiz zwischen 1400 und 1800 rund 4000 so genannte Hexen gegeben hat, die hingerichtet worden sind, darunter zahlreiche Kinder jünger als 14 Jahre. (Radiosendung *Hexenkinder in der Schweiz*, 14. Juni 2011, 9.06 Uhr, DRS 2) Bisher waren nur wenige Einzelfälle von Hexenkindern bekannt. Langsam beginnt man dieses traurige Kapitel aufzuarbeiten, doch das Wort ist längst zu einem Begriff geworden. Das Meretlein hat diesen tabuisierten Hexenkindern Gestalt und Anschauung verliehen.

Es hat aber auch Spuren in seiner Nachwelt hinterlassen. Die Westschweizer Schriftstellerin Corinna Bille griff den Erzählstoff in ihrem 1979 erschienenen Buch *Deux Passions* auf. Dessen erste Erzählung *Emerentia 1713* enthält viele Bezüge zum Kellerschen *Meretlein*, zitiert gelegentlich auch längere Passagen der Textvorlage, beispielsweise die Szene, wie das Bildnis des Meretleins entstand. Den Ort des Geschehens siedelt Corinna Bille in ihrer eigenen Heimat, im oberen Rhonetal des Wallis an. Kellers neunseitiger Text weitet sich bei Corinna Bille mit anschaulichen Details, mit Dialogen und Landschaftsbeschreibungen auf 72 Seiten aus. Ihr Buch ist kurz nach ihrem Tode in deutscher Übersetzung unter dem Titel *Zwei Mädchenleben* erschienen.

Zu den berühmten Trägerinnen des Namens Meret gehört die „Muse der Surrealisten" die Schweizerin Meret Oppenheim. In Berlin geboren, wuchs sie alsbald in der Schweiz auf. Kellers *Meretlein* hatte ihre Eltern inspiriert, ihrem ersten Kind diesen Namen zu geben. Meret Oppenheim wurde getauft und konfirmiert, stemmte sich also nicht gegen kirchliche Riten. Trotzdem führte sie ein unkonventionelles, rebellisches Künstlerleben. Berühmt sind ihre Nacktfotos von Man Ray als 20-Jährige. Phantasievoll verfremdete Alltagsgegenstände, wie die pelzüberzogene Kaffeetasse, machten Furore. Seit den 70er Jahren hat sie sich für die Sache der Frau eingesetzt und ein geschlechtsspezifisches Rollenverhalten abgelehnt. Vielleicht übt der Name Meret tatsächlich eine Wirkung auf seine Trägerinnen aus? Im Ranking der in der Schweiz vorkommenden Mädchennamen liegt Meret heute an 776. Stelle. Das lässt keine rebellische Bewegung erwarten. Trotzdem wünsche ich: Der Name Meret möge noch viele Trägerinnen beflügeln, ein selbst bestimmtes, phantasievolles Leben zu führen.

Rainer Diederichs

Benutzte Literatur

BERNDT, Frauke (1996), „'Das Meretlein'. Zur Ikonographie der Novelle in Gottfried Kellers ‚Der grüne Heinrich'". In: Harald Tausch (Hrsg.), *Historismus und Moderne*. Literatura, Wissenschaftliche Beiträge zur Moderne und ihrer Geschichte, Bd. 1, Würzburg, Ergon, S. 161–180.

BILLE, S. Corinna (1980), „Emerentia 1713". In: S. C. Bille, *Zwei Mädchenleben*. Aus dem Französischen von Erika Tophoven-Schöningh, Tübingen, Wunderlich.

KAISER, Gerhard (1987), *Gottfried Keller. Das gedichtete Leben*. Insel taschenbuch 1026. Frankfurt, Insel.

KELLER, Gottfried (2006), *Der grüne Heinrich*. Erster und zweiter Band, Historisch-kritische Ausgabe, Bd. 1, hrsg. von Walter Morgenthaler, Basel, Frankfurt, Stroemfeld; Zürich, Verlag Neue Zürcher Zeitung.

MEURER, Thomas (1994), „Das ‚Meretlein': Anmerkungen zu einem vernachlässigten Problem in Gottfried Kellers ‚Grünem Heinrich'". In: *Wirkendes Wort* 44, S. 40–46.

MOOS, Walter (1936), „Das Meretlein". In: *Schweizer Medizinische Wochenschrift* 66, S. 384f.

PFEIFFER, Joachim (1997), „Mythen und Totenschädel: ‚Der grüne Heinrich' und das Vorratshaus der Moderne". In: J. Pfeiffer, *Tod und Erzählen. Wege der literarischen Moderne um 1900*. Studien zur deutschen Literatur, Bd. 146, Tübingen, Niemeyer, S. 46–80.

PLAGWITZ, Thomas (1997), „Tellurische Mädchengestalten in Gottfried Kellers Romanen. Vom ‚Meretlein' im ‚Grünen Heinrich' zum Märchen im ‚Martin Salander'". In: Romey Sabalius (Hrsg.), *Neue Perspektiven zur deutschsprachigen Literatur der Schweiz*. Amsterdamer Beiträge zur neueren Germanistik 40. Amsterdam, Rodopi, S. 73–91.

SCHNEIDER, Steffen (2007), „Das unheimliche Kind. Die Subversivität des Körpergedächtnisses in Gottfried Kellers Novelle ‚Das Meretlein'". In: Bettina Bannasch, Günter Butzer (Hrsg.), *Übung und Affekt. Formen des Körpergedächtnisses*. Media and Cultural Memory / Medien und kulturelle Erinnerung 6. Berlin, de Gruyter, S. 251–268.

WINKLER, Angela (2000), „Kellers Meretlein: Das zu Tode gequälte romantische Kind". In: A. Winkler, *Das romantische Kind. Ein poetischer Typus von Goethe bis Thomas Mann*. Heidelberger Beiträge zur deutschen Literatur, Bd. 9, Frankfurt, Bern u. a., Peter Lang, S. 102–107.

HUGH RIDLEY

Richard Wagner, Gottfried Keller und die Macht

Zunächst ein kurzer Kommentar zur Tatsache, dass dieser Beitrag einen Grenzübergang enthält, der zwar historisch belegt und polizeilich einwandfrei ist, dafür in dessen Übertragung auf die Schweizer Kulturgeschichte kaum zulässig sein wird. Richard Wagner hatte sich im Oktober 1849, als er in mehreren deutschen Staaten steckbrieflich verfolgt wurde, eine Form Schweizer Staatsbürgerlichkeit verschafft. Für die Zollerklärung hätte Oscar Wildes Erklärung nicht ausgereicht: In Wagners Gepäck war nicht nur sein Genie, sondern ein umfangreiches Hausgut inklusive Hund, Klavier und Papagei. Wo leider weder besagter Papagei noch Wagners Ehe selbst die Züricher Jahre überstanden, blühte sein Genie in Zürich zu neuem Glanz auf. *Die Walküre*, die beiden ersten Akte *Siegfrieds* sind Produkte dieser Zeit; auch *Die Meistersinger von Nürnberg* und *Tristan und Isolde* gehen auf die Jahre in Zürich zurück. Damit kam ein ungeheuer reiches Material – vor allem zur Frage der Macht – in die Schweizer Kulturdiskussion, und, sollten wir einen weiteren, wenn auch anders motivierten Flüchtling aus Deutschland in unsere Thematik aufnehmen (Friedrich Nietzsche), so könnten wir die Auseinandersetzung mit der Macht als eine, wenn nicht *die* große Obsession der Schweizer Kultur im dritten Viertel des 19. Jahrhunderts bezeichnen.

Um Kellers Anrecht, in diese Diskussion zu kommen, kann es keinen Streit geben. Es geht nur darum zu zeigen, dass gerade in Bezug auf unsere Thematik die beiden Künstler zusammenpassen. Bekannt ist, dass Keller unmittelbar nach seiner Rückkehr aus Berlin im Dezember 1855 den persönlichen Kontakt mit Wagner aufnahm, eine Bekanntschaft (Freundschaft wäre wohl in manchen Situationen nicht zuviel gesagt), die über Wilhelm Baumgartner vermittelt wurde. Gottfried Keller sah in Richard Wagner einen genialen und auch guten Menschen,[1] bewunderte vor allem *Tristan* – die früheren Werke zu hören hatte er immer wieder verpasst – und war häufiger Hausgast bei Wagner. Das verhinderte nicht, dass Keller Wagners persönlichen Lebensstil – etwa die

---

[1] Brief an Hettner 16. April 1856 (Keller 1924: 407; vgl. auch Gregor-Dellin 1983: 405).

Üppigkeit von Wagners Toilettenartikeln[2] – mehr als unsympathisch fand. Für Wagner war Keller Autor der unvergesslichen *Seldwyla Geschichten* (vor allem erntete *Die drei gerechten Kammmacher* seinen Beifall) und ein sympathischer, wenn auch etwas schwerfälliger Freund.

Die Gemeinsamkeiten gingen weit in die Biographien zurück. Beide waren von der Erfahrung bitterer Armut in der Kindheit geprägt, auch von der fehlenden Vaterfigur. Beide kannten das bittere Gefühl sozialer Unterlegenheit: Keller hatte darunter in dem Berliner Salonleben, das er gerade verlassen hatte, gelegentlich gelitten. Wichtig war die nicht unähnliche Einstellung zum Jungen Deutschland bei den beiden. Hier spielte das Verhältnis zu Feuerbachs Philosophie sicherlich die Hauptrolle,[3] aber beide pflegten gute Beziehungen zu den politisch engagierten Vormärzlern, die sich nach 1849 in Zürich zahlreich aufhielten (z.B. Georg Herwegh), und Keller – ohne mit Wagner die Verankerung in den Grundpositionen des Jungen Deutschland zu teilen[4] – verriet beispielsweise in der Erstfassung des *Grünen Heinrich* auch eine gefährliche Nähe zu dem Standardwerk des jungdeutschen Romans, Gutzkows *Wally* nämlich. Die kleine (in der zweiten Fassung gestrichene) Nacktszene mit Judith im Walde erinnert an die Szene Gutzkows, die für den Skandal gesorgt hatte.

Offensichtlich war es Wagner, dem aufgrund seiner Teilnahme am Dresdener Aufstand eine trotzige – sogar handgreifliche – Beziehung zur Macht eigen war. Doch bietet auch *Der grüne Heinrich* viele Ansätze zu einem Vergleich. Vor allem in der Evozierung der Kinderwelt betont Heinrich Lee immer wieder den Freiheitsdrang, der ihn damals umgab und der sich nicht nur auf die großen Tagesthemen bezog – auf den deutschen oder griechischen Befreiungskrieg – und auch nicht nur auf die Religionsfrage, wo Heinrich auch im eigenen Heimatland die Nähe des Scheiterhaufens hervorhebt (Keller 1975: 94), sondern ganz allgemein empfunden wurde. Als Heinrich infolge einer

---

2 Darüber schrieb Keller entgeistert an Lina Duncker. Vor allem die „silberne Haarbürste in kristallener Schale" ließ ihn an Wagner „etwas Friseur u. Charlatan" vermuten (Brief vom 8. März 1857, Keller 1924: 441; vgl. auch Ermattinger 1950: 338). Diesen Aspekt Wagners bezeichnet Ermattinger als ‚Selbstbeweihrauchung'.

3 Müllers Behauptung, es hätte „eine pauschale Abrechnung Gottfried Kellers mit Denkern seiner Zeit" gegeben (Müller 2007: 369), ist m. E. im Falle Feuerbachs nicht ganz zuzustimmen.

4 Trotz des geringfügigen Altersunterschieds zu Wagner bestand Kellers deutscher Bekanntenkreis aus Figuren (etwa Max Ring und Julius Rodenberg), die deutlich den 1850er Jahren angehörten, und nicht dem eigentlichen Vormärz (vgl. Baumann 1986: 100f).

falschen Anschuldigung aus der Schule entlassen wird, ergreift ihn ein Gefühl schreienden Unrechts, das ihn nie wieder verlässt und als roter Faden durch die sonst vorwiegend idyllischen Szenen des Bildungsromans hindurchzieht.

Diese auch biographisch belegten Episoden werden vom Erzähler reflektiert wiedergegeben, die Analyse derselben bleibt aber rudimentär. Als Bildungsroman verfolgt der Roman zu sehr die künstlerische und gefühlsmässige Entwicklung des Helden, als dass die institutionalisierte Macht erklärt oder mehr als andeutungsweise analysiert werden konnte. Heinrichs Begegnungen mit der Autorität haben oft eine psychologische Schärfe, werden aber fast ausschließlich aus den Augen des Opfers gesehen. Bei Wagner dagegen gehörte – sowohl vor als auch während seines Aufenthalts in der Schweiz – eine eingehende Analyse der Macht zum Grundstoff seines Werkes. Das möchte ich anhand von zwei Szenen aus dieser Periode kurz andeuten.

Es geht ohnehin im ganzen *Ring* um Macht: Die Zauberkraft des Ringes, die Herrschaft Wotans und Alberichs, der Preis, den die Ausübung der Macht erheischt – das sind Wagners Themen. *Die Walküre* ist die Geschichte einer abtrünnigen Tochter Wotans, der es in der letzten Szene gelingt, den Zorn des Vaters in einen Machtstreich zu verwandeln, der die psychologischen Grundlagen seiner Macht verdeutlicht und damit die Macht selber unterwandert. Unser bescheidenes Beispiel – die berühmte Todesverkündigung – ist dem zweiten Akt entnommen.[5] Siegmund rüstet sich nach der Inzestnacht mit Sieglinde für den Zweikampf mit ihrem despotischen Ehemann Hunding und begegnet, wie er meint per Zufall, der Walküre Brünnhilde. Sie will den Auftrag ihres Vaters ausführen, Siegmund als toten Helden nach Walhall zu bringen. Sie verspricht ihm bzw. vertröstet ihn mit all dem, was ein toter Held sich nur wünschen könnte: mit der Wiederbegegnung mit dem längst toten Vater, mit guter Verpflegung und mit den Aufmerksamkeiten der Wunschmädchen. Der Anlass mag von den Äußerlichkeiten her ein irrealer sein, aber die entstehende Szene folgt allen Regeln der Alltagspragmatik, und das Gespräch ist alles andere als irreal.[6]

5　Zitiert wird nach Wagner (1871–1883), *Gesammelte Schriften und Dichtungen*. Leipzig, Fritzsch, hier 1872: VI, 68f.

6　Es lohnt sich immer, bei Wagners Dialogen (auch wenn es musikalisch überwältigende Duette sind) genau hinzuhören. Die Kleinschritte fesseln ebenso stark wie die hinreißende Musik: Das meinte Nietzsche vielleicht, als er Wagner als großen ‚Miniaturisten' bezeichnete (Nietzsche 1876: 22).

Siegmund fragt höflich, ob die bräutliche Schwester Sieglinde ihn nach Walhall begleiten dürfe. Brünnhilde verneint: ‚Erdenluft / muss sie noch athmen.‘ Als Siegmund dagegen protestiert und, dem Entschluss Wotans trotzend, sich weigert, Brünnhilde nach Walhall zu folgen, zeigt sich Brünnhilde verständnislos für seine Liebe – überschattet von den Wonnen der Unsterblichkeit, wie könne Siegmund sich für ‚das arme Weib, / das müd' und harmvoll / matt auf dem Schoosse dir hängt' noch interessieren? Ihre überhebliche Kritik an der menschlichen Liebe empört Siegmund, er weist Brünnhildes Angebot schroff zurück: Sie und ihr Vater Wotan seien ‚kalt und hart.‘ Dem Anspruch der höchsten Macht setzt er eine noch Höhere gegenüber und überzeugt Brünnhilde, dass die Macht herzlos ist und sadistisch, fähig nur, ‚sich an meinem Weh' [zu weiden]. Im Gespräch also, durch logische Argumente, unterminiert Siegmund die Macht, auch für die Wahltochter der Macht, denn am Ende der Szene stellt sich Brünnhilde eindeutig auf die Seite Siegmunds und gegen die Macht ihres Vaters. Die Struktur dieser Szene macht deutlich, wie sehr Wagners Kunst in der Dialogisierung bzw. Episodisierung einer Kritik an der Macht besteht. Unverkennbar ist auch, wie in der Handhabung der alten Mythen Wagner mit den Waffen der Aufklärung arbeitet.[7]

Mein zweites Beispiel ist einer früheren Oper entnommen.[8] Friedrich von Teleramund ist im Zweikampf gegen den namenlosen Gralsritter unterlegen. Dabei hat er das deutliche Gefühl gehabt, gegen höhere Gewalten gekämpft zu haben und ist in seinem Gerechtigkeitsgefühl zutiefst verletzt. Noch schlimmer als der Tod ist die Demütigung, die unerträgliche Herablassung, mit der ihm Lohengrin das Leben schenkt und eine bessere Lebensführung anempfiehlt. Mit seiner Gattin Ortrud versucht Teleramund seine Kräfte wieder zu sammeln. Was folgt ist – abgesehen vom altertümelnden Milieu – eine für den zeitgenössischen realistischen *Roman* absolut typische, wenn nicht gar klischeehafte Szene. Teleramund will die Fetzen seiner einstigen Macht und Ehre wieder herstellen und schreibt zunächst seiner Gattin wie eine Selbstverständlichkeit die Schuld an seinem Malheur zu. Die Autorität, in deren Namen er

....

7   Hierin sieht man den Einfluss von dem Umgang mit den ‚Mythen' der Religion, den Feuerbach und Strauss pflegten. Wagner bekennt sich deutlich zu dieser Tradition in seiner Erklärung der Handlung von *Lohengrin* in der (auch antiken) Tradition der Inkarnationsmythen (Wagner (1871–1883), hier 1872: V, 290, 335).

8   *Lohengrin*-Zitate aus Wagner (1871–1883) hier 1872: II, 105f.

„in so wilder Klage" Ortrud anfährt, ist die Gottes. Habe nicht durch sein Gericht (den Zweikampf nämlich) Gott mich geschlagen?, fragt er in gespielter Frömmigkeit. Ortrud ist über seine Naivität ebenso verblüfft, wie sie von seiner Selbstgerechtigkeit angewidert ist. ‚Gott?', fragt sie erstaunt. Teleramund findet ihre Skepsis entsetzlich und versucht sich mit der Macht noch einmal zu identifizieren: „Wie tönt aus deinem Mund / furchtbar der Name" [d.h. Gottes]. Mühelos durchschaut Ortrud die Funktion von Teleramunds Frömmigkeit – „Ha, nennst du deine Feigheit Gott?" – und lässt sich in ihrer Dekonstruktion der Macht nicht aufhalten. Allmählich überzeugt sie ihn, wie der erste rationale Schritt im Umgang mit Lohengrin – nämlich seinen Namen zu erfragen – seine Macht zerstören wird: „Ha, wer ihm zu entgegnen wüsst", / der fänd „ihn schwächer als ein Kind!" Die Autorität ist nichts weniger als unverletzbar – man muss sie nur hinterfragen: Der Ausgang der Oper *Lohengrin* zeigt, mit welchen Konsequenzen.[9] Peter von Matt schreibt zu solchen Handlungen:

Sobald einer irgendeinem König von Gottes Gnaden, irgendeinem heiligen Vater, einem heiligen Buch, einer heiligen Nation gegenübertritt und fragt: ‚Bitte, wo steckt denn nun das Heilige?', wird die Welt – und wär's nur für eine Sekunde – aus ihren mythischen Angeln gehoben'. (Matt 1995: 147)

Wenn also die Figur Lohengrins der des Kaisers stark ähnelt, des Kaisers nämlich, dem seine neuen Kleider so gut gefallen, so haben wir eine starke Affinität zwischen Wagner und Keller identifiziert. *Common sense*, Volkswitz als Instrument der Aufklärung, die schrittweise Herausforderung an die Macht – ‚ruhig und besonnen', wie Ortrud meint –, die subversive Auflösung der Macht durch eine List, die nicht nur den Figuren, sondern auch dem Autor eigen ist. Und damit kommen wir zum zentralen Konsens zwischen Gottfried Keller und Richard Wagner: Die positive Idee der Macht des Volkes, die Zelebration der Volkssouveränität.

....

9   Der Ausgang zeigt jedoch auch, wie Wagner trotz (oder sogar wegen) seiner Nähe zur Feuerbachschen religiösen Aufklärung seine mythischen Figuren nicht nur heruntersetzt, sondern ihnen auch Autorität verlieh: Lohengrin kann nämlich, trotz seiner ‚Entlarvung', noch große Wunder bewirken. Damit steht er im krassen Kontrast zu Wotan, dem die Autorität vor den Herausforderungen durch Brünnhilde, Siegmund und schließlich Siegfried aus den Händen fließt.

Wir erinnern uns: Wagners Aufenthalt in Zürich war der Anlass für ihn, *Oper und Drama* zu schreiben, wo von der Volkssouveränität in der Kultur sehr viel die Rede ist. Vieles, was uns mit der Etikette ‚Bayreuth' und im Nachhinein als Ausdruck deutschen Kulturchauvinismus bekannt ist, wurde in der Schweiz konzipiert und vorexerziert: „auf einer schönen Wiese bei der Stadt" (*apud* Beiart 1900: 39), schreibt Wagner schon 1850 an Uhlig, plane er ein Theaterfestspiel, und meint selbstverständlich nicht Bayreuth, sondern Zürich, wie der Aufsatz *Ein Theater in Zürich* (1851, V, 25–64) deutlich macht. Man ist es gewohnt, in *Oper und Drama* deutsche Hoffnungen zu erkennen: Das Buch spiegelt aber auch eine unmittelbare Erfahrung mit der Schweiz wider.

Mit seinen Gedanken zum Theaterspiel sprach Wagner Kellers eigene Träume und den Ehrgeiz seines Freundes direkt an. Kellers Theaterambitionen standen längst vor der Rückkehr aus Berlin fest. Er hatte Wagners von Baumgartner vermittelten Aufsatz schon 1851 „mit Freuden gelesen" und meinte, dort „ein Feld zur Wirksamkeit in vaterländischer Luft finden" zu dürfen.[10] Das Moment des Volksfestes ist ohnehin sowohl im *Grünen Heinrich* als auch in *Martin Salander* vordergründig. Nicht nur im ersten Roman ist die ausgiebige Beschreibung solcher Feste auf bayrischem Boden auf die Schweiz zu beziehen: Salanders Entscheidung, die Doppelhochzeit seiner Töchter als Züricher Volksfest zu gestalten, ist ebenso stark aussagekräftig. Der Segen, den er den beiden Brautpaaren wünscht, muss aus der einzigen legitimen Instanz kommen, nämlich aus dem Volke. Im *Grünen Heinrich* gipfelte diese Idee im Satz, die Mehrheit stelle, die einzig wirkliche und notwendige Macht im Lande' (Keller 1975: 957) dar: Dafür muss Salander – in einer Zeit, die Keller als korrupt und dekadent ansieht – in eigener Person – und schließlich allein – die Volkssouveränität vertreten.

Für Wagner waren es nicht nur seine Theorien, die ihn zum Gedanken an Volksfeste drängten: Wie anders wären *Die Meistersinger* zu verstehen denn als Ausdruck und Zelebration des demokratischen Zusammenhangs zwischen Volk und Kunst. Der Vergleich mit den zeitgenössischen Varianten zeigt Wag-

....

10 Brief an Baumgartner im September 1851, zit. Keller (1969:17). Dem gleichen Adressaten gelten Wagners lobende Worte zu *Oper und Drama* (im März 1852: Keller 1924, 305). Vgl. auch Ermattinger 1950: 338f.

ners dezidiertes Desinteresse an konventionellen Machtstrukturen.[11] Kellers Gedanken über ein Schweizer Nationaltheater hingen dementsprechend mit dem Verhältnis zu Richard Wagner eng zusammen. Die Problematik erhält in Kellers Aufsatz *Am Mythenstein* (1861) ihre deutlichste Formulierung.

Auslöser seiner Reflexionen zum Nationaltheater ist ein Ausflug zum Schiller-Denkmal.[12] Ab und zu lässt sich eine gesunde Skepsis durchblicken – solle das Schweizer Nationalsymbol nicht doch *eine Kuh* sein? –: Die Hauptüberlegung gilt aber dem Modellcharakter Richard Wagners für seine Vorstellungen. Keller weiß schon, z.T. aus eigener Erfahrung, dass für sein Theaterprojekt der Zustand der inzwischen stark privatisierten lyrischen Kunstsprache kaum förderlich ist. Die Musik ist dafür im Gegensatz zur Sprache ihren Quellen näher geblieben (auch die Vertonung seiner Gedichte durch Baumgartner verhalf ihm vielleicht zu dieser Erkenntnis) und ist damit eher für sein Projekt einsetzbar. Trotzdem lehnt Keller Wagner als Modell ab, dies viel weniger aufgrund von Wagners Flucht zu den Urmüttern (Kellers tiefe Verankerung in der Volkstradition scheut sich vor keinem Ur zurück) und ausschließlich aufgrund seines Sprachgebrauchs. Er schreibt:

Richard Wagner hat den Versuch gemacht, eine Poesie zu seinen Zwecken selbst zu schaffen, allein ohne aus der Schrulle der gehackten Verschen herauszukommen, und seine Sprache, so poetisch grossartig sein Griff in die deutsche Vorwelt und seine Intentionen sind, ist in ihrem archaistischen Tandel nicht geeignet, das Bewusstsein der Gegenwart oder gar der Zukunft zu umkleiden, sondern gehört der Vergangenheit an. (1861: 152)

Es wäre interessant zu wissen, ob Keller in seinen späteren Jahren, als er *Die Meistersinger* kannte, diese Ansicht rediviert hätte.

Gottfried Keller und Richard Wagner hegen gemeinsam – in ihrem Leben so wie in ihrem Werk – eine skeptische Einstellung zu jeder Form von Macht. Diese Skepsis artikulieren sie etwas unterschiedlich, aber immer konsistent,

---

11 Es gab um 1840 bekanntlich mindestens vier Varianten auf die Meistersinger-Handlung. Peter Uwe Hohendahls Untersuchung macht die tief demokratische Gesinnung von Wagners Oper deutlich (1993). Im *Grünen Heinrich* gibt es interessanterweise eine ausführliche Schilderung eines *Nürnbergschen* Festes (Keller 1975: 577ff.).

12 Vgl. hierzu Ermattinger 1950: 339f. Auch Baumann analysiert Kellers Voliebe für Volksfeste, sowie sein Verhältnis zur großen Schiller-Feier 1859 (Baumann 1986: 125f.).

zumindest zur Zeit ihrer Bekanntschaft. Als Pendant zur Macht erträumen sie (vielleicht *erlebten* sie) eine Volkssouveränität, für die auf Schweizer Boden künstlerische Formen benötigt wurden. Es handelte sich also in den 1850er Jahren um eine enge Verwandtschaft zwischen den beiden – im Ideologischen wie auch im Künstlerischen –, und es wäre üblich, nach dieser Feststellung auf einen vermeintlich grundsätzlichen Unterschied aufmerksam zu machen, zwischen dem eingeschworenen Demokraten Keller und dem Opportunisten Wagner, dem im Interesse seiner Kunst jede Unterwürfigkeit gegenüber der Macht, jede an ihm von Thomas Mann identifizierte Form von ‚machtgeschützter Innerlichkeit'(Mann 1973: ix, 419) recht war. Zu erwägen wären jedoch eher m.E. erstens der ähnliche Pragmatismus, mit dem wohl beide – Wagner bei dem bayrischen König, Keller in der Züricher Bürokratie – auf künstlerische Miss- und Halberfolge reagierten; zweitens die Enttäuschung mit den einmal gehegten demokratischen Träumen – die entscheidenden Erfahrungen waren für Keller die Nachwirkungen der Verfassung von 1869, für Wagner offensichtlich 1871 die Reichsgründung – und schließlich ihre Diagnose der Verfallenheit moderner Gesellschaftsformen.[13] Ihre gemeinsamen Interessen lassen an Wagners Werk, meine ich, nicht nur das aufklärerische, sondern auch ein romanhaftes Element erkennen, das von seinen Anhängern, sowie von seinen Kritikern routinemäßig übersehen wird. Ich vermute abschließend, dass wichtige Elemente des Wagnerschen Werkes nicht nur *made in Switzerland* sind als Herstellungsland (in diesem Sinne darf *Das Kapital*, an dem Marx in Reihe K des Lesesaals im Britischen Museum arbeitete, als *made in England* bezeichnet werden), sondern als Reaktion auf Schweizer Verhältnisse und damit neben der zweiten *Unzeitgemässen Betrachtung* Nietzsches als Teil der Schweizer Kultur und ihrer Auseinandersetzung mit der Macht zu verstehen sind.

13 Hier müsste man sich viel intensiver mit der Frage des Antisemitismus beschäftigen. So sehr ich Kellers Ablehnung von Wagners (eben im verruchten Aufsatz ‚Das Judentum in der Musik' artikulierten) Antisemitismus teile (Wagner 1872, V, 83-108), es wäre zu untersuchen, ob nicht beispielsweise in *Martin Salander* – vor allem in der Schilderung von Salanders beiden Schwiegersöhnen und von dem Dauerschwindler Louis Wohlwend: d.h. von den Bösewichten in dem Roman, die mit dem anständigen Salander immer wieder kontrastiert werden – ein durchaus mit dem in Freytags *Soll und Haben* (1855) exerzierter vergleichbarer Antisemitismus zu erkennen ist. Allein die Parallelen Wohlfahrt/Itzig und Salander/Isidor und Salomon Wighart legen diese Schlussfolgerung nahe – zumindest auf der zeitgenössischen Rezeptionsebene.

Benutzte Literatur

BAUMANN, Walter (1986), *Gottfried Keller. Leben, Werk, Zeit.* Zürich/München, Artemis.

BEIART, Hans (1900), *Richard Wagner in Zürich 1849/58.* Leipzig, Seemann (*Musikalische Studien,* Bd. 3).

ERMATTINGER, Emil (1950), *Gottfried Kellers Leben.* 8. Aufl., Zürich, Artemis.

GREGOR-DELLIN, Martin (1983), *Richard Wagner. Sein Leben – sein Werk – sein Jahrhundert.* München, Goldmann/Schotts.

HOHENDAHL, Peter Uwe (1993), *Reworking history. Wagner's German myth of Nuremberg.* In: Grimm, Reinhold u. Hermand, Jost (Hrsg.), *Re-Reading Wagner.* Madison, University of Wisconsin Press (*Wisconsin Workshop* 21: *Monatshefte,* Beiheft 13), S. 39–60.

KELLER, Gottfried (o.J. [1886]), *Martin Salander.* Berlin, Franke.

-- (1924), *Briefe und Tagebücher 1830–1861.* Hrsg. von Emil Ermatinger, 5. Aufl., Stuttgart, Berlin, Cotta.

-- (1948), „Am Mythenstein" (1861). In: *Sämtliche Werke.* 22. Bd., *Aufsätze zur Literatur und Kunst.* Bern, Benteli, S. 121–157.

-- (1969), *Gottfried Keller.* Hrsg. von Klaus Jeziorkowski, München, Heimeran (*Dichter über ihre Dichtungen).*

-- (1975 [1879]), *Der Grüne Heinrich.* Leipzig, List.

MANN, Thomas (1973), *Gesammelte Werke in dreizehn Bänden.* Frankfurt a.M., Fischer.

MATT, Peter von (1995), *Verkommene Söhne, missratene Töchter. Familiendesaster in der Literatur.* München/Wien, Hanser.

MÜLLER, Martin (2007), *Gottfried Keller: Personenlexikon zu seinem Leben und Werk.* Zürich, Chronos.

NIETZSCHE, Friedrich (1876), „Richard Wagner in Bayreuth". In: *KGW.* VI, 3: 432–432.

RIDLEY, Hugh, *Wagner and the Novel.* Amsterdam, Rodopi (im Druck).

WAGNER, Richard (1871–1883), *Gesammelte Schriften und Dichtungen.* Leipzig, Fritzsch

-- (1852), „Das Judentum in der Musik". In: RW, *Gesammelte Schriften und Dichtungen.* Leipzig, Fritzsch, V, S. 83–108.

-- (1872) „Ein Theater für Zürich" (1851). In: RW, *Gesammelte Schriften und Dichtungen.* Leipzig, Fritzsch, IV, S. 25–64.

LÁSZLÓ V. SZABÓ (PANNONISCHE UNIVERSITÄT VESZPRÉM)

Machtstrukturen in Erzählwerken von C. F. Meyer

*Nicht die Notdurft, nicht die Begierde – nein, die Liebe
zur Macht ist der Dämon der Menschen. Man gebe
ihnen alles, Gesundheit, Nahrung, Wohnung, Unterhaltung – sie sind und bleiben unglücklich und grillig: denn
der Dämon wartet und wartet und will befriedigt sein.*
(Nietzsche: *Morgenröte*)

Im Vorwort des von ihr herausgegeben wertvollen Bandes von Meyer-Studien
plädiert Monika Ritzer dafür, keine Position für oder gegen die Modernität
von Conrad Ferdinand Meyer einzunehmen, da sich sein Werk durch Ambivalenz und Abgründigkeit gleichermaßen auszeichnet (Ritzer 2007: 7). In der Tat
würde eine Diskussion über die Modernität von Meyers Schreiben schon deshalb zu weit führen, weil sich selbst die Frage nach den Ursprüngen der Moderne als zu strittig erweisen kann. Es ist beispielsweise nicht leicht zu entscheiden, wann ein Diskurs über die Macht in Europa seinen Anfang nahm
bzw. inwiefern er moderner Natur ist oder an welchem Punkt er modern wird
oder wirkt. Es reicht, an Machiavelli, Hobbes oder eben an Platons *Politeia* zu
denken, um einzusehen, dass es um einen sehr alten Diskurs geht, der in der
Moderne allerdings noch schärfer in Erscheinung trat. Seit dem 20. Jahrhundert kann man von differenzierten Machttheorien und -philosophien[1] sprechen, in deren Mittelpunkt die Macht des Staates und seiner Institutionen, die
Macht der Technik und der Medien, die Macht als Gewalt und Terror, die
politische, ökonomische und juristische Macht usw. stehen, wodurch Machttheorien in Kommunikations- und Gesellschaftstheorien (so etwa bei Luhmann 2003), politischen- und Wirtschaftstheorien usw. aufgehen. Selbst eine
Theologie der Macht klingt heute alles andere als obsolet (vgl. Guardini 1986).

....

1   Eine eigene Philosophie der Macht entwickelte – nicht zuletzt in Anlehnung an Nietzsche –
Michel Foucault, bei dem die Macht nicht negativ konnotiert ist, sondern als etwas Produktives
konzipiert wird. Macht lässt sich auch als eine intersubjektive Relation und eine Vielfalt von sozialen Praktiken verstehen (vgl. Kögler 2004).

Schließlich blieb das 20. Jahrhundert auch eine Ästhetisierung der Macht- bzw. Gewaltproblematik nicht schuldig (siehe etwa die *Ästhetik des Widerstands* von Peter Weiss (dazu V. Szabó 2011)).

Die Auseinandersetzung mit der Macht als Begriff und Form, als psychologische und geschichtsprägende Kraft erlangte aber bereits im 19. Jahrhundert eine besondere Intensität, so vor allem bei Jakob Burckhardt und Friedrich Nietzsche, die in Basel eine besonders für den jüngeren Nietzsche folgenreiche Freundschaft schlossen. Ihre Fragestellungen bezüglich der Macht als des eigentlichen Movens der Geschichte und des psychologisch motivierten Handelns weisen manche Ähnlichkeiten auf (vgl. Heller 1964). Von Burckhardt stammt die Formel einer „an sich bösen Macht", Ausdruck seiner durchaus kritischen Haltung zu einem Werte zerstörenden Machtphänomen, das er in seiner Zeit überall am Werke sah (vgl. Gerhardt 1996: 73ff.). Burckhardt prangerte in seinen *Weltgeschichtlichen Betrachtungen* eine von ihren kulturellen und religiösen Bindungen losgelöste Macht des Egoismus an, die in ihrer Zwecklosigkeit individuelle Werte zerstört, wobei sie selbst keine Werte schafft. Es ging Burckhardt allerdings um keine moralische Verwerfung der Macht, sondern um ihre Entlarvung als einer blinden, vernichtenden Kraft, die dem Weltgeschehen kein Ziel zu geben vermag, dafür aber für ständige Unruhen in der Welt sorgt. Damit erhielt die Macht eine abstrakte Dimension, die in Opposition zu Staat, Religion und Kultur steht und auf ihre Zersetzung aus ist. Die moderne Macht, die von Burckhardt als entfesselte Gewalt ohne Moralismen, aber auch ohne Optimismus diagnostiziert wurde, zeigte sich damit in ihrer antiproduktiven Ziellosigkeit – als eine Form des Nihilismus, um mit Nietzsche zu sprechen.

Dieser stellte, durchaus in Einklang mit Burckhardt, fest, die Menschheit hätte ihr Ziel schon längst erreicht, wenn sie eins gehabt hätte. Damit verlegte Nietzsche das Ziel der Menschheit von der Zukunft derselben auf ihre „höchsten Exemplare" (Nietzsche 1999: Bd. 1, 317), schließlich auf den Übermenschen. In Nietzsches Philosophie ist das Phänomen der Macht von zentraler Bedeutung, wird aber gleichzeitig mit den Begriffen des Willens, des Lebens und des Wirkens verknüpft. Macht ist bei ihm vor allem Wille zur Macht, den er in letzter Instanz mit dem Leben selbst gleichsetzt. Dennoch wird der Wille zur Macht von Nietzsche nicht so sehr vitalistisch, sondern vielmehr als ein kulturbestimmendes Phänomen verstanden. Der Wille zur Macht zeigt sich in

verschiedenen Ausgestaltungen und Wechselwirkungen, die in diverse Wert-
bestimmungen und Vorherrschaften übergehen. Die Macht wird dabei hinter
dem Spiel der Wertschätzungen und Perspektivierungen transparent, die sich
als – von Nietzsche heftig angegriffene – Formen der Moral und Religion
behaupten wollen. Nietzsche erkannte hinter dem Asketismus der Moral und
ihren Masken den Willen zur Macht schlechthin. Begriffe, Theoreme, Ideologien entlarvten sich damit als Erscheinungsformen der Macht, die nach Selbstentfaltung und Dominanz streben: Das ist eine Erkenntnis, zu der auch manche Zeitgenossen Nietzsches, so eben auch Conrad Ferdinand Meyer
gelangten, und die im 20. Jahrhundert zum Grundsatz von Macht- und Ge-
walttheorien bzw. Ideologiekritiken wurde.

Meyers Psychohistorie

Meyers Denkweise, zu deren Grundpfeilern sein genuines Interesse für (kultur)historisch und psychologisch geprägte Machtformen gehört, brachte ihn in
die Nähe von Jakob Burckhardt und Friedrich Nietzsche, ohne ihn ganz von
Lessing und Schiller zu entfernen. Seine Gesinnungsverwandtschaft mit Nietzsche wurde allerdings von den Meyer-Interpreten bereits erkannt: „Nicht Dante, sondern Nietzsche, Freud und ihren Erben in der modernen Literatur steht
Meyer nahe" (Jackson 1998: 107). Er wurde mit Nietzsches Werken Ende der
achtziger Jahre von seinen Freundinnen bekannt gemacht (vgl. Jackson 1998:
120). Es ist auch wahrscheinlich, dass er von Nietzsches geistiger Umnachtung
erfuhr und für das Schicksal des Philosophen auch manche Empathie fühlte,
war doch Meyer selbst wegen vielen psychischen und physischen Erkrankun-
gen in seinem Leben behandelt – und 1891 selbst in die Irrenanstalt eingewie-
sen. Liegt diese biographische Ähnlichkeit wohl nur in der ähnlichen Verfassung der zwei Geister? In der ähnlichen Sensibilität, mit der sie auf die
Herausforderungen des 19. Jahrhunderts reagiert haben? Auf jeden Fall erwiesen sich beide als glänzende Machtpsychologen ihres Jahrhunderts. Dass indessen Nietzsche mehr in philosophischer, Meyer aber in poetischer Form
seine psychologischen Erkenntnisse zur Sprache brachte, soll nicht darüber
hinwegtäuschen, dass sie beide scharfe Beobachter von Machtphänomenen
und -äußerungen in ihren psychischen und geschichtlichen Formen waren.

Gewissermaßen wurde die Geschichte für Meyer zur Psychohistorie.[2] Machtphänomene psychologischer Herkunft in der Geschichte haben ihn besonders fasziniert. Man hat ihn bereits im Kontext des Kulturkampfes des 19. Jahrhunderts als Kulturkampfagitator gedeutet (vgl. Andermatt 2001), doch läuft eine Einstufung Meyers als Ideologen selbst Gefahr, ideologisch zu werden. Oder sollte man etwa auch Burckhardt oder Nietzsche ideologisch deuten? Ein ideologischer Zugang zu Meyers Werken würde ihn als Kind seines Jahrhunderts ansehen, das sich über seine Zeit nicht erheben konnte. Dabei ist eine der größten Stärken Meyers seine Entlarvungspsychologie, sein scharfes Auge für die psychologischen Beweggründe der diversen Phänomene und Ereignisse der großen Geschichte. Diese Empfindlichkeit für die Psychohistorie dürfte seine biographischen Gründe haben – in einigen Fällen, so vor allem in der Erzählung *Das Leiden eines Knaben* (1883), ist dieser biographische Zug prägnanter, in anderen aber ganz sublimiert –, im Endeffekt wirkt sie aber als eine ganz moderne Sicht der Dinge und Phänomene, die Meyer über den Rahmen seiner Zeit erhebt. Jede Epoche blickt auf die Vergangenheit durch ihre eigene Optik zurück, deshalb sollte jede ideologische Brandmarkung Meyers selbst ideologisch hinterfragt werden.

Conrad Ferdinand Meyer ist ein großer Erzähler des bürgerlichen Realismus, der sich zudem durch eine überwältigende Kenntnis der europäischen Kulturgeschichte und einen besonders scharfen psychologischen Blick auszeichnet. Geschichte lag auch in der Reichweite von Gottfried Kellers Novellistik, und selbst Meyers historischer Roman *Jürg Jenatsch* findet seine Paare etwa bei Joseph Victor von Scheffel (*Ekkehard*) oder gar Theodor Fontane (*Vor dem Sturm*), doch werden sie alle von Meyers breitem kulturhistorischem Horizont, den seine Werke umfassen, weit übertroffen. Wilhelm Raabe hat zwar eine Reihe von historischen Erzählungen verfasst, sie tun sich jedoch weniger durch eine psychologisierende Ästhetik als eine meisterhafte Poetik der Sprache hervor. Im Unterschied zu den Realisten seiner Zeit hat Meyer sein weitreichendes Interesse für die Geschichte mit einer Entlarvungspsychologie gekoppelt, in deren Fokus Machtkämpfe und Machtäußerungen in verschiedenen Epochen und Kulturen stehen. Geschichte und Kulturgeschichte, das Mittelalter und die Renaissance (bzw. der Humanismus) nicht weniger als die

---

2　Zum Begriff der Psychohistorie s. DeMause (1999).

　　　© Frank & Timme　Verlag für wissenschaftliche Literatur

Gegenreformation oder der Dreißigjährige Krieg lieferten für ihn reichlichen Stoff, wobei seine Gedichte sogar einen breiteren Kulturhorizont abbilden als seine Prosa. Praktisch bildet in allen epischen Werken Meyers – zu denen nicht nur seine Novellen und sein einziger Roman, *Jürg Jenatsch* (1874), sondern auch die epischen Gedichte *Huttens letzte Tage* (1871) und *Engelberg* (1872), ja sogar seine Balladen gerechnet werden dürfen – die europäische (Kultur)Geschichte jenen Hintergrund, vor dem sich individuelle Schicksale entfalten, wobei ‚Schicksal' überhaupt eine gewichtige Determinierungskomponente in der Geschichte findet. Sogar in Novellen, deren Akzent eher auf individuell-psychischen Phänomenen liegt, wie etwa in *Das Leiden eines Knaben* oder *Die Richterin*, versäumt es Meyer nicht, eine bunte geschichtliche Kulisse zu malen. Psychisches und Historisches, individuelles Schicksal und große Geschichte liegen bei ihm in der Regel nicht weit voneinander, ja sie sind aufs engste miteinander verknüpft. Waren noch für Novalis „Schicksal und Gemüt Namen Eines[sic] Begriffs" (Novalis 1960ff.: Bd. 1, 328), so ist für den Realisten Meyer die Geschichte weitgehend schicksalsbestimmend. Für den Erzähler einer historischen Erzählung ist aber das Schicksal der einzelnen Figuren auch in einem zweiten Sinne determiniert: Am Verlauf der Geschichte lässt sich im Nachhinein ohne einen Verlust an historischer Glaubwürdigkeit nichts ändern. Das Gerüst einer nacherzählten Geschichte, ihre Fakten, ihre Chronologie sind gegeben, so dass das historische Erzählen gewissermaßen prädeterminiert ist. Der Spielraum des Erzählers wird dadurch eingeengt, doch nicht aufgehoben.

Selbst der Historiker Schiller hatte die Historie seinen ästhetisch-ethischen Ansprüchen untergeordnet, so etwa als er jene dramaturgisch entscheidende Szene mit den zwei Königinnen in seine *Maria Stuart* hineindichtete. Schiller war bestrebt, die Macht der Natur (der ‚Sinnlichkeit') und der Geschichte in ihrer höchsten Potenz darzulegen, um ihr die Macht der Sittlichkeit entgegenzustellen und dadurch die Möglichkeiten der menschlichen Handlungsfreiheit aufzuzeigen. Von den determinierenden Kräften der Geschichte wusste er ganz genau, griff aber wiederholt auf die Vergangenheit zurück, um dem historischen Determinismus die Stirn zu bieten.

Schillers Stimme wurde auch im Realismus vernommen (vgl. V. Szabó 2006), und C.F. Meyer, der ein Gedicht zu *Schillers Bestattung* schrieb, bildet diesbezüglich auch keine Ausnahme. Beeindruckt war er u.a. von Schillers Gedicht *Das Ideal und das Leben*, so etwa von den Zeilen:

Nur der Körper eignet jenen Mächten,
Die das dunkle Schicksal flechten,
Aber frei von jeder Zeitgewalt,
Die Gespielin seliger Naturen
Wandelt oben in des Lichtes Fluren,
Göttlich unter Göttern, die Gestalt.

Dass der „Körper" den Mächten der Natur und der Geschichte, der „Zeitgewalt" ausgesetzt ist, war auch für Meyer ausgemacht, doch wird ihm die von Schiller beschworene „Gestalt", die „göttlich unter Göttern" wandelt, Manches zu denken gegeben haben. Die „Gestalt" in Schillers Gedicht scheint sittlich-idealistisch konnotiert zu sein, in Einklang mit der Auffassung des Klassikers über den Menschen als ein sinnlich-sittliches Vernunftwesen. Ein Votum für die sittliche Gestalt des Menschen lässt diesem die Möglichkeit des freien Handelns und damit des freien Willens: Auf diese geschichtlich folgenreiche Möglichkeit wollte Meyer offenbar nicht verzichten. Er war ja kein extremer Determinist, noch weniger ein Fatalist. Der Widerstand steht in der Macht des Menschen, dieser ist nicht der Sklave, sondern der Mitgestalter der Geschichte und seines eigenen Schicksals. Wie es damals von Schopenhauer formuliert wurde: „Das Schicksal mischt die Karten und wir spielen" (Schopenhauer 1997: 205).

Es gibt mehrere solche „Kartenspieler" des Schicksals in Meyers Erzählwerken, historisch mehr oder weniger authentische, oder aber erfundene Figuren, die die Geschichte nicht einfach als eine unveränderliche, objektive Gegebenheit, als unentrinnbares Verhängnis betrachten, sondern selbst mitgestalten wollen. Sie mischen ihre eigenen, individuellen Schicksalskarten im großen Machtspiel der Geschichte mit. Figuren wie Thomas Beckett, Jürg Jenatsch oder Wilhelm Boccard wissen wenig von Hegels absolutem Geist, der das Individuum seinem idealistischen Zweck unterordnet. Sie sind keine Hegelianer *avant la lettre*, sondern Gläubiger auf ihre Art und Weise (Katholiken, Protestanten), die sich aktiv an der Geschichte in doppeltem Sinne – als Historie und als Fabel – beteiligen und den Faden ihres Schicksals mitweben. Meyer selbst war mehr

Schillerianer und Nietzscheaner denn Hegelinaner, wiewohl ihm die Lehren Hegels, zumindest vermittels der Schwester oder der Schwägerin, bekannt waren (vgl. Jackson 1998: 56f.). Statt Hegelianismen auf seine Geschichten zurückzuprojizieren, war sein Anliegen vielmehr jene Bewegungsräume zu erfassen und aufzuzeigen, die von der Geschichte und ihren Machtspielen freigelassen werden.

Aus einer bestimmten Perspektivierung kann allerdings die Geschichte als Übermacht, als unausweichliche Gewalt erscheinen. Denn die Machtquanten der Individuen sind ebenso unterschiedlich, wie ihre Schicksale: Diesbezüglich kann man auch bei Meyer eine breite Palette von Figuren auffinden, von solchen, die Macht und Gewalt ausüben, zu solchen, die sie nur erleiden, von Königen, Kardinälen und Feldherrn bis zu jenem Knaben, der durch psychisch-körperliche Züchtigung zu Tode gequält wird. Die von Nietzsche erörterte Pluralität von Machtquanten und Machtwillen (vgl. Ottmann 1999: etwa 313 und 355–358) findet somit ihre Entsprechung auch bei Meyer, ebenso die Problematisierung des Verhältnisses zwischen Macht und Moral. Bei Nietzsche ist die Moral nichts anderes als eine getarnte bzw. latente Form des Willens zur Macht, eine Maske, die das wahre Wesen desselben durch verschiedene Regeln, Gesetze, Theoreme, Prinzipien einschließlich religiöser Art zu verhehlen sucht, sich aber bei genauerem Zusehen ziemlich deutlich erkennen und entlarven lässt. Eine Demaskierung des Willens zur Macht hat Nietzsche selbst in mehreren seiner Schriften, so in *Jenseits von Gut und Böse* oder *Zur Genealogie der Moral* unternommen. Etwa gleichzeitig mit diesen versuchte aber auch C. F. Meyer seine eigene Entlarvungspsychologie zu entwickeln und sie zu literarisieren. Ohne es direkt auszusprechen, hat er selbst früh erkannt, dass der Wille zur Macht den Gang der Geschichte bestimmt, auch und vor allem dort, wo er sich als Moral oder als Religion zu zeigen trachtet.

Nietzsches Begriff des Willens zur Macht kann bei der Interpretation von Meyers Erzählwerken unschwer herangezogen werden, er bietet sich bei der Analyse seiner Themen, Charaktere oder handlungsbestimmenden Motive geradezu an. Doch selbst eine Auslegung von Meyers Texten mit Begriffen Nietzschescher Provenienz lässt die Frage offen, ob sie einen ethischen Standpunkt des Autors erkennen lassen.

Die Macht der Menschlichkeit: *Das Amulett*

Meyer griff gern auf die Geschichte des Mittelalters und der frühen Neuzeit zurück, um farbige Kulissen für seine Fabeln zu finden. Infolge seiner gründlichen (autodidaktischen) Studien kannte er sich hervorragend in den Wirren der europäischen Geschichte, darunter natürlich auch in der des eigenen Landes aus. Die Schweiz bildet den Hintergrund für seinen einzigen Roman, und sie liefert einen Faden selbst dort, wo man es weniger vermuten würde, so etwa in der „englischen" Novelle *Der Heilige*, dessen diegetischer Erzähler der Zürcher Ambruster ist.

Auch der Erzählfaden seines Novellenerstlings *Das Amulett* – dem allerdings zwei Erzähldichtungen vorangegangen waren – geht von der Schweiz aus, um in Paris zur Zeit der Sankt-Bartholomäus-Nacht seinen Gipfel- und Wendepunkt zu erreichen. Bereits in dieser ersten Novelle zeigt sich Meyers besondere Sensibilität in der Themenwahl, seine Vorliebe für die Tragödien der großen Geschichte, die selbst Schiller zur Ehre gereichen würden. Die Rahmenhandlung blieb später ein Markenzeichen seiner Novellenkunst, die aber durch ihre konzentrierte, temposchnelle Handlung, spannungsbeladenen Dialoge, gewaltsamen, tragischen Szenen ausgeprägte dramatische Züge erkennen lässt.[3]

Wie Schiller etwa in *Don Carlos* oder *Maria Stuart*, stellte auch Meyer eine der blutigsten Episoden in der Geschichte des Abendlandes in den Mittelpunkt seines Werkes, die berüchtigte Bartholomäusnacht (genannt auch ‚Pariser Bluthochzeit') vom 24. August 1572, als auf den Befehl Caterina de Medicis (Königin von Frankreich ab 1547) Tausende von Hugenotten, darunter auch ihr Führer, der Admiral Gaspard de Coligny – der in der Novelle als der Konterpart von Herzog Alba erscheint –, in einem Blutbad getötet wurden. Es galt mithin Meyer, das wohl dunkelste Kapitel der Gegenreformation zur Folie für die eigene Geschichte zu wählen, in der sich, gemäß den Anforderungen an eine historische Erzählung, Wirkliches mit Fiktivem vermengt. Dabei wollte er offenbar keine Schauergeschichte für ein breites Publikum schaffen, sondern seinem lebhaften und andauernden Interesse für die psychisch-politischen

---

3 Der rasche Handlungsablauf in *Das Amulett* wurde sogar mit „geraffte[n] Film-Sequenzen" verglichen (Fehr 1971: 48).

    © Frank & Timme   Verlag für wissenschaftliche Literatur

Beweggründe der großen Geschichte eine literarische Form verleihen. Eine Rahmenhandlung kam ihm dabei ebenso zu gute wie das von Paul Heyse betriebene Dingsymbol, das auch im *Amulett* zur Chiffre avancierte. Die Religion mit ihren Lehren und Konfessionen blieb dabei Meyer ebenso eine Fassade, wie sie auch in der Geschichte des 16.-17. Jahrhunderts vielmehr eine ideologische Form der Machtkämpfe denn eine andächtige Nächstenliebe darstellt.

Das Wort ‚Macht' kommt in der Novelle ein einziges Mal vor, selbst ‚Gewalt' wird explizit nur fünfmal genannt – dennoch durchziehen beide die ganze Handlung. Der alte Boccard, dessen Schicksal mit dem Schadaus von Bern „aufs engste verflochten" ist, beschwert sich anfangs in einer Rahmenhandlung, die auf März 1611 datiert wird, über die Abschwächung des Heiligen- und Wunderglaubens: „[…] aber seit die Ketzerei in die Welt gekommen ist und auch unsre Schweiz verwüstet hat, ist die Macht der guten Dame erloschen, selbst für die Rechtgläubigen!" (GW: 79).[4] Mit der Beschwörung der „guten Dame", der Schwarzen Madonna von Einsiedeln (Kanton Schwyz), die bis heute ein hohes Ansehen bei den Katholiken genießt, wird die Problematik der Macht des (katholischen) Glaubens angesprochen, die in der Novelle mit jener der Protestanten (Calvinisten, Hugenotten) kontrastiert wird. Dass der Glaube der Letzeren vom Katholiken Boccard als „Ketzerei" abgestempelt wird, deutet nicht nur auf eine bei den Katholiken im Vorfeld des Dreißigjährigen Krieges herrschende Mentalität, sondern überhaupt auf die psychische Struktur des religiösen Fanatismus hin. Dieser tauchte in Europa allerdings nicht erst mit der Gegenreformation auf – man denke nur an den von Papst Innozenz III. initiierten Albigenserkreuzzug im 13. Jahrhundert –, erlangte aber im 16.-17. Jahrhundert verwüstende Dimensionen. Meyers psychohistorische Ansicht zeigt sich hier in der Verknüpfung von psychischen Veranlagungen und historischen Begebenheiten, in der Entlarvung und Relativierung von antagonistischen Mentalitätsformen, in der Kritik der Ideologien sowie in der Demaskierung der ideologisierten Machtkämpfe. Sein erzählerisches Können zeichnet sich zudem durch eine objektive Erzählhaltung aus, der ein narrativer Grundsatz realistischen Schreibens ist. Obwohl er, der Autor Conrad Ferdinand Meyer, konfessionell betrachtet, ein Protestant war, hält sich sein (extradiegetischer) Erzähler von jeder Parteinahme fern. Nicht nur den Katholizis-

---

4   Der Kürzel „GW" bezieht sich auf C. F. Meyers *Gesammelte Werke* (s. Benutzte Literatur).

mus, sondern auch den calvinistischen Protestantismus betrachtet er kritisch, auf der Suche nach einer menschlichen Mitte zwischen religiös-ideologischen Extremen. Man könnte natürlich, wie man es häufig tut, von seiner liberalen Gesinnung sprechen, doch würde es wohl auch nicht zu weit führen, wenn man einen Ideologie- und Fanatismuskritiker selbst als einen Ideologen entlarven wollte. Es ist nämlich nicht notwendig, dass das Denken in eine Ideologie, geschweige denn in Radikalismus, oder – Gott bewahre! – Fanatismus mündet. Meyers Kunst und Denken mit der Diagnose eines protestantisch gefärbten Liberalismus abzutun, würde auch zu kurz greifen. Oder sollte man etwa Lessing, den Dichter des *Nathan*, einen Ideologen nennen? Oder Schiller, weil sein Posa Gedankenfreiheit fordert, oder weil er selbst seinen Standpunkt in Sachen ‚Religion' auf die bekannte Formel brachte: „Welche Religion ich bekenne? Keine von allen,/ Die ihr mir nennt. Und warum keine? Aus Religion!" Es muss eine höhere Dimension des Denkens geben, die über Religionen, Ideologien, Ismen aller Art hinausweist – eine Dimension, die man einfach Menschlichkeit nennen kann.

Mit ‚Toleranz' wäre nämlich die Sache auch nicht erledigt, wiewohl sie sich der europäischen Kultur seit der Aufklärung eingeprägt hat. Selbst Lessing wurde häufig auf diese schlichte Formel reduziert. Doch fordert der Richter in der Ringparabel eben nicht einfach nur Respekt und Geduld für die anders Gesinnten, sondern spricht von einer „von Vorurteilen freien Liebe" zu den Anderen: Eine Liebe, die mit der Einsicht einhergeht, dass sich die Religionen „von Seiten ihrer Gründe nicht" unterscheiden und sich alle auf „Geschichte" (Lessing 1998: Bd. 2, 297) gründen. Die Geschichte Nathans hat Meyer auf seine Art und Weise nacherzählt, wobei er sie auf das alte Europa verlegt hat; denn sie muss immer wieder nacherzählt werden, das sieht man auch heute. Die verschiedenen (kultur)geschichtlichen und erzieherischen Traditionen, die ihrerseits verschiedene Machtinstitutionen ins Leben rufen und „legitimieren", errichten immer wieder Mentalitätsmauern, die in bestimmten tragischen Momenten der Geschichte nur deshalb zerstört werden, damit man auf den Anderen jenseits der Mauer losschlagen kann. Und doch muss man Löcher in die Mauern schlagen, damit man sich die Hände reichen kann.

Dabei ist auch die Macht der Menschlichkeit selbst in den kritischsten geschichtlichen Situationen der Menschheit nicht zu unterschätzen, und Meyer hat in *Das Amulett* ein Bespiel dafür gezeigt, wie sie wirksam werden kann.

Schadau entkommt nämlich dem blutigen Wirrwarr der Geschichte, dem Duell, den er einer persönlichen Feindschaft zu verdanken hat, nicht aus reinem Zufall, aber auch nicht wegen seines religiösen (calvinistischen) Glaubens, der von Meyer ohnehin in ein ironisches Licht gestellt wird; er entkommt schließlich auch nicht deshalb, weil sein Glaube auf eine liberal fundierte Toleranz oder ein intellektuelles Verständnis seitens der Anderen stieß. Denn in der Gestalt Boccards, der seinen Freund *symbolisch* mit einem Amulett rettet, öffnete Meyer eine Dimension der Menschlichkeit, die sich über alle Mächte der Geschichte erhebt. Damit erweist er sich als ein würdiger Nachfolger von Lessing und Schiller.

Das minimale Machtquantum als Opfer: *Das Leiden eines Knaben*

Meyer verstand es wunderbar, in die große Geschichte seine eigenen erfundenen Fabeln einzuflechten. Dabei war es ihm nicht immer daran gelegen, den Machtkampf von großen historischen Persönlichkeiten zu verfolgen und psychisch zu entlarven, wie etwa in der Novelle *Der Heilige* oder in seinem eigenen Nationalepos ohne Nationalismus, dem Roman *Jürg Jenatsch*. Denn nicht selten fand er seinen Stoff im geschichtlich Hintergründigen, in mehr oder weniger unscheinbaren Begebenheiten in der Kulturgeschichte, um darin das Wirken von diversen Macht- und Gewaltformen aufzuzeigen – womit er aber gleichzeitig Goethes novellistischem Prinzip einer „unerhörten Begebenheit" auf seine Art Genüge leistete.

Eine Entlarvungspsychologie in historisch-ästhetischer Form lieferte Meyer auch in seiner Novelle *Die Leiden eines Knaben*. Darüber hinaus, dass die Entstehung der Novelle von Meyers eigenen, persönlichen Erfahrungen motiviert wurde, erhält die Geschichte ihre Brisanz aus der Schilderung des tragischen Schicksals eines Kindes. Den Stoff fand Meyer in den Memoiren von Saint-Simon, wodurch die kulturgeschichtliche Kulisse der Zeit Ludwigs des XIV. entlehnt werden konnte. Hier tritt noch einmal Meyers Neigung zum Drama trotz seines zweifellosen narrativen Könnens klar zu Tage: Das Drama eines zu Tode gefolterten Knaben wird dadurch intensiver, dass es keine bloße Fiktion, sondern die psychologische Vertiefung einer tatsächlichen Begebenheit ist. Der junge Julian in der Novelle entspricht nämlich der Gestalt eines gewissen

Julien Boufflers, dem Sohn des Marschalls Boufflers[5], der – laut Saint-Simon –
wegen eines Schülerstreichs ausgepeitscht wurde und bald darauf aus Verzweiflung starb. Eine (schein)moralisch motivierte Strafe eines jungen Menschen mit tragischen Folgen: Das spätestens bei Dickens vorhandene Thema
taucht später in mehreren Werken auf (z.b. in Hermann Hesses *Unterm Rad*),
bei Meyer wird es aber mit Macht-, Schicksals- und sogar Religionsfragen
gekoppelt und zudem psychologisch ausgelotet (in letzter Hinsicht könnte
man ihn sogar als einen Vorläufer Robert Musils betrachten).

Das Leiden eines Knaben ist die Geschichte einer spartanischen Erziehung,
die nicht einfach als ein bedauerlicher Einzelfall aus der Kulturgeschichte
Frankreichs abgetan, sondern als psychologischer Beispielfall für die Anwendung von Gewalt in der Erziehung überhaupt dargeboten wird. Wie in mehreren anderen Novellen spürt Meyer auch hier den schlimmen Folgen der gewaltsamen Anwendung von Macht nach. Dass Erzieher über ihre Zöglinge
Macht besitzen, sollte an sich noch keine Tragödien herbeiführen; erst der
gewaltsame Gebrauch, und das heißt: der Missbrauch von Macht, transformiert die Erziehung in einen Gewaltapparat. Macht wird instrumentalisiert,
um Gewalt zu werden. Mit Blick auf Jakob Burckhardt könnte man Meyers
Position etwa wie folgt auf den Punkt bringen: Es ist nicht die Macht an sich,
die ,böse' ist, sondern es ist die Gewalt, die keine (moralischen) Grenzen kennen will. Die Macht wird erst ,böse', wenn sie die Grenze zur Gewalt überschreitet und damit nicht nur gewaltsam, sondern geradezu grausam und
unmenschlich wird.

Es besteht indessen ein ambivalentes Verhältnis zwischen Macht und Moral: Während sich letztere oft eben als eine Form der Macht und Gewalt kundtut, so bedarf die Macht ihrerseits einer Moral, um sich Grenzen zu setzen.
Eine moralfreie Macht wird grausam und vernichtend, insbesondere wenn ihr
keine andere Macht gegenübersteht. Das psychologische Experiment, das sich
Meyer in *Das Leiden eines Knaben* vornimmt, zeichnet einen Prozess nach, in
dem der Macht der Erzieher keine andere, widerstandsfähige, effektive Macht,
sondern lediglich ein junges Wesen mit minimalem – oder überhaupt keinem – Machtquantum gegenübersteht und folglich den Mächtigen zu Opfer
fällt. Das Prinzip Verantwortung wird in diesem Fall von allen Seiten ignoriert,

....

5   Louis François deBoufflers (1644-1711), Herzog, französischer Marschall ab 1693.

die Macht, die sich als Erziehungssystem präsentiert, setzt sich keine Grenzen. Der Marschall, der nur „den Nimbus seiner Ehre" sehen will, „statt an sein Kind zu denken", trägt die Mitschuld an der Tragödie nicht weniger als die kirchlichen Erzieher, die Julians „Schlummer gewalttätig abzukürzen, sein Gehirn zu martern, seine Gesundheit zu untergraben" (GW: 554) beginnen, sobald ihnen seine Erziehung überlassen wird. Gerade bei den Jesuiten erhält die Erziehung Julians einen monströsen Charakter, so dass der begabte und tüchtige, glücklich veranlagte Junge unter der Gewalt seiner Erzieher langsam aber sicher dahinsiecht.

Damit berührt Meyer ein Thema, das in mehreren seiner Erzählwerke rekurriert: Die Beziehung zwischen Moral und Religion als Formen des Machtwillens und der Machtausübung. Von einer Ressentiment-Moral sprach auch Nietzsche; sie tritt als das Rachegefühl der Unterlegenen gegen die Vornehmen in Erscheinung. Ressentiment ist eine latente Rache, die einen Kontrast zum Pathos der Distanz der Vornehmen bildet. Meyer baute in seine Erzählung eine kleine Geschichte (eine Binnengeschichte in der Binnengeschichte) ein, um die moralische Unterlegenheit einiger Jesuitenbrüder zu schildern und damit den Grund ihres Ressentiments zu entlarven: Durch einen Streich – sie verwenden in ihrem Verpflichtungsbrief eine mit der Zeit erbleichende Farbe – versuchen sie, Nutzen aus den Schulden von vier Junkern zu ziehen. Der Trug wird vom Marschall mit der Hilfe von Fagon[6] entlarvt, wobei Bouffliers die Veröffentlichung der kompromittierenden Dokumente verweigert. Die ständige Drohung aber, mit der die Jesuiten nach der Entdeckung konfrontiert werden, lässt in ihnen den „verbissene[n] Haß und de[n] verschluckte[n] Groll" wachsen, „welchen getäuschte Habgier und entlarvte Schurkerei unfehlbar gegen ihren Entdecker empfinden" (GW: 553), und der schließlich in ein starkes Ressentiment gegen den Marschall umschlägt. Das Ressentiment der (moralisch) Schwächeren richtet sich jedoch bezeichnenderweise nicht direkt gegen das größere Machtquantum, also gegen den Maréchal de France selbst, sondern gegen seinen machtlosen Sohn, dessen Erziehung ihnen eben von Bouffliers anvertraut wurde. Fagon ermahnt den Marschall umsonst: Eitles

---

6   Guy-Crescent Fagon (1638–1718), französischer Arzt und Botaniker, Hofarzt König Ludwigs des Vierzehntenab 1693. Er ist der homodiegetische Erzähler in Meyers Novelle.

Ehrgefühl hindert diesen daran, die Gefahr zu sehen, der sein Sohn nunmehr definitiv ausgesetzt ist. Damit ist das Schicksal Julians besiegelt.

Was sich also auf den ersten Blick als ein individuelles Schicksal zeigt, hinter dem die alten Griechen und Römer noch die Macht und das unergründliche Schalten und Walten der Götter vermutet hatten, entlarvt sich bei genauerem Zusehen als eine moralisch gefärbte Machtfrage, die gleichzeitig weitreichende soziale, institutionelle und machtpolitische Implikationen hat. Nicht von ungefähr wird die (Binnen)Geschichte Fagons vom König unterbrochen, der seinem Arzt Vorurteile und „persönliche Feindschaft" vorwirft. Die Behauptung Ludwigs: „Du siehst Gespenster, Fagon" (GW: 554), wird von diesem mit der emphatischen Replik „Du *willst* es nicht glauben, Majestät" (GW: 555. Herv. im Original) erwidert, was auf die – politisch motivierte – Blindheit der staatlichen Macht (wir sind ja in der Epoche des *L' état c'est moi*) gegenüber moralisch fragwürdigem Handeln anspielt. Religion wird als staatliche Angelegenheit betrachtet und dabei schlichtweg– hier zugunsten des Katholizismus und Jesuitismus – ideologisiert. Meyer erkannte es deutlich, wie leicht sich Machtformationen und -institutionen wie Staat oder Kirche mit Ideologien überdecken und dabei Anspruch auf Wahrheit erheben. Wahrheit und Lüge stehen aber – das weiß man spätestens seit Nietzsches Schrift *Über Wahrheit und Lüge im außermoralischen Sinn* (1873) – in einem komplexen Verhältnis zueinander und sind nicht so sehr auf der Ebene der Sprache, als auf der der (hintergründigen, unterschwelligen) Machtspiele zu suchen. Auf den kühnen Hinweis Fagons auf die gewaltsame Bekehrung der Protestanten im Frankreich des 17. Jahrhunderts bringt der König die Quintessenz seiner Ideologie auf den Punkt: „Die wahre Religion siegt gegenwärtig in Frankreich über Hunderttausende durch ihre innere Überzeugungskraft" (GW: 555). Sein Hofarzt kann zwar über die religiöse Überzeugungsarbeit des Père Bourdaloue[7] spotten, doch bleibt der König unbeeindruckt: Die Gewalt mag sich nie als solche kundgeben, sie tarnt sich lieber mit dem Schein der Wahrheit, der Moral, sogar der Menschlichkeit. Fagon, hinter dessen Stimme man den Ideologiekritiker C. F. Meyer erkennen kann,bleibt schließlich nichts übrig, als über „*diesen* Gipfel der Verblendung, *diese* Mauer des Vorurteils, *diese* gänzli-

---

7 Louis Bourdaloue (1632–1704): fanatischer Jesuitenprediger. Der „König unter den Predigern und Prediger von Königen", wie er damals genannt wurde, langweilte seine Zuhörer mit endlos langen Predigten, die bereits bei den Zeitgenossen manchen Anlass zur Ironiegab.

che Vernichtung der Wahrheit" (ebd. Herv. im Original) zu staunen. Es ist eine Welt, der nicht einmal Gott helfen kann, denn Gott, wie es in der Novelle vom Knaben Julian formuliert wird, „hülfe [zwar] gern, gütig wie er ist, aber er hat wohl nicht immer die Macht" (GW: 569f.). Jene von Georg Lukács beschworene „transzendentale Obdachlosigkeit" hat eine Welt zur Folge, in der „Gott" als Transzendenz nicht mehr mitmischt, sondern selbst die Fragen der Moral und Religion durch ideologisch getarnte Machtkämpfe entschieden werden. Wer die Macht und Gewalt hat, der hat auch die Ideologie und besitzt die ‚Wahrheit', selbst wenn nur vorläufig. So wird der Mensch ein „bête à miel" (GW: 574), der sein soziales Mimikry betreibt, während er in der Wahrheit ein Wolf dem Menschen ist.

Fazit

Die Kunst Conrad Ferdinand Meyers ließ sich mit den zwei Beispielfällen der Novellen *Das Amulett* und *Das Leiden eines Knaben* zwischen einer von Lessing und Schiller gekennzeichneten moralisch-ästhetischen Tradition und den Machtdiskursen im 19. Jahrhundert (Burckhardt, Nietzsche) verorten. Lessings Nathan konnte dabei ebenso zur interpretativen Hilfe genommen werden wie Nietzsches Begriffe des Willens zur Macht oder des Ressentiments. Als ein Hauptaspekt von Meyers Kunst wurde sein Psychohistorismus betrachtet, der sich in der ideologiefreien Verknüpfung von psychologischen Movens und historischer Handlung kundtut. Damit lieferte Meyer selbst einen wertvollen Beitrag zum modernen Verständnis von psychischen und historischen Machtphänomenen.

László V. Szabó

Benutzte Literatur

ANDERMATT, Michael (2001), „Conrad Ferdinand Meyer und der Kulturkampf. Vexierspiele im Medium historischen Erzählens". In: Ritzer, Monika (Hrsg.), *Conrad Ferdinand Meyer. Die Wirklichkeit der Zeit und die Wahrheit der Kunst.* Tübingen, Basel, A. Francke, S. 167–190.

DEMAUSE, Lloyd (1999), *Was ist Psychohistorie?* Gießen, Sozialverlag.

FEHR, Karl (1971), *Conrad Ferdinand Meyer.* Stuttgart, Metzler.

GERHARDT, Volker (1996), *Vom Willen zur Macht. Anthropologie und Metaphysik der Macht am exemplarischen Fall Friedrich Nietzsches.* Berlin, New York, W. de Gruyter.

GUARDINI, Romano (1986), *Das Ende der Neuzeit. Ein Versuch zur Orientierung. Die Macht. Versuch einer Wegweisung.* Mainz, M. Grünewald, Paderborn, F. Schöningh.

HELLER, Erich (1964), „Jacob Burckhardt und Nietzsche". In: Heller, Erich (1964), *Enterbter Geist. Essays über modernes Dichten und Denken.* Frankfurt a. M.

JACKSON, David A. (1998), *Conrad Ferdinand Meyer,* 6. Aufl., Reinbek, Rowohlt.

KÖGLER, Hans-Herbert (2004), „Foucaults Machtbegriff: Eine Definition in sieben Stichpunkten". In: Kögler, Hans-Herbert, *Michel Foucault.* 2. Aufl., Stuttgart, Metzler, S. 83–91.

LESSING, Gotthold Ephraim (1998), *Dramen.* Köln, Könemann.

LUHMANN, Niklas (2003), *Macht.* 3. Aufl., Stuttgart, Lucius & Lucius.

MEYER, Conrad Ferdinand (1954), *Gesammelte Werke.* Wien, München, Basel, Kurt Desch. (= „GW").

NIETZSCHE, Friedrich (1999), *Sämtliche Werke. Kritische Studienausgabe in fünfzehn Bänden.* München, DTV & Berlin, W. de Gruyter.

NOVALIS SCHRIFTEN(1960ff.), *Die Werke Friedrich von Hardenbergs.* Historisch-kritische Ausgabe. Hrsg. von R. Samuel in Zusammenarbeit mit H.-J. Mähl und G. Schulz, Stuttgart *et al.,* Kohlhammer.

OTTMANN, Henning (1999), *Philosophie und Politik bei Nietzsche.* 2. Aufl., Berlin, New York, W. de Gruyter.

RITZER, Monika (Hrsg.) (2001), *Conrad Ferdinand Meyer. Die Wirklichkeit der Zeit und die Wahrheit der Kunst.* Tübingen, Basel, A. Francke.

SCHOPENHAUER, Arthur (1997), *Aphorismen zur Lebensweisheit.* Stuttgart, Reclam.

V. SZABÓ, László (2006), „„Schiller, der idealste Dichter einer großen Nation'. Die Schiller-Rezeption im Realismus am Beispiel Gottfried Kellers". In: Rácz, Gabriella, V. Szabó, László (Hrsg.), *„Schöne Welt, wo bist du?" Studien zu Schiller anlässlich des Bizentenars seines Todes.* Veszprém, Universitätsverlag, Wien, Präsens, S. 51–89.

-- (2011), „Masken des Terrors bei Peter Weiss". In: *Limbus. Australisches Jahrbuch für germanistische Literatur- und Kulturwissenschaft.* 4/2011, S. 191–205.

ANA ISABEL GOUVEIA BOURA (UNIVERSIDADE DO PORTO)

Machtverhältnisse in Hermann Hesses *Der Wolf*[1]

Der Wolf ist eine kurze Erzählung, die 1903 von Hermann Hesse verfasst wurde, einem Autor, der zwar in Deutschland geboren wurde, aber die Schweiz
schon früh für seine Wahlheimat hielt. Tatsächlich siedelte Hesse 1899 nach
Basel über, wo er schon einige Jahre als Kind bzw. einige Wochen als Jugendlicher verbracht hatte. Später zog er 1912 nach Bern und lebte seit 1919 in Montagnola, einer im Kanton Tessin liegenden Ortschaft. 1923 erwarb Hesse die
Schweizer Staatsangehörigkeit.[2]

Kurz ist auch der sachliche Titel des Werkes: Zwei Wörter, die ein individuelles Subjekt, ein wildes Tier, nennen. Indem der Titel auf ein Einzelwesen
verweist, öffnet er einen bestimmten Erwartungshorizont: Der Leser, der sich
in der literarischen Tradition auskennt, vermutet nämlich, dass der im Titel
genannte Wolf die Hauptfigur der Erzählhandlung ist und stellt während des
Lesens fest, dass seine anfängliche Vermutung richtig war. Freilich ist diese
Wolfsfigur ebenso ein Mitglied eines mitspielenden Rudels, d.h., der Wolf
taucht im ersten Teil der Erzählsyntagmatik auch in engem Zusammenhang
mit anderen Wölfen auf, die durch ihr Verhalten sein Schicksal bestimmen.

Die Titelfigur spielt die Hauptrolle eines Kampfes gegen zwei Mächte: die
Macht der Natur und die Macht der Menschen. Auf diese beiden Mächte wird
schon in den Anfangsabsätzen hingewiesen: Der expositive Beginn des Textes
informiert, gemäß dem realistischen Erzählmodell, über den Handlungsraum
(die Alpen), die Handlungszeit (der unerhört kalte und lange Winter), die
Figurenkonstellation (die wilden Tiere, die Haustiere und das Landvolk) und
die Vorgeschichte (die versuchten Überfälle der hungernden Wölfe auf Ställe,

....

1   Die Arbeit ist Teil eines Forschungsprojektes des *CITCEM – Centro de Investigação Transdiscipli-
    nar Cultura, Espaço e Memória* und wird durch die *Fundação para a Ciência e a Tecnologia* im
    Rahmen des Projektes «PEst-OE/HIS/UI4059/2011» gefördert.

2   In der Zeit von 1904 bis 1912 lebte Hermann Hesse in Gaienhofen am Bodensee. Während der
    Wintermonate wohnte der Schriftsteller von 1925 bis 1931 in Zürich. Zu einer Gesamtdarstellung
    von Hesses Leben und Werk siehe u.a. Walther 2002, Limberg 2005 und Zeller 2005.

die Verfolgungsakte der bedrohten Dorfbewohner und den Tod von zwei Wölfen aus dem Rudel durch einen Schuss).

Der Leser begreift also, dass der Mehr-Fronten-Kampf der Wölfe bzw. des Wolfes in kausalem Zusammenhang mit den räumlichen und zeitlichen Verhältnissen steht. Tatsächlich ist der erste Gegner der wilden Tiere nicht die menschliche Gattung, sondern das außerordentlich schlechte Wetter, mit anderen Worten die höchst ungünstige Wirkung der atmosphärischen Phänomene auf das Ökosystem, welche in ihrem Übermaß zu einem Mangel an ökologischem Gleichgewicht führen. In diesem Kampf gegen die Natur erleiden die wilden Tiere eine Niederlage, da die kleineren Tiere, zum Beispiel die Vögel, umkommen und die größeren, stärkeren Tiere, wie die Habichte bzw. die Wölfe, an steigender Unterernährung leiden.

Der zweite Kampf, an dem sich die Wolfsfiguren beteiligen, erklärt sich aus dem ersten und ihre Gegenspieler sind auch Tiere, namentlich Haustiere. Hier siegen und verlieren die Wildtiere zugleich, da ihnen lediglich eine kleine Beute zufällt. Sie erwischen ab und zu einen Hund, d.h., eines der wenigen Haustiere, die sich ungeschützt im Freien herumtreiben, manchmal einen Hammel oder ein Füllen, d.h., zahme Geschöpfe, aber sie finden meistens keinen Eingang in die Ställe, in denen sich Geflügel bzw. Vieh wohlverwahrt befinden. Solch geringe Beute trägt also zu keiner Stabilisierung des Ökosystems bei, weil sie nicht genug ist, um das ungestillte Primärbedürfnis der Wölfe zu befriedigen.

Gerade aus dem misslungenen Versuch der Wölfe, Haustiere zu erbeuten, resultiert der dritte Kampf, in dem wilde Tiere und Menschen einander gegenüberstehen. Freilich werden die Wölfe von den Dorfbewohnern besiegt, sei es, weil sie verjagt, sei es, weil sie erschossen bzw. erschlagen werden. Die Flucht verschiebt zwar das tödliche Ende des Kampfes, verhindert es aber nicht.

Diesem Kampf zwischen Natur- und Kulturmacht schenkt der auktoriale Erzähler die größte Aufmerksamkeit. Der Leser wird sich dabei der linear-pyramidalen Entwicklung der Handlung bewusst, da die Ereignisse nach erregendem Moment in steigender Bewegung bis zum Höhepunkt und nach peripetischer Wende in fallender Bewegung trotz retardierender Momente bis zur Katastrophe aufeinanderfolgen.

So erfährt der Leser zunächst, dass sich ein Teil des Rudels in der Hoffnung auf günstigere Wetter- bzw. Ernährungsbedingungen dafür entscheidet auszuwandern. Anschließend wird dem Leser mitgeteilt, dass sich die zum Auswandern entschlossenen Tiere am frühen Morgen sammeln und losgehen; dass die Auswanderer sich am Mittag voneinander trennen, indem sich drei östlich, dem Schweizer Jura zuwenden und die anderen nach Süden weiterziehen; dass die drei Wölfe am dritten Tag in den Stall eines Meierhofes einbrechen und zwei von ihnen dabei erschossen werden, während der dritte, „der jüngste und schönste" (Hesse 1982: 73), von einem Beilwurf am Rücken getroffen wird; dass es dem entkommenen Wolf trotz des Schmerzes gelingt, den „mächtigen" (ebd.:74) Chasseral zu umgehen; dass er in St. Immer nach versuchtem Raub von einem Schuss an der Seite getroffen wird und unter heftigen Schmerzen den Gipfel des naheliegenden Berges nahe bei Mont Crosin erreicht. Schließlich wird berichtet, dass der sterbende Wolf von den ihn verfolgenden Bauern, Jägern und jungen Burschen geprügelt wird, die dann das tote Tier in ihr Dorf hinabschleppen.

Der aufmerksame Leser übersieht aber nicht, dass sich die Handlung auch spiralförmig entwickelt, so dass ein Spiegelungseffekt entsteht. Die von dem einsamen Wolf begangenen Taten weisen nämlich spiegelhaft auf die Handlungen zurück, die er vorher samt der zwei Wölfe ausgeführt hat, und auf diese Vorgänge wird schon in der Vorgeschichte hingewiesen. Mit anderen Worten: Das Vorgehen der Gruppe nimmt das Vorgehen des Individuums vorweg. In den drei Handlungsmomenten folgen nämlich auf Überfall Verfolgung, Fluchtversuch und Todesfall. Und gerade eine solche Ereigniskette betont den schicksalhaften Lebensweg der Titelfigur: Indem der Wolf die verschiedenen Machtkämpfe überlebt, bei denen einige seiner Gattungsbrüder den Menschen zum Opfer fallen, wird er verwundbarer, weil sich die Gruppe verringert, bis er allein auf dem Kampffeld steht und untergeht.

Der allwissende Erzähler verdichtet das Netz der in der Handlung aufkommenden Machtverhältnisse, indem er die topologischen und zeitlichen Gegensätze betont. Tag und Nacht, Helle und Halbdunkel, Rot und Weiß, Kälte und Wärme, Offenheit und Geschlossenheit, außen und innen, oben und unten, Höhlen und Häuser, Öffentlichkeit und Privatheit fungieren als dramatische Pole, die den Handlungskonflikt unterstreichen und gleichzeitig verschärfen. Während der warme, helle, geschlossene Innenraum das Reich der Menschen ist und ihnen Zuflucht und Geborgenheit schenkt, erweist sich der kalte, dunkle, offene Naturraum als Bühne des Mangels, die die Wölfe zu gefährlichen Verhaltensweisen verführt. Und während der untere Raum den Kämpfern einen gewissen Grad an Bewegungsfreiheit ermöglicht, entpuppt sich der obere Raum als günstigster Anlass zur Festnahme des verfolgten Tieres.

Der teilnehmende Erzähler vervollständigt die Außenperspektive mit der Innensicht und verengt dabei seinen Blickwinkel, indem er sich der Hauptfigur nähert, um deren Augen und Ohren zu entleihen. Mittels der personalen Erzählsituation und anhand verschiedener stilistisch-rhetorischer Mittel, zum Beispiel der Isotopie, die das Frostkälte-, das Weite- und das Hunger-Motiv betont, der Animierung und der Personifizierung, die dem Wolf edle Emotionen und Affekte zuschreiben, und des attributiven Diskurses, vor allem der subjektiv gefärbten doppelten und dreifachen Beiwort- und Umstandswortsetzung, die die elende Winterlandschaft und das Leiden der Wölfe hervorhebt, fördert der Erzähler eine illusionistische Lesart zugunsten der Titelfigur. Der Leser fühlt sich versucht, eher dem eindringenden Wolf als dem Gefahr laufenden Landvolk sein Mitgefühl zu schenken.

Nicht jedoch, dass die Erzählinstanz die Machtverhältnisse schwarz und weiß malt. Weder die eindringenden Tiere noch die sie überwältigenden Menschen werden vom Erzähler liebenswürdig verteidigt bzw. gnadenlos verurteilt. Der Erzähler lehnt zwar sowohl die klischeehaften Bilder des bösen Wolfes als auch das übliche Motiv der unschuldigen Menschen ab, aber er kehrt das herkömmliche Polaritätsbild nicht einfach um; er lädt vielmehr den Leser zur Infragestellung und zum Abbau solcher jahrhundertealten vorurteilhaften Anschauungen ein.

Eigentlich machen sich die Menschen nicht dessen schuldig, dass sie kriegerische Instrumente benutzen und gewälttätig auf die wiederholt versuchten Überfälle der Tiere reagieren, denn sie greifen nach Flinten und verfolgen die wilden Tiere, bloß weil ihr Eigentum von diesen bedroht wird. Sie greifen nicht an, vielmehr wehren sie sich durch Gegenangriffe, nachdem ihr Besitz gefährdet worden ist. Als Verteidigungstrategie stellt sich die menschliche Gegenoffensive sogar als berechtigt heraus.

Die Wölfe ihrerseits sind nicht schuldlos, da sie vier folgenreiche Hauptfehler begehen. Erstens trennen sie sich zweimal voneinander. Tatsächlich teilt sich das Rudel zuerst in zwei Gruppen – die der Zurückgebliebenen und die der Auswanderer; dann teilt sich die Gruppe der Auswanderer in zwei Untergruppen – die der nach Osten Gehenden und die der südlich Weiterziehenden. Die Unterteilung der größeren bzw. kleineren Gruppe verstößt gegen die erfolgreich angewandte jahrhundertealte Taktik der zusammenhaltenden vielköpfigen Kampffront und trägt zur Verwundbarkeit der jeweiligen Gruppenmitglieder bei.

Zweitens überschreiten die Wölfe verschiedene Grenzen. Schon der Übergang von den französischen Alpen zum Schweizer Jura fungiert als gefährdender Faktor, da die Wölfe ihre Heimat verlassen und unbekanntes, von der Heimat immer entfernteres Territorium betreten. Die nächsten Grenzüberschreitungen erhöhen die Verletzbarkeit der Tiere: Sie gehen vom Natur- zum Kulturraum über und treten vom öffentlichen zum privaten Menschenraum über, d.h. sie treten in Dörfer ein, überqueren Straßen, schleichen um Gartenzäune und nähern sich Türen und Fenstern. Und was noch schlimmer ist: Sie überschreiten mehrmals die Grenzlinie zwischen Naturraum und Kulturraum und nähern sich wiederholt der Schwelle zum Privatraum.

Drittens versuchen die Wildtiere in fremdes Territorium einzudringen, und zwar mit der Absicht, sich fremden Eigentums zu bemächtigen. Die Eintritte der Wölfe in den Kultur- bzw. Privatraum erweisen sich als Versuche des Einbruchs und der Aneignung fremden Gutes und lösen den Kampf zwischen tierischer und menschlicher Gattung aus. Dabei werden die Angreifer zu Verfolgten. Als Gegenspieler wenden sich die Dorfbewohner gegen die Eindringlinge, nicht nur um sie aus ihrem Lebensraum zu verjagen, sondern auch um ihnen das Leben zu nehmen und auf diese Weise zukünftige Einbrüche zu verhindern.

Viertens verstoßen einige Wölfe gegen die Regel der Vorsicht, die den Gattungsmitgliedern nämlich vorschreibt, erst abends bzw. nachts Überfälle durchzuführen. Sie brechen in den Stall eines Meierhofs „am hellen Tage" (Hesse 1982: 73) ein, und zwar weniger aus Hunger als aus Tollkühnheit, die sich aus ihrem Stolz erklärt, dass sie an den Tagen zuvor ein paar Haustiere gefangen haben. Dadurch steigern sich die Angst bzw. das Entsetzen und folglich die Unternehmungslust der bedrohten Dorfbewohner.

Dass sich der Leser nichtsdestoweniger von den Wölfen bzw. vom jüngsten Wolf angezogen fühlt und dazu tendiert, die Menschen mit eher kritischen Augen zu betrachten, ist teilweise der Tatsache zu verdanken, dass die Hauptfigur einer Tiergattung angehört, die längst in der literarischen Tradition als negativ gefärbtes Motiv vertreten ist. Indem nämlich der Titel eine Wolfsfigur nennt, lädt der Erzähler den Rezipienten zu einem intertextuellen Dialog ein. Das paratextuelle Syntagma *Der Wolf* weist tatsächlich auf zwei literarische Gattungen hin: die der Fabel und die des Kindermärchens. Gewiss: Eine Fabel ist Hesses Erzählung offenbar nicht, schon deswegen, weil die Figurenkonstellation aus Tieren und Menschen besteht, und vom traditionellen Kindermärchen entfernt sich dieses Werk ebenso, indem es das jahrhundertealte Motiv des bösen Wolfes nicht aufweist. Und gerade darin liegt die provozierende Perspektive von Hesses Erzählung.

Die Hauptfigur der Erzählung ist nicht der typische Bösewicht, sondern ein Opfer, und zwar in dreifachem Sinne. Der junge Wolf ist nämlich in erster Linie ein Opfer der unerhört krassen Wetterbedingungen, die bei ihm die Befriedigung des Hungertriebes verhindern; ferner ist er ein Opfer des Selbsterhaltungstriebes, der ihn zu gattungsgemäßen Raubakten zwingt; und schließlich ist der Wolf ein Opfer der menschlichen Macht. Und immer wieder muss der Protagonist, wie allerdings auch seine Gattungsbrüder, einen ungleichen Kampf aufnehmen, auch wenn er sich unter Gattungsverwandten auf dem Kampfplatz befindet, denn die Menschen sind den wilden Tieren in mehrfacher Weise überlegen.

Wohlernährt, warm angezogen und Hieb- und Feuerwaffen besitzend, ergreifen die Menschen kollektiv geplante Maßnahmen, wenn sie sich vor den wilden Tieren schützen, und sie handeln gruppenweise, wenn sie sich gegen die wilden Tiere wehren. So bleiben die Dorfbewohner eher zu Hause, dem besten Zufluchtsort, mit angelegten Flinten „hinter festen Fensterladen" (Hesse 1982: 72) sitzend. Der Außenraum erweist sich als doppelt gefährlich, da gleichzeitig Kulisse des Unwetters und Bühne der Wildtiere, während die Wohnungen durch hölzerne Klappen, wachsame Haltung und einsatzbereite Waffen zu Festungen und die Dörfer zu militärischen Geländen mit zahlreichen Wachtposten werden.

Gehen die Menschen aber manchmal von einem Dorf zum anderen, d.h., verlassen sie mal das eigene Wohngebiet und bewegen sich auf offenen Überlandwegen, dann nie unbewaffnet und immer die sichersten Wegstrecken vorziehend. Dabei meiden sie „die Höhen" (Hesse 1982: 72) als Orte der unbeschränkten Sichtbarkeit.

Und wenn sie einem eindringenden Tier nachjagen, bilden Bauern, Jäger und junge Burschen eine ordentliche und zusammenhaltende Schar. So beim Hinterhereilen des jungen Wolfes, den die Verfolger mit angriffslustiger Gestik, mit gewaltsamer Rede und mittels kriegerischer Taktik in dessen Kriegsfeld niederschlagen und wie eine Trophäe nach Hause bringen. Sie bilden zwar Untergruppen, aber nur vorübergehend, um dem ausweichenden Feind den Eindruck zu geben, dass er belagert ist, und um ihn dazu zu zwingen, den ausweglosen Weg zu gehen: An der Bergspitze kann das erschöpfte Tier weder vorwärts, noch rückwärts, da vorne das Bodenlose hängt und hinten die Menschen lauern.

Den Tieren sind die Menschen auch darin im Vorteil, dass sie eine gleichartige Gruppe sind. Sie unterscheiden sich zwar nach Wohngebieten und Tätigkeitsbereichen, aber Bauern, Jäger und junge Burschen sind letztendlich Dorfbewohner, was ihnen gemeinsame Denk- und Verhaltensweisen ermöglicht. Sie versammeln sich in fest umschriebenen, reich bevölkerten Siedlungen, gliedern sich zwar in Familienkreisen, ergreifen jedoch überfamiliäre Schutz- bzw. Angriffsmaßnahmen.

Im Gegensatz dazu tauchen die Tiere in Hesses Erzählung nicht als kollektive Gruppe auf, sondern als Wesen, die nach ihrer Gattung und Lebensweise unterschieden sind. Während die wilden Tiere im öden Freien leben, unter der Kälte und dem Mangel an Nahrungsmitteln leiden und von Menschen verjagt bzw getötet werden, werden die Haustiere von den Dorfbewohnern befriedigend ernährt und geschützt untergebracht, allerdings nicht aus einem Gefühl für Tiere, sondern aus eigennütziger Berechnung, d.h., um von ihren Besitzern nutzbringend verwendet zu werden. Warm und mit Ess- bzw. Schlafrequisiten versehen, erinnern die Ställe eher an die menschlichen Häuser als an die Tierhöhlen.

Die Ungleichartigkeit der Tier-Konstellation in *Der Wolf* zeigt sich nicht nur darin, dass Wildtiere und Haustiere räumlich bzw. unterhaltsmäßig voneinander getrennt sind, wobei die Haustiere den Wildtieren an Kraft unterlegen, aber an ihnen von den Menschen gewährten Schutzmitteln überlegen sind, sondern auch darin, dass beide Tiergruppen aus verschiedenen Untergruppen bestehen, die anstatt beim täglichen Kampf ums Überleben mitzuwirken, nebeneinander handeln bzw. als Gegenspieler fungieren. Habichte, Vögel und Wölfe gehen verschiedene Wege, dabei gegeneinander kämpfend. Freilich ziehen die Wolfsfamilien, die den Menschen an Zahl und Gesundheitszustand unterlegen sind, vorerst vollzählig aus, aber sie fallen im Verlauf des Überlebenskampfes auseinander, so dass einige Familienmitglieder Haustieren und Menschen allein gegenüberstehen.

Nicht, dass der verfolgte Wolf jemals aufgeben würde. Kraftvoll und stolz flieht er flink, immer wenn „Menschen dazwischen" (Hesse 1982: 73) kommen. Weder der Tod der zwei Genossen noch seine eigenen Wunden noch die urwüchsige Kraft seiner Verfolger entmutigen ihn. Er rennt so lange, wie er kann, erholt sich, wenn ihm die Atmung oder der Kreislauf versagt, bis er sich wieder erheben und weiterlaufen kann. Manchmal steht „ein verschneiter, mächtiger Berg" (Hesse 1982: 74) vor ihm, aber auch solch ein überwältigendes Hindernis schreckt ihn nicht ab. Er umgeht den riesigen Felsblock einfach. Die horizontale Fluchtbewegung kommt dem Tier wohl doppelt günstig vor: Sie verlangt weniger Tatkraft von ihm und öffnet ihm die Weite, ihm also das Gefühl der Freiheit ermöglichend.

Anders jedoch bei seinem letzten Fluchtversuch: Als sich der verwundete Wolf von den Verfolgern umgegeben glaubt, entscheidet er sich zur vertikalen Fluchtbewegung. Der hohe Gipfel des steilen Berges verspricht ihm wohl eine breite Aussicht, also einen erhöhten Grad an Sicherheit. Dass die Bergspitze, als Grenzpunkt zwischen irdischer und ätherischer Welt, auch ein Bild der Hemmung und der Ausweglosigkeit ist, gilt für den jungen Wolf nicht, der sich unter eine breitästige Tanne setzt und die Augen auf den Mond emporrichtet. Sowohl der „einzeln stehende breitästige" (Hesse 1982: 75). Nadelbaum, als auch der ein blutrotes Licht spendende Mond kommen dem sterbenden Tier wie Schutzfiguren vor. Allerdings weisen die Tanne als Christbaummotiv und der Mond als Madonnenmotiv auf symbolische Bilder der überirdischen Vorsehung hin.

Die Dorfbewohner entdecken den jungen Wolf zwar und, da die zwei Schüsse, die sie auf ihn richten, daneben gehen, schlagen sie ihn „mit Stöcken und Knütteln" (Hesse 1982: 75), bevor sie ihn lachend, prahlend, singend und fluchend in das Dorf hinabbringen. Die absteigende Bewegung versinnbildlicht die endgültige Niederlage des Tieres. Die siegenden Menschen freuen sich auf Schnaps und Kaffee, d.h. auf wärmende Getränke, die traditionsgemäß nicht nur Anlass zur Gemeinschaft, sondern auch Gelegenheit zum Feiern sind. Aber sie merken nicht, dass der besiegte Wolf, indem er den Blick in die Höhe richtet und den Mond anschaut, sich von den irdischen Schranken befreit und in das Kosmische hinaufgeht.

In seinem Überlebenskampf pendelt der Wolf zwischen dem Naturraum als Ausgangsort und dem Kulturraum als Zielort und, obwohl er von Dorfbewohnern in ländlichem Umkreis tödlich getroffen wird, stirbt er im Gebirge, seinem natürlichen Lebensraum. Er stirbt auf der Bergspitze, einem sakralen Ort, und zwar mit den Augen an dem „seit vielen Wochen" „nie so rot und gross" (Hesse 1982: 75) gewesenen Mond hängend. Das Motiv des ungewöhnlichen Mondbildes weist auf die außergewöhnliche Wetterlage hin, die in der Einleitungspassage des Werkes beschrieben wird. Beide kosmischen Motive stellen gleichsam den Anfang und das Ende des spiralförmigen Leidensweges des Tieres dar.[3]

Dass das Dorf, in das der getötete Wolf hinuntergebracht wird, den Namen eines Heiligen trägt, verschärft die Spannung zwischen dem Profanen und dem Sakralen: Der Wohnort der Flüche ausstoßenden Menschen wird zum Grabort des vom erlösenden Mondlicht beschienenen Tieres.[4]

Die dicken Kleidungsstücke, die groben Gesten und die lauten Worte der Bauern, Jäger und jungen Burschen, die in erster Linie auf deren räumliche und soziokulturelle Verhältnisse hinweisen, zeugen wohl von ihrer vitalen Männlichkeit, doch zeigen sie auch ihren Mangel an Feinfühligkeit, die im Gegensatz zum Feingefühl des Wolfes steht. Tatsächlich, während die Menschen barbarisch, weil zwecklos, das fast tote Tier erschießen und erschlagen,

---

3 Der Spannung zwischen Weltlichem und Heiligem dient ebenfalls die wiederholt in der Erzählsyntagmatik auftauchende Dreizahl, die in östlichen und westlichen Religionen ein symbolisches Motiv der göttlichen Vermittlung ist. Drei sind nämlich die Wölfe die nach Osten, die Himmelsrichtung des Sonnenaufgangs bzw. das religiös gefärbte Motiv des (Neu)Anfangs, ziehen; drei sind auch die Gegenspieler (Wettererscheinungen, Haustiere, Dorfbewohner), die die Wölfe dem Prozess der natürlichen Selektion der Überlebenstüchtigeren aussetzen; drei sind ferner die Tage, die die drei Wölfe aufgrund der immer besseren, wenn auch immerhin knappen Beute zum tollkühnen Einbruch in einen Meierhof ermutigen, bei dem der jüngste Wolf, der dritte im Bund, seine Kampfgenossen verliert; drei sind daneben die Tätigkeitsbereiche der den Wolf verfolgenden Menschen (Bauern, Jäger, junge Burschen); drei sind schließlich die letzten Wahrnehmungsgegenstände des Wolfes (Tanne, Schneenacht und Mond).

4 St. Immer ist die deutsche Bezeichnung des Ortes St. Imier, dessen Ursprung auf Himerius zurückweist, einen Eremiten, der aus einem Dorf in der Ajoie stammte, sich um 600 im Schüsstal des Kantons Bern niederließ und auf dessen Grab eine Kapelle errichtet und ein Benediktinerkloster gegründet wurde, infolgedessen die Siedlung zu einem Walfahrtsort wurde. Im Bild des Himerius verknüpfen sich die in Hesses Erzählung auftauchenden Motive des Weges Richtung Osten, der Grenzüberschreitung, des Alleinseins, und des Blickes auf das Überirdische. Dass solche Motive auch in der Persönlichkeit bzw. Lebensgeschichte von Hermann Hesse, dem von vielen seiner Zeitgenossen genannten Eremiten, zu finden sind, steht außer Frage.

betrachtet der verendende Wolf die Schnee- und die Mondlandschaft. Mit anderen Worten: Während sich die jagenden Männer – von Frauen ist dabei nie die Rede, da ihnen die Aufgaben der Jagd und des Krieges gemäß dem patriarchalischen Kodex nicht zukommen – tierisch verhalten, weist das wilde Tier menschliche Züge auf.

Darin liegt die provozierende Botschaft dieser Erzählung. Der Leser wird nämlich, nachdem er die Schlusspassage des Werkes gelesen hat, dazu veranlasst einzusehen, dass zwischen Tier- und Menschenwelt keine Kluft, sondern zahlreiche Berührungspunkte bestehen, wobei die Polarität Vernunft – Unvernunft das tierische bzw. menschliche Reich nur mangelhaft bezeichnet. Anders gesagt: die Schlussszene von *Der Wolf* lädt den von Vorurteilen behafteten Leser dazu ein, Tierarten und Menschengattung als gleichwertige Kategorien zu betrachten, d.h., die sog. Unvernunftsgeschöpfe genauso edel wie die sog. Vernunftswesen zu behandeln und angeblich typische Züge der einen in den anderen zu erkennen.

Zugegeben: *Der Wolf* erzählt keine der Novellengattung gemäß unerhörte Begebenheit, obwohl der Text mit dem zeitadverbialen Ausdruck „Noch nie" (Hesse 1982: 71) beginnt, der sich auf eine bis zum Erzählzeitpunkt im erzählten Raum unbekannte Wetterlage bezieht. Der Kampf zwischen Menschen und Tieren ist so alt wie der Volksglaube an das Wolf-Mond-Verhältnis. Und trotzdem erscheint die Titelfigur als Held am Handlungsende, und zwar nicht nur weil der Wolf die Hauptrolle gespielt hat, sondern auch weil er Züge des Heldentums aufweist, indem er allein, frierend, unterernährt und erschöpft einer unsichtbaren,[5] vereinten, ausgerüsteten, kräftigen Gruppe unterliegt, die zwar zum Kampf berechtigt ist, aber ihre Macht missbräuchlich ausübt.

Allerdings haben die Menschen eine doppelte Macht über die Tiere: Sie besiegen die wilden Tiere mit Hilfe von kriegerischen Taktiken und Waffen und beherrschen die Haustiere durch Zähmung. Indem die Tiere gezähmt werden, also sich an die menschlichen Milieus anpassen und die ihnen von Menschen

....

5 Weder bei seinen Einbrüchen noch wenn er die Flucht ergreift, erblickt der Wolf irgendwelche Menschen. Gerade die Tatsache, dass „niemand auf der Strasse" (Hesse 1982: 74) zu sehen ist, ermutigt das verhungernde Tier in die Ställe einzubrechen. Und sowohl wenn er fliehend davonläuft als auch wenn er sich im Versteck erholt, nimmt er bloß „Stimmen und Schritte" (ebd.) bzw. „Lichter und Schritte" (ebd.: 75) wahr. Auffallend ist dabei der Kontrast zwischen dem „Gewirre von Flüchen" und dem Heulen, Stöhnen und Röcheln des am Rücken bzw. an der Seite getroffenen Tieres.

   © Frank & Timme   Verlag für wissenschaftliche Literatur

auferlegten Verhaltensregeln befolgen, verlieren sie ihre gattungsgemäßen offensiven Fähigkeiten. Auf den Angriff von drei zwar „starken" (Hesse 1982: 73), „aber entsetzlich abgemagerten" (ebd.: 73) Wölfen antwortet das im Stall eines Meierhofes wohlgehaltene Vieh einfach mit abwehrendem Gebrüll und Hufgetrampel.

In der missbräuchlichen Machtausübung unterscheidet sich die menschliche Gattung von der Natur. Selbstverständlich wirkt sich die Winterlandschaft den Tieren höchst nachteilig aus. Als Bühne und Werkzeug der ungünstigen Wetterbedingungen zwingt die Natur die wilden Tiere dazu, sich an überfordernden Machtkämpfen zu beteiligen, die ihnen Leiden zubereiten und sie in den Tod führen. Und doch spielen Wetter und Natur nicht nur die Rolle des gnadenlosen, unbesiegbaren Gegners, sondern auch die des beistehenden, helfenden Mitspielers. So frisst der „halbtote" (ebd.: 74) Wolf „kleine Bissen von der gefrorenen, harten Kruste der Schneefläche" (ebd.), um seinen ihn quälenden Durst zu stillen, wobei das Wasser dem verhungernden Tier dabei hilft, sich am Leben zu halten; so ist das Halbdunkel dem verfolgten Wolf bei der Flucht vorteilhaft, da zwei in der Dämmerung abgefeuerte Schüsse daneben gehen; so bereitet der Tannenwald, als labyrinthischer, undurchschaubarer Raum, dem fliehenden Tier Erholung und Schutz. Ferner, als dem erschöpften Tier nur übrigbleibt, den steilen Berg hinaufzusteigen, lässt die Kälte nach. Und beim letzten Kampf, dem Todeskampf des Wolfes, erscheint der Mond, der wochenlang „klein" (ebd.: 72) und „von gelbem Glanz" (ebd.) war, „riesig und blutrot" (ebd.: 75), als Pendant der roten Fenster, hinter denen die Menschen Schutz finden und es sich gemütlich machen. Solche Bilder der Verbundenheit von Wettererscheinungen, Pflanzenwelt und wilden Tieren stehen ganz im Gegensatz zum Verhalten der Bauern, Jäger und jungen Burschen, die ihre Macht über den verendenden Wolf immer gewaltsamer bis zum Irrationellen ausüben.[6]

Dass der Erzähler der Hauptfigur heldenhafte Merkmale gönnen will, zeigt neben dem Titel und dem Erzähldiskurs auch der tektonische Bau des Werkes und die Erzählperspektive. Raum, Zeit, Figurenkonstellation und Erzählperspektive tragen in verfeinerter textueller Kohärenz zu einem Verengungseffekt

---

6   Auf die enge Beziehung von Pflanzen- und Tierwelt deutet auch die einzeln stehende Tanne, unter die sich der todmüde Wolf setzt, und die die Verlassenheit des Tieres widerspiegelt.

bei. So verengen sich im Laufe des Werkes der szenische Raum (Jurakette – Berg / Dorf – Bergspitze), die Handlungszeit (Wochen – erster / zweiter / dritter Tag – am hellen Tage, gegen Abend, Nacht – halbe Stunde), die Figurenkonstellation (Wölfe – der kleinere Teil des Rudels – drei Tiere – der jüngste und schönste Wolf) und die Perspektive (Überblick – *close-up*), die Zuspitzung des dramatischen Konflikts dabei spiegelhaft betonend. Dadurch, dass die Schlussszene auf allen Werkebenen höchst verdichtet bzw. konzentriert ist, wird die Tragik des Helden am Werkschluss hervorgehoben.

Kein Wunder, dass *Der Wolf* narrative, dramatische und lyrische Züge harmonisch kombiniert. Tatsächlich entdeckt der Leser in Hesses Erzählung sowohl Erzähl- und Drama- als auch lyrische Strukturen, die einige Textstellen zu Prosagedichten werden lassen. Und auch mittels der konsequenten Zusammensetzung von Erzählsituation, dramatischer Handlung und lyrisch gefärbtem Diskurs lenkt die Erzählinstanz die Aufmerksamkeit des Lesers auf die machtkämpferische Gegenüberstellung von Landschaft und Tieren bzw. von Tieren und Menschen sowie auf das tragische Geschick der Titelfigur.

Allerdings verbindet Hesse in *Der Wolf* nicht nur die drei literarischen Modi, sondern auch ästhetische Strömungen, die auf den epochalen Entstehungskontext des Werkes hinweisen. Die um die Jahrhundertwende verfasste Erzählung weist einerseits realistische und naturalistische Merkmale auf. So versteht man zum einen den expositiven Textanfang, die Allwissenheit des Erzählers, die wirklichkeitsgetreuen Ortsnamen (Schweizer Jura, Chasseral, Mont Crosin, St. Immer) und zum anderen das Bild des „blutbefleckten" (ebd.: 74) Wolfs bzw. des „in dicken Tropfen" (ebd.) auf die Schneelandschaft fallenden „braunen" (ebd.) Blutes. Andererseits zeigt die Erzählung impressionistische und symbolistische Züge. Zu nennen sind hier vor allem die optischen, akustischen, Geruchs- und thermisch-taktilen Sinneseindrücke und die symbolträchtigen Zahlen und Farben. Eben die vortreffliche Verknüpfung von mimetischen und nichtmimetischen Gestaltungsmitteln verleiht dem Bild des konfliktreichen Verhältnisses von Natur- und Kulturmacht universale bzw. zeitlose Gültigkeit.

Umso erstaunlicher, dass *Der Wolf* bisher von der weltweiten Hermann-Hesse-Rezeption extrem vernachlässigt worden ist. Kaum ein Aufsatz ist in der Hesse-Sekundärliteratur zu finden, dessen Titel auf diese Erzählung verweist. Dabei verkennen die Literaturkritiker, die sich mit Hesses Werken beschäftigen, dass *Der Wolf* dem anspruchsvollen Leser nicht nur ästhetischen Genuss bereitet: Mehr als hundert Jahre nach ihrer Niederschrift erweist sich diese Erzählung, in der Hesse erstmals das Wolfsmotiv bearbeitet, als höchst aktuell, insofern sie wichtige Themen der heutigen Wissenschafts- und Öffentlich-keitsdiskussion behandelt: die Rechte der Tiere, das Ökosystem, den menschli-che Umgang mit der Umwelt, die Machtverhältnisse und den Missbrauch der Macht.

Benutzte Literatur

HESSE, Hermann (1982), „Der Wolf". In: Hermann Hesse, *Gesammelte Werke*. Elfter Band, *Schriften zur Literatur I*. Frankfurt am Main, Suhrkamp, S. 71–75.

LIMBERG, Michael (2005), *Hermann Hesse. Leben, Werk, Wirkung*. Frankfurt am Main, Suhrkamp.

WALTHER, Klaus (2002), *Hermann Hesse*. München, Deutscher Taschenbuch Verlag.

ZELLER, Bernhard (2005), *Hermann Hesse*. Reinbek bei Hamburg, Rowohlt Taschenbuch Verlag.

© Frank & Timme   Verlag für wissenschaftliche Literatur

GENNADY VASILYEV (UNIVERSITÄT NISHNIJ NOVGOROD)

Hermann Hesses Machtkonfrontation. Reale und illusionäre Macht: Zur Zusammenwirkung von Eliten in *Glasperlenspiel* (1943)

In seinem Roman *Das Glasperlenspiel* (1943)[1] betont Hesse den zeitlosen Charakter des „Reiches des Geistes und der Seele", den er in der Darstellung der utopischen Republik Kastalien verkörpert hat. Im Zentrum des Romans steht die Lebensbeschreibung Joseph Knechts, der vom Lateinschüler der Kleinstadt Berolfingen zum Magister des Glasperlenspiels geworden ist. Die wichtigsten Stationen auf dem Weg Joseph Knechts sind in dem Roman in vier Lebensläufen beschrieben. Der erste Lebenslauf „Der Regenmacher" stellt Knecht als Zauberer und geachtetes Mitglied eines Stammes dar. Er lebt in völliger Einheit mit der Natur und deren Kräften; daher kann er magische Beschwörung üben. Als die Götter eines Tages dem Zauberer den erflehten Regen verweigern, opfert er sich selbst für die Stammesgemeinschaft.

Der zweite Lebenslauf versetzt Knecht als „Josephus Famulus" in die Zeit der altchristlichen Anachoreten. Josephus verzweifelt an sich selbst, über seinem Leben steht die Einsicht der unheilbaren menschlichen Sündhaftigkeit. Josephus überwindet sich und kehrt in sein Amt zurück.

Die dritte Biographie („Indischer Lebenslauf") zeigt einen auf dem Lande aufgewachsenen Jüngling, der der Welt entsagt und einem Heiligen als dessen Schüler folgt, um die kosmische All-Einheit zu erleben. Der vierte Lebenslauf beschreibt das Leben des späteren Glasperlenspielmeisters Joseph Knecht. Sein Tod bedeutet die letzte Stufe eines „persönlichen Wachstums", und für Tito ergibt sich eine Andeutung vom „Erwachen" zum Geist hin (Philippi 2003: 138).

Die Lebensstationen auf dem Weg Joseph Knechts entsprechen Hermann Hesses Suchen nach einer Religion und veranschaulichen den Befreiungsprozess des Schriftstellers von jeglicher kirchlicher oder politischer Macht. Hesse

---

1   Es handelt sich um die erste Ausgabe des Romans in zwei Bänden beim Zürcher Fretz & Wasmuth Verlag im November 1943.

kam in einer pietistischen Familie zur Welt, diese wird oft in Werken über die schwäbische Kirchengeschichte erwähnt. Johannes Hesse, der Vater des Dichters, entschloss sich schon in jungen Jahren, als Missionar in den Dienst der Basler Missionsgesellschaft zu treten (Ziolkowski 1979: 139). Pietische Erziehung, Kontakt mit dem Lutheranismus und vor allem mit dem Calvinismus haben dem religiösen Fundament des Autors des Romans *Glasperlenspiel* eine Stabilität verliehen. Sehr schnell versuchte jedoch Hesse, sich von der formellen Seite der Religion zu befreien, um sich auf die Suche nach dem Absoluten zu konzentrieren (Bilinski 2004: 27).

In einer früheren Schaffensperiode *(Hinterlassene Schriften und Gedichte von Hermann Lauscher)* gab sich Hesse einer fast kultischen Verehrung des Schönen und Vollkommenen hin. „Ich bin bekehrt zum Glauben an das Schöne, an Goethe, Schiller, an die Antike", schreibt Hesse im April 1895 an einen seiner ehemaligen Maulbronner Mitseminaristen (siehe Gellner 1997: 35). Der illusionäre Charakter dieses ästhetischen Religionsersatzes manifestiert sich in Hesses Abwendung von dem Gott des christlich-dogmatischen Bekenntnisses. Die Hinwendung zur indischen Mystik verkörperte nunmehr „[…] die innere Ratlosigkeit seines zwischen rationaler Skepsis und religiöser Sehnsucht hin und her geworfenen Geistes" (Mayer 1960: 435). Hesse hat die Upanishaden gelesen, die Bhagavad Gita hoch geschätzt und sei mit dreißig Jahren selbst ein Buddhist gewesen (Unseld 1985: 88). Doch seine Indonesienreise 1911 hat den Schriftsteller eher enttäuscht. „Die Inder haben mir im ganzen wenig imponiert, sie sind wie die Malayen schwach und zukunftslos", schrieb Hesse gereizt schon während seiner Rückreise an Bord des Dampfschiffs „York" mitten im Indischen Ozean (siehe Gellner 1997: 87). Im Gegensatz zu den Indern haben Hesse die Chinesen sehr imponiert, die er als „[…] armen Rest einer alten Paradiesmenschheit, die vom Westen korrumpiert und gefressen wird", bezeichnet (ebd.). Die Notwendigkeit der Seinsgestaltung in der tatkräftigen Lebensbewältigung bedingte Hesses Abrücken von der weltverneinenden indischen Mystik. Er wandte sich den chinesischen Mystikern zu, unter denen er Laotse den höchsten Rang einräumte. Damit hatte Hesse zu derjenigen Form von mystischer Religiosität gefunden, die ihm nicht nur als geistigen Menschen, sondern auch als gestaltendem Künstler gemäß war. Der reife Hesse verwirklicht in seinem Weltverhältnis eine Synthese von asiatischem Unendlichkeitsstreben und christlicher Liebe zur Schöpfung. Dieses Bemühen und die Durchdringung einer mystischen Glaubenshaltung fernöstlicher Prägung mit christlichem Geiste kennzeichnet Hesses Religiosität in prinzipieller Weise (Mayer 1960: 451).

Den synthetischen Charakter von Hesses Religiosität, seine Position über allen politischen Mächten und kirchlichen Institutionen verkörperte im Roman das Glasperlenspiel. Zuerst war es von Studenten und Musikanten als „witzige Art von Gedächtnis- und Kombinationsübung" begonnen worden (Hesse 1971: 29). Dann wurde das Spiel von Musiktheoretikern und Mathematikern, von der jeweils führenden Wissenschaft weitergeführt. Das Glasperlenspiel besitzt die Fähigkeit zur Universalität, es repräsentiert in abstrakten Formeln alle möglichen Denkformen, so dass „[...] immer neue Beziehungen, Analogien und Entsprechungen entstehen". Der Sinn des Spiels war „[...] eine erlesene, symbolhafte Form des Suchens nach dem Vollkommenen, [...] also nach Gott" (ebd.: 32). Auch die christliche Theologie war darin integriert, aber neue Zeichen und Formeln kamen schließlich kaum noch hinzu.

Das Glasperlenspiel war als Versuch der Überwindung einer historischen Krise entstanden. Symptome der Krise sind die Formen der Vermarktung und Verfälschung des Geistes im Feuilleton. Diese spezifische Moderne ist eine Art des Verrats am „Geist". „Ökonomie, Staat, Geschichte werden als faktisch existenzbestimmend erkannt, aber als geistfeindlich identifiziert" (Phillipi 2003: 129). Die Darstellung des „feuilletonistischen Zeitalters" ist die Auseinandersetzung des Autors mit der gegenwärtigen Zeit und spiegelte seine Kulturkritik deutlich wieder. Das ist „[...] das Zeitalter einer brutalen Ungeistigkeit, eines verantwortungslosen Individualismus und Chauvinismus, der grausamen Kriege und Selbstzerfleischungen, die Zeit, in der sich der Geist jeder noch so utilitaristischen Machtpolitik untergeordnet ist" (Unseld 1974: 115). Die Zeichen dieser Zeit sind, „die öde Mechanisierung des Lebens, das tiefe Sinken der Moral, die Glaubenslosigkeit der Völker und die Unechtheit der Kunst" (Hesse 1971: 22). In dieser Zeit erschien eine

[...] Reihe von Gelehrtengenerationen mit dem Ziel: [...] auf raschen und leichten Gelderwerb, auf Ruhm und Ehrungen in der Öffentlichkeit, auf das Lob der Zeitungen, auf Ehen mit den Töchtern der Bankiers und Fabrikanten, auf Verwöhnung und Luxus im materiellen Leben. Die Dichter mit den hohen Auflagen, den Nobelpreisen und hübschen Land-

häusern, die großen Mediziner mit den Orden und den Livreedienern, die Akademiker mit den reichen Gattinnen und den glänzenden Salons, die Chemiker mit den Aufsichtsratstellen in der Industrie, die Philosophen mit den Feuilletonfabriken und den hinreißenden Vorträgen in überfüllten Sälen mit Applaus und Blumenspenden. (ebd.: 33)

Die Kritik der Moderne erinnert an die Dekadenzkritik Friedrich Nietzsches. Für Nietzsche gehört die Dekadenz „zu allen Epochen der Menschheit", denn „überall gibt es Auswurf- und Verfall-Stoffe" (siehe Szabó 2007: 163). Dekadenz ist für Nietzsche der Ausdruck von Willenslähmung und Krankheit, aber nach jedem Untergang der Kultur folgt ein Aufgang, insofern neue Werte geschaffen werden. Diese Vorstellung hat Hermann Hesse nicht außer Acht gelassen. In seinem Essay *Moderne Versuche zu neuen Sinngebungen* (1926) nennt er als die wichtigsten Komponenten der vergangenen Kultur „die Religion und die Sitte". Der Durchschnittsmensch findet in der Mode einen Ersatz für die Kultur. Die Nachfrage „nach neuer Sinngebung" ist in der Moderne äußerst groß. Als einen Ersatz für die Werte der vergangenen Kultur betrachtet Hesse die moderne Kunst und Dichtung, wobei die „Religionsbildungen" eine „Schule für geistige Elite sein muss" (ebd.: 166–167) .

Dem Krisenzustand ist das geistige Leben in Kastalien gegenübergestellt. Der Orden der Kastalier steht isoliert mit eigener Hierarchie innerhalb des Staates, wird aber von ihm anerkannt und in seinem materiellen Dasein gesichert. Die Kastalier bezeichnen jene weltlichen Berufe außerhalb des Ordens auf ironische Weise als „frei". Diese Berufe geben eine scheinbare Freiheit bei der Berufswahl, machen aber den Bürger zum „Sklaven niedriger Mächte", weil sie sie einem materialistischen Wettkampf ausliefern. Die kastalische Elite hat demgegenüber eine echte Freiheit, weil sie von materiellen Sorgen frei ist und jede Person ihre persönlichen Talente entwickeln kann.

Um Ordnung, Norm, Vernunft, Gesetz und Maß zu wahren, haben sich die Glasperlenspieler der Politik, der Wirtschaft und sonstiger weltlicher Geschäfte auch des Lebens in der Familie zu enthalten. Indem sie sich zur politischen Verantwortung des Geistigen bekennen, erfüllen sie dem Staat, der ihr Dasein ermöglicht, einen großen und notwendigen Dienst (Zeller 2005: 155). Zu den wichtigsten Mitteln, um diese Aufgabe erfolgreich zu erfüllen, gehört für den Orden die Meditation, eine psychische Übung, durch welche die eigene Person

© Frank & Timme   Verlag für wissenschaftliche Literatur

neutralisiert wird und die Seele in der Versenkung sich ihrer Teilhabe an der Einheit des Lebens inne wird (ebd.: 156).

Die Fähigkeit zur Ordnung und Neuordnung geistiger Inhalte fungiert damit als Kriterium der Auslese, aus der sich jene geistige Elite etabliert, die die Regeln des Spiels selbst bestimmt. Die geistige Hierarchie beruht auf einer Machtentfaltung, die den Anspruch auf Erziehung und Wissensvermittlung erhebt (Szabó 2007: 171–172).

Die innere Künstlichkeit Kastaliens, die Einheit und Geschlossenheit der Ordnung, die Starre der Regeln, die Exklusivität und Weltvergessenheit der mit ihren Spielen beschäftigten Schmarotzerwelt wird durch den Benediktinerpater Jakobus scharf kritisiert (Philippi 2003: 127). Die „Wirklichkeitsferne" Kastaliens ist der Grund, warum Joseph Knecht die Ordensprovinz auf dem Höhepunkt seiner Karriere verlässt. Sein Tod im eisigen Wasser eines Bergsees kann als die Hingabe an die Welt des Geistes und der erkannten Ideale und als Hingabe an das Leben interpretiert werden. Das offene Finale entspricht dem Prozess der geistigen Suche Hermann Hesses. Als 14-jähriger flieht er aus der Klosterschule Mailbronn, als 15-jähriger unternimmt er infolge einer Jugendliebe zu einer sieben Jahre älteren Frau einen Selbstmordversuch, woraufhin man ihn in die Nervenheilanstalt „Stetten im Remstal" brachte (Gellner 1997: 33). Es wurde zu viel christliche Lehre vermittelt, er begegnete ihr überall, immer wieder in Form von Normen und Konventionen. Der kleine Hesse hatte das Christentum, so wie es ihm begegnete, schnell satt (Szabó 2007: 255).

Hesses traumatisierende religiöse Herkunft und Erziehung belegt damit die zwiespältige, zum Teil fatale Wirkungsgeschichte christlich-kirchlicher Sozialisation. Man sieht darin ein Musterbeispiel religiöser Neuorientierung, die den Schlüssel zum Verständnis von Hesses Seelenleben darstellt, aus dem die dichterische Imagination seines literarischen Schaffens erwuchs. (Gellner 1997: 36)

Das Schreiben des Romans *Das Glasperlenspiel* kann in diesem Sinn als eine Befreiung von der „Macht der Erinnerung" und als eine Art Therapie interpretiert werden.

Die Abgerissenheit von der Wirklichkeit brachte auch keine Zusammenwirkung zwischen der politischen und geistigen Elite hervor, was zum Niedergang Kastaliens führte. Die Geist-Welt geht unter, nicht zuletzt auch aufgrund der Unfähigkeit ihrer Bewohner zur Verteidigung (Bartl 1996: 106). Diesen Prozess hat Hermann Hesse in der Nazizeit reflektiert und in der künstlichen Welt-Erfindung des eigenen Textes als Welt-Ersatz eine Utopie geschaffen (Philippi 2003: 142).

Seit 1914 versteht sich Hesse als antipolitisch, der sich letztlich selbst „in direkter Beziehung zu Gott" weiß, der als Dichter ein „Amt" zu verwalten beansprucht, dessen Reich „nicht von dieser Welt ist" (ebd.: 140). „Ich sehe uns und unsere Welt untergehen, nichts ist mir sicherer als dieser Untergang, [...] halte ich für meine und unsere Aufgabe [...] dem Chaos den Geist entgegenzustellen und den Glauben an den Geist, als Creator wie als Logos, den Späteren weiterzugeben" (ebd.).

So entstand mit der intellektuell-literarischen Konstruktion einer Scheinwelt, ein Gegenbild zur realen Welt, die sich im Zustand des Niedergangs, des Verfalls und der Zerstörung der Kulturtraditionen und individueller Wertmaßstäbe befand. Seine Aufgabe als Schriftsteller versteht Hesse darin, „einen geistigen Raum aufzubauen, in dem ich atmen und leben könnte, aller Vergiftung der Welt zum Trotz, eine Zuflucht und Burg [...] und [...] den Widerstand des Geistes gegen die barbarischen Mächte zum Ausdruck zu bringen" (ebd.: 142). Die künstliche Welt-Erfindung des eigenen Textes als „Atemraum" und als Welt-Ersatz ist eine merkwürdige Utopie.

Hesse war seit 1919 im Ausland und seit 1924 Schweizer Staatsbürger. In Montagnola schuf er sich ein in großer Abgeschiedenheit liegendes Refugium. Er hielt gerade in den Jahren der Hitlerdiktatur Kontakt mit den deutschen Exilanten, zu ihm kamen Heinrich Wiegand, Peter Weiss, Bertolt Brecht und Thomas Mann. Deutschland blieb aber für Hesse zeit seines Lebens „seine literarische Heimat". Das bedeutete nicht nur eine wirtschaftliche Abhängigkeit von Nazideutschland, die für die problematische Haltung der „Neutralität" mitverantwortlich war. Ein harscher Bruch hätte einen Verlust dieser Leserschaft zur Folge gehabt. Nicht tagespolitische Kritik stand im Zentrum der Hesseschen Werke, vielmehr der feste Wille, traditionelle, humanitäre Werte (wie Wahrheit, Redlichkeit, geistige Größe) gegen die Barbarei zu behaupten (Bartl 1996: 131). Hesse verteidigte das Primat der unpolitischen Kunst: „Die Kunst gehört zu den Funktionen der Menschheit, die dafür sorgen, dass Menschlichkeit und Wahrheit fortbestehen, dass nicht die ganze Welt und das

ganze Menschenleben in Hass und Partei, in lauter Hitlers und Stalins zerfällt
[…]" (*Hesse an einen jungen Verwandten* (01.02.1937) in Hesse 1974: 165).

Hesses Vermittlungsversuch zwischen den in Deutschland verbliebenen
Autoren und den Schriftstellern des Exils brachte ihm eher Kritik als Erfolg
ein. Wie Knecht im *Glasperlenspiel* scheitert Hesse mit dem Bemühen, auf
beiden Seiten zu warnen und zu vermitteln. Der Versuch, einen Kontakt zwischen den Eliten herzustellen, blieb eher erfolglos. Die Zusammenarbeit mit
dem Naziregime war aber für ihn ausgeschlossen. Hesses Pazifismus, seine
positive Bewertung des jüdischen Volkes (er war mit einer Jüdin verheiratet,
verkehrte in jüdischen Kreisen und lobte in mehreren Rezensionen auch zur
Zeit der Hitlerdiktatur die Texte jüdischer Literaten), seine Ablehnung jeglicher Art von Patriotischem machten eine Verständigung mit Adolf Hitler oder
dessen Duldung unmöglich.

Ein möglicher Ausgang des *Glasperlenspiels* (eine kurze Notiz auf einem
Brief vom 22.06.1931) gibt einen Hinweis auf die Auseinandersetzung des
Vertreters des autonomen Geistes Kastaliens mit dem Vertreter der totalitären
Macht, dem Führer (Unseld 1985: 127). In einem Gespräch zwischen Joseph
Knecht und dem Diktator lehnt Knecht jegliche Zusammenarbeit mit der
Macht ab und spricht dadurch sein eigenes Todesurteil aus. Genau wie für
Knecht war auch für Hermann Hesse eine Zusammenarbeit mit der Diktatur
unmöglich.

Das Problem der Auseinandersetzung zwischen realer (politischer) und
„geistiger" Macht, die Abgerissenheit der Eliten und ihr Zusammenwirken in
Bezug auf das wirkliche Leben waren nicht nur für den Roman *Das Glasperlenspiel*, sondern für das geistige Suchen Hermann Hesses bestimmend. Der
Schriftsteller unternimmt einen Versuch, sich von kirchlichen und politischen
Mächten zu befreien und eine eigene Religion zu stiften, die aus Christentum,
indischer und chinesischer Mystik und der besonderen Rolle des Dichter und
der Dichtung bestehen sollte. Diese Art der Utopie konnte zwar nicht in die
Wirklichkeit umgesetzt werden, war aber im Roman *Das Glasperlenspiel* verkörpert, der es dem Autor ermöglichte, eine gewisse Distanz zum eigenen
Schicksal zu gewinnen.

Gennady Vasilyev

Benutzte Literatur

BARTL, Andrea (1996), *Geistige Atemräume: Auswirkungen des Exils auf Heinrich Manns "Empfang bei der Welt", Franz Werfels "Stern der Ungeborenen" und Hermann Hesses "Das Glasperlenspiel"*. Bonn, Bouvier.

BILINSKI, Krzysztof (2004), „Hermann Hesse und die schweizerische Identität". In: Halub, Marek: *Ta Szwajcaria to nie Szwajcaria*. Wrozlaw, Wydawn, S. 19–28.

GELLNER, Christoph (1997), *Weisheit, Kunst und Lebenskunst: fernöstliche Religion und Philosophie bei Hermann Hesse und Bertolt Brecht*. Mainz, Matthias-Grünewald-Verl..

HESSE, Hermann (1971), *Die Romane und die großen Erzählungen. Jubiläumsausgabe zum Hundertsten Geburtstag von Hermann Hesse. Das Glasperlenspiel*. Bd. 7, Frankfurt a. M., Suhrkamp.

-- (1974), Hesse an einen jungen Verwandten (01.02.1937). In: Hesse, Hermann, *Ausgewählte Briefe*. Frankfurt a. M., Suhrkamp, S. 165–166.

MAYER, Gerhard (1960), Hermann Hesse. Mystische Religiosität und dichterische Form. In: *Jahrbuch der Deutschen Schillergesellschaft: internationales Organ für neuere Deutsche Literatur*. Göttingen, Wallstein, S. 434–465.

PHILIPPI, Klaus-Peter (2003), „Hermann Hesse: ‚Das Glasperlenspiel'. ‚Zerfall der Werte' und ‚Flucht in die Legende'. In: Blasberg, Cornelia (Hrsg.), *Vom Zweck des Systems*. Tübingen, Attempto, S. 121–148.

SZABÓ, Lászlo V. (2007), *Der Einfluss Friedrich Nietzsches auf Hermann Hesse: Formen des Nihilismus und seiner Überwindung bei Nietzsche und Hesse*. Veszprem, Univ-Verlag.

UNSELD, Siegfried (1985), *Materialien zu Hermann Hesses „Das Glasperlenspiel"*. Zweiter Band. Texte über „Das Glasperlenspiel". Frankfurt a. M., Suhrkamp.

ZELLER, Bernhard (2005), *Hermann Hesse*. Reinbeck bei Hamburg, Rowohlt Verlag.

ZIOLKOWSKI, Theodor (1979), *Der Schriftsteller Hermann Hesse. Wertung und Neubewertung*. Frankfurt a. M., Suhrkamp.

JENS HOBUS (TECHNISCHE UNIVERSITÄT BERLIN)

„Einbildung ist selbst die Macht". Macht und Ohnmacht im Werk Robert Walsers

1 Einleitung: „Diese Ohnmacht anerkenne ich aber in keiner Weise" (BG 3: 115)[1]

Das Thema Macht spielt in Robert Walsers Texten eine eminent wichtige Rolle: fortwährend werden hierarchische Konstellationen und das damit verbundene Machtgefälle inszeniert und analysiert. Auffällig dabei ist, dass gerade die machtlosen Figuren ihre Situation positiv wahrnehmen und in ihren Gesten der Demut und der Unterwerfung eine lustvolle Dimension entdecken, wohingegen der Zustand der Dominanz verachtet wird. Nun könnte man meinen, dass hier eine klare Trennung zwischen Macht und Ohnmacht, Herrschen und Dienen existiert; dies ist jedoch nicht der Fall, denn Walsers Texte inszenieren vielmehr die dialektische Verschiebung zwischen beiden Bereichen.

Unter dem Begriff Macht hat Max Weber jede Chance verstanden, „innerhalb einer sozialen Beziehung den eigenen Willen auch gegen Widerstreben durchzuführen, gleichviel worauf diese Chance beruht" (Weber 1972: 28). Doch Macht manifestiert sich in Walsers Texten nicht nur auf der Ebene der Beschreibung von sozialen Beziehungen. Zwar werden diese immer wieder thematisiert, doch darüber hinaus sollen hier ebenso die verschiedenen Kräfte in Bezug auf die Dimension des Schreibens analysiert werden: dazu gehören die Macht der Sprache und die Macht der Imagination. Schließlich soll gezeigt werden, wie diese unterschiedlichen Kräfte miteinander agieren und welche Funktion sie für Walsers Poetik übernehmen.

In Robert Walsers frühem Dramolett *Die Knaben* (SW 14: 7) kommt es zwischen den Jungen Hermann, Heinrich und Franz zu folgendem Dialog über ihre Zukunftsaussichten:

---

[1] Texte aus *Sämtliche Werke in Einzelausgaben* werden mit SW zitiert; es folgen Band- und Seitenangabe. Dasselbe gilt für die Texte *Aus dem Bleistiftgebiet* (als BG zitiert) und für Zitate aus *Briefe* (als B zitiert).

Hermann: Du gehst also zur Bühne?

Heinrich: Willst du das wirkliche Leben mit dem Scheine vertauschen, den Körper mit seinem Reflex?

Franz: Uh, die Philosophen. Ich gehe zur Bühne in der Absicht, mir dort ein lebendiges Leben einzurichten.

Heinrich: Tu es, tu es, aber ist es nicht schwer?

Franz: Nicht zu schwer, denn es wird leicht genug sein, daß ich es in meine Macht bekomme.

Hermann: Macht ist oft nichts als Einbildung.

Franz: O bist du klug! Einbildung ist selbst die Macht. Bilde dir nur nie etwas ein, und du wirst dir nie etwas unterwerfen. Ach, wie es hier schön ist! Welche Freiheit! Daliegen und von Größe träumen zu können. (SW 14: 8)

Im Kern sind hier schon wichtige Aspekte von Walsers Beschäftigung mit dem Thema Macht angelegt. Während Heinrich am Theater die fehlende „Echtheit" und Realität kritisiert, wird die darin zum Ausdruck kommende Differenz zwischen Sein und Schein in der Antwort von Franz unterwandert und einkassiert. Gerade wo der Schein regiert, kann es ein „lebendiges Leben" geben. Das Theater ist der Ort, wo sich gerade wegen des Scheinhaften, Spielerischen, Vorübergehenden eine besondere Lebensmöglichkeit eröffnet. Im darauffolgenden Teil des Dialogs manifestiert sich im Chiasmus von Macht und Einbildung ein zentraler Punkt von Walser poetologischem Selbstverständnis: Für Hermann ist das Gefühl von Macht negativ konnotiert, weil es als subjektive Täuschung erfahren wird. Gegenüber dieser Kritik, dass Macht nur auf Einbildung beruhe, antwortet Franz mit einer Inversion dieser Beziehung, so dass aus seiner Perspektive gerade die Einbildung notwendig ist, um sich überhaupt als mächtig zu erfahren: „Einbildung ist selbst die Macht." Doch diese Macht wird nicht aktiv ausgeübt, besteht sie doch allein im „Daliegen" und im „Träumen".

Es wird deutlich, dass bei einer solchen Konzeption von Macht nicht mehr die realen Kräfte innerhalb sozialer Beziehungen widergespiegelt werden. Stattdessen zeigt sich in der Macht der Einbildungskraft, dass die Welt aus einer subjektiven Position wahrgenommen wird. Das Subjekt kann durch seine Einbildungskraft auf Machtverhältnisse entscheidenden Einfluss nehmen, weil es durch deren sprachliche Repräsentation und Perspektivierung modifizierend eingreift. Einbildungskraft und Sprache fungieren somit als Mittel zur Distanzierung von der vermeintlichen Objektivität der sozialen Umgebung, indem sie die Weltwahrnehmung beeinflussen und strukturieren. Dadurch erlangt das Subjekt eine Souveränität, die ihm ansonsten abgehen würde. Walsers Interesse an Machtverhältnissen ist daher auch ein spezifisches Interesse an den Prozessen der Bedeutungsgenerierung.

Im Folgenden soll analysiert werden, welche Rollen die verschiedenen Aspekte des Machtbegriffs in Walsers Texten spielen. Zunächst richtet sich der Fokus auf die Thematisierung der Macht der Sprache, denn die Bedeutung der Materialität der Sprache kann für Walsers Texte und für seinen Schreibprozess nicht hoch genug veranschlagt werden. Es soll gezeigt werden, wie Walser sich gegenüber der Dominanz des Sprachsystems (*langue*) verhält und wie er dieses Verhältnis zwischen vorausgehender Sprachstruktur und individueller Benutzung (*parole*) thematisiert. In einem zweiten Schritt wird Walsers Konzept der Imaginationstätigkeit und die damit verbundene Verschränkung von Realität und Fiktion betrachtet. Die damit einhergehende Ästhetisierung der Wirklichkeit bildet die Voraussetzung für jene spielerischen Gesten des Kleinseins und der Demut, die sich insbesondere in den masochistischen Konstellationen manifestieren.

Einher mit der Macht der Einbildungskraft geht in Walsers Texten die Macht der Liebe. In Walsers Liebeskonzept werden die Tätigkeiten des liebenden Subjekts gegenüber dem geliebten Objekt aufgewertet, so dass Walser unter Liebe keine Kommunikationssituation mehr versteht sondern den autoerotischen Selbstgenuss in einer imaginären Liebe. Die Macht der Liebe steht also hier im Zeichen der Autonomie, die sich auf paradoxe Weise in der masochistischen Konstellation manifestiert. Bei Walser konvertiert die Lust an der Unterwerfung mit einer Lust an der Imagination. Dem Masochismus kommt in Walsers Texten insofern eine besondere Funktion zu, als er auf einer Technik der Einbildungskraft basiert. Walsers Inszenierungen und Thematisierungen masochistischer Konstellationen fokussieren insbesondere die dialektische Verschiebung von Herrschen und Dienen, Macht und Ohnmacht und zeigen dabei nicht nur die diesen Situationen innewohnenden Machtverhältnisse auf. Die ihnen innewohnende Paradoxie rückt vielmehr deren sprachliche Präsentation in den Mittelpunkt und damit die problematische Bezeichnungsfunktion der Sprache.

2 Die Macht der Sprache

Unter der Macht der Sprache soll hier nicht – wie in der klassischen Rhetorik üblich – die Macht bzw. Kunst des Überredens verstanden werden. Vielmehr soll gezeigt werden, wie Walser den Eigensinn der Sprache thematisiert, der es dem Schriftsteller unmöglich macht, die Sprache weder während des Produktions- noch während des Rezeptionsprozesses vollständig zu kontrollieren. Entgegen der allgemeinen Vorstellung, der Schriftsteller nutze die Sprache für seine Zwecke, finden sich in Walsers Texten immer wieder Hinweise darauf, dass über die Sprache und ihren Gebrauch gerade nicht rational und zielgerichtet verfügt werden kann. Daraus ergibt sich für jeden Sprecher eine Machtlosigkeit beim Signifikationsprozess, die sich in zwei Aspekte unterscheiden lässt: zum einen ist der Schreibprozess und die damit verbundenen Materialisierung von Gedanken problematisch (Flusser 1991: 47f.), zum anderen zeigt sich auf der semantischen Ebene das Problem der Arbitrarität der Sprache.

Walsers bemerkenswertes Aufschreibesystem bildete einen Weg, um eine gewisse Souveränität beim Schreiben wiederzuerlangen. So berichtet Walser in seinem berühmten Brief vom 20. Juni 1927 an Max Rychner, dass das von ihm verwendete Schreibverfahren von eminenter Bedeutung sei, um seinen Schreibkrampf mit der Feder, den er selbst als „Ohnmacht" bezeichnet, zu überwinden. Die sogenannten Mikrogramme sind extrem verkleinerte, mit dem Bleistift „gezeichnete" Texte, die dann in einem zweiten Schritt mit der Feder „abgeschrieben" wurden. Unter anderem durch diese mediale Verschiebung beim Schreibprozess entwickelte Walser erneut eine umfangreiche Textproduktion, die vorher ins Stocken geraten war:

Für den Schreiber dieser Zeilen gab es nämlich einen Zeitpunkt, wo er die Feder schrecklich, fürchterlich haßte, wo er ihrer müde war, wie ich es Ihnen kaum zu schildern imstand bin, wo er ganz dumm wurde, so wie er sich ihrer nur ein bißchen zu bedienen begann, und um sich von diesem Schreibfederüberdruß zu befreien, fing er an, zu bleistifteln, zu zeichnelen, zu gfätterlen. Für mich ließ es sich mit Hülfe des Bleistiftes wieder besser spielen, dichten; es schien mir, die Schriftstellerlust lebe dadurch von neuem auf. Ich darf Sie versichern, daß ich (es begann dies schon in Berlin) mit der Feder einen wahren Zusammenbruch meiner Hand erleb-

te, eine Art Krampf, aus dessen Klammern ich mich auf dem Bleistiftweg
mühsam, langsam befreite. Eine Ohnmacht, ein Krampf, eine Dumpfheit
sind immer etwas körperliches und zugleich seelisches. Es gab also für
mich eine Zeit der Zerrüttung, die sich gleichsam in der Handschrift, im
Auflösen derselben, abspiegelte und beim Abschreiben aus dem Bleistift-
auftrag lernte ich knabenhaft wieder – schreiben. (B 322: 300–301)

Diese vermeintliche Machtlosigkeit des Schreibers, die im Bleistiftgebiet über-
wunden wird, wiederholt sich jedoch erneut auf semantischer Ebene. Sprache
in ihrer Materialität – als Klang und Zeichen – dominiert mitunter die Form
der Sinngenerierung. In Walsers Prosastücken zeigt sich oft, wie die akustische
Dimension des materiellen Signifikanten die Priorität gegenüber der semantischen Kommunikationsintention erhält, wenn sich – wie z.B. im Prosastück
Minotauros (SW 19: 191) – „Bohnen" auf „Nationen" reimt oder wenn in der
Weihnachtsgeschichte I (SW 19: 438) „Weihnacht" mit „weinen" assoniert. Und
es ist nicht ohne Ironie, dass sich in Walser Text *Das letzte Prosastück* folgender Binnenreim findet: „Ich füllte anderer Leute Lücken mit Prosastücken"
(SW 16: 323). Die Worte entwickeln eine Eigendynamik, so dass dem Sprecher
die Verfügungsgewalt über die Sprache verloren geht, wie dies der folgende
Bleistifttext thematisiert:

Die Worte, die ich hier sprechen will, haben einen eigenen Willen, sind
kräftiger, mächtiger als ich, und mir kommt vor, es beliebe ihnen zu schla-
fen, oder es gefalle ihnen, nicht zu sein, was sie sind, als fänden sie ihre
Eigenheit nicht kurzweilig genug, und es nützt mir nichts, sie zu wecken,
sie sagen auf meine Bitte: „Steht auf!" nicht das geringste […]. (BG 4:
196)

Die Bedeutung der Worte kann hier vom Sprecher nicht willkürlich aktiviert
werden, stattdessen verfügen die Worte über ein Eigenleben und das Medium
über einen Eigensinn. Die Bedeutung der Worte hängt vom Kontext ab und sie
kann sogar ganz verloren gehen. Weil sie keine feststehende Bedeutung haben,
sind sie „mächtiger" als der Sprecher. Wenn es den Worten nicht gefalle, „zu
sein, was sie sind", dann haben sie eine andere, eine metaphorische Bedeutung.
Und wenn die Worte sogar „schlafen" können, dann zeigt der Text selber me-

taphorisch auf, dass ihre Bedeutung vollständig verloren zu sein scheint – sie bezeichnen nichts mehr und wären ihrer Bezeichnungsfunktion beraubt. Zwar gibt es auch Passagen wie in dem Prosastück *Die Glosse* (SW 19: 287), in denen sich der Ich-Erzähler als „Feldherr der Buchstaben" geriert, der seine „treuen Truppen" befehligt, gleichzeitig wird aber in einem anderen Prosastück beklagt, dass dem Ich-Erzähler „die Worte davonspringen" (SW 18, 307). Die Ohnmacht des Sprechers basiert auf der Arbitrarität der Sprache. Sinn ist immer nur aktuell zu erhalten und lässt sich nicht gezielt reproduzieren. Mit einer solchen Auffassung von Sprache wäre eine eindeutige Verständigung unmöglich. Genau dies formuliert auch das Prosastück *Bedenkliches* (SW 15: 119):

Sie [die Menschen] wollen offenbar, indem sie reden, über gewisse Bedeutungen ins Reine kommen, aber das werden sie nie. Nie, sie wollen das auch gar nicht, sie wissen ganz genau, daß sie sich einer Rede-Schlemmerei hingeben. Sie schlemmen eben. (SW 15: 119)

Neben dieser Fülle der Sprache, die hier als endloser, selbstbezüglicher Prozess verstanden wird, der zwar lustvoll besetzt wird, zeigt sich aber auch eine Kehrseite dieser Sprachskepsis. Sie manifestiert sich im Unsagbaren und in der Erfahrung eines Sprachmangels, der insbesondere dann virulent wird, wenn es um die sprachliche Kommunikation von Gefühlen geht. So scheitert im Prosastück *Schwärmerei* (SW 4: 161) eine mögliche Liebeserklärung des Ich-Erzählers an eine Freundin, weil die Worte nicht in der Lage sind, die Gefühle adäquat auszudrücken: „Ich will reden, doch alle Worte, die mir einfallen, genügen mir nicht, und so schweige ich" (SW 4, 162). Die Macht der Sprache, die in mehrfacher Hinsicht die Souveränität des Sprechers übersteigt, kann somit sowohl zu resignierendem Schweigen als auch zu endloser „Geschwätzigkeit" führen (Benjamin 1977: 326f.). Die Machtlosigkeit gegenüber der Sprache kann also einerseits als deprimierend erfahren werden, anderseits aber eben zu jenem lustvollen, selbstgenießerischem Sprechen, das sich durch die fehlende Referenzfunktion der Sprache befreit fühlt und sich der „Rede-Schlemmerei" hingibt.

3 Die Macht der Imaginationstätigkeit

In Walsers Texten kommt es immer wieder zur Thematisierung der Differenzen von Realem und Imaginärem. Dabei verfolgt Walser eine Aufwertung der Imaginationstätigkeit, wie es in dem Prosastück *Der Einsame* (SW 8: 101) lapidar beschrieben wird: „Ich schätze eingebildetes Leben höher als wirkliches." Die Macht der Imaginationstätigkeit besteht zum einen darin, dass sie die Grundlage literarischer Produktivität bildet, aber sie zeigt sich auch darin, dass sie aktiv an der Wahrnehmung und Gestaltung der Umwelt mitwirkt und somit die Wirklichkeit modifiziert. In folgender Bleistiftskizze verweist Walser mit einer ironischen Wendung auf die Austauschbarkeit der Begriffe von Wirklichkeit und Einbildung und lässt deren Grenzen durchlässig werden:

Die Wirklichkeit ist nämlich nicht so schlimm wie die Meinung, die die meisten jetztlebenden Menschen von ihr haben, die sich einbilden, sie verlange dies und das von ihnen, was ihr gar nicht einfällt zu fordern. Die sogenannten Anforderungen des täglichen Lebens beruhen vielfach auf einer fixen Idee, auf Einbildung. (BG 4: 251)

Wenn die Wirklichkeit auf Einbildung beruht, dann erkennt das Subjekt die potentielle Unsicherheit bzw. Modifizierbarkeit seiner Wahrnehmungen, so dass in der Folge der Begriff der Wirklichkeit keinen objektiven Status mehr beanspruchen kann. Ebenso wenig haben die Einbildungen allein einen Status des Irrealen. Mit diesem Aufbrechen der Diskrepanz zwischen der „Wirklichkeit des Subjekts" und einer „Wirklichkeit an sich" wird die Frage relevant, wie man Wirklichkeit kommunizieren kann, wenn das Subjekt maßgeblich an ihrer Entstehung beteiligt ist. In Walsers Texten zeigt sich dies mit der Ausweitung und Neuformulierung eines Wirklichkeitsverständnisses, bei dem die Einbildungskraft einen integralen Bestandteil bildet, wie dies exemplarisch in der Szene *Kabarettbild* (SW 17: 384) beschrieben wird:

Der Backfisch: [...] Wirklichkeit kann in sogenannten Wirklichkeitsbüchern unwirklich wirken. Im Leben ist etwas, das sich unserem Lebenstrieb widersetzt. Leben, Wirklichkeit sind raffiniert. Wir können ja übrigens Wirklichkeiten schaffen! Das, was man Wirklichkeit nennt, besteht ja aus uns, und insofern wir bildungsfähig sind, ist es die sogenannte Wirklichkeit auch. Ob Wirklichkeiten reicher oder ärmer seien, kommt auf uns an. Man hat doch unter Wirklichkeit nicht nur das zu verstehen, was sich der Duzendverstand darunter vorstellt. In den Kreis des Wirklichen ziehe ich das Unwirkliche als bedeutungsvollen, in gewisser Hinsicht sogar ausschlaggebenden Faktor mit ein; denn das Unwirkliche bildet doch beim Wirklichen das Ergänzende. (SW 17: 386–387)

Mit einer solchen Auffassung, dass man „Wirklichkeiten schaffen" kann, erhebt sich das Subjekt zum Machthaber über eine – nun jedoch nicht mehr objektiv erfahrbare – Wirklichkeit. Kraft seiner Imaginationstätigkeit kann das Subjekt spezifische Situationen durch seine Einbildungskraft modifizieren und verfügt so über eine entsprechende Deutungsmacht.[2]

Diese Verbindung von Imaginationstätigkeit und Macht zeigt sich im Werk Robert Walsers explizit in seiner Liebeskonzeption, die er im *Räuber-Roman* entwickelt. In Anlehnung an Stendhals Konzept der *cristallisation* ist es der Liebende, der sich vom geliebten Objekt ein Bild macht und es dabei gleichzeitig idealisiert, so dass es nur bedingt mit der Wirklichkeit korreliert.[3] Dieses Bild – ebenso wie das Gefühl der Liebe – ist ein Ergebnis der Einbildungskraft. Was der Liebende in der Liebe genießt, ist dann nicht so sehr das Liebesobjekt selbst sondern der Prozess, durch den er sich das Liebesobjekt anverwandelt. Der Liebende ist somit nicht mehr abhängig von seinem Liebesobjekt und ihm passiv ausgeliefert. Indem er selbst verantwortlich für dessen Aufwertung ist, verschiebt sich die Wertschätzung vom Objekt auf den Selbstgenuss der eige-

---

2 Vgl. zur subjektiven Deutungsmacht auch das Dramolett *Aschenbrödel*: „Aschenbrödel: Ich will nicht weinen, daß sie mich/ zum Weinen schelten, bös ist ja/ das Weinen nur, das Schelten nicht./ Wenn ich um ihre Hässigkeit/ nicht weine, ist der Haß ja lieb" (SW 14: 29). Hier wird der Konnex zwischen Beschimpfung und Weinen aufgelöst. Wenn Aschenbrödel nicht weint, dann ignoriere sie den Hass der Schwestern.

3 Der Begriff der *cristallisation* bildet bei Stendhal eine Allegorie der Liebe, mit der er die Dynamik der Illusionsbildung beim Liebesprozess zu beschreiben versucht: „Man wirft in den Salzbergwerken von Salzburg einen vom Winter entblätterten Zweig in die Tiefen eines Schachts. Zwei oder drei Monate später zieht man ihn wieder heraus und findet ihn mit glitzernden Kristallen überzogen: die zierlichsten Spitzen, nicht dicker als die Krällchen einer Meise, sind mit unzähligen lose haftenden und funkelnden Diamanten überzogen; den ursprünglichen Zweig kann man nicht mehr erkennen. Was ich hier Kristallisation nenne, ist das Wirken des Geistes, der in allem, was sich darbietet, immer neue Vollkommenheiten des geliebten Wesens entdeckt" (Stendhal 1986: 29). Durch dieses „Wirken des Geistes" – durch die Einbildungskraft – wird das geliebte Objekt gewissermaßen verfremdet. Der Verliebte formt somit die Wirklichkeit nach seinen Wünschen und prägt sie durch seinen spezifisch subjektiven Blick (vgl. Hobus 2011: 154-159).

Antwort

Frank & Timme GmbH

Verlag für
wissenschaftliche Literatur
Wittelsbacherstraße 27a

D-10707 Berlin

Telefon +49 (0) 30 88 66 79 11 • *Fax* +49 (0) 30 86 39 87 31
E-Mail info@frank-timme.de • *Homepage* www.frank-timme.de

Vorname, Name

Straße

PLZ, Ort

E-Mail

Frank & Timme

Sehr geehrte Damen und Herren,

wenn wir Sie mit diesem Buch für unser Verlagsprogramm interessieren konnten, dann senden Sie uns bitte diese Karte zurück. Kreuzen Sie bitte an, für welche Themengebiete wir Ihnen Informationen zukommen lassen dürfen.

- ☐ Sprachwissenschaft
- ☐ Literaturwissenschaft
- ☐ Kunst-, Musik- und Theaterwissenschaft
- ☐ Kulturwissenschaft
- ☐ Philosophie, Theologie und Religionswissenschaft
- ☐ Geschichte und Altertumswissenschaft

- ☐ Psychologie und Pädagogik (allgemein)
- ☐ Soziologie und Sozialpädagogik
- ☐ Kommunikationswissenschaft
- ☐ Politikwissenschaft
- ☐ Recht und Wirtschaft

Bitte senden Sie mir die Informationen:
- ☐ per E-Mail
- ☐ per Post

Ich habe diese Karte folgendem Buch entnommen:

Bemerkungen:

nen Imaginationen. Eine solche Aufwertung der subjektiven Tätigkeit in der Liebe wird zunächst noch vorsichtig rhetorisch fragend in Walsers frühem Prosastück *Zwei Bilder meines Bruders* (SW 4: 37–40) angedeutet: „Die Macht des Weibes: wo, wann und wie regiert sie? In der Männer Augen? Wenn wir träumen? Mit Gedanken?" (SW 4: 40) Die Macht der Frau verschiebt sich paradoxerweise zurück auf den männlichen Betrachter, weil ihre Macht nur in der Einbildungskraft der Männer existiert. Doch damit wird die Frau machtlos, wie es in dem Prosastück *Gespräche* die Figur Heinrich formuliert:

Eine begleitet mich beständig, die sich nicht um mich kümmert. […]Ich habe sie so, wie ich sie mir am liebsten denke, mache mit ihrer Erscheinung, was ich will, jage sie oft weg, brauche nicht zu fürchten, ich verlöre sie. Wenn sie wüßte, wie lieb sie mir ist, wie ich mit ihr verfahre, würde sie unwillig, aber kann sie mir das Denken verbieten? (SW 8: 93–94)

Diese Verschiebung der Macht durch die Betätigung der Einbildungskraft wird auch im *Räuber-Roman* durchgespielt, denn die Liebe des Räubers zu Edith besteht genau in jener Fruchtbarmachung der Einbildungskraft, deren Verfahren er in seiner berühmten „Kanzel-Rede" expliziert:

Wenn ich bei ihr sein wollte und zu ihr sprach: ‚Erscheine mir‘, so tat sie's augenblicklich. Sie war immer eine so Gefügige, wie ich sie mir nur wünschte. Sie hat nie gezögert, mir alles zu sein, und ich bin natürlich viel, viel reicher als sie, denn ich liebe sie, und dem, der liebt, wird immer gegeben, wessen er zu seiner Seligkeit nötig hat, und mehr noch, so daß er sorgen muß, nicht zu viel anzunehmen. (BG 3: 141)

Paradoxerweise kann der Räuber „aus dem Gefühl, ihr Sieger zu sein, gar nicht herauskommen" (BG 3: 141), obwohl er immer den scheinbar Unterlegenen spielt. Die Liebe zu Edith bildet für den Räuber primär einen Impuls, durch den die Einbildungskraft aktiviert wird. Dadurch gelingt es ihm, seine bis dahin stagnierende literarische Produktivität wieder zu beleben, denn die durch die Liebe initiierte Imaginationstätigkeit wird so kanalisiert, dass der autoerotische Genuss schließlich in Literatur transformiert wird. Der Räuber instrumentalisiert seine Einbildungskraft, um Geschichten über Edith zu verfassen: „[U]nd nun habe ich bereits Honorar in der Tasche, das davon herrührt, daß ich Geschichten über sie ersonnen habe, wobei ich vor Lachen vom Stuhl fiel" (BG 3: 142–143). Die sonst immer wieder aufgerufenen Gesten der Demut, des Kleinseins und des Dienens gegenüber Edith werden in der Kanzel-Rede verworfen. Denn jetzt blickt der Räuber auf sie hinab und macht sich über sie lustig, weil sie von ihm „ausgebeutet" wurde (BG 3: 140). So kommt der Räuber zu dem Schluss, dass jede Liebe eine glückliche sei,

weil sie einen ja bereichert, und uns die ganze Erde ein liebes Gesicht entgegensetzt, nur weil das Herz lebendig wurde, so sitzt sie da unten wie eine, die mich ausstattete, ohne daß sie das vielleicht gewollt hat, und wie eine, die mich bedient hat, als wäre ich ein Herr und als wäre die Arme meine Dienerin gewesen, was sie vielleicht nie und nimmer sein wollte. Daher nenne ich sie ja auch mit vollem Recht eine Arme. (BG 3: 140)

Die im *Räuber-Roman* verknüpfte Macht der Liebe mit der Macht der Einbildungskraft wird in den ästhetischen Bereich übertragen, denn aus ihrem Zusammenspiel ist jener Roman entstanden, den der Leser in den Händen hält. Dies ist die Bereicherung des Räubers und darin besteht sein Sieg in der Rolle des Unterlegenen. Seine scheinbare Unterlegenheit als Liebender, der überhaupt keinen Kontakt zum Liebesobjekt herzustellen vermag, wird in der Kanzel-Rede umgewertet. Der Räuber suggeriert nun, es sei durch sein Verfahren der Imagination der Herr, der sich bereichert hat, während Edith die Arme sei, die ihm dienen musste. Die Macht des Räubers resultiert aus dem Zusammenspiel von Einbildungskraft und Liebesinitiation, die durch den *Räuber-Roman* selbst eine realitätsrelevante Dimension erhalten haben. Die Machtkonstellation der masochistischen Unterwerfung wurde durch die Rede umgewertet, was zu einer Modifikation der Wirklichkeit führte. Der Räuber wird von nun an, so hofft es zumindest der Erzähler, gesellschaftlich akzeptiert.

4   Die Dialektik der Macht im Masochismus

Wenn Walser Machtkonstellationen präsentiert, dann scheint es auf den ersten Blick so, als würden seine Figuren immer die Position des unterliegenden und machtlosen präferieren. Damit würde man ihnen jedoch Unrecht tun. Im Verlauf der Analyse soll aufgezeigt werden, dass diese Positionierungen nicht statisch sind sondern vielmehr fluktuieren und einander bedingen. In seinem Brief an Otto Pick vom 16. April 1926 (B 291: 272) reflektiert Walser anhand des dialektischen Verhältnisses von Sadismus und Masochismus über die »Eigentümlichkeiten der Sexualität« und die darin aufscheinenden Machtverhältnisse:

Ich sagte mir z.b. daß aus der Sexualität eine Kunst gemacht werden kann, daß man beispielsweise sogenannte Sadisten in ganz kurzer Zeit masochisieren und in Masochisten die erforderliche Summe Sadismus wecken kann. Bei allem dem fragt es sich immer zuerst, ob Menschen überhaupt in der Lage sind, fähig sind, Reizungen zu empfinden. Empfindungen stumpfen ja in vielen Kreaturen ab. Ich bin übrigens beim Nachdenken zum Ergebnis gekommen, daß in allen Überragenden, Herrschenden eine Neigung sich bekundet, nachzugeben, zu dienen; daß hinwiederum im Gehorchenden, Dienenden ganz natürliche Anwandlungen des Herrschens, Regierens entstehen, denn die Sexualität dreht sich erdgleich, kugelgleich, und die beiden Hauptrichtungen oder Hauptbestandteile des sexuellen Lebens sind wie am Globus die beiden Pole. Nach mir neigt also jeder Nachgiebige oder Masochist zum Sadismus oder zur Lust an der Freiheit, und der Sadist oder Befehlende zu dem, was ihm gleichsam fehlt, was ungewöhnlich, außerordentlich für ihn ist, zum Masochismus, d.h. zu Anlehnungen. Die Menschheit kann sich ja beglückwünschen, daß es so ist, daß alles dies nicht auf Fixiertheit sondern auf vielfältigster Verteiltheit beruht. Das Herz z.B. ist an sich ein Masochist, und eine wirkliche, wahre, d.h. herzliche Liebe ist immer ‚leider' nur eine masochistische, wenn gleich eine sehr feine. Wer auf sein Herz hört, unterliegt ganz naturgemäß, aber es ist dann jedenfalls eine sehr schöne Art des Unterliegens. (B 291: 271–272)

In dieser Briefpassage werden zwei Dinge deutlich: Erstens manifestiert sich anhand der sexuellen Disposition eine allgemeine Regel, nach der binäre Begriffsoppositionen wie Masochismus und Sadismus dialektisch miteinander verbunden sind.[4] Zweitens zeigt sich in dieser Verknüpfung auch eine semantisch-semiotische Dimension. Die dialektische Verschiebung geht mit einer sprachlichen Umwertung der jeweiligen Position einher; wenn der Masochist Impulse zum Herrschen verspürt, während der Sadist sich gerne unterwerfen würde, dann lassen sich beide Positionen nicht mehr eindeutig bezeichnen, weil beide dann auch an der gegenteiligen Position Anteil haben. Diese Dialektik findet sich von Beginn an in Walsers Texten, z.B. in dem Dramolett *Aschenbrödel*, wenn dort der Narr sich dem Prinzen überlegen fühlt, obwohl er sich doch hierarchisch unter ihm befindet: „Ich, der nicht Prinz bin, bin doch Herr/ im eigentlichen Sinn des Worts […]" (SW 14: 35). Die sozialen Konstellationen geraten in Bewegung, aber die Sprache kann diese Verschiebung nicht adäquat bezeichnen, deshalb beruft sich der Narr auf den „eigentlichen Sinn des Worts", weil weder er noch der Prinz wirklich „Herr" sind.[5]

Die dialektische Verschiebung der masochistischen und der sadistischen Position offenbart einen integralen Bestandteil von Walsers Liebeskonzeption. Hervorgehoben wird insbesondere die masochistische Position, weil das Unterliegen hier als eine erstrebenswerte Lebenserfahrung dargestellt wird. Es ist das Kennzeichen einer „wahren Liebe", die auch dem Liebesleid noch positive Aspekte abgewinnt und es als Glück erfährt.[6] Paradox an dieser Konzeption ist, dass der Masochist im „eigentlichen Sinn des Worts" die souveräne Person ist,

---

4   Die Dialektik von Glück und Unglück, bzw. das melancholische Glück im Unglück ist ein durchgehender Topos im Werk Robert Walsers. Vgl. dazu auch folgende Passage aus dem *Räuber-Roman*: „Ich soll sie nicht mehr unglücklich machen dürfen, aber wie können sie je glücklich werden, wie können sie dann je fühlen, was Glück ist, da doch Glück von Unglück so wenig zu trennen ist wie Licht vom Schatten, die einander bedingen? Sie wollen nicht mehr Schlechtes und Gutes, bloß noch das Gute, aber dieser Eigensinn ist unerfüllbar" (BG 3: 90).

5   Aber selbst der „eigentliche Sinn" ist nicht mehr ein eindeutiger: Der Narr ist zwar im „eigentlichen Sinn des Worts" Herr, weil er dem Prinzen überlegen ist, aber er ist es nicht in der sozialen Hierarchie. Der Prinz ist zwar nicht mehr im „eigentlichen Sinn des Worts" Herr, weil er vom Gram besessen ist und vom Narren belehrt wird, dennoch bleibt er in der Hierarchie über dem Narren. Solche sprachlichen Verwirrspiele stellen die Bezeichnungsfunktion der Wörter generell in Frage.

6   So erklärt der Räuber die Dialektik von Herrschen und Dienen ebenso: „Eh' man sich beherrscht hat, hat man sich seines Fühlens entledigt. Sich beherrschen, das heißt ja eben über's Fühlen hinaustreten, in das man ja doch aber jeweilig sich wieder zurückfinden muß, zurückfinden will. Und auf diese Weise wäre jede Herrschaft schwankend. Und die Dienenden, die, die von Schlägen getroffen werden, wären die Stärkeren, die von sich Erfüllteren. Und die Herrschenden wären die Beunruhigten, die Hülfsbedürftigen. Und Qualen gäbe es zweierlei, glückliche und unglückliche. Und das Herrschen wäre eine Aufgabe, die über die Kraft ginge und sie darum krank mache. Und es gewährte vielleicht einem Großen Befriedigung, mir zu Füßen zu sinken. O wie er hellauflachte, als er das dachte. Was der für Ideen nährt" (BG 3: 60–61).

weil er eine „Lust an der Freiheit" verspürt. In dem Prosastück *Zwei Bilder meines Bruders* (SW 4: 37) heißt es in Bezug auf die Dialektik von Besitzen und Begehren: „Was man hat, hat man schon wieder nicht mehr, und was man besitzt, hat man schon wieder verloren. Nur das, wonach man sich sehnt, besitzt und hat man; nur, was man noch nie gewesen, ist man" (SW 4: 37). Der Mangel bildet eine notwendige Voraussetzung, um überhaupt etwas zu begehren. Insofern hat der Masochist Anteil an der Freiheit, weil er nach ihr strebt. Das Prozesshafte wird gegenüber dem Fertigen aufgewertet.

Das Wissen vom dialektischen Umwertungsprozess der Machtposition und die damit verbundenen Aspekte der Freiheit und der sprachlichen Verschiebung werden im Prosastück *Wenn Schwache sich für stark halten* (SW 17: 241) offensichtlich. Der Ich-Erzähler dient einer Dame, die ihn kaum beachtet und ihn herablassend behandelt. Dennoch erlebt er diese Beziehung als Bereicherung, weil er dieses Verhalten der Frau selbst provoziert.[7] Er verhält sich ihr gegenüber ästhetisch, weil seine Aufführungen nur vorgetäuscht sind, um sich selbst daran zu vergnügen:

Vor ihrem Blick schlug ich den meinigen nieder. Ich muß beifügen, daß ich die Demut zum Teil zu meinem Vergnügen nur spielte. Es war so süß für mich, sie so recht mutig, hochmütig zu machen. Man gönnt den Zarten gern das Glück, sich allerlei einzureden, an eine Stärke zu glauben, die sie nicht haben, die sie bloß vom Gutmütigen geborgt bekommen. Schwache sehen so hübsch in der Einbildung aus, sie seien die Starken. (SW 17: 243)

Es ist entscheidend bei der ästhetischen Inszenierung dieses Verhältnisses, dass der Ich-Erzähler nur über die imaginäre Umwertung der eigenen Position seine Überlegenheit und seine Lust erfährt. Die Inversion der Bedeutungen und Rollen zeigt auch, wie stark die Imagination auf die Wirklichkeit einzuwirken fähig ist, denn der Untergebene wird zum Herrschenden, weil er die Macht über die Zuschreibung der Rollen hat – und das bedeutet, dass sich diese Machtkonstellation allein über ihre sprachliche Klassifizierung verän-

---

7   So wird auch dem Räuber vorgeworfen, er wäre „imstande, schlechte Behandlung zu schlürfen, als wär's was Vergnügliches" (BG 3: 99).

© Frank & Timme   Verlag für wissenschaftliche Literatur   155

dert. Erst die Kommentierung der Situation lässt sie zu dem werden, wie sie vom Erzähler wahrgenommen wird. Dies zeigt, wie sehr die Wirklichkeit einer subjektiven Perspektive unterliegt, die im selben Moment diese Wirklichkeit hervorbringt und relativiert.

Wer in dieser paradoxen Konstellation nun im „eigentlichen Sinn des Worts" der Schwache sei, lässt sich auf der sprachlichen Ebene nicht mehr eindeutig bezeichnen. Die Signifikanten – und ihre jeweilige Bedeutung – wurden durch diese paradoxe Beziehung in Bewegung gebracht. Der Starke verstellt sich zum Geringeren hin – es ist also jene spezifisch ironische Haltung der *dissimulatio*.[8] Er macht sich zum Schwächeren und spricht dadurch dem Schwachen eine Stärke auf Zeit zu. Während der „eigentlich" Schwache sich nun stark fühlt, ist dies jedoch nur dadurch möglich, weil er seine Stärke geborgt bekommt. Die Macht liegt hier in der Verstellung der eigenen Position und der damit verbundenen Täuschung der Dame. Letztlich ist es jedoch der literarische Signifikationsprozess, durch den der Erzähler seine Macht über die Dame dem Leser suggeriert und somit seine Position als eine objektive betont. Doch der paradoxe Gebrauch der Wörter führt dazu, dass weder Schwäche allein Schwäche bezeichnet, noch Stärke eine wirkliche Stärke. „Wenn Schwäche sich für stark halten", dann verschieben sich auch die Bedeutungen dieser Wörter. Sie sind es nur noch aus einer bestimmten Perspektive heraus.

Somit bringt die gespielte Demut, also das ästhetisch inszenierte masochistische Verhalten, die Verhältnisse ins Wanken, denn sie macht exemplarisch deutlich, wie die Welt durch die Signifikationsprozesse lesbar wird. Im gleichen Moment wird diese Lesbarkeit aber strukturell in Frage gestellt. Die Sprache arbeitet somit an der Erfassung der Welt mit und verhindert sie doch im selben Moment. Darüber hinaus wird durch die zitierte Passage verständlich, weshalb Gilles Deleuze den Masochismus als eine Form verstand, deren Grundlage die Beziehung zwischen einer aktiven und einer passiven Person bildet. Initiiert wird dieses Verhältnis paradoxerweise aber vom Masochisten, der seine Aktivität unter dem Deckmantel der Passivität verbirgt. Er will zwar der Unterworfene sein bzw. er tut so, als ob er es wäre, aber damit dies gesche-

---

8   Vgl. auch Hans Hiebels Analyse des Masochismus in Walsers Roman *Jakob von Gunten*, der auch die ironisch-ästhetische Komponente dabei herausstellt: „Von Gunten verhält sich ironisch gegenüber seinem Masochismus, ja, die selbsterwählte Erniedrigung ist ihm humoristisches Spiel" (Hiebel 1990: 268). Zwar erniedrige sich von Gunten vor dem Gesetz, doch ebenso verhöhne er die Macht, durch die es ihm auferlegt wird.

hen kann, muss er die Regeln dieses Unterwerfungs-Szenarios vorgeben – sie sind sein Wille. In seiner Analyse von Sacher-Masochs *Venus im Pelz* hat Deleuze betont, dass es so scheint, „als werde der masochistische Held von der autoritären Frau erzogen und geformt, in Wahrheit aber ist sie es, die von ihm geformt und travestiert wird, und er ist es, der ihr die harten Worte eingibt, die sie an ihn richtet" (Deleuze 1991: 185). Genau dieses Szenario wird von Walser in einer Passage aus dem Prosastück *Edith und der Knabe* thematisiert (SW 17: 244), wenn der Ich-Erzähler seinen Willen und seine Macht über die Dame betont:

Ich habe sie erhöht, nun soll sie auch oben bleiben; ich will sie unbedingt als über mir stehend ansehen, will vor ihr zittern, ich will, ich will das! Ob's ihr nun paßt oder nicht. Die Emporgehobene muß sich dem Untergebenen fügen. Einige meinen vielleicht, so hätte ich nichts von ihr; ich aber weiß, daß ich nur so etwas von ihr habe. Es ist wichtig, daß jeder sich kennt. (SW 17: 245)

Es ist diese Verkehrung der Machtverhältnisse, die Walser fortwährend interessiert. Seine Darstellungen von masochistischen Konstellationen fokussieren genau jene Umschlagpunkte, an denen die Figuren ihre Positionen vertauschen.[9] Das masochistische Szenario zeichnet sich für den Masochisten durch einen sekundären Lustgewinn aus, der sich erst durch eine reale oder imaginäre Umwertung der Konstellation einstellt, indem es Teil einer Geschichte wird. Im *Räuber-Roman* erklärt der Räuber sein spezifisch masochistisches Verhalten einem Arzt deshalb auch folgendermaßen:

Um zu einem menschlichen Glück zu kommen, muß ich immer erst irgendeine Geschichte ausspinnen, worin die oder die Person mit mir zu tun bekommt, wobei ich der unterliegende, gehorchende, opfernde, bewachte, bevormundete Teil bin. Natürlich ist das noch lange nicht alles, aber es hellt immerhin einiges auf. Viele Leute glauben, es sei demnach

_____

9 Der Aspekt eines konkreten physischen Schmerzes spielt in seinen literarischen Inszenierungen des Masochismus nur eine marginale Rolle. Vielleicht ließe sich auch Walsers Schreibprozess als masochistische Konstellation lesen, denn das Schreiben bereitet ihm „wahre Qualen" (B 322: 300). Aber es sind nicht nur Qualen, die ihm das Abschreibesystem verursacht, sondern diese Arbeitsweise führe auch zu „einem eigentümlichen Glück" (SW 19: 122).

also furchtbar leicht, mich in Behandlung, gleichsam in Dressur zu neh-
men, aber diese Leute irren sich alle sehr. Denn sobald jemand Miene
macht, mir gegenüber sich zum Meisterlein zu erheben, fängt etwas in
mir an zu lachen, zu spotten, und dann ist es natürlich mit dem Respekt
vorbei, und im anscheinend Minderwertigen entsteht der Überlegene, den
ich nicht aus mir ausstoße, wenn er sich in mir meldet. Das Kindliche in
mir will absolut nicht mißachtet und möchte dann zu Zeiten doch wieder
ganz gern ein bißchen geschulmeistert werden. (BG 3: 114–115)

Hier zeigt sich, wie Imaginationstätigkeit, Signifikationsprozess und Machtkonstellation im Masochismus sich einander bedingen. Walser konzipiert aber
die imaginierte Unterwerfung gleichzeitig als Wunsch nach Befreiung und
Wiedererlangung der Macht. Das Paradox der masochistischen Konstellation
besteht darin, dass sich die Figuren freiwillig in die Abhängigkeit und Unterwerfung begeben, nur um sich dann aus dieser Situation herausarbeiten zu
können. Dies geschieht jedoch nicht durch realen Widerstand, sondern allein
imaginär – durch die Bewertung der eigenen Situation innerhalb dieses Verhältnisses.

Neben dieser dialektischen Umkehrung und der Möglichkeit des Aufstre-
bens ist es das ästhetische Spiel der Einbildungskraft, durch die die masochistische Konstellation so interessant für Walser wird. Da der Masochismus hier
nur als Teil einer Inszenierung existiert, würde ich den von Freud beschriebenen Spielarten des Masochismus, dem erogenen, dem femininen und dem
moralischen (Freud 1946: 373f.) noch den ästhetischen Masochismus hinzufügen. Er zeichnet sich dadurch aus, dass sich die Figuren bewusst in die unterlegene Position begeben mit dem Wissen, dass sie diese Konstellation selbst
inszenieren und jederzeit umkehren können.[10] Denn in der asymmetrischen
Konstellation des Masochismus besetzen Walsers Ich-Figuren die strukturell
und sozial niedrige Position, um sich aus dieser Position zur Position des
Herrschenden hinaufzubewegen. Als Teil ihres eigenen Szenarios erfahren die
Figuren ihre sprachliche Definitionsmacht, die ihnen verdeutlicht, dass die
Perspektivierung von Wirklichkeit von der subjektiven Wahrnehmung ab-

---

10 Genau diese Aufwertung der Imaginationstätigkeit als konstitutiver Teil des Masochismus haben
    auch Theodor Reik und Gilles Deleuze betont.

hängt. Macht ist hier also eine subjektive, sprachliche Verfügungsgewalt über die Welt mit dem Wissen, es könne jederzeit anders sein.

5 Schluss: „Dich binden, Macht des Geistes, wem gelänge das?" (SW 8: 104)

In Walsers Texten werden Machtverhältnisse als dynamische Prozesse verstanden, bei denen sich die jeweiligen Kräfte dialektisch bedingen. Dennoch wird die schwache Position innerhalb der Machtkonstellation präferiert. Dies hat damit zu tun, dass dem Herrschenden der Machtverlust droht, wie es z.B. in dem Prosastück *Über eine Opernaufführung* (SW 17: 41) formuliert wird: „Herren von Situationen müssen beständig fürchten, sie können aufhören, es zu sein." (SW 17: 44) Der Unterlegene hingegen hat jedoch die Perspektive, sich aus seiner Position zu befreien. Sie bietet ihm Anlass zur Bewegung. Die Bergbesteigung, wie sie der Text *Eine Ohrfeige und sonstiges* (SW 8: 49) beschreibt, wird dann zur Allegorie für jedes Machtverhältnis:

Hinaufzukommen versuchen ist schöner, als oben zu sein, ich gefiel mir besser, da ich hinaufschaute, als da ich selbstbewußt herabsah. Herumschauen, wo ein Weg, ein Halt sei, ein bißchen ängstlich sein müssen, der Augenblick des Dranglaubens, wie ist's interessant! (SW 8: 49)

Wo immer Walser sich mit Machtverhältnissen beschäftigt, da interessiert ihn die dialektische Verknüpfung, das „Beweglichkeitsveranlassungsgeben", wie er es im dem Prosastück *Wilhelm Tell* (SW 19: 261) nennt:

Bezüglich der Tellsage interessiert mich die Frage nicht so sehr, ob Tell ein guter, der Landvogt aber ein böser Mensch war, als der eben erwähnte Umstand des Beweglichkeitsveranlassunggebens. Mir scheint bedeutend zu sein, daß beide ein Unzertrennliches, Einheitliches bilden: um einen Tell hervorzubringen, bedurfte die Geschichte eines Landvogts. Einer ist ohne den anderen undenkbar. (SW 19: 261)

Es wurden hier drei unterschiedliche Aspekte von Macht in Walsers Werk dargestellt: erstens die Macht der Sprache, als ein Eigensinn des Mediums und als eine Unverfügbarkeit über die Wortbedeutung; zweitens die Macht der Imaginationstätigkeit, als eine Form der Wirklichkeitsperspektivierung und drittens die Macht der Liebe, als ein ästhetisches Verhalten, bei dem die Imaginationstätigkeit und die Bezeichnungsfunktion der Sprache interagieren. Im Masochismus ist es der Unterlegene, der sich verstellt und dadurch seine Macht maskiert. Er modifiziert die Wirklichkeit, indem er sich Geschichten ausdenkt und daraus seine Lust generiert. Insofern besteht in Walsers Texten die Funktion der Imaginationstätigkeit darin, existierende Machtverhältnisse zu subvertieren, indem sich die Figuren ihnen nur scheinbar unterwerfen. Der Verzicht auf Souveränität wird nur gespielt und bleibt temporär begrenzt. Macht, so wie sie in Walsers Texten inszeniert wird, wäre dann immer eine – gewiss idealistisch gedachte – Macht des Geistes, die es jedoch gerade vermeidet, dominant aufzutreten. Sie ist eine imaginäre Dominanz in der Geste des Kleinseins, denn die „wahrhaft Starken treten nicht gern stark auf. Niedlich gesagt, nicht wahr?" (BG 3: 91)

Benutzte Literatur

BENJAMIN, Walter (1977), „Robert Walser". In: *Gesammelte Schriften.* Unter Mitwirkung von Theodor W. Adorno und Gershom Scholem, hrsg. von Rolf Tiedemann und Hermann Schweppenhäuser, Bd. II, 1, Frankfurt am Main, Suhrkamp, S. 324–328.

DELEUZE, Gilles (1991), „Sacher-Masoch und der Masochismus". In: Leopold von Sacher-Masoch, *Die Venus im Pelz. Mit einer Studie über den Masochismus von Gilles Deleuze.* 5. Aufl., Frankfurt am Main, Insel, S. 167–295.

FLUSSER, Vilém (1991), *Gesten. Versuch einer Phänomenologie.* Düsseldorf, Bensheim, Bollmann.

FREUD, Sigmund (1946), „Das ökonomische Problem des Masochismus." In: Sigmund Freud, *Gesammelte Werke.* Unter Mitwirkung von Marie Bonaparte, Prinzessin Georg von Griechenland, hrsg. von Anna Freud, Band 13, London, S. Fischer, S. 367–383.

HIEBEL, Hans (1991), „Robert Walsers ‚Jakob von Gunten'. Die Zerstörung der Signifikanz im modernen Roman". In: Klaus-Michael Hinz und Thomas Horst (Hrsg.), *Robert Walser.* Frankfurt am Main, Suhrkamp, S. 240 -275.

HOBUS, Jens (2009), „‚Kämpfe auf den Feldern des Schreibpapiers'. Zur Materialität der Sprache im Werk Robert Walsers". In: *Variations 17* (2009), S. 73–88.

-- (2011), *Poetik der Umschreibung. Figurationen der Liebe im Werk Robert Walsers.* Würzburg, Königshausen und Neumann.

REIK, Theodor (1977), *Aus Leiden Freude. Masochismus und Gesellschaft.* Hamburg, Hoffmann und Campe.

STENDHAL (Henri Beyle) (1985), *Über die Liebe.* Deutsch von Günther Steinig, *Gesammelte Werke in Einzelbänden.* Hrsg. von Manfred Naumann, 2. Auflage, Berlin, Rütten und Loening.

WALSER, Robert (1986), *Sämtliche Werke in Einzelausgaben.* Hrsg. von Jochen Greven, 20 Bände, Zürich, Frankfurt am Main, Suhrkamp.

-- (1985–2000), *Aus dem Bleistiftgebiet,* im Auftrag des Robert Walser-Archivs der Carl Seelig-Stiftung/Zürich, entziffert und hrsg. von Bernhard Echte und Werner Morlang, 6 Bände, Frankfurt am Main, Suhrkamp.

-- (1979), *Briefe.* Hrsg. von Jörg Schäfer unter Mitarbeit von Robert Mächler, Frankfurt am Main, Suhrkamp.

WEBER, Max (1972), *Wirtschaft und Gesellschaft.* 5. Auflage, Tübingen, Mohr.

KERSTIN GRÄFIN VON SCHWERIN (HAMBURG)

„[W]ir werden alle etwas sehr Kleines und Untergeordnetes im späteren Leben sein." Macht und Entfremdung in Robert Walsers Roman *Jakob von Gunten*

In einem Gespräch mit Carl Seelig am 3. Januar 1937 resümiert Robert Walser, unter seinen umfangreicheren Büchern sei ihm sein Roman *Jakob von Gunten* das liebste (Seelig 1977: 13). Doch die wenigen Rezensenten, die sich Walsers drittem Roman aus der Berliner Zeit widmeten, reagierten recht zwiespältig. So bezeichnet Josef Hofmiller Walsers Roman *Jakob von Gunten* als „kraft- und saftloses Geschreibe in den Tag hinein", das „nicht zum auszuhalten" sei (Hofmiller 1909: 253); Joseph Victor Widman, der Walser zehn Jahre zuvor entdeckt und gefördert hatte, bemerkt, dass es sich dabei um „eine höchst wunderliche Geschichte" handelt (Widmann 1909: 36). Efraim Frisch war einer der wenigen, der die Bedeutung von Walsers Roman würdigte: „Etwas [...] an beglückender, aufrüttelnder und beunruhigender Wirkung zugleich geht von Walsers letztem Buch aus" (Frisch 1911: 71). Joachim Benn hält Walsers Roman der „Idee nach am bedeutendsten", er sei „gleichsam eine Darstellung von Walsers geistigem Weltbild in Form einer phantastischen Erziehungsanstalt" (Benn 1914: 101). Obwohl Walser in den letzten Jahrzehn-ten wiederentdeckt und *Jakob von Gunten* in seiner Modernität gewürdigt wurde, bleibt dieser Roman nach wie vor äußerst rätselhaft und merkwürdig.

Gleich im ersten Satz ist von den „Knaben vom Institut Benjamenta" die Rede: „Man lernt hier sehr wenig, es fehlt an Lehrkräften, und wir Knaben vom Institut Benjamenta werden es zu nichts bringen, das heißt, wir werden alle etwas sehr Kleines und Untergeordnetes im späteren Leben sein" (Walser 1985a: 7). Macht und Entfremdung zeichnen sich an vielen Stellen im Roman ab; deshalb möchte ich im Folgenden einige Aspekte herausgreifen, die das Wechselspiel von Kleinheit und Größe wie auch die Spannung von Selbstbe-hauptung und Unterwerfung deutlich machen.

Gegenüber Carl Seelig bezeichnet Walser seinen im Frühjahr 1909 im Ver-lag Bruno Cassirer Berlin erschienenen Roman als eine in Berlin entstandene „dichterische Phantasie", allerdings „etwas verwegen" (Seelig 1977: 13). Hintergrund sei sein Aufenthalt als Schüler eines Instituts gewesen, das mit dem im Roman dargestellten Institut einige Ähnlichkeit gehabt habe (Seelig 1977: 48). Tatsächlich besuchte Walser während seines Aufenthalts in Berlin von 1905–1913 im Oktober–Dezember 1905 eine Dienerschule auf dem gräflichen Schloss Dambrau in Oberschlesien, über die er in dem im Februar 1917 in *Neue Rundschau* erschienenen Prosastück *Tobold (II)* (Walser 1985b) ausführlich berichtet.[1] Anne Gabrisch erscheint Walsers Besuch der Dienerschule vor allem als „trotziger Akt der Selbstbehauptung", als „Versuch, im betonten Anderssein zu einer neuen Sicherheit zu finden" (Gabrisch 1991: 35). So könne die forcierte Anpassung, die Dienertätigkeit, vielmehr als Kompensation für die Unfähigkeit zur Anpassung gesehen werden. Dienen und Kleinsein sind zentrale Motive in Walsers Werk. In seiner 1970 erschienenen Dissertation *Robert Walser. Entwurf einer Bewußtseinsstruktur* ordnet Nagi Naguib das Motiv des Kleinheitsideals bei Walser entschieden dem pathologischen Zusammenhang von Abwehrstrategien im Interesse der Erhaltung eines kohärenten Selbst zu (Naguib 1970). Besonders die Interpretation des *Jakob von Gunten* führe das „Ideal des Kleinseins" mit dem „Abenteuer-Ideal" in einem diffusen Theorem des psychischen Abwehrmechanismus zusammen.

Walsers Roman lässt sich im thematischen und zeitgeschichtlichen Kontext einordnen in eine Reihe von deutschen Institutionenromanen wie Robert Musils *Die Verwirrungen des Zöglings Törless* (1906) oder Rainer Maria Rilkes *Aufzeichnungen des Malte Laurids Brigge* (1910). Der Roman *Jakob von Gunten* trägt den Untertitel „Ein Tagebuch". Doch während es zu den signifikanten Merkmalen des Tagebuchs gehört, dass alle Tagebuchnotizen auf persönliche, zu einem genau bestimmbaren Zeitpunkt gemachte Erfahrungen zurückgehen (Görner 2009: 703), findet sich in Walsers Roman kein einziges Datum, keine Zeitangabe, außer Hinweisen wie „mittags" oder „abends". Der Roman besteht als Tagebuch aus etwas mehr als siebzig Eintragungen, die oftmals tagebuchartig enden. Ralph-Rainer Wuthenow kennzeichnet das Tagebuch als ein „notwendig fragmentarisches Ganzes, dessen Zusammenhang nur durch das Bewusstsein des Subjekts" garantiert werde (Wuthenow 1990: X). Der

---

1 In einem Brief an Therese Breitbach aus Bern vom 1. November 1925 erwähnt Walser ein in der Zeitung *Literarische Welt* enthaltenes Bild, das hergestellt worden sei nach einer Fotografie, die er einst in Berlin im Warenhaus Wertheim machen ließ, als er „auf dem Sprunge war, gräflicher Diener zu werden" (Walser 1979: 245).

Protagonist des Romans, Jakob von Gunten, ist das Subjekt des Tagebuchs.[2] Jakob schreibt nur über sich, seine Erlebnisse und das Institut. Die *Roman*-Handlung ist Paradigma des Verfalls, eines politischen, gesellschaftlichen und zeitgeschichtlichen Wandels. So berichtet Jakob zu Beginn seines Tagebuchs vom Eintritt in das Institut Benjamenta, und er bricht es ab, als er das Institut verlässt. Das Tagebuch erzählt nur andeutungsweise die Gründungsgeschichte des Instituts, dafür aber ausführlich von seiner Zerstörung.

In seinem Vorwort zu *Jakob von Gunten* schreibt Christopher Middleton, dass dieses Buch keinem anderen deutschen Roman und keinem anderen Werk europäischer Literatur gleiche (Middleton 1979: 40), und er weist darauf hin, dass der deutsche Roman zu einem Kompendium der verschiedensten Formen und Formate des Schreibens geworden sei. Das Selbstgespräch in den Romanen der Jahrhundertwende verselbständigte sich zunehmend; es wurde analytisch: „So könne man *Jakob von Gunten* ein analytisches dichterisches Selbstgespräch nennen", „etwas wie ein Capriccio für Harfe, Flöte und Trommeln" (Middleton 1979: 41).

Rüdiger Campe weist an *Jakob von Gunten* eine inhaltliche und strukturelle Verklammerung von Romangattung und der in diesem Fall thematisch werdenden, aber fiktiven Institution (der Erziehungsanstalt) nach (Campe 2005: 239). So spiegelten der Roman als Formgebung für das Amorphe und die Anstalt zur Erziehung des Dieners als literarische Allegorie der Institution überhaupt sich wechselseitig und stellen mit dieser fiktionalen Bindung des Imaginären die Macht der Institution auf besonders diskrete, aber präzise Weise aus. Jakob von Gunten, Sohn eines „Großrates" und aus gutem Hause, wie er mehrmals betont, ist einer der Zöglinge eines obskuren, rätselhaften Erziehungsinstituts, in dem die Schüler „wenig, aber gründlich" lernen. Herr Benjamenta, ein selten sich zeigender, herrischer Mann, und seine Schwester Lisa führen den Unterricht, der hauptsächlich aus dem Auswendiglernen der „Vorschriften" und der Lektüre der Schrift *Was bezweckt Benjamentas Knabenschule?* besteht. Die anderen Lehrer sind geheimnisvoll abwesend oder liegen in totenähnlichem Schlaf. Herr Benjamenta wird als „ein Riese" charakterisiert; die Zöglinge wirken dagegen wie Zwerge: „Als Lenker und Gebieter einer

---

2 Am Beispiel von *Jakob von Gunten* zeigt Monika Lemmel die Eigenart Walsers, Gattungen oder stilistische Ausdruckstypen zum Subtext seines Schreibens zu nehmen (Lemmel 1999).

Schar von so winzigen, unbedeutenden Geschöpfen", wie die Knaben es sind, sei er eigentlich auf ganz natürliche Weise zur Verdrießlichkeit verpflichtet, denn das sei „doch nie und nimmer eine seinen Kräften entsprechende Aufgabe: über uns herrschen" (Walser 1985a: 18). Im Institut unterhalten sich die Schüler, insbesondere der feinsinnige, durchaus aristokratische Jakob und sein Kamerad Kraus, über ihre Ansichten und ihre berufliche Zukunft. Kraus verkörpert das Erziehungsideal dienenden Gehorsams, sein ganzes menschliches Wesen habe „etwas im allerbesten Sinn Dienerhaftes" (Walser 1985a: 31). Für Jakob erscheint Kraus als gebildet, weil er ein festes, gutes Ganzes darstelle; man könne ihn deshalb eine menschliche Bildung nennen, da er nie jemanden hintergehen oder verleumden werde. Das vor allen Dingen, „dieses Nicht-Schwatzhafte" nennt Jakob Bildung (Walser 1985a: 79). Immer wieder ist vom Schwatzen die Rede: „Ich schwatze. Wie hasse ich all die treffenden Worte. [...] Es macht mir Spaß, auf irgend etwas, was keinen Ton geben will, zu horchen" (Walser 1985a: 50). Die paradoxe Idealisierung des Bildungsideals der Bedeutungslosigkeit nähert sich zunehmend dem Absurden und Grotesken. Der Unterricht besteht darin, den Zöglingen Geduld und Gehorsam einzuprägen. Alle gleichen sich in einem Punkt: „Klein sind wir, klein bis hinunter zur Nichtswürdigkeit" (Walser 1985a: 8). Die Uniformen, die alle tragen, erniedrigen und erheben alle gleichzeitig: „Wir sehen wie unfreie Leute aus, und das ist möglicherweise eine Schmach" (Walser 1985a: 8). Jakob weiß aber das Eine ganz bestimmt: „Ich werde eine reizende, kugelrunde Null im späteren Leben sein" (Walser 1985a: 8). Wenn man Walsers Roman *Jakob von Gunten* in seiner mathematischen Metaphorik beim Wort nehme, wie es Peter Utz formuliert, konstituiere er einen „Null"-Punkt der literarischen Moderne: er formuliere einen neuen, reflexiven Begriff des „Individuums" und zeichne eine Ästhetik der Peripherie (Utz 2001: 488). Utz sieht im „Null"-sein eine Bedeutungslosigkeit im Doppelsinn des Wortes, „ohne Sinn-Gehalt und ohne soziales Gewicht". Doch gleichzeitig bedeute sich Jakob durchaus selbst „etwas": „Die ‚Null' ist ein Bedeutungssystem, das sich selbst versteht, das – außen gesehen – seinen Inhalt umschließt" (Utz 2001: 490).

Jakob verherrlicht die Entbehrung, die Bildung zum Nichts, das Kleinwerden, das Gewöhnlichwerden, das Dienen. Im literaturhistorischen Diskurs der Zeit lassen sich ähnliche Parallelen finden, beispielsweise zu Fernando Pessoa. Pessoa, dessen erste Aufzeichnungen seines posthum veröffentlichten *Das*

Buch der Unruhe aus dem Jahr 1913 stammen, führte bis zu seinem Tod eine äußerst unscheinbare Existenz als Handlungskorrespondent und schrieb für die Truhe. Obwohl Pessoa und Walser Zeitgenossen gewesen sind, ist nicht anzunehmen, dass beide Autoren sich kannten. *Das Buch der Unruhe* setzt sich aus den fiktiven Aufzeichnungen des Hilfsbuchhalters Bernardo Soares zusammen, der im konkreten Sinne eine gewisse Ähnlichkeit mit dem Autor Pessoa hat: „Wir alle, die wir träumen und denken, sind Buchhalter und Hilfsbuchhalter in einem Stoffgeschäft oder in irgendeinem anderen Geschäft in irgendeiner Unterstadt" (Pessoa 1995: 21). Sie führen Buch und erleiden Verluste; sie ziehen die Summe und gehen vorüber; sie schließen die Bilanz, und der unsichtbare Saldo spreche immer gegen sie. Aus zahlreichen Fragmenten, Skizzen und Aphorismen komponiert, keinem erzählerischen Kontinuum, sondern Assoziationsketten folgend, hat das Buch eine extrem offene, extrem moderne Form. Ein Kerngedanke dieser Beobachtungen, Reflexionen, die Soares/Pessoa über die Welt und die Welt und die eigene Persönlichkeit anstellt, ist die Frage nach der Bestimmung des Menschen, nach dem Sinn des Lebens und den Tiefgründigkeiten seines Ichs. Soares ist „aufmerksam für das Nicht-Existierende" (Pessoa 1995: 40), der sich alles vorstellen könne, weil er nichts sei (Pessoa 1995: 26) und der seine körperliche Präsenz als „so null und nichtig empfunden" hat wie im Vergleich mit anderen Durchschnittsmenschen (Pessoa 1995: 27). Er habe es stets abgelehnt verstanden zu werden; verstanden zu werden hieße sich zu prostituieren (Pessoa 1995: 52). An seinem Schreibtisch mache er es sich bequem „wie an einem Bollwerk gegen das Leben" (Pessoa 1995: 59), er empfinde Zärtlichkeiten für seine Geschäftsbücher und das alte Tintenfass, weil er sonst nichts zum Leben besitze. Wie ein inneren Blitzstrahl treffe ihn der Gedanke, dass er niemand, ganz und gar niemand sei: „[...] ich bin das Nichts, um das her diese Bewegung nur um des Kreisens willen kreist, ohne daß dieser Mittelpunkt vorhanden wäre, es sei denn weil ihn der ganze Kreis besitzt" (Pessoa 1995: 65). Seine Seiten seien das Gekritzel seiner geistigen Unbewusstheit (Pessoa 1995: 123) und er selbst betrachte sich „als eine beständige Entfaltung zusammenhängender oder unzusammenhängender Bilder" (Pessoa 1995: 185). Soares schreibt, weil er nichts zu sagen habe und er verliert sich in die Träumereien, „in die sich sonst verliert, wer nicht denken kann" (Pessoa 1995: 187). Dieses Gefühl führe bei den großen Männern der Tatlosigkeit, zu denen er sich demütigt rechne, zum unendlich Klei-

nen. Es sind demzufolge nur die kleinsten Wahrnehmungen von den aller-
kleinsten Dingen, die er intensiv erlebe, die er niemals analysiere, „weil das
Kleinste in seiner gänzlichen gesellschaftlichen oder praktischen Bedeutungslosigkeit absolut unabhängig ist von schmutzigen Assoziationen aus dem Bereich der Wirklichkeit" (Pessoa 1995: 196).

Der Hang zur Geringfügigkeit und Bedeutungslosigkeit durchdringt
Walsers gesamtes Werk bis hin zu den späten mikrografischen Entwürfen.
Walsers entwickelt eine „Poetik des Minimalismus",[3] die das Geringste und
Bedeutungslose zum Gegenstand erhebt. In dem im April 1915 in *Die Ähre*
erschienenen Prosastück *Asche, Nadel, Bleistift und Zündhölzchen* berichtet der
Ich-Erzähler, dass er einmal eine Abhandlung über einen scheinbar so uninte-
ressanten Gegenstand wie Asche schrieb: „Asche ist die Demut, die Belanglosigkeit und die Wertlosigkeit selber, und was das Schönste ist: sie ist selbst
durchdrungen von dem Glauben, daß sie zu nichts taugt" (Walser 1985c: 328).

Eine weitere vergleichbare Parallele ließe sich zu dem 1908 entstandenen
und 1911 in Wien erschienenen Werk *Tubutsch* ziehen, das die weiteste Verbreitung der Dichtungen Albert Ehrensteins gefunden hat. Ein melancholi-
scher, schüchterner Wiener erzählt sein ereignisloses Leben. Er selbst betrachte sich als einen des Lebens unfähigen Menschen, der nur in der Welt der
Phantasie existieren könne und der sich vergeblich um Kommunikation mit
der Welt bemühe. Unfähig, irgendetwas zu erleben, produziere er Hirngespins-
te. So erfinde er z.B. Gespräche mit seinem Stiefelknecht. Der Tod zweier Fliegen in seinem Tintenfass sei für ihn ein bewegendes und bedeutendes Ereignis, seine tiefe Melancholie steigere sich bis hin zur Verzweiflung. Der Text
endet, wie er begonnen hat: „Mein Name ist Tubutsch, Karl Tubutsch. Ich
erwähne das nur deswegen, weil ich außer meinem Namen nur wenige Dinge
besitze" (Ehrenstein 1919: 8). Ehrenstein wohnte zeitweise in Berlin, wo er als
freier Schriftsteller lebte und später für den Rundfunk und zahlreiche Zeitschriften (u. a. das *Berliner Tageblatt*, in dem auch Walser publizierte) schrieb
(Martini 1959: 355). Während des Krieges war er zeitweise Lektor im Verlag
Kurt Wolff, der auch Walsers *Aufsätze* (1913) und *Geschichten* (1914) publizierte. Ehrenstein wanderte 1917 in die Schweiz aus, kehrte aber 1918 nach
Berlin zurück. 1932 verließ er Deutschland endgültig und suchte in der

---

3   Vgl. dazu Borchmeyer (1980).

Schweiz eine neue Heimat. Nachdem sich Carl Seelig, Hermann Hesse und Thomas Mann erfolglos für eine dauerhafte Aufenthaltsbewilligung des mit Arbeitsverbot belegten Schriftstellers bemühten, reiste Ehrenstein 1941 in die USA aus.[4] Kontakt zu Walser suchte Seelig, wie bereits bekannt, im Sommer 1935 nach der Lektüre des *Jakob von Gunten*. Ob Seelig gegenüber Walser Ehrenstein erwähnt hat, ist nicht überliefert.

Robert Walsers *Jakob von Gunten*, Fernando Pessoas *Das Buch der Unruhe* und Albert Ehrensteins *Tubutsch* sind Beispiele für eine Kunst der Bedeutungslosigkeit, wie sie sich im europäischen Kontext zu Beginn des 20. Jahrhunderts beobachten lässt. Alle drei Werke muten wie eine Essenz altchinesischer Philosophie an. ‚Tao‘, häufig mit ‚Weg‘, ‚Sinn‘ übersetzt, hat weder Namen noch Gestalt. Es ist unsichtbar, unhörbar, ungreifbar, unbestimmt und dennoch vollendet. Es steht still und ist gleichzeitig immer in Bewegung (*Philosophisches Wörterbuch* 1991: 712). Jeder Versuch, es in Worten oder durch Übung des Verstandes zu fassen, müsse scheitern; von Zielen solle man absehen. Diese Auffassung des Lebens wird auch ‚wu-wei‘ genannt und dient Laotse als Schlüssel des Lebens. Nach Ansicht des Konfuzius habe jeder Mensch im Staat seine feste Rolle und müsse die damit verbundene Pflicht erfüllen. Albert Ehrenstein hat sich übrigens intensiv mit chinesischer Dichtung und Philosophie auseinandergesetzt.[5] Auch bei Walser lassen sich Einflüsse von asiatischer Kunst erkennen. In dem im März 1929 in die *Prager Presse* erschienen Prosatext *Cézannegedanken* behauptet Walser, Cézanne sei ein „Asiat" gewesen, denn Asien sei „die Heimat der Kunst, der Geistigkeit" (Walser 1986d: 255). In dem im August 1916 in *Die Schweiz* veröffentlichten Stück *Hans. Ein Idyll von Robert Walser. Biel* bildete das Schifffahren mit Regenschirmen eine Art Chineserie oder Japaneserie, es habe etwas von japanischer Holzschnittkunst an sich, kurz, es erinnerte Hans ganz einfach an das Land und an die Sitten in Japan, obgleich er doch weder das Land Japan selbst noch seine Sitten je mit eigenen Augen gesehen habe. Hingegen habe ihm ein Freund, der dort gewesen sei, viel davon erzählt (Walser 1916: 444).[6] Wenn Walser auf die asiatische

....

4 Ein Brief von Carl Seelig an Albert Ehrenstein befindet sich im Robert-Walser Zentrum Bern mit der Signatur RWZ N 82.5 RWZ SaSic 399.

5 Vgl. dazu die Übersetzungen chinesischer Dichtungen von Albert Ehrenstein (Ehrenstein 1995).

6 In der überarbeiteten Fassung lautet die Stelle folgendermaßen: „Doch auch sonst sah er manches, wessen er sich später auf gute Art entsann. – So zum Beispiel sah er, wenn er abends bei Re-

Kunst anspielt, so lässt sich das vielleicht damit begründen, dass die Gattung des ‚Ukiyo-e‘, der „Bilder der vergänglichen Welt", die durch ihr eigentliches Medium, den Farbholzschnitt, weltweite Verbreitung fand (Kindler 1985a: 191). Das Werk von Hokusai, einer der bekanntesten Vertreter dieser Gattung, wurde während des 19. Jahrhunderts weltweit bekannt. Es beeinflusste französische und englische Künstler, die ihre Theorie zur Funktion von Linie und Farbe bestätigt fanden (Kindler 1985b: 169). Robert Walsers Bruder, Karl Walser, reiste im Auftrag von Paul Cassirer zusammen mit Bernhard Kellermann 1908 nach Japan (vgl. Lüscher 2008). Die Erfahrung der japanischen Lebens- und Denkweisen, der Kunst und Landschaft scheint dabei eine erhebliche Rolle gespielt zu haben, die auch für Walser nicht ohne Einfluss geblieben sind (vgl. Echte/Meier 1990). In Jakobs Traum von der Wüste am Ende des Romans sah es so, als wenn er und Herr Benjamenta dem, „was man europäische Kultur nennt, für immer, oder wenigstens für sehr, sehr lange Zeit entschwunden gewesen seien" (Walser 1985a: 162).

Doch kommen wir wieder auf das Thema dieses Beitrags zurück. Das Institut Benjamenta zeichnet sich durch den Mangel an Lehrkräften aus: „die Herren Erzieher und Lehrer schlafen, oder sie sind tot, oder nur scheintot, oder sie sind versteinert" (Walser 1985a: 9). Es ist von sieben abwesenden, toten oder eingeschlafenen Lehrern und sieben Mitschülern die Rede. Im „primordialen Lehrkräftemangel, der Selbstdestruktion aller semantischen Gelehrsamkeiten in der Pädagogik dieser pädagogischen Institution", sieht Rüdiger Campe auch ihre Selbstrealisierung „als streng sinnlose Zurichtung, als Praktik der Gelehrigkeit" angelegt (Campe 2005: 242). Fräulein Benjamenta ist die einzige Lehrkraft am Institut Benjamenta, die immer wieder dieselbe Schulstunde erteilt und nur einen Lehrstoff und ein Lehrbuch erkennt: „Was bezweckt Benjamenta's Knabenschule?" (Walser 1985a: 8). Über den Inhalt des Buches wird nichts mitgeteilt. Der Unterricht, der aus zwei Teilen besteht, einem theoretischen und einem praktischen Teil, mutet Jakob „wie ein Traum, wie ein sinnloses und zugleich sehr sinnreiches Märchen an" (Walser 1985a: 62). Den Zöglingen werde eingeprägt, dass es von wohltuender Wirkung sei, sich an Gesetze und

---

genwetter etwa am See stand, Leute mit Regenschirmen, die sie über ihren Köpfen und Kleidern aufgespannt hielten, bis in alle Nacht hinein behaglich im See hin und her gondeln, was eine Art Schiffahrt war, die ihn lebhaft an die Sitten und Bräuche in China oder Japan mahnte, obwohl er weder ersteres noch letzteres fremdartige Land je im Leben mit Füßen und Schuhen betreten oder mit eigenen Augen gesehen hatte" (Walser 1985d: 188).

Gebote zu gewöhnen. Man wolle die Zöglinge klein machen. Das Gesetz, das befehle, der Zwang, der nötige, und die vielen unerbittlichen Vorschriften seien das Große, und nicht die Eleven, jene „nur kleine, arme, abhängige, zu einem fortwährenden Gehorsam verpflichtete Zwerge". In der Schule Benjamenta, dem Vorzimmer zu den Wohnräumen und Prunksälen des ausgedehnten Lebens, werde gelernt Respekt zu empfinden (Walser 1985a: 64f.).

Die Außenwelt der Dienerschule ist die Großstadt, zu der Jakob durch seinen Bruder Johann, den Maler, Zugang findet. In der Beschreibung der Großstadt finden sich expressionistische Motive der Schnelligkeit und des Lärms, der beziehungslosen Masse der Passanten und der den Alltag verändernden technischen Errungenschaften. Oft geht Jakob auf die Straße hinaus, und meint, „in einem ganz wild anmutenden Märchen zu leben":

Welch ein Geschiebe und Gedränge, welch ein Rasseln und Prasseln. Welch ein Geschrei, Gestampf, Gesurr und Gesumme. [...] Die Wagen der elektrischen Trambahn sehen wie figurenvollgepfropfte Schachteln aus. Die Omnibusse humpeln wie große, ungeschlachte Käfer vorüber. [...] Und ungeahnte Straßen denkt man sich, unsichtbare neue und ebenso sehr menschenwimmelnde Gegenden. Abends zwischen sechs und acht wimmelt es am graziösesten und dichtesten. Zu dieser Zeit promeniert die Gesellschaft. Was ist man eigentlich in dieser Flut, in diesem bunten, nicht endenwollenden Strom von Menschen? Manchmal sind alle diese beweglichen Gesichter rötlich angezärtelt und gemalt von untergehenden Abendsonnengluten. (Walser 1985a: 37f.)

Im zweiten Teil des Romans richtet sich der Blick des Tagbuchschreibers auf das Innere des Instituts: „Was bezweckt die Knabenschule" lautet das erste und einzige Lehrbuch der Schule, wo es auf Seite acht heißt: „„Das gute Betragen ist ein blühender Garten"" (Walser 1985a: 83). Doch worum geht es? „Hinter unserm Haus", dem Institut Benjamenta, gibt es einen Garten (Walser 1985a: 83), den man offenbar nur vom Bureaufenster aus sehen kann. Er fällt also in den Blick des Direktors oder, wie Jakob schreibt: des Vorstehers. Den Schülern ist der Zutritt verboten, „warum eigentlich, weiß ich nicht" (Walser 1985a: 83). Dieser Garten ist, anders als das Bureau, „verwahrlost". Im Institut ist dieses innere Außen als Allegorie abgebildet, die dem Lehrbuch entstammt. Daneben

ist von den „innere[n] Gemächern" die Rede; womit die „Vorsteherwohnung"
im Institut gemeint ist (Walser 1985a: 20).

In seinem Tagebuch schreibt Jakob, er habe sich entschlossen, „gänzlich
von aller hochmütigen Tradition abzufallen", und er verstehe unter Stolz „etwas ganz Neues, gewissermaßen der Zeit, in der er lebt, Entsprechendes"
(Walser 1985a: 51). Dieser Stolz ziele auf die Unterwerfung unter beliebigen
äußeren Zwang, auf den fraglosen Dienst, die absolute Entsagung und Selbst-
aufgabe, denn dies seien die Grundsätze der Benjamentaschen Schule. Erst
nach und nach wird in den Eintragungen Jakobs in seinen Erlebnis- und Re-
flexionsberichten deutlich, was die Motive dieser rigorosen Umkehrung allen
üblichen gesellschaftlichen Strebens sind. Dieser Welt gegenüber gibt es für
Jakob nur zwei Alternativen: totale Macht oder absolute Unterwerfung. Die
willen- und gedankenlose Hingabe des Selbst gewährleiste Unschuld, Zufriedenheit und Glück, denn sie stelle eine Verweigerung, eine Absage an das
verderbliche Prinzip des Erfolgsstrebens dar (Campe: 173).

Jakob bringt das in einer treffenden Formulierung auf den Punkt:

*Ich entwickle mich nicht. Das ist ja nun so eine Behauptung. Vielleicht
werde ich nie Äste und Zweige ausbreiten. Eines Tages wird von meinem
Wesen und Beginnen irgendein Duft ausgehen, ich werde Blüte sein und
ein wenig, wie zu meinem eigenen Vergnügen, duften, und dann werde
ich den Kopf, den Kraus einen dummen, hochmütigen Trotzkopf nennt,
neigen. Die Arme und Beine werden mir seltsam erschlaffen, der Geist,
der Stolz, der Charakter, alles, alles wird brechen und welken, und ich
werde tot sein, nicht wirklich tot, nur so auf eine gewisse Art tot, und
dann werde ich vielleicht sechzig Jahre so dahinleben und –sterben. [...]
Klein sein und bleiben. Und höbe und trüge mich eine Hand, ein Umstand, eine Welle hinauf, wo Macht und Einfluß gebieten, ich würde die
Verhältnisse, die mich bevorzugten, zerschlagen, und mich selber würde
ich hinabwerfen ins niedrige, nichtssagende Dunkel. Ich kann nur in den
untern Regionen atmen. (Walser 1985a: 144f.)*

Am Ende reist Jakob ab; er verlässt mit Herrn Benjamenta das Institut und
zieht in die Wüste: „Fräulein Benjamenta liegt unter der Erde. Die Eleven,
meine Kameraden, sind zerstoben in allerlei Ämtern. Und wenn ich zerschelle

und verderbe, was bricht und verdirbt dann? Eine Null. Ich einzelner Mensch
bin nur eine Null" (Walser 1985a: 164). Dagmar Grenz deutet in dieser pro-
grammatischen Berufung auf die Niedrigkeit und Selbstnichtachtung, dass die
Kleinheit es Jakob nur nicht ermöglicht habe, Benjamenta zum Freund zu
gewinnen, sondern dass sie auch die Grundlage für sein zukünftiges Leben
sein werde (Grenz 1974: 157f.). Die Deutungen des Aufbruchs in die Wüste
werden ebenso kontrovers diskutiert wie der ganze Roman. Der Schluss erscheint Peter Utz in dieser Hinsicht als eine „Null"-Stelle, die bei der Lektüre
gefüllt müsse (Utz 2001: 507). Entweder könne man in dem Aufbruch in die
Wüste bloß eine Schein-Freiheit sehen, weil Jakob dabei doch wieder in die
alte Abhängigkeit von Benjamenta zurückfalle (Philippi 1971: 68). Oder man
postuliere für diese Stelle die Ablösung der alten „Väter" – durch eine neue
„Brüder"-Ordnung, die Verwandlung von Macht in Solidarität; auch wenn
dieser Aufbruch nicht in die Gesellschaft führe, zeige sich in ihm zumindest
Jakobs bestandene Sozialisation (von Matt 1991: 197).

Canetti hat einmal bemerkt, Walser verwandele sich, zu seiner Rettung, oft
ins Dienende und Kleine. Diese tiefe und instinktive Abneigung vor allem
„Hohen", vor allem, was Rang und Anspruch habe, mache ihn zu „einem wesentlichen Dichter unserer Zeit, die an Macht erstickt "(Canetti 1993: 59).
„Kleinmachen" bedeutet die notwendige Anpassung an eine Gesellschaft der
Macht und Entfremdung. In diesem Zusammenhang ist für Deleuze und Guattari groß und revolutionär nur das Kleine, das „Mindere". Darin zeige sich der
Haß gegen alle Literatur der Herren und die „Hinwendung zu den Knechten,
zu den kleinen Angestellten (bei Kafka ebenso wie bei Proust, der ja auch
fasziniert war von den Dienern und ihrer Sprache) (Deleuze und Guattari
1976).

Tao te king (Das Buch vom Sinn des Lebens), das Laotse zugeschrieben
wird, verweist auf die beiden zentrale Begriffe der Weltanschauung, die mit
„Weg" und „Tugend" bereits im 19. Jahrhundert Verwendung fanden (Laotse
2006). Darin wird das Geringe als die Grundlage des Höchsten beschrieben;
das Nicht-Handeln (‚Wu Wei'), erscheint den westlichen Lesern zunächst uto-
pisch und weltfremd. In gewisser Hinsicht sind Walsers Aussagen über das
Kleinsein in seinen Roman *Jakob von Gunten* mit diesen östlichen Weisheiten
vergleichbar; so ist beispielsweise im 63. Abschnitt von *Tao te king* zu lesen:
wer das Nichthandeln übe, sich mit Beschäftigungslosigkeit beschäftige, der

sehe das Große im Kleinen und das Viele im Wenigen. Alles Große auf Erden beginne stets als Kleines (Laotse 2006). So gesehen überlebt in Walsers Roman *Jakob von Gunten* am Schluss das Kleinsein die Gesetzmäßigkeit des Instituts und somit auch die Rituale des Staates, während das Institut zerstört wird.

Benutzte Literatur

BENN, Joachim (1914), „Robert Walser". In: *Die Rheinlande*. 14. Jg., H. 4, April 1914, S. 131–134; wiederabgedruckt in: Kerr, Katharina (Hrsg.), *Über Robert Walser*. Bd. 1, Frankfurt a. M., Suhrkamp, 1978, S. 92–102.

BORCHMEYER, Dieter (1980), *Dienst und Herrschaft. Ein Versuch über Robert Walser*, Tübingen, Niemeyer.

CAMPE, Rüdiger (2005), „Robert Walsers Institutionenroman ‚Jakob von Gunten'". In: Rudolf Behrens u. Jörn Steigerwald (Hrsg.), *Die Macht und das Imaginäre. Eine kulturelle Verwandtschaft in der Literatur zwischen Früher Neuzeit und Moderne*, Würzburg, Königshausen & Neumann, S. 235–250.

CANETTI, Elias (1993), „Einige Aufzeichnungen zu Robert Walser". In: *Robert Walser*, Dossier Pro Helvetia, S. 59–60.

DELEUZE, Gilles / Guattari, Félix (1976), *Kafka. Für eine kleine Literatur*. Aus dem Französischen übersetzt von Burkhart Kroeber, Frankfurt a. M., Suhrkamp.

ECHTE, Bernhard und Andreas Meier (Hrsg.) (1990), *Die Brüder Karl und Robert Walser. Maler und Dichter*, Stäfa, Rothenhäusler.

EHRENSTEIN, Albert (1919), *Tubutsch*. Mit zwölf Zeichnungen von Oscar Kokoschka, Leipzig, Insel.

-- (1995), *Werke*. Band 3/I. *Chinesische Dichtungen*. Hrsg. von Hanni Mittelmann, München, Boer.

FRISCH, Efraim (1911), „Ein Jüngling. ‚Jakob von Gunten'". In: *Die neue Rundschau*, 22. Jg., 1911, S. 416–420; wiederabgedruckt in: Kerr, Katharina (Hrsg.) (1978), *Über Robert Walser*. Bd. 1, Frankfurt a. M., Suhrkamp, S. 70–75.

GABRISCH, Anne (1991), „Robert Walser in Berlin". In: *Robert Walser*. Hrsg. von Klaus-Michael Hinz und Thomas Horst, Frankfurt a. M., Suhrkamp, S. 30–55.

GÖRNER, Rüdiger (2009), „Tagebuch". In: Lamping, Dieter (Hrsg.), *Handbuch der literarischen Gattungen*, Stuttgart, Kröner, S. 703–710.

GRENZ, Dagmar (1974), *Die Romane Robert Walsers. Weltbezug und Wirklichkeitsdarstellung*, München, Fink.

HOFMILLER, Josef (1909), „Jakob von Gunten. Gedichte". In: *Süddeutsche Monatshefte*. 6. Jg., Bd. 2, S. 253; wiederabgedruckt in: Kerr, Katharina (Hrsg.) (1978), *Über Robert Walser*. Bd. 1, Frankfurt a. M., Suhrkamp, S. 51.

Kindlers Malerei Lexikon (1985a), Stichwort „Ostasiatische Malerei", Bd. 14. Hrsg. von Wilhelm Rüdiger, München, Kindler, S. 191.

Kindlers Malerei Lexikon (1985b), Stichwort „Hokusai", Bd. 6. Hrsg. von Wilhelm Rüdiger, München, Kindler, S. 169.

LAOTSE (2006), *Tao te king. Das Buch vom Sinn des Lebens*. Übersetzt von Richard Wilhelm, 3. Aufl., München, C. H. Beck dtv.

LEMMEL, Monika (1999), „Robert Walsers Poetik der Intertextualität". In: Borchmeyer, Dieter (Hrsg.), *Robert Walser und die moderne Poetik,* Frankfurt a. M., Suhrkamp, S. 83–101.

MARTINI, Fritz (1959), *Allgemeine deutsche Biographie & Neue deutsche Biographie* (Digitale Register), Berlin, Dittel – Falck.

MATT, Peter von (1991), „Die Schwäche des Vaters und das Vergnügen des Sohnes. Voraussetzungen der Fröhlichkeit bei Robert Walser". In: *Robert Walser.* Hrsg. von Klaus-Michael Hinz und Thomas Horst, Frankfurt a. M., Suhrkamp, S. 183–198.

MIDDLETON, Christopher (1979), „Vorwort zu ‚Jakob von Gunten'". Aus dem Englischen übersetzt von Jochen Greven. In: Kerr, Katharina (Hrsg.), *Über Robert Walser.* Bd. 3, Frankfurt a. M., Suhrkamp, S. 40–52.

NAGUIB, Nagi (1970), *Robert Walser. Entwurf einer Bewußtseinsstruktur,* München, Fink.

PESSOA, Fernando (1995), *Das Buch der Unruhe des Hilfsbuchhalters Bernardo Soares.* Aus dem Portugiesischen übersetzt von Rudolf Lind, Frankfurt a. M., Fischer Taschenbuchverlag.

PHILIPPI, Klaus-Peter (1971), „Robert Walsers ‚Jakob von Gunten'". In: *Provokation und Idylle. Über Robert Walser,* Stuttgart, Klett, S. 51–70.

Philosophisches Wörterbuch (1991), hrsg. von Heinrich Schmidt, 22. Aufl., Stuttgart, Kröner.

SEELIG, Carl (1977), *Wanderungen mit Robert Walser,* Frankfurt a. M., Suhrkamp.

UTZ, Peter (2011), „Robert Walsers Roman ‚Jakob von Gunten'. Eine ‚Null'-Stelle in der deutschen Literatur". In: *Deutsche Vierteljahresschrift für Literaturwissenschaft und Geistesgeschichte,* S. 488–512.

WALSER, Robert (1916), „Hans. Ein Idyll von Robert Walser, Biel". In: *Die Schweiz.* Schweizerische illustrierte Zeitschrift, Bd. 20, Zürich, Verlag der „Schweiz", S. 439–450.

-- (1979), *Briefe.* Hrsg. von Jörg Schäfer unter der Mitarbeit von Robert Mächler, Frankfurt a. M., Suhrkamp.

-- (1985a), „Jakob von Gunten". In ders.: *Sämtliche Werke in Einzelausgaben.* Hrsg. von Jochen Greven, Bd. 11, Frankfurt a. M., Suhrkamp.

-- (1985b), „Tobold (II)". In ders.: *Sämtliche Werke in Einzelausgaben.* Hrsg. von Jochen Greven, Bd. 5, Frankfurt a. M., Suhrkamp, S. 224–258.

-- (1985c), „Asche, Nadel, Bleistift und Zündhölzchen". In ders.: *Sämtliche Werke in Einzelausgaben.* Hrsg. von Jochen Greven, Bd. 16, Frankfurt a. M., Suhrkamp, S. 328–330.

-- (1985d), „Hans". In ders.: *Sämtliche Werke in Einzelausgaben.* Hrsg. von Jochen Greven, Bd. 7, Frankfurt a. M., Suhrkamp, S. 173–206.

WIDMANN, Joseph Viktor (1909), „Jakob von Gunten". In: *Der Bund,* 10./11., 11./12. und 12./13. Mai 1909; wiederabgedruckt in: Kerr, Katharina (Hrsg.) (1978), *Über Robert Walser.* Bd. 1, Frankfurt a. M., Suhrkamp, S. 33–38.

WUTHENOW, Ralph-Rainer (1990), *Europäische Tagebücher. Eigenart, Formen, Entwicklung,* Darmstadt, Wissenschaftl. Buchgesellschaft.

DARIUSZ KOMOROWSKI (UNIVERSITÄT WROCŁAW)

Kritik als Berufung. Der Intellektuelle und der Staat am Fallbeispiel Carl Albert Loosli (1877–1959)

Die Veränderung der Gesellschaftsstrukturen um die Wende vom 19. ins 20. Jahrhundert geht mit der Hervorbringung einer neuen Figur des Geistigen einher, dessen soziale Rolle als „Intellektuelle" grundsätzlich durch Emil Zolas Intervention in der Dreyfus-Affäre geprägt wird. Der Erfolg von Dreyfus' Aktion ist vor allem dank dem Wandel der Öffentlichkeit möglich, der durch den allmählichen Übergang von der liberalen Bürgergesellschaft zur Massengesellschaft (Hübinger 2006: 15) hervorgerufen wird. Das Bildungsbürgertum verliert allmählich die im 19. Jahrhundert versammelte „wissenschaftliche, literarisch-publizistische und politische Urteilskompetenz" (Hübinger 1993: 99) und somit eine dominante Position in der Bildung der Öffentlichkeit. Eine nicht zu überschätzende Rolle spielt in diesem Prozess das Feuilleton, das den Raum der Hochkultur verlässt, sich in den „niederen" Kulturbereichen, symbolisch unter dem Strich, einnistet und die Urteilkompetenz auf weitere Gesellschaftsschichten ausweitet. Parallel findet ein vielfältiger Ausdifferenzierungsprozess unter den Wissenschaften und somit Spezialisierung des Fachwissens statt; die Schriftsteller, Journalisten, Wissenschaftler und Politiker profilieren ihre Tätigkeitsbereiche und jeweils ihren Berufsethos gegeneinander (Hübinger 1993: 99), was u.a. unausweichlich zu einer intensiven Diskussion unter den Intellektuellen selbst über ihre Aufgaben und ihre Rolle in der Gesellschaft führt. Diese in der Öffentlichkeit geführte Debatte konnte und kann immer noch kein Ende finden, denn die „Reflexionselite" (H. Schelsky) versucht, sich selbst in ständig wechselnden Verhältnissen neu zu definieren. In einem selbstreflexiven Diskurs trachtet sie, ihre Position in der Öffentlichkeit, deren großen Teil sie selbst bildet, zu stärken. Es sind nämlich Intellektuelle, welche die Figur des Intellektuellen prägen, ihr Funktionen und Aufgaben zuordnen und um deren Position in der Gesellschaft kämpfen. Sie entwerfen sich selbst (Bauman 1994: 172). Darüber hinaus beziehen sich ihre Analysen sehr oft auf das universale Phänomen „Intellektuelle", das im allgemeineuropäischen Kontext untersucht wird. Aus dieser Perspektive werden den Intellektuellen, grundsätzlich als Kollektivum behandelt, gruppenspezifische Eigenschaften zugeschrieben, wie: Berufung auf die Vernunft, das Fehlen einer sozialen Zuordnung – Mannheims „sozial freischwebende Intelligenz" (Mannheim 1929: 123) –, Handeln im Namen der Wahrheit und Befragung dieser, kritische Haltung der Realität gegenüber aufgrund der universellen Werte.

Vor dem Hintergrund eines so gezeichneten Abrisses der verallgemeinerten Figur des Intellektuellen ist die Analyse der Haltung einzelner Repräsentanten dieser „formlosen Wolke" (Paul Valéry) von entscheidender Bedeutung. Das Selbstverständnis des Intellektuellen und wie seine Rolle in der Gesellschaft gesehen wird, resultieren aus zeit- und ortbedingten sozialen, kulturellen und politischen Verhältnissen. Als diskursive Figur ist der Intellektuelle aus der Perspektive der ihn mitprägenden Diskurse zu untersuchen. Da landesspezifische Diskurse, an deren Gestaltung sich die Intellektuellen beteiligen und deren Einflüssen sie zugleich unterliegen, den weitgefassten, komplexen europäischen Diskursraum bilden, sind die Überschneidungen, Deckungen und Beeinflussungen zwischen diesen selbstverständlich. Zugleich bilden die Intellektuellen, da sie sich in der Sphäre der Vernunft situiert haben, in einem sozialen Nicht-Ort, Kristallisationspunkte[1] für unterschiedliche Diskurse: ein nationaler Diskurs stößt auf den regionalen, ein politischer auf den literarischen oder wissenschaftlichen. Die Relationen verlaufen in der horizontalen wie auch vertikalen Richtung und ergeben ein Bündel von Kräften, welche an konkrete Ereignisse, Persönlichkeiten oder Prozesse gebunden sind.

Eines der wichtigsten und folgenträchtigsten Ereignisse für den intellektuellen Diskurs der Moderne war die Dreyfus-Affäre am Ende des 19. Jahrhunderts in Frankreich. Da dieser politisch-soziale Skandal wohl bekannt, für die Intellektuellendebatte um die Jahrhundertwende jedoch maßgebend ist, wird hier ganz kurz daran erinnert. Als im September 1894 in der deutschen Botschaft in Paris ein geheimes Dokument aufflog, wurde der Hauptmann Alfred Dreyfus als Verdächtiger festgenommen. Zwei Wochen später publizierte Eduard Drumont in seiner Zeitung *La libre parole* einen Artikel, in dem Dreyfus als ein jüdischer Hochverräter denunziert wurde. Da die Armeespitze

---

1 Dieser aus der Gedächtnisforschung übernommene Begriff kann im Kontext der Intellektuellendiskurs-Analyse durchaus erfolgreich angewandt werden. In der Figur des Intellektuellen laufen die zeitgebundenen Ideen, Wertvorstellungen, Geschichtsdeutungsvarianten, Moralgrundsätze u.a. zusammen, werden da unter gegenseitigem Einfluss verarbeitet und von dem Punkt her in neuer Form mit neuen Bedeutungen und Ausrichtungen verbreitet.

sich keine Kompromittierung erlauben konnte, sollte Dreyfus als Sündenbock verurteilt und die ganze für die französische Armee und den Staat peinliche Angelegenheit vergessen werden. Mit dem berühmt gewordenen offenen Brief *J'acusse*, den Emil Zola in der Zeitschrift *L'Aurore* veröffentlichte, nahm der Prozess eine Wende. Zolas gewagte Behauptung, Dreyfus wäre unschuldig, sowie seine offensichtliche Anklage der Staatsbehörden und der Armee führten zu einer spektakulären Unterstützungsaktion zahlreicher Schriftsteller, Hochschullehrer, Juristen, Journalisten u.a. Zolas einzeln gestartete Intervention verwandelte sich in kurzer Zeit in eine kollektive, was sich in der anfänglich als Beschimpfung verwendeten Bezeichnung „Intellektuelle" ausdrückt. Wie Joseph Jurt betont, wirkte die Solidarisierung vieler „Intellektueller" mit Zola wie „eine Art Kaution dafür, dass seine Annahme nicht bloß eine ‚verrückte' Idee eines Einzelnen war" (Jurt 2000: 109–110). Und doch: als Jules Guesde Zolas öffentliche Stellungnahme für Dreyfus als „le plus grand acte révolutionnaire du siècle" (zit. nach Jurt 2000: 108–109) bezeichnete, dann u.a. aus dem Grunde, da doch ein Einzelner alle etablierten Kräfte – Regierung, Generalstab, Parlament und selbst die Justiz – zwang, den Fall Dreyfus weiterzuverfolgen. Die Konsolidierung der in sich so verschiedenartigen Ansammlung der Intellektuellen und der ihnen bescherte Erfolg sorgten dafür, dass von da an die Bezeichnung <Intellektuelle> in Frankreich mit einem konkreten Paket von Eigenschaften und Verhaltensmustern verknüpft war. Joseph Jurt fasst dies folgendermaßen zusammen:

<Intellectuel> bezeichnet in Frankreich zunächst jemanden, der durch seine wissenschaftliche oder literarische Tätigkeit ein Ansehen – einen Namen – erworben hat, […] ein weiteres Kriterium ist dann aber entscheidend. Der Wissenschaftler, der Schriftsteller, der über Ansehen verfügt, bezieht auf der Basis bestimmter Werte zu allgemeinen Fragen und Problemen der Gesamtgesellschaft Stellung. Der Intellektuelle verfügt so nicht per se über einen Status; er erwirbt sich ihn durch seine – zumeist kritische – Intervention. Kennzeichnend sind so die beiden Kriterien: intellektuelle Berufstätigkeit und Stellungnahme zu politischen Fragen im weitesten Sinn. (ebd.: 105–106)

Um die Wende vom 19. zum 20. Jahrhundert findet Zolas Muster des Intellektuellen wenig Anerkennung im deutschsprachigen Raum. Eine prominente
Persönlichkeit, welche sich dem Beispiel anschließt, ist Heinrich Mann, der in
seinem berühmt gewordenen Essay *Geist und Tat* (1911) tagespolitische Aktivität des Intellektuellen propagiert. Nach einer leidenschaftlichen Kritik des
deutschen Intellektuellen um 1900, er wirke lediglich „für die Beschönigung
des Ungeistigen, für die sophistische Rechtfertigung des Ungerechten, für
seinen Todfeind, die Macht" (Mann 1984: 38–39), plädiert er für das direkte
Engagement des Intellektuellen im Namen des Geistes, den Heinrich Mann an
das Volk geknüpft sehen will. Die höchste Aufgabe der Intellektuellen sei,
Heinrich Mann zufolge, dem Volk den Geist und somit das Glück zu vermitteln. Wenn sie sich dagegen an die Herrenkaste heranmachen würden, würden
sie Verrat am Geiste begehen (ebd.: 40).

Dieser Position des <Intellektuellen> als einem Engagierten steht eine andere gegenüber – die der erkennenden Distanz, welche u.a. vom jungen
Thomas Mann, vor allem in seinen *Betrachtungen eines Unpolitischen*, und in
der Schweiz durch Carl Spitteler vertreten wird. Wenn Engagement ein Urteil
fällen, Distanz aufgeben und Partei ergreifen bedeutet, setzt soziale Erkenntnis
dagegen Werturteilsfreiheit, Distanz und Unbeteiligtheit voraus (Grutzpalk
2002: 13). Markant ist in diesem Kontext der Anfang der berühmten Rede
Spittelers *Unser Schweizer Standpunkt*, gehalten vor der Versammlung der
Neuen Helvetischen Gesellschaft in Zürich im Dezember 1914: „So ungern als
möglich trete ich aus meiner Einsamkeit in die Öffentlichkeit, um vor Ihnen
über ein Thema zu sprechen, das mich scheinbar nichts angeht" (Spitteler
1915: 5). Und doch verlässt er seinen Elfenbeinturm des Geistigen, um von
den Höhen der reinen Vernunft-Autorität dem Volk eine Botschaft zu über-
mitteln. Mit seinem gewagten Schritt[2] schließt sich Spitteler einem in der

---

2   Spitteler wurde nachher im Deutschen Reich, also auf dem größten Absatzmarkt für seine Bücher,
    als Schriftsteller boykottiert, man hat ihm jegliche literarische Qualität abgesprochen. Eine der
    wenigen Ausnahmen in diesem gehässigen Chor bildete Ferdinand Avenarius, welcher dem
    Schweizer Dichter seine Größe nicht abstritt, ihn jedoch eines Verrates am gemeinsamen germa-
    nischen Kulturgut beschuldigte: „Sie mahnen die Herzlichkeit, die auch aus ihnen zu uns spricht,
    abzukühlen. Nicht etwa als Deutschenfeind, sondern aus Sorge vor Neutralitätsverletzung. Ich
    kann diese Neutralität im politischen Sinn durch das natürliche Bekenntnis der tatsächlich doch
    bestehenden Kulturgemeinschaft mit uns in der Schweiz ebensowenig bedroht sehen, wie in
    Amerika. Wohl aber müsste ich fürchten, daß das von Ihnen empfohlene Verhalten der Deutsch-
    schweizer den Kulturzusammenhang selbst lockern könnte. Darin sehe ich für alle Deutschspre-
    chenden eine große Gefahr. Für die Deutschschweizer würde es eine Verkleinerung des Quellge-

   © Frank & Timme   Verlag für wissenschaftliche Literatur

Schweiz traditionsreichen Typus des Intellektuellen an, für dessen Urvater Niklaus von der Flüe gehalten werden kann. Es war Bruder Klaus, der angesichts einer nahenden Gefahr seine Klause verließ und aus der Position eines in die aktuellen Streitigkeiten nicht verwickelten, ein distanziert vernünftiges und zuverlässiges Urteil fällen oder einen maßgeblichen Ratschlag erteilen konnte – wie z.b. beim Stanser Verkommnis 1481, als er einen wichtigen Teil der Neutralitätspolitik der Eidgenossenschaft – mit der Parole: mischt Euch nicht in fremde Händel – auf Jahrhunderte mitgeprägt haben sollte. Im Laufe der Jahrhunderte ist Bruder Klaus zur Figur eines Patrons des Vaterlandes stilisiert worden.

Vor diesem Hintergrund erscheint die Analyse der intellektuellen Haltung von Carl Albert Loosli, der sich gern des Pressemediums bediente und selbst sein Leben lang in Bümpliz, einem Grenzort zwischen der ländlichen und städtischen Sphäre, verweilt, sehr aufschlussreich. 1877 geboren, fällt Looslis intellektuelle und literarische Reifung auf die Jahre um die Wende vom 19. zum 20. Jahrhundert. Es sind wohl die ersten Jugendjahre, die er in Anstalten in Grandchamp, Sumiswald und Trachselwald verbringen muss, die ihn einerseits abgehärtet, andererseits besonders empfindlich für jegliche Gefährdung der Souveränität gemacht haben – seiner und seiner Mitmenschen Souveränität. Die schon früh gewählte Laufbahn des Schriftstellers, Journalisten oder Feuilletonisten prädestiniert ihn dazu, auf die Beeinflussungsversuche seiner eigenen Urteilskraft scharf zu reagieren. Als bevorzugtes Mittel des literarischen Ausdrucks gilt bei ihm Kleinform, wie Zeitungsfeuilleton, Leitartikel oder Novelle, mit denen er an das Volk um die Jahrhundertwende besser gelangen kann als mit großangelegten Romanen. Das Ziel der Journalistik sieht er vor allem darin, das Volk aufzuklären, denn nur ein aufgeklärtes Volk kann seiner Meinung nach an der Demokratie zugunsten des Staates teilhaben. Sehr früh gibt Loosli seiner Überzeugung diesbezüglich Ausdruck, wenn er 1904 von Albert Benteli beauftragt wird, die Redaktion einer Gratis-Zeitung, des *Berner-Boten*, zu übernehmen. Im Begrüßungseditorial bringt er seine Vorstellung von seiner Zeitung etwas näher, die er als „Vermittler zwischen dem Bau-

---

bietes ihrer Kräfte bedeuten und damit auch eine Schmälerung der eidgenössischen Gesamtkraft […] Und jetzt, gerade jetzt soll sich das deutsche Schweizertum von uns „zurückhalten", wo wir unser Volkstum in höchster Steigerung, wo wir es in seiner großen Stunde erleben?" (Avenarius 1915: S. 43-44).

ern und dem Städter" versteht, der *Berner-Bote* soll „die Gegensätze zwischen den verschieden gearteten Kindern unseres Bauernvolkes ausgleichen helfen, damit sie sich besser verstehen, höher achten lernen" (Loosli 2009a: 21). Diese volkspädagogische Aufgabe sieht Loosli in universellen Dimensionen der Menschenwürde und der individuellen Freiheit. Deswegen strebt er danach, seine Zeitung frei von parteipolitischen Einflüssen zu gestalten. Den politischen Parteien sei, Loosli zufolge, nicht mehr zu trauen, sie hätten keine Ideale mehr, sondern nur noch Interessen (Loosli 2009b: 197). Der *Berner-Bote* darf keinesfalls zum Partei-Organ degradiert werden, denn wie er meint: „Parteigeist tötet den Menschengeist" (Loosli 2009c: 25) – ein Gedanke, der in dem Nachkriegsroman *Ein Rufer in der Wüste* von Jakob Bosshart kritisch aufgegriffen wird.[3] In der Auseinandersetzung mit den Journalisten, die Loosli vorgeworfen haben, „unparteiische Blätter" wären „farblose Blätter" (ebd.: 23), kommt der Gedanke von der vermittelnden Rolle des Journalisten sehr deutlich zum Ausdruck. So z.B. in der Frage, ob die sogenannten politischen Zeitungen wirklich als Medium der Volkspädagogik anerkannt werden dürfen. Was den politischen Bereich anbetrifft, ist Loosli dafür, in allen anderen eher nicht, und das Problem ist, dass sich diese Zeitungen anmaßen, in allen Fragen Stellung zu beziehen. Da wird aber, dem Philosophen von Bümpliz[4] zufolge, der gesunde Verstand des Volkes, das „absolut gebildet werden sollte", nur getrübt (ebd.: 24). Angesichts dieser Äußerungen kann es nicht mehr verwundern, dass Loosli mit einem klaren ‚nein' Jakob Bührers Bitte ausschlägt, ein politisches Manifest zu unterschreiben, in dem extreme Positionierung gefordert wird. Bührer, selbst in den Aktivitäten der Sozialdemokratie direkt engagiert, fragt, ob Loosli das Manifest einer neuen linken Gruppe mitunterzeichnen würde. Da Loosli in diesem Dokument einen Ausdruck der Akzeptanz für die „antikapitalistische Diktatur" in der Außenpolitik findet, lehnt er mit folgender Begründung ab: „Ich bin gegen jede, auch gegen eine antikapitalistische Diktatur und besonders gegen jegliche Militärdiktatur" (Loosli 2009d: 437).

---

3   Bosshart, Jakob, Ein Rufer in der Wüste (1921), Frankfurt/Main 1990, Suhrkamp. Eine streberische, moralisch nicht zu rechtfertigende, jedoch im Aufmarsch befindliche Haltung wird in der Figur Oswald Wäspi kritisch dargestellt. Ihm gegenüber wird die Haltung Reinhard Stapfers, eines Intellektuellen gestellt, der in der Berufung auf universelle Werte die gespaltene Gesellschaft zur Eintracht zu bringen trachtete – allerdings ohne Erfolg.

4   So nannte Loosli sein Freund Jonas Fränkel in seinem Artikel Der Philosoph von Bümpliz in: Berliner Börsen-Courier, Nr. 590, 18.12.1906.

Sein ganzes Leben lang blieb ihm der Parteigeist fremd, auch wenn er seine Sympathie für die sozialdemokratische Bewegung bekundet und für sich das Zolasche Modell des engagierten Intellektuellen-Typus in Anspruch nimmt. Das Engagement in der Öffentlichkeit wird Loosli nicht leicht gemacht, nachdem er 1913 seinen literarischen Streich angezettelt hat, der in die Literaturgeschichte als „Gotthelfhandel" Einzug fand.[5] In der Zeitschrift *Heimat und Fremde* (Loosli 2007a: 60–66) führt Loosli philologisch aus, Jeremias Gotthelf habe seine Texte nicht allein schreiben können, und unter dem Pseudonym verstecke sich nicht nur Albert Bitzius, sondern auch der Bauer Ulrich Geißbühler, von wessen Hand die meisten Werke Gotthelfs stammen sollen. Der gegen die akademische Elite gerichtete Streich entfacht einen Sturm der Empörung[6] und bringt Loosli eine Veröffentlichungssperre in den wichtigen Zeitungen und Zeitschriften der Ostschweiz ein, was er vor allem Hans Trog, dem NZZ-Redaktor, verdankt. Viele Texte, die Loosli nachher publiziert, erscheinen entweder in der Westschweiz, wo der Streich wirklich als Streich schnell erkannt wird, oder im Selbstverlag. Die in Zolas Geiste eingeleitete Provokation, führt jedoch – im Gegensatz zu Zolas Fall – zu keiner weit verbreiteten Unterstützungsaktion seitens der Intellektuellen, was u.a. auf unterschiedliche sozio-kulturelle Verhältnisse in Paris um 1900 und in Bern 1913 zurückzuführen ist. Nur vereinzelt vernehmbares Verständnis für seine Provokation[7] kann den streitbaren Journalisten vorm teilweisen Untergang nicht retten. Die Folgen seines Vorgehens überragen selbst Looslis Vorahnungen. Der bisher geschätzte Autor der Mundartdichtung und Journalist lokaler Zeitungen hat sich im Streit mit den anerkannten Professoren der Universität sowie den Redaktoren der angesehenen *NZZ* und des Berner *Bunds* übernommen.[8] Ein Jahr spä-

---

5   Mehr dazu: Marti 1999: 311–354.

6   E. Marti und F. Lerch sprechen von mehr als vierhundert Artikeln, die in den darauffolgenden Wochen als Reaktion erschienen sind (Loosli 2007: 19).

7   So z.B. schrieb Jakob Bührer folgendes: „Looslis Streich hat doch wenigstens das für sich, daß es ein Einfall war, und zwar ein ungewöhnlicher, ein ungemeiner. Die Art, wie er bekämpft wurde, war ganz gewöhnliche, gemeine Grobheit [...]. Die Tatsache, daß man den Schweizerischen Schriftsteller-Verein und nun noch den Presseverein gegen Herrn Loosli mobil zu machen versucht, halte ich für eine läppische Taktlosigkeit" (in: Loosli 2007: 105, 108). Die von Louis Debarge herausgegebene westschweizerische Zeitschrift mit einem überregionalen Anspruch „Semaine Littéraire" lud Loosli ein, Berichte über Literatur und Kunst der deutschen Schweiz zu schreiben.

8   Exemplarisch kann hier ein Ausschnitt aus Hans Trogs Artikel in Wissen und Leben vom 15. Februar 1913 zitiert werden: „Man schämt sich recht von Herzensgrund, daß ein fraglos talentvoller und geistreicher Schweizer Schriftsteller ein derartiges Attentat auf die ethisch, nicht nur

---

ter schreibt Loosli in der Einleitung zur unveröffentlichten Gedichtsammlung *Zum Trutz* verbittert:

Seit dem Herbste 1912, wo ich meine Flugschrift „Ist die Schweiz regenerationsbedürftig?" veröffentlichte, geniesse ich die Ehre, der bestgehasste und meist angefeindete schweizerische Schriftsteller zu sein. Man verzieh mir nicht, ausgesprochen zu haben, was eine große Menge der besten meiner Volksgenossen schon längst wie eine schwere Last in ihrer Brust herumtrug. Und man wartete nur auf eine günstige Gelegenheit, mich moralisch und geistig zu vernichten. Diese Gelegenheit fanden die von mir in jener Flugschrift Geprügelten anlässlich meiner Jeremias Gotthelf-Mystifikation. Sie schoben mir die niedrigsten Beweggründe, die verworfensten Gesinnungen unter und seither ist mir keine Unbill, keine Verleumdung, keine offene oder anonyme Gemeinheit erspart geblieben [...] Die Herren hatten ihre Rache, denn sie wussten, dass mein Protest, meine Gegenbeweise ungehört verhallen würden, sie hatten die Macht über die öffentliche Meinung, die Presse für sich, während sie mir verschlossen blieb. Man hoffte mich mundtot zu machen und schnitt mir jede Verteidigungsmöglichkeit ab. (Loosli 1914)

Der kritische Intellektuelle, dessen symbolisches Kapital – um mit Bourdieu zu sprechen – durch keinerlei äußere Instanzen bekräftigt werden kann, fordert Intellektuelle heraus, hinter denen Autorität der Universitäten und der Redaktionen angesehener Zeitungen steht. Als Einzelgänger sieht sich Loosli in der Notlage, seine Rede selbst in der Gesellschaft bewahrheiten zu müssen und seine Wahrheit durchzusetzen. Durch den Einsatz der instituierten Autorität wird die von ihm gestellte Wahrheitsfrage jedoch durch die Machtfrage ersetzt (Jäger 2000: 8) und der unabhängige Intellektuelle für lange Zeit zur nicht ernstzunehmenden Narrenfigur[9] herabgesetzt.

---

dichterisch so gewaltig dastehende Persönlichkeit Jeremias Gotthelfs gewagt hat. Gab es für C.A. Looslis Witz wirklich kein anderes Ziel mehr? Und war er sich klar darüber, daß, wer einmal derartiges begangen hat, für immer aus der Reihe der ernst zu nehmenden Schriftsteller ausscheidet?" (in: Loosli 2007: 93).

9   Die meisten kritischen Äußerungen apostrophierten Looslis Publikation als einen Fastnachtstreich, der sein Ziel verfehlte, und Loosli selbst damit zu einer Narren-Figur erklärten.

Der provokative Gotthelf-Text *Jeremias Gotthelf, ein literaturgeschichtliches Rätsel?* folgt der im Zitat erwähnten, ein Jahr zuvor erschienenen ersten seriösen polemischen Schrift Looslis unter dem Titel *Ist die Schweiz regenerationsbedürftig?* Dem Model des engagierten Intellektuellen Folge leistend, beteuert Loosli in der Einleitung zu diesem Text, dass er es nicht anders kann, angesichts der nahenden „moralischen und kulturellen Katastrophe" (Loosli 2009b: 192), als das Wort öffentlich zu ergreifen. Er fühlt sich dazu umso mehr berechtigt, als er sich selbst glaubt, die Lage unvoreingenommen einschätzen zu können – „jeder Partei und jeder Koterie frei", ausschließlich „der inneren Stimme" (ebd.: 192) folgend. In seiner Streitschrift nimmt Loosli es mit der ganzen politischen Elite auf, der er vorwirft, das Wohl des Volkes aus dem Blick verloren zu haben und lediglich im eigenen Interesse zu agieren. „Da ist erstens zu sagen, daß jede Frage von politischer Tragweite bei uns in der Schweiz nie und nimmer vom allgemein menschlichen, vom allgemein volkswirtschaftlichen oder kulturellen, sondern lediglich und ausschließlich vom Standpunkte der Parteien aus beurteilt und entschieden wird" (ebd.: 196). Dazu nennt er eine gewisse Ohnmacht im Handeln der Politiker, die sich in den „larmoyant-patriotischen Schützenfestreden" auslassen, statt die Sachen effektiv anzupacken. Der auf den Lippen der Politiker stets präsente ‚Patriotismus' wird zum „Brasseriotismus" des leeren Wortschwalles herabgesetzt (ebd.: 207). Auf die Entwertung des politischen Handelns weist Loosli schon ein paar Jahre früher in einem satirischen Text *Meine erste Schützenfestrede* (Loosli 2009e) hin. Der zufällig zum Schützenfestredner gewählte Ich-Erzähler sucht Unterstützung bei einem bekannten Nationalrat, der ihm mit folgendem Ratschlag zu Hilfe eilt:

[Er] solle eine Flasche Neuenburger kneipen, bevor [er] die Tribüne bestiege. Dann solle [er] folgende Stichworte merken und Sätze darum flechten. Auf den Sinn komme es nicht an. Die Sätze müßten laut geschrien werden und dabei solle [er] die Arme in der Luft herum werfen. Die Stichworte müßten mit ganz besonderem Stimmaufwand herausgeschleudert werden. Hier sei die Liste.

[Er] las: Eidgenossen, Schützenbrüder, aus allen Gauen des Vaterlandes, Herz und Hand, Schutz und Schirm, Hort der Freiheit, hohe patriotische

Begeisterung, unser Herz, voll und ganz [...] leuchtendes Vorbild, Jakob Stämpfli, vaterlandslose Gesellen, die rote Internationale, die jesuitische Reaktion, der bedrückte Mittelstand [...] Vaterland, lebe hoch, hoch, hoch. (Loosli 2009e: 179–180)

Dem freundlichen und sachkundigen Ratschlag folgend hält der Ich-Erzähler seine Rede, wegen des übermäßigen Neuenburger-Konsums ohne ganz zu wissen, was er eigentlich sagt. Erinnernd vermutet er:

Mögen es mir die Manen Jakob Stämpflis verzeihen, aber soviel ich mich erinnern kann, behauptete ich von ihm, er sei der Vater der jesuitischen Reaktion gewesen und habe in allen Gauen des Vaterlandes mit Herz und Hand den bedrückten Mittelstand aus den Klauen des besonnenen Fortschrittes der roten Internationalen, erfüllt von hoher patriotischer Begeisterung, errettet. (ebd.: 180)

Es wundert wohl nicht, dass seine Rede am nächsten Tag in der Presse als Vollerfolg bezeichnet wird, es hätte „ein echter Eidgenosse zu seinen Landsleuten gesprochen, markig und unverfälscht" (ebd.). Unverblümt wird nicht nur die miserable Qualität der Politiker, sondern auch die der Journalisten angeprangert, die sich dem bedeutungslosen, mit patriotisch klingenden Floskeln durchtränkten Wortschwall kritiklos hingeben. Die Ursache davon sieht Loosli u.a. in der Abhängigkeit der Presse von den politischen Zentralen, die kaum ein Blatt frei existieren lassen:

Ihr [die Politiker – D.K.] habt mit der Herrschergewalt auch die Zeitungen gepachtet; kein Blatt, das nicht einer Partei verschrieben und auf deren Parole eingeschworen wäre, und kein Blatt, das sich nicht weigern würde, auch nur das geringste in seine Spalten aufzunehmen, das verdächtigt werden könnte, gegen das Parteiinteresse gerichtet zu sein. (Loosli 2009b: 212)

Das Bedürfnis der politischen Mächte, die Öffentlichkeit mit allen zugänglichen Mitteln nach eigenen Interessen zu gestalten, sei lediglich eine der Folgen der Vermassung der Öffentlichkeit. Die andere ist, dass das Volk sich selbst als die höchste Urteilsinstanz auch in den kulturellen Fragen betrachtet, was un-abdingbar zur Missachtung der „kulturellen genialen Neuschöpfungen" (ebd.: 213) führen muss. Beide resultieren aus einem falschen Verständnis der De-mokratie, wie es Loosli betont: „Der waschechte helvetische Demokrat kann nur anerkennen, was er in Verbindung mit anderen zur Not ebenfalls zustande bringen könnte – was dagegen darüber hinausgeht, das verstößt gegen den Glaubenssatz der demokratischen Gleichheit" (ebd.: 215). Dieses Demokratie-Verständnis haben sich, Loosli zufolge, die Politiker angeeignet, und zwar die höchstgestellten. In seiner Streitschrift bezieht er sich auf die Ständeräte J.A. Locher und G. Heer[10] sowie auf den Bundesrat Motta,[11] die „am 21. Juni 1912 im Ständerat nichts mehr und nichts weniger verlangten, als daß die schweize-rische Kunst sich im Einklang mit dem Volksempfinden befinde". Mit anderen Worten – schreibt Loosli:

Die Kunst soll sich bestreben, so schlecht zu werden, dass die Mehrheit des Schweizervolkes in ihr den Spiegel seiner kulturellen Mittelmäßigkeit erblickt und nicht mehr in seiner Ruhe gestört wird durch etwas, das über sein Begriffsvermögen geht und infolgedessen antidemokratisch ist. (ebd.: 215)

Besondere Aufmerksamkeit schenkt Loosli Ständerat Lochers Äußerung: „Die schweizerische Kunst soll aus dem Zustande der Zerfahrenheit herauskom-men, sie soll wirken für die Hebung des Kunstgeschmackes des Volkes und zur Förderung der patriotischen Gesinnung" (ebd.: 215–216). In Lochers Worten sieht Loosli deutlich eine Gefahr, die Kunst den parteipolitischen Zielen unter-ordnen und dem volksmäßigen Mittelmaß anpassen zu wollen. Dies steht aber in einem krassen Gegensatz zu der Grundvorstellung Looslis über die Kunst und die Aufgabe der Intellektuellen als ‚Volkspädagogen', die das Volk dem Parnassus näher bringen sollen, wo die Kunst und Literatur über dem Niede-ren glänzen. Keinesfalls dürfe man von der Kunst verlangen, auf das Niveau des Allgemeinverständlichen herabzusteigen. In diesem grundsätzlichen, sozi-ale Schichten übergreifenden Missverständnis des demokratischen Prinzips ist

....

10 Johann Albrecht Locher – Freisinniger Ständerat aus Zürich in den Jahren 1905-1914; Gottfried Heer – Glarner Ständerat in den Jahren 1906–1914 von der Demokratischen und Arbeiterpartei.

11 Giuseppe Motta – Tessiner Bundesrat in den Jahren 1911–1940, von der CVP.

wohl der Grund zu sehen, aus welchem Loosli sich selbst lieber als Republika-
ner denn als Demokrat bezeichnet.
Loosli sieht sich auch in einer distanzierten Position zum Volk, wovon er
keinen Hehl macht. In seinem unveröffentlichten Werk *Kunst und Brot* aus
dem Jahr 1915 kommt das sehr deutlich zum Ausdruck:

Unter Volk verstehe ich die Gesamtheit der Blinden; unter Kunst, den
Arzt, der einzig und allein das Mittel kennt, es sehend zu machen, indem
sie ihm den Star sticht, was einem einen nicht ganz schmerzlosen Eingriff
in seine Bequemlichkeit und seine, durch das Gebrechen bedingte Ge-
wohnheit bedeutet. (Loosli 1915: 207)

In dieser entfremdeten Einstellung Looslis zum Volk schimmert jedoch eine
Hoffnung durch, das Volk zu einem Zustand der „Gesittung" bilden zu können, wobei die Intellektuellen durch ihre redlichen Tätigkeiten, gekoppelt an
das Bildungssystem, wesentlich beitragen können. In seinen verschiedenorts
veröffentlichten Kurztexten geht Loosli auf das Volk ein, das er in der Opposition zur gesellschaftlichen Elite, zu den Intellektuellen definiert. Es sind die
von dem Bereich der Urteilskompetenz Ausgeschlossenen und auf das Füh-
rungspotenzial der Intellektuellen Angewiesenen, welche das Volk ausmachen.
Loosli selbst legte einen weiten Weg von der niedrigsten Gesellschaftsposition
als Verdingbub und Pflegekind zu dem Intellektuellen zurück. Er hebt seine
eigene Geschichte auf, durch seine Tätigkeit als Journalist und Schriftsteller
führt er diese über das Individuelle hinaus[12] (Tanner), wo er intellektuelle
Universalität erreicht. Einmal in den intellektuellen Sphären angelangt, fasst
Loosli dort festen Fuß, obwohl grundsätzlich außerhalb des intellektuellen
mainstreams. Eine nicht geringe Rolle spielt dabei die Demokratisierung der
Öffentlichkeit, welche ihm einen solchen Aufstieg von „Null" auf ermöglicht.
Trotz des persönlichen Erfolgs bleibt Loosli sein ganzes Leben lang in einem
besonderen Verhältnis zum Volk. Er fühlt sich nicht mehr als dessen Teil, auch
wenn er sich ab und zu offensichtlich mit diesem identifiziert – der Rubikon
des sozialen Aufstiegs ist gerade überschritten. In den Momenten, wo er sich

---

12 Fernsehprogramm „Sternstunde-Literatur". Der Philosoph von Bümpliz: Carl Albert Loosli. Ein
    Gespräch mit Hugo Loetscher und Jakob Tanner. Im SLA, Hugo Loetscher-Archiv als DVD, Sig-
    natur E-D-10/01.

als Teil der Künstlergemeinschaft sieht, tut sich in seinem Selbstverständnis eine Kluft zwischen ihm und dem Volk am tiefsten auf. Im Vorwort zu *Kunst und Brot* macht er seinen Lesern bewusst, dass die besondere Position des Künstlers oder Literaten eine Voraussetzung *sine qua non* für sein Schaffen ist:

Gestehen wir es uns einmal ehrlich zu, – gerade die ehrlichsten und ernsthaftesten unter uns, versäumen keine Gelegenheit, der Masse empfindlich zu zeigen, dass wir zwischen ihr und uns einen Graben gezogen wissen wollen. Solange wir es tun, um darum unserer Kunst umso eifriger zu dienen, haben wir unbedingt recht, mehr noch, wir haben dazu die Pflicht; – aber überall, wo es ohne diese Nötigung dennoch geschieht, müssen wir es uns selbst zuschreiben, wenn uns das Volk nicht versteht und namentlich, wenn es uns nicht mit der Zuvorkommenheit begegnet, deren es unter anderen Umständen wohl fähig wäre. (Loosli 1915: 333)

Unverblümt wird das Volk mit der Masse gleichgesetzt, die gleichgeschaltet, verständnislos dem Kunstwerk zuschauen kann, ohne den individuellen Zug des Genius erkennen zu können. Zu diesem Kreis rechnet Loosli auch den bürgerlichen Philister, welcher in seiner eingeengten Betrachtung der Wirklichkeit der individuellen Schöpfung gegenüber, der Masse gleich, blind ist. Die Sonderposition des Künstlers und des Dichters ist auf einen besonderen Wert der Schönheit und des Geistes zurückzuführen, in denen Loosli die Krönung der edlen „Gesittung" sieht, der er den Ewigkeitswert zuspricht.[13] Jedoch dort, wo es zur Berührung zwischen dem Volk und den Behörden kommt, da gibt der Philosoph von Bümpliz seine distanzierte Position zum Volk auf, identifiziert sich mit ihm. Da spricht er von einem „wir", das sowohl ihn als auch das Volk einschließt.[14] Selbst vom Verdingbub zum Intellektuellen aufgestiegen, kann und will er nicht seine Bindung an das Volk loswerden. Dies

---

13 „Diese zum Edelmenschentum führende Gesittung nun läßt sich in zwei Begriffen der Schönheit und des Geistes zusammenfassen" (Loosli 2009f: 380).

14 So z.B. in einem seiner frühen Texte Die Kunst ins Volk (Berner-Bote Nr.15, 22. Februar 1905), in dem Loosli auf das Bestreben der städtischen Elite, dem Volk besseres Kunstverständnis beizubringen, einging: „Statt dessen ist man gekommen, hat uns unsere […] einfachen Bilder von der Wand gerissen und sie durch ‚Bilder vom wirklich künstlerischen Werte' ersetzt. Wir haben uns das gefallen lassen, denn die Herren, die es taten, redeten gar schön und lang in einer Sprache, die wir nicht verstanden."

umso mehr, als er durch die bürgerlich-intellektuellen Eliten Berns nicht anerkannt werden will. Paradigmatisch kann hier der Fall einer Turnusausstellung
in der Berner Kunsthalle genannt werden, wo Looslis Kopf, in Stein vom Eti-
enne Perincioli gehauen, trotz hervorragender künstlerischer Qualität nicht
ausgestellt wird. 1918 schreibt dazu Dr. Bäry in der *Berner Chronik* rückblickend folgendes:

*Dass aber ein Steinbild, das ein erstklassiges Meisterwerk darstellt, von
einer schweizerischen Kunstjury abgelehnt wird, nicht etwa seiner künstlerischen Ausführung und Reife wegen, sondern weil die politische Gesinnung des Kopfinhabers nicht allen Herren paßt, das zeigt uns, daß Seldwyla noch fröhlich weiterlebt in den größten Schweizerstädten. Wer ihn
deshalb noch nicht gesehen hat, der gehe hin und sehe sich denselben an.
Er scheint sich wirklich über die betreffende böotische Jury lebhaft zu
mokieren.* (Berner Chronik)

Trotz einer starken Abwehr der bürgerlichen Eliten muss Loosli doch als Intellektueller wahrgenommen werden, was ihn in einen Zwischenbereich verdrängt, für den er am geeignetsten die Figur des Narren und als Ausdrucks-
form die der feuilletonistischen Satire findet. Sie gewährleisten ihm die
Möglichkeit, sich in beiden Sphären – der der Intellektuellen und der des Volkes – frei zu bewegen. Es ist die traditionsreiche Figur des „weisen Narren",
welcher wegen seines körperlichen Mangels an den Rand der Gesellschaft
verdrängt wird und welche sich Loosli aneignet. Sein Gebrechen ist zweifacher
Natur: einerseits das Glasauge, das ihn körperlich, und die Geburt als unehli-
ches Kind, die ihn sozial absondert. Vom Rand der Gesellschaft her beobachtet
er alle Schichten mit derselben Konzentration, um die Missstände satirisch
bloßzustellen. So kann man Looslis Wahl, Narrenfunktion zu übernehmen,
einerseits als gewollt, andererseits als erzwungen betrachten. Er selbst sagt
dazu 1914: „Mein Unheil wollte, dass ich zu diesem in der Schweiz doppelt
grausamen Los (des Hofnarren – D.K.), verdammt wurde. Ich kann wahrhaftig
nicht dafür und möchte ganz gerne brav sein und lieb und bieder, aber es gelingt mir nicht – ich habe es oft versucht – ich muss lachen und scherzen,
verulken und bespötteln und manchmal auch mit meiner Narrenpritsche
dreinhauen, dass es klatscht" (Loosli 1914b).

Verliert man das Ziel der offenen, universellen Bildung – auch als Volksaufklärung – aus den Augen, läuft man Gefahr, in den Zustand der Barbarei zu verfallen, wobei Loosli unter Barbarei mit Goethe das Unvermögen versteht, das Vortreffliche anzuerkennen (Loosli 2009g: 420). Während die „Edelgesittung" auf der unbeschränkten Freiheit aufbaut, entfaltet sich Barbarei in der einengenden Betrachtungsweise, die bei Loosli öfter mit der modernen zweckorientierten Bildung sowie der parteipolitischen Volksverklärung verbunden ist.

Damit sich [...] eine Gesittung bis zur annähernd Vollkommenheit stets fortentwickelnd veredeln kann, [...] muß [...] eine öffentlich-rechtliche, eine staatliche Grundlage gegeben sein, die schöpferische Freiheit, Ungebundenheit des Denkens und Forschens, Freiheit des Schaffens ein für allemal gewährleistet. (Loosli 2009f: 383)

Zweckbildung ist dann für Loosli mit einem „unvermögenden, geistig wertbewußtlosen Willen" verbunden, der nie zur Vollkommenheit führe, sondern günstigsten Falles zur Macht. Der Wille zur Macht werde im stracken Gegensatz zur Gesittung die Menschheit zerstückelnd aufteilen und im einzelnen knechten (ebd.: 389). Der zweckgebundene Wille zur Macht wird dann unabdingbar zur Barbarei führen, die Mitte der 30er Jahre Loosli in der Schweiz demaskiert, wenn er als Sachexperte im Prozeß gegen die *Protokolle der Weisen von Zion* spricht. Einer der Schweizer Nationalsozialisten, Ernst Leonhardt, fühlt sich beleidigt, als Loosli sagt, dass die schweizerischen Fronten vom Dritten Reich in jeder Hinsicht ausgehalten würden (Loosli 2009: 445), und klagt ihn wegen der Verleumdung an. Trotz einschlägiger Aussagekraft des Beweismaterials, das Loosli recht gibt, wird er einer Verleumdung schuldig erklärt und zu einer Geldstrafe verurteilt. Ein Teil der politischen Elite missbraucht das Recht, um einen Unbequemen zu strafen und zum Schweigen zu bringen. Weder vorher angesichts der Missstände in Erziehungsanstalten noch durch diese juristische Maßregel lässt sich aber der Philosoph von Bümpliz einschüchtern. Seiner Narren-Rolle gemäß wird er jedoch nie zum „normalen" Mitglied der Gesellschaft. Und auch wenn er zwei Jahre nach dem Ende des 2. Weltkriegs rehabilitiert wird, überwinden sich die Behörden der Eidgenossenschaft nicht, den bedeutenden Intellektuellen in der direkten Nachkriegszeit diplomatisch einzusetzen, um das angeschlagene Image des Landes aufzubessern, was sie mit J. Rudolf von Salis ohne größere Bedenken machen (Jost 2003). Der Narr aus Bümpliz bleibt auch damals in seiner Heimat im Exil (Loosli 2010: 173).

Benutzte Literatur

AVENARIUS, Ferdinand (1915), *Über die Grenzen. An Karl Spitteler.* In: *Kunstwart.* Heft Nr. 8, Januar, S. 41–47.

BAUMAN, Zygmunt (1994), *Unerwiderte Liebe. Die Macht, die Intellektuellen und die Macht der Intellektuellen.* In: Daniel, Siemann (Hrsg.), *Propaganda. Meinungskampf, Verführung und politische Sinnstiftung 1789–1989.* Frankfurt/Main, Fischer, S. 172–200.

Berner Chronik. Beilage zur Weltchronik. Bern, 1. November 1918, 25. Jahrgang, Nummer 43/44.

BOSSHART, Jakob (1990), *Ein Rufer in der Wüste* (1921). Frankfurt/Main, Suhrkamp.

BÜHRER, Jakob, *Zum Gotthelf-Streit.* In: Loosli 2007, S. 105, 108.

CHARLE, Christoph (1997), *Vordenker der Moderne. Die Intellektuellen im 19. Jahrhundert.* Frankfurt/Main, Fischer.

FRÄNKEL, Jonas, *Der Philosoph von Bümpliz.* In: *Berliner Börsen-Courier,* Nr. 590, 18.12.1906.

GRUTZPALK, Jonas (2002, *Erkenntnis und Engagement.* Opladen, Leske + Büdrich.

HÜBINGER, Gangolf (1993), *,Journalist' und ,Literat'. Vom Bildungsbürger zum Intellektuellen.* In: Hübinger, Mommsen (Hrsg.), *Intellektuelle im Deutschen Kaiserreich.* Frankfurt/Main, Fischer, S. 95–110.

-- (2006), *Gelehrte, Politik und Öffentlichkeit.* Göttingen, Vandenhoek & Ruprecht.

JÄGER, Georg (2000), *Schriftsteller als Intellektuelle.* In: Hanuschek *et al.* (Hrsg.), *Schriftsteller als Intellektuelle. Politik und Literatur im Kalten Krieg.* Tübingen, Niemeyer, S. 1–25.

JOST, Hans Ulrich (2003), *Die Schweiz und Jean Rudolf von Salis.* In: Ducrey, Jost (Hrsg.), *Jean Rudolf von Salis, die Intellektuellen und die Schweiz.* Zürich, Chronos.

JURT, Joseph (2000), *<Les intellectuells>: ein französisches Model.* In: Hanuschek *et al.* (Hrsg.), *Schriftsteller als Intellektuelle. Politik und Literatur im Kalten Krieg.* Tübingen, Niemeyer, S. 103–133.

LOOSLI, C.A. (1905), *Die Kunst ins Volk.* In: *Berner-Bote,* Nr.15, 22. Februar 1905.

-- (1914), *Zum Trutz. Zum Geleit.* SLA, Typoskript A-03-h/6.

-- (1914a), *Rundschreiben mit der Ankündigung einer Gedichtsammlung „Zum Trutz",* 1.07.1914.

-- (1915), *Kunst und Brot. Schweizerische Kulturausblicke.* Schweizerisches Literaturarchiv, Typoskript, Sign. A-03-h/2.

-- (2007), *Werke.* Bd. 4, hrsg. von F. Lerch und E. Marti, Zürich, Rotpunkt.

-- (2007a), *Jeremias Gotthelf, ein literaturhistorisches Rätsel?.* erschienen in: *Heimat und Fremde,* Nr. 5, 1. Februar 1913, aufgenommen in: *Werke.* Bd. 4, S. 60–66.

-- (2009a), *Bümpliz und die Welt.* In: Loosli, *Werke.* Bd. 5, hrsg. von Fredi Lerch und Erwin Marti, Zürich, Rotpunkt, S. 28–109.

-- (2009b), *Ist die Schweiz regenerationsbedürftig?*. In: Loosli, *Werke*. Bd. 5, hrsg. von Fredi Lerch und Erwin Marti, Zürich, Rotpunkt. S. 191–245.

-- (2009c), *Die <unparteiische> Presse*. In: Loosli, *Werke*. Bd. 5, hrsg. von Fredi Lerch und Erwin Marti, Zürich, Rotpunkt. S. 23–27.

-- an Jakob Bührer (2009d), Brief vom 24. September 1936. In: Loosli, *Werke*. Bd. 5, hrsg. von Fredi Lerch und Erwin Marti, Zürich, Rotpunkt.

-- (2009e), *Meine erste Schützenfestrede*. Zuerst erschienen in: *Berner Tagwacht*, Nr. 163, 14.07.1907, dann in C.A. Loosli (1908): *Narrenspiegel*. Bern, Unionsdruckerei, S. 45–49 aufgenommen. Jetzt auch in: Loosli (2009), S. 178–181.

-- (2009f), *Bildungsgeschichte und Gesittung* (1925). In: Loosli, *Werke*. Bd. 5, hrsg. von Fredi Lerch und Erwin Marti, Zürich, Rotpunkt, S. 368–390.

-- (2009g), *Umschalten oder Gleichschalten*. In: Loosli, *Werke*. Bd. 5, hrsg. von Fredi Lerch und Erwin Marti, Zürich, Rotpunkt. S. 420–433.

-- (2010), *Heimat II*. In: *Loosli für die Jackentasche*. Hrsg. von Pedro Lenz, Zürich, Rotpunkt.

MANN, Heinrich (1984), *Geist und Tat*. In: Stark, Michael (Hrsg.), *Deutsche Intellektuelle 1910–1933. Aufrufe, Pamphlete, Betrachtungen*. Heidelberg, Lambert und Schneider, S. 34–40.

MANNHEIM, Karl (1929), *Ideologie und Utopie. Schriften zur Philosophie und Soziologie 3*. Bonn, Cohen.

MARTI, Erwin (1999), *Eulenspiegel in helvetischen Landen 1904–1914*. Zürich, Chronos.

SPITTELER, Carl (1915), *Unser Schweizer Standpunkt*. In: *Schriften für Schweizer Art und Kunst 2*. Zürich, S. 5–23.

Der Philosoph von Bümpliz: Carl Albert Loosli. Ein Gespräch mit Hugo Loetscher und Jakob Tanner. Im SLA, Hugo Loetscher-Archiv als DVD, Signatur E-D-10/01.

Daniel Annen (Schwyz)

Gesellschaftliche Macht und „Falschmeldungen aus dem Himmel". Der Gottesbezug bei Meinrad Inglin, Max Frisch und Thomas Hürlimann

Darf ich so formulieren? Nämlich: ich will „in Gottes Namen" beginnen. Derart Gott ins Spiel bringend, klingt meine Willenskundgebung entweder hoffnungslos altväterisch oder meint im Sinne einer gängigen Redewendung etwas eher Nichtssagendes: „Also beginne ich halt, wenn es denn sein muss!" Ich schicke mich, heisst das im besten Fall, ins Unabänderliche; denn ich habe das Thema gewählt, also muss ich: ran an die Sache!

Doch wie auch immer … Die alltägliche Formel „in Gottes Namen" hat nicht nur etwas von der überkommenen religiösen Sprache bewahrt, gewiss abgeschwächt ins Klischee- oder wohl gar Floskelhafte, sondern gleicht nach wie vor auffällig dem Gottesbezug am Anfang vieler Verfassungsdokumente einst und heute. Also bin ich mit dieser Redensart schon fast in meinem Thema. Die Anrufung „Im Namen Gottes des Allmächtigen!" eröffnet zum Beispiel die Bundesverfassung der Schweizerischen Eidgenossenschaft vom 18. April 1999 heute noch. Viele Verfassungspräambeln weiterer weltlicher Staaten setzen ebenfalls eine *Invocatio Dei*, eine *Nominatio Dei* oder etwas Analoges in diesem Sinne an ihren Anfang, und dies bemerkenswerterweise seit dem Jahrhundert der Aufklärung bis in unsere Ära (Holenstein 1997: 241–254). Nicht selten entzündeten sich an solchen Verfassungspräambeln oder deren Entwürfen heftige Diskussionen; und eine entsprechende Debatte gab es noch zu Beginn unseres Jahrhunderts im Zusammenhang mit einer möglichen Verfassung der Europäischen Union (Schmidt 2010: 1–105). Das alles lässt zumindest eine kulturgeschichtliche Bedeutung des Gottesbezugs im Hinblick auf den Staat oder auf Staatengemeinschaften vermuten, mag die Welt noch so säkular daherkommen. Wäre also nicht vielleicht in literarischen Werken ebenfalls Interessantes über den Zusammenhang von Gott und Staat zu lesen?

Und wenn ja: Worum geht es? Um das Anerkennen eines „Être suprême", um eine Begrenzung des menschlichen und staatlichen Tuns durch eine höhere bzw. höchste Dimension oder eher um ein ideologisches Wertsystem? Oder steht hier ganz einfach eine natürlich-menschliche, oft genug eher unbewusste Gottesdisposition zur Debatte?

In diesem Fall wäre möglicherweise die alltäglich-umgangssprachliche Rede „In Gottes Namen", die darin mitschwingende Schickung in die unabänderliche Wirklichkeit doch auch mitgemeint. Schon ein altes Kirchenlied setzt ein: „In Gottes Namen fang ich an, was mir zu tun gebühret [...]." Dieses Sich-Ergeben ins unabänderlich Wirkliche hat für viele ganz einfach eine säkulare, gleichsam horizontale Dimension. Eine solche demütige Gelassenheit ist aber vielleicht aufs Transzendente hin geordnet, verläuft dann nach einer alten metaphorischen Denkweise in einer vertikalen Ordnung. Das gilt auch für die Alltagserfahrung: Theologisch gesprochen kann gerade Gott die Kontingenz unseres Daseins zum Vorschein bringen (siehe Klein 2010: 238 f., Anm. 4).

Um ein Beispiel aus der Schweizer Literatur zu nehmen: Gotthelfs *Geld und Geist* vertritt solche doppelpolige Positionen wenn auch nicht gerade für den Staat, so doch für das gesellschaftliche Zusammenleben. Resli betont dem Dorngrütbauer gegenüber: „Was Geld und Gut anbelangt, will ich nicht märten, was möglich ist, soll geschehen." Dann dreht er schon im übernächsten Satz diese horizontale Gedankenrichtung in eine vertikale: „Einstweilen haben wir genug, und was es künftig geben soll, überlassen wir Gott" (Gotthelf 1986: 303). Damit muss, wie gerade bei Gotthelf nachzulesen ist, keineswegs ein Quietismus gemeint sein, der die Wirklichkeit nicht anpacken will.

Hier sollen drei Autoren zur Sprache kommen, die Religiöses und Kirchliches nicht so positiv würdigen wie Gotthelf. Meinrad Inglin (1893–1971) hatte Probleme mit dem katholischen Glauben oder zumindest mit dessen klerikaler Praxis; sein Erstlingsroman *Die Welt in Ingoldau* (1922) entfachte in seinem Wohnort Schwyz ein Kesseltreiben gegen ihn vor allem wegen kirchenkritischer Passagen. Max Frisch (1911–1991) hat zum Beispiel mit seinem Pater Benedikt in *Andorra* (1961) einen Priester auf die Bühne gestellt, der trotz seiner Priesterwürde menschlich nichts Entscheidendes zugunsten Andris auszurichten vermag, mit seinen religiösen Denkkategorien die bösen Vorurteile und schliesslich den ungerechten Tod des jungen Mannes nicht verhindert. Und Thomas Hürlimann, geboren 1950 in Zug und später Klosterschüler in Einsiedeln, hat Repräsentanten des Katholizismus literarisch mit einiger Ironie aufs Korn genommen; man denke etwa an die satirischen Untertöne in seiner Darstellung des Geistlichen Jacobus Katz im *Fräulein Stark* (2001), die viele ärgerten, nicht zuletzt weil hinter dieser Figur, immerhin Prälat und Stiftsbibliothekar in St. Gallen, für einige Leserinnen und Leser Hürlimanns Onkel Johannes Duft (1915–2003) als Urbild zu erkennen war.

Ich konzentriere mich auf Romane, die Politisches ins Zentrum stellen, insofern also vorerst weltlich-horizontale Dimensionen favorisieren: auf Inglins *Schweizerspiegel* (1938), auf Frischs *Stiller* (1954) und auf Hürlimanns *Der grosse Kater* (1998). Wie denn? Ausgerechnet? Auf den ersten Blick scheinen diese drei Romane wenig repräsentativ für die Gottesfrage. Sie sind es aber gewiss im Hinblick auf die Schweiz.

Im *Schweizerspiegel* etwa ist die Schweizer Geschichte von 1912 bis 1918 als Stoff präsent. Vor allem die Epoche während des Ersten Weltkriegs sollte da zum Leben erweckt, soll, wie Beatrice von Matt in ihrer Inglin-Biografie treffend schreibt, „Gestalt werden", und dies „in einem sozialen und politischen Lebensganzen" (von Matt 1976: 174) – nicht zuletzt, um der Schweiz durch einen Roman eine Orientierung zu geben, war doch die Problemlage von 1912 bis 1918 in mancher Hinsicht mit der Entstehungszeit des *Schweizerspiegels* von 1931 bis 1938 vergleichbar (siehe Hubatka 1985).

Frischs *Stiller* weist gleichfalls in eine politisch-staatliche Richtung, insofern er nämlich, so ebenfalls wieder Beatrice von Matt, aber diesmal in ihrem Frisch-Buch, „ein Schweiz-Drama" ist, „das Drama Frischs mit der Schweiz" (von Matt 2011: 103).

Hürlimanns *Der grosse Kater* handelt von einem Bundespräsidenten, „von einem Mächtigen" (Hürlimann 1998: 39) also, wie es explizit heisst. Zwei Tage im Juli 1979 werden da erzählt, die den Machtzenit eines Politikers betonen, der zugleich dessen Untergang vorbereitet. Dieser Hürlimann-Roman verdichtet also in einer Autoritätsfigur und in zeitlicher Raffung die Kraft, aber auch die Fragilität schweizerischer Machtgefüge. Wie sehr da wirklich reale politische Macht gesehen werden kann, ist ablesbar nicht zuletzt an der Tatsache, dass das Buch von der Kritik und von vielen Schweizern als Schlüsselroman gelesen wurde. Das ist zutreffend, doch nur in Ansätzen. Wahr daran ist etwa: Thomas Hürlimanns Vater Hans Hürlimann war im Jahre 1979 wirklich schweizerischer Bundespräsident. Zudem funktionieren Machtmechanismen auch in der Schweiz tatsächlich so wie im *Grossen Kater*. Nur: Es gibt darin genug Nuancierungen, Abweichungen und Änderungen gegenüber der historischen Faktizität, die aus dem *Grossen Kater* dennoch einen Roman machen, nicht eine Schrift für den Geschichtsunterricht. Einfach auf die Urbilder zu übertragen, was darin geschieht, ist darum ungerecht und lenkt vom Eigentlichen ab, zum Beispiel vom Widerstreit zwischen politischen und menschlichen Strebungen. Wie schon im *Schweizerspiegel* oder im *Stiller* geht es da nicht einfach nur um eine Chronik einer schweizerischen Zeitepoche.

Wohl aber treiben in den drei genannten Romanen einzelne Amtsträger – militärische, juristische und politische – dennoch ausgeprägte Machtspiele. Wie denn, das in einer Demokratie? Vielleicht sogar bezeichnenderweise einer Demokratie! Diese Staatsform muss sich nach aktuellen Denkern unter säkularen Bedingungen immer autoritärer durchsetzen und richtet sich damit gegen sich selber; gerade sie, die doch Machtansprüche einzelner von ihren historischen Ursprüngen her eigentlich unterlaufen müsste, treibt darum Fragen nach der Notwendigkeit einer Orientierung durch ein religiös ganz Anderes hervor. Das zeigt sich heutzutage nicht zuletzt in der grossen Resonanz des berühmten Böckenförde-Diktums: „Der freiheitliche, säkularisierte Staat lebt von Voraussetzungen, die er selbst nicht garantieren kann" (Böckenförde 1991: 112). Dieses Diktum wurde immer wieder auch in religiösen Kontexten diskutiert, so etwa anno 2004 im Rahmen des Treffens zwischen Kardinal Joseph Ratzinger, dem damaligen Vorsitzenden der katholischen Glaubenskongregation und späteren Papst Benedikt XVI, und dem Philosophen Jürgen Habermas, dem grossen Theoretiker des kommunikativen Handelns, in der Katholischen Akademie Bayern in München. Aber auch unter Frankreichs Intellektuellen, stark ausgeprägt zum Beispiel im Zusammenhang mit den Büchern Marcel Gauchets, ist die Formulierung „La démocratie contre elle-même" ein Fanal geworden (Schlegel 2011: 75–78); da wird eine übersteigerte Konkurrenz zwischen Gesetzen und individuellen Freiheiten oder Rechten diagnostiziert, die mit dem Verlust der religiösen Zuständigkeiten im menschlichen und staatlichen Zusammenleben parallel gehe (ebd.: 76). Aus dem englischsprachigen Raum könnte man ähnliche Denkweisen zitieren (ebd.: 78); zu erwähnen wäre hier etwa der berühmte Philosoph Charles Taylor. Aus Italien erhebt sich mit Giorgio Agamben eine profilierte und für einen weit reichenden Diskurs repräsentative Stimme, die eine „vollständige Juridisierung der menschlichen Verhältnisse" anprangert, was nicht nur „die Krise der Religion" bedeute, „sondern auch und zuallererst die Krise des Rechts". Mit dem Apostel Paulus hält der italienische Philosoph und Jurist dieser allgemeinen Verrechtlichung das Messianische und das Vertrauen, die paulinische „pistis", entgegen (Agamben 2006: 151).

Inglins *Schweizerspiegel*

In Inglins *Schweizerspiegel*, diesem Roman von der Schweiz in den Jahren 1912–1918, geht es ebenfalls um die Bedeutung der liberalen Demokratie (der je nach Optik eher pleonastische Ausdruck sei hier erlaubt) – und auch da scheint für einen eher oberflächlichen Blick alles auf die Macht autoritativer staatlicher Vorgaben hinauszulaufen. Nicht zuletzt diesen letzteren Aspekt geisselte Niklaus Meienberg noch in den Achtzigerjahren satirisch und sarkastisch. Der *Schweizerspiegel* sei ein „Aufruf zur nationalen Selbstbesinnung", mit dem sich Inglin selber „in die patriotische Pflicht" nehme; und man komme nicht um den Eindruck herum, „dass die Armee zur Hauptperson des Buches gemacht worden ist". So wird denn auch die damalige militärische Autorität mehr oder weniger repräsentativ für eine autoritäre Schweiz: „Die Offiziere, mit wenigen Ausnahmen, meinen es nur gut, müssen aber im Interesse der Kriegsbereitschaft halt streng sein mit den Mannen" (Meienberg 1989: 131 und 133). Lebendiger Wehrwille und strenge Disziplin, das sind zwei Grundmotive in der Optik Meienbergs.

Diese Auffassung übersieht aber ein Entscheidendes: nämlich dass die Disziplin nicht ausschliesslich dazu dient, das Gefecht zu üben, sondern – den Gefechtsabbruch. Er, und gerade nicht die Einübung ins Gefecht, wird ironischerweise als die schwierige Leistung herausgestellt. Der weitere geschichtliche Hintergrund ist die Tatsache, dass auch junge Schweizer Heisssporne 1914 den Kriegsausbruch in einem draufgängerischen Trieb als das grosse historische Ereignis begrüsst hatten. Diesen Trieb sieht Meinrad Inglin offensichtlich als Gefahr.

Die Manöver des Schweizer Militärs mitten im Krieg, aber ohne direkte Einbindung in ihn, sind wenigstens ein Abglanz dieser grossen weltgeschichtlichen Stunde, die eine Triebbefriedigung ermöglicht. Oder besser: sie wären. Denn zu enttäuschend setzen ihnen leitmotivartig wiederholte Gefechtsabbrüche immer wieder ein banales Ende. Das macht Fred, dem jungen Mann, der immer wieder ins Zentrum der Schweizerspiegel-Figurenkonstellation rückt,

Daniel Annen

zu schaffen. Die enthusiastische Erwartung von etwas glorios Abenteuerlichem, mit der er „voll begeistert flackernder Kampfgier" (Inglin 1987: 583) und „von einem höchsten Lebensgefühl durchbraust" (ebd.: 584) seine Manöveraufträge in Angriff nimmt, mit der er durchaus auch in den Krieg zu ziehen bereit wäre, mehr noch: dank der er auch sein Leben opfern würde – sie wird immer wieder enttäuscht. Wenn es jeweils interessant, spannend und darum allenfalls auch grossartig würde, folgt nicht das erwartete furiose Gefecht mit triumphalem Finale, sondern – in ironischem Umschlag – der flaue Gefechtsabbruch, der „jeden Begeisterten zum Narren machte und jede Schicksalsbereitschaft verhöhnte" (ebd.: 700). Dem heldisch Gestimmten wird „die Weihe des Helden" (ebd.: 584) vereitelt. Denn eben: wichtig ist, wie der Divisionär, also ausgerechnet ein hoher Militär, erklärt, der Gefechtsabbruch, nicht nur für die Manöver, sondern auch für die ganze Schweiz. Der Gefechtsabbruch ist eine Einübung in den Verzicht auf das grosse triebbefriedigende Kriegserlebnis: „Wir wurden der Teilnahme am weltgeschichtlichen Sturm, an grossartigen Taten und Abenteuern, an nationalem Ruhm und Heldentum nicht gewürdigt, das Schicksal hat uns übergangen – also, verflucht nochmal, beherzigen wir diese Lehre und halten uns nicht an das Schicksal, sondern an die Freiheit! Das scheint ja überhaupt eine unserer Aufgaben zu sein, wenn ich mich recht erinnere" (ebd.: 940). Es gilt die Kampfgier zurückzubinden – zum Vorteile der Freiheit oder eben: der liberalen Demokratie.

Gemäss dem kollektiv-psychologischen Epochenhintergrund, den der *Schweizerspiegel* skizziert, packt der sich im Krieg abzeichnende Impetus die Menschen „wie etwas Irrationales, dem man ausgeliefert ist …" (ebd.: 270). So sagt es Albin, der Dichter. „Wir waren bis jetzt in ein ganzes System von Sicherungen eingeflochten, es konnte uns scheinbar nichts geschehen. Da, auf einmal, bricht dieses Dunkle, Hintergründige bei den zivilisierten Nationen durch …" (ebd.: 270). Die militärische Disziplin erscheint so wie eine Steigerungsform der bisherigen Sicherungen, gleichsam als ein willentlich hervorgebrachtes Symptom einer modernen Spätzeit, das aber, gerade weil es so spät und willentlich erwirkt werden muss, umso anstrengender ist. Die damit angedeutete Krise verbindet Inglin, wie seine Notizen zum *Schweizerspiegel* nahelegen, mit einer Übersteigerung des Rationalen, einer Hypertrophie nicht nur der disziplinierenden, sondern auch jener instrumentellen Vernunft, die etwa die Familie Stockmeier an den Tag legt, wenn sie der bürgerlichen Familie

© Frank & Timme   Verlag für wissenschaftliche Literatur

Ammann mit ihrem neuen Haus buchstäblich die Sicht verbaut; sie übertrumpft die Ammanns wie die Familie Hagenström die Buddenbrooks bei Thomas Mann.

Was führt das Irrationale und diese instrumentelle Vernunft zusammen? – Einmal verweist Inglin im Vorfeld des *Schweizerspiegels* auf die komplexe Psychologie Carl Gustav Jungs, auf einen Aufsatz, der von „Enantiodromie" spricht (Hubatka 1985: 153 f.). Mit diesem Begriff, den Jung von Heraklit entlehnt, ist das unwiderstehliche Hervorbrechen eines Extrems als Antwort auf ein anderes gemeint, das bereits in einer Individual- oder Kollektivseele zur mehr oder weniger erstarrten Lebensrichtung geworden ist. Innerhalb der erzählten Zeit im *Schweizerspiegel* heisst das: gerade die Übersteigerung des instrumentell-rationalen Standpunktes in der Spätzeit der Moderne treibt nicht mehr kontrollierbare irrationale Impulse hervor. Weil die Hypertrophie des Geistigen ungesunde Ausmasse angenommen hat, kann auch die naturhafte Schicksalsgewalt im *Schweizerspiegel* derart störende, gefährliche, ja katastrophale Ausmasse annehmen.

Gegen dieses Hervorbrechen des naturhaft Chaotischen ist die Disziplin, wie sie im *Schweizerspiegel* das Militär durchzusetzen sucht, in diesem zeitgeschichtlichen Moment zwar nötig, aber eigentlich eine fragile Lösung. Auf persönlicher Ebene jedenfalls bewährt sie sich nicht, greift gewissermassen an den genuin menschlichen Strebungen vorbei. Eine Langeweile, ein *Ennui* macht sich breit unter den Soldaten; und Hartmann, dieser hohe Militär, der die Disziplin zwar innerhalb seiner Armeeaufgaben erfolgreich und mit Härte – *nomen est omen* – vertritt, versagt in der Ehe, strahlt auch da nur Härte aus. Er ist, klagt seine Frau Gertrud, nicht imstande, mit einem „menschlichen Zugeständnis ihr Inneres anzurufen" (Inglin 1987: 90). Kein Wunder: Er wirkt unwahrhaftig. „Er verfälscht alles, es ist alles gemacht an ihm, seine Haltung, sein Standesbewusstsein, seine Ausdrücke, er ist nicht einmal mehr ein rechter Schweizer" (ebd.: 91). Er ist „ekelhaft höflich und rücksichtsvoll", klagt Gertrud ihrem Liebhaber Albin gegenüber: „Und das ist so falsch, verstehst du, so heuchlerisch" (ebd.: 469).

Gertrud zieht es denn auch zu diesem Schriftsteller Albin, der, wie bereits zitiert, eben merkt, dass die bisherigen Sicherungen eigentlich nur noch einen fragilen Bestand haben. Im Gegensatz zu Hartmann lebt er nicht vor allem reglementarische Vorgaben, sondern auch seine naturhaft-seelischen Strebungen, so sehr, dass er den reellen Erfordernissen seiner Ära gar nicht gewachsen ist, seine Weltabgewandtheit mit dem Tod bezahlt. Aber immerhin: Er scheint Gertrud authentischer.

Interessant ist in unserem Zusammenhang, dass er die Figur ist im *Schweizerspiegel*, die den Wert des Menschen als vom Transzendenten her bestimmt sieht (ebd.: 840). So kann er seine Zeit relativieren, denn von einem „hohen, fernen Standpunkt aus gesehen, ist diese Zeit vielleicht ja nur eine Episode in der Geschichte der Menschheit" (ebd.: 469). Das darf nicht Dispensation von der Wirklichkeit sein; denn „wir gehören dieser Zeit an; die Episode ist unser grosses geschichtliches Ereignis, wer ihm ausweicht, ist sozusagen ein Drückeberger ..." (ebd.). Solche Statements laufen darauf hinaus, dass der Mensch von einem übergeordneten Standpunkt her in die Zeit eingreift, und nicht nur vom Schicksal oder von Aggressionslust oder irgendwelchen Trieben gelenkt.

So zeigt Albin die Fluchtlinie zu einer Therapie für die in den Jahren des Ersten Weltkriegs krisengeschüttelte Schweiz an. Denn im Sinne von Inglins idealistischer und humanistischer, wohl auch christlicher Grundhaltung ist dieses Transzendente so etwas wie der kategorische Imperativ der praktischen Vernunft.[1] Jedenfalls betont Albin, es sei wichtig, sich „vom göttlichen Grunde des Daseins" (ebd.: 842) berühren zu lassen, ihn als etwas „Wirkliches, Wirkendes, Bestimmendes" (ebd.) anzunehmen, Christus als Weg zu nehmen, sich durch „eine langsam reifende Erkenntnis" (ebd.: 843) dem Urgrund zuzuwenden, ja ihn zur Gewissheit werden zu lassen, weil jedes Dasein von hier aus „auch erst seine Rechtfertigung finden" (843) – man beachte den auch christlich konnotierten Ausdruck – könne. Von diesem Urgrund aus sei der Weltkrieg einfacher zu ertragen.[2]

Eine formgebende Vernunftdimension ist für René Junod wichtig, die Arztfigur, die am Schluss des *Schweizerspiegels* denn auch wirklich so etwas wie eine Therapie für die Schweiz recht explizit skizziert, was auf metaphorischer

....

1 Der Philosoph Paul Häberlin betonte in seinen Vorlesungen, die Inglin an der Universität Bern von 1916 bis 1918 oder 1919 hörte, und in seinen für Inglin wichtigen Schriften aus den Zehnerjahren stark die Gewissensforderung als kategorischen Imperativ, auch wenn er sich nicht explizit auf Kant bezog, und als zugleich etwas Göttliches. Vgl. Häberlin 1915: v.a. 3, aber auch *passim*, und Häberlin 1917: v.a. 45, 49 und 52, dann auch wieder *passim*.

2 Dass gerade im Christusereignis Transzendenz und Immanenz, auch göttliche Zeitmächtigkeit und menschliche Zeitbegrenzung ineinandergreifen, und dass dieses Ineinandergreifen also auch für einen christlich orientierten Menschen von Bedeutung sei, betont die katholische Theologie ebenfalls (siehe Ratzinger 1990: 262 f.).

Ebene ja zu seinem Beruf passt. René Junod, der im Verlauf des Romans immer wichtiger wird im Figurengefüge, möchte, dass „der humane Standpunkt" (ebd.: 705) wieder aufleben könnte (mit Anspielung an seinen französischen Vornamen möchte man sagen: wieder geboren werden könnte). Dazu freilich brauche es „Erkenntnis, Bewusstsein, Reife" (ebd.: 951). Man müsse die Schweiz als sittliche Vernunftgestalt verstehen, setze doch „unser Staatswesen geradezu voraus, dass die Bürger es in seiner wunderbaren Beschaffenheit erkennen und sich zu eigen machen. Es bleibt eine leere Maschinerie oder doch eine blosse schöne Möglichkeit, wenn es uns nicht in Geist und Blut übergeht" (ebd.: 951). Die Confoederatio Helvetica beruht gemäss Junod im Finale von Inglins grossangelegtem Roman auf einem Naturprinzip; denn der „volkshafte Lebensreichtum", den sie umschliesst, ist „vorwiegend ein Werk der Natur" (ebd.: 964 f.). Zugleich aber ist der Bundesstaat ein „Werk der Vernunft, der Einsicht, der Toleranz, ein Werk des Geistes" (ebd.: 964). Geist und Natur sollten in einem Gleichgewicht gehalten werden, das approximativ in einer „wechselwirkenden Spannung" (ebd.: 965) realisierbar ist.

Der *Schweizerspiegel* zeigt, was später Intellektuelle wie Böckenförde, Gauchet oder Agamben stark herausstreichen: sobald die Demokratie autoritär durchgesetzt werden muss, ohne Vernunfteinsicht und ohne Gefühl, ohne „Geist und Blut", dann werden die Leute falsch wie Hartmann; und das Staatswesen wird, wie gezeigt, eine „leere Maschinerie", die gleicht einer „machinerie fonctionnelle" (Schlegel 2011: 76), in die eine nur noch auf Recht bzw. Gesetz basierende Demokratie zu steuern droht.

Ein Mensch wie Albin, der mit dieser rigoristischen Maschinerie nicht mithalten kann, ist dem Tod geweiht. Oder müssten wir vielleicht den Tod hier positiver sehen? Jedenfalls gewinnt Albin, „von den letzten Dingen" (ebd.: 843) redend und also den Tod bedenkend, einerseits Distanz zum Leben und seiner Zeit, zugleich aber auch die Fähigkeit, das Dasein als „gerechtfertigt" zu ertragen.

Frischs *Stiller*

Von dieser Beobachtung her können wir zu Frischs *Stiller* schwenken. Denn auch Stiller, der als Mr. White in die Schweiz zurückkehrt, hat eine ihn verwandelnde Todesnähe erlebt. Und es ist offensichtlich diese Todesnähe, die ihn in Distanz bringt zu seinem früheren Lebensvollzug. Er redet darum, im Gefängnis sitzend und Tagebücher schreibend, von sich selber in Er-Form; als Mr. White redet er von Anatol Ludwig Stiller. Nur: Für das aufmerksame Leserpublikum ist White mindestens von der Körperlichkeit her mit Stiller identisch. Er ist insofern also Stiller-White.

Auf einer psychischen Ebene betrachtet Stiller-White in seinen Gefängnisaufzeichnungen seine eigene Stiller-Vergangenheit allerdings in einem neuen Licht. Um auch wieder ein Beispiel aus dem militärischen Bereich zu nehmen: Stiller, notiert er in seiner Untersuchungshaft, sei Freiwilliger im spanischen Bürgerkrieg gewesen. Das war auch etwas Schicksalsbegeisterung – also etwas, was der Divisionär im *Schweizerspiegel* in Schach zu halten sucht –, die Lust auch, an einer grossen geschichtlichen Stunde teilzuhaben. „Vermutlich war es vielerlei zusammen, ein etwas romantischer Kommunismus, wie er zu jener Zeit bei bürgerlichen Intellektuellen nicht selten war, ein begreifliches Bedürfnis auch, in die Welt zu kommen, ein begreifliches Bedürfnis nach geschichtlicher und überpersönlicher Verpflichtung, nach Tat; vielleicht war es auch, wenigstens zum Teil, eine Flucht vor sich selbst" (Frisch 1973: 139).

Warum ist es ausgerechnet ein Nahtoderlebnis, das dem Heimkehrer Stiller-White solche (er)klärende Distanz zu seinen früheren Lebensvollzügen ermöglicht? Er macht da, betäubt durch eine Schusswunde, die Erfahrung einer Gnade und einer „ungeheure[n] Freiheit" (ebd.: 381). Darum bedeutet dieses Nahtoderlebnis innere Befreiung zu Leben und Identität, zu einer „Empfindung, erst jetzt geboren worden" zu sein und sich mit einer Unbedingtheit zu fühlen, „die auch das Lächerliche nicht zu fürchten hat, bereit, niemand anders zu sein als der Mensch, als der ich eben geboren worden bin, und kein anderes Leben zu suchen als dieses, das ich nicht von mir werfen kann" (ebd.: 381). Dank dieser befreienden „Wiedergeburt" kann nun Stiller-White seine Gegenwart authentischer leben als zuvor. Denn das Gefühl, „der Tod sei einem auf den Versen", ist für ihn nun „ein Zeichen von Leben" (ebd.: 392).

Wie im Fall Albins aus Inglins *Schweizerspiegel* wird angesichts des (nahen) Todes die Zeit relativiert: „die Zeit ist weg, wie schon gesagt, die Zeit als Medium, worin wir zu handeln vermögen; alles bleibt wie gewesen, nichts vergeht, alles bleibt ein für allemal" (ebd.: 379). Wie gewesen! Dieser Wie-Modus weist wohl in eine paulinische Richtung: Man muss dieser Welt gestorben sein, um sie neu zu ergreifen (Gal 6.14). Die Welt ist eine Leihgabe: man sollte darin haben, als hätte man nicht (1 Kor 7, 29–31). Stiller-White weiss ähnlich wie Paulus: man soll anders sehen als gewohnt, „als ein „Fremder auf Erden, nicht nur fremd in Amerika" (ebd.: 316). Die Distanz ermöglicht einen grundsätzlichen Blick auf andere Menschen der Welt. Diese Fremdheit der Welt gegenüber bewirkt offensichtlich auch ein distanziertes Verhältnis einem romantischen Kommunismus und einem Grössenbedürfnis gegenüber. Ja gegen den Romanschluss hin kann es Stiller-White in seiner neuen Freiheit möglicherweise sogar annehmen, „Schweizer zu sein" (ebd.: 414).

Was bedeutet das nun für den Umgang unter Menschen im schweizerischen Machtgefüge? Einerseits merkt Stiller-White, wie wenig Authentizität sein Verteidiger hat, der sich schweizerische Grundsätze offensichtlich ohne grosse Reflexion aneignet, sie eher maskenhaft reproduziert als verarbeitet, geschweige denn genuin erlebt. Dieser Jurist fürchtet sich „vor jeder offenen Frage" und warnt davor, vor Gericht die Schweiz kritisch zu beleuchten (ebd.: 197). Glaubhaft ist darum, wenn er an der Schweiz-Kritik seines Mandanten das Entscheidende gar nicht merkt und Stiller-White ihm sagen muss: „ich hasse nicht die Schweiz, sondern die Verlogenheit" (ebd.: 196).

Stiller-White ärgert sich nicht zuletzt über die Buchstaben- und Gesetzesgläubigkeit seines Verteidigers. Auch das passt zu einer paulinischen Grundhaltung: Wir Menschen werden im Wie-Modus des Christenmenschen zugleich auch von der Anklammerung an nur weltliche Gesetze frei; denn wir sterben dem, „worin wir gefangen gehalten wurden, sodass wir nun im neuen Wesen des Geistes und nicht mehr im alten Wesen des Buchstabens dienen" (Röm 7.6).

Das Wesen des Buchstabens ist Stiller-White so verdächtig, dass er seine authentischen Erlebnisse in metaphorischen Geschichten, Konstellationen und Texturen auszudrücken sucht. Auch diese bildliche Redeweise dürfte im Nahtoderlebnis seinen Ursprung haben. Denn da kommen die Träume „kettenweise"; hier erlebt Stiller den „Schrecken", „der dann in Dämmerzuständen sein bildliches und dem Gedächtnis begreiflicheres Echo hatte" (ebd.: 380). Von da her also liesse sich wirklich erklären, warum Stiller-White sein Leben immer wieder auf metaphorischer Ebene deutet, was von seiner Mitwelt, etwa vom Verteidiger oder vom Gefängniswärter Knobel, nie so richtig verstanden wird.

Denn auch das Metaphorische ist so etwas wie ein „bildliches Echo"; und zugleich ist auch das Metaphorische ein Wie-Modus. Nach einer langen Tradition ist die Metapher ein abgekürzter Vergleich; „metaphora brevior est similitudo", lesen wir bei dem für diese Tradition wichtigen Rhetoriker Quintilian. So kann denn Stiller-White auf Knobels Frage, ob er „Jim White" sei, jener Cowboy, der schon in einer Höhle in Texas fast gestorben wäre, antworten: „'Nein', lache ich, 'das gerade nicht! Aber was ich selber erlebt habe, sehen Sie, das war genau das gleiche – genau" (ebd.: 172).

Sein Nahtoderlebnis hat Stiller-White auf einen Weg geschickt: hin zu neuem Leben, hin zu neuer Identität, hin zu einer Daseinsauffassung, der das metaphorische Sprechen besser entspricht als das buchstäblich-begriffliche.

Daraus ergibt sich eine ironische Konstellation. Der Verteidiger müsste Stiller eigentlich „rechtfertigen" (bewusst wähle ich das stark christlich konnotierte Wort), verteidigen eben; und der Staatsanwalt müsste ihn – so sah es die eidgenössische Strafprozessordnung damals, so sieht sie es *mutatis mutandis* auch noch heute – anklagen. Dennoch versteht sich Stiller zunehmend besser mit dem Staatsanwalt. Während der Verteidiger im toten Gesetzesbuchstaben seine Orientierung findet, seine Identität gewissermassen auslagert in die schweizerischen Normvorgaben und die Welt nur „buchstäblich" erfassen kann, darum auch sein Gegenüber in ein Korsett von Normvorgaben zwingt, lebt der Staatsanwalt die eigene Identität wenigstens approximativ.

Wohl darum kann Stiller-White während seiner Gefängniszeit schon bald einmal notieren, auch wieder metaphorisch zum Teil, sein Staatsanwalt sei, „ein Geschenk des Himmels. Sein Lächeln ersetzt mir den Whisky. Es ist ein fast unmerkliches Lächeln, das den Partner von vielem Getue erlöst, und es lässt ihn sein." Nur wo „einer selbst einmal geweint hat und sich selber zugibt, dass er geweint hat" (ebd.: 185), erblühe so ein Lächeln.

Sein Weinen zugeben heisst doch gewiss: zu seinem Leiden stehen, sich selbst auch in seinen Kreuzerfahrungen annehmen. Das meint der Staatsanwalt mit dem Begriff „Selbstannahme". Sie bedeutet psychologisch überdies die Akzeptanz der „primitiven und unwürdigen Gefühle". Die sollen nicht verdrängt werden, denn sonst sei die Gefahr da, dass „dadurch das Gefühlsleben überhaupt abgetötet wird" – sie sollen aber auch nicht zu unseren Gunsten durch ein Belügen seiner selbst im eigenen Wertesystem aufgebessert werden, denn das führt „nicht zum Leben, sondern unweigerlich in die Selbstentfremdung" (ebd.: 321).

Dieser psychologische Aspekt hat ein theologisches Pendant. Denn möglich wird Selbstannahme in der Gewissheit, „dass unser Leben von einer übermenschlichen Instanz gerichtet wird" (ebd.: 408) – ja mehr: in der „Gewissheit von einer absoluten Instanz außerhalb menschlicher Deutung", will sagen, im Glauben, „dass es eine absolute Realität gibt"(ebd.: 323). Selbstannahme ist also dank Gott möglich. Das merkt Stiller. Nur: der für die Selbstannahme grundlegende Glaube will ihm nicht gelingen; er kann bis zum Schluss mit Bezug auf Gott nicht sagen: „Sein Wille geschehe!" (ebd.: 426). Das ist auch schwierig; denn der moderne Mensch läuft Gefahr, sich selber zu überfordern und sich dabei auf „Falschmeldungen aus dem Himmel" (ebd.: 322) zu verlassen.

Im Zusammenhang des Gesprächs über Gott verweist der Staatsanwalt auch auf das christliche Liebesgebot: „In der Forderung, man solle seinen Nächsten lieben wie sich selbst, ist es als Selbstverständlichkeit enthalten, dass einer sich selbst liebe, sich selbst annimmt, so wie er erschaffen worden ist" (ebd.: 323). Eigentlich muss nicht erstaunen, dass ausgerechnet der Staatsanwalt das so sieht. Als Staatsanwalt vertritt er die Position des Staates. Und entscheidend dabei ist: Seine Staatsidee ist fundiert in der religiös-moralischen Substanz des neutestamentlichen Liebesgebots, dem zufolge Selbst- und Nächstenliebe gewissermassen aufs selbe Niveau justiert werden sollen, darum auf einen Ausgleich von Individuum und Gemeinschaft hinauslaufen und so eine politisch-soziale Homogenitätsgrundlage schaffen.

Hürlimanns *Der grosse Kater*

Der Bundespräsident, der im Zentrum von Hürlimanns *Der Grosse Kater* wirkt, im ganzen Politikgefüge allerdings auch von verschiedenen, zuweilen eher undurchsichtigen Mächten getrieben wird, ist so gesehen das Gegenteil von Frischs Staatsanwalt, mindestens im Hauptteil des Romans. Dieser Bundespräsident ist eben wirklich der „grosse" Kater; an seine Grösse, seine politische Erhabenheit, glaubt er auch – wenigstens als Politiker. Doch so wie er in den zwei Tagen erzählter Zeit, das heisst während eines offiziellen Besuchs des spanischen Königspaars bei der schweizerischen Landesregierung, merkt, dass da eine Intrige gegen ihn läuft, fällt auch die Grösse von ihm ab; er nimmt wahr, dass er „ganz und gar zum Kater" wird, „zu einem alten, dem Untergang geweihten Tier" (Hürlimann 1998: 94), wobei angesichts seines Alkoholgenusses und Schlafmangels wohl auch der Sinn einer schlechten körperlich-seelischen Verfassung mitschwingen könnte. Neben einer solchen Untergangsstimmung ist im Namen „Kater" freilich eine aggressivere Komponente angelegt; denn „ein echter Kater" sei zwar „angepasst und anschmiegsam, aber nicht gezähmt, im Innersten wild, schlau, böse und berechnend" (ebd.: 179).

Auch theologisch ist die Haltung des Bundespräsidenten genau das Gegenteil von der des Staatsanwalts im *Stiller*: Sie ist Hybris. Denn der Roman lässt sich lesen als Kritik an einer pseudoreligiösen Haltung, die Gott instrumentalisiert, und zwar nicht nur öffentlich, sondern auch zugunsten des Öffentlichen, nämlich des Prestiges. Der Bundespräsident, der grosse Kater eben, verabsolutiert sein Ansehen, sodass denn auch die Publizität zum Absoluten wird: „der grosse Gott, die Öffentlichkeit" (ebd.: 52).

Konnotationen aus dem christlichen Kulturbereich sind in diesem Zusammenhang nur allzu deutlich, wenn etwa der ehemalige Klosterschüler im Hinblick auf die Zukunft „ein grosses Ja zu einem besseren, zu einem glückhaften, zu einem gesegneten Morgen" (ebd.: 115) hochhält oder das Wort „Anastasis", also Auferstehung, in den Mund nimmt. Gottes- und Menschenliebe gehen auch da zusammen, aber nicht wie für Stillers Staatsanwalt zugunsten der christlichen Selbstannahme, sondern gerade umgekehrt: zugunsten einer menschlich erwirkten Selbsterhöhung. Auf dem Spiel steht vorerst die Zukunft „ad majorem gloriam Dei, aber auch und vor allem: ad hominem" (ebd.: 115).

Die Religion ist zu etwas unecht Äusserlichem geworden, so wie Aladin, der Medienmann des Bundespräsidenten, stets eine zweite Realität produziert. Da wird nicht nur, auch hier, die eigene Identität oder Authentizität verleugnet, sondern da muss auch Gott zu etwas ganz und gar Gutem nach menschlichen Massstäben hinaufstilisiert werden; die Theodizeefrage wird zwar diskutiert, aber nicht wirklich ernst genommen. Denn Gott hat ja vor allem die Funktion, den Ehrgeiz des Katers zu fördern und Garant der Zukunft zu sein. In einem analogen Sinn wird auch die Familie mitsamt dem Kinder-Haben stilisiert: Sie dient dem Politiker als Beweis für den Zukunftsoptimismus. Und für diesen Optimismus ist der grosse Kater bzw. der Bundespräsident auch bereit, andere zu opfern. „Gnadenlos. Gierig. Gross." (ebd.: 121)

Und wenn es dem Bundespräsidenten um den eigenen Sohn geht? Da kommen zwar auch Opferbedeutungen ins Spiel, aber da wird es emotional schwierig. Die spanische Königin und der spanische König sollen, so hat das der Sicherheitchef Pfiff listigerweise allem Anschein nach organisiert, die Klinik besuchen, in der des Bundespräsidenten krebskranker, sterbender Sohn liegt. Das ist Pfiffs Intrige, die den Bundespräsidenten zu Fall bringen soll. Dieses öffentliche Zur-Schau-Stellen der todgeweihten Seiten des Daseins ist wie eine Opferung, schmerzlich genug für den prestigesüchtigen Bundespräsidenten.

Unter diesem Gesichtspunkt wird der Bundespräsident „so eine Art Abraham, der bereit ist, den eigenen Sohn zu opfern – auf dem Altar der Öffentlichkeit" (ebd.: 48). Nicht nur ein religiöser Wortbestand, sondern auch eine wichtige Geschichte der christlich-jüdischen Tradition wird also verkeilt mit sehr weltlichen Gelüsten, überdies, aufgrund der erwähnten Elemente eines Schlüsselromans, mit realen Personen und Ereignissen.

Dieser religiöse Bereich wird unterstützt durch andere Hinweise. So gehen zum Beispiel politische Hasardeure vom Schlage des Bundespräsidenten auf einem als Schachbrett ausgelegten Teppich, der wie ein Schrittorakel die Zukunft voraussagt, wobei sie auch das Nichts wagen. Das gleicht einer schon vorchristlichen, dann allerdings auch noch im Mittelalter gängigen Form der Rechtsfindung. Wir kennen Analoges etwa aus Kleists Novelle *Der Zweikampf*, deren Sinngefüge nicht zuletzt im Glauben gründet, wer in einem Zweikampf siege, der stehe unter Gottes Schutz. Indes: Das ist Aberglaube, insofern letztlich ebenfalls Hybris.

Es sind nicht zuletzt die religiösen Symbole oder Anspielungen selber, die auch Glaubenshaltungen problematisieren. Man denke etwa an die Passage, wo der spätere Bundespräsident als junger Stiftsschüler in Einsiedeln C.D. Asams Abendmahlsgemälde an der Decke der Klosterkirche betrachtet. Da gibt es unter der Abendmahlstafel eine Katze, „vom Tischtuch halb verdeckt, knisternd vor Kraft, sprühend vor Leben, gierig und listig" (ebd.: 211). Mit ihr identifiziert sich Kater, der spätere Bundespräsident. Und wenn man dann mit Bezug auf die Katze lesen kann: „das ist mein Leib, das ist mein Blut", so klingt das wie eine skurrile oder gar blasphemische Zuspitzung der christlichen Transsubstantiationslehre.

Diese Identifikation passt zu einer früheren Passage aus Hürlimanns Kater-Buch, in der eine sterbende Katze auf dem Bauch des Knaben liegt, der später Bundespräsident wird. Eine Stelle dieser Passage klingt wie eine johanneische Immanenzformel:[3] „Der Bub war in die Katze gekrochen und die Katze in den Buben" (ebd.: 22). Die Katze kommt dabei wieder zu neuem Leben; und da fällt nun erstmals auch der Name „Kater" für den Buben, heisst es doch: „‚Lebt‘, sagte Kater." Das Verb, elliptisch in der dritten Person, ist auch das allerletzte Wort des ganzen Romans. Der alt gewordene ehemalige Bundespräsident sieht in der Schlusspassage seinen Enkel auf seinem Teppich krabbeln. Da kommt denn doch etwas Freude in den tristen Alltag des Alten: „über sein Gesicht huschte ein Lächeln, und der Mund, der meistens schwieg, sagte leise: ‚Lebt.‘"

Leben aber, das kommt auf Asams Gemälde für den Klosterschüler in der Katze deutlicher zum Ausdruck als in der Hostie, die doch gemäss christlicher Tradition eigentlich auch für Leben stehen müsste. „Der Katze ergeht es wie mir. Leben will sie, leben, fressen, lieben, denn anders als die Apostel, die gewaltige Vasen sind, reine Bereitschaft, offen für Gott, dankbar fürs Brot, funkelt das unterm Tisch fressende Tier vor Hunger, Lust und Leben" (ebd.: 149). Ein solcher Lebensimpetus macht es dem Jungen unmöglich, sein Katerwesen abzutöten. Das kann wohl im Kontext von Hürlimanns Roman nur heissen: Der offizielle Gott vieler Katholiken oder der Kirche generell – der real präsent ist in der Hostie – kann nicht sein, was der Junge braucht. Er ist jedenfalls nicht der lebendige Gott, der in Liebe neues Leben schafft.

Als Politiker lebt der grosse Kater ebenfalls an solchem Leben vorbei, selbst in seinen sexuellen Phantasien und Strebungen. Seine Kinder will er, wie gezeigt, offenbar zuerst um seiner politischen Beliebtheit willen. Sein Sex hingegen ist weitgehend von Liebe und dem daraus resultierenden Leben losgekoppelt. Seine Triebgier lebt er einmal in einem Domina-Studio aus (ebd.: 155 ff.), tierisch gleichsam. Zudem erklärt er selber, er treibe „Selbstbefriedigung" (ebd.: 159), ein mehrdeutiges Wort in diesem Kontext. Und sogar beim An-

---

3 Vgl. Jo 10.38: „[…] damit ihr erkennt und einseht, dass in mir der Vater ist und ich im Vater bin."
Oder Jo 14.20: „[…] dass ich in meinem Vater bin und ihr in mir und ich in euch."

blick seiner Sekretärin im honorablen Bundesratsbüro glaubt „er in ihrem Uterus eine Spirale zu erkennen" (ebd.: 16).

Zugunsten seiner Nachkommenschaft – also des Lebens – muss denn auch der Bundespräsident auf den Schluss des Romans hin ein Opfer bringen, darin eben Abraham, dem Völkervater, vergleichbar. „Um zu verhindern, dass unser Jüngster unter den Kameraaugen des Öffentlichkeitsgottes krepieren muss, habe ich ein Tier geopfert: mich selbst, den Kater" (ebd.: 214). Die Erkenntnis dieser Opfernotwendigkeit bedeutet auch: der Bundespräsident muss die Theodizee-Frage zugeben, ernster nehmen. Die Welt ist nicht klar geometrisch kategorisierbar wie der Teppich mit den Schachbrettmustern, sondern ein von Leben spriessender Garten, aber der, „dieser schäumende Teppich, ist nichts als Leiden, nichts als Sterben, er ist ein Paradies der Verwesung" (ebd.: 184).

Das heisst nicht, dass Gott sich deistisch aus der Welt zurückgezogen hat (ebd.: 127). Das heisst vielmehr, dass er – ganz wie der Nuntius es erklärt, wie es wohl auch Thomas Hürlimann selber als Einsiedler Klosterschüler vernommen hat – als das Höchste in einer stufenförmig gedachten Seinsanalogie, der mittelalterlichen *analogia entis*, gedacht werden kann. Die Schöpfung ist demzufolge zwar mit Gott nicht identisch, aber ihm auch nicht völlig ungleich. Gott kann oder will zugunsten der menschlichen Freiheit nicht ganz und gar lenken, was in seiner Schöpfung geschieht. Falls ein Schuh drückt, sagt der Nuntius, ist nicht unbedingt der Schuhmacher schuld. „Es könnte auch sein, dass es an unseren Füssen liegt" (ebd.: 129).

Das ist gewiss für viele eine schwache Antwort auf die Theodizeefrage. Oder ist die ganze Debatte darüber mit ihrem doch etwas skurrilen Schuhvergleich gar ironisch gemeint? Mag schon sein. Denn der Nuntius führt während des pompösen Diners mit dem spanischen Königspaar selbst die banale Tatsache, dass er plötzlich ein „mousse au chocolat" vor sich hat, auf die göttliche Vorsehung zurück; das wirkt angesichts des Leidens eines sterbenden Kindes – schon für Iwan Karamasow bei Dostojewski ein erschütterndes Beispiel im Hinblick auf die Theodizeefrage – eher lächerlich. Und übrigens: was der Nuntius während des Diners sagt, wird immer wieder von zwitschernden Dolmetscherinnen auf Spanisch wiederholt – „einer Vogelschar ähnlich, Wort für Wort" (ebd.) und also etwas gar mechanisch: voilà, auch da mag die Leserschaft einen ironischen Beiklang heraushören.

Oder liegt gerade darin vielleicht ein entscheidender Punkt? Da Gott als die Transzendenz unsere weltlichen schachbrettartigen Einsichten übersteigt, bleibt wohl nichts anders, als auch zuzugeben: vieles kommt uns auf dieser Welt „spanisch" vor? Möglich: Hürlimanns Kunst zeigt sich auch darin, dass er Antworten in eine mehrdeutige Schwebe hebt.

Aber diese Schwebe zeigt wohl doch auch: dass der Bundespräsident eigentlich mit einem Gott zurechtkommen müsste, der nicht alles vorausplanen lässt. Der Mensch hat selber seinen Teil zu leisten in diesem „Paradies der Verwesung". Im Sterben seines Sohnes erfährt der grosse Kater Gottes Abwesenheit. Doch am Schluss glaubt er auch: „[…] durch diese Abwesenheit teilt er mir mit, dass es ihn gibt" (ebd.: 185).

Er muss, wie die schweizerische Armee in Inglins *Schweizerspiegel*, wie auch Stiller gegenüber seinem Staatsanwalt und damit der Schweiz, Gefechtsabbruch leisten gegenüber einer religiösen Selbst-Absicherung, die Eindeutigkeit und politische Macht will, mit Gott spekulieren möchte wie auf einem Schachbrett. Solche Instrumentalisierung ist nicht möglich. Alles lässt sich nicht begradigen, zu viel scheint seltsam hienieden, kommt einem „spanisch" vor.

Dennoch kann eine höhere Vernunft, eine „Transzendenz" (wie für Albin im *Schweizerspiegel*) oder „absolute Realität" (wie für den Staatsanwalt im *Stiller*) oder auch ein Leben gewährender Gott (wie derjenige Abrahams in *Der grosse Kater*) vielleicht eine Richtschnur legen, selbst für unser staatliches Handeln. Vor allem kann der Mensch dank der Einsicht in unsere Endlichkeit, da und dort auch im Vertrauen auf einen transzendenten und darum nicht durch und durch begreifbaren, dafür lebendigen Gott, der Identität will, offenbar eher seine Authentizität entfalten als allein nach juridischen oder politischen Vorgaben. Eine Selbstannahme wird so möglich, die sich ins Unabänderliche fügt, wo das nicht anders möglich ist. Sie ist überdies Grundlage für das christliche Liebesgebot im Sinne von Stillers Staatsanwalt – und in eins damit: für eine Staatsidee.

© Frank & Timme   Verlag für wissenschaftliche Literatur

Benutzte Literatur

AGAMBEN, Giorgio (2006), *Die Zeit, die bleibt. Ein Kommentar zum Römerbrief.* Aus dem Italienischen von Davide Giuriato, Frankfurt am Main, Suhrkamp Verlag.

BÖCKENFÖRDE, Ernst-Wolfgang (1991), „Die Entstehung des Staates als Vorgang der Säkularisation". In: E.-W. B., *Recht, Staat, Freiheit. Studien zur Rechtsphilosophie, Staatstheorie und Verfassungsgeschichte.* Frankfurt am Main, Suhrkamp Verlag.

FRISCH,Max (1973 [1954]), *Stiller. Roman.* Frankfurt am Main, Suhrkamp Verlag.

-- (1999 [1961]), *Andorra. Stück in zwölf Bildern.* Mit einem Kommentar von Peter Michalzik, Frankfurt am Main, Suhrkamp Verlag.

GOTTHELF, Jeremias (1986 [1843/44]), *Geld und Geist oder die Versöhnung.* Zürich, Eugen Rentsch Verlag.

HÄBERLIN, Paul (1915), *Über das Gewissen. Nach einem öffentlichen Diskussions-Vortrag vom 21. November 1914 in Bern.* Basel, Kober.

-- (1917), *Das Ziel der Erziehung.* Basel, Kober .

HOLENSTEIN, Elmar (1997), „Gott und die Würde der Kreatur in der Schweizerischen Bundesverfassung". In: Fritz Stolz (Hrsg.), *Homo naturaliter religiosus. Gehört Religion notwendig zum Mensch-Sein?* Bern, Berlin, Frankfurt am Main, New York, Paris, Wien, Peter Lang, S. 241–286.

HUBATKA, Paul Werner (1985),*Schweizergeschichte im ‚Schweizerspiegel'. Versuch einer geschichtlichen Ortung von Meinrad Inglins Roman.* Bern, Frankfurt am Main, New York, Peter Lang.

HÜRLIMANN, Thomas (1998), *Der grosse Kater. Roman.* Zürich, Ammann-Verlag.

-- (2001), *Fräulein Stark.Novelle.* Zürich, Ammann-Verlag.

INGLIN, Meinrad (1988 [1922]), *Die Welt in Ingoldau. Roman.* Zürich, Ammann-Verlag.

-- (1987 [1939]), *Schweizerspiegel. Roman.*2 Bde., Zürich, Ammann-Verlag.

KLEIN, Rebekka A. (2010), *Sozialität als Conditio Humana. Eine interdisziplinäre Untersuchung zur Sozialanthropologie in der experimentellen Ökonomik, Sozialphilosophie und Theologie.* Göttingen, Edition Ruprecht .

KLEIST, Heinrich von (1986 [1811]), *Der Zweikampf.* Stuttgart, Philipp Reclam jun.

MATT, Beatrice von(1976), *Meinrad Inglin. Eine Biographie.* Zürich Atlantis.

-- (2011), *Mein Name ist Frisch. Begegnungen mit dem Autor und seinem Werk.* München, Nagel&Kimche.

MEIENBERG, Niklaus, „Inglins Spiegelungen". In: N.M., *Vielleicht sind wir morgen schon bleich u. tot. Chronik der fortlaufenden Ereignisse, aber auch der fortgelaufenen.* Zürich, Limmat Verlag Genossenschaft, S. 125–137.

RATZINGER, Joseph (1990), *Einführung in das Christentum. Vorlesungen über das Apostolische Glaubensbekenntnis.* München, Kösel-Verlag.

Daniel Annen

SCHLEGEL, Jean-Louis (2011), „L'inachèvement de la démocratie. Sur une trilogie de Marcel Gauchet". In: *Esprit,* Juillet 2011, S. 70–78.

SCHMIDT, Jan (2010), *Religion, Gott, Verfassung. Der Religions- und Gottesbezug in der Verfassungpluralistischer Gesellschaften.* Frankfurt am Main u.a., Peter Lang.

ANABELA MENDES (UNIVERSIDADE DE LISBOA)

Ach wie grandios, dass sie eine so harte Mutter hatte!
Begegnung, Subjektivität und Erfahrung bei Renée Schwarzenbach-Wille und Annemarie Schwarzenbach

> *Und vielleicht ist es wirklich so, dass ich «unglücklich sein will», d. h. die Spannungen von aussen brauche, und darum schon wieder auf die Landstrasse möchte.*
> Annemarie Schwarzenbach an Klaus Mann, Briefauszug, 1940 (Fleischmann 2001: 178)

> *Stark, männlich, klug, künstlerisch begabt, aber nur bedingt ein Mensch, der hätte studieren sollen. Im Großen anständig und durchaus fair, sonst oft kleinlich bis zur Bissigkeit. Wird schief und falsch beurteilt, leidet am Leben – der Welt – grüblerisch – geht zu tief in allen Dingen. Kann sich selbst vollständig aufgeben, wenn sie liebt, was aber höchst selten ist. Treu und voller Pflichtgefühl. [...] Im ganzen unglückliche Persönlichkeit, dabei selten strenge, gute Mutter – oft scharf. Starke praktische Tüchtigkeit. Ein Mensch, zu dem ein großer Rahmen – Kinder, Haus und Hof – gehört.*
> Gusti Österreicher, Graphologin, über Renée Schwarzenbachs Schrift, 1926 (*apud* Schwarzenbach 2005: 190f.)

1

Die Analyse der Handschrift von Renée Schwarzenbach-Wille (1883–1959), die auf ihre Bitte hin Ende der zwanziger Jahre des letzten Jahrhunderts von der Graphologin und Violinistin Gusti Österreicher vorgenommen wurde, sollte vielleicht nur einen Anflug von Neugier über die eigene Person befriedigen oder auch Raum schaffen für einen intimen, wenn auch punktuellen Dialog mit dem, was als ihr Zögern und Staunen umschrieben werden konnte.

Wenn wir uns die 2004 erstmals veröffentlichte umfassende Studie von Alexis Schwarzenbach über seine Urgroßmutter Renée, *Die Geborene – Renée Schwarzenbach-Wille und ihre Familie,* ansehen, finden wir zu oben erwähntem Zitat einen kurzen Kommentar, den der Historiker und Biograph äußert, ohne dass er sich auf einen tiefergehenden Kommentar einlässt: „[...] eine nicht uninteressante Schriftanalyse" (Schwarzenbach 2005a: 190).

Natürlich darf man ein solches Fragment nicht mit einer schnellen Verallgemeinerung etikettieren, als eine Art Patentlösung zur Beantwortung der Befürchtungen und Fragen, die sich in den Labyrinthen eines weitgehend vom Körper bestimmten geistigen Funktionierens manifestieren und auszumachen sind. Es ist gut möglich, dass Alexis Schwarzenbach, der sich an anderen Stellen desselben Buches lange, ausführliche Darstellungen und Kommentare zum Charakter und dem Verhalten seiner Vorfahrin erlaubt, vom Eigensinn der graphologischen Sachverständigen überrascht war und sich deshalb hier mit einer synthetischen Formulierung zufrieden gab, wo er sich sonst versierter ausgedrückt hätte.

Abzustreiten, dass es Gusti Österreichers Interpretation der Schriftprobe von Renée Schwarzenbach an jeglicher Grundlage mangele, wäre dasselbe, wie die formale Äquivalenz und ihre Anwendbarkeit in einem entsprechenden Zusammenhang in Frage zu stellen. Damit würde man verhindern, dass neue Aspekte zum Verstehen der Persönlichkeit der Begutachteten den Wunsch nach Selbsterkenntnis stimulieren, was im Übrigen ihr Verhalten als vertrauenswürdige und Vertrauen einflößende Person festigen würde. An ihrer Schrift konnte man gleichzeitig ablesen, wie sich ihre Physiologie mit der Tiefe ihres Geistes verband, was sie fähig war darzustellen und wahrscheinlich auch, welche Motive ihrem Verhalten zu Grunde lagen. Es handelte sich somit um eine Art offene Rückverweisung, in der sich Seinsweisen des Unterschieds und der Übereinstimmung zwischen weit zurückliegenden Dingen und der Gegenwart vereinen.

Wir wissen nicht, wie Renée Schwarzenbach-Wille auf das Gutachten ihrer Freundin Gusti Österreicher reagierte. Der synthetische Charakter der Formulierung lässt jedoch mögliche Wege einer Erkundung zu, wobei alle Zweifel unbeantwortet bleiben und wir diese niemals werden aufklären können.

2

Die Vorstellung von der Unmöglichkeit, dem Leiden entgehen zu können, da es integraler Bestandteil des Lebens ist, „[…] leidet am Leben – der Welt – grüblerisch – geht zu tief in allen Dingen" (*apud* Schwarzenbach 2005a: 190), erhält ein Gegengewicht in Renée Schwarzenbach-Willes Besessenheit alles aufzuzeichnen – alles, was mit ihren Interessen und Leidenschaften in einem direkten Zusammenhang steht. Dieses fast zwanghafte Festhalten von allem, womit sie sich befasst, findet in der Form von Reflexion und Selbstanalyse, in dem Gefühl des sich Mitteilens und Aussprechens auf Tagebuchseiten und in Briefen statt. Die Matriarchin Renée Schwarzenbach-Wille zeichnet das Leben jedoch nicht so sehr über das Schreiben auf, sie entdeckt vielmehr in der Fotografie und in kleinen Filmen ihren eigenen Weg, die Vergänglichkeit außer Kraft zu setzen. Ihr sorgfältig nach eigenen Vorgaben und symbolischen Montagen erfasster Nachlass an Bildern befindet sich heute im Besitz ihres Urenkels Alexis Schwarzenbach (ebd.: 7–11, 473) und stellt möglicherweise eine unerschöpfliche Quelle für generationsübergreifende und familiäre Entdeckungen dar, wobei sich das besondere Verständnis für die Geschichte der Lebenszeit der Fotografin darin eingeschlossen findet. Die Bilddokumente tragen zwar fast immer Unterschriften, doch sie setzen sich an den Platz des geschriebenen Wortes oder besser dessen, was sich in einem direkten Verweis auf das ineinander Verwobensein von Beziehungen daraus herleiten lässt. Auf einer zweidimensionalen schwarzweißen Oberfläche legen sie den Weg für eine Wahrnehmung an, die nicht innehält und jede aufgezeichnete Option in Frage stellt. In unterschiedlichen Intensitäten erfahren wir so von der unfraglichen Liebe Renée Schwarzenbach-Willes für ihre Pferde, die Kinder, andere enge Familienmitglieder, Freunde, verschiedene Gäste, für die Frauen, die sie begeisterten und – aus der Perspektive der Blutsverwandtschaft (sie ist Großnichte von Otto von Bismarck) und der Werte und Prinzipien, die als makelloses und nicht in Frage stehendes Gefühl in ihr leben – für die konservative Aura, von der die deutsche Geschichte durchdrungen und gezeichnet ist. Ihre spätere Bewunderung, der begeisterte naive Glaube an und die Unterstützung für den Nationalsozialismus können nur in diesem Zusammenhang verstanden werden. Dem widerspricht auch nicht ihre tiefe Zuneigung zur Schweiz, insbesondere zur deutschen Schweiz, wo sie eine Heimat fand und immer leben wollte, bis zu ihrem Tod.

Der Blick der Fotografin verstört mehr durch das, was sie nicht sehen lässt, als durch das, was sie zeigt. In diesem Sinn präsentiert sich uns Renée Schwarzenbach-Wille fast ausschließlich als fotografische Berichterstatterin einer Epoche, die eine auf sich zugeschnittene private und öffentliche, in ihren Licht- wie Schattenseiten erkundete Welt errichtet, die uns aus unerklärlichem Grund staunen macht angesichts der blanken Beunruhigung, die jedes Bild in sich birgt. Jedes Foto von Renée oder mit ihrer Abbildung ist die Seite eines Buches, die wir wie eine Aufzeichnung erleben und worin trotz der festen thematischen Optionen nichts Wiederholendes ist. Wir können darin das erahnen, was uns fremd ist, aber auch das, was uns bewegt und nahe kommt. Eine Geschichte, viele Geschichten werden in jedem Bild erzählt, und nur die Fotografin kennt sie, sei es über den Weg der Analogie oder der Affinität. So wäre es auch an ihr zu entscheiden, wo das visuelle Spiel zwischen Leben und Kunst beginnt und wo es endet. Die historische Perspektive, die Renée in ihrer Kameraführung leitet, ist zwar deutlich affektiv (vielleicht impulsiv und manchmal mit Verfolgungshang), betont jedoch ihren natürlichen Umgang mit dem technischen Instrument und bewirkt, dass sie in den Film die Linien eines Erbes einfließen lässt, das jedes andere Erbe absorbiert und in den vielfältigen Möglichkeiten der fotografischen Erzählweise ein Echo aus fernen Zeiten widerhallen lässt.

Mehr als in der Kalligraphie (von der wir uns jedoch nicht endgültig verabschieden müssen) fügen diese Objekte als Ziel unserer Betrachtung und Interpretation vielleicht etwas dem hinzu, das wir nie als ein Ganzes erfassen können: Wer war Renée Schwarzenbach-Wille? Ihre Fotografien stellen ihren Weg einer Metamorphose dar, als Attribut des Menschlichen, das sich in ihr mit der Zeit entwickelt und verändert; und sie zeigen die Veränderung in ihren Haltungen und Bewertungen der Dinge, die uns darüber Auskunft geben, was sie, je nach Stimmung, verwirrt und leiden oder lächeln lässt.

Im Falle der Familiensage der Schwarzenbach-Wille und ihrer vielen Gesprächspartner lässt uns die Fotografie als Abbildung an den geheimen Ort eines Menschen vordringen, der seine Verwirrung und sein Leiden an den Dingen zweifach erlebt, einmal im Bewusstsein des eigenen Schmerzes und dann in den Bedingungen, die für sie eine Bedrohung darstellen. Die Haltung dieser Frau enthält in dem, was sie von den Anderen fotografisch festhält, die intime Kenntnis ihrer Bildung und Kultur, ihrer Vorlieben und Interessen, ihrer Reaktion in den Grenzsituationen geistiger und körperlicher Krankheit, die sie verzehren und ängstigen, aber auch ihrer Empfindungen, wenn sie verzweifelt liebt oder sich gezwungen sieht, ihren Kampf für etwas aufzugeben, das ihrer Ansicht nach noch erstrebenswert wäre, sich aber in ihr erschöpft.

Selten wurde Schwarzenbach-Wille von physischer Passivität erfasst oder ließ sich in Vertretung ihres Selbst in zwiespältiger und durchlässiger Weise auf Einflüsse ein, die mit dem Denken unvereinbar waren. Die Bemerkungen Gusti Österreichers in ihrem graphologischen Gutachten über die Handschrift Renée Schwarzenbach-Willes sind zutreffend, wenn sie, wie schon eingangs zitiert, bemerkt: "Starke praktische Tüchtigkeit". Diese Worte wollen möglicherweise der Untersuchten eine unfehlbare praktische Begabung zuschreiben, die Fähigkeit das zu überwinden, was tragisch war in ihrem Leben. Dies bezieht sich nicht nur auf die persönliche Ebene, sondern auch auf die in der Öffentlichkeit stehende, einflussreiche Frau, die sich in die historisch-politischen Ereignisse einmischen wollte, die ihre Epoche formten und die von ihr vor allem von ihrem in Horgen, im Kanton Zürich gelegenen Landsitz Bocken aus verfolgt wurden.

Ihre Projekte und ihr Eifer wurden nur dann vorübergehend unterbrochen, wenn einer der ihr nächststehenden (der Vater, General Ulrich Wille, der Ehemann Alfred, die Tochter Annemarie, die Mutter Clara Wille) wegen seines Alters oder einer schweren oder tödlichen Krankheit von ihr ging oder ihrer intensiveren Anwesenheit und Zuwendung bedurfte (wie im Fall des Sohnes Robert-Ulrich, der zärtlich Robuli genannt wurde). Renée Schwarzenbach-Wille drängte denjenigen, mit denen sie lebte oder zusammenlebte, ihre Art auf, sie gab immer alles von sich, was in ihrer Macht stand, sofern es sich mit ihren Überzeugungen deckte. Während sie Gehorsam erwartete und dass ihre Prinzipien und Ziele respektiert und sogar akzeptiert wurden, spielte sie je nach Situation und Projekt, in dem sie gerade aktiv war, zur gleichen Zeit verschiedene Rollen.

Obwohl es dank der erwähnten Studie von Alexis Schwarzenbach (Schwarzenbach 2005b: 21–43) und anderer Essays des Autors möglich ist, ihre Vorlieben und die Art und Weise, wie sie ihre Tage verbrachte, einzuordnen, lässt sich doch ohne Zweifel sagen, dass die Erhaltung der familiären Identität im

Zentrum ihrer Anstrengungen stand. Vergegenwärtigen wir uns daher die Worte der Violinistin und Graphologin Gusti Österreicher, die es so ausdrückt: „Ein Mensch, zu dem ein großer Rahmen – Kinder, Haus und Hof – gehört!" (*apud* Schwarzenbach 2005a: 191).

Dieser Bereich von Repräsentativität und Verantwortung für die Frau im Schoß der Familie stellte zwar ihr vorrangiges Tätigkeitsfeld dar (sie war Mutter von fünf Kindern und Frau eines Großindustriellen der Textilbranche), verhinderte jedoch nicht die Existenz anderer ebenso starker Urinteressen wie die gleichzeitige Liebe für ihren Mann und für die lyrische Sängerin Emmy Krüger. Die Hingabe an die Musik, während sie die Künstlerkarriere ihrer Geliebten unterstützte, das leidenschaftliche Reiten ihrer Pferde (die sie mit Hingabe züchtete), Wetteinsätze bei Rennen, an denen diese beteiligt waren, das meisterhafte Lenken einer Kutsche oder das Autofahren auf privaten und geschäftlichen Reisen (vor allem in der Schweiz, aber auch außerhalb), das Auftreten als hervorragende Gastgeberin, wenn es die politische oder künstlerische Diplomatie verlangten, waren nur einige ihrer wahren Interessen.

Ganz offenkundig herrschte in Renée Schwarzenbach-Wille ein pulsierendes, widersprüchliches, despotisches und manchmal entflammtes Wesen, doch das schließt nicht die Möglichkeit aus, dass wir in diesem ihrem Daseinsgrund nicht auch noch eine andere Seite finden können, die weniger ins Auge fällt. Ganz im Stillen kommt diese aus ihrem fotografischen Nachlass ans Licht und findet sich daneben in vielen Erwähnungen und Zitaten der Biografierten oder solchen, die mit ihr in Zusammenhang standen.

In seinem Werk *Die Geborene* beschreibt Alexis Schwarzenbach mit fundiertem Sachverstand diesen unauslöschlichen intimen Schatten, der bewirkt, dass ein Wesen die Macht des Blicks und des Erwiderns auf den Blick verliert. Die Fotografien Renées atmen ihre eigene Verletzlichkeit, mit der sie sicher nur schwer umgehen konnte, gerade weil sie eine Persönlichkeit mit so affirmativem und eigensinnigem Temperament besaß. Ein Beispiel für diese Behauptung ist eine ihrer philanthropischen Erfahrungen im Bereich der soziokulturellen Unterstützung, die ein Gegengewicht zu all ihrer sonstigen öffentlichen und privaten Tätigkeit darstellte. Über Jahrzehnte engagierte sie sich hier und kam dabei in engen Kontakt mit unbekannten, sozial benachteiligten Frauen, die in der Fabrik der Familie Schwarzenbach in Thalwil arbeiteten. Das Kulturzentrum "Volksheim zu Rosengarten", an dessen Gründung sie beteiligt war, gewann in Renée die aktive und aufmerksame Präsenz derjenigen, die für einen kurzen Zeitraum ihre Abgründe hinter sich ließ und affektive Anteilnahme für diese einfachen unverfälschten Leute aufbrachte. Deswegen würdigten die »Rosengärtlerinnen« sie mit einem echten Gefühl des Verlusts, als sie von ihrem Tod erfuhren:

Frau Schwarzenbach hat viel Freude ins Leben von uns einfachen 'Rosengarten'-Frauen gebracht; wir denken an die unzähligen Stunden, die sie uns an den beliebten Mittwochabenden vorgelesen hat. Als sie noch auf Bocken wohnte, kam sie achtunddreißig Jahre jeden Mittwoch zu uns. Und dass sie noch von Konstanz aus, solange ihr das möglich war, jeden zweiten Mittwoch zu uns kam und uns Treue hielt, hat uns besonders gefreut. (apud Schwarzenbach 2005a: 463f.)

3

In der treuen Verbundenheit zwischen Renée und jenen Frauen wird das deutlich, was ich als *Großzügigkeit durch Kräftigung* bezeichnen würde. Diese Empfindung ist sicherlich in einer wechselseitigen Bewegung zu sehen und überlagert, um Vollkommenheit zu schaffen, unterschiedliche Motivationen; wenn sie für ihr Handeln jedoch nicht auf Grenzen stößt, hebt sie möglicherweise die jedem Ding und jedem Wesen eigene Form auf, also dessen Identität oder Teile davon. Renée Schwarzenbach-Wille verbrachte ihr Leben damit, hinter sich selbst herzulaufen, sie versuchte in jeder Verdoppelung der eigenen analogen Bewegung Kraft zu finden, wie es Goethe in seiner 23. Maxime so treffend formulierte:

Jedes Existierende ist ein Analogon alles Existierenden; daher erscheint uns das Dasein immer zu gleicher Zeit gesondert und verknüpft. Folgt man der Analogie zu sehr, so fällt alles identisch zusammen; meidet man sie, so zerstreut sich alles ins Unendliche. In beiden Fällen stagniert die Betrachtung, einmal als überlebendig, das andere Mal als getötet. (Goethe 1982: 368)

Beim Lesen von Goethes Überlegungen zur Analogie erhalten wir die nötigen Instrumente an die Hand, um in der fotografischen Aktivität Renée Schwarzenbach-Willes einen Aspekt unterschwelliger Transzendenz ausmachen zu können, auch wenn diese Neigung nicht in ihrem gesamten Nachlass feststellbar ist; davon ausgehend stellen wir auch im Fotojournalismus ihrer Tochter Annemarie Schwarzenbach während ihrer Reisen durch die Kontinente dasselbe Verlangen fest, gleichermaßen sich selbst zu überwinden wie ihre Grenzen zu verstehen, das sich jetzt deutlicher in den von ihr fotografierten Gegenständen konzentriert. Der Begriff „Gegenstände" ist hier in einer umfassenderen Bedeutung so zu verstehen, dass er in einer fotografischen Abbildung alles umfasst, was darauf abgebildet wird, unabhängig davon, ob es sich um das Einfangen menschlicher Motive oder irgendeiner anderen Form des Visuellen handelt.

Wenn wir an die Transzendenz des Lebens denken (so wie sie in der fast unmerklichen Hinwendung Renées zu Fotografie festzustellen ist), erscheint es unverzichtbar, darin auch den Tod mit einzubeziehen: Nicht nur die Vorstellung vom Tod als Prozess des Vergehens, der schließlich unerträglich wird und von seiner biologischen Natur in einen anorganischen Zustand übergeht, sondern genau der Augenblick, in dem das Weiterbestehen des Seins sich dem Zusammenwohnen in seinen eigenen ökologischen Zyklen annähert oder sich davon verabschiedet und von dem angefordert wird (wir selbst fordern darin danach), was der Tod als Übergang für das Einfache und Natürliche bewerkstelligt. Das Zusammenfügen und der Antagonismus beinhalten das Katastrophengefühl des Verlusts, das die natürliche Unwägbarkeit des Lebens nicht mehr erträgt, vom Zusammenleben mit seiner Materialität aber angeregt wird. Gerade deshalb sind sie ein Aufruf dazu, eine Ersatzform zu finden, die Befriedung bringen kann.

4

Trotz allem, was Renée und ihre Tochter Annemarie voneinander unterschied (Vorlieben, Erziehungsmodelle, politische Ausrichtungen, kulturelle Interessen) und seit den achtziger Jahren des vergangenen Jahrhunderts die Aufmerksamkeit vieler Forscher (darunter naturgemäß auch Alexis Schwarzenbach) für den latenten offensichtlichen Konflikt zwischen Mutter und Tochter auf sich gezogen hat (der auf gewisse Weise erklärt, dass diese ungestüme Beziehung eine der offensichtlichsten Faktoren nicht nur für die Charakterbildung Annemaries, sondern auch für den frühzeitigen Tod der Schweizer Autorin gewesen ist), kann doch keinerlei Werturteil über diese Debatte noch irgendetwas zur Relevanz der Fakten an sich hinzufügen. Wir sehen jedoch trotzdem die Möglichkeit, dass sich im fotografischen Werk von beiden ein beschwichtigendes, versöhnliches Gefühl zeigt, das die eine wie die andere untereinander und auch für sich allein ihr Leben lang suchten und wodurch das Gestalt annimmt, was sie einander ähnlich machte und sie durch Analogie miteinander vereinte, auch wenn sie so viel trennte.

Rufen wir uns noch einmal die eingangs zitierten Worte Annemarie Schwarzenbachs in Erinnerung, die sie 1940 an Klaus Mann schrieb: „Und vielleicht ist es wirklich so, dass ich «unglücklich sein will», d. h. die Spannungen von aussen brauche, und darum schon wieder auf die Landstrasse möchte" (Fleischmann 2001: 178). Hier finden wir jenen rebellischen Impuls, der die Unaufhaltsamkeit von Bedürfnissen und Ansprüchen, in denen sich das *exzessive Leben* („überlebendig", ich verweise hier auf Goethe und seine 23. Maxime) wegen des Mangels an Gegengewicht verliert, anscheinend bis ins Unendliche vervielfältigen will. Augenscheinlich funktioniert hier die auf Renée angewandte Vorstellung von *Großzügigkeit durch Kräftigung* nicht. Annemaries Fotografien machen jedoch deutlich, dass sich das achtlose Auslöschen des eigenen Selbst in die Forderung nach Transzendenz verwandeln kann, in der die Bildjournalistin manchmal ihre Identität in der Welt zu suchen scheint, die ihr in ihren eigenen Augen fehlt und sie zusammenbrechen lässt.

Abb.: Herat, »Die letzten Minarette des ›Musallah‹«, August 1939, Annemarie Schwarzenbach, © Nachlass Annemarie Schwarzenbach, Bern

Abb.: Andkhoi, »Gesträuchwälle mit Wasser begossen schützen das Haus vor Hitze«, August 1939, Annemarie Schwarzenbach, © Nachlass Annemarie Schwarzenbach, Bern

Der extreme Wunsch nach Nähe und Verständnis hat sich wohl bei Annemarie Schwarzenbach wie bei jedem menschlichen Wesen auch dann schon gezeigt, als sie sich selbst dessen noch nicht voll bewusst war. Die Gefahr des Verlusts eines identitätsstiftenden Schoßes war anscheinend nicht Thema ihrer Kindheitserfahrung, auch wenn das Übermaß an Aufmerksamkeit und im Mittelpunkt Stehens genauso verstörend sein kann wie sein Gegenteil. Bei Annemarie Schwarzenbach kleidete sich dieser Wachstums- und Reifeprozess bei der legitimen Suche nach der einen Vollkommenheit in vielfältige, einander abwechselnde Formen, vor allem von dem Augenblick an, in dem die Fotografin und in ihr auch die Autorin sich der vielen Ähnlichkeiten bewusst wird, die sie mit ihrer Mutter teilt: das Bedürfnis nach Veranschaulichung, den Willen zu persönlicher und beruflicher Bestätigung, das politische Engagement – auch wenn sich hier ein Abgrund zwischen ihnen auftut –, die homosexuelle Erfahrung, vor allem jedoch die Auffassung von einem Prozess der Befreiung und Erneuerung, der beständig gestärkt werden muss. In diesem besonderen Fall wird die ersehnte Erwartung gleichzeitig zur gefürchteten Gefahr.

Eine aufmerksame Betrachtung der Familienfotos ihrer Mutter Renée Schwarzenbach-Wille zeigt mit Wucht den Verlust, den es bedeutet, Kind und gleichzeitig Heranwachsende zu sein und nicht verstehen zu können, was bei diesem Veränderungsprozess auf dem Spiel steht. Die Prüfung dieses Balancierens, in das sich Annemarie anscheinend fügt und das auf eine mögliche symbolische Übung für das Leben verweisen könnte, erreicht im Bild nicht den siegreichen Höhepunkt einer vollendeten Bewegung, sondern die Forderung des Höhepunkts an Konzentration, an dem die gesamte zurückgelegte Strecke sie schlussendlich zusammenbrechen lassen kann. Aus dieser Perspektive scheint das Objektiv Renées den Prozess dem Ergebnis vorzuziehen. Und damit hält ihr fotografischer Gestus vielleicht in der Leistung der Tochter die Kraft fest, die sie an sie weiterzugeben hofft und den Glauben daran, dass die Betrachtung nicht stagniert, sondern sie eher wie eine analoge Bewegung eint.

Im Gegensatz zu Renée scheint Annemarie dieses erweiterte Gefühl der Nichtzugehörigkeit zu irgendeinem Ort und irgendeinem Wesen, mit dem sie während ihres kurzen Lebens zusammengelebt hat, bereits vorauszusehen. Unsere Augen betrachten in dieser Darstellungsform die fehlende Anpassung, die Furcht, aber auch die Konzentration, mit der Annemarie geht und dabei in dem ihr eigenen Maß die Maßlosigkeit wahrnimmt, die es bedeutet, sich zu erheben und zwischen Himmel und Erde zu halten und damit die Bedingung eines Wesens zu akzeptieren, das sich zwischen Fall (wörtlich und übertragen) und Rettung befindet. Annemarie Schwarzenbach ging der Entdeckung der Fremdheit des Lebens im Herzen dessen nach, was ihr vertraut war, und diese Erfahrung ließ sie auf eine unüberwindliche Schwelle zugehen, wo ihr Auge einer Fotografin dem Vertrautheit zurückgab, was in ihr fremd war.

Abb.: Marokko, Annemarie Juni 1942, © Nachlass Annemarie Schwarzenbach, Bern

5

Wenn unsere Überlegungen darüber, welch diskrete Wechselwirkung zwischen der fotografischen Tätigkeit von Renée und Annemarie bestand, an diesem Punkt angelangt ist, können wir vielleicht besser verstehen, in welchem Maße auch diese wechselseitige künstlerische Äußerung nie hätte in Frage stellen können, was sie sich sonst selbst vorgeworfen hätten: nicht zu erkennen, dass die Fotografie die Rolle des Torhüters der Erinnerung einnahm und das schützte, was beide zerstörten und dann aus den Ruinen wieder retteten.

Für Annemarie Schwarzenbach vervollständigte die Fotografie das, was ihr als das wichtigste Geschenk des Lebens erschien: das Schreiben. Denn im Schreiben spiegelte sie sich wieder und durch das Schreiben gab sie dem Unfasslichen und Fiktiven Gestalt, das sie den Dingen und ihrer Seele anzufügen wusste. Ihr gequältes Wesen ließ uns so – nicht immer oder fast nie auf direktem Wege – die Schatten und Gespenster der problematischen Beziehung zur Mutter zukommen.

Goethes Vorstellung vom *Analogon*, das jedes Existierende trennt oder verbindet, folgend, geben wir kurze Ausschnitte eines Kapitels ('Teheran') aus ihrem Reisetagebuch *Winter in Vorderasien* wieder, das die Autorin im März 1934 verfasste:

Man versteht immerhin, dass es den Arabern so leicht gelang, die Perser von ihrer Vergangenheit zu trennen und ihnen ihre Religion zu nehmen und durch den Islam zu ersetzen; und man versteht noch besser, dass später **die Legenden Firdausis zur nationalen Tradition erhoben wurden, ohne dass es jemandem einfiel, an ihrer mehr als geschichtlichen Wahrheit zu zweifeln.** *[...] Aber die Tatsache wird nur bestätigt werden, dass dieses den irdischen Massen entrückte Land der Schauplatz aller riesenhaften und furchtbaren, zuweilen auch erhabenen menschlichen Geschehnisse wurde, gerade, als ob die Menschen der Nähe des Himmels nicht gewachsen wären und in taumelnde Selbstüberhebung gerieten. In diesem Zustand machte die Legende sie zu Halbgöttern – Persien war damals die Heimat eines unruhigen, hochfahrenden und begabten Volkes geworden, dessen Jünglinge ich gern von Hölderlin beschrieben wüsste; sie waren ritterlich und schwärmerisch, vom Wert ihrer kriegeri-*

schen Tugenden überzeugt, dabei von verletzlichem Stolz. Man lehrte sie „mutig sein und gut reiten" – aber diese Ideale verblassten während der jahrhundertelangen Fremdherrschaft von Türken und Mongolen. (meine Hervorhebungen) (Schwarzenbach 2008: 142–143)

Das Wesen eines Volkes erhält sich im Glauben und im Handeln derjenigen, die eine Erinnerung zu bewahren suchen, die alle betrifft. Wenn diese festgehaltene Erinnerung mit nationalem und identitätsstiftendem Charakter, die auch von der Geschichte nicht in Frage gestellt wird, (hier vom Vermächtnis des persischen Dichters Firdausi ausgehend wiedergegeben und verglichen mit dem, was die Erinnerung der Schriftstellerin an die Texte des deutschen Dichters Hölderlin bei ihr auslöste), in Vergessenheit gerät, weil sich die Wahrheit, die tiefste Wahrheit, nicht gut mit der Lüge einer aufoktroyierten Identität verträgt, muss man sich wieder in Erinnerung rufen (so wie die Autorin es in ihrer Reflektion tut), dass die Zeit immer das auslöscht, was seinen affektiven Wert verliert, wenn die Völker für andere Völker ihre Daseinsberechtigung verlieren:

Von den alten Persern hieß es, sie lehrten ihre Söhne drei Dinge: mutig sein, die Wahrheit sagen, und gut reiten. [...] ein sehr ritterliches Erziehungsideal entsprach, demjenigen der Ritterschaft unseres Mittelalters unmittelbar verwandt [...]. (Schwarzenbach (Clark), National-Zeitung, 10.12.1935, Nr. 573, 1 f.)

Mit dem Selbstzitat des zwischen Kommata stehenden Satzteils: „mutig sein und gut reiten", führt die Schriftstellerin eine neue Werterelation ein, die sie vorher in ihrer Erörterung über die Bedeutung des persischen Nationalepos' *Schâhnâme* (Buch der Könige) in einem neuen historischen Raum von Machtbeziehungen gebraucht hatte. Der Ausdruck „die Wahrheit sagen" taucht hier im Zusammenhang mit einem Erziehungsprogramm auf, das Annemarie gut kennt, denn es entspricht dem Erziehungsideal ihrer Mutter.

Gerade das Bedürfnis, einem Wahrheitsparadigma treu zu bleiben, das Annemarie Schwarzenbach mehr auf eigene Kosten als durch Druck von außen gelernt hat, bringt sie dazu, eines Tages auf frontale Weise und furchtlos darüber zu schreiben, wie sie die Beziehung mit ihrer Mutter verstand und empfand:

Über meine Mutter zu schreiben, ist der Anfang aller Dinge, aber auch haarscharf das Schwierigste, nein: Unangenehmste[...]. Sie, meine Mutter, ist eine ganz außergewöhnliche Frau, sie weiß es, ihre Verehrer wissen es noch besser. Ich denke fast, das Zentrum ihres Charakters ist Güte und Herrschsucht. [...] Sie ist ganz gut und ganz böse, und ihre Rede ist so wie es in der Bibel steht: ja ja und nein nein. Sie ist >primitiv<, weil sie ihr Urteil absolut setzt, aber sie ist kompliziert, weil sie ja leidet. Sie leidet zum Beispiel an mir. Und dann ist sie hilflos. – Ich darf doch sagen: dass da ihre Weisheit aufhört. Und sie glaubt immer wieder, Macht in irgend einer Form beweise etwas auf Erden. [...] Meine Mama ist nur Herz, Impuls, Reaktion. Dieses letzte Wort beweist: sie ist auch Opfer. Und hier setzt mein Mitleid ein. Wenn sie mir sagte, sie habe eine verlorene, artfremde Tochter, so weinte ich – vor Mitleid – nicht, weil sie mich verloren nannte. [...] (apud Schwarzenbach 2005a: 312)

Dieser autobiografische Text, von dem nur einige Ausschnitte wiedergegeben werden, entstand auf ärztliche Veranlassung des Psychiaters Oscar Forel, von dem Annemarie im November 1935 in der Klinik Les Rives de Prangins am Genfer See behandelt wurde. Es war ein weiterer Versuch, die Schriftstellerin aus der Abhängigkeit von harten Drogen zu befreien, für den der Arzt, wenn auch nicht sehr enthusiastisch, die Möglichkeit eines positiven Ausgangs sah.

Was die Patientin und das, was sie über ihre Mutter schrieb, angeht, hätte die Hellsichtigkeit ihrer spontanen Darstellung und der wahrhaftige Eindruck, den ihre Überlegungen vermittelten, nicht größer sein können. Diese Wahrheit, von der Renée Schwarzenbach vielleicht so nicht gerne Kenntnis gehabt hätte, die sie jedoch ihre Tochter respektieren gelehrt hatte und die sich, in hellsichtiger Frucht aller menschlichen Erfahrung, aus einem ausgewogenen Gleichgewicht zwischen Licht und Schatten zusammensetzt. Annemarie hat sich für ihr Leben nicht dieses Gleichgewicht gewählt, auch wenn dessen Gegenteil zu etwas wurde, was noch darüber hinausging, zu jenem Weg, der aus der Erkenntnis geboren wurde, dass Trennung und Konflikt Antriebskräfte waren, die dazu beitragen sollten, dass der eine und der andere Teil in ihrer Aufspaltung eine versprochene symbolische Verschmelzung anstreben könnten. Ach wie grandios, dass sie eine so harte Mutter hatte!

Benutzte Literatur

FLEISCHMANN, Uta (2001), «*Wir werden es schon zuwege bringen, das Leben*» – *Annemarie Schwarzenbach an Erika und Klaus Mann. Briefe 1930 – 1942*. Herbolzheim, Centaurus Verlag.

GOETHE, Johann Wolfgang von (1982), *Goethes Werke – Schriften zur Kunst, Schriften zur Literatur, Maximen und Reflexionen*. Erich Trunz/ Hans Joachim Schrimpf (Hrsg.), Hamburger Ausgabe in 14 Bänden, Band 12, München, C. H. Beck.

SCHWARZENBACH, Alexis (2005a), *Die Geborene – Renée Schwarzenbach-Wille und ihre Familie*. Zürich, Scheidegger & Spiess.

-- (2005b), „‚Der Anfang aller Dinge' Annemarie Schwarzenbach und ihre Mutter Renée Schwarzenbach-Wille". In: Walter Fähnder/ Sabine Rohlf (Hrsg.), *Annemarie Schwarzenbach – Analysen und Erstdrucke*. Bielefeld, Aisthesis Verlag, S. 21–43.

-- (2008), *Auf der Schwelle des Fremden – Das Leben der Annemarie Schwarzenbach*. München, Collection Rolf Heyne.

SCHWARZENBACH, Annemarie (Clark) (1935), „Städter, Bauern und Nomaden im Iran". In: *National-Zeitung*, 10.12.1935, Nr. 573, 1 f.

-- (2008), *Winter in Vorderasien*. Basel, Lenos Verlag.

MARIA DE LURDES DAS NEVES GODINHO
(INSTITUTO POLITÉCNICO DE LEIRIA / FAC. LETRAS PORTO)

„Lob der Freiheit" oder die Suche nach demokratischen Werten in Europa bei der Schriftstellerin und Fotojournalistin Annemarie Schwarzenbach[1]

> *Heim, in die Schweiz, ich wage es nicht laut zu sagen,*
> *dass ich dort sein möchte. [...]*
> *Der dunkle Wunsch, zu Hause zu sein, das ist wohl der*
> *Ausdruck für ein Gefühl der Schicksalsgemeinschaft.,*
> „Nachrichten aus Europa" (21.9.1939)

Annemarie Schwarzenbach (1908–1942) wurde in einer ultra-konservativen Familie und in einem Land geboren, wo eine gewisse politische Apathie herrschte, und war Protagonistin verschiedener Fluchten aus dem familiären und dem nationalen Raum, den sie als Einschränkung ihrer eigenen Freiheit empfand.

Ihr abenteuerliches Leben führt die lesbische, politisch engagierte Schriftstellerin auf Reisen in den Nahen Osten, in die Vereinigten Staaten, nach Afrika, um immer „nach Hause" zurückzukehren. Gemeint ist nicht das erstickende Europa des National-sozialismus, sondern ein anderes Europa, das von den Schrecken des Zweiten Weltkriegs befreit sei und Respekt vor den humanistischen europäischen Werten zeige.

Allerdings sollte diese Rückkehr zu den Wurzeln nicht in einem engen Sinn, d. h. nicht als Rückkehr ins "Vaterland" Schweiz, sondern als Rückkehr zum deutschen kulturellen Kontext eingesehen werden. Statt einer sozusagen einseitig patriotischen Verbindung zur Schweiz zeigt Annemarie Schwarzenbach vielmehr also eine kulturelle Verbindung, die sich häufig in Worten wie

---

1 Die Arbeit ist Teil des Forschungsprojektes "Interidentitäten/Interkulturalitäten" des *Instituto de Literatura Comparada Margarida Losa da Faculdade de Letras da Universidade do Porto* und wird durch die *Fundação para a Ciência e a Tecnologia* im Rahmen des Projektes «PEst-OE/ELT/UI0500/2011» gefördert.

© Frank & Timme   Verlag für wissenschaftliche Literatur

„Heimat" wiederspiegelt. Dadurch drückt sie das Gefühl eines gemeinsamen Schicksals aus, wie der oben zitierte Artikel "Nachrichten aus Europa" beweist. Von ihren unzähligen Reisen durch Europa werde ich Textauszüge und einige Fotos auswählen, die in "ihrem" von der Nazi-Barbarei erstickenden Europa entstanden, die imstande sind, eine Fotojournalistin zu zeigen, die sich auf der Suche nach den Werten westlicher humanistischer Kultur befindet. Gemeint werden also solche Werte, die im "zivilisierten" Raum, woher sie stammt, nicht anwesend sind.

Außer ihrer Promotion in Geschichte (1931), deren Thema sich auf die schweizerische Region Engadin[2] bezieht, wird Annemarie Schwarzenbach ihrem Heimatland übrigens nur einige Artikel über schweizerische Gegende widmen, die in zwei Bänden der Reiseführer Reihe *Was nicht im Badaeker steht* veröffentlicht wurden (1932–33),[3] und erst später (1940) wird sie den sehr kritischen Artikel über die sogenannte schweizerische Neutralität "Die Schweiz – das Land, das nicht zum Schuss kam" schreiben. Wie wir wissen, hat diese Artikelknappheit bezüglich der Schweiz mit familiären Gründen zu tun, und entstand aus einer gewissen Bitterkeit, wie aus ihren eigenen Worten leicht entnommen werden kann: "Warum arbeite ich nicht in der Schweiz? [...] weil die Schweiz ein kleines Land ist, und was ich dort tue oder sage, immer persönlich ausgewertet, ausgemünzt, kritisiert wird." (In *Brief an Arnold Kübler*, 4.2.1938, *apud* Perret, 2005: 280).

Eine politische Teilnahme zeigt sie noch gegen die schweizerischen Frontisten, Hitlers Anhänger, in einem ersten kurzen kritischen Artikel der Zeitung *Zürcher Post* (27.12.1934, Nr. 303) über das Kabarettstück *Die Pfeffermühle*, in dem die Autorin die Freunde Erika und Klaus Mann in direkter Opposition zu ihrer eigenen Familie nach drücklich unterstützt.

---

2   Annemarie Schwarzenbach hat an der Universität Zürich mit: *Beiträge zur Geschichte der Oberengadins im Mittelalter und zu Beginn der Neuzeit* promoviert.

3   In der Tat hatte Annemarie als Co-Autorin (mit Hans Rudolf Schmid) in einem öfter ironischen Register noch an zwei Bänden des Reiseführers *Was nicht im Baedeker steht* über die Schweiz teilgenommen, nämlich an *Das Buch von der Schweiz. Ost und Süd*, Band 15 (1932) und *Das Buch von der Schweiz. Nord und West*, Band 16 (1933) (Georgiadou, 1998: 253). Für eine ausführliche Publikationsliste aller Teilnehmer an den 16 Bänden, unter denen sich auch Erika und Klaus Mann befinden (*Das Buch von der Riviera*, Band 14, 1931), als auch für eine detaillierte Beschreibung der Reiseführer *Baedeker* ab Mitte des 19. Jahrhunderts und der Reihe *Was nicht im Baedeker steht* im 20. Jahrhundert, besonders über die zwei Bände über die Schweiz, die Schwarzenbach schrieb, siehe Vilas-Boas, 2010: 177-191.

Dieser eindeutig antifaschistische Zug zeigte sich schon im Essay "Lob der Freiheit" (IE: 15–18), den sie 1931 schrieb, als sie noch sehr jung war. Schwarzenbach interessiert sich in erster Linie für die Erhaltung der geistigen und kulturellen Werte, die sie mit jeglicher Art der diktatorischen Staatsform in Gefahr sieht. Wie sie schreibt:

[...] dass das heutige Schlagwort der politischen Diktatur auch die geistigen Gebiete ergreift, scheint der kulturellen Vielfalt bedrohlich. Diese Vermengung politischer Haltung mit geistigen Lebensformen ist unerträglich und erniedrigend. (IE: 15)

Daher ihre Schlußfolgerung:

[...] die Versklavung der geistigen Kräfte im Dienste irgendeiner "Institution" war stets eine Gefährdung des kulturellen Reichtums. [...] (IE: 16)

In einem Geschichtsüberblick wird zuerst die griechische Zivilisation und deren Beziehungen bzw. Unterordnung der geistigen Kräfte angesichts des Staates untersucht; danach verdeutlicht die Autorin diese Idee mit dem Beispiel des "neuen deutschen Kaiserreiches", und schließt zuletzt daraus, dass die geistig-schöpferischen Kräfte Einsamkeit und Freiheit [brauchen]" (IE: 16).
In Nicole Le Bris Worten zeige Schwarzenbach "einen gewissen historischen Pessimismus" (AS 2010: 122),[4] da die schweizerische Autorin annehme, dass die Freiheit durch einen dialektischen Vorgang sich in ihr Gegenteil verändere, jedesmal wenn dieses Ideal verwirklicht wurde. Annemarie Schwarzenbach wörtlich:

Die vorausgegangenen Generationen kämpften unter den mannigfachen Schlagworten der Demokratie für die große Idee der Freiheit. Ihre Errungenschaften geniessend, verfielen sie dem Schicksal jeder Realisierung: der Einseitigkeit und Erstarrung. (IE: 17)

---

4   Darüber schreibt Nicole de Bris: „D'autre part un certain pessimisme historique fait que AS voit même de façon dialectique la liberté se transformant en son contraire, se retournant contre elle-même, par son développement même, par le seul fait de sa réalisation" (AS 2010: 122).

Trotz dieses Pessimismus gibt sie den Kampf nicht auf und vertritt die Idee eines freien Geistes, der die Freiheit als Wert verteidigen muss. Das geschah in einer Zeit, als die Idee der Autorität gegen die Idee der Freiheit immer mehr Anhänger bekam, und sich in einigen autoritären Regimes ausdrückte, so wie etwa dem Faschismus mit Mussolini oder 1933 dem Nazismus mit Hitlers Machtergreifung. Deswegen schließt sie den Artikel mit einem Ausruf:

Humanität, Toleranz und ein reiner Wille bleiben durch alle sich wandelnden Daseinsformen die selbstverständlichen Forderungen eines freien Geistes. (IE: 18)

Ihre eindeutige Idee der Freiheit ist auch im Artikel "Ignazio Silone: *Fontamara*" anwesend, den sie für *Die Sammlung* 1933 (IE: 51–53) schrieb. Diese Exilzeitschrift wurde von Erika und Klaus Mann geleitet und von der schweizerischen Autorin finanziert. Ausgehend von der Erzählung des Schriftstellers und Gründers der kommunistischen Partei Italiens, Ignazio Silone, spricht Annemarie über das italienische Dorf Fontamara, das unter faschistischer Unterdrückung lebte. In diesem Sinne gibt die Autorin den Cafoni ("die ärmsten unter den Landarbeitern" (IE: 51)) des südlichen Dorfes Fontamara die Stimme, indem sie ihre Hoffnungslosigkeit und Verzweiflung durch Silones Erzählung verstehen und wiedergeben kann. Auch die Gewalt der Obrigkeit drückt sie wie folgt aus:

[...] die armen Leute aus Fontamara [...] verstehen, dass sie immer ärmer werden, und dass man nichts dagegen tun kann, weil die Gewalt der faschistischen Miliz größer ist als die Macht und Gerechtigkeit Gottes. (IE: 52)

In diesen trüben Zeiten sieht es so aus, als hätten sowohl Gott als auch die Menschheit die Armen, die Unterdrückten und Rechtlosen vergessen und sie ihrem Schicksal überlassen. Die Autorin wörtlich:

Wir tun einen Blick [...] hinter die glänzenden Wände des faschistischen Regimes, zu den Armen und Gedrückten, die auch heute arm und gedrückt sind, zu den Rechtlosen, die auch heute entrechtet und hilflos sind

[...] denn als sie sich zu erheben versuchen [...], als sie [...] sich aus ihrer Not befreien wollen, da kommt über sie der Krieg ... Krieg, fragen sie, warum Krieg? Niemand antwortet ihnen, aber viele unter ihnen werden erschossen, alle werden zerstreut, sind verbannt, verfolgt, preisgegeben, verloren. [...] "Was sollen wir tun?" fragen die armen Leute von Fontamara. Wann wird das Gewissen der Welt ihnen antworten? (IE: 52–53)

Das Gewissen der Welt scheint das Ganze tatsächlich schweigend mitzuerleben, und ihnen gar nicht zu antworten. Die Reihenfolge der Partizipien mit dem Präfix „ver" (verbannt, verfolgt, verloren), die parallelistischen Sätze wie „[...] zu den Armen und Gedrückten, die auch heute arm und gedrückt sind, zu den Rechtlosen, die auch heute entrechtet und hilflos sind" und auch „werden erschossen, werden zerstreut", zeigt dem Leser die ganze Hilflosigkeit dieser Menschen, die, sei es im Krieg, sei es aus politischen Gründen, rücksichtslos vernichtet werden. Dabei zeigt die Fotojournalistin eine Haltung von zähem Widerstand gegen den Faschismus im Allgemeinen und unvermeidlich auch gegen die schon zu der Zeit in Deutschland regierenden Nazis, die zahlreiche Anhänger in Schwarzenbachs Land zählten, unter denen auch Mitglieder ihrer eigenen Familie.

Ich werde mich nun auf einen der wenigen Texte konzentrieren, die die Autorin ihrer Heimat widmete: „Die Schweiz – das Land, das nicht zum Schuss kam" (AS 1990: 268–280), der nicht zur Zeit seines Schreibens (1940) wegen seines politischen Tons und seiner vernichtenden Kritik an der angeblich schweizerischen Neutralität zur Zeit des Zweiten Weltkrieges veröffentlicht werden konnte. Erst 1987 durfte der Text in der Zeitschrift *Der Alltag* (Zürich, Nr.2/1987: 17–22) mit einer Erklärung von Roger Perret über die vermutliche Entstehung des Artikels[5] veröffentlicht werden. In ihrem sehr kritischen, sogar ziemlich bissigen Artikel, der mit viel Ironie geschrieben wurde, denkt die Autorin in der Tat über die vermutlichen Gründe für die schweizerische Neutralität nach:

....

5   Tatsächlich spricht Perret von einer möglichen englischen Übersetzung des Artikels, der von der amerikanischen Zeitung *Washington Post* zur Zeit des Schreibens oder als Kapitel eines Buches veröffentlicht wurde, und dazu dienen sollte, die amerikanische Jugend über die Geschehnisse und Entwicklungen außerhalb ihres Landes zu informieren/orientieren (vgl. Perret, 1987: 17).

Inmitten des sich ausbreitenden Krieges blieb nur die Schweiz wie durch ein Wunder unversehrt und frei. Es gibt für dieses Wunder manche auf der Hand liegende Erklärungen. [...] Man hat immer wieder gehört, dass niemand ein Interesse daran haben könne, die schweizerische Neutralität zu verletzen. [...] Es kann kein Zweifel darüber bestehen, dass die Schweiz auch für diesen Krieg vortrefflich gerüstet war. Mit einer Bevölkerung von vier Millionen war sie dank ihres Milizsystems imstande, bis zu siebenhundertfünfzigtausend Mann zu mobilisieren. Jeder gesunde Schweizer ist militärdienstpflichtig. Jeder Schweizer Wehrmann hat seine Ausrüstung und sein Gewehr zu Hause. Mit einer Ausbildungszeit von nur vier Monaten, jährlichen Wiederholungskursen und obligatorischen Schiessübungen und mit einer tief im Bewusstsein der Nation verankerten Tradition über den Zusammenhang von Bürgerpflicht und Wehrwillen kann es die Schweizer Armee sicher mit der jedes anderen Landes aufnehmen. Es soll auch nicht geleugnet werden, dass der Bestand dieser Armee, die Stärke und der Geist der Landesverteidigung und die Entschlossenheit, welche die schweizerische Bundesregierung gezeigt hat, sich jedem gewaltsamen Angriff auf jeden Fall bewaffnet zu widersetzen, das Ihre dazu beigetragen haben, die Gefahr einer Invasion zu verringern. (AS 1990: 268–269)

Die beiden Konzepte von Freiheit und Demokratie seien immer mit der sogenannten schweizerischen Neutralität verbunden und würden den Jugendlichen beigebracht, wobei die Autorin das Ganze als etwas Zynisches empfindet, da den Schweizern das Schicksal der anderen europäischen Länder, die unter Hitlers Unterdrückung litten, angeblich gleichgültig vorkomme:

Zu dem aus Schulbüchern erlernten Begriff der schweizerischen Freiheit gehört auch der der schweizerischen Neutralität. Es sollte also, letzten Endes, den Schweizern gleichgültig sein, wer in diesem Krieg, an dem sie nicht teilgenommen haben, der Sieger ist. (ebd.: 272)

Auf den letzten schweizerischen Begriff – Demokratie – bezogen, schreibt sie über die Rolle der Schweiz und deren Neutralität mit spürbarer Bitterkeit in einer Zeit von grassierendem Nazismus, dem Vernichter der Freiheit. Dabei kritisiert sie die verpasste Möglichkeit der Schweiz als Muster für ein politisch und kulturell freies, vereinigtes Europa zu gelten:

[...] Aber der faschistische Sieg ist für die Schweiz eine Tragödie. Und [...] weil [die] Schweiz, diese[r] vorbildliche[n] kleine[n] Demokratie [...], diese[r] 700 Jahre alten Demokratie im Herzen Europas tatsächlich ein Vorbild und Beispiel für eine europäische Föderation hätte sein können, lohnt es sich vielleicht, über diese Tragödie nachzudenken. (ebd.: 272)

Die Tatsache also, dass die Schweiz das schweizerische Ideal einer multikulturellen europäischen Föderation, einer „Vereinigung in der Verschiedenheit" (ebd.), als Vorbild für Europa leider nicht verwirklicht, ist für die Autorin genauso eine „Tragödie" wie die Verwirklichung des Faschismus selbst.

Übrigens wurde Annemarie mit ihren eindeutig antifaschistischen und kritischen Bemerkungen über die schweizerische Gemeinschaft und die angebliche Neutralität als *enfant terrible* angesehen (auch von der eigenen Mutter, die ihr den Zugang zu der Schweiz gerne hindern möchte).[6] Aus ihren oben zitierten Worten kann man wohl ihre Entfernung zu einem solchen Programm entnehmen, wie zur „Geistigen Landesverteidigung", einem ursprünglich anscheinend humanistischen Programm, dessen Projekt solche Werte wie Demokratie, Neutralität, Multikulturalität und Unabhängigkeit verteidigte, die im Gegensatz zu Faschismus, National-sozialismus oder Kommunismus als tief „schweizerisch" empfunden wurden. Dieses Programm entwickelte sich schnell jedoch zu einer provinziellen, *narrow-minded* und sogar nationalistischen Bewegung, deswegen haben viele Autoren wie Schwarzenbach die Bewegung der „Geistigen Verteidigung" zurückgewiesen.[7]

Weiter denkt Annemarie über die Tragödie nach, die es für die Schweiz bedeutete, auf die genannten Werte zu verzichten. Ihrer Meinung nach zeige die Schweiz eine Art Feigheit Nazi-Deutschland gegenüber, denn das kleine Land

6   Im Brief von Renée Schwarzenbach an Suzanne Öhman (ihre in Schweden lebende älteste Tochter) sagt die Mutter bezüglich Annemarie Schwarzenbach (3.5.1940): „Es wäre wirklich eine Erleichterung, wenn die Schweiz ihr einmal die Einreise verweigern würde." (In: Alexis Schwarzenbach 2004: 351)

7   Über diese kulturelle Bewegung in der Schweiz, die sich in den 30er Jahren entwickelte und solche Autoren anzog, die sich der populären literarischen Figur des „Heimatkehrers" widmeten, siehe Sandberg 2007: 210–231.

stellte sich unter dessen Joch auch wenn verdeckt, noch dazu in einer Zeit, als Deutschland die Schweiz bekanntermaßen brauchte, nicht nur als Wirtschaftszentrum, sondern auch als Arsenal für deutsche Waffen, nachdem die deutschen Fabriken zerstört waren:

Das Beispiel der Schweiz ist ein anderes. Zunächst ist es ein tragisches Beispiel. „Ein Land, das nicht zum Schuss kam" – und vielleicht das einzige Land Europas, das seine Unabhängigkeit und Freiheit ebenso teuer verkauft hätte wie Finnland. Seine heutige Freiheit und Unabhängigkeit ist fiktiv und bedeutet nichts. [...] Von dem Tag an, als Frankreich aufgab, war die Schweiz dazu verurteilt, deutsche Forderungen zu erfüllen. Vom gleichen Tag an war die schweizerische Unabhängigkeit eine Fiktion.

Auch die schweizerische Neutralität ist nur ein leeres Wort, ein überkommener Begriff, an den sich allerdings viele Schweizer klammern wie an den Begriff der schweizerischen Freiheit. (ebd.: 275)

Sehr lobenswert scheint mir die Klarheit, mit der die Autorin die wirkliche Situation der Unterdrückung in Nazi-Deutschland analysiert, die, wie sie meint, in deutlichem Widerspruch zu den uralten schweizerischen Werten der Freiheit und Demokratie stehe. Dabei ermahnt sie die Jugend ihres Landes, aus ihrer „neutralen" Lethargie und Apathie herauszutreten. Ihrer Meinung nach soll die Jugend für die Freiheit kämpfen, um den Lauf der Geschichte zu ändern:

Deutschland kann und wird die Auslieferung von Flüchtlingen, das Verbot von Zeitungen und Büchern, die Entlassung von antifaschistisch gesinnten Beamten aus dem Staatsdienst, die Diffamierung der Juden verlangen. Jede einzelne dieser Forderungen widerspricht den demokratischen Gesetzen und Ideologien der Schweiz. Sie widersprechen auch dem Empfinden der Mehrzahl der Schweizer. (ebd.: 278)

[...] Die Jugend der Schweiz hat sich nicht auf Schlachtfeldern verblutet und wird vielleicht nicht in Arbeitslagern und Konzentrationslagern zur Knechtschaft erzogen werden. Wenn sie aber ganz begreifen würde, was

mit ihrem Heimatland durch einen totalen Sieg der Nazis geschieht, dann hätte sie vielleicht lieber gekämpft und würde den Freiheitskrieg einem so faulen Frieden vorziehen. (ebd.: 280)

Ausgehend von dem Zitat des schweizerischen Historikers und Schwarzenbachs Mentor Jacob Burckhardt – eine ihrer wichtigsten kulturellen Referenzen – schließt sie den Artikel mit einem Zeichen der Hoffnung:

[...] Heute ist das Ideal der Freiheit, auf das die Schweizer sich immer berufen haben, in der Schweiz so illegal wie in einem von Deutschland besiegten und besetzten Land – aber es ist eine Hoffnung. Der Schweizer Historiker Jacob Burckhardt hat den Glauben an diese Zukunftshoffnung so ausgedrückt:

„Es hat immer Zeiten der Freiheit und solche der Unfreiheit gegeben. Aber die der Freiheit waren stets die grösseren." (ebd.: 280)

Daran glaubten Jacob Burckhardt und seine Schülerin Schwarzenbach. Die Geschichte bewies dies erneut nach kurzer Zeit, aber leider konnte die schweizerische Autorin die lange ersehnte Freiheit nicht mehr miterleben.

Benutzte Literatur

GEORGIADOU, Areti (1998), *"Das Leben zerfetzt sich mir in tausend Stücke". Annemarie Schwarzenbach. Eine Biographie.* München, DTV.

GODINHO, Maria de Lurdes das Neves (2010), "Annemarie Schwarzenbach – sua relação ambivalente com a Europa". In: Gonçalo Vilas-Boas (Org.), *Annemarie Schwarzenbach. Uma viajante pela palavra e pela imagem.* Porto, Edições Afrontamento e Instituto de Literatura Comparada Margarida Losa (FLUP).

LE BRIS, Nicole (2010), "L'idée de liberté chez Annemarie Schwarzenbach". In: Gonçalo Vilas-Boas (Org.), *Annemarie Schwarzenbach. Uma viajante pela palavra e pela imagem.* Porto, Edições Afrontamento e Instituto de Literatura Comparada Margarida Losa (FLUP), S. 113–132.

PERRET, Roger (2008), "Nachwort: 'Im Netz der Schicksalswege' Annemarie Schwarzenbach im Banne von Familie, Flucht und Politik". *Insel Europa. Reportagen und Feuilletons 1930–1942.* Basel, Lenos Verlag, S. 277–287.

-- (1987), "Annemarie Schwarzenbach". *Der Alltag*, Nr. 2/87, S. 6–16.

SANDBERG, Beatrice (2007), "Geistige Landesverteidigung (1933–1945)". In: Peter Rusterholf/ Andreas Solbach (Hrsg.), *Schweizer Literaturgeschichte.* Stuttgart, Metzler, S. 210–231.

SCHWARZENBACH, Alexis (2004), *Die Geborene. Renée Schwarzenbach-Wille und ihre Familie.* Zürich, Scheidegger & Spiess.

SCHWARZENBACH, Annemarie (2008), *Insel Europa. Reportagen und Feuilletons 1930–1942.* Hrsg. von Roger Perret Basel, Lenos Verlag, S. 15–18, 51–53.

-- (1990), *Auf der Schattenseite. Reportagen, Feuilletons und Fotografien 1933–1942.* Hrsg. von Roger Perret/Regina Dieterle, Basel, Lenos, S. 268–280.

VILAS-BOAS, Gonçalo (2010), "Annemarie Schwarzenbachs Was nicht im Baedeker steht". In: Rémy Charbon/ Corinna Jäger-Trees/ Dominik Müller (Hrsg.), *Die Schweiz verkaufen. Wechselverhältnisse zwischen Tourismus, Literatur und Künsten seit 1800.* Band 32, S. 177–191.

ANNAROSA ZWEIFEL (UNIVERSITÄT PADOVA)

Die Darstellung der Macht in der deutschsprachigen Schweizer Lyrik des 20. Jahrhunderts

machtverhältnis

die ohne macht
machen
die mächtigen

was
machten
die mächtigen
machten
die ohne macht
nicht
was die mächtigen
machen?

mächtiger sind
als die mächtigen
die ohne macht
(Marti 1996a:11)[1]

Die Frage, ob es eine deutschsprachige Schweizer Literatur überhaupt gibt, taucht – wie bekannt – immer wieder auf. Umso mehr bezweifelt man das Vorhandensein einer deutschsprachigen Schweizer Lyrik. Ich vertrete die Meinung, dass es beide gibt, und bin zu dem Ergebnis gekommen, dass in der „apolitischen", „idyllischen" Schweiz Lyrik (so wie die Literatur) oft Widerstand leistet und als Antimacht betrachtet werden kann. Man hat behauptet,

---

1 Ein Kommentar zu diesem Gedicht würde meine ganze Zeit in Anspruch nehmen. Deswegen muss ich es vorerst nur als Motto stehen lassen. Auf den Dichter, Pfarrer und Theologen Kurt Marti werde ich später zurückkommen.

dass zeitgenössische Lyrik sich oft als „Gegenwort" versteht: als Überwindung der Konventionen, als „Weigerung [...] vorgegebenen Sinn anzuerkennen", als Infragestellung der Kunst (und der Gesellschaft), als Akt der Freiheit. Man spricht dabei von „befreiender ästhetischer Kraft", von „agitatorischem Sprachgestus" (Breuer 1988: 8). Dies alles setzt das Vorhandensein von Macht und Machtverhältnissen voraus. Wie sich diese Dynamik Macht *versus* Antimacht in der deutschsprachigen Lyrik des 20. Jahrhunderts in der Schweiz artikuliert, wird Gegenstand dieser Analyse sein.

Bevor ich mich der lyrischen Botschaft widme, möchte ich auf ein Gespräch zwischen Max Frisch, Peter André Bloch und Rudolf Bussmann hinweisen, in dem Frisch vom Schriftsteller als einer „Geneninstitution" spricht, die sich durch Machtlosigkeit, aber Sprachmächtigkeit auszeichnet (Bloch und Hubacher 1972: 31).

In den 50er Jahren des 20. Jahrhunderts ist Max Frisch ein Wortführer des Protests in der Schweiz. Ein Protest, der die „Krankheitserscheinungen der Gesellschaft" aufzeigen und „vor der Selbstzerstörung dieser Gesellschaft" warnen will. Diesbezüglich spricht Hans Wysling von verschiedenen Arten der Verweigerung und Formen des Protests, die durch die „Arroganz öffentlicher Institutionen und privatwirtschaftlicher Mächte" ausgelöst werden. Wysling zitiert insbesondere „überdimensionierte Apparate von Staat, Militär, Justiz, Polizei und Wirtschaft". In Frischs Nachfolge (so wiederum Wysling) rennt eine ganze Generation von Schriftstellern – darunter auch Dichter – immer aufs Neue gegen das offizielle Bild der Schweiz an (Wysling 1988: 55). Peter von Matt spricht von Patriotismus in Form von strenger Patriotismuskritik: „das Paradox eines 'kritischen Patriotismus' bestimmt entscheidend das künstlerisch verbindliche Schreiben in der Schweiz seit der Mitte des 20. Jahrhunderts" (von Matt 2001: 10–11). In den 50er Jahren entstand eine „neue" Literatur und diese „neue Literatur war in spezifischer Weise eine kritische, politisch aggressive" (ebd.: 135). Dies also der Hintergrund, vor dem mein Beitrag gelesen werden muss.

Eine wichtige Voraussetzung: Macht und Machtverhältnisse werden nicht immer so direkt thematisiert wie im oben stehenden Motto, sondern meistens nur indirekt. Das Augenmerk ist oft nicht auf die Macht, Machthaber, Machtverhältnisse gerichtet, sondern auf die Opfer, welche die Machtausübung und deren Folgen beklagen. In Bezug auf die „befreiende ästhetische Kraft", auf den

Widerstand gegen die Macht der Regeln und der Konventionen, gegen die Starrheit einer normierten Sprache, muss als erstes der Dadaismus erwähnt werden. Im Jahr 1916 manifestierte im Zürcher Cabaret Voltaire zum ersten Mal "kraß und provozierend, bewusst und mit Absicht Literatur gegen die Gesellschaft" (als System von Macht und Konventionen) „nicht theoretisch oder politisch-aktivistisch, sondern in der spontanen Freiheit des schöpferischen Gestus" (Marti 1963: 85). In dieser trotzigen Gegenliteratur wird Macht allerdings nicht besprochen, sondern vorausgesetzt, gilt als Voraussetzung des Protests. Beispiele würden in diesem Fall wenig beweisen, da es sich um Manifestationen einer befreienden anarchischen Kraft handelt, um anarchische Gedichte also. Der Dadaismus sei demnach nur als Signal, als Vorbote eines rebellischen Anti-Macht-Gestus erwähnt.

Und jetzt zu augenfälligen Beispielen. Objekt der Anklage in der Lyrik der friedlichen und humanitären Schweiz ist oft die Macht des Staates, der Gewalt ausübt in Form, zum Beispiel, von Rassismus.

Dazu seien zwei Gedichte zitiert. Das erste – mit dem Titel „Maßnahme"– stammt von Jörg Steiner:

Du bist ein bißchen gesteinigt worden
ein bißchen erschlagen,
ein wenig erdrosselt.

Du riechst nach Schweiß, Bruder, verzeih,
dieses Land bannt Gerüche,
und der Zweck reinigt die Mittel.

Du bedrohst unsere seifenglatten Gesetze,
unsere duftenden Vorrechte
und unsere tätliche Unschuld.

Da liegst du mit dem fremden Gesicht,
und die Dämmerung fällt,
in grauen, klebrigen Flocken.

(Steiner 1976:22)

Und noch eindrücklicher ist „Die Behandlung der Rasmieh Hussein in der Schweiz" von Beat Brechbühl (*Orte*, 27, Dezember 1979/Januar 1980):

[...]
Die Nomadenfrau Rasmieh Hussein hatte, sagte man
300 Franken gestohlen und wurde verurteilt zu
drei Monaten Gefängnis unbedingt;
> *denn:*
300 Franken ergeben Gefängnis für 3 Monate
> *(ist klar!)*
ergo
ergibt zum Beispiel eine Veruntreuung über
3 Millionen – ohne Rabatt für grössere Beträge –
eine Gefängnisrate von 2500 Jahren.
> *Das zumindest*
sollte eine Zigeuner Nomaden Frau
über die Schweiz wissen,
bevor sie in der Firma Gelbert in Zürich
etwas stehlen will.
[...]

Die schwerkranke Zigeunerin wird verhaftet:

Der völlig verzweifelten, asthmatischen Frau wollte
MAN DAS ARBEITEN SCHON BEIBRINGEN.
ARBEIT MACHT ja bekanntlich FREI
und ist in der Schweiz zusätzlich äusserst gesund,
ungefähr wie das Verschlucken einer Schere oder
das An-der-Sonne-Trocknen eines lebendigen Gehirns.

Die Gefangene schreit Tag und Nacht und stört die Ruhe. So wird ihr von Schwester R. eine „richtige Spritze" gemacht, und ab sofort hatten [...]

alle
alle
alle

RUHE

vor der Diebin, Schwerkranken Nomadin, Zigeunerin
Rasmieh Hussein

Ihr Mann Farrid Hussein wird aus dem Ausland, wohin er verwiesen worden war, gerufen, „damit er die Leiche vor der Tür des Täters wegschaffe". Damit – so das Ende der Ballade –„wir in Frieden leben und uns nie verändern".

Was Rassismus und Verfolgung betrifft (also Ausübung der Macht von Seiten der Machthaber), ist der Fall von Mariella Mehr, der vielleicht bekanntesten Schweizer Lyrikerin nach Erika Burkart, von emblematischer Bedeutung.

Als Angehörige der Minderheit der Jenischen wurde Mariella Mehr Opfer des Hilfswerks für die Kinder der Landstrasse, das Kinder von ihren „fahrenden" Eltern zwangsweise trennte. Mariella Mehr wurde ihrer Mutter entrissen (der vom Staat verordnete Mutterverlust ist in vielen Werken der Dichterin Objekt der Klage), wuchs in Erziehungsanstalten auf, wurde mehrmals vergewaltigt, ihr Kind wurde ihr weggenommen, sie wurde zwangsweise sterilisiert. Für ihre schriftstellerische Leistung und für ihr minderheitspolitisches Engagement erhielt Mariella Mehr 1998 die Ehrendoktorwürde der Universität Basel und zahlreiche literarische Auszeichnungen. Sie ist also, sozusagen, ein „anerkanntes Opfer".

Ausübung der Macht in Form von Verfolgungen und Gewalt werden vor allem in ihren Romanen thematisiert (*steinzeit* (1981), *Daskind* (1995)). Ihre Gedichte – das muss besonders betont werden – wurden mehrfach mit der Lyrik von Celan und Nelly Sachs in Verbindung gebracht. „Vom Himmel gehetzt", „verdrängt von Verlorenem" beschwört Mariella Mehr die Verfolgten, Gejagten, Getöteten, die Opfer einer grausamen Macht von Staat und Ideologie. Wie Kurt Marti bemerkt, evozieren Mariella Mehrs Gedichte „nächtliche Eruptionen eines Vulkans" und sind deshalb in diesem Kontext nicht leicht zu zitieren. Das Gedicht *Kein Meer lag uns zu Füßen*, das die Lyrikerin den Opfern der fürchterlichsten Macht widmet, die es je in Europa gegeben hat, soll

Zeugnis ablegen von ihrem „wütenden Schmerz", von ihrer Rebellion gegen die Macht und vom Mitleid mit den Opfern:

für alle Roma, Sinti und Jenischen,
für alle Jüdinnen und Juden,
für die Ermordeten von gestern und die von morgen.

Kein Meer lag uns zu Füßen,
im Gegenteil, wir sind ihm
mit knapper Not entgangen, als
uns – kein Unglück, sagt man, kommt allein –
der stählerne Himmel ans Herz fesselte.

Umsonst haben wir an den Schädelstätten
um unsere Mütter geweint,
und tote Kinder mit Mandelblüten bedeckt,
sie zu wärmen im Schlaf, dem langen.

In schwarzen Nächten sät man uns aus
um dann, in Morgenstunden,
die Erde von uns Nachgeborenen leerzufegen.

Noch im Schlaf such' ich dir Wildkraut und Minze;
Fall ab, Auge, sage ich zu Dir,
und dass Du nie in ihre Gesichter sehen sollst,
wenn ihre Hände zu Stein werden.

Darum das Wildkraut, die Minze.
Sie liegen Dir still auf der Stirn,
wenn die Mäher kommen.

(Mehr 1988: 37)

Ein anderes Thema schlägt Eveline Hasler, Autorin mutiger Romane, in ihrem Gedicht „Vatersprache" an:

Als ich neun war
hatte ich nur Väter
[...]

Väter saßen auf den
Lehrstühlen und auf den Sesseln
der Verwaltung als ich neunzehn
war Vatersprache allüberall
Ich saß unter dem letzten Baum
schärfte das Ohr für das
Mutterschweigen.

(Hasler 2000: 32)

Das „Mutterschweigen" bezieht sich auf die Unmündigkeit und Ausgrenzung der Frauen, denen in der Schweiz (der ältesten Demokratie der Welt) bis ins Jahr 1971 das Stimmrecht vorenthalten wurde. Inzwischen schweigen die Frauen nicht mehr, seit Anfang der 70er Jahre melden sie sich immer mehr zu Wort. Ihre Stimme erhebt sich laut, manchmal verzweifelt, oft virulent.

Die Dynamik Macht *versus* Ohnmacht, Mann *versus* Frau und die Rolle der Frau in der Gesellschaft lässt sich vor allem aus erzählerischen Texten ablesen, wird eher in Dokumentar- und Reportage-Literatur oder in Romanen thematisiert. Anklage und Rebellion fehlen aber auch in der Lyrik nicht.

Ein Beispiel möchte ich allerdings nicht der so genannten Frauenliteratur entnehmen, sondern dem lyrischen Werk des wohl bekanntesten, bedeutendsten zeitgenössischen Lyrikers der Schweiz: Kurt Marti.

Opponent der Gewalt, Kämpfer für Menschenrechte und Frieden, Linksintellektueller und Theologe, versteht Kurt Marti sich als Zeuge seiner Zeit. Zeitkritik und Engagement charakterisieren nicht nur seine „politischen" Schriften, sondern auch sein dichterisches Werk. In Martis Werk ist die Macht in dreifacher Form Objekt der Anklage. Als *homo religiosus* kämpft der Pfarrer und Theologe gegen die Macht einer erstarrten Hierarchie und Orthodoxie (wobei er ein neues Bild Gottes entwirft, der seine Macht braucht, „um die pläne der machthaber fortzufegen"); als *homo politicus* protestiert Marti gegen die repressiven inhumanen Aspekte der Gesellschaft und gegen die Mächte des

Krieges und des Todes (es sei hier an seine Vietnam-Gedichte erinnert); als experimenteller, konkreter Dichter kämpft Marti gegen die Stereotypen versteinerter sprachlicher Normen, da er befürchtet, dass der konventionelle Sprachgebrauch die Realität im Interesse der Machthaber „ideologisch vernebelt".

Im oben zitierten Gedicht, das ich als Motto gewählt habe, ist das Wort ‚Macht' zentrale Achse, Kern des Gedichts. Das Sprachspiel wird vom Moralisten sehr ernst genommen und entpuppt sich als Aufruf zur Rebellion der Entrechteten. In seinem Gedicht, das ich als letztes besprechen werde, ist die Macht nur implizit, untergründig vorhanden.

Das Gedicht befindet sich in einem Gedichtband mit dem Titel *leichenreden* (1969), in denen Kurt Marti als „Rebell gegen die Mächte des Todes" – so wurde er bezeichnet – die Frage nach dem Leben vor dem Tod über die Frage nach einem Leben nach dem Tod stellt (wie sie in den üblichen Grabreden evoziert wird). In den *leichenreden* fokussiert der Pfarrer, Prediger und Lyriker Kurt Marti nicht die Transzendenz, sondern bedenkt die Verhältnisse, unter denen der/die Verstorbene leben musste. Diese Verhältnisse gibt er dem Leser zu bedenken:

als sie mit zwanzig
ein kind erwartete
wurde ihr heirat
befohlen

als sie geheiratet hatte
wurde ihr verzicht
auf alle studienpläne
befohlen

als sie mit dreissig
noch unternehmungslust zeigte
wurde ihr dienst im hause
befohlen

© Frank & Timme   Verlag für wissenschaftliche Literatur

als sie mit vierzig
noch einmal zu leben versuchte
wurde ihr anstand und tugend befohlen

Im Gedicht wird ein einfaches Frauenleben beschrieben. Die Macht der gesellschaftlichen Zwänge und Erwartungen, der Moralvorstellungen der Gesellschaft erzeugt Ohnmacht; produziert Opfer und diese Opfer sind Objekt der *lamentatio*. In der korrekten, tadellos geregelten Schweiz – so der Dichter – wird zu viel befohlen, zu viel gehorcht. So lautet die letzte Strophe, der Appell an die Gemeinde (und an den Leser): „liebe gemeinde/ wir befehlen zu viel/ wir gehorchen zu viel/ wir leben zu wenig" (Marti 1996 b: 39).

Martis Gedicht ist doppelschichtig. In einer von Männern beherrschten Welt (das Gedicht stammt, wie erwähnt, aus dem Jahre 1969) gibt es Mächte, die den Frauen keine Selbstverwirklichung, keinen Gestaltungsspielraum erlauben. Das ist der erste Aspekt, und was diesen Aspekt betrifft, schlägt der Prediger keine Lösung vor, er beschränkt sich auf eine Kritik des herrschenden Zustands. Es gibt aber eine zweite, tiefere Schicht und diese betrifft die Mächte des Todes. Man hat oft betont, was für eine Rolle der Tod in der Schweizer Literatur spiele, wie viele Texte von Lebensentzug, von Defizit an Leben handeln. Um nur ein Beispiel zu geben, möchte ich auf Dürrenmatts *Schweizerpsalm II* hinweisen. Der letzte Vers lautet: „Am meisten leben in unserem Lande die Toten". Auf diesen Aspekt weiß der Lyriker Kurt Marti keine bessere Antwort als das „Motto", das die rebellischen Studenten 1968 auf eine Pariser Mauer schrieben: „Le vent se lève, il faut tenter de vivre". Die christliche Tradition des *memento mori* wird zu einem *memento vivere* umgewandelt. Nur so, meint der Pfarrer, Theologe und Lyriker Kurt Marti, kann man die Mächte des Todes besiegen.

Der Tod, von dem die Rede war, ist ein metaphorischer Tod, der die Gesellschaft betrifft und sich auf Avitalität, Stagnation, Lebensentzug bezieht.

Diesen „Tod" werfen Kurt Marti und vor ihm Friedrich Dürrenmatt (und andere) ihrer Heimat vor. In den meisten lyrischen Texten ist der Tod aber vor allem als furchterregende Präsenz, als extreme Grausamkeit und unbesiegbare Macht gegenwärtig.

Im lyrischen Werk von Erika Burkart, der wohl größten und bekanntesten Dichterin der Schweiz, taucht dieser Tod immer wieder auf. Es sei hier nur an das bewegende Gedicht „Ort der Kiefer. Ein Requiem" erinnert. Am Sterbebett ihrer todkranken Mutter beschreibt Erika Burkart, wie der Tod schonungslos, unerbittlich langsam, unerbittlich grausam seine Macht ausübt. Zunächst werden die Metamorphose und der Zerfall des Körpers beschrieben:

Unter der gelben Spitaldecke findet
der Körper zurück in die Kindergestalt,
wächst sich klein trotz Blutkonserve und Bypass.

Und dann das Gefühl der Hilflosigkeit, das sich im Opfer dieser grausamen Macht einstellt:

„Hilf mir hinaus", flehte die Stimme,
als die wie zum Flug angehobenen Arme
die letzte Umarmung suchten, als die
zu Transparenten entfleischten Hände
an mir vorüber die Leere schlugen.

Außerdem das Gefühl der Machtlosigkeit, das beide Opfer, die sterbende Mutter und die leidende Tochter, beschleicht:

Jeden Sonntag kämpft meine Mutter
gegen den Tod und erliegt.
Jeden Sonntag steht offen das Fenster,
holt die Nacht meinen Fluch und die Frage der Mutter.
Keine Gebete.
Denn diese Krankheit ist gottlos.

Am Ende bleiben nur Verzweiflung, Schmerz, Leere. Der Tod kann seinen Sieg feiern.

Das Gedicht stammt aus dem Jahr 1977. 1985 begann das langsame Sterben der Dichterin selber: Kräftezerfall, Leiden, Angst vor dem Tod. So im Gedicht „Der Tod und die Frau":

Nichts ist geblieben.
Mein Glück ist heute eine schmerzfreie Stunde,
die Absenz der Runde
mienenlos finsterer Geister.

Meister!
Rühr mich nicht an!
noch erreicht mich das Licht,
noch kann ich klagen,
das Schweigen befragen,
verstehe, was mitklingt, erwache,
verschreckt, an verschollenen Orten –
noch darf ich worten
aus meinem verlorenen,
nackten Gesicht.

(Burkart 2010:86)

Erika Burkart ist am 14. April 2010 gestorben.

   Nicht verstummt ist allerdings die Stimme der Dichterin. Der Tod konnte seinen Sieg nicht feiern. Denn mächtiger als der Tod ist das Wort:

Es gibt eine Zeit,
da man nicht mehr wartet,
im Leibfrost sich selbst
zum Fremdling entartet.

Bleibt die Treue der törichten Reime.
Wenig darf im Leben sich reimen
außer Wörtern, die keimen
im Dunkel eines Gedichts.

(Burkart 2010:18)

Annarosa Zweifel

Benutzte Literatur

BLOCH, Peter André, Edwin Hubacher (Hrsg.) (1972), *Der Schriftsteller in unserer Zeit. Schweizer Autoren bestimmen ihre Rolle in der Gesellschaft.* Bern, A. Francke.

BRECHBÜHL, Beat (1979–1980), *Orbe.* 27, dez. 1979/ januar 1980.

BREUER, Dieter (Hrsg.) (1988), *Deutsche Lyrik nach 1945.* Frankfurt am Main, Suhrkamp.

BURKART, Erika (1977), *Das Licht im Kahlschlag.* Zürich, Artemis Verlag.

-- (2010), *Das späte Erkennen der Zeichen.* Frankfurt am Main, weissbooks

HASLER, Eveline (2000), *Sätzlinge.* Zürich, Nagel & Kimche.

MARTI, Kurt (1963), *Moderne Literatur, Malerei und Musik. Drei Entwürfe zu einer Begegnung zwischen Glaube und Kunst.* Zürich, Stuttgart, Flamberg.

-- (1996a), *Namenszug mit Mond.* Zürich/Frauenfeld, Nagel & Kimche.

-- (1996b), *leichenreden.* Zürich, Nagel & Kimche.

VON MATT, Peter (2001), *Die tintenblauen Eidgenossen. Über die literarische und politische Schweiz.* München Wien, Carl Hanser Verlag.

MEHR, Mariella (1998), *Notizen aus dem Exil. Gedichte.* Klagenfurt, Drava.

STEINER, Jörg (1976), *Als es noch Grenzen gab.* Frankfurt am Main, Suhrkamp.

WYSLING, Hans (1988), „Verschiedene Arten der Verweigerung – Versuch einer Kategorisierung". In: Grotzer, Peter (Hrsg.), *Aspekte der Verweigerung in der neueren Literatur aus der Schweiz.* Zürich, Ammann Verlag.

OFELIA MARTÍ PEÑA (UNIVERSIDAD DE SALAMANCA)

Die Sprachmächtigkeit der Machtlosen. Max Frischs Stellungnahme zur Machtfrage in der Gesellschaft und deren literarische Bearbeitung

Im Jahr 1970 äußerte sich Max Frisch folgendermaßen: „Macht und Gewalt ist natürlich das zentrale Problem unserer Zeit. Es ist das Problem der Politik überhaupt. Es beschäftigt mich in den letzten Jahren in der Form eines Tagebuchs dauernd" (Koch 1970: 118). Frisch bezieht sich dabei auf das *Tagebuch 1966–1971*, auch *Tagebuch II* genannt, das 1972 veröffentlicht wurde.

Es ist jedoch zu betonen, dass Frisch sich mit der Macht- und Gewaltfrage nicht nur im erwähnten Tagebuch beschäftigt, sondern auch in mehreren öffentlichen Reden, Vorträgen, Aufsätzen, Aufrufen oder Essays.[1] Dieses Problem hat ihn demnach nicht nur während des Zeitraums von 1966 bis 1971 interessiert, sondern bis kurz vor seinem Tod im Jahr 1991.[2]

Max Frischs Beschäftigung mit der Macht- und Gewaltfrage kann man gut verstehen, wenn man an die gewalttätigen Ereignisse denkt, die sich nach dem Zweiten Weltkrieg trotz oder wegen des sogenannten ‚Kalten Krieges‘ in der Welt ereignet haben. Zum Beispiel an die diversen Atomversuche, an die Putsche in verschiedenen Ländern Lateinamerikas und auch in Griechenland, an die Besatzung der Tschechoslowakei, den Vietnam-Krieg oder die Studentenrevolten in Paris im Jahr 1968. Die Schweiz blieb trotz ihrer Neutralität von diesen Ereignissen nicht völlig unberührt.

....

1   Ein großer Teil davon wurde in drei Sammelbänden veröffentlicht: *Öffentlichkeit als Partner*, Frankfurt am M., Suhrkamp, 1972. *Max Frisch. Forderungen des Tages, Skizzen, Reden. 1943-1982*, Walter Schmitz (Hrsg.), Frankfurt am M., Suhrkamp, 1983 und *Max Frisch. Schweiz als Heimat? Versuche über 50 Jahre*, Walter Obschlager (Hrsg.), Frankfurt am M., Suhrkamp. 1990. (siehe Bibliographie).

2   Christa Grimm verteidigt in ihrer Arbeit: "Max Frisch" (Grimm 1991) die These, dass Frischs zeitkritische Stellungnahme schon früher in seinen ersten journalistischen Arbeiten deutlich zum Vorschein kommt. Ohne ihrer These zu widersprechen, glaube ich doch, dass Frischs zeitkritische Stellungnahme seit Mitte der sechziger Jahre viel direkter, intensiver und radikaler ist als je zuvor, wie ich in diesem Beitrag anhand Frischs Texte herausstellen werde.

I.

Im Jahr 1965 ging Frisch nach einem fünfjährigen Aufenthalt im Rom wieder in die Schweiz zurück. Eigentlich gegen seinen Willen sah er sich gleich nach seiner Rückkehr aus Rom ins Zentrum des politischen Lebens der Schweiz gerückt. Der konkrete Anlass dazu: Seine Ansichten über die Situation der Gastarbeiter in der Schweiz, die er 1965 in „Überfremdung 1" und 1966 in „Überfremdung 2", jeweils einem Vorwort und einem Vortrag, äußerte. Von da an nahm er immer öfter eine kritische Stellung zu den Tagesereignissen in der Öffentlichkeit ein. Urs Bircher schreibt dazu: „Als Frisch in die Schweiz zurückkam, war er ein weltberühmter Mann [...]. Das politische Engagement des Schriftstellers, bislang ein Nebenthema in Frischs Schaffen, rückte ins Zentrum" (Bircher 2000: 115).

Um seinem politischen Engagement literarischen Ausdruck zu verleihen, bedient sich Max Frisch hauptsätzlich der nicht fiktiven literarischen Zweckformen wie Rede, Vortrag, Aufruf, Bericht, Aufsatz oder Essay.[3] In diesem Zusammenhang spielt auch noch das *Tagebuch 1966–1971* eine entscheidende Rolle. Die erwähnten literarischen Formen ermöglichen es ihm, seine persönliche Stellungnahme zu Tagesereignissen in der Gesellschaft zu literarisieren. Der Intellektuelle, der Analytiker der politischen Realität seiner Zeit meldete sich öffentlich zu Wort, gab seine kritische Meinung über bestimmte Angelegenheiten bekannt und wendete sich mit seinem eigenen Namen an die ver-

---

3   Es würde den Rahmen dieses Beitrags weit überschreiten, sich mit dem Engagement-Begriff auseinanderzusetzen. Trotzdem möchte ich aus meinem Beitrag: „Literarischer Journalismus in der deutschprachigen Schweiz seit den sechziger Jahren" einige Textstellen zitieren, weil ich mich in diesen Fragmenten mit dem Engagement-Begriff in der Schweiz beschäftige. Darüberhinaus findet man in diesen Textstellen auch einige Argumente, die zu verstehen geben, warum Max Frisch Formen der sogenannten Zweckliteratur, besonders des literarischen Journalismus, vorzieht, um seine zeitkritische Stellungnahme den Tagesereignissen gegenüber zu literarisieren: „Dieser Begriff (der Engagement-Begriff) hatte in den sechziger Jahren sowohl in Deutschland als auch in der Schweiz heftige Diskussionen ausgelöst. [...] Im Allgemeinen herrschte in den sechziger Jahren unter Schweizer Schriftstellern und Intellektuellen tiefe Skepsis in Bezug auf die Kraft der fiktiven Literatur, als effektiver und unmittelbarer Veränderungsfaktor sozialer und politischer Verhältnisse fungieren zu können. [...] In der Schweiz wurde also der Versuch abgelehnt, das literarische Schaffen als politische Waffe zu verstehen. Dem indirekten Engagementverständnis der Literatur wurde also das direkte Engagement des Schriftstellers gegenübergestellt. Der Schriftsteller engagiert sich *direkt politisch als Bürger*, indem er sich in die Forderungen des Tages einmischt, zu den Tagesereignissen Stellung nimmt, und die verantwortliche Person um Erklärungen bittet. [...] In der Schweiz fand diese Form des direkten zeitkritischen Engagements des Schriftstellers ihre vollkommene Verwirklichung in der Journalistik" (Martí-Peña 2006: 138–140).

antwortliche Person. Auf diese Weise materialisierte er sein Engagement als Staatsbürger. Nach Max Frischs Worten:

Ich habe den Weg gewählt, dass ich die politische Engagiertheit nicht nur oder nicht in erster Linie in die Literatur hineingenommen habe, sondern dass ich das als Staatsbürger aktiv, mit und ohne Partei gemacht habe, so dass ich dann nicht der Verpflichtung erlag, in jedem Buch seine politische Relevanz, seine politische Engagiertheit nachzuweisen. So habe ich mich dann erst mit der Welt im großen und ganzen beschäftigt und mit der Örtlichkeit Schweiz. (zit. nach Arnold 1972: 52–53)

Bezüglich der politischen Situation in der Schweiz hat sich Max Frisch seit Mitte der sechziger Jahre sehr oft zu Wort gemeldet, und er hat wiederholt kräftige Kritik und Widerstand ausgeübt. So äußert er sich darüber:

Ein Verhalten ist der nicht spektakuläre Boykott. Ein anderes Verhalten ist, daß ich mich zu Wort melde, sei es durch Artikel, sei es durch einen öffentlichen Aufruf, entweder zusammen mit andern oder allein, oder sei es – nicht allzuoft – durch einen Brief an den Bundesrat, mich also melde und den von ihnen aus gesehen gegnerischen Standpunkt vertrete. (ebd.: 61)

Der Intellektuelle und engagierte Schriftsteller hat wiederholt vor einem langsamen und unauffälligen Abbau der demokratischen Rechte und vor der Entpolitisierung der Gesellschaft in der Schweiz gewarnt. Er hat auch eine von Machtinteressen gewollte Verdummung bzw. Indoktrinierung der Staatsbürger angeprangert und die heimlichen Mechanismen der politischen bzw. ökonomischen bzw. medialen Macht zu enthüllen versucht.

Dass ohne Pressefreiheit keine demokratische, freie und mündige Öffentlichkeit zu erwarten ist, versteht sich von selbst. In der vor dem Parteitag der Sozialdemokratischen Partei der Schweiz am 31.10.1976 gehaltenen Rede: „Haben wir eine demokratische Öffentlichkeit?", machte Frisch folgende Reflexion:

Öffentlichkeit scheint die Domäne der bürgerlichen Parteien zu sein. Es gibt sozialdemokratische Blätter, deren Redaktoren sich redlich bemühen:

ohne die Mittel, um eine Tageszeitung oder Wochenzeitung zu machen. [...] Es fehlt das Geld. [...] Wozu das führt: Die tägliche Indoktrinierung, die der Abonnent sich kauft, bleibt um so unauffälliger, als eine Gegeninformation ihn überhaupt nicht erreicht. [...] Wir sind kein Polizei-Staat, nein, [...]. Aber wir sind im Begriff, die Essenz unsrer Demokratie zu verludern, wenn wir (um bei der Sache zu bleiben) die Zeitungs-Inhaber bestimmen lassen, was wir lesen dürfen, was lieber nicht... (Frisch 1976/2: 346)

Im Vortrag „Die politische Repression", der in Interlaken am 30. Juni 1979 gehalten wurde, sprach Max Frisch von einem verhüllten und raffinierten Beiseitelassen der verstimmten Stimme der politischen Macht gegenüber harte Worte:

Unser Thema: die politische Repression – nicht in einem fernen Land, wo sie mit Kerker und Folter arbeitet, mit Verbannung, mit verstaatlichtem Mord, sondern die politische Repression in unserem Land... Gibt es das überhaupt? Es gibt Bundesräte, die das schlicht und gelassen bestreiten. (Frisch 1979: 352)

Trotzdem nannte er einige konkrete Fälle, um auf ironische Weise die von ihm gestellte Frage bejahen zu können:

[...] Eine Lehrerin in Solothurn, eine andere in Erlenbach, ein Physiologe-Assistent, [...] der die Korruption einfach als Korruption bezeichnet, oder ein Publizist, der die historischen Akten unserer Militär-Gerichte studieren möchte – was würden sie ändern können an unserer Gesellschaft, die in festen Händen ist? Überhaupt nichts. Wozu also der Platzverweis? Mehr als ein Platzverweis ist es ja nicht; [...] die werden ja nicht nach Sibirien verschickt und nicht einmal die Altersversicherung wird ihnen gestrichen. Wozu also das Geschrei! (ebd.: 353)

Im Vorwort zum *Manifest 71* der Sozialdemokratischen Partei der Schweiz: „So wie jetzt, geht es nicht", behauptet Frisch ironisch bezüglich der eigentlich geringen Macht der Bürger in politischen Angelegenheiten:

Nun glauben wir an Demokratie, weil wir hin und wieder wählen kön-
nen. Einige allerdings haben die effektive Macht im Land, ohne gewählt
werden zu müssen: die Inhaber von Wirtschaft und Industrie. [...] Wir
leben in einer Konsum-Galeere. Nur so erhält sich die wirtschaftliche
Macht der Inhaber. (Frisch 1971: 321)

Auch zu internationalen Ereignissen hat Max Frisch oft Stellung genommen,
um die heimlichen Mechanismen der Macht zu enthüllen. Zum Beispiel im
Aufsatz: „Politik durch Mord", in dem es um den Mord an Martin Luther King
am 4. April 1968 geht. Schon der Titel „Politik durch Mord" ist eine Herausforderung. Nach einer sachlich formulierten Darstellung des Opfers stellt der
Autor die Vermutung auf: „Es wäre leichtfertig zu sagen oder auch nur zu
vermuten, dass die Staatsmacht der USA diesen Mord veranstaltet habe"
(Frisch 1972/1: 125). Doch nach einigen Kommentaren über vorangehende
Attentatsversuche, die scheinbar immer von einem Einzelnen geplant worden
waren, behauptet Max Frisch: „Die Darstellung aber, Martin Luther King sei
von einem Einzelnen ermordet worden, wäre trotzdem eine Lüge" (ebd.: 126).
Als Schlussfolgerung formuliert er folgende Behauptung: „Das Weiße Haus
mahnt die Nation: Mit Gewalt könne nichts erreicht werden. Es ist erreicht:
Martin Luther King ist still" (ebd.: 126).

In der „Rede nach der Besetzung der Tschechoslowakei", die im Stadttheater Basel am 8. September 1968 gehalten wurde, warnte Max Frisch vor dem
sogenannten ‚Kalten Krieg‘ und dessen Konsequenzen:

Der Effekt des Kalten Krieges, der einen Machtkonflikt ideologisiert, ist
intellektuelle Stagnation, und zwar auf beiden Seiten. Man weiß auf bei-
den Seiten, daß Probleme der nahen Zukunft nur durch Kooperation zu
lösen sein werden. Die bloße Koexistenz, erzwungen durch das Atom-
Patt, wird nicht genügen. Was aber der Kooperation im Weg steht, sind
Dogmatismen. (Frisch 1968: 253)

In den letzten Jahren des ‚Kalten Krieges‘ hatte Max Frisch oft seine Stimme
erhoben, um Frieden und Kooperation zu verlangen. Sein Engagement wurde
1976 mit der Verleihung des ‘Friedenspreises des deutschen Buchhandels’
anerkannt. In der Dankrede „Wir hoffen" plädierte Frisch dafür, alte und neue

Feindbilder abzuschaffen. Seiner Meinung nach fungieren sie nur als Alibi der Machtpolitik, um ihre Mächtigkeit rechtfertigen zu können. Seine Worte waren:

Die Sorge, eine Politik der Entspannung [...] führe nicht zum Frieden, sondern lediglich zur Schwächung der eigenen Machtposition, ergibt sich aus der Logik der Macht-Politik: sie sucht Macht-Expansion zwar ohne Krieg, aber durch Drohung mit dem Krieg. Dafür braucht sie vor allem ein Feindbild. (Frisch 1976: 340)

Noch einmal im Jahr 1987 im Aufruf „Votum in Moskau" zeigt Max Frisch eine kritisch ablehnende Haltung gegenüber Ideologien und Doktrinen, deren Antworten nirgends und niemals auf die richtigen Fragen gerichtet waren:

Was die Weltlage nicht mehr zuläßt, sind die Antworten, die sich lediglich mit einer Doktrin decken. Diese Antworten kennen wir hüben und drüben. Jede Doktrin besteht ja aus Antworten; sie versagt nur vor einer Frage: warum die Wirklichkeit sich nie deckt mit Antworten der Doktrin! Also Öffnung zur Frage. (in Pezold 1991: 144)

II.

Dass sich die Machtinhaber der Ideologien, der Ökonomie oder Politik einer Machtsprache bedienen, die Stereotypen, Vorurteile oder Überzeugungen einmontiert, ist nach den Ansätzen der neuen kritischen Hermeneutik Jürgen Habermas z.B. nicht zu bestreiten.[4] Dass die Sprache der Macht sich der Massenmedien und der Presse bedient, um ihre 'verhüllte Botschaft' in der Gesellschaft zu verbreiten, ist auch nicht zu bezweifeln.

....

4 Ein wichtiger Ansatz der von Jürgen Habermas ausgearbeiteten „kritischen Hermeneutik" ist die Behauptung, dass die Machthaber sich einer ideologisch gefärbten Sprache bedienen, um ihre Macht in der Gesellschaft zu verbreiten und durchzusetzen. Mit seinen eigenen Worten: „Sprache ist auch ein Medium von Herrschaft und sozialer Macht. Sie dient der Legitimation von Beziehungen organisierter Gewalt. Soweit die Legitimationen das Gewaltverhältnis [...] nicht aussprechen, soweit dies in den Legitimationen sich nur ausdrückt, ist die Sprache auch ideologisch" (Habermas 1973: 208).

Bilder und Vorurteile sind immer eindeutig. ‚Eindeutigkeit' charakterisiert nach Frischs Meinung die Sprache der Machtinhaber und die der Ideologien. Aber seiner Meinung nach ist „die Eindeutigkeit die Annullierung, nicht die Lösung des Widerspruchs" (Bloch/ Bussmann 1972: 24). Sie könne zu Dogmatismen, Irrationalität, Vorurteilen und Entmündigung der Staatsbürger führen. Dazu merkt Max Frisch noch an:

Es ist meine persönliche Meinung, dass ich mit einem Text, der nicht direkt meine politische Überzeugung verbalisiert, aber eine Darstellung des Konkreten gibt, mehr erreiche (mehr zu erreichen hoffe), indem ich den Partner vorher ‚verunsichere', ihn [...] frei mache, das Dargestellte neu zu sehen und zwar die Situation angemessener zu sehen. (ebd.: 23–24)

Die Verunsicherung, das dauernde Infragestellen wird von Frisch als bewusste Sprachtechnik angewendet, um Widersprüche und Lügen der Sprache der Macht zu demontieren. Dass ihm die Dialogform zu diesem Zweck einen guten Dienst leisten kann, ist selbstverständlich. Im *Tagebuch 1966–1971* setzt sich Max Frisch in zwei als „Verhör 1" und „Verhör 2" betitelten Fragmenten mit der Macht- und Gewaltfrage auseinander. Im Fragment „Verhör I" wird von A. als Ankläger und B. als Angeklagtem ein Dialog durchgeführt. Anhand eines Textes von Tolstoi über die russische Revolution gegen die Macht des Zaren am Anfang des XX Jahrhunderts, den A. gelesen und unterstrichen hat, setzen sich A und B theoretisch und in Bezug auf die russische Revolution mit Fragen der Macht, Gewalt, Gegengewalt, Gewalttätigkeit oder Repressalien als Mittel im politischen Kampf auseinander. Auf einen Kommentar von A.: „Du sprichst aber von Repressalien" –, entgegnet B:

Es gibt natürlich Gewalt ohne Gewalttätigkeit, ein Zustand, der dem Rechtsstaat sehr ähnlich sehen kann. Gewissermaßen ein friedlicher Zustand: indem nämlich um der Gewaltlosigkeit willen Konflikte geleugnet und die fälligen Auseinandersetzungen verhindert werden. (Frisch 1972/1: 77, 79)

Auf die Frage: „Was verstehst du unter Macht?", antwortet B.: „Kapital" (Frisch 1972/1: 81). Dieses „Verhör" ist insofern wichtig, weil viele Formulierungen und Ansichten, die in verschieden Reden und Aufsätzen zu finden sind, hier schon skizziert bzw. entwickelt wurden. Die Dialogform gestattet Frisch, durch Wechsel von Fragen und Antworten einen objektiv tiefgründigen Gedankengang zu entfalten, der den Leser zu eigenen Erkenntnissen bringen kann.

Die ‚Rhetorik der Verunsicherung‘ bzw. der ‚Infragestellung‘ ist Teil der scharfkritischen Ironie, die die Sprache des Analytikers der politischen Realität Max Frisch charakterisiert. Ich stimme Urs Bircher zu, wenn er behauptet, dass Frisch 1965 nach seiner Rückkehr in die Schweiz ein neues Talent entdeckte: die Rhetorik. Die Theorie der Rede bereitet Frisch eine breite Palette stilistischer Mittel, um die Effektivität seiner kritischen Ironie hervorzuheben. Nach Birchers Meinung:

Seine in der Literatur entwickelte Art, Probleme von allen Seiten vorsichtig anzutasten, sprachlich einzukreisen und in unerwartete Verbindungen mit anderen Gegenständen und Themen zu bringen, erwies sich als wirkungsvolles Mittel einer feinen, zuweilen auch massiven, politischen Ironie. (Bircher 2000: 115)

Tatsächlich entdeckte Frisch sein Talent und machte davon Gebrauch: In seinen Reden, Vorträgen oder Aufsätzen stellt er immer weitere Zusammenhänge und überraschende Verbindungen dar, um den zu behandelnden Gegenstand von verschiedenen Seiten her zu beleuchten. Auf diese Weise stellt er immer wieder die Gründe und Hintergründe der Tatsachen in Frage und sehr oft wird auch dadurch die Ironie erheblich verstärkt. Als Beispiel zitiere ich eine Textstelle aus „Politik durch Mord":

Man ist gerade jetzt angewiesen auf die Gewaltlosigkeit der Unterdrückten im eignen Land; man weiß, was der Vietnam-Krieg kostet, und die Armen im eigenen Land werden gerade jetzt, wie schon immer, Geduld haben. (Frisch 1972/1: 125)

Durch Appellfiguren wie rhetorische Fragen und Antworten – ein stets wiederholtes Stilmittel in Artikeln und Reden –, Ausrufezeichen, Auslassungspunkte usw. kreist Max Frisch sprachlich das Hauptthema ein. Das Arrangement des Materials durch Montage ermöglicht es ihm, Meinungen, Fakten und

Wertungen gegenüberzustellen, Vielschichtigkeit zu erreichen und Widersprüche zu enthüllen. Deshalb zieht er die ‚Montage' als Kompositionsmittel vor. Am Ende des erwähnten Aufsatzes „Politik durch Mord" zum Beispiel transkribiert Frisch in Kursivschrift einzelne Fragmente eines Berichtes der *Neuen Zürcher Zeitung* über Martin Luther Kings Ermordung. Dieses Material arrangiert er durch Montage mit Informationen über Mordfälle anderer Verteidiger der Bürgerrechte der Schwarzen und fügt noch Textlieder hinzu. Was dadurch zum Vorschein kommt, ist die Tatsache, dass dort, wo der Berichterstatter die Konsequenzen der Gewalttätigkeit sieht, Max Frisch eben die Gründe sieht, was wiederum die Intensität der Ironie erheblich verstärkt. Mit der Anwendung der genannten stilistischen Mittel und der Montage als Aufbautechnik verstärkt Max Frisch die Effektivität der Kommunikation und potenziert die aktive Anteilnahme von seiten des Lesers bzw. Hörers erheblich, um ihm die verhüllte Sprache der Macht und deren Manipulationen bewusst zu machen.

III.

Wie schon erwähnt wurde, bedient sich Max Frisch literarischer Formen, die überwiegend einen informativen, appellativen bzw. wertenden Zweck verfolgen. Durch Reden, Vorträge, Aufrufe oder Formen des literarischen Journalismus, wie Aufsätze oder Meinungsartikel in der Presse, erreicht er eine breite Hörerschaft bzw. Leserschaft und konsequenterweise gesellschaftliche Wirkung. Nach Max Frischs Meinung ginge es ihm nicht grundsätzlich darum, eine Wirkung in der Gesellschaft zu erzielen, obwohl er sich bewusst ist, dass diese doch erreicht wird.

Im Jahr 1972 führte Max Frisch ein interessantes Gespräch mit Peter Andre Bloch und Rudolf Bussmann, in dem es hauptsächlich um das Engagement des Schriftstellers in der Gesellschaft ging. In diesem Gespräch machte Peter A. Bloch folgende Reflexion:

Als Schriftsteller haben Sie von vornherein die Gabe des Formulierenkönnens; Sie haben also auch die Chance, öffentlich gehört und verstanden zu

werden, [...]. Sie hätten aufgrund dieser Begabung also auch die Verant-
wortung, als Sprachrohr zu wirken. (Bloch 1972: 30)

Darauf antwortete Max Frisch folgendermaßen:

Mit der Verantwortung ist es sehr merkwürdig. Man hat eine gewisse
Stimme, einen Lautsprecher, Publizität; diese hat man sich nicht gemacht,
um ein Ziel zu verfolgen, sondern sie ist entstanden. Auf der andern Seite
hat man kein Mandat; ich hafte nur für mich allein; [...]. Nun darf man
auch nicht vergessen, daß es sehr viele solche Sprachrohre gibt; es gibt die
Massenmedien, die Presse; diese alle können in ihrer Art auch formulie-
ren, und sie machen davon Gebrauch. Das ist eine Herausforderung, die
man gelegentlich annehmen muss. Diesen meinungsbildenden Instrumen-
ten gegenüber sind die Schriftsteller, ich nenne mich jetzt nicht allein, in
gewissem Sinn eine 'Gegeninstitution', die sich durch Machtlosigkeit, aber
Sprachmächtigkeit auszeichnet. (ebd.: 30–31)

Auf diese Herausforderung hat Max Frisch nicht nur mit der Sprachmächtigkeit des Schriftstellers, sondern auch mit der Denk- und Argumentationskraft
des Intellektuellen wiederholt reagiert. Sein Ziel lautete: Durch sprachliche
Darstellung zur Erkenntnis zu kommen.

Bis einige Jahre vor seinem Tod hatte sich Frisch in Reden, Vorträgen oder
Artikeln mit der Macht- und Gewaltfrage in der Gesellschaft auseinandergesetzt. Dabei verteidigte er immer wieder die Rolle der Literatur als
Enthüllungspotenzial und als Widerstand dazu. 1986 führte Max Frisch ein
Gespräch in *Die Wochenzeitung* mit dem Titel „Ohne Widerstand – keine
Hoffnung". Auf die Frage: „Sehen Sie Kunst und Literatur als eine Gegenmacht?", antwortete Frisch: „Nicht eine Gegenmacht, nein, sondern eine Gegen-Position zur Macht" (Frisch 1986: 477). Eine Gegen-Position zur Macht,
die er als „eine stille Subversion" bezeichnet. Und er fährt fort: „Widerstand,
glaube ich, ist das Mögliche im Augenblick. [...] Vielleicht ist es nicht einmal
eine Handlung, aber schon Widerstand" (ebd.: 478).

Frisch äußerte sich skeptisch aber nicht resigniert. Wie aus den ausgewählten Texten hervorgeht, hat sich der Schriftsteller Frisch bis kurz vor
seinem Tod seiner glänzenden Sprachmächtigkeit bedient, um seine Sprach-

kritik in Kritik an der Rede der Macht seiner Zeit umzusetzen. Wie ein Forscher geht er den tatsächlichen Gründen und Hintergründen nach, und durch Ironie und Sprachdemontage enthüllt er die heimlichen Intentionen der Machthaber. Max Frisch stellt die Tagesereignisse seiner Zeit in immer tiefere und weitere gedankliche Zusammenhänge, um den konkreten Hier-und-jetzt-Rahmen überschreiten zu können und seinen Reflexionen und seiner Analyse allgemeine Bedeutung zu verleihen. Diese Verfahrensweise ermöglichte ihm, eine dauerhafte Wirkung auf eine zukünftige Leserschaft auszuüben.

Benutzte Literatur

ARNOLD, Heinz Ludwig (1972), „Gespräch mit Max Frisch". In: H.L. Arnold (1975), *Gespräche mit Schriftstellern*. München, C.H. Beck, S. 9–73.
BIRCHER, Urs (2000), *Mit Ausnahme der Freundschaft. Max Frisch 1956–1991*. Zürich, Limmat Verlag.
BLOCH, Peter André /Bussman, Rudolf (1972), „Gespräch mit Max Frisch". In: Bloch, P.A./ Bussman, R., *Der Schriftsteller in unserer Zeit. Schweizer Autoren bestimmen ihre Rolle in der Gesellschaft*. Bern, Francke Verlag, S. 17–35.
FRISCH, Max (1965), „Überfremdung 1". In: *Öffentlichkeit als Partner*. Frankfurt am M., Suhrkamp, S. 100–104.
-- (1966), „Überfremdung 2". In: *Öffentlichkeit als Partner*. Frankfurt am M., Suhrkamp, S. 105–135.
-- (1968/1), „Rede nach der Besetzung der Tschechoslowakei". In: Schmitz (1983) (Hrsg.), S. 250–253. Diese Rede wurde am 8. September 1968 im Stadttheater Basel gehalten.
-- (1968/2), „Politik durch Mord". In: *Tagebuch 1966–1971*. Frankfurt am M., Suhrkamp, 1972, S. 125–132. Ich zitiere aus dem gekürzten Druck im *Tagebuch 1966–1971*. Erster Druck in: M. Frisch (1983), S. 224–237.
-- (1971), „So wie jetzt, geht es nicht". In: Schmitz (1983), S. 321–323.
-- (1972/1), *Tagebuch 1966–1971*. Frankfurt am M., Suhrkamp.
-- (1972/2), *Öffentlichkeit als Partner*. Frankfurt am M., Suhrkamp.
-- (1976/1), „Wir hoffen". In: *Max Frisch. Forderungen des Tages. Porträts, Skizzen, Reden. 1943–1982*. S. 132–143. Diese Rede wurde in der Paulskirche in Frankfurt am 19.9.1976 gehalten.
-- (1976/2), „Haben wir eine demokratische Öffentlichkeit?...". In: Schmitz (1983), S. 343–346. Diese Rede wurde vor dem Parteitag der Sozialdemokratischen Partei der Schweiz am 31.10.1976 gehalten.
-- (1979), „Die politische Repression". In: Schmitz (1983), S. 352–360. Dieser Vortrag wurde anlässlich des 35. Verbandstages des VPOD in Interlaken 1979 gehalten.
-- (1983), *Forderungen des Tages. Porträts, Skizzen, Reden. 1943–1982*, Walter Schmitz (Hrsg.), Frankfurt am M., Suhrkamp.
-- (1986), „Ohne Widerstand keine Hoffnung. Ein Gespräch". In: Obschlager, Walter (Hrsg.), *Max Frisch. Schweiz als Heimat? Versuche über 50 Jahre. 1990*. S. 470–488. Zuerst in: *Die Wochenzeitung*, Nr. 41, v. 10.10.1986, S. 25–27.
-- (1987), „Votum in Moskau". In: Pezold, Klaus *et alii* (1991), *Geschichte der deutschsprachigen Schweizer Literatur im 20. Jahrhundert*, von einem Autorenkollektiv unter der Leitung von Klaus Pezold. Red. Hannelore Prosche. Berlin: Volk und Wissen, S. 144.

© Frank & Timme   Verlag für wissenschaftliche Literatur

GRIMM, Christa (1991), „Max Frisch". In: *Geschichte der deutschsprachigen Schweizer Literatur im 20. Jahrhundert.* Von einem Autorenkollektiv unter der Leitung von Klaus Pezold, S. 125-145.

HABERMAS, Jürgen (1973), *Erkenntnis und Interesse. Mit einem neuen Nachwort.* Frankfurt am M., Suhrkamp.

KOCH, Werner (1970), „Gespräch mit Max Frisch". In: Koch, W. (1977), *Kant vor der Kamera. Referenzen und Pamphlete.* Mainz, Hase und Koeler, S. 115-128.

MARTÍ PEÑA, Ofelia (2006), „Literarischer Journalismus in der deutschsprachigen Schweiz seit den sechziger Jahren". In: I. Hernández / O. Martí Peña (Hrsg.), *Eine Insel im vereinten Europa? Situation und Perspektive der Literatur der deutschen Schweiz.* Berlin, Weidler, S. 135-150.

OBSCHLAGER, Walter (Hrsg.) (1990), *Max Frisch. Schweiz als Heimat? Versuche über 50 Jahre.* Frankfurt am M., Suhrkamp. Mit einem Nachwort des Herausgebers versehene Ausgabe.

PEZOLD, Klaus et alii (1991), *Geschichte der deutschsprachigen Schweizer Literatur im 20. Jahrhundert.* Von einem Autorenkollektiv unter der Leitung von Klaus Pezold, Red. Hannelore Prosche. Berlin, Volk und Wissen.

SCHMITZ, Walter (Hrsg.) (1983), *Max Frisch. Forderungen des Tages Porträts, Skizzen, Reden. 1943-1982.* Mit einem Nachwort des Herausgebers versehene Ausgabe. Frankfurt am M., Suhrkamp.

STEFFEN RICHTER (TECHNISCHE UNIVERSITÄT BRAUNSCHWEIG)

Tunnelblicke. Zur literarischen Repräsentation von Machtverhältnissen anhand einer schweizerischen Infrastruktureinrichtung

I. Die Eisenbahn, der Tunnel, die Integration der Schweiz und die Moderne

„Wo heute Natur ist", heißt es in einem von Robert Walsers hintersinnigen Feuilletons, „sind auch Eisenbahnen" (Walser 2003: 21). Das ist ein erstaunlicher Satz.[1] Mit ihm scheint Walser quer zu allen geläufigen Beschreibungen des Verhältnisses von Natur und Eisenbahn zu liegen. Üblicherweise gilt als ausgemacht, dass die Eisenbahn mit ihren lärmenden Dampflokomotiven und ihren die Landschaft zerschneidenden Schienensträngen, dass diese Eisenbahn etwas höchst Artifizielles ist. Im Grunde das genaue Gegenteil von Natur (siehe Schivelbusch 1993: 15). Wenn Walsers Behauptung dennoch ihre Berechtigung hat, dann vor dem Hintergrund, dass hier ein Schweizer spricht.

Die Schweiz verfügt bekanntlich über eines der dichtesten Eisenbahnnetze der Welt. Während in Deutschland jährlich 871 Kilometer zurückgelegte Eisenbahnstrecke auf jeden Einwohner kommen, was weltweit Platz 10 bedeutet, ist die Schweiz mit 1804 Kilometer pro Einwohner Spitzenreiter in diesem Ranking (siehe Sorg 2010: 139). Daher verwundert es nicht, dass die Eisenbahn fest im nationalen Mythenreservoir verankert ist. Sie stellt eine „Bemeisterung des unzugänglichen Alpenraums im Zeichen technischen Fortschritts" dar und begründet zugleich „die Einigung des Landes im Zeichen der Mobilität" (Barkhoff und Heffernan 2010: 22). Dank Eisenbahn wird die Schweiz zum „hochvernetzte[n] Transitland im Herzen Europas" (ebd.: 12). Es dürfte zu den schweizerischen Paradoxa zählen, dass dieser dezidierte Eisenbahnstaat in einer Landschaft entstanden ist, die dem Eisenbahnbau eigentlich nicht förderlich ist, da sie zu zwei Dritteln aus Gebirgen wie dem Jura und den Al-

---

[1] Die Kenntnis dieses erstaunlichen Satzes verdanke ich meinem Braunschweiger Freund und Kollegen Jörg Paulus.

pen besteht. Doch auch das hat Robert Walser bereits beobachtet, wenn er in seiner Betrachtung fortfährt: „Es gibt bald keinen Koloß von Berg mehr, den man nicht bereits angefangen hat, für den Verkehr und die Zivilisation und für den Genuß zu durchstechen" (Walser 2003: 21). Wo die Eisenbahn auf Berge trifft, gibt es auch Tunnel. Da die Eisenbahn in der Schweiz sehr oft auf Berge trifft, kommt zur Eisenbahn- eine entsprechende Tunneldichte.

Im Idealfall reduziert eine Eisenbahn-Trasse den Reibungswiderstand zwischen Rädern und Schienen und beseitigt die Unebenheiten der Landschaft. Diese Idealtrasse ist glatt, eben, hart und gerade (siehe Schivelbusch 1993: 25). Die Eisenbahn dient dazu, Güter und Personen in kurzer Zeit über weite Distanzen zu transportieren. Sie ist, wie Friedrich Ratzel, der Begründer der politischen Geographie in Deutschland, schreibt, als wichtigstes Verkehrsmittel des 19. Jahrhunderts ein Agent der „Raumbewältigung":

Der Verkehr kürzt die Wege und macht dadurch die Beziehungen zwischen entfernten Gebieten immer unmittelbarer und enger und räumt Schwierigkeiten und Unterschiede der Verwaltungsweise weg, die bei langen Zwischenräumen zwischen Befehl und Ausführung unvermeidlich sind. (Ratzel 1903: 506)

Zudem, so Ratzel weiter, liege im Verkehr „eine Ausgleichung von Unterschieden und eine Beruhigung von Gegensätzen" (Ratzel 1903: 530). Die Eisenbahn, das Vehikel der industriellen Revolution, befeuert damit ein Programm der Moderne, das auf Rationalisierung und Standardisierung, auf Selbstermächtigung des Subjekts via Technik und Kontrolle abzielt. Und der Tunnel?

Der Tunnel – ganz wie die Brücke – ist ein Instrument der Optimierung der Eisenbahn, der das störungsfreie Rollen der Räder auf ebener Strecke ermöglicht (vorausgesetzt, es handelt sich um keinen Kehrtunnel). Von den Trassen für Hochgeschwindigkeitszüge, die in den letzten zehn Jahren in der Bundesrepublik gebaut wurden, verlaufen ein Viertel bis die Hälfte der Strecke durch Tunnels oder über Brücken. Der Tunnel stellt sogar einen Lösungsansatz dar, um die „sozialen Kosten des Verkehrs" zu vermindern, die durch Lärm- und Abgasbelastung in eng besiedelten Städten entstehen – sei es in Gestalt von Lärmschutzwänden, die Stadtdurchfahrten beinahe zu Tunnelfahrten machen, sei es durch die Versenkung ganzer Bahnhofsanlagen in den Untergrund (siehe Merki 2008: 89). Im Tunnel, so könnte man sagen, kommt das Prinzip Eisenbahn gleichsam zu sich selbst.

Die erste Tunnelfahrt ist für schweizerische Schüler offenbar ein beliebtes Aufsatzthema (siehe Tawada 1995). Das spricht für die – auch im Vergleich mit anderen Alltagsroutinen – herausgehobene Bedeutung, die dem Tunnel zukommt, und ist verständlich. Ein früher geopolitischer Gedanke Johann Gottfried Herders besagt, dass „Meere, Bergketten und Ströme" als „die natürlichsten Abscheidungen so der Länder, so auch der Völker, Lebensarten, Sprachen und Reiche" gelten können (Herder 1989: 45). Das legt für die in besonderem Maße durch Gebirgsketten abgeschnittene Schweiz nahe, den Tunnel als eine architektonische Kulturleistung zu betrachten, die den Anschluss an die Welt bewerkstelligt.

Abgesehen vom Urnerloch,[2] das 1708 als Alternative zur berühmten Teufelsbrücke in der Schöllenenschlucht als erster Tunnel einer Alpenstraße eröffnet wurde, sind es vor allem die historischen Bauten des späten 19. und frühen 20. Jahrhunderts, die als Paradigmen der schweizerischen Tunnel gelten: Gotthard-, Simplon- und Lötschbergtunnel. Beim Bau des Gotthard-Bahntunnels zwischen Airolo und Göschenen kam von 1872 bis 1882 erstmals in großem Maßstab jenes Nitroglyzerin zum Einsatz, das Alfred Nobel wenige Jahre zuvor unter der Bezeichnung Dynamit zum Patent angemeldet hatte. Der Simplon-Tunnel besaß bereits zwei Röhren, die 1906 und 1921 fertig gestellt wurden. Und der Bau des Lötschbergtunnels für die Berner Alpenbahn zwischen Kandersteg und Goppenstein, eröffnet 1913, hatte erstmals eine vergleichsweise große Krümmung zu bewältigen – und bleibt verbunden mit einer Katastrophe. Bei einem so genannten „Verbruch" flossen wegen mangelhafter geologischer Gutachten große Mengen Schlamm und Sand in die Tunnelröhre und töteten 26 Arbeiter (siehe Kovári und Fechtig 2004: 91).

Tatsächlich werden diese Tunnelbauten von den Betreibern und in der zeitgenössischen journalistischen Berichterstattung als epochale technische Leistungen beschrieben: „Der Glaube vermag keine Berge mehr zu versetzen, aber die Wissenschaft durchbohrt sie", steht in der *Zürcher Post* (zit. nach Kovári und Fechtig 2004: 134). Vor allem aber werden sie als bedeutende Verkehrsvorrichtungen wahrgenommen, die den Anschluss der Nation an die Welt

---

2   Der „Urtunnel der Schweiz", wie Hermann Burger das Urnerloch nennt (Burger 1982: 127).

© Frank & Timme   Verlag für wissenschaftliche Literatur

herstellen. Alfred Escher, Präsident der Gotthardbahngesellschaft, begründete das Projekt des Gotthardtunnelbaus: „'Es wird [...] immer klarer, dass die Schweiz ohne eine den Wall ihrer Alpen durchbrechende Eisenbahn zu einem von dem grossen Weltverkehr umgangenen und verlassenen Eilande herabsinken würde'" (zit. nach ebd.: 135). Die *Zürcher Post* schreibt sogar: „Die Völker vergessen, dass sie Deutsche, Schweizer, Italiener oder Franzosen sind und verwandeln den ehrgeizigen, bornierten Nationalstolz in das erhabene Gefühl der Weltangehörigkeit'" (zit. nach Kovári und Fechtig 2004: 134). Der Tunnel, der einerseits im Verbund mit der Eisenbahn ein Mittel der nationalen Integration ist, transzendiert dieses Nationale andererseits und schafft in Verbindung mit modernen Techniken ein Bewusstsein für Globalität. Er gehört – ähnlich dem Telegraphennetz – zu den Einrichtungen der Infrastruktur, die ich mit dem Historiker Dirk van Laak als „Integrationsmedien des Raumes und der Zeit" verstehe:

Als vermittelnde Sachsysteme haben sich Verkehrs- und Kommunikationseinrichtungen sowie Anlagen der Ver- und Entsorgung ungemein nachhaltig zwischen den Menschen und die Natur geschoben. Damit nehmen sie eine spezifische Mittlerstellung zwischen militärischen und zivilen Bereichen der Gesellschaft ein, zwischen Zentralen und Peripherien, Städten und Umlanden, Staat, Wirtschaft und Verbrauchern, arm und reich. Sie erschließen, verbinden, vernetzen und integrieren, sie entlasten und erweitern den Horizont, sie erhöhen unsere Abhängigkeit von großtechnischen Systemen und steigern zugleich unsere Begehrlichkeit. (van Laak 2006: 167)

Wie andere Infrastrukturprojekte weltweit stehen auch die schweizerischen Tunnelbauten im Zeichen einer Ambivalenz. Zum einen herrscht – eine auch medial weltweit verbreitete – Begeisterung angesichts der Demonstration des technisch Machbaren, ähnlich wie beim Bau und der Eröffnung des Suez- und des Panama-Kanals in den Jahren 1869 und 1914. Zum anderen aber existieren Befürchtungen hinsichtlich der sozialen und finanziellen Belastungen. In erster Linie sind es zahlreiche Arbeiter, die bei Sprengarbeiten, Wassereinbrüchen oder Gasexplosionen auf den Baustellen ihr Leben verlieren. Aber es gibt auch andere Ängste. Beim Bau des ersten Schweizer Bahntunnels, des 90 Meter

langen Schlossbergtunnels an der Strecke von Zürich nach Baden, wurden um
1846 Beschwerden über Sonntagsarbeit, Nachtsprengungen und Einschnitte
ins Landschaftsbild laut: „'Werthvolle Weinberge wurden dabei zerstört und
mehrere Gebäude bedroht, was bedeutende Entschädigungen nach sich zog.'"
Ganz zu schweigen von der angeblich hohen Zahl unehelich geborener Kinder
wegen zahlreicher „ortsfremder Arbeiter" (zit. nach Kovári und Fechtig 2004:
131). Während die Bauingenieure der Schweizer Tunnel meist aus der Schweiz
selbst, Frankreich oder Deutschland kamen, stammte das Gros der Mineure
und der weniger qualifizierten Arbeitskräfte aus Italien. Zudem verschlingen
Infrastrukturprojekte meist mehr Geld und Zeit als ursprünglich veranschlagt.
Deswegen ist ihre Tauglichkeit als Konjunkturprogramm, etwa in den Jahren
nach der Weltwirtschaftskrise, immer auch umstritten. Das zeigen der Auto-
bahnbau in Hitlers Deutschland, der Bau des Blue Ridge Parkway in den Vereinigten Staaten – oder auch der Verteidigungsanlagen des Réduit National in
der Schweiz.

Aus diesen sozialen und ökonomischen Tunnel-Kontexten wird bereits ersichtlich, dass mittels des Tunnels oder beim Tunnelbau Macht ausgeübt wird.
Wenn Macht die Möglichkeit bedeutet, Einfluss auszuüben und Formen von
Verhalten zu gebieten oder zu verbieten, dann indizieren Infrastrukturen
Machtverhältnisse. Entscheidend ist dabei die Verfügungsgewalt, also die Ei-
gentumsfrage. Der Besitzer infrastruktureller Einrichtungen kann – etwa aus
politischen Motiven – den Zugang zu ihnen gewähren oder verwehren. In
ökonomischer Hinsicht kann er aus der Zugangsberechtigung Kapital schlagen. Schließlich geht es, gerade in der Schweiz, um den internationalen Tran-
sitverkehr und den Tourismus – also höchst potente Wirtschaftszweige. Nachdem Eisenbahn- und Tunnelbau anfangs von privaten Unternehmen in
Konkurrenz zu den Kantonen betrieben wurden, gingen die Bahngesellschaf-
ten um 1900 – wie in den meisten europäischen Ländern – in die öffentliche
Hand über, da zentrale Planung und Verwaltung die Funktionsfähigkeit und
Effizienz wesentlich erhöhen. Zugleich gewährleisten sie den allgemeinen
Zugang und – ermöglichen staatliche Kontrolle.

Aus geschichtswissenschaftlicher Sicht hat Dirk van Laak verschiedene
Modi der Machtausübung ausgemacht, von denen mir einige sehr direkt als
Anhaltspunkte dienen können. Zum einen sind Infrastrukturen „Symbole der
menschlichen Bemächtigung der Naturvorgaben, sei es als Schutzbauten, sei es

als Nutzbauten". Zum anderen besitzen sie oft einen hohen Repräsentations-
wert, der Macht demonstriert und mit dem sich ihre Gestalter in die Geschichte einzuschreiben versuchen. Durch die hohen Investitionen an Kapital und
Arbeit werden sie sogar zu „Symbolen eines Vertrauens in die Zukunft einer
Gesellschaft", die Herrschaft über diese Zukunft anzeigen (van Laak 2008:
198). Wenn ich im Folgenden Formen der Machtrepräsentation in literarischen Texten stichprobenartig beleuchte, geht es mir um den Tunnel als infrastrukturelles Phänomen. Andere Lesarten – insbesondere seine Deutung als
psychoanalytische Metapher – sind möglich und triftig, sollen hier aber keine
Rolle spielen.

II. Der Tunnel als Indikator von Machtverhältnissen in literarischen Texten

1. Bemächtigung der Natur via Technik

In den meisten Texten ist der Tunnel als Infrastrukturprojekt nur ein themati-
scher Nebenschauplatz. Ausnahmen bilden Texte mit einer hohen Sensibilität
für Technik, wie man sie etwa im Umfeld der Science Fiction findet. Zu dieser
Textgruppe zählt *Der eiserne Weg* von Hans Dominik. Dominik ist zwar kein
Schweizer, hat aber 1913 einen damals geradezu tagesaktuellen Roman zur
Eröffnung des Lötschbergtunnels geschrieben. Dieser frühe, relativ unbekannte Text stammt aus der Prä-Science-Fiction-Phase des späteren Genre-
Klassikers, lässt aber bereits eine gesteigerte Aufmerksamkeit für Technik,
mehr noch, eine Begeisterung für Tunnelbautechnologien erkennen: Neue
Bohrmaschinen, die 10 statt nur 5 Meter täglichen Vortrieb ermöglichen,
faszinieren ihn, das Dynamit gilt ihm als neues „Sesam öffne dich" (Dominik
1913: 18). Dominik versäumt nicht einmal, einige Infrastrukturen zweiter
Ordnung, die der Tunnelbau selbst hervorbringt, einzubeziehen. Etwa die
Zugangsbahn von Interlaken nach Kandersteg, die für den Transport des
Baumaterials, des Dynamits und der Sprengkapseln erforderlich ist.[3] Dass die

3   Dennoch bleiben diese Beschreibungen verständlicherweise auf ein für die Romandramaturgie
    sinnvolles Maß beschränkt. Die reale Infrastruktur der Tunnelbauten umfasst sehr viel mehr, sie
    reicht von Sprengstofffabriken, Bohrerschmieden, Kompressionsanlagen für den Betrieb der

Materialität der Infrastruktur in literarischen Texten dezidierte Aufmerksamkeit erfährt, ist durchaus nicht üblich. Meist sind Infrastrukturen wie Tunnel integrale Bestandteile von Alltagsroutinen, also Kulturlandschaft und somit „zweite Natur" (van Laak 2008: 107). Deswegen tendieren sie, wie Erhard Schütz schreibt, in literarischen Texten oft zur Unsichtbarkeit (siehe Schütz 2011: 163).[4]

In Dominiks *Eisernem Weg* braucht es das technische Großaufgebot allerdings zur Bemeisterung der Natur via Technik. Dieser Prozess verläuft keineswegs störungsfrei: „Man bohrt nicht ungestraft kilometerweit in den Felsen hinein", orakelt der Erzähler beizeiten, die „Geister der Finsternis murren gegen das Menschenwerk" (Dominik 1913: 110). Als es zum Einbruch des Schlemmsandes kommt, erweist der Berg sich zunächst als der Stärkere, die Arbeiter laufen um ihr Leben. Erst druckfeste eiserne Sicherheitstore stoppen den Einbruch, sie sind jedoch zugleich Triumph und „Sargdeckel" für die Toten der Bohrkolonne (ebd.: 199). Auch wenn diese Opfer einer allzu großen Hybris den Riegel vorschieben, wird „das Menschenwerk" doch letztlich die Oberhand behalten. Das ist jedoch nicht allein ein Sieg der Technik, sondern des globalisierten kapitalistischen Wirtschaftens – in seiner Ambivalenz. Einerseits nämlich fürchtet das Tunnelbaukonsortium, an dem (bei Dominik) Deutsche, Österreicher, Schotten und Amerikaner beteiligt sind, durch das Unglück eine drohende Bauzeitverlängerung und ist besorgt angesichts drohender Kostensteigerungen – sehr viel mehr jedenfalls als über die menschli-

---

Pressluftbohrer und -lokomotiven, Pferdeställe, Kühlwasser- und Telefonleitungen, Pumpeinrichtungen, Ventilatoren zur Tunnelbelüftung, Unterkünfte für Arbeiter und Beamte samt Krankenstationen oder einer *Missione Cattolica* für die überwiegend italienischen Arbeiter.

4   Bezogen aufs Fliegen stellt Schütz fest: „Zwischen der Infrastrukturvergessenheit des individuellen Flugerlebens (oder den ans Flugobjekt gehefteten Größenphantasien) und der Infrastrukturversessenheit der globalen oder kosmopolitischen Netzvisionäre bleiben die realen Infrastrukturen und ihre Herausforderungen weitgehend unbeachtet – jedenfalls so lange sie funktionieren" (Schütz 2011: 163). Während etwa der Flug im Flugzeug spektakulär ist und größte Aufmerksamkeit genießt, kommt bereits dem Flughafen sehr viel weniger Bedeutung zu. Das Bodenpersonal am *Check In*, die Logistik des Gepäcktransports oder die Bereitstellung der Verpflegung spielt selten eine Rolle, der Hangar für notwendige Wartungsarbeiten wird in der Regel komplett ausgeblendet. Ähnliches ließe sich von Schiffsreisen und Kanälen oder Eisenbahnfahrten über Brücken sagen. Diese „Unsichtbarkeit" gilt aber nicht nur für Verkehrsinfrastrukturen, sondern auch für solche der Kommunikation (Zeitungsredaktionen, Telegrafenämter, Telefonzentralen) oder der allgemeinen Ressourcenmanagements (Be- und Entwässerungssysteme, Elektrizitätskraftwerke, Wärmeversorgung). Infrastrukturen geraten meist nur dann in den Blick, wenn ihr Funktionieren behindert wird: der Einsturz einer Brücke, das sabotierte Gepäckband in der Abfertigungshalle, ein zerstörtes Telegrafenamt, die besetzte Zeitungsredaktion, der giftige Stoff in den Wasseraufbereitungsanlagen einer Stadt.

chen Opfer der Katastrophe. Andererseits aber wird der Tunnel wahrgenommen als Projekt der transatlantischen Kooperation, einer ökonomischen, verkehrstechnischen und kulturellen Integration. Dramaturgischer Höhepunkt des Romans ist der Durchschlag des Tunnels, bei dem der österreichische Oberingenieur Schöning und der amerikanische Oberst Sounderson sich symbolträchtig die Hand reichen. Alte und neue Welt sind hier in einem optimistischen, keineswegs modernitäts- oder Amerika-skeptischen Einverständnis zu erleben. Auch die lässigen englischsprachigen Einsprengsel zeugen vom dämmernden amerikanischen Jahrhundert: „Sportslady" (ebd.: 9) trifft hier auf „Selfmademann" (ebd.: 62).[5]

Natürlich bringt der Typus des populären, abenteuerlichen Technik-Romans à la Dominik auch ein durchaus schematisches Figuren-Setting mit sich. Dem Ingenieur stehen nicht selten Finanziers und Technokraten zur Seite – ein typisch infrastrukturelles Figurenensemble, dem es, unabhängig von Inhalten und ethischen Werten, um funktionierende Abläufe geht. Diese vermeintliche Kältefront verlangt aber gerade in Texten, die populäre Unterhaltung sein wollen, nach einem Ausgleich des Wärmehaushalts: In der Regel wird eine Liebesgeschichte erzählt, die konventionelle Geschlechterrollen tradiert und den Ingenieur als Helden der Arbeit mit der technikabstinenten Tochter seines Finanziers verkuppelt. Oder aber es tritt eine rätselhaft schöne Cellistin auf, die als musisches Pendant zur Wirtschafts- und Technikwelt fungiert. So jedenfalls verhält es sich in Rolf Dobellis *Massimo Marini*, der 2010 erschienen ist. Damit komme ich bereits zu einem Fall, in dem der Tunnel dazu dient, soziale und politische Machtkonstellationen anzuzeigen.

---

5   Eine ähnliche Feier der Technik inszeniert Bernhard Kellermann für die Tunnel-Literatur paradigmatischer Roman *Der Tunnel*, der im selben Jahr wie Dominiks *Eiserner Weg* (1913), erschien. Er sei hier wenigstens am Rande erwähnt, obwohl Kellermann weder ein schweizerischer Schriftsteller ist, noch ein Alpentunnel im Mittelpunkt steht, sondern das weitaus ambitioniertere Projekt einer Transkontinentalverbindung zwischen den Vereinigten Staaten und Europa. Dieser Lobgesang aufs technisch Machbare läutet klar ersichtlich ein amerikanisch dominiertes Jahrhundert ein. Viel deutlicher und differenzierter als bei Dominik werden allerdings in Kellermanns *Tunnel* die Segnungen der neuen Verkehrsverbindungen gefeiert, kritisiert und zu einer globalen Infrastruktur der Kommunikationsmedien und vor allem des Finanzkapitals ausgeweitet. Parallelen in der Figurenkonstellation und sprachliche Besonderheiten legen allerdings einen direkten Zusammenhang zwischen beiden Texten nahe – vermutlich als Einfluss des zeitgenössischen Bestsellers von Kellermann auf Dominiks Roman.

2. Der Tunnel als nationales Repräsentationsobjekt

2.1. Das Gotthard-Massiv

Dobelli macht, nicht weniger tagesaktuell als weiland Hans Dominik, den Bau des derzeit längsten Eisenbahntunnels der Welt zum Gegenstand: des Gotthard-Basistunnels. Natürlich wäre es nicht falsch, diesen Tunnelbau lediglich als Handlungskulisse und Metaphernspender für die ödipale *Soup-Opera* zu begreifen, die sich um die schöne Cellistin entspinnt.[6] Auch Dobelli widmet der technischen Dimension des Tunnelbaus gebührende Aufmerksamkeit[7], auch Dobelli ist sich der infrastrukturellen Funktion der schweizerischen Tunnel sehr bewusst.[8] Wichtiger ist mir an dieser Stelle, dass *Massimo Marini* auch eine große politische Erzählung über die Schweiz in der zweiten Hälfte des 20. Jahrhunderts sein will. Dabei interessiert sich der ehemalige *Manager* Dobelli für den Tunnelbau auch als Wirtschaftsunternehmung, die der Marktkonkurrenz ausgesetzt ist und somit etliche soziale und politische Implikationen birgt.

Dobellis Protagonist Massimo Marini ist der Sohn apulischer Saisonarbeiter, die Ende der 1950er Jahre von der ökonomisch prosperierenden Schweiz angeworben werden. Das Prozedere der Anwerbung, die Reise nach Norden,

---

6　Nicht nur, dass der Gotthard den Weg nach Italien, für Massimo das Land der erotischen Befreiung, ebnet. Fasst man diesen Motiv- und Handlungsstrang kurz zusammen, klingt das so: Massimo verlässt seine Frau für eine schöne Cellistin, die allerdings nicht mit ihm schläft, weil sie an den Folgen eines frühen Missbrauchs laboriert. Von Massimos Sohn aus erster Ehe allerdings lässt sie sich verführen und wird sogar von ihm schwanger. In einer Notwehrsituation tötet Massimo seinen Sohn, der jedoch gar nicht sein leiblicher Sohn ist, sondern aus einer Liaison seiner Frau mit dem Anwalt der Familie hervorgegangen ist. Der wiederum ist der Erzähler des Romans, der uns ausgiebig mit Gedanken zur „Unterwelt", „archaischen Gefühlen" (Dobelli 2010a: 311) und weiteren Plattitüden versorgt. Den ultimativen Kurzschluss zwischen Tunnelbau und Psychoanalyse, das Plädoyer für das Sichtbarmachen des Verdrängten (das man hier sowohl individualpsychologisch als auch bezogen auf die nationale Geschichte lesen kann) vollzieht Massimo Marini schließlich in seiner Rede zum Durchstich am 17. Oktober 2007: Einen Tunnel auszubrechen bringe es mit sich, Gestein zu zertrümmern, so wie man im Leben keinen Tunnel ausbrechen könne, ohne die vor einem liegenden Gedanken zu sprengen: „Werden Sie zum Mineur Ihrer Seele..." (ebd. 348).

7　Ohne eine unzeitgemäße Apotheose der Technik zu betreiben, gibt es bei Dobelli doch keinen Zweifel daran, dass hier eine ingenieurstechnische Meisterleistung vorliegt. Da sein Protagonist Tunnelbauunternehmer ist, spielen technische Aspekte eine gewichtige Rolle. Dobelli hat den Bauvorgang vor Ort recherchiert, weiß also um den Unterschied zwischen maschinellem und konventionellem Vortrieb mit speziellen, mit Industriediamanten bestückten Bohrköpfen, oder mit Dynamitsprengungen (vgl. Dobelli 2010a: 43). Er kennt sich aus mit den verschiedenen Bauabschnitten und Durchstichen und hat die technischen Daten des Basistunnels parat, der 57 Kilometer lang sein und Zuggeschwindigkeiten von 200 km/h ermöglichen soll.

8　Etwa wenn er bemerkt, dass schon der 1980 für Autos eröffnete Gotthard-Tunnel „das Autobahnnetz im Norden Europas mit dem Italiens" verbindet (Dobelli 2010a: 38). Typischerweise spielt die Schweiz hier gar keine Rolle mehr. Sie wird zum Durchgangsraum, zum Transitgelände degradiert – eine Erfahrung, die zu den üblichen nationalen Selbstbeschreibungen zählt.

der Kulturschock und schließlich die Arbeits- und Lebensbedingungen als ungelernte Bauarbeiter, wie Dobelli sie beschreibt, sind desaströs. Wie die anderen Saisonniers sind Massimos Eltern Fremdenfeindlichkeit ausgesetzt, die im Jahr 1970 in der so genannten „Schwarzenbach-Initiative gegen Überfremdung" gipfelt. Nach etlichen Problemen werden beide jedoch Schweizer Staatsbürger. Es folgt die Geschichte eines Sozialaufstiegs. Massimos Vater gründet eine eigene Tunnelbaufirma, wird jedoch, als ökonomische Schwierigkeiten eintreten, von der schweizerischen Konkurrenz abgedrängt und muss Abwassertunnel für die Kanalisation bauen. Dobellis Bildsprache lässt es an Deutlichkeit nicht fehlen. Die Arbeit im Kanalisationsbau ist Indiz der sozialen Schichtung, der ehemalige Italiener ist immer noch dort, wo ihn die schweizerische Mehrheitsgesellschaft hindrängt: Ganz unten. Erst in der zweiten Generation, als Massimo das Unternehmen von seinem Vater übernimmt, wird der soziale Aufstieg sanktioniert. Die Marini Bau AG baut zunächst ein großes Kanalisationsprojekt in Basel, dann einen S-Bahn-Tunnel in Zürich und erhält schließlich als größtes Tunnelbauunternehmen der Schweiz den Zuschlag für das wichtige Mittelstück des Gotthard-Basistunnels. Während beim ersten Gotthard-Eisenbahntunnel von 1882 italienische Arbeiter unter der Leitung von schweizerischen Ingenieuren tätig waren, ist nun der Bauunternehmer selbst ein Nachkomme von Arbeitsmigranten. Dass dieser Einwanderersohn just den Tunnel baut, der durchs Gotthard-Massiv führt, ist Resultat eines langen politischen Integrationsprozesses. Schließlich ist der Gotthard der prominenteste „lieu de mémoire" der Schweiz (siehe Munz 2003: 138). Er ist ein nationales Infrastrukturprojekt von höchstem Rang und ein politisch sensibles Denkmal. Letztlich erzählt Dobelli eine stolze schweizerische Erfolgsgeschichte. Dabei kulminiert die Schweiz im Tunnel. Er ist permanent Kulisse, Handlungsgegenstand und mehrdeutige Metapher.[9] Dobelli selbst hat im Interview vom Gotthard-Tunnel als einem „Symbol" für die Beziehungen der Schweiz zu den Fremdarbeitern gesprochen (Dobelli, 2010b). An diesen italienischen Saisonniers betreibt *Massimo Marini* mit viel gutem Willen politische Wiedergutmachung, indem er ihnen ein Denkmal setzt.

....

9   Man könnte sogar sagen, dass Massimo das Tunnelbau-Geschäft an die Wiege gesungen wurde: Seine Mutter hatte ihn als Säugling illegal eingeschmuggelt, indem sie ihn in einem Koffer aus dem fahrenden Zug warf – nach einem kurzen Tunnel hinter Como, der die italienisch-schweizerische Grenze markiert.

So wie Dobellis Text ist auch Hermann Burgers monumentaler Tunnel-Roman sowohl an Psychologie als auch an der politischen Geschichte der Schweiz interessiert – allerdings um einiges subtiler und ästhetisch weitaus komplexer, wie ‚um eine Schweiz von innen bittend'. Burgers sarkastische Selbst- und Kollektivanalyse *Die Künstliche Mutter* (1982) zeigt sich durchaus über die materielle Geschichte des ersten Gotthard-Durchstichs im 19. Jahrhundert informiert, erzählt sie allerdings en passant und weniger als Erfolgsstory denn als Sozialdrama, bei dem die Miliz gegen meuternde Arbeiter vorgeht. Burgers Protagonist heißt Schöllkopf, ist ausgestattet mit einer Doppelprofession als Germanist und Glaziologe, also Gletscherforscher, und hadert griesgrämig in erster Linie mit seiner Sexualität.[10] Ebenso aber hadert er mit der Schweiz, ihren Tunnels und insbesondere ihrem Übertunnel durchs Gotthard-Massiv. Resultat dieses Tunnels ist das „Süd Süd Süd im Kopf, der touristische Imperativ aller Nordhypochonder" (Burger 1982: 41), der die „chaotische Transiteuphorie" (Burger, 1982: 43) befördert. Während der Tunnel für die deutsche Italiensehnsucht unschätzbaren Wert besitzt, stellt er fürs nationale Selbstbewusstsein der Schweiz beinahe eine narzisstische Kränkung dar, taugt er doch vor allem dazu, die Schweiz zu überwinden.

Für den Konnex von Tunnel und nationaler Repräsentanz ist jedoch Burgers Romanschauplatz von Bedeutung. Der Eingang zum Gotthard-Tunnel bei Göschenen, an dem sein unterirdisches Spital liegt, ist nicht nur eine psychoanalytisch deutbare Metapher. Er ist zugleich Bestandteil eines ideologisch

---

10 Schöllkopf ist an einer Art „Unterleibsmigräne" erkrankt und leidet an Impotenz, verursacht durch die sexualfeindliche Erziehung durch die natürliche Mutter. Der rationale Kunstbau Tunnel ist hier eine Alternative zu dieser natürlichen Mutter und eine Heilungschance. Die Einfahrt zu Burgers unterirdischem Spital im Gotthard-Massiv stellt angeblich einen irrtümlich in den Berg gehauenen Stollen dar, eine Fehlberechnung bei Bau des Tunnels durch Louis Favre. Die Heilwirkung kommt durch das Tunnelozon und das Stollenozon sowie „autogenes Tunneltraining" zustande. Der Tunnel, der künstlich in den Fels gehauene Bauwerk präsentiert wird, besitzt nicht nur die Fähigkeit zu heilen, die Therapie *ist* die „künstliche Mutter" – als Pendant zur natürlichen. Mit der Rückkehr in einen – modifizierten – Mutterleib und der Therapie sexueller Fehlleistungen liegt die psychoanalytische Dimension der Tunnel-Metapher natürlich auf der Hand. Ihr flankieren die sexuellen Wahnvorstellungen und Männerphantasien Schöllkopfs. Mit seinen Attributen des Künstlichen und Rationalen kann der Tunnel auch als Sinnbild der Schweiz gelesen werden. Die Schweiz in ihrer Natürlichkeit macht krank, doch trägt sie – zumindest potentiell – in Gestalt des Künstlichen auch das Heilende in sich. In der *Künstlichen Mutter* allerdings ist Heilung fern. Es stellt sich als eine Art kollektiver falschen Bewusstseins dar, wenn die Patienten bei der Einfahrt in den Tunnel singen: „Wir rollen alle-alle-alle in den Stollen, nicht weil wir sollen, weil wir es wollen…" (Burger 1982: 177). Der depressive Protagonist jedenfalls wird am Ende mit seiner Alfetta in Lugano, einer „durch und durch illuminierte[n] Geisterschweiz" (Burger 1982: 254), in den Tod rasen.

vielfach überschriebenen Geländes, das die nationale Identität durch eine gigantische militärische Befestigungsanlage stabilisieren sollte und fest zum schweizerischen Mythenarsenal gehört: das Réduit National.

2.2. *Réduit National*

Burger nennt dieses Herzstück der Landesverteidigung einen „Granitschoß der Helvetia" und spezifiziert: „Gotthardfortifikation, Réduit, Rütlischwur, ein Dreiklang härtester moralischer Währung" (Burger 1982: 45). Das Réduit lässt sich als gesteigerte Form des Tunnels begreifen, seine Ausweitung zu einem planvoll angelegten unterirdischen Gang- und Stollensystem. Es wurde seit 1886, also kurz nach der Fertigstellung des ersten Gotthard-Eisenbahntunnels, als Rückzugsgebiet und militärische Verteidigungsanlage ins Massiv gegraben. In den 1930er Jahren erfolgte der weitere Ausbau – zum einen als Reaktion auf die international angespannte Lage, insbesondere die Kriegsdrohung aus Deutschland, zum anderen als wirtschaftliches Konjunkturprogramm. Die Alpenfestung ist mit allen notwendigen Einrichtungen zur Selbstversorgung und Selbstverteidigung ausgestattet: Wohnunterkünfte, Krankenstationen, Bäckereien, aber selbstverständlich auch Waffensystemen, überirischen Befestigungsanlagen und Panzertürmen. Zum Einsatz gekommen ist das Réduit allerdings nie, da die Schweiz nicht angegriffen wurde. Während das patriotische Narrativ will, dass es eben das Réduit war, das Hitler von der Aussichtslosigkeit eines Angriffs überzeugte, besagt die historische Quellenlage, dass schlechterdings kein Grund für eine militärische Intervention bestand. Noch im Jahr 1940 ließ die neutrale Schweiz Transitzüge zwischen den Achsenpartnern Deutschland und Italien ungehindert passieren. Der Legendenbildung hat das keinen Abbruch getan. „Solange – im übertragenen Sinne gesagt – am Gotthard eine Schweizer Fahne weht, solange besteht die Schweiz", vermeldete noch 1985 der damalige Stabschef Gustav Däniker (siehe Kamber 1995). Das Réduit, das ist eine Kern-Schweiz im Gotthard-Massiv, das ist das Sinnbild des von Feinden umgebenen und dennoch uneinnehmbaren Landes. Und es ist natürlich eine Steilvorlage und Angriffsfläche sowohl für die Imaginationskräfte als auch für den machtkritischen Diskurs der Literatur. Die Réduit-Strategie fordert zur Polit-Satire regelrecht heraus: „Natürlich ist es eine schmerzliche Vorstellung", so der Divisionär Däniker weiter, „dass sich das Volk nur noch zu einem ganz kleinen Teil um diese Fahne [also die schweizerische – S.R.] gruppieren könnte" (Kamber ebd.). Der mit dem Réduit verbundene Regierungsbunker, die so genannte „Führungsanlage K20", hätte nämlich lediglich das politische Führungspersonal schützen können. Auf die Vorstellung einer Insel der Glückseligen, auf die sich die Regierung eines Landes rettet, während seine Bevölkerung dem Morden des Kriegs ausgesetzt ist, kommt namentlich Friedrich Dürrenmatt zurück.

Natürlich ist Dürrenmatt der schweizerische „Tunnel-Schriftsteller" schlechthin. Doch zeigt bereits der vermutlich berühmteste Text zum Thema, *Der Tunnel* von 1954/78, dass es Dürrenmatt nicht um den Tunnel in seiner Materialität als vielmehr um seinen metaphorischen Wert geht. Er besetzt einen wichtigen Platz innerhalb seiner Ästhetik des Gleichnisses.[11] Diese säkularisierten Gleichnisse, die gleichwohl in einer biblischen Texttradition stehen und mit christologischen Figuren operieren (siehe Bühler 2000), konkurrieren mit der Wissenschaft als Mittel der Wahrheitsfindung. Die Fahrt in einen endlosen Tunnel, der zum Erdmittelpunkt zu führen scheint, ist – ganz zu Recht – meist theologisch und / oder gesellschaftskritisch gedeutet worden. Als Metapher der existentiellen Sinnleere einer entzauberten Moderne unter besonderer Berücksichtigung der Verheerungen durch den Zweiten Weltkrieg und die manische Betriebsamkeit des Wiederaufbaus.[12]

....

11 Ähnliches lässt sich von der Brücke – beim Eisenbahnbau in bergigem Gelände das selbstverständliche Komplementärmotiv zum Tunnel – sagen, wie Christa Grimm beschrieben hat: „Das Bild der Brücke als Ort der Gefahr, als Möglichkeit des Untergangs, aber auch als Konstruktionsprinzip der Verbindungen, der Übergänge, der Rückkehr, des Lebens, ist Symbol und Ding zugleich" (Grimm 2000: 207).

12 Die meisten Figuren sind auf der verstörenden Fahrt in den endlosen Tunnel mit der Verdrängung des Grauens beschäftigt und halten an einer Scheinwelt fest, indem sie sich in rationale Routinen (Statistiken, Zugfahrplan) oder Fiktionen (Lektüre) zu retten versuchen. Beim Protagonisten aber, ein Student, also Adept der Wissenschaft, der sich auf der gewöhnlichen Bahnfahrt zur Universität befindet, brechen die habituellen Abwehrmechanismen im Laufe der Erzählung zusammen: Die Zugänge zur Außenwelt, „Löcher in seinem Fleisch" (Dürrenmatt 1988: 98), die er durch Watte in den Ohren, zwei Brillen vor den Augen und Zigarren im Mund verstopft, öffnen sich langsam. Die Verdrängung der Sinnleere gelingt nicht mehr, sehenden Auges stürzt er in die Tiefe des Tunnels. Auf die ethische Kernfrage: „Was sollen wir tun" kann er nur noch mit „gespenstenhafter Heiterkeit" (Dürrenmatt 1988:107) antworten: „Nichts" (zit. nach Freund 1996). Einer ähnlichen Gleichnisstruktur, wenn auch deutlicher politisch als existentiell orientiert, folgt der Text *Auto- und Eisenbahnstaaten* von 1987, in dem das Auto Sinnbild der Freiheit und die Eisenbahn das der Gerechtigkeit ist. Interessanterweise greift Dürrenmatt – gut schweizerisch – auf Verkehrsmittel zurück, um „Freiheit und Gerechtigkeit" als „komplementäre Begriffe" auszuweisen (Dürrenmatt 1998b: 144) und in eine Allegorie der Blockteilung nach dem Zweiten Weltkrieg münden zu lassen. Auf diesen Text hat mich freundlicherweise Kathrin Söhler hingewiesen.

Vertrackter noch als der bodenlose *Tunnel* ist jedoch das enigmatische Tunnel-System des Réduit im *Winterkrieg in Tibet*. Diese längste Binnenerzählung innerhalb der *Stoffe*, verfasst 1978, sei, so Dürrenmatt selbst, „Stoff ohne Handlung, eigentlich ein endloser Alptraum" (Dürrenmatt 1998a: 68). In der dem *Winterkrieg*-Text vorangestellten *Dramaturgie des Labyrinths* spricht Dürrenmatt von einem „Weltgleichnis", geschaffen vor dem Hintergrund der Neutralität im Zweiten Weltkrieg und der „Groteske des Verschontseins" (ebd.: 67). Es ginge darum, sich „in die Wirklichkeit, von der ich und mein Land ausgeschlossen waren, durch eine erfundene Wirklichkeit zu integrieren" (ebd.: 65). Dürrenmatts Perspektivfigur, ein Söldner, marschiert während oder nach einem dritten, atomaren Weltkriegs durch die völlig zerstörte Schweiz. Er trifft auf Anarchie und *Inferno*, alles Zivilisatorische ist vom Menschen abgefallen und hat ihn zur triebgesteuerten Sex- und Mordmaschine deformiert. Die wenigen Überlebenden geben der Technik die Schuld an den Verheerungen, Philosophie und Literatur haben einen schlechten Ruf, da sie die inhumane Grausamkeit nicht verhindern konnten. Vor allem: Die schweizerische Regierung hat sich in einem zur Alpenfestung gehörenden Bunker unter der Blümlisalp verbarrikadiert. Sie ist – ganz wie es die reale Réduit-Strategie mit der „Führungsanlage K20" vorsieht – eine Regierung ohne Volk. Diesen zum patriotischen Unbesiegbarkeitsmythos aufgeblasenen antidemokratischen Wahn der Macht, im Krisenfall die Bevölkerung zu opfern, um die politischen Eliten zu retten, muss einen Autor wie Dürrenmatt natürlich zu bitterem Hohn herausfordern.[13]

Untergründig aber durchkreuzt Dürrenmatt Praktiken der gezielten, bewussten, rationalen Machtausübung noch grundsätzlicher. Der Tunnel ist hier längst nicht mehr jene Ausgeburt verkehrsplanerischer Vernunft, die zwei Punkte auf gerader Strecke im Interesse höchster Effizienz miteinander verbindet. Dürrenmatts Söldner betritt ein Höhlen- und Stollensystem, das aus einem unübersichtlichen Gewirr von Wendeltreppen, Liften, Abzweigungen nach links und rechts, oben und unten besteht: Ein Labyrinth. „Sich vom Labyrinth, in dem wir Söldner leben, ein ‚geographisches Bild' zu machen – und wenn es auch nur ein roher, ungefährer Plan wäre – ist wohl nicht möglich"

....

13 Dass im *Winterkrieg* die Furcht vor Atomwaffen und den Rüstungen der militärischen Blöcke am Ende der 1970er Jahre eine weitere realhistorische Folie abgeben, ist offensichtlich.

(Dürrenmatt 1998a: 89f.). Diese Labyrinthstruktur des Handlungsraums affiziert auch die ästhetische Konzeption des Textes. Dieser Text, den wir lesen, ist eine Inschrift, die vermutlich das Söldner-Ich in die dunklen Gänge des Tunnelsystems ritzt. Dabei kann eine Zeile über 200 Meter lang sein, dann wieder unvermittelt abbrechen. Mal läuft die Schrift von rechts nach links, dann fehlen Wortzwischenräume und Interpunktion. Die Lesbarkeit dieses Textfragments ist massiv gestört. Die fiktiven Herausgeber, spätere Forscher, versuchen es zu ordnen und zu deuten. Vergebens. Die schreiberischen Mechaniken der Verwirrung bilden das Labyrinth nach: Die gezielte Desorientierung im Raum, die mehrschichtige Autorschaft oder die verzweigten Nebenhandlungen an unterschiedlichen, scheinbar unverbundenen Schauplätzen in der Schweiz und in Tibet, in den Alpen und im Himalaya. Das Ritzen in den Fels lässt sich so als Metapher des literarischen Prozesses lesen, der bei Dürrenmatt nicht mehr mit Adressaten rechnet: Das Söldner-Ich ritzt nur noch, um Gedanken zu formen, nicht um gelesen zu werden (siehe Dürrenmatt 1998a: 150). Bald verliert der Schreiber selbst in diesem Labyrinth die Orientierung. Weder er noch die Herausgeber, geschweige denn der Leser, befindet sich noch in der Position eines Dädalus, also des Konstrukteurs des Labyrinths.

Dürrenmatts ausdrückliche Verweise auf den Kreta-Mythos machen seinen Söldner zu einem Theseus. Der begibt sich, da er in der verheerten postapokalyptischen Landschaft noch immer nach dem Feind sucht, schließlich nach Tibet, wo dem Vernehmen nach noch Krieg herrscht. Hier betritt er das Labyrinth. Einen Feind aber, seinen Minotaurus, wird er nicht finden. Theseus findet nur sich selbst – Feind und Ich sind identisch (siehe Dürrenmatt 1998: 86 und Burkhard 2004: 157). Dass der Söldner vor dem Krieg Philosophie studiert hatte und über Platon promovieren wollte, macht ihn zum Experten für Höhlen und ihre Scheinwelten. Der Feind, der dem ganzen kriegerischen Unternehmen und ihm selbst als Söldner einen Sinn verleiht, also nie infrage gestellt werden darf, dieser Feind ist eine Schimäre. Er existiert nur in ihm selbst. Folglich endet der Text mit einer Selbstauslöschung. Was bleibt, ist das Zeugnis der Inschrift. Ähnlich frühen Textüberlieferungen wie den ägyptischen Hieroglyphen ist sie schwer verständlich und bildet eine hermeneutische Aufgabe für die Nachwelt. Da Dürrenmatt seine Erzählung in einen kosmischen Kontext stellt, der bis zum Verlöschen der Sonne und dem Ende des Universums reicht, könnten die Leser des *Winterkriegs* Raumfahrer von anderen Sternen sein. Was sie zu entziffern hätten, wäre ein Text, der von Niederlagen zeugt. Vor allem der Niederlage des Intellekts und der rationalen Weltordnungsphantasien gegen die unhintergehbare Sinnlosigkeit der Existenz, die irrationale Gewalt und Vernichtung. Das Bild des Tunnels – als eines Agenten der Naturbemächtigung, des Vernünftigen, Rationalen und des Sinns – wird in Dürrenmatts Labyrinth in sein Gegenteil verkehrt.

Der Dürrenmatt-Text nun bildet eine der Folien, auf die Christian Kracht seine kontrafaktische Version der schweizerischen Geschichte schreibt. In *Ich werde hier sein im Sonnenschein und im Schatten* (2008) hat in der Schweiz eine bolschewistische Revolution stattgefunden. Zu ihren Errungenschaften gehört ein von Ausbeutung und Rassenschranken vermeintlich freies „zivilisatorisches Netz über Ostafrika" (Kracht 2010: 77). Von hier, aus der mustergültig geführten schweizerischen Kolonie am Kilimandscharo, stammt der schwarze Protagonist und Erzähler. Dieser Parteikommissär aus Neu-Bern schlägt sich durch die Wirren des Dauerkrieges, den die revolutionäre Schweiz gegen das faschistische Deutschland und England führt. Sein Auftrag lautet, den abtrünnigen, jedenfalls unzuverlässigen Oberst Brazhinsky festzunehmen. Den findet er auch – natürlich im Réduit.

Wie bei den meisten modernen Revolutionen gehören explizite Infrastrukturträume zum utopischen Programm: „Wir werden das Straßennetz ausbauen", schwärmt der Kommissär, „von Bordeaux bis Laibach, von Karlsruhe bis nach Ventimiglia. Dann die pneumatischen Tunnelbahnen, gigantische, unterirdische, sich in der von knisternder Elektrizität erhellten Dunkelheit kreuzende Netze" (ebd.: 27). Die zentrale Infrastruktureinrichtung ist jedoch auch hier der Tunnel, der ausdrücklich als Zeichen nationaler Identität und Größe präsentiert wird: „Andere grosse Völker der Geschichte", verkündet der Erzähler, „haben Pyramiden gebaut, wir graben Tunnels" (ebd.: 49). Im Verlaufe des Kriegs jedoch ist das schweizerische Imperium zusammengeschrumpft auf das Territorium des Réduit, jenes „Jahrhundertwerk der Schweizer – Kern, Nährboden und Ausdruck unserer Existenz" (ebd.: 98). Nur taugt dieses Réduit nicht mehr zum Bollwerk gegen den Feind.

Ihre militärische Funktion hat die Alpenfestung schon lange eingebüßt. Das Réduit, erklärt der rätselhafte Brazhinsky – natürlich ein Widergänger von Joseph Conrads Mr. Kurtz – sei eine „autonome Schweiz. Wir führen hier

© Frank & Timme   Verlag für wissenschaftliche Literatur

oben keinen Krieg mehr nach aussen, wir verteidigen die Bergfestung, gewiss, aber wir expandieren nur noch im Berg" (ebd.: 110). Dieses Réduit ist sich selbst genug. Es ist leere Hülle, Repräsentanz einer Macht, die es nicht mehr gibt. Wenn man am Zustand der Infrastrukturen den der Macht ablesen kann (siehe van Laak 2008: 111), so ist die Verwahrlosung des Stollensystems ein sicherer Gradmesser für ihren Verfall. In den verwitterten Gängen des Nationaldenkmals sieht man noch Fresken mit Motiven aus der Schweizer Geschichte seit dem Rütli-Schwur. So wird das Réduit, einst mächtiges Symbol der nationalen Identität und Unangreifbarkeit, zum Ort der Zweckfreiheit: ein Kunstwerk.

Was also, könnte man zusammenfassend fragen, hält die schweizerische Literatur vom Tunnel als Infrastruktur? Sie konturiert, so scheint mir, die Ambivalenz des Unternehmens der Moderne: hin- und her gerissen zwischen Verlockung und Skepsis. Wollte man Pole benennen, dann könnte man sagen: Hier – wie etwa bei Dominik oder Dobelli – applaudiert sie dem Rationalisierungsprogramm der Moderne, flankiert und forciert Raumbewältigung, Globalisierung und Standardisierungen. Dort – wie bei Burger, Dürrenmatt oder Kracht – erhebt sie argwöhnisch Einspruch dagegen. Doch meist tut sie beides zugleich – und zwar von allem Anfang an. Der listenreiche Odysseus, ein kluger Lügner und Politiker, der Risiken kühl zu kalkulieren weiß, ist zweifellos ein großer Rationalisierer. Doch nichts wäre für dieses Grundbuch der abendländischen Literatur verheerender als ein Tunnel zwischen Troja und Ithaka. Der direkte, schnelle, gefahrlose Weg wäre die wahre Katastrophe, sehr viel schlimmer als alle Irrfahrten. Zumindest für die Literatur.

Benutzte Literatur

BARKHOFF, Jürgen und Valerie Heffernan (2010), „Einleitung: ‚Mythos Schweiz'. Zu Konstruktion und Rekonstruktion des Schweizerischen in der Literatur". In: Barkhoff und Heffernan (Hrsg.), *Schweiz schreiben. Zu Konstruktion und Rekonstruktion des Mythos Schweiz in der Gegenwartsliteratur*. de Gruyter, Berlin, New York, S.7–27.

BÜHLER, Pierre (2000), „Gnadenlosigkeit? Christologische Figuren in den späten Werken Dürrenmatts". In: Peter Rusterholz und Irmgard Wirtz (Hrsg.), *Die Verwandlung der „Stoffe" als Stoff der Verwandlung. Friedrich Dürrenmatts Spätwerk*. Berlin, Erich Schmidt Verlag, S. 161–178.

BURGER, Hermann (1982), *Die Künstliche Mutter*. Roman, Frankfurt am Main, S. Fischer.

BURKHARD, Philippe (2004), *Dürrenmatts „Stoffe". Zur literarischen Transformation der Erkenntnistheorien Kants und Vaihingers im Spätwerk*. Tübingen und Basel, A. Francke Verlag.

DOBELLI, Rolf (2010a), *Massimo Marini*. Roman, Zürich, Diogenes.

-- (2010b), „‚Ich lese keine News'. Interview mit Matthias Zehnder". In: *Coopzeitung*. Basel, 9.11.2010.

DOMINIK, Hans (1913), *Der eiserne Weg*. Roman. Berlin, Verlag Carl Duncker.

DÜRRENMATT, Friedrich (1988), „Der Tunnel. Eine Erzählung". In: *Erzählungen*. Berlin (Ost), Volk und Welt, S.98–107 (zuerst 1954/78).

-- (1998a), „Winterkrieg in Tibet". In: *Labyrinth. Stoffe I-III*, Zürich, Diogenes (verfasst 1978).

-- (1998b), Auto- und Eisenbahnstaaten. In: *Turmbau. Stoffe IV-IX*. Zürich, Diogenes (zuerst 1987).

FREUND, Winfried (1996), Friedrich Dürrenmatt: Der Tunnel. In: *Interpretationen. Erzählungen des 20. Jahrhunderts*. Band 2. Stuttgart, Reclam, S. 153–166.

GRIMM, Christa (2000), „Gedankenexperimente: *Die Brücke* und *Der Auftrag*". In: Peter Rusterholz und Irmgard Wirtz (Hrsg.), *Die Verwandlung der „Stoffe" als Stoff der Verwandlung. Friedrich Dürrenmatts Spätwerk*. Berlin, Erich Schmidt Verlag, S. 197–207.

HERDER, Johann Gottfried (1989), *Ideen zur Philosophie der Geschichte der Menschheit*. Hrsg. von Martin Bollacher, Deutscher Klassiker Verlag, Frankfurt am Main.

KAMBER, Peter (1995), „Mythos der Alpenfestung". In: *WOZ*, Nr. 24, 16. Juni 1995.

KAPP, Ernst (1978), *Grundlinien einer Philosophie der Technik*. Mit einer Einleitung von Hans-Martin Sass. Stern-Verlag Janssen & Co. Düsseldorf, Photomechanischer Neudruck der 1. Auflage Braunschweig 1877.

KOVÁRI, K. und Fechtig, R. (Hrsg.) (2004), *Historische Alpendurchstiche in der Schweiz. Gotthard, Simplon, Lötschberg.* Gesellschaft für Ingenieurbaukunst, Band 2. Stäubli AG, Zürich.

KRACHT, Christian (2010), *Ich werde hier sein im Sonnenschein und im Schatten.* Roman, München, dtv (zuerst 2008).

LAAK, Dirk van (2006), „Garanten der Beständigkeit. Infrastrukturen als Integrationsmedien des Raumes und der Zeit". In: Doering-Manteuffel, Anselm (Hrsg.) unter Mitarbeit von Elisabeth Müller-Luckner, *Strukturmerkmale der deutschen Geschichte des 20. Jahrhunderts.* München, R. Oldenburg, S. 167–180.

-- (2008), „Infrastrukturen und Macht". In: François Duceppe-Lamarre und Jens Ivo Engels (Hrsg.), *Umwelt und Herrschaft in der Geschichte. Environnement et pouvoir: une approche historique.* München, R. Oldenburg, S. 106–114.

MERKI, Christoph Maria (2008), *Verkehrsgeschichte und Mobilität.* Stuttgart, Eugen Ulmer.

MUNZ, Susanne (2003), „Der Sankt Gotthard und sein Pass: „Künstliche Mutter", „Mystery" und „Steinerne Seele". Schweizkritik in Gotharddarstellungen der zeitgenössischen schweizerischen Literatur". In: Gonçalo Vilas-Boas (Hrsg.), *Partir de Suisse, revenir en Suisse. Von der Schweiz weg, in die Schweiz zurück.* Presses Universitaires de Strasbourg, Strasbourg, S. 137–151.

RATZEL, Friedrich (1903), *Politische Geographie oder die Geographie der Staaten, des Verkehres und des Krieges.* Zweite umgearbeitete Auflage. Mit vierzig Kartenskizzen. München und Berlin, Druck und Verlag von R. Oldenbourg (erste Auflage 1897).

SCHIVELBUSCH, Wolfgang (1993), *Geschichte der Eisenbahnreise. Zur Industrialisierung von Raum und Zeit im 19. Jahrhundert.* Fischer, Frankfurt am Main (zuerst 1977).

SCHÜTZ, Erhard (2011), „Kleine Geräte, große Netze. Infra-Wünsche zum Fliegen. In: Wiebke Porombka, Heinz Reif, Erhard Schütz (Hrsg.), *Versorgung und Entsorgung der Moderne. Logistiken und Infrastrukturen der 1920er und 1930er Jahre.* Peter Lang, Frankfurt am Main, S. 153–165.

SORG, Reto (2010), „Der rote Pfeil oder Die bewegte Nation". In: Barkhoff, Heffernan (Hrsg.), *Schweiz schreiben. Zu Konstruktion und Dekonstruktion des Mythos Schweiz in der Gegenwartsliteratur.* de Gruyter, Berlin New York, S. 139–158.

TAWADA, Yoko (1995), „Im Bauch des Bergs. Mit fremdem Blick. Eine Fahrt durch den Tunnel". In: *NZZ Folio* 7/1995.

WALSER, Robert (2003), „Etwas über die Eisenbahn". In: Robert Walser, *Feuer. Unbekannte Prosa und Gedichte.* Hrsg. von Bernhard Echte, Frankfurt am Main, Suhrkamp, S.17–22, (zuerst 1907).

DOROTA SOŚNICKA (UNIVERSITÄT SZCZECIN)

Der unablässige Machtkampf zwischen Matriarchat und Patriarchat: Zu den Machtkonstellationen in Otto F. Walters Roman *Zeit des Fasans*

In den Werken Otto F. Walters (1928–1994), die alle in der Spannung zwischen politisch-gesellschaftlichem Engagement und einem jeweils anderen experimentellen Neuansatz stehen, wird das Thema der Macht immer wieder und in den unterschiedlichsten Konstellationen behandelt. Denn nicht nur in seinen Essays, Aufsätzen und Reden trat Walter als ein engagierter Zeitgenosse auf, sondern er reagierte auf die aktuellen Probleme auch mit seinen literarischen Texten. Konstante Themen sind bei ihm ebenso die kritische Reflexion über die schweizerische Demokratie oder überhaupt die kapitalistische Weltordnung mit dem Ineinandergreifen von staatlichen und wirtschaftlichen Machtstrukturen wie auch eine vehemente Kritik an der patriarchalen Gewalt und der unentwegte Einsatz für die vom technischen ‚Fortschritt‘ geschundene Natur. Diese Themen tauchen mit verschiedenem Intensitätsgrad in unterschiedlichen Werken Otto F. Walters auf, an Aussagekraft gewinnen sie aber alle in dem groß angelegten Familienroman *Zeit des Fasans* (1988), der von der Literaturkritik einstimmig zu Walters *Opus Magnum* erklärt wurde. Denn zum einen handelt es sich dabei um eine Familiensaga, die zum opulenten Zeitgemälde ausgeweitet wurde; zum anderen ist es ein Roman, in dem Walter sowohl seine bisherigen Themen fortgesetzt und wesentlich erweitert als auch seine in verschiedenen Werken erarbeiteten, innovativen Erzählverfahren angewendet hat. In diesem Sinne lässt sich konstatieren, dass dieser Roman als eine Summe des Schaffens von Otto F. Walter betrachtet werden kann, gewissermaßen als eine Bilanz seiner Erfahrungen, Erkenntnisse und Weltanschauungen.

Bestimmendes Thema des zum Teil autobiographisch geprägten Romans *Zeit des Fasans* ist die Aufarbeitung der Vergangenheit, bei der sich die Privatgeschichte des Protagonisten und die jüngste Geschichte der Schweiz gegenseitig erhellen: Im Zentrum des Romans steht nämlich der Historiker Thomas Winter, der Nachkomme einer ehemals einflussreichen Unternehmerfamilie, der nicht nur geschichtliche Quellen über das Verhalten der Schweiz während des Zweiten Weltkriegs erforscht, sondern auch dazu angeregt wird, die Geschichte der eigenen Familie zu ergründen, wobei ihm zunehmend bewusst wird, wie tief diese in die Niederschlagung von Streiks und Demonstrationen der Arbeiterschaft in den 1920er und 1930er Jahren sowie später in die Zusammenarbeit mit den Nazis verwickelt war. Doch zugleich deckt er – eigentlich durch einen Zufall dazu bewogen – allmählich jene persönlichen Machtkämpfe auf, die den Winter-Clan von innen zerrüttet haben. Als nämlich Thom zusammen mit seiner Freundin Lis von Berlin aus eine Reise in den Süden unternimmt und sich unterwegs nach langjähriger Abwesenheit in seinem Elternhaus in Jammers kurz aufhält, das nach dem Tod der Eltern und dem Untergang der Firma seine Schwester Gret und Tante Esther bewohnen, stößt er in der Bibliothek auf ein Tagebuch der Tante, die darin nur zwei Sätze notiert hat: „Lilly Winter, meine Schwägerin, ist nicht eines natürlichen Todes gestorben. Sie wurde umgebracht" (Walter 1988: 30). Tante Esther entzieht sich den Fragen ihres Neffen und erklärt ihm, er müsse die Wahrheit über den Tod seiner Mutter selber herausfinden und als Geschichtsforscher die „ganze Sippengeschichte" ergründen, weil er „nämlich von alleine spüren wird, dass er mit all dieser Vergangenheit eines Tages wird fertig sein wollen" (ebd.: 34). Ihre Notiz und ihre Äußerung verstören Thom so sehr, dass er in Jammers bleibt, während Lis weiter in den Süden fährt. Im elterlichen Haus beginnt Thom seine Suche nach dem Mörder der Mutter, um schließlich – wie Ödipus – sich selbst zu finden:

Meine Suche hier. Ich tappe in einem täglich wachsenden Irrgarten herum. Vermutungen blitzen auf, laufen gleich wieder ins Leere; Geschichten überfallen mich, rufen anderen und wieder anderen Geschichten [zu]; Erinnerung spült mich durch die Zeiten. Ich komme mir immer mehr nicht als Wahrheitssucher, nein: als Gejagter vor. (ebd.: 163)

Diese beinahe kriminalistische Anlage des Romans begründet somit auf überzeugende Weise die Rekonstruktion der Vergangenheit, die sowohl die spannungsreiche und von diversen Machtkämpfen geprägte Geschichte des Winter-Clans als auch jene der Schweiz betrifft, wobei die erinnerte Zeitspanne von 1928 bis 1961 reicht, d.h., es wird die Geschichte von Thoms Familie seit der Gründung der Winter-Werke bis zu ihrem Niedergang und dem Tod von Thoms Mutter – Lilly Winter – geschildert. Die Aufarbeitung der Vergangenheit erfolgt im Roman in Form einer Montage disparater Textblöcke und Textsorten, zwischen denen allerdings verschiedene, mehr oder weniger verborgene Verflechtungen bestehen, die auch ihrerseits gewichtige Erkenntnisse offenbaren (vgl. Sośnicka 2008: 265–278). Insgesamt werden in Walters Roman in die eigentliche Erzählung über fünfzig unterschiedliche Textblöcke einmontiert, die zehn sich stilistisch voneinander unterscheidenden Erzählsträngen zugeordnet werden können und die auch in zehn verschiedene Zeitabschnitte umfassenden Kapiteln untergebracht wurden. Eine besondere Rolle spielen dabei die in den Haupttext eingestreuten zehn Briefe von Thom und Lis, die die Funktion einer Werkgeschichte übernehmen, indem sie einerseits in aller Kürze über den Verlauf von Thoms Wahrheitssuche informieren und andererseits seine Überlegungen zum Erzählverfahren im gesamten Werk spiegeln. Als Thom im letzten Kapitel endlich die Wahrheit über den Tod seiner Mutter herausfindet – oder wenigstens herausgefunden zu haben glaubt – verfällt er in „eine Art von Stupor" (Walter 1988: 605) und anschließend in einen tiefen Schlaf, aus dem er kurz erwacht, als Lis von Gret nach Jammers zurückgeholt wird. Doch welche Wahrheit er entdeckt hat, wird dem Leser nicht explizit gesagt, ebenso bleiben ihm Thoms Notizen, die er sich während seiner Wahrheitssuche machte und die nach ihrer Rückkehr auch Lis liest, vorenthalten. So muss der Leser, der im Text immer wieder Einblick in Thoms Auseinandersetzung mit der Vergangenheit bekommt, aus den zusammengebastelten Textblöcken und den verstreuten Indizien selber das Wichtigste rekonstruieren.

Während seines Aufenthalts im Elternhaus erinnert sich Thom an verschiedene Szenen aus dem familiären Leben, wobei ihm gleich nach seiner Ankunft vor allem jene einfällt, die er zwar nicht selber erlebte, die ihm aber von anderen Familienmitgliedern wiederholt erzählt wurde. Es handelte sich nämlich dabei um eine Zusammenkunft der ganzen Sippe im Herrenzimmer, die für seine Eltern schwere Folgen hatte: Bei einem Gespräch über die Notwendigkeit der „,Anpassung' der Politik des Landes CH" und der „,Neuorientierung' auf die Ziele des Hitler-Faschismus hin" (Walter 1988: 20) kam es zwischen den Eltern zu einem heftigen Streit, bei dem sich die Mutter, Lilly Winter, zum Widerstand bekannte, während sich der Vater, Ulrich Winter, für Hitlers Großdeutschland begeisterte. So ist zwischen ihnen eine Kluft entstanden, die nie wieder zu überbrücken war und die die beiden auf ausweglose Verhaltensmuster fixierte: Die Mutter suchte nach einem Halt in übertriebener Frömmigkeit und Gefühlskälte, der Vater stürzte sich in gewagte Geschäfte und verfiel immer häufiger in Phasen besinnungsloser Trunkenheit – da fuhr er mit dem Auto in der Gegend herum und schlug zu Hause seinen Sohn mit einer Reitpeitsche. In einer dieser Phasen fand er im Badezimmer den Tod, was Tante Esther zu der Beschuldigung verleitete, Lilly habe ihren Mann getötet. Später legte sie auch den Tod von Lilly als einen Rachemord der Kinder an der Mutter aus. So scheint sich in dieser modernen Industriellenfamilie eine neue Atridentragödie abgespielt zu haben.

Thoms Suche nach dem Mörder der Mutter ist somit von Anfang an in einen mythologischen Kontext gestellt: Bereits nach der Ankunft im Elternhaus und bei der Begrüßung durch seine Schwester, die ihn wie den „Urheber eines Unglücks, ja Verbrechens" (Walter 1988: 8) anschaut, fühlt er sich von einem unerklärlichen Schuldgefühl geplagt, womit auf seine Ähnlichkeit mit Ödipus[1] angespielt wird. Je mehr er sich dann an seine Kindheit und Jugend erinnert, umso häufiger stellt er sich die Frage: „Ich als der, den ich suche?" (ebd.: 283) Eine wesentliche Rolle bei dieser Suche spielen zwei im Flur des Winter-Hauses hängende Bilder, und zwar jenes der Heiligen Familie sowie ein von Onkel Ludwig, dem familiären, sich auch künstlerisch betätigenden Forscher und Erfinder, gezeichnetes Bild „Elektra I bis III" (ebd.: 194). Das Bild der Heiligen Familie ist insofern von Bedeutung, als es an den „legendären" Streit im Herrenzimmer erinnert, indem darauf – „vom Kopf der Madonna aus quer nach links unten bis zum Fuß der Krippe" (ebd.: 13) – ein Riss verläuft. Nach jenem Streit soll nämlich Ulrich nachts betrunken nach Hause zurückgekommen sein und seinen Spazierstock gegen das Bild geschleudert haben. Damit symbolisiert der Riss auf dem Bild den Bruch in der Familie, allerdings bekommt er – entsprechend den Worten der Familienköchin Herminia – auch eine über das Private hinausgreifende Bedeutung: „Der Riss, sagte Herminia, der ging in diesen Jahren mittendurch. Er ging hier durchs Haus, er ging durch die Stadt, durchs Land" (ebd.: 431). So steht dieser Riss im Allgemeinen für die

---

1 Der Ödipus-Mythos scheint sogar der Ausgangspunkt zur Arbeit an diesem Roman gewesen zu sein. So findet sich unter Walters Entwürfen zum geplanten Roman bereits 1979 der Satz: „Die Story vom Verfolger, der den Mörder findet: in sich selbst" (Walter 1979).

    © Frank & Timme   Verlag für wissenschaftliche Literatur

Spaltung der schweizerischen Gesellschaft zur Zeit des Zweiten Weltkrieges in die Faschisten und ihre Sympathisanten einerseits und die Antifaschisten auf der anderen Seite, wovon nicht nur der Winter-Clan, sondern viele andere Familien, ja, das ganze Land betroffen war. Thom, dem seine Schwester Charlott den Riss gezeigt hat und dem die Geschehnisse auch mehrmals erzählt wurden, war es nie schwer gefallen, sich die Streitszene im Herrenzimmer „auszumalen" (ebd.: 13), obwohl er sie persönlich nicht erleben konnte:

Krieg. Szenen eines Kampfes. Jahre, Jahrzehnte lang noch geisterten sie durchs Haus, sie wurden zu Legenden. Damals im Herrenzimmer, weißt du noch? [...] Legenden. [...] Aber also von der Feier erzählen, von diesem Sonntag damals. Und für einen Augenblick dabei stehen bleiben im Flur, vor dem gemalten Bild. Die Heilige Familie. Vom Riss war nichts mehr zu sehen. (ebd.: 13)

Er betont aber, dass es sich bei seinen Darstellungen nur um „Rekonstruktion von möglicher Geschichte" und um „Vermutung" handelt, dass er erzählt, „wie es mutmaßlich war" (ebd.: 19), so dass der Leser keine verlässliche Geschichte erzählt bekommt, sondern selber im Dunkeln tappen muss.

Das andere bereits erwähnte Bild „Elektra I bis III" aktualisiert wiederum in der Familie den griechischen Mythos und legt die Vermutung nahe, dass sich im Winter-Clan eine ähnliche Tragödie mit Gattenmord und Rache der Kinder abgespielt hat, denn über Ulrichs Tod im Badezimmer und nur in Anwesenheit seiner Frau besteht in der Familie keine Einigkeit: Gegenüber der Version der Mutter, der betrunkene Ulrich sei an einer Embolie gestorben, behauptet Tante Esther, Lilly habe ihren Mann umgebracht oder zumindest ihm ärztliche Hilfe verweigert. Dem widerspricht Thom, der am damaligen Abend zusammen mit Gret den stockbetrunkenen Vater im Keller fand, wo dieser von der Treppe gestürzt war und sich dabei den Arm gebrochen hatte. Als Thom also ein Jahr nach dessen Tod mit der Version Tante Esthers konfrontiert wurde, warf er ihr eine Lüge vor. Doch mit der Zeit beginnt auch er, immer häufiger und ernster über Tante Esthers Deutungen nachzudenken:

Auch wenn ich die Badezimmer-Geschichte zu glauben nie bereit war, Sätze wie: Du weißt, was Frauenaugen ausrichten können, laufen mir nach bis heute. Doch, ja, sie träufelte mir ihr Gift gegen meine Mutter so sorgfältig und beharrlich ein, dass ich zumindest zeitweilig zu glauben begann, sie habe Vater systematisch in den Suff und letzten Endes in den Tod getrieben. (ebd.: 282)

Aufgrund seiner verschiedenen Erinnerungen an das elterliche Eheleben beginnt somit Thom zu überlegen, ob der Alkoholismus des Vaters nicht als ein Fluchtversuch zu deuten wäre – als eine Flucht aus einem unglücklichen Eheleben, vor den hohen Ansprüchen seiner Frau, vor ihrem provozierenden Leiden und ihrer übertriebenen Religiosität. In seinen Erinnerungen entsteht somit ein recht widersprüchliches Bild der Mutter: Einerseits erscheint Lilly als eine aufgeklärte und emanzipierte Frau, die – „kühn für ihre Zeit" (ebd.: 367) – in der Schweiz und in Berlin Chemie studierte, im ehelichen Leben immer ihre eigene Meinung behielt und dem opportunistischen Denken des Winter-Clans Widerstand leistete, indem sie z.B. in der Kriegszeit ohne das Wissen ihres Mannes deutsche Flüchtlinge beherbergte. Offensichtlich strebte sie nach Autonomie und versuchte gleich nach Kriegsanfang, als Ulrich beim Militär war, und dann wieder nach seinem Tod, die Leitung der Firma zu übernehmen. Sie wollte diese dezentralisieren und bessere Arbeitsverhältnisse für die Belegschaft schaffen, doch durch die großen Schulden ihres Mannes ging die Firma pleite. Wegen ihrer Denk- und Verhaltensweise war Lilly im Winter-Clan recht verhasst: Onkel Ludwig, der sie einmal mit einer „noch nicht zugerittenen Stute" (ebd.: 313) verglichen hatte, verlangte von seinem Bruder, das leidenschaftliche Benehmen seiner selbstbewussten Frau zu zähmen. Als Frauenvorbild galt ihm dabei die eigene Mutter, die „ihr ganzes Leben einerseits uns Kindern, andererseits aber der liebevollen Unterstützung ihres Mannes bedingungslos geweiht hat" (ebd.: 313). Denn Lilly stand seinen großen Plänen im Wege, indem sie sich für die Arbeiter einsetzte, während Ludwig von völliger Automatisierung des Produktionsprozesses in den Winter-Werken schwärmte. Er empörte sich auch über die Proteste der Bevölkerung gegen die Umweltverschmutzung durch das familiäre Unternehmen, und es war auch er, der den Winter-Clan zur Zusammenarbeit mit den Nazis überredet hatte. In seinen Briefen, die er an Ulrich in den Jahren 1928 und 1937 aus München schrieb, wo er sich als Vertreter der Firma aufhielt, hat dieser legendäre Wissenschaftler, der Züchter eines gefährlichen, blutgierigen „Stierhengst[es] oder Hengststier[s]" (ebd.: 71), der Erfinder der Soldaten in Panzern tötenden „Offensiv-Eier-Gas-Handgranate" (ebd.: 391) und der angebliche Entdecker der Atombombe sein wahres Gesicht gezeigt. Denn in seinen Briefen erkennt der Leser die Gefährlichkeit seiner Idee der Errichtung einer angeblich besseren, total technisierten, industrialisierten und genmanipulierten Zukunftswelt sowie seine patriarchale Borniertheit und Überheblichkeit der Natur und den Frauen gegenüber. Dadurch kann er als eine absolute Kontrastfigur zu Lilly Winter betrachtet werden.

Lillys Weltanschauungen und Pläne erscheinen somit demgegenüber als recht progressiv. Doch andererseits erweckt ihre übertriebene, ja beinahe fanatische religiöse Haltung gewisse Bedenken. So konnte Thom der Mutter nie verzeihen, dass sie ihn einst in eine Klosterschule geschickt hatte, um ihn auf diese Weise der grausamen ‚Reitpeitschen-Macht' des Vaters zu entziehen. In ihrem stillen Kampf gegen den Gatten wollte Lilly in Thom einen Verbündeten, einen „Kampfgefährten", ja „notfalls Rächer" (ebd.: 594f.) heranzüchten und dressierte daher ihren Sohn unbarmherzig zum Mann, indem sie ihm rigide Turnstunden verordnete und andere disziplinarische Maßnahmen ergriff. Vor allem aber zwang sie ihn zu den verhassten Betstunden vor der Madonnenfigur, die er jetzt – bei seinem erneuten Besuch im familiären Haus und nach beinahe vierzig Jahren – in einem Akt innerer Befreiung von der mütterlichen Macht am Fliesenfußboden zerschmettert.

Unter der Macht der Mutter hat allerdings auch Thoms Schwester gelitten, der die Mutter jegliche Kontakte zu André, in den Gret in ihrer Jugendzeit verliebt war, untersagt hatte. Später versuchte Gret, Mutters Handlungen zu ergründen, indem sie sich – auf Gesprächen mit einer befreundeten Theologin basierend – Bemerkungen zu Lillys „überschwängliche[m] Madonnenkult" (ebd.: 254) notierte, die Thom nach Jahren zufälligerweise liest. Darin führte Gret die leidenschaftliche Verehrung der Gottesmutter durch Lilly auf den Kult der Urmutter in allen matriarchalen Kulturen zurück und interpretierte deren Madonnenkult als den Versuch, „die alte Kraft zurück[zu]erbeten", um „die Winter-Werke ihrer Macht zu unterwerfen" und „aus dem Gefängnis der Kultur des Weißen Mannes auszubrechen" (ebd.: 255f.). Diese Interpretation wird dem Leser auch dadurch nahegelegt, dass im Roman die Mutter in mehreren weiblichen Symbolfiguren aus verschiedenen Kulturkreisen gespiegelt wird. Zunächst ist es also vor allem die Madonna, die den Reinheitskult symbolisiert und im Roman sowohl in der Madonnenfigur als auch im Bild der Heiligen Familie thematisiert wird. Darüber hinaus wird von einem Ölgemälde Onkel Ludwigs erzählt, das Lilly Winter als „Himmelskönigin" darstellen sollte, als eine „Heilige", „auf einer Wolke schreitend" (ebd.: 527). Trotz der Begeisterung der ganzen Familie für dieses Bild wehrte sich jedoch Lilly gegen diese idealisierende, für die christliche Marienverehrung charakteristische Darstellung. Dementsprechend gibt es in Walters Roman Textpassagen mit dem Titel „Sage vom Ursprung", in denen das Bild einer christlichen Heiligen mit dem Bild der heidnischen Großen Mutter Dana kontrastiert wird. Es handelt sich dabei um freie Variationen verschiedener Ursprungsmythen „nach der Fassung von Esther Winter" (ebd.: 52), die – in einer einfachen, parataktischen und archaisierenden Stilistik gehalten – die Entstehung und den Untergang der matriarchalen Welt thematisieren. In einer Vielzahl von Versatzstücken aus heidnischen und christlichen Sagen, verlegt in die Gegend von Jammers, wird in diesen Textpassagen abschnittsweise die Geschichte von Dana und Bran erzählt, d.h. die Heirat von Mutter und Sohn und damit die Begründung eines neuen Geschlechts, der Kampf des Sohnes mit einem Drachen als Bewährungsprobe und schließlich die Entthronung und Erschlagung der Großen Mutter durch ihren Sohn und Mann, der als der Große Vater die Macht übernimmt. Doch infolgedessen begann für die Menschen die Zeit der Kriege, der Not und des Leidens, denn das „Gefäß des Überflusses war verschwunden" (ebd.: 533). Der Sage zufolge feierten zwar die Menschen den Sieg des Großen Vaters, aber „in ihrem Gedächtnis lebte die Furcht vor der Rache der Großen Mutter fort" (ebd.: 534). Als eine Art Folie dem Textganzen unterlegt, interpretiert somit diese Sage die Geschichte „als eine Kette von Kampfleistungen großer Männer", als „eine Kette von Unheil, einem fortgesetzten Unrecht" (Schild-Dürr 1992: 136). Zugleich steht sie im deutlichen Bezug zu den Relationen zwischen Thom und seiner Mutter, denn auch Lilly versuchte, den Sohn zu ihrem Rächer heranzuziehen. Im Kontext dieser Sage deutete somit Gret Mutters Benehmen als die Rache einer selbstbewussten Matriarchin am verhassten Patriarchat.

Von besonderer Bedeutung ist aber in Walters Roman der mythologische Kontext, indem eine deutliche Parallele zwischen Lilly und Klytämnestra geschaffen wurde, denn beide sollten ihre Männer im Bad ermordet haben, hinzu kommt, dass Lilly während des Krieges ein Verhältnis mit einem französischen Offizier gehabt haben soll, womit auf den Ehebruch Klytämnestras mit Aigisth angespielt wird. Demzufolge wird Ulrich Agamemnon gleichgestellt: So wie also Agamemnon aus dem Trojanischen Krieg als Sieger nach Hause zurückgekehrt war und noch am selben Abend im Bad den Tod gefunden hatte, so kommt auch Ulrich Winter – der Großunternehmer, Politiker und hohe Militär und damit die moderne Verkörperung des erfolgreichen Patriarchs – von seinen Wirtschaftsgesprächen aus Deutschland zurück und stirbt am Abend im Badezimmer. Interessanterweise ist das Kapitel, in dem von Ulrichs Tod berichtet wird, mit „Zeit der Sieger" überschrieben, womit auf eine Äußerung Grets am damaligen Abend angespielt wird: Als sie nämlich zusammen mit Thom dem völlig betrunkenen Vater im Keller auf die Beine helfen will, sagt sie höhnisch und mit Tränen in den Augen: „Der Sieger" (Walter 1988: 422).

Vor allem aber wird immer wieder auf Ähnlichkeiten zwischen Thom und Orest verwiesen: So etwa sah er sich selbst während seines Aufenthalts in der Klosterschule als Orest, der nach Aulis verbannt und von der Verbannung durch seine Schwester Charlott gerettet wurde (vgl. Walter 1988: 194, 375). Später beginnt Thom infolge der Behauptung Tante Esthers, Lilly sei umgebracht worden, mit dem Gedanken zu spielen, er könnte zusammen mit Gret – wie Orest und Elektra – die schon bettlägerige Mutter umgebracht haben. Dieser Gedanke legt sich wie ein Schatten auf sein Bewusstsein, als er im Flur des Winter-Hauses vor dem Elektra-Bild steht und überlegt, wie Onkel Ludwig „auf diese fernen mythologischen Motive gekommen sei" (ebd.: 157). Auch wenn Thom immer noch nicht geneigt ist, sich selbst als den Muttermörder zu betrachten, wird die Aufmerksamkeit des Lesers recht früh in diese Richtung gelenkt. Doch bis zum Schluss erfährt er nichts Genaueres über den wahren Tatbestand. Alles bleibt bis zuletzt geheimnisvoll und mehrdeutig, genauso wie das Bild von Onkel Ludwig, das Orest mit Elektra und Klytämnestra darstellt:

Der Held hält das Schwert in der Rechten, die Spitze gegen die zweite Frau gerichtet. Die jüngere Frau hat ihre Hand auf die Faust des Helden, die das Schwert hält, gelegt. Unklar, ob sie ihn hindern will am Todesstoß oder ob sie ihm im Gegenteil die Hand dazu führt. (ebd.: 156)

Die Ergebnisse von Thoms Suche werden im Roman nicht explizit genannt und es ist auch unklar, ob er selber die Wahrheit entdeckt hat. Er hat zwar schließlich eine Vision, wie er und Gret ein Kissen auf das Gesicht der kranken Mutter legen, doch zugleich fragt er sich, ob es tatsächlich so war, ob es sich um „Bruchstücke der Erinnerung an wirklich Geschehenes" handelt oder doch um „Bilder eines Wunsches, den es doch aber nicht geben durfte" (ebd.: 602). Offensichtlich fühlt sich Thom am Tod der Mutter schuldig, auch wenn es damals nur seine „mörderische Wunschphantasie" (ebd.) war. Daher wird er wie Orest von Erinnyen verfolgt: Als er nach jener Vision im schockartigen Zustand im Bett liegt, hört ihn Gret fieberhaft vor sich hin reden: „Weißt du, mit Schlangen im Haar, und Geißeln, sie schwingen mit Geißeln" (ebd.: 606). Thoms Traumvision verweist deutlich auf seine Schuldgefühle der Mutter gegenüber, unabhängig davon, ob er sie tatsächlich getötet oder sich ihren Tod nur herbeigewünscht hat, weil er ihre Macht über sich und ihre ‚Dressur zum Mann' nicht mehr ertragen konnte.

In Walters Roman wurde der griechische Mythos nicht nur grundlegend für den familiären Konflikt, sondern er wird zugleich mutterrechtlich interpretiert, was hauptsächlich aus einem Gespräch zwischen Thom und seinem Freund André hervorgeht. André zufolge soll nämlich Klytämnestra durch den Gattenmord versucht haben, „den Sieg des jungen Patriarchats über die matriarchale Kultur rückgängig zu machen" (ebd.: 157). Orest, der seine Mutter tötete, rächte sich zwar „allein psychologisch" gesehen für den Mord an seinem Vater, jedoch „historisch besehen ist diese Tat die Rache des Vertreters der neuen patriarchalen Ordnung an einer Frau, die es wagte, auf dem alten Frauenrecht zu bestehen" (ebd.: 201). Gleichzeitig aber wird der Muttermord in Andrés Auslegung zu einer Metapher für die Zerstörung der Mutter Natur und der ursprünglichen, den Menschen zum friedlichen Leben befähigenden Kräfte. Unter Berufung auf die *Sagen des klassischen Altertums* von Gustav Schwab und die *Griechische Mythologie* von Robert von Ranke-Graves zieht André daher die folgende „Bilanz der viertausendjährigen Kultur des Weißen Mannes" (ebd.: 200):

Um es verkürzt und in einem extremen Bild zu sagen: damals wurde die Kultur des Mutterrechts mitsamt ihren Prinzipien des Gemeinschaftsbesitzes und des friedlichen Umgangs der Menschen unter sich und mit der

Natur in einer Art kollektiven Muttermords durch Männer umgebracht. Sie wurde überwältigt durch die Prinzipien von Herrschaft, Ausbeutung, Spaltung und Krieg. Dieses neue Wertsystem, auf Privatbesitz und lebenslängliche Monogamie gegründet und in allen unseren Gesellschaftsformationen seit damals zentraler Motor, mündet jetzt, heute, erneut in einem – bildlich gesprochen: Muttermord. Ich meine an allem Leben, an der Natur. (ebd.: 200)

Damit werden die verschiedenen Erzählstränge des Romans *Zeit des Fasans* auf einen Nenner gebracht: Die gesamte Geschichte des Winter-Clans und der rapide Aufstieg der Winter-Werke um jeden Preis, auch auf Kosten der ausgebeuteten Menschen und der verseuchten Natur, ferner der familiäre Geschlechterkampf zwischen Vater und Mutter, die Zurichtung des Sohns zum Mann und zum Rächer, Onkel Ludwig als Verkörperung des modernen skrupellosen Technikers und Wissenschaftlers oder die von Thom kritisch beleuchtete Kriegspolitik von General Guisan und die Aktionen der Frontisten in den Erzählungen des Hausdieners Sepp sowie schließlich die Verseuchung des Aare-Gebiets durch die moderne Industrie, was Thom und André auf ihren Spaziergängen in Jammers mit Bedauern feststellen – all die in Walters Roman behandelten Themen erscheinen letztendlich als „exemplarische Katastrophen des Patriarchats" (Schild-Dürr 1993: 31), als dessen Manifestationen und Folgen. Alles verdichtet sich metaphorisch in der Titelgeschichte vom Fasan, die auf eine erschütternde Weise die Inhumanität der Männerwelt thematisiert und damit zur Schlüsselgeschichte des Romans wird. Es wird hier nämlich geschildert, dass Thoms Schwester Charlott einen verwundeten Fasan findet, den sie pflegt und zähmt. Kurz nachdem sie ihn wieder ins Freie abgesetzt hat, organisiert der Vater für einen wichtigen Geschäftsfreund eine Jagd, auf der der Fasan getötet wird. Der Vater begreift nicht, warum Charlott inmitten der Jagd angerannt kommt, den toten Fasan aufhebt und ihn im Arm davonträgt, ohne auf seine Zurufe zu reagieren. So erscheint Charlotts Liebe zum Fasan als Inbegriff einer natürlichen Zuneigung zu allem Lebendigen, die jedoch von der blinden Brutalität der Männerwelt zerstört wird.

Bei seiner Auseinandersetzung mit der privaten und der schweizerischen Geschichte rechnete somit Otto F. Walter im Roman *Zeit des Fasans* zugleich mit der Geschichte unserer Zivilisation ab, die er ausdrücklich als „Kultur des

Weißen Mannes" sowie „Diktatur des Patriarchats" (Walter 1988: 200) bezeichnete. Durch den Agamemnon-Klytämnestra-Mythos, der in dieser Familiensaga den „Grundriss des Ganzen" (Walter 1989: 3) bildet, hat der Schriftsteller das Thema des Geschlechterkampfs ins Allgemeinmenschliche
ausgeweitet, indem er diesen als einen unablässigen Machtkampf zwischen
Matriarchat und Patriarchat dargelegt hat, der seit jeher die menschliche Geschichte prägt. Doch zugleich erfüllt der griechische Mythos eine andere, für
den Roman *Zeit des Fasans* äußerst wichtige Funktion, die der Autor selbst in
seinen *Überlegungen zum Thema Erzählen* resp. *Roman* als das „Zitathafte des
Erzählten" (ebd.: 3) bezeichnete. Dadurch, dass er in seinem Roman einerseits
die in der Familientradition fortlebenden Geschichten nur als Legenden präsentiert, als „Geschichten, die Jahre um Jahre durch's Haus geisterten" (ebd.: 2),
und dass er andererseits den Atriden-Mythos als den „Grundriss des Ganzen"
(ebd.: 3) benutzt, betont er nämlich, dass es sich dabei nicht um eine authentische Geschichte handelt, sondern vielmehr um „bereits Erzähltes (und zweite
Natur)" (ebd.: 3). Diese Erzählweise drückt somit seine Bemühungen aus,
„Erzählen/ Schreiben sichtbar zu machen als Reflex auf eine längst vorhandene Literatur-Realität" und nicht auf die „Primärliteratur", die uns „als Erfah-
rungsgrund immer weiter abhanden" kommt, indem sie allmählich hinter der
„Re-Produktion" (ebd.) der Realität in Literatur oder in anderen Medien verschwindet. Auf diese Weise betont er also ebenso den künstlichen Charakter
der Literatur wie auch die kreative Funktion der Sprache bei der Wiedergabe
der Wirklichkeit, was in seinem Roman vielfach thematisiert wird, insbesondere im sogenannten „Wortkinospiel"[2] (Walter 1988: 484) Tante Esthers. Damit
aber problematisiert Walter zugleich die allgemein verbreitete Überzeugung,
dass es möglich wäre, anhand von Dokumenten eine objektive Wahrheit zu
finden. Demzufolge lässt er seinen Protagonisten Thom, der als Geschichtsfor-

---

2   Im Roman *Zeit des Fasans* erscheint Tante Esther, die sowohl dem kleinen Thom als auch anderen
    Kindern „in langen Schleifen" (Walter 1988: 65) ihre immer gleichen Geschichten erzählte, je-
    doch stets „anders, um eine Drehung vergrößert" (ebd.: 370), als die eigentliche Vermittlerin von
    Familien- und Weltgeschichte. Als Erfinderin des sog. „Wortkinospiels" (ebd.: 484) oder des
    „Wörterkinos" (ebd.: 486) forderte sie immer die Kinder dazu auf, verschiedene Varianten von
    Geschichten zu erfinden, indem sie ihnen „Wörter wie Bälle" (ebd.: 485) zuwarf und sie sich dabei
    allerlei vorstellen ließ. Im Roman verkörpert sie somit das Prinzip des freien und phantastischen
    Erzählens, der literarischen „Wortmaschine" (ebd.: 320) und dies bedeutet, dass sie eine
    Gegenfigur zu dem Historiker Thom konzipiert ist, bei dem wiederum ein autobiographisches
    Erzählen und historische Rekonstruktionen dominieren. Genaueres zu dem „Wortkinospiel" siehe
    Sośnicka 2008: 260ff.

scher versucht, auf der Basis von Dokumenten und Zeugenaussagen die jüngste Geschichte der Schweiz und ihre Rolle im Zweiten Weltkrieg aufzuarbeiten, folgende Fragen stellen:

Was ist Mythos? Was ist Wirklichkeit? Was geschah tatsächlich zwischen 1936 und etwa 1945 im Land CH, und wie ist es zu interpretieren? Das Wort „Mythos" durch das Wort „Legende" ersetzen? (ebd.: 90)

So gelangt Thom zu dem Schluss, dass Zeugenaussagen immer subjektiv sind und dass selbst Dokumente, die häufig ideologischen Zwecken dienen, keine Objektivität garantieren, weil sie jeweils nur einen kleinen Ausschnitt der Wirklichkeit beleuchten. Er erkennt also, dass das kollektive Gedächtnis, in dem die Geschichte einer Familie oder eines Landes fortlebt, immer von bestehenden Mythen und selbstgeschaffenen Legenden geprägt ist. Dieselbe Feststellung betrifft aber schließlich auch die Beziehungen zwischen den Geschlechtern, was der dem Ganzen als „Grundriss" (Walter 1989: 3) geradezu überdeutlich unterlegte Agamemnon-Klytämnestra-Mythos – wie im Folgenden genauer darzulegen ist – verdeutlichen soll.

Als Otto F. Walter gegen Ende der 1970er Jahre mit der Arbeit am Roman *Zeit des Fasans* begann, hatte er sich bereits seit einiger Zeit mit den Beziehungen zwischen den Geschlechtern vertieft befasst, wovon u.a. seine etwa zu diesem Zeitpunkt entstandenen *Notizen zum Patriarchat* zeugen. In diesen *Notizen* setzte sich der Schriftsteller mit der gesellschaftlichen Rollenzuweisung auseinander, indem er dem Mann, der „die Existenz in den soldatischen Kategorien von Sieg und Niederlage" erlebe, „offensiv/ aggressiv" zu sein habe und „vor dem Zarten, dem Weichen, dem Gefühl in uns" Angst empfinde, die Frau gegenüberstellte, die – mit ihrem Sinn für Gefühle, Liebe und Toleranz – „mit der Natur, dem Lebendigen" (Walter o.J.) zu verbinden wäre. Diese Gedanken prägten entscheidend bereits seine Erzählung *Wie wird Beton zu Gras* (1979), in der er unmittelbar auf reale Ereignisse zurückgriff und die gewaltige Niederschlagung einer Demonstration gegen das AKW Gösgen im Juni 1977 literarisch verarbeitete. Der neue Ansatz seines Erzählens hat sich hier insbesondere in der Wahl der weiblichen Perspektive angekündigt, in dem Versuch seines Erzählers, sich dem weiblichen Denken und Fühlen anzunähern. Zur Hauptfigur seiner Erzählung machte nämlich Walter eine junge Frau, aus deren Perspektive er die Demonstration und deren schwerwiegende Folgen für die daran Beteiligten schilderte. Dabei war er sich durchaus dessen bewusst, dass die Wahl einer Frauenstimme und -perspektive seinerseits eigentlich eine Anmaßung war, was etwa folgende Äußerungen des Erzählers bezeugen: „Von einer jungen Frau, fast Kind noch, müsste die Rede sein [...]. Wie ich mir Esther denke [...]"; „Wirklich? Lässt sich das so hinschreiben? Lässt sich so schreiben, von einem Schreiber, der über diese noch nicht achtzehnjährige Frau und deren Verstehen vielleicht nur anmaßend hinausschreibt?" (Walter 1999: 9 u. 18). Doch in dieser Erzählung ging es dem Autor hauptsächlich darum, seinen Protest gegen die patriarchale Gewalt – verkörpert durch den brutalen Eingriff der Polizei gegen die Demonstranten – betont plakativ in Worte zu fassen. Daher ließ er darin jene 18-jährige Frau zusammen mit ihrem jüngeren Bruder einen vom Rost halb zerfressenen Panzer auf die Straßen in Olten heraus steuern und an den Menschenmengen und den Polizeikordonen vorbei in die Mauerpfosten des Gebäudes vom Tagesblatt hineinfahren, das die Bilder der Demonstranten veröffentlicht hat. In ihrer Ohnmacht gegen die männliche Gewalt reagiert also Walters Esther ebenfalls mit Gewalt, ähnlich übrigens wie Heinrich Kleists *Michael Kohlhaas*, auf den das Motto der Erzählung verweist. Obwohl aber Esther schließlich begreift, dass sie das falsche Mittel gewählt hat, um „dem Neuen nachzuhelfen" (Walter 1999: 126), wird sie vom Erzähler als eine „erhoffte Figur" (ebd.: 74) bezeichnet, weil sie nämlich den Mut hat, ihren Protest gegen „Angst, Terror, Granaten, Unterdrückung, Stoppuhr, Sex, Männliches, Konsum, Gewalt, Beton, Gewalt" (ebd.: 127) laut kundzutun. Walters jugendliche Figur ist dabei mit einer besonderen Fähigkeit ausgerüstet, und zwar: „die Freiheit aller Leute" (ebd.: 141) zu lieben, womit sie an Heldinnen der antiken Tragödie erinnert: Antigone,[3] Kassandra, Iphigenie. Darin also lässt sich schon eine gewisse Verwandtschaft der früheren Erzählung Walters zu seinem späteren Roman *Zeit des Fasans* erkennen, wobei der Autor bereits hier – durch die Anknüpfung an die griechischen Mythen – sich in Grundrissen das „Zitathafte des Erzählten" (Walter 1989: 3) erarbeitet hat.

Von besonderer Bedeutung für die kritische Auseinandersetzung des Schriftstellers mit der patriarchalen Gewalt und der von allerlei Mythen

---

3   Einer Briefäußerung Walters zufolge sollte der ursprüngliche Titel „Antigone vom Lande" lauten. Vgl. Schild-Dürr 1992: 100.

durchwirkten Rollenprägung ist jedoch der Roman *Das Staunen der Schlaf-wandler am Ende der Nacht* (1983), den er niederschrieb, als er feststellte, dass er immer noch nicht bereit war, seine groß angelegte Familiensaga zu verfas-sen. In seiner biografischen Skizze *Mein Leben – zu Lebzeiten* notierte er dazu:

> *Bereits 1980 hatte ich den Roman* Zeit des Fasans *(unter anderem Titel) angefangen. Während der Arbeit spürte ich, für dieses vielstimmige und umfangreiche Unternehmen wäre ich noch nicht erfahren genug. So un-terbrach ich und schrieb den Roman* Das Staunen der Schlafwandler; *er ist 1983 erschienen. Danach setzte ich die Arbeit an* Zeit des Fasans *fort, bis ins Frühjahr 1988 hinein.* (Walter 1988a: 246)

Im Roman *Das Staunen der Schlafwandler am Ende der Nacht* befasste sich Wal-ter einerseits mit der Rolle der Literatur und des Schriftstellers sowie der Frage nach der durchlässigen Grenze zwischen Wirklichkeit und Fiktion, andererseits griff er eine Vielzahl ‚engagierter' Themen auf, wie etwa: Demokratie, gesell-schaftliches Handeln oder Umweltverschmutzung, die im Kontrast zu dem viel-schichtigen, komplizierten Erzählgefüge stehen (vgl. Sośnicka 2008: 220–244). Einen wichtigen Themenkomplex des Romans bilden aber zweifelsohne – neben der Auseinandersetzung des Autors mit der mimetischen Funktion des Romans und den problematischen Beziehungen zwischen Kunst und Leben, Literatur und Wirklichkeit sowie zwischen literarischem und gesellschaftlichem Engage-ment – geschlechtsspezifische Fragen und die Erziehung zum Mann.[4] Der Prota-gonist des Romans – der Schriftsteller Thomas Wander, in dem der Autor selbst teilweise zu erkennen ist und durch den er versuchte, mit sich selbst ins Reine zu kommen – erlebt nämlich nach dem Erscheinen seines letzten Buches über den Schriftsteller Kaspar Winter eine existenzielle Desorientierung, die ebenso seine Schriftstellerei wie auch sein Verhältnis zu Frauen betrifft. Denn es wird ihm zunehmend bewusst, dass seine Schwierigkeiten, zu den Frauen, die er liebt, eine gute Beziehung aufzubauen, aus seinen stereotypen männlichen Verhaltenswei-sen resultieren, aus seinem nicht selten gewalttätigen, patriarchalischen Auftre-

---

4   Im Zusammenhang mit Otto F. Walters Interesse für die Geschlechtsproblematik verweist E. Schild-Dürr auf seine zwei Aufsätze, in denen er sich ausführlicher mit dem Thema der Rollen-prägung auseinandergesetzt hat: „Der Mann als Held. Über den Männlichkeitswahn" und „Vom Mannsein, von Liebe und Gewalt. Brief an einen Sohn". Siehe dazu Schild-Dürr 1992: 128–132.

ten, ja, auch aus seiner Neigung, in seinen Büchern idealisierte Frauengestalten zu kreieren. Um sich also die eigenen Fehler im Umgang mit Frauen deutlicher vor Augen zu führen, versucht Wander zunächst, sein von ständigen Streitigkeiten erschüttertes und schließlich gescheitertes Eheleben mit Lisbeth in einem Roman zu verarbeiten. Später, als er sich in Ruth – eine ideale Leserin seiner Bücher – verliebt, unternimmt er zusammen mit ihr eine Reise in den Süden, womit er aber das sowohl in seinem Leben als auch in seinen literarischen Fiktionen mehrfach praktizierte Klischee der Reise von zwei Liebenden in den Süden wiederholt.[5] Doch während dieser Reise macht ihm Ruth bewusst, wie idealistisch und tradiert sein Frauenbild ist und dass es der Realität überhaupt nicht entspricht. Letztendlich gelangen die beiden nicht in den Süden, sondern – durch einen geheimnisvollen Eingriff der von dem Menschen belasteten und verseuchten Natur – ins Maderanertal, in das „allerhinterste[...] Tal" (Walter 1983: 209) des Kantons Uri, wo Wander eine Art existenzieller Erweckung erlebt. Denn indem die beiden aus den tradierten „Mustern unserer gemachten, verbauten, verwüsteten Landstriche ins Vorzivilisatorische herausgeraten" (ebd.: 213), wo sie mit geheimnisvollen, elementaren Kräften in der Natur und im Menschen konfrontiert werden, bekommt Wander gewissermaßen den Zugang zu den existenziellen „Ursprünge[n]" (ebd.: 204) in sich selbst, so dass er zu neuen Erkenntnissen heranreift. Als ein Symbol für sein „Erwachen zur Einsicht" (ebd.: 150) steht im Roman seine ‚Taufe' im Fels*becken* einer „glasklaren" (ebd.: 215) Wasserquelle, d.h. sein „Sturz" ins Wasser, bei dem er gleichsam bis auf den Grund seiner selbst abstürzt, um dann als ein neuer, von klischeehaften Denk- und Verhaltensweisen befreiter Mensch aufzusteigen. Nach diesem Erlebnis gibt er auch seinen Plan, in den Süden zu fahren, endgültig auf, denn jetzt ist er endlich bereit, seine bisherigen, ihm durch die fortwirkende Tradition und Erziehung eingeprägten Denkschemata aufzugeben und aus erstarrten Verhaltensmustern auszubrechen, womit eine gute Grundlage für seine Beziehung zu Ruth geschaffen wird.

....

5   Durch die Benennung von zwei Orten im Süden – Verona und Mantua – wird in diesem Roman auf Shakespeares *Romeo und Julia* sowie auf Denis de Rougemonts Buch *Die Liebe und das Abendland* angespielt. Durch diesen intertextuellen Verweis bekommt die Schlüsselgeschichte von der Süden-Reise, die sich in den *Schlafwandlern* in mehreren Varianten abspielt, eindeutig den Charakter der uralten und sich ständig wiederholenden Geschichte von der „Unmöglichkeit der Liebe" (Walter 1983: 127), d.h. sie erstarrt zu einem von der literarischen Tradition vorgeprägten Klischee. Vgl. dazu König 1991: 140f.

Bei einem Vergleich der beiden Romane Otto F. Walters, d.h. des Schrift-steller-Romans *Das Staunen der Schlafwandler am Ende der Nacht* und der Familiensaga *Zeit des Fasans*, sind somit auffällige Übereinstimmungen zu konstatieren, die u.a. das Thema der durchlässigen Grenze zwischen ‚authenti-schem' und ‚phantastischem' Erzählen, die Anhäufung autobiographischer Elemente[6] oder selbst die Figurennamen[7] betreffen. Besonders interessant ist aber in beiden Werken das Motiv der geplanten Süden-Reise, die nicht zustan-de kommt, weil sie durch Ereignisse unterbrochen wird, die bei den Protago-nisten ein „Erwachen zur Einsicht" (Walter 1983: 150) bewirken. Während also Thomas Wander schließlich sein stereotypes Denken über die Mann-Frau-Beziehungen revidiert, muss Thomas Winter die Wahrheit über den Tod seiner Mutter und die Beziehungen zwischen seinen Eltern aufdecken und dabei feststellen, wie sehr sie von überlieferten Mythen, familiären Legenden und gängigen Klischees verunstaltet wurden. Um dies noch mehr zu verdeutli-chen, benutzte Otto F. Walter – wie bereits dargelegt – als „Grundriss" des gestalteten Familienkonflikts den Agamenmon-Klytämnestra-Mythos und gestaltete so das „Zitathafte des Erzählten" (Walter 1989: 3), wodurch die be-lastende Rolle von überlieferten Mythen hervorgehoben wird. Damit versuchte er offensichtlich, auch seinen Lesern ein Signal zu geben, dass wir uns von den historisch, mythologisch bzw. literarisch vorgegebenen Mustern und den ge-sellschaftlichen Klischees befreien sollten, denn nur so werden wir fähig sein, ein offenes und unvoreingenommenes Verhältnis zu dem anderen Geschlecht zu gewinnen. Nur so kann nämlich der Mythos von dem ewigen Machtkampf zwischen Matriarchat und Patriarchat aus unserem Denken und Benehmen ausgemerzt werden. Als ein Gegenbild zu der Beziehung zwischen Thoms Eltern wurden daher in den umfangreichen Montage-Roman *Zeit des Fasans* auch die Briefe zwischen Thom und Lis eingefügt, in denen sich das Verhältnis der beiden zueinander spiegelt – ein Verhältnis, das auf Partnerschaft setzt und in dem man bereit ist, für den anderen Offenheit, Verständnis und Akzeptanz aufzubringen.

....

6   In beiden Romanen kommt z.B. der Vater vor, der betrunken den Sohn mit einer Reitpeitsche
     schlägt.

7   Als Hauptfiguren des Romans *Das Staunen der Schlafwandler am Ende der Nacht* treten u.a.
     Thomas Wander, Kaspar Winter und Lisbeth auf, in *Zeit des Fasans* wird indes u.a. von Thomas
     Winter und Lis(beth) erzählt.

Benutzte Literatur

KÖNIG, Marc (1991), *Die Spiegelung in Otto F. Walters Werk. Untersuchung eines Strukturmerkmals des modernen Romans.* Bern, Frankfurt a.M., New York [u.a.], Peter Lang.

SCHILD-DÜRR, Elsbeth (1992), *Otto F. Walter. Sperrzone und Wunschland. Eine Werkbiographie.* Bern, Benteli.

-- (1993), „'Die Sprache zum Nachdenken zwingen.' Otto F. Walter, ein zeitgenössischer Autor aus der Schweiz". In: *Quarto. Zeitschrift des Schweizerischen Literaturarchivs (SLA)*, Nr. 2, S. 29–33.

SOŚNICKA, Dorota (2008), *Den Rhythmus der Zeit einfangen: Erzählexperimente in der Deutschschweizer Gegenwartsliteratur unter besonderer Berücksichtigung der Werke von Otto F. Walter, Gerold Späth und Zsuzsanna Gahse.* Würzburg, Königshausen & Neumann.

WALTER, Otto F. (o.J.), *Typoskript: Notizen zum Patriarchat.* Undatiert. Archiv Otto F. Walter, Schweizerisches Literaturarchiv (SLA), Bern.

-- (1979), *Handschriftliche Notiz: Unbetitelt*, datiert ca. 1979, Archiv Otto F. Walter, Schweizerisches Literaturarchiv (SLA), Bern.

-- (1983), *Das Staunen der Schlafwandler am Ende der Nacht.* Roman. Reinbek bei Hamburg, Rowohlt.

-- (1988), *Zeit des Fasans.* Roman. Reinbek bei Hamburg, Rowohlt.

-- (1988a), *Gegenwort. Aufsätze, Reden, Begegnungen.* Hrsg. mit einer Nachbemerkung u. einer Bibliographie versehen v. Giaco Schiesser. Zürich, Limmat.

-- (1989), *Typoskript: Stichworte/Überlegungen zum Thema Erzählen resp. Roman*, 22.8.89. Archiv Otto F. Walter, Schweizerisches Literaturarchiv (SLA), Bern.

-- (1999), *Wie wird Beton zu Gras. Fast eine Liebesgeschichte.* Reinbek bei Hamburg, Rowohlt.

Virginia Spyratou (Athen)

Über Aspekte weiblicher Macht im Werk von Verena Stefan und Gertrud Leutenegger

Macht ist ein sehr oft männlich besetzter Begriff, denn das Wort wird mit Männlichkeit und phallischen Symbolen gleichgesetzt. Wenn man allerdings über weibliche Macht spricht, denkt man an Lilith, dem Symbol der nicht unterworfenen Weiblichkeit. Innerhalb einer Welt, die auf fast allen Feldern von Männern bestimmt wurde, haben Frauen lernen müssen, sich selbst nur aus der Perspektive der anderen zu sehen. Serke hat es auf folgende Weise ausgedrückt: „Der Mann allein besaß als Machthaber von Lehre und Forschung das Welterklärungsmonopol" (Serke 1979: 14).

Keine Macht bedeutet für die Frauen keine Möglichkeit einer primären Identifikation, bedeutet den Mann statt sich selber sprechen und schreiben lassen. Um eine neue Identität zu entdecken und ihrer gesellschaftlichen Sprachlosigkeit zu entkommen, haben Autorinnen versucht, das mythologische Universum zu rekonstruieren. Die Literatur spielte also eine wichtige Rolle, denn Kreativität ist Macht, die Sicht der Welt und damit die eigenen Bewegungsmöglichkeiten zu erweitern (vgl. Petersen 1979: 78).

Das Schreiben wurde für viele Autorinnen zum Ausdruck eines zunächst ganz privaten Bemühens, ihre weibliche Existenz zu begreifen und zu akzeptieren. Es handelt sich manchmal um einen Angriff auf die patriarchalische Kulturgeschichte, manchmal um einen Versuch der Frauen, sich von der Angst zu befreien, aus der patriarchalischen Norm herauszufallen, isoliert zu werden, um eine Strategie, das verlorene Selbst-Bewusstsein ausfindig zu machen.

Untersucht werden vier Romane und eine kurze Erzählung von Gertrud Leutenegger und zwei Romane von Verena Stefan, die direkt oder indirekt mit dem Thema der Macht in Verbindung stehen. Kriterium für die Auswahl war vor allem die Auseinandersetzung der Texte mit der Macht-Thematik. Die Untersuchung findet nach folgender Kategorisierung statt: a) Die Macht der Frauenwelt, b) die Macht der einzelnen, isolierten Frau und c) die Macht der Frauen über ihren Körper und ihre Sexualität.

a.

Der Roman *Pomona* von Gertrud Leutenegger skizziert die Welt dreier Generationen von Frauen innerhalb der Männergesellschaft. Erzählt wird von der Trennung der Hauptfigur von ihrem alkoholkranken Ehemann und von ihrem Rückblick in die eigene Kindheit. Das Erzählen bewegt sich – ähnlich wie in *Vorabend* – auf zwei verschiedenen zeitlichen Ebenen, zwei Blickrichtungen herrschen: die der Erwachsenen und die des Kindes.

Pomona heißt die römische Göttin der Baumfrüchte, die ihren Garten vor Priapus schützt. Die Ich-Erzählerin muss auch ihr Leben und das ihrer Tochter vor der Gewalt ihres Mannes schützen, eines erfolglosen Architekten mit dem Namen Orion. Der Roman fängt an, als es ihr gelingt, sich von ihm zu trennen. Die Ich-Erzählerin wendet sich an ein Du, an ihre Tochter, um die Vergangenheit zu erklären und die Wahrheit ihres Vorhabens vorzustellen. Es handelt sich um einen Roman über Abschiede, Erinnerungen und Kräftigung, die die Ich-Erzählerin ihrer Tochter, die das Wichtigste für sie verkörpert, schenkt. Sie sagte über ihr Kind als sie schwanger war: „alles hörte auf mit dir, alles begann von neuem" (Leutenegger 2004: 32).

Das, was Pezold die konzentrierte Rückbesinnung auf das eigene Ich nennt (vgl. Pezold 1991: 278), ist die Wahrnehmung seitens der Ich-Erzählerin der Frauenwelt innerhalb des weiteren Kreises, den die männliche Gesellschaft bildet. Die Hauptfiguren sind Frauen, die Großmutter, die Mutter und die Tochter, alle drei ohne Namen. Vielleicht, weil der Name der Göttin, Pomona, der Name aller drei weiblichen Figuren sein könnte. Die Männerwelt wird im Roman als die verstiegenen Illusionen und unrealistischen Wünsche dargestellt, wenn man an Orion denkt, der die Mönchswelt von Athos (die Herrschaft der Männer überhaupt) erforscht und sich mit seinem Teleskop in eine rücksichtslose Himmelmanie versteigt. Es ist aber auch ein negativer Raum, eine harte, gefühllose Umgebung, wenn man den Mann bedenkt, der das naive Mädchen im Dorf aus Spaß dazu überredet hat, Selbstmord zu begehen.

Wie ist aber die Welt der Frauen konstruiert? Wie reagieren sie auf die Macht der Männer? Wo bleibt ihre eigene Macht und welche Formen erhält sie? Die weiblichen Hauptfiguren sind fragil, aber zugleich stark, sie versuchen ihre Stabilität und die Kontrolle über ihr Leben zu bewahren, auch wenn sie es eher diskret und nicht spektakulär schaffen. Auf jeden Fall behalten sie aber ihren eigenen geheimen Raum, wie die Mutter, oder sie fliehen, werden befreit und fangen ein neues Leben an, wie die Ich-Erzählerin.

Was die Frauen verbindet, was den Kern des Textes bildet, sind die Äpfel. Die Erinnerungen von den Apfelhurden im Keller der Großmutter, die Träume der Ich-Erzählerin, in denen sie die inzwischen tote Mutter im duftenden Reich ihrer Äpfel sieht, der Apfel, den ihr ihre Mutter in ihrem Traum gibt, die ästhetisierte Beschreibung des Apfel-Essens, ihr Wunsch, dass sie ihre tote Mutter im Sarg mit einem roten Apfel und nicht mit Rosen sehen möchte. Ihr Leben als Kind mit der Mutter war voll von Äpfeln, Apfelsorten, Apfelkuchen, Rezepte über Äpfel, Apfelgerichte. Alle diese Bilder bildet die Gegenwelt zu der lebensbedrohlichen Welt der Männer.

In dieser Gegenwelt spielt man oft Verstecken: Die Großmutter war immer in sich versteckt und äußerte ihre Wünsche und Träume in ihrem Kochbuch, das nicht nur Rezepte, sondern auch Ansichtskarten und Ausschnitte aus der Zeitung hatte, alles woraus ihr Leben bestand. Ebenso lautlos in einem dunklen Zimmerwinkel hatte sie aufgehört zu atmen. Die Ich-Erzählerin ist irgendwie eingesperrt, gefangen zwischen den Gefühlen und Erinnerungen für ihre Tochter und ihre Mutter, in ihrem glücklosen Leben mit ihrem Mann. Die Tochter spielte als Kind gern Verstecken, weil sie Angst vor dem Vater, für den sie inexistent war, hatte und wollte sich selbst unsichtbar machen. Die Strategie des Kindes war, sich transparent zu machen, durchsichtig, wie die Meeresschnecken oder Ozeanschmetterlinge vor der Gefahr.

Die Verbindung zwischen den drei Frauen stellt die Ich-Erzählerin fest, als ihre Tochter sie im Zug, als sie zur Beerdigung ihrer Mutter fuhren, mit dem Blick ihrer Mutter blickte, dasselbe wortlose Wissen in den Augen, „als wäre ich nur dazu auf der Welt, damit es von meiner Mutter auf dich überspinge, und als wäre überhaupt ihr Tod gänzlich unannehmbar…" (Leutenegger 2004: 64). Die Macht der Frauen ist die große Liebe, die sie verbindet. Der Roman endet mit den Worten der Ich-Erzählerin, die auf eine mögliche Frage der Tochter, was ihre Handlungen angeht, antworten würde: „weil ich, mit dir zusammen, lebendig bleiben wollte" (ebd.: 175).

Verena Stefan stellt in ihrem Roman *Fremdschläfer* ebenfalls eine Frauenwelt dar, die als Schutz vor den Angriffen der männlichen Gesellschaft dient. In ihrem Fall handelt es sich um die empfindliche Situation zweier Grunderfahrungen, des Fremd- und Krankseins: Sich als fremder Körper erfahren in

einem neuen Land und zugleich einen Fremdkörper im eigenen Leib entdecken. Die Macht über den eigenen Körper hat in diesem Roman eine ganz
andere Bedeutung als die in *Häutungen*, obwohl es in beiden Fällen eine zum
Überleben notwendige Macht ist.

Als bei Stefan Krebs diagnostiziert wurde, begann sie, ihre Erfahrungen mit
der Krankheit in diesem autobiografisch unterlegten Roman zu verarbeiten.
Das Wort Fremdschläfer kommt in der Schweiz als bürokratischer Begriff im
Asylbereich seit Ende der 80er Jahre vor. Fremdschläfer heißen Asylanten, die
an einem anderen Schlafplatz als dem offiziell zugewiesen angetroffen werden
(Stefan 2007: 218). Fremdschläfer bezeichnet aber bei Stefan, mit einer Fremden schlafen. Im Roman werden die Geschichten ihrer Herkunft aus Bern,
ihrer Ankunft in Kanada, ihres Lebens im Land der Krankheit, aber auch der
Liebe zu ihrer Freundin, Lou, erzählt.

Texte, in denen Frauen über ihre Krankheit berichten, haben für die Ver-
fasserinnen eine therapeutische Funktion, sie sind aber auch für die Dokumentation verdrängten Wissens über das Leben von Frauen von Wichtigkeit
und als Gegen-Rede zum medizinischen und psychiatrischen Diskurs über
Weiblichkeit (siehe Weigel 1987: 112). Obwohl von Diagnose, Chemotherapie,
Krankenhäusern, Ärzten, Nebenwirkungen berichtet wird, ist der Roman von
Stefan kein reiner Krankenbericht, sondern eher eine Beschreibung einer
Wanderung zwischen verschiedenen Welten. Matt meint, dass die Spitzenwer-
ke der Literatur der deutschen Schweiz von der Situation dessen, der aus der
Fremde heimkehrt, geprägt sind (vgl. Matt 2011: 113).

In diesem Roman stellt man zwei verschiedene Arten von Macht fest. Die
erste hat mit der Bedeutung der Frauenwelt zu tun. Jahre nach *Häutungen*
kann man auch die Erfahrung machen, in diesem Fall im Bereich der Krankheit, dass in dieser Welt die Frauen für ihre Macht kämpfen müssen. Lorde, die
eine ähnliche Krankheitserfahrung hatte, schreibt über den Sexismus, den sie
bei einem Arzt gespürt hatte: „Racism and Sexism joined hands across his
table as he saw I taught at a university. „Well, you look like an **intelligent girl**",
he said, staring at my one breast all the time he was speaking" (Lorde 1999:
150). Gender ist nicht irrelevant, auch wenn es um Krebs geht. Kosofksy
Sedgwick meint: „I would warmly encourage anyone interested in the social
contruction of gender to find some way of spending half a year or so as a total-
ly bald woman" (Sedgwick 1999: 153). Brustkrebs führt die lesbische Ich-

Erzählerin im Roman dazu einige Fragen von Bedeutung zu stellen, als sie das Negativ ihrer Brüste betrachtet:

Du fragst dich, ob Brustkrebs eine Frauenkrankheit sei und ob man eine Frau sei, wenn man Brustkrebs hat, oder ob Brustkrebs menschlich sei und eine Krankheit, die hauptsächlich Frauen betreffe, und wo du selber hingehörst mit der möglichen Krankheit, weder Frau noch Mann. (Stefan 2007: 28)

Wie Sedgwick meint:

It's probably not suprising that gender is so strongly, so multiply valenced in the experience of breast cancer today. Recieved wisdom has it that being a breast cancer patient, even while it is supposed to pose unique challenges to one's sense of 'femininity', nonetheless plunges one into an experience of almost archetypal Femaleness. (Sedgwick 1999: 154)

Obwohl man denken kann, dass sein Körper einem im Stich gelassen hat, gibt ihr die Frauenwelt, der Netz von Schwestern, Unterstützung wie eine große Familie. Eine Unterstützungsgruppe wurde für die Ich-Erzählerin und Lou, die sie liebt und ihr die Freude des Lebens bringt, verwirklicht. Freundinnen aus Europa, die Krebs überlebt haben, reisen nach Kanada um dabei zu sein. Türen von Angst und Liebe öffnen sich für sie durch andere Frauen.

Die zweite Art von Macht ist die der Worte. Während der Reise nach Kanada musste die Ich-Erzählerin neue Worte und eine neue Zivilisation lernen, während der Reise in die Krankheit, muss sie einen neuen medizinischen Wortschatz beherrschen. In beiden Fällen fühlt man sich „vollkommen fremd, neugeboren, ungebildet, eine Analphabetin" (Stefan 2007: 58). Deswegen reduziert sie die Sprache auf ihren substanziellen Kern, benutzt sie drei Sprachen um das Buch zu verfassen (Deutsch, Englisch, Französisch), vier, wenn man Berndeutsch mitrechnet, beschreibt sie mit Einzelheiten gerade diese Szenen, die ihr Angst einjagen, wie die Chemotherapie, um die Angst zu zähmen. Denn man muss Besitz ergreifen, wenn man fremd ist, und fremd ist sie im Land der Krankheit: „Wie heißt das Land, die Gegend, in die es dich jetzt verschlagen hat? Wie bist du hierher gelangt? Niemals würdest du die Postkarten abschicken aus diesem Land. Ein Land ohne Briefkasten, ohne Tauben" (ebd.: 103).

b.

Im Roman *Kontinent* von Getrud Leutenegger wird uns ein Ausschnitt aus dem Leben einer Frau bekannt, die eine Stellung in einem südlichen Alpental angenommen hat, um für eine Aluminiumfabrik Naturaufnahmen zu machen. Sie wird mit dem Dorf, dessen Geschichte und Bewohnern vertraut und die Erfahrungen im Alpental verschränken sich mit jenen in China, wohin die Ich-Erzählerin gereist ist und wo ihr Geliebter wohnt. Durch das Ineinander-fließen von Schweizer und chinesischer Landschaft, von Gegenwart und Erinnerung, Realität und Traum werden Zivilisation und Lebensauffassung ihrer Heimat mit einer ganz anders orientierten Welt, einem anderen Kontinent, konfrontiert (*apud* Pezold 1991: 281).

Beide Kontinente bedeuten für sie das Fremde, das sich zu Eigen gemacht wurde. „… fließt nicht ein Kontinent durch mich hindurch?" (Leutenegger 1991: 88), fragt sich die Ich-Erzählerin, für die die Grenzen nicht stabil zu sein scheinen. Matt erwähnt, dass man aus den unterschiedlichen Gestaltungen durchaus ein spezifisches Heimkehrer-Bewusstsein herausarbeiten kann, das von der Erfahrung der Grenze geprägt ist: „Das Wissen um die Grenze des Landes […] geht durch Leib und Seele. Und dieses körperhafte Bewußtsein der Grenze ist […] die eigentliche Produktionsbedingung für das Schreiben in der Schweiz" (Matt 2001: 115).

Durch die Natur im Alpental, die Naturerscheinungen, die Tiere, die Landschaft, die Menschen selbst versucht die Ich-Erzählerin Macht über sich selbst zu haben. Ihre Arbeit ist das Rohmaterial, die Geräusche der Natur, zu bearbeiten, indem alle Elemente sich zur Einheit verbinden, was ihr Macht auch über die Natur gibt. Ein winziger Kanal, der direkt unter ihrem Haus hervorplätschert, leistet ihr nachts Gesellschaft. Eine Fledermaus kommt noch in die Veranda, wohin sie das Bett gestellt hat. Sie hält durch das Aufnahmegerät das Streichen der Luft durch die Kiefern fest, das Knacken der Wärme in der schuppigen Rinde, das Knistern von trockenem Gras. Ihre Musik, deren Entstehung unwiederholbar ist und deren Ende ihr nicht mehr gehört, ist der Ausdruck ihrer Macht, das Rauschen der Stille.

Um Macht kämpfen muss sie aber auch gegen das Aluminiumwerk. Denn es wurde ihr mitgeteilt, sie hat sich nur am Rand an die Abmachungen gehalten und das Werk wird viele Änderungen in den Aufnahmen machen. Außerdem wird festgestellt, dass das Werk die Umgebung verschmutzt, die Wälder abgeschnitten und die Einwohner vergiftet hat. Man spritzt mit dem Hubschrauber und die Vögel sterben massenhaft. Im Dorf gibt es viele Arbeiter, deren Hände von den Maschinen des Werks verletzt worden sind. Der Arzt des Werks meint, alle Krankheiten: Atmungsstörungen, Gelenkschmerzen, Unterleibsbeschwerden haben nichts mit dem Werk zu tun, sondern mit Fremden, obwohl ein junger Arzt chronische Fluorvergiftungen festgestellt hatte.

Eine besondere Rolle in der Erzählung spielt das Observatorium, das sie von ihrem Zimmer sehen kann. Es hat eine intensive rote Farbe und die Dorfbewohner wollen es vor dem Musikfest frisch streichen, denn sie meinen, diese Farbe steht fremd in Gegend. Diese Farbe herrscht aber sowieso im Roman: Rot ist die Farbe der verbotenen Stadt in China, wo sie eine Reise machte, eine verrückte Frau im Dorf trug rote Kindersocken, eine andere Frau trug rote Ohrringe, in China hatte sie ein silbernes Nachthemd mit roten kleinen Pagoden, rotes Blut gibt es auf der Schürze des Metzgers.

Das Observatorium steht im Roman für einen Ort des Aufsehens, der täglichen Verfolgung, des Schutzes, der Macht, des Observierens ihres eigenen Lebens. „Das Rot des Observatoriums schreckt mich wie ein verborgener Teil meiner selbst. Ich will, daß dieses Verborgene keine Herrschaft mehr errichte, jeder Traum gehört dieser Welt" (Leutenegger 1991: 106), sagt die Ich-Erzählerin. Sie wollte von allem befreit werden, aber alles holt sie ein und die Umrisse des Observatoriums brennen in ihr. Nach dem Ende ihrer Arbeit, kann sie sich nicht vorstellen, dass sie nicht mehr da sein wird. „Ich mußte meine eigene Musik erkennen, um die Musik der Welt zu hören" (ebd.: 141), sagt sie, und das ist genau, was sie im Dorf geschaffen hat, das ist ihre Macht. Der Roman endet, indem die Dorfbewohner ihr vorschlagen, das Observatorium als ihre Wohnung zu haben und sie zustimmt.

Der Roman *Matutin* von Gertrud Leutenegger fängt auf folgende Weise an: „Ich muß die Erde verlassen, ein Wirbelsturm reißt mich in die Luft" (Leutenegger 2008: 7). Dabei handelt es sich wieder um einen kafkaesken Turm, einen Beobachtungsposten wie das Observatorium in *Kontinent*. Es handelt sich auch in diesem Fall um einen Roman mit Frauen als Protagonistinnen, die Männer haben Sekundärrollen. Auf einem Floß am Seeufer steht eine dreistöckige Holzkonstruktion, der Nachbau eines Vogelfangturms, wie er noch heute in der italienischen Schweiz anzutreffen ist.

Die Erzählerin kehrt nach langen Jahren in jene Stadt am See zurück, in der sie früher gelebt hat und zieht als Kustodin in den spartanisch eingerichteten, abweisenden Turm. Für sie bietet er neben dem Weitwinkelblick auf die Stadt einen Beobachtungsposten, von dem sie zurück auf das sieht, was sie hinter sich gelassen hat, was ihr Macht über die Vergangenheit und auch über die Zukunft gibt. „Meine Macht als Kustodin scheint auch nur ein paar Schritte außerhalb des Turms zu schwinden" (ebd.: 26), bemerkt sie.

Sie bezieht das karg ausgestattete schwimmende Bauwerk, das sie einen Monat lang, von Mitte September bis Mitte Oktober, nicht verlassen wird. Die dreißig Kapitel des Buches schildern jeden einzelnen dieser Turmtage. Offiziellen Besuch erhält die neue Kustodin allein von dem Sekretär der Stadtverwaltung, der sie mit frischer Bettwäsche, Polenta und einem Espresso versorgt. Da sie die Besucher mit den Fakten des Turms bekannt machen sollte, erfährt sie von den Grausamkeiten des Vogelfangs und kann detailliert Auskunft über Leimruten, Fangnetze und Lockvögel geben, mit denen Scharen von Wandervögeln auf ihrem Zug in den Süden in die Kochtöpfe der hungrigen Bauern gelockt werden sollten.

Der Zutritt für Besucher wird zwar durch strenge Gesetze geregelt, doch die Kustodin sabotiert sie: „So ungemein mich die Turmregel anzieht, so unwiderstehlich reizt es mich, gegen sie zu verstoßen" (ebd.: 93). Sie lässt immer dieselbe Person im Turm nächtigen: eine obdachlose Frau, vielleicht aus Südamerika, die sich offenbar illegal in der Stadt aufhält, ein menschlicher Zugvogel, Victoria. Regelwidrig reserviert ihr die Erzählerin das Bett dauerhaft und wird von Victorias Anwesenheit immer abhängiger. Nach ihrem spurlosen Verschwinden wird auch die Erzählerin wegen Amtsmissbrauchs im Morgengrauen – zur Stunde der Matutin – entlassen.

Das Schreiben von Leutenegger kreist um das Thema der Selbstwerdung, es sind die Grenzsituationen, die sie interessieren, die Übergangs- und die Initiationsrituale (vgl. Reinacher 2003: 137). Im Roman können Verwandlung und

Neuanfang nur stattfinden, nachdem die Frau eine bekannte Strategie verwendet hat: Die Strategie des sich Kleinmachens, sich Duckens, sich in einem Käfig, in diesem Fall einen wirklichen, verstecken um durchzukommen (vgl. Gerhardt 1979: 23). Nur dann, nach durchlebten Visionen und Schmerz, hat man die Macht, schmerzhafte Erinnerungen der Vergangenheit zu bewältigen, was durch Interventionen in die Haupterzählung geschieht, und die Freiheit für einen Neuanfang zu erwerben. „... hinauf, hinauf, um alles zu vergessen, den Tag, die Stunde, das Jahr" (Leutenegger 2008: 53), wünscht sie sich.

Die Ich-Erzählerin hat den Antrag auf diesen Posten gestellt, „als wäre der Turm eigens für mich konstruiert worden" (ebd.: 10). Und sie betont: „Das Gefühl des endgültigen Verlusts der Welt hier muß mir eine rätselhafte Überzeugungskraft gegeben haben." (ebd.: 10). Die Stadtverwaltung wollte eher einen jungen Mann, denn es handelt sich um eine Abkapselung an einem ungewohnten Ort, zudem auf dem Wasser. Ihr Wunsch ist aber, ohne abgelenkt zu werden, ohne die geringste Störung im Innern dieser Welt zu wohnen. Es ist eine Rückkehr in den Uterus, damit man neugeboren werden kann.

c.

Das Buch *Gleich nach dem Gotthard kommt der Mailänder Dom* von Gertrud Leutenegger besteht aus elf Prosastücken. Eins davon ist die poetische Geschichte *Roma, Pompa, Loredana*. Da wird die Ohnmacht von Frauen thematisiert, indem die Geschichte von Loredana mit Motiven der Pompa, des feierlichen Rituals der alten Römer bei der Verbrennung ihrer Leichen, verbunden wird.

Die Ich-Erzählerin geht in Rom spazieren und denkt über Loredana nach, eine lesbische Frau, die mit ihrer Freundin in Rom wohnte, als zwei Männer ihre Baracke in Brand gesetzt haben. Loredana liegt im Krankenhaus, schwer verletzt und verbrannt, es gibt Bilder von ihr in der Zeitung: Eine lebendige Mumie, an Kanülen angeschlossen, vollkommen einbandagiert, so dass kein Stück Haut sichtbar ist. Die Nachbarn haben ihnen nicht geholfen, viele Leute beschimpften sie und nannten sie lesbische Prostituierte. Als Loredana aus dem Spital entlassen worden ist, hat man den zwei jungen Frauen in einem anderen Stadtteil ein Zimmer zur Verfügung gestellt. Loredana hatte psychiatrische Hilfe abgelehnt, obwohl sie am Körper und im Gesicht Brandwunden hatte. Nun erhalten die zwei Frauen anonyme Bestechungsversuche und Drohanrufe, um die Aussagen über den Barackenbrand zu mildern.

Am Ende wird Loredana nach einer Überdosis schmutzigen Heroins tot aufgefunden. Als die Ich-Erzählerin durch Rom geht, hat sie Staub von Rom im Haar und denkt, das könnte Loredanas Asche sein, obwohl die Zeiten der Pompa vorbei sind. Die Stadt übernimmt die Begräbniskosten, dieselbe Stadt, die der Ich-Erzählerin mit ihrer Pracht, ihren Kulträumen und Villen fasziniert hat, dieselbe Stadt, in der die zwei lesbischen Frauen nicht wohnen durften. Die Männergesellschaft erlaubt ihnen keine Macht über ihre eigene Sexualität und auch keine Macht über ihre Entscheidungen als freie Menschen.

Als Verena Stefan 1974 ihr Buch *Häutungen* schrieb, gab es in Deutschland weder Frauenbuchläden noch feministische Verlage. Im Mai 1977, zwei Jahre nach dem Erscheinen des Buches, betrug die Auflage 125.000 Exemplare. Die Auflagenhöhe ermöglichte den Aufbau des Verlags Frauenoffensive.

Hauptthema des Buches ist der persönliche Umgang der Autorin mit der Sexualität, ihre Erfahrungen von heterosexuellen Herrschaftsverhältnissen, in denen der Körper der Frau als Ort ihrer Ausbeutung gilt (vgl. Machinek 1988: 165). Sie thematisiert auch ihre Suche nach der eigenen geschlechtlichen Identität, den Ausbruch aus der Abhängigkeit und den Beginn einer lesbischen Liebe. Dieser politischen Neuorientierung in Richtung eines lesbischen Separatismus entsprach gleichzeitig die Suche nach neuen ästhetischen Formen (vgl. Schmidt 1988: 460).

Die Ziele der Autorin waren die eines radikalen Feminismus: weibliche Selbstfindung, ein neues weibliches Körperbewusstsein sowie eine neue weibliche Ästhetik. Was die ersten zwei Ziele angeht, stellt man fest, dass Frauen für Stefan als Kolonisierte in der Welt der Männer gelten, die sich selbst und einander fremd bleiben. Die Frauen sind die Schwarzen der ganzen Welt. Außerdem gelangt sie aus ihrer eigenen problematischen Beziehung zu ihrem Körper zu dem Wunsch, Macht über ihren Körper und ihre Sexualität zu haben, ohne dass dieser Weg durch einen Mann geht. „Könnte die verlorengegangene eigene körperlichkeit durch die hände eines geliebten wieder zum leben erweckt werden?" (Stefan 1994: 47f.), fragt sie sich.

Ihre Position ändert sich im Laufe der Zeit. Am Anfang sieht sie den männlichen Partner als einen Mittelsmann, der „die türen zur welt" (ebd.: 48) öffnete und schloss, da sie das Gefühl hatte, sie beherrschte die Welt nicht, sie war Gast und die Welt war fremdes Territorium. Eine Frau allein ist immer noch Gast und Allgemeinbesitz, meint sie, weil Sexismus tiefer als Rassismus und Klassenkampf geht (vgl. Stefan 1994: 66). Aus diesem Zustand der Ohnmacht gelangt sie aber in den Zustand der Macht. Sie orientierte ihre Sexualität nicht mehr nach dem Geschmack jedes Partners, sie wollte kein fester Bestandteil des Lebens eines Mannes sein, sondern Grundsätzliches in den Verbindungen ändern, auf geregelte Verbindungen, die sich in vorgeformten Mustern bewegen, verzichten, so dass klar wird, dass Frauen keinen Mann brauchen, um sich als ganzer Mensch zu fühlen.

Wenn sie mit ihrer Freundin zusammen ist, erfährt sie etwas über sich selbst. Sie mussten aber alles – auch ihren Körper – von Anfang an entdecken, denn sie wollten auch die ästhetischen Vorstellungen über die Frauen ändern. Sie wünscht sich den Aufstand der Frauen und meint, dass menschenfreundliche Veränderungen verwirklicht werden können, „wenn frauen einzeln so stark sind, daß sie zusammen mächtig werden" (ebd.: 67). Obwohl die Abnabelung von dem Mann lange dauerte, war sie notwendig, denn sie wollte weiter leben, ohne durch Rechtfertigungen, Erklärungen, Übersetzungsversuche gebremst zu werden, und das konnte nur ohne Männer passieren.

Was das Ziel der weiblichen Ästhetik angeht, muss gesagt werden, dass das Buch ein literarisches Experiment war: Die Autorin – durch die feministische US-Literatur beeinflusst – hat mit Sprache und Form experimentiert. Hassauer bemerkt:

Es geht um den weiblichen Diskurs. Es geht um das andere Bild einer anderen Frau, die anders redet, als wir alle es haben lernen müssen und es nun gewohnt sind. Es geht um die Frage einer weiblichen Ästhetik, darum, ob Frauen, sprachlos in der Männersprache, eine eigene Sprache sprechen. Sprechen können. Sprechen lernen müssen, um endlich den Vorschein eines menschlichen Lebens zu entwerfen anstelle des bloßen Überlebens beider Geschlechter. (Hassauer 1980: 48)

„Ich führe ein anderes leben und spreche eine andere sprache" (Stefan 1994: 92), sagte die Autorin, als sie ihren eigenen Weg fand, als ihr klar wurde, dass sie Teile des Unsagbaren schreiben konnte. Einerseits war das Buch aus einem kollektiven politischen Prozess heraus entstanden, wo das Persönliche das Politische war und eine einzelne Stimme wieder 'ich' sagte. Die Sprache versagte aber, wenn sie über neue Erfahrungen berichten wollte. Denn sowohl die Sprache der Rechten als auch der Linken war frauenbeleidigend, was die Sexualität angeht. Der Frau blieb der Zugang zu ihrer Vagina, zu ihrem Körper verschlossen. Deswegen musste sie vertraute Zusammenhänge zerstören und Begriffe, mit denen nichts mehr geklärt werden kann, in Frage stellen. Auch die Tatsache, dass alle Nomen im Buch klein geschrieben sind, zeigt die erwünschte Macht über die Sprache. Sie schreibt:

Ich stelle begriffe, oder sortiere sie aus – beziehung, beziehungsschwierigkeiten, mechanismen, sozialisation, orgasmus, lust, leidenschaft – bedeutunglos. Sie müssen durch neue beschreibungen ersetzt werden, wenn ein neues denken eingestellt werden soll. Jedes wort muss gedreht und gewendet werden, bevor es benutzt werden kann – oder weggelegt wird. (Stefan 1994: 34)

Schmidt betont, dass mit diesem Buch die Loslösung des Feminismus aus linken Denkstrukturen möglich war. Stefan problematisiert die vorgefundene Sprache als ein System, in dem patriarchalische Normen reflektiert und perpetuiert werden und versucht neue positive Worte für den weiblichen Körper zu finden (vgl. Schmidt 1988: 461).

Indem wir Aspekte weiblicher Macht (oder Ohnmacht) im frühen und späteren Prosawerk von Verena Stefan und Gertrud Leutenegger untersuchten, stellten wir ihre weiblichen Figuren ins Zentrum der Untersuchung. Unter die Lupe wurden Ausdrücke der zerstörenden oder kreativen weiblichen Macht genommen, die Einfluss vor allem auf die Entwicklung des weiblichen Ich und die diesbezügliche Emanzipation oder Abwertung der Frau ausübten.

© Frank & Timme   Verlag für wissenschaftliche Literatur

Benutzte Literatur

ARNOLD, Heinz Ludwig (Hrsg.) (1988), *Bestandsaufnahme Gegenwartsliteratur*. München, edition text + kritik.

GERHARDT, Marlis (1979), „Der weiße Fleck auf der feministischen Landkarte". In: Gabriele Dietze (Hrsg.), *Die Überwindung der Sprachlosigkeit. Texte aus der neuen Frauenbewegung*. Frankfurt a.m., Sammlung Luchterhand, S. 22–30.

HASSAUER, Friederike (1980), „Der ver-rückte Diskurs der Sprachlosen. Gibt es eine weibliche Ästhetik?". In: Friederike Hassauer/ Peter Roos (Hrsg.), *VerRückte Rede – Gibt es eine weibliche Ästhetik?* Berlin, Medusa Verlag Wölk + Schmid, S. 48–65.

KLÜGER, Ruth (1996), *Frauen lesen anders*. München, Deutscher Taschenbuch Verlag.

LEUTENEGGER, Gertrud (2006), *Gleich nach dem Gotthard kommt der Mailänder Dom*. Frankfurt am Main, Suhrkamp.

-- (1991 [1985]), *Kontinent*. Frankfurt am Main, Suhrkamp.

-- (2008), *Matutin*. Frankfurt am Main, Suhrkamp.

-- (2004), *Pomona*. Frankfurt am Main, Suhrkamp.

LORDE, Audre (1999), „A burst of light: Living with cancer". In: Margrit Shildrick/ Janet Price (Ed.), *Feminist Theory and the Body*. Edinburgh, Edinburgh University Press, S.149–152.

MACHINEK, Angelika (1988), „Der Chauvinismus rüstet nach. Frauenliteratur-Männerliteratur". In: Heinz Ludwig Arnold (Hrsg.), *Bestandsaufnahme Gegenwartsliteratur*. München, edition text + kritik, S. 164–170.

MATT, Peter von (2001), *Die tintenblauen Eidgenossen. Über die literarische und politische Schweiz*. München, Wien, Carl Hanser Verlag.

PETERSEN, Karin (1979), „Essen vom Baum der Erkenntnis – Weibliche Kreativität?" In: Gabriele Dietze (Hrsg.), *Die Überwindung der Sprachlosigkeit. Texte aus der neuen Frauenbewegung*. Frankfurt a.m., Sammlung Luchterhand, S.70–81.

PEZOLD, Klaus (Hrsg.) (1991), *Geschichte der deutschsprachigen Schweizer Literatur im 20. Jahrhundert*. Berlin, Volk und Wissen.

REINACHER, Pia (2003), *Je Suisse. Zur aktuellen Lage der Schweizer Literatur*. München, Wien, Carl Hanser Verlag.

RULLMANN, Marit (1998), *Philosophinnen. Von der Romantik bis zur Moderne*. 2. Band, Frankfurt am Main, Suhrkamp.

SCHAFROTH, Heinz F. (1988), „Zehn Einfälle im Zusammenhang mit der Schweizer Gegenwartsliteratur". In: Heinz Ludwig Arnold (Hrsg.), *Bestandsaufnahme Gegenwartsliteratur*. München, edition text + kritik S. 257–266.

SCHMIDT, Ricarda (1988), „Arbeit an weiblicher Subjektivität. Erzählende Prosa der siebziger und achtziger Jahre". In: Gisela Brinker-Gabler, *Deutsche Literatur von Frauen. Zweiter Band 19. und 20. Jahrhundert*. München, C. H. Beck, S. 459–477.

SEDGWICK, Eve Kosofksy (1999), „Breast cancer: An adventure in applied decontruction". In: Margrit Shildrick/ Janet Price (Ed.), *Feminist Theory and the Body*. Edinburgh, Edinburgh University Press, S.153–156.

SERKE, Jürgen (1979), *Frauen schreiben. Ein neues Kapitel deutschsprachiger Literatur*. Hamburg, STERN-Magazin im Verlag Grüner+Jahr.

STEFAN, Verena (2007), *Fremdschläfer*. Zürich, Ammann.

-- (1994 [1975]), *Häutungen*. Frankfurt am Main, Fischer.

WARTMANN, Brigitte (1979), „Schreiben als Angriff auf das Patriarchat". In: *Literaturmagazin 11*, Reinbeck bei Hamburg, Rowohlt Taschenbuch Verlag, S. 108–132.

WEIGEL, Sigrid (1987), *Die Stimme der Medusa. Schreibweisen in der Gegenwartsliteratur von Frauen*. Dülmen-Hiddingsel, tende.

© Frank & Timme   Verlag für wissenschaftliche Literatur

JÜRGEN BARKHOFF (TRINITY COLLEGE DUBLIN)

„Wie fallen die Schwalben?' ‚Perfekt, Herr Bundespräsident'.
Inszenierungen der Macht bei Thomas Hürlimann

„Pleinpouvoir" (Hürlimann 2000: 26) – uneingeschränkte Vollmacht, volle Macht, vollständige Herrschaft – das ist die Illusion und das ist das Verhängnis.[1] *Der große Kater*, Thomas Hürlimanns erster Roman aus dem Jahr 1998 über den Schweizer Bundespräsidenten des Jahres 1979 auf dem Zenith und am Ende ist nicht zuletzt ein Roman über die Macht, das Porträt seines Titelhelden als eines Machtmenschen, eines Charismatikers im Sinne Max Webers und Instinktpolitikers, des Katers eben.

Pleinpouvoir – das ist das Verhängnis auf der Ebene des *plots*. Indem der große Kater seinem lebenslangen Freund und Konkurrenten Pfiff Vollmacht für das Damenprogramm beim Staatsbesuch des spanischen Königspaares 1979 erteilt, ermöglicht er jene Intrige, die Königin und Gattin an das Bett seines sterbenden Sohnes führen soll und von seiner Frau Marie als Verrat an der Familie, als rücksichtslose mediale Ausbeutung des Leidens des eigenen Sohnes zur Popularitätsmaximierung empfunden wird. Die daraus entstehende dramatische Konfrontation von Ehe und Karriere, Privatem und Politischem, Familie und Land führt zu seinem Abschied von der Macht und mündet in eine radikale Revision seiner Lebensphilosophie.

Pleinpouvoir – das ist auch eines der zentralen Themen dieses Romans, indem es einen ehrgeizigen, in Allmachtsphantasien befangenen Über-Landes-Vater zum Gegenstand hat, dem letztlich, wie zu zeigen sein wird, vor allem die Selbstberauschung an seinem eigenen Können zum Verhängnis wird.[2]

---

1   Vgl. die berühmt gewordene Charakterisierung des Autors Hürlimann durch Martin Walser als „Verhängnisforscher" (Walser 1995), die sich auf eine Selbstbeschreibung eines Hürlimannschen Ich-Erzählers (siehe Hürlimann 1994: 80) bezieht.

2   Dem Machtkomplex ist in der Analyse dieses Romans bisher noch nicht ausreichend Aufmerksamkeit zuteil geworden. Nur am Rande gestreift wird er in Knipp 2001, Rowinska-Januszewska 2003, Sandberg 2004, Barkhoff 2010. Rüedi behauptet sogar explizit „Ein Buch über die Ausübung von Macht ist es nicht" (Rüedi 1998), kommt dann aber doch zu einleuchtenden Beobachtungen über Macht im Roman.

Der Schweizer Bundespräsident des Jahres 1979 war, wie bekannt, Hans Hürlimann, der Vater des Autors, und der war in diesem Jahr auch Gastgeber des spanischen Königspaars auf Staatsbesuch; da liegt es nahe, den großen Kater als Schlüsselroman zu lesen;[3] als Auseinandersetzung des Schriftstellersohnes mit der übermächtigen Vaterfigur in ihrer Doppelrolle als Familienvater und Landesvater. In dieser Lesart wäre der Roman ein weiteres und besonders raffiniertes Beispiel der jüngeren Schweizer Väterliteratur[4] und auch ein Generationenroman, in dem ein Vertreter der 68er Generation sich offensiv gegen die Vätergeneration positioniert, sie im literarischen Tabubruch entlarvt und der öffentlichen Kritik anheimstellt.[5] Im Vergleich zur deutschen Väterliteratur geschieht dies freilich mit viel Wärme und Ironie und auch in einer thematisch sozusagen herabgemilderten Schweizer Variante, in der die Zubetonierung der Landschaft durch ein dichtes Autobahnnetz und die Überwachung der Mitbürger durch eine allgegenwärtige Sicherheitspolizei – und nicht Faschismus und Holocaust – die politischen Kardinalsünden des Innenministervaters sind. Zudem ist der Roman mit seiner auktorialen Erzählhaltung, seiner auf Spannungserzeugung ausgerichteten Thrillerdramaturgie und seinem satirischen, auf Übertreibung angelegten Ton künstlerisch weit entfernt von den an der Neuen Innerlichkeit orientierten und auf Betroffenheit und Authentizität abzielenden dokumentarischen, oft halb-fiktionalen Ich-Erzählungen, die das Genre der Väterliteratur seit den 80er Jahren dominieren.[6]

Mit Freud ließe sich in der Darstellung des großen Katers als charismatischem, sozusagen gottgleichen Machtmenschen unschwer die konstitutive Ambivalenz von Liebe und Hass, von Bewunderung und Kritik, von Identifizierung und Abwehr dem Vater und Konkurrenten gegenüber erkennen; ei-

3   Zum Genre des Schlüsselromans insgesamt vgl. als bislang gründlichste Untersuchung Rösch 2004.

4   Zu weiteren Beispielen der jüngeren Schweizer Väterliteratur vgl. Sandberg 2006.

5   Es würde den Rahmen dieses Beitrags sprengen, Hürlimann, der 1950 geboren wurde und 1968 18 Jahre alt wurde, in der geschlossenen und heilen Welt des Innerschweizer Katholizismus aufwuchs, mit 15 Jahren dagegen zu rebellieren begann und sich in den frühen 70er Jahren in Berlin-Kreuzberg im Milieu der Studentenbewegung eine Gegenwelt schuf, als Vertreter der 68er Generation darzustellen, doch böte dies einen vielversprechenden Zugang zu Aspekten seines Werks. Siehe aus der Fülle neuerer Arbeiten zur Generationenliteratur Assmann 2006, Eichenberg 2009, Lauer 2010, Costalgi 2010.

6   Vgl. zur Väterliteratur insgesamt Mauelshagen 1995, Brandstädter 2010.

nem Vater, der zunächst für den Sohn die Quelle aller Macht darstellte und diese später als Landesvater in denkbar größter Steigerung verkörperte, durch genau diese Erhöhung und Überhöhung aber auch zum fernen, entrückten, die Familie preisgebenden Vater wurde.[7] Wenngleich der Grundkonflikt des Buches durchaus nach dem vertrauten Schema ‚Karriere auf Kosten der Familie' aufgebaut ist, ist freilich Vorsicht vor vereinfachenden biographistischen Lesarten angezeigt. Interessanter ist, dass diese Vaterfigur als Innenminister und oberster Schweizer Gesetz und symbolische Ordnung in einem ganz allgemeinen Sinn vertritt, fließen im Porträt des großen Katers doch der reale, der imaginäre und der symbolische Vater in der Bestimmung Lacans geradezu idealtypisch zusammen.[8]

Doch der Roman ist weit mehr als ein Vaterroman, der das Faszinosum und Tremendum einer mächtigen Vaterfigur kunstvoll inszeniert. Er ist ein veritables Panorama von Machtpraktiken, ihrer Psychologie ebenso wie der von ihnen erzeugten und benötigten Strukturen. Kunstvoll verwebt er die verschiedensten Ausprägungen und Ebenen von Macht als Rausch und als Pathologie,[9] als Spiel und Wagestück wie im wiederholten Schachspielmotiv oder im Typus des Hazardeurs, den der Kater im Schrittorakel auf dem schachbrettartigen Büroteppich erkennt (siehe Hürlimann 2000: 39–41 und 177–179) oder als institutionalisiertes System und möglichst totale Kontrolle, wie sie sich in der Allgegenwart der Sipo ausdrückt. Vor allem aber ist er ein Roman über die Inszenierung der Macht und über ihre Performanzen, in dem der Theatermann Hürlimann und,[10] so möchte man hinzufügen, der im katholischen Milieu mit seinen gekonnten inszenatorischen Effekten großgeworde-

---

7 Vgl. Freud 1975 und Anz 2004.

8 Vgl. Lacan 1997 und Lacan 2006.

9 Die Pathologie des Wahnsystems ‚Macht' bestätigt der Kater, indem er sie verneint: „Verrückte, weisst du, leiden an Verfolgungs- oder Größenwahn. Davor sind wir Präsidenten gefeit. Wir Präsidenten, mein Lieber, können unser Leben weder durch Einbildung noch durch Wahnideen übertrumpfen. Verstehst du mich? Was ein Verrückter phantasiert, ist für unsereinen bare, nackte Wirklichkeit. Wir sind groß. Und wir werden verfolgt" (Hürlimann 2000: 96).

10 Dieser erste Roman des bis dato vor allem als Theaterautor bekannt gewordenen Schriftstellers zeichnet sich in vielem durch seine dramatischen Qualitäten aus wie die Aufteilung in drei Teile, die Konzentration der Kernhandlung auf weniger als einen Tag oder die Dramaturgie der Szenen, Dialoge und Auftritte.

Jürgen Barkhoff

ne ehemalige Klosterschüler und Ministrant,[11] sein feines Gespür für die Theatralität der Macht als ihrem vielleicht wichtigsten Wirkfaktor beweist. Damit ist Hürlimanns Roman auf der Höhe der Theorie. Im Wintersemester 1978/79, also zeitnah zu Staatsbesuch und erzählter Zeit des Buches, veranstalteten die ETH und die Universität Zürich eine Ringvorlesung zum Thema „Macht und ihre Begrenzung im Kleinstaat Schweiz", mit der das wissenschaftliche Establishment der Schweiz auf die Infragestellungen der 68er Jahre reagierte und die Spezifika von Machtausübung vor allem im Verhältnis von Staat und Wirtschaft auslotete. Den Grundsatzvortrag hielt kein geringerer als der Systemtheoretiker Niklas Luhmann, der die Kernthesen seines wenige Jahre zuvor erschienenen Buches *Macht* vortrug. Grundlage ist für Luhmann wie in allen klassischen Machttheorien das Gewaltmonopol des Staates: die „primäre gesellschaftliche Machtquelle ist sicher immer: Kontrolle über sicher überlegene physische Gewalt" (Luhmann 1981: 40). Dann weist Luhmann allerdings mit Blick auf die Schweiz darauf hin, dass Macht sich im modernen Wohlfahrtsstaat zunehmend indirekt entfaltet, z.B. durch Wohltaten und Leistungen, die sich normalisiert haben und deshalb erwartet werden und über deren (angedrohten) Entzug wie Leistungskürzungen oder Steuererhöhungen Macht in Form von Sanktionen ausgeübt werden kann (*apud* Luhmann 1981: 41). Vor allem aber interessiert Luhmann am Phänomen Macht ihre performative Dimension als „symbolisch generalisiertes Kommunikationsmedium" (ebd.: 45). Aus dem schon Hegel faszinierenden Paradoxon, dass die Macht, will sie nicht zu den äussersten Sanktionsformen der Gewalt greifen, angewiesen ist auf die Zustimmung ihrer Subjekte, und aus der Beobachtung, dass in der Aussenwahrnehmung „der Spitze mehr Macht zugeschrieben [wird], als sie hat", da in „komplexen Organisationssystemen" wie der Schweiz oft „schwer durchschaubare Machtbalancen" herrschen, folgert Luhmann, das sich Macht essentiell über ihre „fiktive[n] bzw. Illusionäre[n] Komponenten"

---

11 Hürlimann beschreibt, wie sein Gespür für Autoritätsstrukturen in der Klosterschule Einsiedeln geschult wurde. Siehe hierzu besonders den Essay *Die pädagogische Provinz*, wo es u.a. heisst: „Derart herrisch und kaltschnäuzig wie mein Rektor in der Stiftsschule baute sich später niemand mehr vor mir auf, vielmehr kam die Macht eher angeschlichen, meist leise, durchaus angenehm, sogar freundschaftlich, aber dank Pater Ludwig, dem Rektor, habe ich sie stets erkannt: an ihrer Art zu atmen. Mächtige sind eitel und hecheln nach allen Seiten um Bewunderung. Sie möchten auf den Sockel, schon zu Lebzeiten" (Hürlimann 2008: 106).

konstituiert und über „Machtattribution" als „symbolisch generalisierender Prozess" funktioniert (ebd.: 45).[12]

Hürlimanns Machtfiktion folgt dem präzise. Im Roman sind Polizei, Militär und Sipo als die Grundlagen und Instanzen „sicher überlegene[r] physische[r] Gewalt" allzeit präsent. Motiviert wird dies durch die Sicherheitsvorkehrungen für den Staatsbesuch und dem vom Gast gewünschten Probeschießen im Hochgebirge, dieser ultimativen Machtdemonstration des Militärs vor erhabener Alpenkulisse. Die Anspielungen beginnen auf der ersten Seite mit dem Hodlerschen Krieger hinter dem Pult des Bundespräsidenten und sind im Hintergrund so allgegenwärtig wie die Scharfschützen auf den Dächern oder die Panzerspähwagen in Berns Gassen, deren leichtes Beben noch das nächtliche Trinkgelage von Kater in den Kellerbars nach Sperrstunde grundiert (siehe Hürlimann 2000: 165), oder dem großen Lauschangriff der von Pfiff gesteuerten SIPO, die ihre Ohren scheinbar überall hat und selbst das Büro des Bundespräsidenten verwanzt zu haben scheint (siehe Hürlimann 2000: 174). Wobei all dies den realen Machtverhältnissen in der Schweiz ganz bewusst gerade nicht entspricht: Das Militär gehört in die Verfügungsgewalt des Verteidigungsministers und die Polizei ist Sache der Kantone und des Justizministers, ganz gemäß der für die föderalistische Demokratie charakteristischen Machtzersplitterung, während im Roman dem Kater als Innenminister und Bundespräsidenten durch diese Attribute der Macht systematisch die Aura der Entscheidungsgewalt zufließt. Dies wird freilich gleichzeitig immer wieder ironisch gebrochen, denn die Entscheidungssituationen, um die es geht, werden im Jargon des Ernstfalls verhandelt, sind aber tatsächlich eine Farce, so wie wenn der Korpskommandant sich weigert, die Militärübung vorzuverlegen und daraufhin direkt zum Bundespräsidenten durchgestellt wird: „‚Sie sind Offizier, Wildbolz. Ich erinnere sie an Ihren Eid. Um neun haben Sie anzugreifen.' ‚Jawohl, Herr Bundespräsident. Um neun greifen wir an.'" (Hürlimann 2000: 181; vgl. auch 199).

---

12 Auch die jüngere kulturwissenschaftliche Reflexion der inszenatorischen Darstellung und performativen Durchsetzung der Macht stellt diesen Aspekt in den Vordergrund. Zur Theatralität der Macht und ihrem konstitutiv phantasmatisch-inszenatorischen Moment vgl. aus der Perspektive der Kulturwissenschaft Bourdieu 1992, Ruthner 2005, Koschorke 2002, Schneider 2005, Behrens *et al.* 2005, Kray *et al.* 1992. Zum Performativen in Konstruktion und Selbstdarstellung der Schweiz siehe Pabis 2006.

Jürgen Barkhoff

Gleichzeitig bietet der Staatsbesuch die ideale Kulisse zur Selbstrepräsentation der Macht mit *Pomp and Circumstances*, mit allen von den Medien in Szene gesetzten und vervielfältigten Ritualen der Machtdarstellung: feierlichen Begrüßungen, Staatsempfängen, Frackdiners, „das Anfahren der schwarzglänzenden Limousinen, das Aufklappen der Schläge und das elegante Treppaufschweben der geladenen Gäste" (Hürlimann 2000: 72); also genau all jenen „symbolischen Zuschreibungen", die auch Luhmann ins Zentrum seiner Überlegungen stellt. Wobei das Buch in seiner Dimenison als Medienroman vielfältig die essentielle Angewiesenheit der politischen Machthaber auf die Inszenierungen und Vervielfältigungen durch die Medienmacht reflektiert, so zum Beispiel gleich zu Beginn bei einem Helikopterflug über die sich im Bergsee spiegelnden Alpen, die „ihre Gipfel mit dunkler Macht nach oben gestoßen hatten, in einen gelben Himmel hinauf, und gleichzeitig [...] nach unten, in das weißliche Glühen der Buchten hinab. Die Spiegelung, hatte er dem König zugeflüstert, sei stärker als die Wirklichkeit" (Hürlimann 2000: 12). Wer als Politiker „mit dunkler Macht nach oben" stößt, ist auf solche verstärkenden Spiegelungen absolut angewiesen, auch wenn sie letztlich „nach unten" führen.[13] Was bezeichnenderweise völlig fehlt, ja bewusst ausgespart und mit keinem Wort erwähnt wird, ist die eigentlich politische und sozusagen mittlere Ebene der demokratischen Institutionen und Prozesse. Ein Großteil des Romans spielt sich im Zentrum der Berner Macht ab, im Bundeshaus und im Grandhotel Bellevue nebenan, dieser „Dependance der Macht" (Olonetzky 1998), die 1978 von der Nationalbank übernommen und 1988 der Eidgenossenschaft zum Geschenk gemacht wurde, damit der würdige Rahmen staatlicher Selbstdarstellung nicht von ausländischen Investoren oder dem Massentourismus bedroht werde, doch Nationalrat oder Ständerat kommen ebenso wenig vor wie konkrete Parteien. Kein einziger anderer Bundesrat tritt auf, alles das, was zur politischen Entscheidungsfindung in der ältesten Demokratie der Welt gehört, wird systematisch ausgeblendet. Einzig und allein der Hinweis auf die von Luhmann betonten Instrumente des Sozialstaats, aus denen Politiker im Wohlfahrtsstaat ihre Legitimation und Macht beziehen,

13 Vielfältig werden Ehrgeiz und Aufstiegsträume von Pfiff und Kater mit dem Motiv des Gipfelsturms in Verbindung gebracht. Entscheidende Szenen ihrer gemeinsamen Geschichte spielen sich in der Höhe ab. Vgl. in den Alpen Hürlimann 2000: 32f. und im Kloster Hürlimann 2000: 106f.

werden auch vom Kater in seiner Reflexion zu Macht und Ohnmacht des Amtsträgers herausgehoben: „Als Innenminister darf ich mit Stolz bekennen, dass unsere Alters-, Hinterbliebenen- und Invalidenversicherung bis ins nächste Jahrtausend gesichert ist" (Hürlimann 2000: 185). Dazu passt, das über Machterhalt oder Machtverlust in Hinterzimmern entschieden und die politische Zukunft des Katers und die Ernennung seines Nachfolgers als Bundesrat von kleinen Intrigantenzirkeln mit dem Medienmann Aladin als Strippenzieher ausgekungelt wird. Mit der in aller Öffentlichkeit breit diskutierten Suche nach einem Bundesrat, der in die Zauberformel passt und dem Parlaments-, Kantons- und Sprachenproporz entspricht, hat all das wenig zu tun, erinnert aber zu recht daran, dass hinter all der Scheintransparenz die Macht der unsichtbaren Cliquen, Stammtische und Männerfreundschaften auch in der Demokratie beträchtlich ist. Dazu kommt noch, dass ja auch keinerlei folgenreiche politische Entscheidungen anstehen, die den Bundespräsidenten das Amt kosten könnten, keine Korruption und kein persönliches Fehlverhalten ihn zum Rücktritt zwängen. Der Skandal, um den es geht, die Begrüßung von König und Königin ohne die dazugehörige Gattin, betrifft nur die Aussenwirkung, die Inszenierung, die Symbolik. Wie kann denn eine verpatzte Begrüßung einen Politiker das Amt kosten: auch die satirisch völlig übersteigerte Dramatik des Geschehens betont so die inszenatorische Aussenseite der Macht. Insgesamt verfehlt Hürlimanns Politthriller gezielt und bewusst den Schweizer Politikbetrieb mit seinen betont nüchternen, unübersichtlichen und kleinschrittigen, undramatischen und langsamen, auf Balance, Konsens und Kollegialität abzielenden Verfahrensweisen. Und obwohl der Mythos Schweiz mit Hodlerkrieger und Alpenpanorama vielfach zitiert wird, verfehlt der Roman sogar da, wo er die Theatralität der Macht inszeniert, die spezifischen Formen und Formate staatlicher Selbstrepräsentation in der Schweiz. Herfried Münkler hat dargestellt, dass Demokratien in ihrer Aussendarstellung Prozesse und Institutionen der Entscheidung wie das Parlament sichtbar machen und in den Vordergrund stellen, Mächte der Ordnungsstiftung wie Polizei und Militär hingegen im Hintergrund halten und unsichtbar zu machen versuchen, während autoritäre Systeme genau umgekehrt verfahren (siehe Münkler 1995).[14]

....

14 Manfred Schneider beschreibt in einem Artikel zu Imaginationen des Staates das republikanische Fest als Ende des Zeigens und als Erlösung vom Theater monarchischer Selbstrepräsentation (siehe Schneider 2005: 52f.). Gottfried Kellers Festszenarien im *Fähnlein der sieben Aufrechten* (1861)

Im Roman ist es genau andersherum. Ob Begrüßungszeremonie oder Militär-
spektakel, der Roman setzt vor der Kulisse des Staatsbesuchs alle Mittel des
Staatstheaters ein, um den großen Kater im Habitus des überlebensgroßen
Charismatikers zu inszenieren und ihn mit Attributen symbolischer Macht
auszustatten, die eher einem einsamen Diktator oder besser noch einem Monarchen zukommen. Max Weber definiert Charisma als „eine als außeralltäg-
lich [...] geltende Qualität einer Persönlichkeit [...], um derentwillen sie als mit
übernatürlichen oder übermenschlichen oder mindestens spezifisch außerall-
täglichen [...] Kräften und Eigenschaften begabt [...] gewertet wird" (Weber
1947: 140).[15] Mit übermenschlichen Attributen, die teilweise auch ins Übernatürliche hinüberspielen, ist der große Kater reichlich ausgestattet; Hürlimann
gestaltet sie bewusst als satirisch übersteigerte Klischees: Schlaf braucht er fast
keinen, siebenminütige Powernaps sind ihm genug, wie der Leser schon auf
der ersten Seite erfährt (siehe Hürlimann 2000: 9), er ist erstaunlich trinkfest
und doch auch noch im Vollrausch auf der Höhe der Situation, seine gelegentlich ganz unvermittelt hervorbrechende Lust auf junge Frauen wie die Kran-
kenschwester am Bett seines Sohnes (siehe Hürlimann 2000: 201) chiffriert
das – zumindest in seiner Phantasie – selbstverständliche Verfügen über seine
weiblichen Untertanen und ist damit ein Nachklang des *ius primae noctis*, und
sein legendärer Katerinsitinkt weitet sich schon mal zum Röntgenblick, dem
panoptischen Blick des Herrschers, dem sich jedes Geheimnis erschließt und
nichts verborgen bleibt, nicht einmal die Spirale im Schoß seiner Sekretärin
(siehe Hürlimann 2000: 15f.) Kein Wunder, dass einem solchen Herrscher
nicht nur der gesamte Machtapparat des Landes zur Verfügung steht, sondern
auch die Herzen der Untertanen zufliegen.

Laut Foucault ist „die Repräsentation der Macht über die unterschiedlichen
Epochen und Zielsetzungen hinweg doch im Bann der Monarchie verblieben"
(Foucault 1977: 110). Der Besuch eines leibhaftigen Königs und die Begeg-
nung mit ihm über die unterschiedlichen Staatsformen hinweg und von

---

können geradezu als Paradebeispiel solch demokratisch-republikanischer Festkultur gelten.

15 Vgl. zur charismatischen Herrschaft Weber 1947: 140–148 und 753–778. Weber band freilich die
charismatische Herrschaft an revolutionäre Situationen und betonte damit ihre Instabilität, womit
sie zur legendären politischen Stabilität der Schweiz so gar nicht zu passen scheint. In einem Aufsatz, der Webers Charismakonzept im Lichte des Bourdieuschen Habitusmodells reflektiert, hat
Klaus Kraemer aber darauf hingewiesen, dass ein verstetigtes Charismakonzept sich von revoluti-
onären Übergangssituationen ablösen und auch als Strukturmerkmal beständiger Herrschaft beschreiben lässt (siehe Kraemer 2002).

Staatschef zu Staatschef auf Augenhöhe, wie man heute gerne sagt, ist eine geeignete Folie um genau dies in Szene zu setzen, zumal die Rituale staatlicher Machtdemonstration bei solchen Anlässen weitgehend aus dem Repertoire monarchischer Selbstinszenierung entnommen sind.[16] Als Nachfolger des Caudillo Franco ist Juan Carlos, der sein Land in den Jahren vor dem Staatsbesuch in der Schweiz aus der Diktatur in die Demokratie geführt hatte, wie kein anderer Monarch der Gegenwart mit der Demokratie identifiziert. Zudem hatte der junge Juan Carlos selbst einige Jahre in der Schweiz verbracht; so funktioniert die Austauschbeziehung zwischen dem spanischen Monarchen und dem Schweizer Staatsoberhaupt besonders gut. Es kommt im Roman tatsächlich zu einer Art symbolischem Tausch, in dem der Präsident der ältesten Demokratie der Welt anlässlich des Besuchs eines leibhaftigen Königs tendenziell reifiziert wird und dabei Attribute des absoluten Souveräns erhält. Zahlreich sind die Anspielungen auf den Sonnenkönig Louis XIV als dem Inbegriff absoluter Macht und ihrer theatralen Inszenierung, so zum Beispiel in des Katers Phantasie über das Probeschießen in den Bergen als krönendem Abschluss des Besuchsprogramms: „kein Zweifel, er war nicht am Ende, er stand im Zenit, morgen mit dem König auf der Krete, hoch über den Wolken, vom Himmel überglänzt, von der Sonne bestrahlt, von Jets umschossen" (Hürlimann 2000: 28). Wobei dies freilich als illusionäre personale Figurenrede vom Roman letztlich dramatisch negiert wird. Auch das *Lever*, die öffentliche Beobachtung des Erwachens des Souveräns als politischem Akt ist im Roman als Travestie präsent, als Machtpraxis nämlich, mit der der sich schlafend stellende Kater in seinem Büro die eintretenden Besucher beobachtet und in die Verlegenheit und damit in die Defensive drängt (siehe Hürlimann 2000: 39f.). Auch in diesem Sinne ist es ein Powernap, zu deutsch, ein Machtnickerchen. Wichtig ist in diesem Zusammenhang auch die groteske, breit ausgestaltete Spiegelszene zum Staatsbesuch, die Besuche der im Schweizer Exil lebenden Ex-Kaiserin Zita, die mit ihren Hofdamen und „vier vergreisten, steckendünnen Suitendiener[n]" die ihr die verbliebenen Reichsinsignien hinterhertragen, zur Beichte ins Kloster Einsiedeln kommt um „Sünden zu beichten [...], die ihre Militärs und Statthalter [...] im Namen der Krone be-

---

16 Zum überraschend vielfältigen und hartnäckigen Weiterleben monarchischer Selbstrepräsentation in der Literatur der Moderne als Travestie vgl. die perspektivenreiche Studie (von Breger 2004).

gangen hatten" (Hürlimann 2000: 108). In diesen Auftritten der K.u.K. Monarchin, die der Klosterschüler Hürlimann in Einsiedeln tatsächlich beobachten konnte (siehe Hürlimann 2008a: 117–119), demonstriert der Autor Hürlimann die historisch obsolete enge Verbindung von Thron und Altar und zitiert so auch die Vorstellung des Gottesgnadentums. Kater hat seine Macht zwar nicht von oben, von Gott, sondern, als Mann des Volkes und Instinktpolitiker, eher von unten, aber mit Zita verbindet ihn trotzdem mehr als die Hupe, die beide in der vom Chauffeur gesteuerten Limousine von hinten bedienen, um sich freie Fahrt zu verschaffen – eine weitere symbolische Chiffre der Privilegien der Macht, die Kater gezielt einsetzt als „anekdotenstiftend und mythenbildend" (Hürlimann 2000: 52; vgl. auch 109). Zitas Auftritte sind eine Allegorie vergangener und lediglich erinnerter Macht und damit zugleich auch eine Vorausdeutung auf seine vergehende Macht.

Die moderne Variante des Gottesgnadentums ist die Selbstvergottung des Weberschen Charismatikers, der sich zutraut, alles jederzeit im Griff zu haben und den Verhältnissen in jeder Situation seinen Willen aufzuzwingen und dafür Bewunderung erwartet und erzeugt. Genau das wird dem großen Kater bei Hürlimann zum Verhängnis. Der Verlauf von Intrige und Gegenintrige ist so konstruiert, dass die Momente des Triumphs und des stärksten Selbstgenusses als Kippszenen die Katastrophe vorantreiben.[17] In der ersten Begegnung zwischen Pfiff und Kater bereits verdichtet sich dessen latentes Bedrohungsgefühl, mit dem der Roman atmosphärisch dicht einsetzt, zur Gewissheit, dass es „ein schrecklicher Fehler" (Hürlimann 2000: 42) gewesen war, Pfiff für das Damenprogramm Pleinpouvoir erteilt zu haben, ausgerechnet anlässlich einer Meinungsverschiedenheit darüber, dass Kater zur Erhöhung der Festlichkeit des Moments bei der abendlichen Begrüßung des Königspaars vor dem Bellevue die Kirchenglocken läuten lassen will. Pfiff ist wie der päpstliche Nuntius dagegen, dass König und Präsident Gott Konkurrenz machen: „für ihn gibt es nur einen, dem wir läuten sollen" (Hürlimann 2000: 42). Eine Stunde später verwandelt Kater bei dieser Begrüßung unter Glockengeläut die drohende Katastrophe – die Abwesenheit der Politikergattin – in der letzten Sekunde intuitiv in einen Triumph, indem er erst die beiden spanischen Gastarbeiterin-

---

17 Zur Literaturgeschichte der Intrige von der Antike bis zur Gegenwart insgesamt vgl. die monumentale Studie Peter von Matts (von Matt 2006).

nen an die Stelle seiner Gattin treten lässt und dann in Zitation einer archetypischen Herrschergeste den kleinen „Torerobub" in die Höhe hält, „für sieben volle Sekunden die Pose des Landesvaters" einnehmend (Hürlimann 2000: 93). Kurz darauf berauscht er sich in einer Kneipe an dem eigenen Einfall, den ihm der Fernseher „im Herrgottswinkel", also als Offenbarung, wiederspiegelt:

An Dir, betete er zu sich selber empor, ist alles groß. Groß ist deine Macht, dein Schädel, dein Dusel, und am größten [...] großer Kater, ist deine Bescheidenheit. [...] Du bist der Gastgeber des Monarchen, persönlich in Bedrängnis, von Marie versetzt, aber du hast den Mut und die Zeit, die Kraft und die Väterlichkeit, um vor einem Kind, das ohne deine Hilfe verloren wäre, in die Knie zu sinken. (Hürlimann 2000: 94)

Das ist satirisch-blasphemische Selbstvergottung: „Denn dein ist das Reich und die Kraft, die Macht und die Herrlichkeit", so beten die Christen im *Unser Vater* zu ihrem dreieinigen Vatergott. Und das hilflose Kind, vor dem der Landesvater niederkniet, ist natürlich eine Jesusallusion – all dies vor dem Hintergrund, dass Kater seinem eigenen an den Krebs und den Tod verlorenen Kind, das im Sterben liegt, eben gerade nicht helfen kann, das also hinter diesen Allmachtsphantasien die absolute Ohnmacht lauert. Das kann nicht gutgehen, und genau diese Theatralisierung seiner Väterlichkeit mit dem Torerobub als Requisite auf allen Fernsehkanälen provoziert Marie denn dann auch so sehr, dass sie am Dinner den Eklat provoziert, bei dem sie ihrem Mann vorwirft, seine eigene Familie rücksichtslos für seine Karriere zu zerstören. So wird dem sein Gespür für den inszenatorischen Effekt und die Wirkmächtigkeit der Bilder zum Verhängnis.

Auch Katers letzter Versuch, das Verhängnis aufzuhalten und den Besuch von Königin und Mutter vor laufenden Kameras am Bett des sterbenden Sohnes zu verhindern, steht in dieser Spannung von Allmachtsphantasien und ohnmächtigem Danebenstehen. Um in der Klinik dabei sein zu können, lässt er das Probeschießen am Col de Mosses um eine Stunde vorverlegen, nachdem er bei der Wetterstation ein drohendes Gewitter bestellt. Um die Fäden in der Hand halten zu können, hat er, „ein Gewitterlein gemacht" (Hürlimann 2000: 181), wie seine Sekretärin anerkennend feststellt. Als sich der Himmel am Col des Mosses während des Manövers vom Pulverdampf verdüstert, scheint es dem Kater, dass er, dem Wettergott gleich, tatsächlich, „eins mit der Welt" sei:

War das, was ihn vom Himmel her überfiel, aus dem eigenen Hirn her-
vorgewundert? Oder hatte der große Kater noch einmal, wohl zum letzten
Mal, gezeigt, wer er war, wie er wähnen, wittern und Künftiges erspüren
konnte? [...] Nein, entschied Kater, am Col des Mosses zogen nacht-
schwarze Wolken auf, sein Instinkt hatte das Gewitter gewittert. (Hürlimann 2000: 194f.)

Doch er ist eben kein *Master of the Universe,* wenig später zeigt sich: „Kein Gewitter. Kein Wettersturz. Den düsteren Himmel hatten sie selber produziert" (Hürlimann 2000:195).[18] Während Kater so seinem Machtinstinkt hinterhersiniert, lässt der Autor genau in diesem Moment seinen Kontrahenten Pfiff in der erhabenen Kriegs- und Alpenkulisse putschen und den Machtwechsel vollziehen.

All dies, daran sei abschliessend erinnert, vollzieht sich vor dem dunklen Hintergrund des Sterbens seines Sohnes, das in Anspielungen und Vorausdeutungen im Roman stets präsent gehalten wird, zum Beispiel in dem vielleicht zunächst rätselhaften Titelzitat „Wie fallen die Schwalben'? ‚Perfekt, Herr Bundespräsident'" (Hürlimann 2000: 64), einem Wortwechsel zwischen Kater und seiner Sekretärin über den Sitz der festlichen Frackgarderobe. Schwalben sind Symbole des Frühlings, der Hoffnung und der Auferstehung – politisch des *comebacks.* In der Heraldik sind sie zudem Symbol der jüngeren Nachgeborenen, die ohne Anspruch auf die Thronfolge sind.[19] Damit beziehen sie sich als eine der unzähligen Vorausdeutungen auf den Fall sowohl von Vater und Sohn, einem dunklen Niedergang, dem durch den Glanz und die Theatralik des Staatsbesuchs die denkbar grellste Kontrastfolie zuwächst. Der große Kater kämpft, das ist von den Rezensenten des Buches vielfach herausgestellt worden, eben einen Kampf nicht nur gegen seinen eigenen Niedergang, sondern vor allem gegen die Vergänglichkeit, gegen die Zeit und den Tod, die unhin-

---

18 In einem anderen Sinn haben die Politiker als oberste Kriegsherren letztlich natürlich tatsächlich das Klima in der Hand und können mit ihren Kriegsspielen die Welt (bleibend) verdüstern. Auch diese Ebene schwingt hier mit.

19 Vgl. Pfeiffer 1996, s.v. ‚Symbol'.

tergehbare letzte Macht, an der alle Machtphantasien scheitern müssen. Königsgeschlechter versuchen durch das Prinzip der Erbfolge die Zeit und den Tod zu überlisten und über ihre Söhne ihrem Machtanspruch Dauer zu verleihen; dem Staatsoberhaupt mit der weltweit wohl kürzesten Amtsperiode stirbt trotz aller Machtphantasien hingegen sein jüngster Sohn einfach weg. Katers Absetzung ist denn auch eigentlich eine Abdankung – der Machtverzicht aus dem Verlust an den Glauben an das Gute und die Gestaltungsmöglichkeiten des Einzelnen. Insofern ist das Politiker- und Vaterporträt bei aller satirischen Übersteigerung insgesamt nicht zynisch, sondern spricht diesem, mit einem Beiklang von Bewunderung, bei aller Kritik persönliche Integrität zu.

Einen Herrn über die Zeit aber gibt es doch in diesem Roman und er erweist sich letzlich als der eigentliche Souverän. „Noch hat er Zeit. Und noch hat er die Macht, mit dieser Zeit zu spielen" (Hürlimann 2000: 168), heisst es vom großen Kater am Ende des 2. Teils. Die Macht, mit der Zeit zu spielen hat jedoch nicht er, sondern der Erzähler. Es gehört zu den erzähltechnisch kunstvollsten Kniffen dieses Buches, dass die Handlung jeweils in den Momenten größter Spannung am Ende des 1. und 2. Teils retardiert und die Zeit gedehnt wird und dem Kater damit Spielräume eröffnet, die er eigentlich nicht mehr hat.[20] An einigen wenigen, strategisch wichtigen Stellen bringt sich der Erzähler des Romans als Ich-Erzähler selbst ins Spiel und gibt sich als der ältere, erstgeborene Sohn zu erkennen, der also in diesen Krisen- und Kulminationspunkten der Handlung seinem Vater zur Hilfe kommt! „Ich spiele in dieser Geschichte nur eine winzige Rolle" (Hürlimann 2000: 58, siehe auch 153f., 178f.) behauptet der Ich-Erzähler in einem Bescheidenheitsgestus, den man nur als Akt romantischer Ironie verstehen kann, da ihn seine auktoriale, allgegenwärtige Erzählhaltung Lügen straft. Am Ende ist der Politikervater entthront, während der Künstlersohn sich als *secundus deus* machtvoll behauptet, als der eigentliche Souverän in der Welt seiner Fiktion frei schalten und walten kann. Man könnte das als Bestätigung lesen, dass wir es hier also doch mit ödipaler Konkurrenz, mit einem Vaterroman zu tun haben; interessanter aber ist es, dies zu lesen als eine Aussage zu den Möglichkeiten der Kunst und den Grenzen der Politik.

....

20 Am Ende des 1. Aktes zum Beispiel werden die Minuten vor dem Auftritt des Bundespräsidenten vor dem Bellevue zur Begrüßung des Königspaares, in denen er immer noch auf das Eintreffen Maries hofft, so gedehnt, dass die Zeit zwischen 19.00 und 19.02 sieben Seiten einnimmt. Vgl. Hürlimann 2000: S. 77–86.

Benutzte Literatur

ANZ, Thomas (2004), „Das Gesetz des Vaters. Autorität und Familie in der Literatur, Psychoanalyse und Kulturwissenschaft des 20. Jahrhunderts". In: Brinker-von der Heyde/Scheuer (Hrsg.), *Familienmuster – Musterfamilien. Zur Konstruktion von Familie in der Literatur.* Frankfurt/M., Peter Lang, S. 185–200.

ASSMANN, Aleida (2006), *Generationsidentitäten und Vorurteilsstrukturen in der neuen deutschen Erinnerungsliteratur.* Wien, Picus Verlag.

BARKHOFF, Jürgen (2010), „Die Katzen und die Schweiz. Zum Verhältnis von Familiengeschichte und Landesgeschichte in Thomas Hürlimanns ‚Familientrilogie'". In: Sandberg (Hrsg.), *Familienbilder als Zeitbilder. Erzählte Zeitgeschichte(n) bei Schweizer Autoren vom 18. Jahrhundert bis zur Gegenwart.* Berlin, Frank & Timme, S. 181–195.

BEHRENS, Rudolf *et. al* (Hrsg.) (2005), *Die Macht und das Imaginäre. Eine kulturelle Verwandtschaft in der Literatur zwischen Früher Neuzeit und Moderne.* Würzburg, Königshausen & Neumann.

BOURDIEU, Pierre (1992), *Die verborgenen Mechanismen der Macht enthüllen. Schriften zu Politik und Kultur 1.* Hamburg, VSA. Übersetzt von Jürgen Bolder unter Mitarbeit von Ulrike Nordmann u.a.

BRANDSTÄDTER, Mathias (2010), *Folgeschäden. Kontext, narrative Strukturen und Verlaufsformen der Väterliteratur 1960–2008. Bestimmung eines Genres.* Würzburg, Königshausen & Neumann.

BREGER, Claudia (2004), *Szenarien kopfloser Herrschaft – Performanzen gespenstischer Macht. Königsfiguren in der deutschsprachigen Literatur und Kultur des 20. Jahrhunderts.* Freiburg, Rombach.

COSTALGI, Simone (2010), *Deutsche Familienromane. Literarische Genealogien und internationaler Kontext.* Paderborn, Fink.

EICHENBERG, Ariane (2009), *Familie, Ich, Nation. Narrative Analysen zeitgenössischer Generationenromane.* Göttingen, Vandenhoek & Ruprecht.

FOUCAULT, Michel (1977), *Sexualität und Wahrheit. Bd. 1. Der Wille zum Wissen.* Frankfurt/M., Suhrkamp. Übersetzt von Ulrich Raulff und Walter Seitter.

FREUD, Sigmund (1975), „Das Ich und das Es". In: Freud, *Psychologie des Unbewußten. Studienausgabe Bd. III.* Hrsg. von Alexander Mitscherlich, Frankfurt/M., Fischer, S. 273–330.

HÜRLIMANN, Thomas (1994), „Die Satellitenstadt". In: Hürlimann: *Die Satellitenstadt. Geschichten.* Frankfurt/M., Fischer, S. 71–119.

-- (2000), *Der große Kater.* Frankfurt/M., Fischer.

-- (2008a), „L'esprit de l'escalier. Über die Treppe". In: Hürlimann, *Der Sprung in den Papierkorb.* Zürich, Ammann, S. 112–135.

-- (2008b), „Die pädagogische Provinz". In: Hürlimann, *Der Sprung in den Papierkorb.* Zürich, Ammann, S. 103–111.

JAHN, Bernhard (2006), „Familienkonstruktionen 2005. Zum Problem des Zusammenhangs der Generationen im aktuellen Familienroman". In: *Zeitschrift für Germanistik*, N.F. 16 (2006), H. 3, S. 581–596.

KNIPP, Kersten (2001), „Aber die Zeit trägt ein buntes Gewand. Thomas Hürlimanns *Der große Kater* (1998)". In: Freund (Hrsg.), *Der deutsche Roman der Gegenwart*. München, Fink, S. 189–196.

KOSCHORKE, Albrecht (2002), „Macht und Fiktion". In: Frank *et al.* (Hrsg.), *Des Kaisers neue Kleider. Über das Imaginäre politischer Herrschaft. Bilder, Lektüren*. Frankfurt/M., Fischer, S. 73–84.

KRAEMER, Klaus (2002), „Charismatischer Habitus. Zur sozialen Konstruktion symbolischer Macht". In: *Berliner Journal für Soziologie* 12 (2002), S. 173–187.

KRAY, Ralph, Karl Ludwig Pfeiffer, Thomas Studer (1992), „Autorität. Geschichtliche Performanz und kulturelle Fiktionalität". In: Kray *et al.* (Hrsg.), *Autorität. Spektren harter Kommunikation*. Opladen, Westdeutscher Verlag, S. 11–21.

LACAN, Jacques (1997), *Seminar III. Die Psychosen (1955–56)*. Weimar, Berlin, Quadriga. Übersetzt von Michael Turnheim.

-- (2006), *Namen-des-Vaters*. Wien, Turia + Kant. Übersetzt von Hans-Dieter Gondeck.

LAUER, Gerhard (2010) (Hrsg.), *Literaturwissenschaftliche Beiträge zur Generationenforschung*. Göttingen, Wallstein.

LUHMANN, Niklas (1975), *Macht*. Stuttgart, Ferdinand Enke.

-- (1981), „Gesellschaftliche Grundlagen der Macht: Steigerung und Verteilung", In: Kägi/Siegenthaler (Hrsg.), *Macht und ihre Begrenzung im Kleinstaat Schweiz*. Zürich, Artemis, S. 37–47.

MAULESHAGEN, Claudia (1995), *Der Schatten des Vaters. Deutschsprachige Väterliteratur der achtziger Jahre*. Frankfurt/M., etc., Peter Lang.

MÜNKLER, Herfried (1995), „Die Visibilität der Macht und die Strategien der Machtvisualisierung". In: Göhler (Hrsg.), *Macht der Öffentlichkeit – Öffentlichkeit der Macht*. Baden-Baden, Nomos, S. 213–230.

OLONETZKI, Nadine (1998), „Bern. Hotel Bellevue Palace. Dépendance der Macht". In: *du* 9 (1998).

PABIS, Eszter (2006), „‚Erfinde die Schweiz!' – Performativität in neueren Theorien der Nation und in der Konstruktion der ‚Willensnation' Schweiz". In: Hammer/Sandorfi (Hrsg.), *Der Rest ist Staunen". Literatur und Performativität*, Wien, Praesens Verlag, S. 217–238.

PFEIFFER, Oskar E. (Red.) (1996), *Kunstlexikon*, Wien, P. W. Hartmann. Auf: http://www.beyars.com/kunstlexikon/lexikon_8834.html.   [Letzter Zugriff 30.12.2011].

RÖSCH, Gertrud Maria (2004), *Clavis Scientia. Studien zum Verhältnis von Faktizität und Fiktionalität am Fall der Schlüsselliteratur*. Tübingen, Niemeyer.

ROWINSKA-JANUSZEWSKA, Barbara (2003), „Liebe, Politik und Tod, Zu den Hauptmotiven im Roman *Der große Kater* von Thomas Hürlimann". In: Rowinska-

Januszewska (Hrsg.), *Helvetische Literaturwelten im 20. Jahrhundert. Kontexte und Analysen.* Poznan, Rys Studio, S. 199–219. Wiederabdruck in Schwab (Hrsg.) (2010): „...*darüber ein himmelweiter Abgrund*". *Zum Werk von Thomas Hürlimann.* Frankfurt/M., Fischer, S. 325–345.

RÜEDI, Peter (1998), „Die Heimkehr des verlorenen Vaters". In: *Weltwoche*, 16.07.1988, S. 43. Wiederabdruck in Schwab (Hrsg.) (2010): „...*darüber ein himmelweiter Abgrund*". *Zum Werk von Thomas Hürlimann.* Frankfurt/M., Fischer, S. 76–80.

RUTHNER, Clemens (2005), „Macht-Spiele. Kulturwissenschaftliche Kategorien als Propädeutik zum Werk Thomas Bernhards". In: *Germanistische Mitteilungen* 60/61 (2005). *UnterOrdnungen – Herrschaft, (Ohn)Macht und Anarchie bei Thomas Bernhard.* Hrsg. von Clemens Ruthner und Sonja Malzner, S. 5–19.

SANDBERG, Beatrice (2004), „Das Erzählen von Geschichte(n). Zu Hans-Ulrich Treichels *Der Verlorene* und Thomas Hürlimanns *Der große Kater*". In: Jäntti/Nurminen (Hrsg.), *Thema mit Variationen. Dokumentation des VI. Nordischen Germanistentreffens 2002.* Frankfurt/M. etc., Peter Lang, S. 513–521.

-- (2006), „Schreibende Söhne. Neue Väterbücher aus der Schweiz. Guido Bachmann, Christoph Keller, Urs Widmer und Martin R. Dean". In: Breuer/Sandberg (Hrsg.), *Autobiographisches Schreiben in der Gegenwartsliteratur. Bd. 1. Grenzen der Identität und der Fiktionalität.* München, iudicium 2006, S. 156–171.

SCHNEIDER, Manfred (2005), „Imaginationen des Staates". In: Behrens/Steigerwald (Hrsg.), *Die Macht und das Imaginäre.* Würzburg, Königshausen & Neumann, S. 41–58.

VON MATT, Peter (2006), *Die Intrige. Theorie und Praxis der Hinterlist.* München, Hanser.

WALSER, Martin, „Verhängnisforscher in Zürich. Je indirekter die Mitteilung, desto vollkommener der Ausdruck. Über den Schriftsteller Thomas Hürlimann". In: *Frankfurter Allgemeine Zeitung*, 01.07.1995. Wiederabdruck in Schwab (Hrsg.) (2010), „...*darüber ein himmelweiter Abgrund*". *Zum Werk von Thomas Hürlimann.* Frankfurt/M., Fischer, S. 185–192.

WEBER, Max (1947), *Grundriss der Sozialökonomik, III. Abteilung. Wirtschaft und Gesellschaft.* Tübingen, J.C.B. Mohr (Paul Siebeck).

JÁN JAMBOR (UNIVERSITÄT PREŠOV)

Zur Macht der Fiktion im Bereich der alltäglichen Vorstellungskraft in Peter Stamms *Agnes*[1]

Die Studie untersucht die Macht der Fiktion im Bereich der alltäglichen Vorstellungskraft in *Agnes* (1998), dem Erstlingsroman des deutschsprachigen Schweizer Autors Peter Stamm (geb. 1963). Einleitend werden einzelne Machtarten vorgestellt, die für Stamms Texte typisch sind und die mit dem philosophisch-ästhetischen, psychologischen und politischen Machtdiskurs verbunden sind. Anschließend werden die Macht der Fiktion (bzw. der Bilder), patriarchale Machtstrukturen bei der Gestaltung von Geschlechterbeziehungen, die politische Macht und die Macht der Liebe (bzw. der Liebenden) als die für *Agnes* relevanten Machtarten bestimmt. Ausgehend von Selbstaussagen des Autors zu seinem Roman werden im dritten Teil die Figuren von *Agnes* unter dem Blickwinkel der Macht der Fiktion im Bereich der alltäglichen Vorstellungskraft detailliert analysiert und interpretiert.

1   Peter Stamms Machtarten

Als Peter Stamm 2004 zu Beginn seines bis heute ausführlichsten Interviews gefragt wurde, worüber er schreibe, antwortete er einleitend: „Ich schreibe über Menschen und über Beziehungen zwischen Menschen" (Kasaty und Stamm 2007: 395). Einige Zeilen darunter konkretisierte der Autor dieses Bekenntnis zur anthropozentrischen Orientierung seiner Texte und ergänzte sein Themenrepertoire. Nach ihm gibt es in seinen Texten

---

1   Der Beitrag entstand im Rahmen des Forschungsprojekts VEGA 1/0669/10 *Literárnoteoretický výskum transtextuality a intermediality. Na príklade románu Agnes švajčiarskeho po nemecky píšuceho autora Petra Stamma (Literaturtheoretische Erforschung der Transtextualität und der Intermedialität. Am Beispiel von „Agnes. Roman" des deutschsprachigen Schweizer Autors Peter Stamm).*

Themen, die immer wieder auftauchen, zum Beispiel das Verhältnis von
Realität und Fiktion, von Bild und Wirklichkeit. Dann interessieren mich
Liebesbeziehungen, ganz einfach, weil es da eine fast unbeschränkte An-
zahl unterschiedlicher Formen und Dynamiken gibt. Und von der Liebe
kommt man ganz automatisch auf die Unmöglichkeit der Liebe. Also auf
die Unmöglichkeit, dass zwei Menschen eins werden. Distanz und Nähe
sind Themen, die mich interessieren. (ebd.: 396)

Da die Macht u. a. eine spezielle Form von zwischenmenschlichen Beziehungen darstellt und da sich die Macht in der Wechselbeziehung des Subjekts und
philosophisch-ästhetischer Kategorien wie Fiktion und Realität bzw. Bild und
Wirklichkeit deutlich zeigt, wird dieses Phänomen in Stamms Texten immer
wieder thematisiert. Der Autor verfügt über eine breite Palette von dunklen
Farbtönen der Macht, die im Folgenden – in bewusster Anlehnung an Ingeborg Bachmanns *Todesarten*-Projekt – als Machtarten bezeichnet werden.

Erstens geht es in Stamms Texten häufig um die Macht der Fiktion (bzw.
um die Macht der Bilder), von der die Realität (bzw. von denen die Wirklichkeit) überschattet wird – z. B. im Roman *An einem Tag wie diesem* (2006) oder
in der Erzählung *Videocity* aus dem Erzählband *Wir fliegen* (2008).

Neben diesem epistemologisch-ästhetischen Machtdiskurs ist bei Stamm
der psychologische Machtdiskurs von zentraler Relevanz. Im Hinblick auf die
Identitäts- und Selbsterkenntnisproblematik sind wir in den Texten des Autors
zweitens mit der Macht der Gewohnheit, d. h. mit der Macht des stereotypen
Alltagslebens konfrontiert, dessen Fesseln eine Figur nicht abstreifen kann,
und damit zugleich auch mit der Macht der Ohnmacht, sein eigenes Leben zu
ändern und die Verantwortung für sein Leben zu tragen. Dieser kombinierten
Machtart begegnen wir z. B. in den Romanen *Ungefähre Landschaft* (2001)
und *An einem Tag wie diesem*.

Im Bereich der zwischenmenschlichen Beziehungen sind die dritte und die
vierte Machtart sichtbar. Stamm gestaltet einerseits Geschlechterbeziehungen
(darunter v. a. Partnerschafts- und Vater-Tochter-Beziehungen), die häufig
durch patriarchale Machtstrukturen gekennzeichnet sind. Dies gilt neben den
genannten Romanen z. B. für die Erzählung *Drei Schwestern* aus *Wir fliegen*
oder für die Erzählung *Deep Furrows* aus dem Erzählband *In fremden Gärten*
(2003). Die Figurenkonstellation und die zentralen Motive der letztgenannten

Erzählung trieb Stamm in seinem Theaterstück *Die Töchter von Tauberhain* (Uraufführung 2004, in demselben Jahr in *Der Kuß des Kohaku*. *Stücke* publiziert) und in dessen Hörspielbearbeitung *Das Schweigen der Blumen* (Erstausstrahlung 2005) zu einem absurden Machtdiktat des Vaters über seine Töchter auf die Spitze.

Ferner macht Stamm in seinen Texten die Macht der Liebe zum Gegenstand der Darstellung, und zwar nicht im Sinne der Binsenwahrheit und des literarischen Klischees, wonach die Macht der Liebe den Menschen zu besonderen Leistungen befähige und zu einem besseren Menschen mache. Vielmehr tut er dies im Sinne der im Klappentext des Romans *Sieben Jahre* (2009) aufgeworfenen Frage: „Hat ein Mensch Macht über uns, weil er uns liebt?" (Stamm 2009: o. S.)

Es ist auffallend, dass bei der Aufzählung von Stamms Machtarten ein Diskurs fehlt, der in der Literatur des 20. und 21. Jahrhunderts bevorzugt wird, nämlich der politische Machtdiskurs. Dies hängt mit Stamms Ablehnung des gesellschaftskritischen und seiner Favorisierung des gesellschaftsbezogen seismographischen Schreibens zusammen (zum Begriff vgl. Jambor 2010: 272–276). Ausgehend von der folgenden Aussage des Autors kann jedoch behauptet werden, dass fünftens das Problem der politischen Macht in den Texten des Autors latent vorhanden ist:

Auf eine komplizierte Art sind dann aber doch fast alle Texte irgendwie politisch. Indem sie über das Leben von Menschen berichten, über Gefühle, Beziehungen. Familiengeschichten sind politisch, Liebesgeschichten, Geschichten, in denen es um Macht oder Gewalt geht. Aber eben nicht in dem Sinn politisch, dass sie Stellung nehmen zur nächsten Wahl oder zum neuen Gesetz über die Altersvorsorge. (Studer *et al.* 2007: 72f.)

2 Machtarten in *Agnes*

Die genannten fünf Machtarten werden in Stamms Texten häufig miteinander kombiniert. Durch ihre unauflösliche Verknüpfung entsteht ein dichtes Macht-Netz, in das sich die Figuren verstricken, so dass sie auf der Suche nach menschlichem Glück scheitern – dies zieht sich wie ein roter Faden durch das

Gesamtwerk des Autors. Diese These gilt bereits für *Agnes* (1998), den Erstlingsroman des Autors, der in der Forschung gewagt, aber nicht ganz unberechtigt für „den ‚Urfaust' des stammschen Geschichtenkosmos" (Schwahl 2009: 93) gehalten wird. Im Folgenden werden die einzelnen Machtarten in *Agnes* in Umrissen skizziert. Da deren ausführliche Behandlung den Rahmen der vorliegenden Studie sprengen würde, wird im dritten Teil der Schwerpunkt nur auf eine der Machtarten gelegt.

Eines der zentralen Themen von *Agnes* ist zweifelsohne die Macht der Fiktion (bzw. der Bilder), bei der man zwei voneinander zu trennende Bereiche erkennen kann: die Macht der Fiktion im Bereich der alltäglichen Vorstellungskraft und die Macht der Fiktion im Bereich der literarischen Kommunikation. Der namenlose Sachbuchautor, der als Verfasser der im Roman kursiv wiedergegebenen, auf Agnes' Wunsch geschriebenen Geschichte dem idealen Autor am nächsten steht, verhält sich als empirischer Autor patriarchal und diktatorisch zu Agnes, die als Vorbild für seine namensgleiche Figur und zugleich als empirische Leserin dieser Geschichte funktioniert. Dies unterstreicht Stamm durch den intertextuellen Verweis auf den antiken Stoff: „‚Gut', sagte ich, ‚du wirst aus meinem Kopf neu geboren wie Athene aus dem Kopf von Zeus [...]'" (Stamm 1998: 55). In Übereinstimmung mit einer solchen autoritären Haltung erklärt die empirische Leserin Agnes ihren Verzicht auf das früher bevorzugte Lesen als Hobby: „Ich lese nicht mehr viel [...] Weil ich nicht mehr wollte, daß Bücher Gewalt über mich haben. Es ist wie ein Gift. Ich habe mir eingebildet, ich sei jetzt immun. Aber man wird nicht immun. Im Gegenteil" (ebd.: 120). Die beiden Partner verhalten sich im realen Leben nach dem Muster des naiven Autors und des naiven Lesers, die zwischen Fiktion und Realität nicht hinreichend unterscheiden können, so dass sie der Macht der Fiktion ausgeliefert sind.

Dabei ist die Macht der Fiktion im Bereich der literarischen Kommunikation an patriarchale Machtstrukturen bei der Gestaltung von Geschlechterbeziehungen gekoppelt. Der deutlich ältere Sachbuchautor, der zugibt, dass er fast Agnes' Vater sein könnte (vgl. ebd.: 26), plant in der fiktiven Geschichte ihre Zukunft „wie ein Vater die Zukunft seiner Tochter plant" (ebd.: 62). Als Urheber der fiktiven Geschichte überträgt er allerdings seine Kompetenz aus dem Bereich der literarischen Kommunikation in den psychologischen Bereich der Manipulation mit seiner Partnerin nach seinen eigenen Vorstellungen. Als ihm Agnes mitteilt, dass sie schwanger ist, ist er nicht bereit, seine künftige Vaterrolle anzunehmen. Statt dessen stilisiert er sich nach Agnes' Fehlgeburt erneut zum Ersatzvater, diesmal zum Ersatzvater seiner unter dem Verlust des Kindes leidenden Partnerin.

Neben diesem eingeredeten Ersatzvaterbild des Sachbuchautors, das in der Forschung zu Recht mit einem anderen antiken Stoff, nämlich dem Pygmalion-Stoff in Verbindung gebracht wird (vgl. Schömel 2005: 348), treffen wir in *Agnes* auf zwei weitere negative Vaterbilder, in denen patriarchale Machtstrukturen akzentuiert werden. Zum einem geht es um Agnes' leiblichen Vater, an dessen autoritärem Verhalten gegenüber der Tochter bei ihrer Diplomfeier vor drei Jahren (vgl. Stamm 1998: 40) der psychologische Machtdiskurs deutlich wird. Zum anderen wird durch das wiederholte Thematisieren der historischen Persönlichkeit von George Mortimer Pullman der politische Machtdiskurs angesprochen. Der Industrielle, der seine südlich von Chicago gelegene Musterstadt Pullman laut dem Ich-Erzähler „mehr als Vater denn als Besitzer kontrollierte und regierte" (ebd.: 104), wird von derselben Figur im Gespräch mit Louises Vater „ein Patriarch" genannt. Zugleich interpretiert der Sachbuchautor den in der Musterstadt ausgebrochenen Streik: „Es ging um die Freiheit. [...] und der Streik war vielmehr eine Revolte gegen die absolute Kontrolle, gegen die Macht, als gegen die wirtschaftliche Ausbeutung" (beides ebd.: 144), um anschließend im Gespräch mit Louise das Problem der politischen Macht auf die Gegenwart zu übertragen: „Ich sagte, heute geschehe in globalem Ausmaß dasselbe wie vor hundert Jahren in Pullmans Musterstadt, und das werde über kurz oder lang zu Unruhen führen" (ebd.: 145). Nach Inez Müller ist Chicago in *Agnes* „ein globalisierter Ort, an dem der unter anderem wirtschaftspolitisch begründete Weltmachtanspruch (*Globalismus*) der Vereinigten Staaten von Amerika ablesbar ist" (Müller 2008: 25). Die Autorin hat Recht, wenn sie bemerkt, dass Stamm „an der Darstellung von möglichen psychologischen Folgen durch Globalisierungsprozesse interessiert" ist, zu denen sie bei den Protagonisten von *Agnes* „Entwicklungen eines Wirklichkeits-, Wahrnehmungs- und Identitätsverlusts" (beides ebd.: 26) zählt.

Schließlich ist *Agnes* durch die Macht der Liebe (bzw. der Liebenden) gekennzeichnet. In seinem Essay *„Ich kann nicht lieben, weil ich will"* (2006) schreibt Stamm: „Wer sich verliebt, verliert zuallererst einmal die Freiheit. [...] Die Liebe scheint von aussen zu kommen, sie wird von der Geliebten – auch ohne ihr Wissen – erzeugt, sie verleiht ihr Macht über uns, macht uns abhängig" (Stamm 2006b: 74). In *Agnes* schwankt der Sachbuchautor permanent zwischen seiner individuellen Freiheit und der Möglichkeit, in der Liebesbeziehung glücklich zu sein. In einer entscheidenden Situation, als er überlegt, die kranke Agnes nach der Trennung zu besuchen und dadurch die Beziehung wieder aufzunehmen, charakterisiert er sein Schwanken treffend: „Es ist schwer zu erklären, obwohl ich sie liebte, mit ihr glücklich gewesen war, hatte ich nur ohne sie das Gefühl, frei zu sein. Und Freiheit war mir immer wichtiger gewesen als Glück" (Stamm 1998: 110).

Im Unterschied zur darauffolgenden Reaktion (Besuch von Agnes und Zusammenkommen des Paares) entscheidet sich der Sachbuchautor am Ende des Romans aufgrund der ihm eigenen patriarchalen Machtstrukturen gegen die Macht der Liebe (bzw. der Liebenden), und zwar mithilfe der Macht der Fiktion, indem er im „Schluß2" der fiktiven Geschichte den Selbstmord der Partnerin durch Erfrieren im Schnee schildert. Der Roman lässt offen, ob Agnes der Macht der literarischen Fiktion und den patriarchalen Machtstrukturen ihres Partners völlig unterliegt und den Text als Gebrauchsanweisung für ihr Handeln missversteht oder ob sie sich der Macht der Fiktion und den patriarchalen Machtstrukturen ihres Partners widersetzt, indem sie sich gegen sein erzählerisches Diktat wehrt und ihn „nur" endgültig verlässt (zum offenen Schluss des Romans vgl. Jambor 2007: 303 und Jambor 2008: 35).

3   Die Macht der Fiktion im Bereich der alltäglichen Vorstellungskraft oder „La Trahison des images" à la Peter Stamm

In einigen Rezensionen wird der epistemologisch-ästhetische Machtdiskurs in *Agnes* auf das Phänomen der Literatur reduziert. So nennt Sabine Döring den Text „eine verstörende Parabel über die Macht der Literatur" (Döring 1999: 42) und Hubert Spiegel einen „Roman über die Macht der Literatur" (Spiegel 2000: V). Noch eingeengter auf einen bestimmten Teil der Literatur formuliert es Hartmut Vollmer in der Einleitung zu seiner anregenden Studie. Für ihn ist *Agnes* „ein raffiniert komponiertes Buch über die – in diesem Fall: verhängnisvolle – Macht des Geschichtenerzählens" (Vollmer 2007: 266). Im Unterschied dazu wird in der vorliegenden Studie die Ansicht vertreten, dass sich die Problematik der Macht in *Agnes* auf das Phänomen der Fiktion allgemein bezieht. Dazu gehören nicht nur literarische bzw. andere künstlerische fiktionale Entwürfe, sondern auch Produkte der alltäglichen Vorstellungs- bzw. Einbildungskraft.

Diese verallgemeinernde Herangehensweise an das Problem der Macht in *Agnes* korrespondiert mit einigen rückblickenden Aussagen des Autors zu seinem Debüt. Maria-Theresia Kaltenmaler zitiert in ihrer Vorstellung der ersten drei publizierten Bücher von Stamm seine mündliche Aussage, wonach es ihm in *Agnes* „um die Kraft des Vorstellungsvermögens" ging, „also darum, dass wir die Welt immer nur indirekt wahrnehmen und nie ganz wie sie ist. Und dass wir in Beziehungen immer mit unserem Bild einer Person leben und nie mit der Person selbst" (Kaltenmaler 2003: 1). Diese treffende Charakteristik des Romans kann man um Stamms weitere Aussage erweitern:

Es ging mir in „Agnes" um die Bilder, die wir uns von anderen Menschen machen. Man lebt in Beziehungen oft nicht so sehr mit der geliebten Person als mit dem Bild, das man sich von dieser Person gemacht hat. Ich glaube, das ist der Grund für einen großen Teil der Beziehungsprobleme. Die Bilder im Kopf sind oft stärker als die Realität. (Kasaty und Stamm 2007: 401f.)

Schließlich kann man Stamms Informationen zur Entstehungsgeschichte des Textes heranziehen:

Ich machte mit meiner damaligen Freundin einen Ausflug nach Fribourg. Als wir am Fluss sassen und ich sie anschaute, hatte ich plötzlich das Gefühl, einen vollkommen fremden Menschen zu sehen. Das war zugleich ein unheimliches und ein beglückendes Gefühl. Da wurde mir klar, dass ich vorher immer nur mit dem Bild zusammengelebt hatte, das ich mir von dieser Frau gemacht habe. Dieses Gefühl war schnell vorbei, aber ich habe es nicht vergessen. [...] Es ging mir um die Beziehung zwischen der Realität und unserer Wahrnehmung. Wobei „die Realität" rätselhaft bleiben muss, da wir sie ja nicht anders erfassen können als durch unsere Wahrnehmung. (Vilas-Boas und Stamm 2003: 66)

Das geschilderte Ereignis und dessen Deutung lenkt – genauso wie die zwei vorherigen Zitate – die Aufmerksamkeit auf die Auswirkungen der Macht der Fiktion, und zwar im kognitiven Bereich (Problem der Wahrnehmung und des Erkennens) und im psychologischen Bereich (Problem des Zusammenlebens mit einem Menschen).

In Anlehnung an René Margrittes berühmtes Bild *La Trahison des images* (1929) mit der Aufschrift „Ceci n'est pas une pipe" kann *Agnes* für einen Text gehalten werden, in dem Stamm seine Version vom „Verrat der Bilder" demonstriert, eine Version, die auch „La Puissance des images" („Die Macht der Bilder") betitelt werden kann.

3.1 Die Macht der alltäglichen Vorstellungskraft bei dem Sachbuchautor

Im Folgenden wird die Macht der Fiktion (bzw. der Bilder) bei den Produkten der alltäglichen Vorstellungskraft von einzelnen Figuren des Textes behandelt. Diese Macht wird in *Agnes* in erster Linie an der Beziehung der männlichen Hauptfigur zu seinen Partnerinnen demonstriert. Der Ich-Erzähler des Romans ist der genannten Macht in allen drei Zeitebenen des Textes unterlegen.[2] Dies zeugt von seiner Unbelehrbarkeit und Sturheit. Im Hinblick auf sein Vorleben erwähnt er eine Freundin, die er für schwanger hielt. Als sich seine Annahme nicht bestätigte, „war ich enttäuscht und nahm es ihr übel, als sei sie schuld daran. Kurz darauf trennten wir uns. Ich machte ihr häßliche Vorwürfe, die sie nicht verstand, die sie nicht verstehen konnte, weil sie einer anderen Frau galten, einer Frau, die nur in meinen Gedanken existierte" (Stamm 1998: 92). Auch in der Beziehung zu Agnes überschatten seine Vorstellungen von Anfang an die Realität. Kurz vor dem zweiten Treffen in der Bibliothek bemerkt er: „In meinem Kopf war unsere Beziehung viel weiter gediehen als in Wirklichkeit. Ich begann schon, mir über sie Gedanken zu machen, hatte schon Zweifel, dabei hatten wir uns noch nicht einmal verabredet" (ebd.: 17). Die Macht der Einbildung zeigt sich besonders deutlich bei dem Halloween-

---

2   In der Handlung des Romans gibt es folgende drei Zeitebenen: 1. Vorvergangenheit der zwei Hauptfiguren bis zu ihrem ersten Treffen in der Chicago Public Library, 2. Vergangenheitshandlung, d. h. die in analeptischen Kapiteln 2 – 35 präsentierte neunmonatige Beziehung der beiden Partner, 3. Gegenwartshandlung, d. h. der in Kapiteln 1 und 36 geschilderte Neujahrstag des Sachbuchautors.

Umzug, als der Sachbuchautor die beleidigte Agnes unter den kostümierten Elfen zu erkennen glaubt (vgl. ebd.: 84–85). Dieser Irrtum leitet den eigentlichen Kulminationspunkt des Textes ein, nämlich Agnes' Mitteilung von ihrer Schwangerschaft (vgl. ebd.: 89), die weder von beiden Partnern im realen Leben noch vom Ich-Erzähler in der verfassten Geschichte über das Paar geplant war. Dadurch wird diese geschriebene Geschichte zum „Casus Belli" (van Hoorn 2005: 2) in der Beziehung des Paares. Des Weiteren scheint der Protagonist auch in der Beziehung zur Agnes' Gegenspielerin Louise mehr von seiner subjektiven Einbildung als von der Realität geleitet zu sein. Nachdem er in der Silvesternacht Agnes mit Louise betrogen hat, wirft sie ihm vor: „Du hast mich von Anfang an in die eine Schublade geworfen" (Stamm 1998: 147). Schließlich unterliegt der Sachbuchautor der Macht der Fiktion auch in der Gegenwartshandlung des Romans. Nachdem ihn Agnes verlassen hat, schaut er sich wiederholt das Video an, das Agnes bei ihrer Wanderung am Columbus Day im Oktober aufgenommen hatte, anstatt etwas Sinnvolles gegen den definitiven Verlust der Partnerin zu unternehmen: „Ich habe den Ton des Fernsehers ausgeschaltet. Die Bilder scheinen mir wirklicher als die dunkle Wohnung, die mich umgibt" (ebd.: 10).

Das oben zitierte autobiographische Erlebnis bei dem Ausflug nach Fribourg findet seine Spiegelung im Kapitel 11 des Romans. Das Paar unternimmt einen Ausflug in eine Gegend, in der es bezeichnenderweise „viele Kanäle und Seen" (ebd.: 58) gibt. Die Macht der Einbildung spiegelt sich hier zum einem in der praktischen Herangehensweise zum geplanten Ausflug (unterschiedliche Kleidung und Schuhe der Partner), die daraus resultiert, dass der Sachbuchautor die Gegend für einen Park, Agnes hingegen für einen Wald hält (vgl. ebd. 57f.). Zum anderen hat der Partner den Eindruck, Agnes „sehe heute anders aus als sonst". Das Gesicht der schlafenden Partnerin erscheint ihm später „wie eine unbekannte Landschaft." Das ganze Gesicht scheint ihm „fremd, unheimlich, und doch war es mir, als sähe ich es wirklicher als jemals zuvor, unmittelbar" (alles ebd.: 58f.). Der Vergleich „wie eine unbekannte Landschaft" funktioniert im Roman als Hinweis auf die Unmöglichkeit eines Menschen, über die Fülle der machtvollen Bilder im Kopf zum wahren Wesen des Anderen vorzudringen. Trotz dieser Tatsache maßt sich der Ich-Erzähler an, in der entscheidenden Situation (Mitteilung von Agnes' Schwangerschaft) gegenüber der Freundin zu behaupten: „Ich kenne dich. Ich kenne dich vielleicht besser als du dich selbst" (ebd.: 90).

Im Interview mit Kasaty gesteht Stamm, dass es ihm in seinen Texten „nicht nur um Liebesbeziehungen [geht], sondern ganz allgemein um die Frage, inwieweit sich Menschen erkennen können, inwieweit sie zusammenkommen können" (Kasaty und Stamm 2007: 405). Als Autor interessiert ihn „die Frage, wie man Menschen erkennen und beschreiben kann. Eigentlich besteht ja das ganze Leben aus nichts anderem als dem Versuch, den Anderen zu erkennnen. [...] Es ist ein dauerndes Bemühen, ein dauerndes Scheitern" (ebd.: 415).[3]

Aus der Analyse der Beziehung des Sachbuchautors zu seinen Partnerinnen ergibt sich eindeutig, dass sein Scheitern durch die Macht der alltäglichen Vorstellungskraft bedingt ist. Andererseits muss jedoch festgestellt werden, dass der Sachbuchautor in bestimmten Situationen seine alltägliche Vorstellungskraft unter Kontrolle hat und diese von seinen Erfahrungen und Interessen reguliert wird. Gegenüber Agnes gesteht er zwar: „Manchmal versuche ich, mir vorzustellen, wie es wäre, wenn ich ein anderer Mensch wäre, zum Beispiel der Ambulanzfahrer" (Stamm 1998: 127), aber bereits beim ersten Besuch in einem Außenviertel Chicagos, wo Agnes in einem Studio wohnt, stellt sich seine Vorstellungskraft nicht ein: „Ich versuchte, mir vorzustellen, wie es war, in diesen Straßen zu Hause zu sein, aber es gelang mir nicht" (ebd.: 44). Dies trägt dazu bei, dass er später Agnes vorschlägt, zu ihm in den Wolkenkratzer Doral Plaza in Chicagos Innenstadt zu ziehen, mit der Begründung, in seiner Wohnung hätten sie mehr Platz als bei ihr (vgl. ebd.: 66). Die nicht eingestellte Vorstellungskraft kompensiert der Sachbuchautor nach der Trennung des Paares, indem er Alltagstätigkeiten in Agnes' Außenviertel nachgeht (Einkaufen in Läden, Waschen im Waschsalon), mit der Erklärung: „Ich hoffte nicht, Agnes an einem dieser Orte zu treffen, aber ich fühlte mich ihr dort näher" (ebd.: 97). Dies bedeutet, dass er aufs neue statt Realität (reales Treffen mit Agnes) deren imaginiertes Surrogat (Nachempfinden der Alltagstätigkeiten der Partnerin) bevorzugt.

....

3   Die genannte Problematik interessiert Stamm von Beginn seines Schreibens an. Im Interview erwähnt er sein frühes abgebrochenes Romanprojekt im Umfang von 250 Seiten, das den Arbeitstitel *Akt* trug und in dem es „um die verschiedenen Arten des Erkennens und der Darstellung von Menschen" ging, und zwar am Beispiel von deren „zwei extremen Formen", dem „malerischen" und dem „theatralischen Akt" (alles Kasaty und Stamm 2007: 415).

Neben der für den Sachbuchautor nicht vorstellbaren Vorstellung vom Zusammenleben mit Agnes im Außenviertel der Stadt hat er auch keine nähere
Vorstellung von der Säuglingspflege – eine Tatsache, die seinen Unwillen,
Vater zu werden, spiegelt. Diese Wissenslücke will er schließen, indem er beschließt, ein Buch darüber zu kaufen, allerdings nicht weil er wegen seiner
künftigen Vaterschaft daran interessiert ist, sondern weil er davon in seiner
geschriebenen Geschichte berichten will (vgl. ebd.: 108f.).

3.2   Die Macht der alltäglichen Vorstellungskraft bei Agnes

Es ist schwierig eindeutig zu sagen, wie es sich mit der Macht der alltäglichen
Vorstellungskraft bei den anderen Figuren des Romans, insbesondere bei Agnes, verhält. Dies resultiert aus der verwendeten narrativen Technik (Ich-
Erzähler, bei dem das neutrale Erzählverhalten und die Außensicht im Hinblick auf andere Figuren überwiegt) und aus der spezifisch stammschen Herangehensweise an seine Figuren und an die Realität, die er als den „ständige[n]
Blick von außen auf alles" (Studer *et al.* 2007: 69) bezeichnet und mit der Formel „Show, don't tell! Erzähle nicht, was jemand denkt, zeige es!" (Anderegg
und Stamm 2003: 25) umschreibt (zur Herangehensweise des Autors an seine
Figuren vgl. auch Pormeister *et al.* 2008: 2).

Im Interview mit Kasaty bemerkt der Autor zu *Agnes*: „Jede Beziehung zwischen zwei Menschen existiert in mindestens zwei Versionen und keine dieser
Versionen ist objektiv. Beziehungen verbinden zwei Menschen, aber sie sind
virtuell und hängen davon ab, wie sie verstanden werden" (Kasaty und Stamm
2007: 407). Aufgrund der oben genannten narrativen Technik und der Herangehensweise an die Figuren fehlt Agnes' Version der Beziehung mit dem Ich-
Erzähler. Agnes ist ein Paradebeispiel für die sogenannte Figur-Hypothese,
eine Figur, die im Text nicht genau definiert ist, weil sich der Autor nicht auf
ihr Inneres, sondern nur auf ihr Äußeres (Aussehen, Verhalten) konzentriert
und die daher für den Leser ein Rätsel bleibt.[4] Bezüglich seiner Partnerin
bleibt auch Stamms Protagonist in der Macht von Bildern gefangen, so dass er
ihren rätselhaften Charakter nicht durchschauen kann. Diesen versinnbildlicht

....

4   Zu den Begriffen „postava-hypotéza" („Figur-Hypothese") und „postava-definice" („Figur-
Definition"), vgl. Hodrová *et al.* 2001: 544-570.

der Autor in drei Fensterblickbildern mit Agnes, die intermedial auf die zum Betrachter des Bildes rückengewandten (Fenster)-Figuren auf den Gemälden von Caspar David Friedrich verweisen.[5]

Zur Verunsicherung des Lesers bezüglich der Macht der alltäglichen Vorstellungskraft bei Agnes trägt auch die Tatsache bei, dass eine zentrale Aussage des Romans nicht eindeutig dieser Figur, sondern zugleich auch dem Sachbuchautor zugeschrieben werden kann. Als das Paar bei ihrem Ausflug in Hoosier National Forest einen kleinen Friedhof entdeckt, lesen wir im Kapitel 16: „Sie lehnte sich an einen Baumstamm. [/] ‚Stell dir vor, in wenigen Wochen liegt hier Schnee, und dann kommt für Monate niemand hierher, und alles ist ganz still und verlassen. Es heißt, zu erfrieren sei ein schöner Tod.‘ [/] Wir gingen weiter [...]“ (Stamm 1998: 77f.).[6]

Die zitierte direkte Rede in dieser Episode, die für den Sachbuchautor als Anregung für die Todesart seiner Partnerin im „Schluß2“ der von ihm verfassten Geschichte gilt (vgl. ebd.: 150–152), wird in der Forschung meistens Agnes zugeschrieben (vgl. Vollmer 2008: 270, Müller 2008: 31, Rowińska-Januszewska 2009: 102 und Schwahl 2009: 100). Die Interpreten stützen sich dabei wohl auf den unmittelbar vor der Aussage stehenden Satz, den sie als Einleitungssatz zur direkten Rede verstehen. Dabei wird jedoch übersehen, dass der Satz in einem selbstständigen Absatz steht und daher keinesfalls als Einleitungssatz funktionieren kann, genauso auch, dass bei der Aussage – im Unterschied zur vorangehenden Passage in direkter Rede (vgl. Stamm 1998: 77) – keine Inquit-Formel mit einem Verbum dicendi steht. Durch diese stilistischen Details wird vom Autor angedeutet, dass es offen sein soll, von wem die zitierten Sätze ausgesprochen werden.

....

5   Der Ich-Erzähler beobachtet die rückengewandte Agnes in drei entscheidenden Situationen ihres Lebens: nach ihrem ersten Liebesakt (vgl. Stamm 1998: 26), unmittelbar vor ihrer Mitteilung an den Partner, dass sie schwanger ist (vgl. ebd.: 88) und als sie nach der erlittenen Fehlgeburt wieder zum Partner gezogen ist (vgl. ebd.: 114).

6   Das Zeichen „[/]“ steht für die Grenze zwischen zwei Absätzen.

3.3 Die Macht der alltäglichen Vorstellungskraft bei anderen Figuren

Es ist deutlich, dass auch bei einigen anderen Figuren die Macht der alltäglichen Vorstellungskraft eine nicht zu unterschätzende Rolle spielt. Neben Louises Eltern, die den Sachbuchautor gleich bei seinem ersten Besuch „wie ihren zukünftigen Schwiegersohn" behandeln, weil sie die Tochter „gern unter der Haube sehen" (beides Stamm 1998: 102) würden, zeigt dies Stamm am karikaturähnlichen Porträt einer naiven Amerikanerin im Kapitel 7. Die unförmig dicke Sitznachbarin des Sachbuchautors fährt mit dem Zug nach New York, um sich dort zum ersten Mal mit einem Algerier namens Paco zu treffen. Die beiden scheinen ineinander verliebt zu sein, und zwar nur aufgrund ihres seit Monaten bestehenden Briefwechsels und ausgetauschter Photos (vgl. ebd.: 34–37). Auf diese Art und Weise macht sie sich ein Bild von ihrem Partner und er ein Bild von seiner Partnerin, wobei sie diese Bilder für wahr halten.

Im Gegensatz zu den genannten Figuren ist Louise diejenige Figur des Romans, die der Macht der alltäglichen Vorstellungskraft nicht unterlegen ist, und zwar weil dieser rational-pragmatischen Figur – im Unterschied zu Agnes – eigentlich jegliche Phantasie fehlt. Diesen Gegensatz zwischen den zwei weiblichen Figuren demonstriert Stamm an ihren Reaktionen in verlassenen Gegenden. Während Agnes bei dem Ausflug in Hoosier National Forest angesichts der Wildnis zu ihrem Partner bemerkt: „Vielleicht leben noch Menschen in diesem Gebiet, von denen niemand etwas weiß. Es muß schwierig sein, das alles zu kontrollieren" (ebd.: 77), reagiert Louise auf die Frage des Ich-Erzählers, ob sie sich vorstellen kann, wie das Gelände der stillgelegten Waggonfabrik Pullman früher „voller Arbeiter [...], voller Lärm und Betrieb [war]", ganz nüchtern: „Heute gibt es nur noch Mäuse und Ratten [...] Paß auf, es ist alles schrecklich schmutzig" (beides ebd.: 105).

Die Macht der alltäglichen Vorstellungskraft in *Agnes* erhält im Gespräch zwischen dem Sachbuchautor und Louise im Kapitel 22 einen interkulturellen Unterton. Der von Amerika begeisterte Ich-Erzähler wird wegen seiner Naivität von Louise scherzhaft „[m]ein kleiner Thoreau" genannt, wobei sie später ergänzt: „Das Bild, das sich die Europäer von Amerika machen, hat mehr mit ihnen selbst zu tun als mit Amerika. Das gilt natürlich auch umgekehrt." Diese Macht erhält sogar universelle Züge, indem Louise einige Zeilen davor gegenüber dem Sachbuchautor ironisch bemerkt: „Der Mensch lebt und stirbt in dem, was er sieht, sagt Paul Valéry, aber er sieht nur, was er denkt" (alles ebd.: 101).

4 Ein literaturhistorischer Rückblick

Zum Schluss sei kurz auf die Verankerung der Macht der Fiktion im Bereich der alltäglichen Vorstellungskraft in der deutschsprachigen Schweizer Literatur eingegangen. Stamm macht in seinen Aussagen wiederholt darauf aufmerksam, dass er die Texte von Robert Walser und Max Frisch in der Entstehungszeit von *Agnes* nicht näher kannte (vgl. Vilas-Boas und Stamm 2003: 67, Studer *et al* 2007: 71 und Pormeister *et al.* 2008: 1). Bezüglich Friedrich Dürrenmatt gesteht er, dass er dessen Texte „schon ganz früh sehr ausführlich gelesen habe" (Pormeister *et al.* 2008: 1), aber nicht glaube, dass seine Arbeit etwas mit Dürrenmatt zu tun habe (vgl. Studer *et al.* 2007: 74).

Trotz dieser Tatsachen, die hier nicht in Frage gestellt werden, ist die Parallele zu den genannten Autoren offensichtlich. Auch bei Walser spielt das Thematisieren der Macht der Imaginationstätigkeit eine bedeutende Rolle (vgl. dazu den Beitrag von Jens Hobus im vorliegenden Sammelband). Den Satz aus *Das Kind III* (1925 in *Die Rose* publiziert) „Niemand ist berechtigt, sich mir gegenüber so zu benehmen, als kennte er mich" (Walser 1978: 406), den Stamm manchmal als Motto auf seine Internetseite stellt, kann man durchaus als interpretatorischen Leitfaden für *Agnes* verwenden.[7] Ferner hat Barbara Rowińska-Januszewska wiederholt auf die Parallelen zwischen *Agnes* und verschiedenen Werken von Frisch hingewiesen (vgl. Rowińska-Januszewska 2009: 97, 101, 103, 105 und 106). Bezüglich der Macht der Fiktion im Bereich der alltäglichen Vorstellungskraft nimmt unter diesen Parallelen die spätestens seit *Tagebuch mit Marion* (1947) als Vorstufe des *Tagebuchs 1946 – 1949* (1950) für Frischs Schreiben zentrale Bildnis-Problematik mit ihren psychologischen Implikationen einen besonderen Stellenwert ein. Schließlich sei darauf verwiesen, dass Dürrenmatts Auffassung aus *Der Mitmacher. Ein Komplex* (1976) „Weil der Mensch ein Einzelner ist, ist er ein Geheimnis, und weil er ein Geheimnis ist, geht er aus keinem System hervor" (Dürrenmatt 1998: 267) in

---

7 Ich danke Anna Fattori und Kerstin Gräfin von Schwerin für die Identifizierung des Zitats.

Zusammenhang mit den stammschen Figuren-Hypothesen gesehen werden kann. Im Hinblick auf die einzelnen Machtarten lassen sich noch deutlichere Bezüge zu *Der Auftrag oder Vom Beobachten des Beoachters der Beobachter. Novelle in vierundzwanzig Sätzen* (1986) erkennen, einem Text, der entstehungsgeschichtlich mit Bachmanns *Der Fall Franza* (1978) als Bestandteil des *Todesarten*-Projekts verbunden ist.

Es bleibt offen, ob diese Parallelen ein Zufall sind oder ob die Macht der Fiktion im Bereich der alltäglichen Vorstellungskraft ein Topos der deutschsprachigen Schweizer Literatur ist.

Ján Jambor

Benutzte Literatur

ANDEREGG, Roger / Stamm, Peter (2003), „„Ich bin wie ein Couturier. Ich ziehe den Menschen Kleider an"". In: *SonntagsZeitung*, 42, 19. 10. 2003, S. 23–25.

DÖRING, Sabine (1999), „Eiswinde in Chicago. An der Literatur erfroren: Peter Stamms gelungener Debüt-Roman". In: *Frankfurter Allgemeine Zeitung*, 94, 23. 4. 1999, S. 42.

DÜRRENMATT, Friedrich (1998), *Werkausgabe in siebenunddreißig Bänden. Bd. 14. Der Mitmacher. Ein Komplex.* Zürich: Diogenes.

HODROVÁ, Daniela *et al.* (2001), *… na okraji chaosu. Poetika literárního díla 20. století.* Praha, Torst.

HOORN, Tanja van (2005), „Peter Stamm". In: Arnold (Hrsg.), *Kritisches Lexikon zur deutschsprachigen Gegenwartsliteratur. Ordner 11. W. G. Sebald – Walter Vogt*, 80. Nlg, 6/2005, S. 1–6 und A-E.

JAMBOR, Ján (2007), „Die Spuren des klassischen Detektivromans in *Agnes*. Zum transtextuellen Zusammenhang zwischen dem Roman Peter Stamms und dem Modell des klassischen Detektivromans". In: Burkhart *et al.* (Hrsg.), *Sammelband – VIII. Tagung des Verbandes der Deutschlehrer und Germanisten der Slowakei. Motivation für Deutsch.* Nitra, Spoločnosť učiteľov nemeckého jazyka a germanistov Slovenska, S. 301–306.

-- (2008), „Peter Stamms *Agnes* als eines der Schlüsselwerke der deutschsprachigen Schweizer Literatur der 90er Jahre. Gründe zum Übersetzen des Romans ins Slowakische". In: Kleine/Irsfeld (Hrsg.), *Grenzgängereien. Beiträge der gemeinsamen germanistischen Vortragsreihen in Trier und Prešov 2006/2007.* Prešov, Filozofická fakulta Prešovskej univerzity, S. 23–40.

-- (2010), „Zum Bild der Familie in Peter Stamms Erzählprosa. Mit einem Rundgang durch die Bildergalerie der Stammschen Erzählungen mit dem Motiv der (un)gewollten Elternschaft als Auslöser der Familiengründung". In: Sandberg (Hrsg.), *Familienbilder als Zeitbilder. Erzählte Zeitgeschichte(n) bei Schweizer Autoren vom 18. Jahrhundert bis zur Gegenwart.* Berlin, Frank & Timme, S. 265–279.

KALTENMALER, Maria-Theresia (2003), „Fremde, die Nähe schafft". In: *WOXX. ex libris*, 692, 9. 5. 2003, S. 1.

KASATY, Olga Olivia / Stamm, Peter (2004), „Ein Gespräch mit Peter Stamm. Krakau, 24. April 2004". In: Kasaty, *Entgrenzungen. Vierzehn Autorengespräche.* München, edition text + kritik in Richard Boorberg Verlag, S. 395–430.

MÜLLER, Inez (2008), „Peter Stamms Erzählen von Identität in Räumen des Dazwischen". In: Hellström/Platen (Hrsg.), *Zwischen Globalisierungen und Regionalisierungen.* München, Iudicium, S. 23–40.

PORMEISTER, Eve / Sakova, Aija / Stamm, Peter (2004), „Lesereise von Peter Stamm in Estland". In: *http://www.swissbaltic.net/index.php?pageId=1030&l=de.* [Besucht am 12. 1. 2008.]

ROWIŃSKA-JANUSZEWSKA, Barbara (2009), „Liebe, Tod und virtuelle Realität. Zum Roman *Agnes* von Peter Stamm". In: Komorowski (Hrsg.), *Jenseits von Frisch und Dürrenmatt. Raumgestaltung in der gegenwärtigen Deutschschweizer Literatur.* Würzburg, Königshausen & Neumann, S. 95–108.

SCHÖMEL, Wolfgang (2005), „„Die Frauen lieben die Männer nicht.' Aber sie lassen sie Liebesgeschichten schreiben. Peter Stamms Roman *Agnes*". In: Solte-Gresser *et al.* (Hrsg.), *Eros und Literatur. Liebe in Texten von der Antike bis zum Cyberspace. Festschrift für Gert Sautermeister.* Bremen, edition lumière, S. 343–350.

SCHWAHL, Markus (2009), „Die Leere in der Mitte. Postmoderne Literatur im Unterricht: Peter Stamms Roman *Agnes*". In: *Literatur im Unterricht*, 10 (2009), H. 2, S. 93–105.

SPIEGEL, Hubert (2000), „Erdmännchenblicke. Herzensblind: Peter Stamms Erzählungen". In: *Frankfurter Allgemeine Zeitung*, 42, 19. 2. 2000, S. V.

STAMM, Peter (1998), *Agnes. Roman.* Zürich, Hamburg, Arche.

-- (2006a), *An einem Tag wie diesem. Roman.* Frankfurt am Main, S. Fischer.

-- (2005), *Das Schweigen der Blumen.* Basel, DRS 2, 30. 3. 2005, 20.00.

-- (2004), *Der Kuß des Kohaku. Stücke.* Zürich, Hamburg, Arche.

-- (2006b), „„Ich kann nicht lieben, weil ich will.' Die freie Liebe ist gescheitert, aber um die unfreie steht es nicht viel besser." In: *NZZ Folio*, 12, Dezember 2006, S. 74.

-- (2003), *In fremden Gärten. Erzählungen.* Zürich, Hamburg, Arche.

-- (2009), *Sieben Jahre. Roman.* Frankfurt am Main, S. Fischer.

-- (2001), *Ungefähre Landschaft. Roman.* Zürich, Hamburg, Arche.

-- (2008), *Wir fliegen. Erzählungen.* Frankfurt am Main, S. Fischer.

STUDER, Patrick / Egger, Sabine / Stamm, Peter (2007), „„Blick von außen' – Interview with Peter Stamm". In: Studer/Egger (Hrsg.), *From the Margins to the Centre. Irish Perspectives on Swiss Culture and Literature.* Oxford, Peter Lang, S. 61–75.

VILAS-BOAS, Gonçalo / Stamm, Peter (2003), „„Erzählungen sind wie Kammermusik'. Interview von Gonçalo Vilas-Boas mit dem Schriftsteller Peter Stamm". In: Vilas-Boas, Gonçalo (Hrsg.), *Representações do Mundo na Literatura Suíça do Século XX.* Coimbra, Centro Interuniversitário de Estudos Germanísticos, Faculdade de Letras, Universidade de Coimbra, S. 65–68.

VOLLMER, Hartmut (2008), „„Glück malt man mit Punkten, Unglück mit Strichen.' Peter Stamms Roman *Agnes*". In: *Monatshefte*, 100 (2008), H. 2, S. 266–281.

WALSER, Robert (1978), „Das Kind (III)." In: Walser, Robert, *Das Gesamtwerk.* Hrsg. von Jochen Greven, Bd. III, *Poetenleben – Seeland – Die Rose.* Zürich, Frankfurt am Main, Suhrkamp, S. 402–407.

Filomena Viana Guarda (Universidade de Lisboa)

Die Macht der Gefühle in der Schweizer Literatur der Jahrtausendwende

Das letzte Jahrzehnt des zwanzigsten Jahrhunderts wurde durch wichtige politische Ereignisse geprägt, die große politische und soziale Veränderungen mit sich brachten. Gleichzeitig erlebte die Menschheit die rasante Entwicklung der neuen Technologien, eine neue Informations- und Kommunikationswelt breitete sich dadurch immer mehr aus, was zweifelsohne die Globalisierung voranbrachte, der Menschheit aber keine bessere Zukunft zu sichern vermochte. In einem interessanten, 2008 veröffentlichten Buch mit dem Titel *La culture-monde* beschreiben Lipovetsky und Serroy die zeitgenössische Gesellschaft als eine „orientierungslose" Gesellschaft, der die dogmatische Gewissheit der großen Ideologien der Geschichte abhandengekommen ist und in der die Kultur sich mit der Wirtschaft zusammengetan hat und in alle Bereiche des Arbeitslebens eindringt. Auch wenn es wahr ist, dass diese „Kultur-Welt" jedem von uns die Möglichkeit eröffnet sein Leben frei zu gestalten, ist es auch nicht minder wahr, dass sie Ängste und Beklemmungen hervorruft und dazu führt, dass sich viele starke Sorgen um die Zukunft machen.

Dank ihrer besonderen Fähigkeit, die Welt wahrzunehmen und neue interessante Brennpunkte zu erkennen, wendet sich die Literatur nicht von dieser „großen Orientierungslosigkeit" ab. In den neunziger Jahren wurden insbesondere im Bereich der deutschsprachigen Literatur viele Stimmen laut, die von einer „Entpolitisierung der Literatur" (Bucheli 2005: 11) sowie von einer Rückkehr zum Privaten sprachen, ein Phänomen, das europaweit zu beobachten ist. In einem 1999 in *Die Zeit* veröffentlichten Artikel schreibt Iris Radisch:

Andere haben die Welt erklärt, jetzt geht es darum, von ihr zu erzählen. Und zwar nicht so, wie man sie sich bei der Hochsicherheitsliteratur vorstellt, sondern so, wie sie ins Haus kommt, als Nachricht vom Tage, als real existierende Game-Show, als Mitschnitt des eigenen Alltags. (apud Dreier 2005: 25)

Das heißt also, dass die neue Schriftstellergeneration, auch in der Schweiz, nicht mehr daran interessiert ist, politische Ideale zu verteidigen, sondern einfach nur die Welt beschreiben will, in der sie lebt.[1] Laut Pia Reinacher schlägt nun ihr „literarisches Herz weder für noch gegen das Vaterland, sondern vielmehr für die eigene Biographie, für Liebe, Sex und Partnerstreß" (*apud* Bucheli 2005: 10).[2]

Nach den großen Debatten über die Schweizer Neutralität während des zweiten Weltkrieges – welche in der zweiten Hälfte der neunziger Jahre unter dem Druck der internationalen Öffentlichkeit ihren Höhepunkt erreichten[3] – wirft die neue Generation Schweizer Schriftsteller (jene Autoren, die um die Jahrtausendwende in der Literaturszene erscheinen) ihr Augenmerk nicht länger auf das typische Thema der „Flucht aus der Schweiz" oder des „Leidens an der Schweiz", d. h. sie entfernt sich vom kritischen Diskurs im Hinblick auf den Staat. Die neueren Schweizer Autoren wenden sich nun den „privaten Geschichten" zu, der Familie als Institution und der Pubertätsproblematik, jedoch nicht mit der Absicht, diese zu erklären oder zu verstehen. Ab Mitte der neunziger Jahre ist also eine „Reprivatisierung der Geschichte" (Bucheli 2005: 18) zu beobachten, ähnlich wie es auch im wiedervereinigten Deutschland geschieht.

Beim vorliegenden Aufsatz geht es genau um diese „Generation, die lustvoll erzählt", wie es Volker Hage 1999 in einem Artikel im *Spiegel* schrieb (Hage 1999), insbesondere geht es um drei Schweizer Autoren: Silvio Huonder (Jahrgang 1954), Peter Stamm (1963 geboren) und Zoë Jenny (Jahrgang 1974). Obwohl diese Autoren in drei verschiedenen Jahrzehnten geboren wurden – nämlich in den 50er, den 60er und den 70er Jahren –, haben sie doch eins gemeinsam: ihre von der literarischen Kritik innerhalb und außerhalb der Schweiz gefeierten Debütromane wurden Ende der 90er Jahre veröffentlicht

....

1   Der Begriff ‚Generation' wird hier nicht in Bezug auf das Geburtsdatum und das Alter der jeweiligen Schriftsteller benutzt, sondern bezüglich ihres Erscheinens in der Literaturszene.

2   Diese Meinung wird auch von Romey Sabalius geteilt, der feststellt, dass dies nicht als eine „Evasion ins Private" gesehen werden darf, denn „die Beschreibung des eigenen Lebensraums dient zur Evozierung einer größeren Authentizität" (Sabalius 1995: 180).

3   Ende 1996 wird vom Parlament die Bildung einer *Unabhängigen Expertenkommission Schweiz-Zweiter Weltkrieg* beschlossen, welche die wahre Dimension der Verflechtungen der Schweiz während des Krieges untersuchen soll. Der entsprechende Schlussbericht wurde der Öffentlichkeit Ende März 2002 vorgestellt (Schwab 2005: 125).

und verkauften sich alle drei sehr gut.[4] Es handelt sich hierbei um die Romane *Adalina* von Silvio Huonder, veröffentlicht im Jahre 1997, *Das Blütenstaubzimmer* von Zoë Jenny, herausgegeben im selben Jahr, und *Agnes* von Peter Stamm aus dem Jahre 1998. Die Erzählweise ist bei den drei Autoren ähnlich: in den drei Romanen überwiegt die personale Erzählsituation[5] und die Konzentration auf das Erleben der Gegenwart, welche, da sie realistisch und illusionslos beschrieben wird, die wahrhaft erscheinende Wirkung des fiktionalen Textes unterstreicht. Eine Tendenz, die, so Volker Weidemann, durchaus dem Geschmack des heutigen Leserpublikums entgegenkommt.[6]

I.

In *Adalina*, dem hochgelobten Debütroman von Silvio Huonder, wird die einfache Geschichte einer tragischen Liebe erzählt. Das Thema der gescheiterten Liebe ist seit Homer eins der wichtigsten Themen der Literatur, es ist dennoch alles andere als einfach, solch starke Gefühle auf eine Weise zu beschreiben, dass sie den Leser auch emotional in ihren Bann ziehen. Huonder schafft es, indem er sich einer lakonischen und rigorosen Sprache bedient, die auf jede Art von psychologisierenden Erklärungsansätzen verzichtet. Die Hauptperson ist der 38-jährige Johannes Maculin,[7] ein freier Zeichner (AA: 14),[8] der seit 20 Jahren in Berlin lebt. An einem Wochenende im November beschließt er

....

4   Vor der Veröffentlichung seines ersten Romans hatte Peter Stamm schon Hörspiele geschrieben. Silvio Huonder seinerseits widmete sich seit 1988 dem Theater. Bis zum Erscheinungsjahr seines ersten Romans und Buchdebüts *Adalina* waren schon 4 aus seiner Feder stammende Theaterstücke sowie 2 Hörspiele inszeniert worden.

5   In Zoë Jennys und Peter Stamms Romanen gibt es eine Ich-Erzählsituation; im Silvio Huonders Roman hingegen eine Er-Erzählsituation, die jedoch die Perspektive der Hauptperson aufrechterhält.

6   In einem in der *taz* vom 27.06.2000 mit dem Titel „Danke, Florian" veröffentlichten Artikel behauptet Volker Weidermann, dass das Leserpublikum von heute „identifikationssüchtig" sei, wobei er erklärend hinzufügt: „Süchtig nach Identifikation mit dem Autor und der Welt, der man sich im Buch als eine eigene versichern kann".

7   An dieser Stelle sei das Wortspiel mit dem Familiennamen der Hauptperson „Maculin" hervorgehoben. Diesem Wort fehlt nur ein „s", um „Maskulin" zu bedeuten. Außerdem wird es leicht mit „Makel" assoziiert (vgl. AA: 79), einem im Laufe des Romans unzählige Male vorkommenden Begriff.

8   Folgende Ausgabe wird hier zitiert: Silvio Huonder (2009), *Adalina*, München, Nagel & Kimche. Es wird nachfolgend das Kürzel AA verwendet, gefolgt von der jeweiligen Seitenzahl.

plötzlich, aus einem Impuls heraus, ohne Gepäck, außer einem Paar neuge-
kaufter Schuhe und einem alten Mantel (AA: 29), in einen Zug zu steigen und
in seine Heimatstadt Chur[9] im Kanton Graubünden zurückzufahren, in der er
seither nie wieder gewesen war. Maculin macht diese Reise rückwärts sitzend,
wie es explizit im Text beschrieben wird: „Halbwach bleibt er sitzen und fährt
rückwärts dem Anfang entgegen. [...] Er sitzt wie in einem rückwärts laufenden Film" (AA: 23f.). Es handelt sich also um eine Reise in eine Vergangenheit,
die schlecht verarbeitet war und ihn deshalb daran zu hindern scheint, in seinem Leben persönliche und berufliche Zufriedenheit zu erlangen. Maculin
erkennt, dass er sich in einer schweren existentiellen Krise befindet, obwohl er
sich als „ein privilegierter Schweizer im besten Alter" (AA: 14) sieht: seine
Beziehung zu seiner Freundin Gesine befindet sich in der Krise, er schafft es
nicht, seinen beruflichen Verpflichtungen nachzukommen (Illustrationen zum
Thema „Eifersucht") und nicht einmal bei seinen Freunden fühlt er sich wohl,
denn er glaubt, „Großstädter sind beschränkt. Großstädter haben den kleinsten Horizont der Welt. Sehen nur über die Straße. Bis zur nächsten Fassade"
(AA: 18).

In der Schweiz angekommen schlendert Maculin einen Tag und eine Nacht
durch seine Heimatstadt und erinnert sich an die prägenden Momente seiner
Kindheit und Jugend: die kleinbürgerliche Atmosphäre von Lüge und Unterdrückung, in der er aufwuchs, die Entdeckung der Sexualität im Kreise seiner
Mitschüler, die schüchterne Liebe zu seiner Kusine Adalina und vor allem das
Trauma, das durch eine nicht rechtzeitig behandelte Vorhautverengung hervorgerufen wird, die er damals als Makel empfunden hat. Diese Rückkehr in
die Vergangenheit wird durch die Verflechtung von drei Handlungssträngen
dargestellt: die Gegenwart, die er in Berlin erlebt, die 24 Stunden, während
derer er durch Chur schlendert, insbesondere durch das Rheinquartier, wo er
geboren wurde, sowie die Geschichte seiner ersten Liebe zu Adalina, die mit 16
Jahren bei einem Motorradunfall tödlich verunglückte (im Jahre 1976). Adalina war ohne Motorradhelm bei einem Mitschüler als Beifahrerin auf dem
Motorrad mitgefahren (Fessmann 1997: IV). Maculin fühlt sich für den Unfall

---

9 Die Stadt wird niemals namentlich genannt, jedoch so genau beschrieben, dass sie ohne Schwierigkeiten zu identifizieren ist.

verantwortlich, da er sich damals aus Eifersucht geweigert hatte, Adalina seinen eigenen Motorradhelm zu leihen.

Um der Ende der 60er und Anfang der 70er Jahre spielenden Geschichte Authentizität zu verleihen, werden wiederholt Geschehnisse, Persönlichkeiten, Marken, Zeitschriften und Musikstücke genannt, die diese Epoche prägten.[10] Im konkreten Falle der Schweiz, wie Michael Wildenhain erwähnt, erlebt Maculin den Übergang von einer teilweise noch landwirtschaftlich geprägten Welt zu einer industrialisierten Welt aus nächster Nähe. Diese Veränderung wird vor allem durch die Figur von Adalinas Vater dargestellt: anfangs besitzt der Onkel eine Schweinezucht und im Sommer hütet er sogar die Rinder von anderen, später aber verkauft er seine Schweinezucht und muss dann die Nachtschicht in einer großen Chemiefabrik übernehmen. Diese soziale Veränderung bringt dennoch keine größere Öffnung nach außen hin, die Gesellschaft bleibt weiterhin konservativ und repressiv, was durch das Bild am Ende der Geschichte sehr gut illustriert wird: der Großvater, Zeno Maculin, ein 86jähriger Witwer, der sich weiterhin auf Rätoromanisch ausdrückt, schaut durch sein Fenster auf den Wald, den er aufgrund seines hohen Alters nun nicht mehr durchstreifen kann, und auf den ersten Schnee.

Trotz des Sozialkolorits versucht sich der Roman nicht in ideologischer Kritik oder Sozialengagement, sondern konzentriert sich auf die Gefühle der Hauptperson, deren Lebensprojekt vollkommen abhängig von der Erinnerung an Adalina, einem „Gespenst aus der Vergangenheit, stumm und vorwurfsvoll" (AA: 25), zu sein scheint. Ihre naive Frage an Maculin während der Schulzeit durchläuft wie ein *Leitmotiv* den gesamten Text: „Findest du die Liebe schön?", eine Frage, die Maculin immer unbeantwortet gelassen hatte. Anzumerken sei hier dennoch, dass die Gefühlswelt Maculins nicht im Detail beschrieben, sondern eher vom Leser verstanden wird anhand der Beschreibungen externer Realitäten, wie zum Beispiel Bilder und Gesten, Gerüche und Farben, Blicke und Verhaltensweisen, die die Erzählung prägen (vgl. Stocker 2002: 389).

---

10 Im Rahmen der politischen Ereignisse werden zum Beispiel der Vietnamkrieg, die Hungersnot in Biafra, der Prager Frühling oder das Attentat auf die israelischen Sportler anlässlich der olympischen Spiele in München genannt. Was den Bereich des Sozialen angeht, so werden das androgyne Aussehen des Modells Twiggy und sein Einfluss auf die damalige Jugend erwähnt, die sich offen mit Sexualität auseinandersetzenden Zeitschriften *Quick* und *Praline* sowie die in Frankreich neu aufkommende Mode, am Strand die Brust zu entblößen, und die Mondlandung der Amerikaner (vgl. AA: 55, 56, 93).

Johannes Maculin ist kein Kämpfer und er wird niemals einer sein. Er ist eher ein Individuum, das auf passive und verzweifelte Art und Weise durchs Leben geht (Kedveš 1997: 36). Er schafft es nicht, die schmerzhaften Erlebnisse seiner Adoleszenz und das Schuldbewusstsein hinsichtlich des frühen Todes seiner Kusine zu vergessen und kehrt deshalb nicht mehr nach Berlin zurück: er geht in den Bergwald über der Stadt und verbrennt dort seinen schweizerischen Pass, um sich danach in den Abgrund dieser „sinnlos schönen Landschaft" (AA: 64) zu stürzen und seinem Leben ein Ende zu bereiten. Diese Handlung verleiht den zwei Jahrzehnte zuvor ausgesprochenen und in der Mitte des Romans strategisch erinnerten Worten seines Deutschlehrers eine tragische Wahrhaftigkeit: „Fliegen können nur die Vögel, wir hingegen fallen" (AA: 119).

Obwohl die Struktur des Romans auf den Regeln der Tragödie basiert, gibt es doch einen signifikanten Unterschied: der Held versagt nicht, so Günther Stocker, weil die Götter es so wollen oder weil seine Eltern schuld sind, sein Versagen ist einzig und allein seinen fehlgeschlagenen Gefühlen zu verdanken (Stocker 2002: 391). Und wenn es auch wahr ist, dass diese konservative kleinbürgerliche Gesellschaft der Entwicklung eines gesunden Selbstbewusstseins nicht gerade förderlich ist, so liegt die Hauptschuld dafür zweifelsohne im Bereich des Privaten: in der psychischen Schwäche der Hauptperson und in der fehlenden Kommunikation innerhalb der Familie.

II.

Die innerliche Schwäche der Hauptperson und der Mangel an Unterstützung seitens der Familie sind auch in Zoë Jennys Roman *Das Blütenstaubzimmer* ausschlaggebend. Die zwei Jahrzehnte nach Huonder geborene Schweizer Schriftstellerin Zoë Jenny war gerade 23 Jahre alt, als sie diesen Roman verfasste und wurde sofort als "eine perfekte Vertreterin ihrer Generation" angesehen (Reinacher 2003: 54). Durch Jo, der Hauptperson und Ich-Erzählerin, wird in diesem Roman ein unbarmherziges Porträt der Institution Familie gezeichnet, in diesem konkreten Fall ein Porträt der Eltern der 68er Generation. Es werden die Konsequenzen ihrer alten Ideale von freier Liebe und ihrer kompromisslosen Lebensart gezeigt, einer Lebensweise, die sich vollkommen

auf die Gegenwart konzentriert sowie auf die Suche nach einer angeblich absoluten Freiheit (vgl. Reinacher 1997). Hochgelobt und mehrmals ausgezeichnet,[11] von der Literaturkritik unzählige Male als „einer der ersten und radikals-
ten Romane der Technogeneration" aufgeführt (Irgang 1997: L5), wird in dem
Roman von Zoë Jenny die Geschichte eines leidvollen ‚Abschieds von den
Eltern'[12] geschildert, nach einer Kindheit voller Angst- und Einsamkeitsgefüh-
len, welche vor allem durch die verzweifelte Suche nach der Mutter geprägt ist.
In ihrer Rezension zu diesem Buch spricht Elsbeth Pulver sogar von einem
„Seelischen Horrortrip" (Pulver 1997: 71). Der Text kommt mit wenigen Personen und einer sehr einfachen Geschichte aus, die Sprache ist lakonisch, frei
von Kommentaren und Reflexionen, es wird nie Bezug auf Soziologie oder
Psychologie genommen. Die Autorin entscheidet sich also für eine aufmerksame Beschreibung der äußeren Welt und der Situationen, die ihr Leiden bereiten, ohne jedoch darüber zu lamentieren oder sich selbst zu bemitleiden.

Die Erinnerung an das Kindheitstrauma, das die Abwesenheit der Mutter
auslöste, die nach der Trennung des Paares die dreijährige Tochter ihrem
Mann überlässt, wird schon in den ersten 15 Seiten des Romanes wachgerufen.
Der Vater, der den ganzen Tag mit dem Druck von Büchern beschäftigt ist, die
keiner ihm abkaufen will, sieht sich dazu gezwungen, nachts als Fahrer zu
arbeiten. Das Kind bleibt derweil alleine zu Hause zurück, es hat Angst vor der
Dunkelheit und ergibt sich der Fantasie, die ihm Nacht für Nacht die bedrohli-
che Anwesenheit eines „ausgehungerten Tieres" bringt, das es in seinem Zimmer beobachtet und es davon abhält, ruhig zu schlafen (BR: 6f.).[13] Um der
Angst ein Schnippchen zu schlagen begibt sich das Kind jedes Mal in die Küche, um sich an dem letzten Zeichen der Anwesenheit des Vaters festzuhalten:
seiner noch warmen Kaffeetasse. Um Punkt sieben Uhr klingelt morgens das
Telefon: der Vater weckt das Kind, damit es in die Schule geht. Das Kind hat
keine Freunde, so dass es mit zwei alten Schnullern, Nico und Florian, Aben-

---

11 Zoë Jenny wurde für ihren Debütroman mehrmals ausgezeichnet, unter anderem bekam sie das
Klagenfurter 3sat-Stipendium beim Ingeborg Bachmann Wettbewerb und den Literaturförder-
preis der Jürgen-Ponto-Stiftung.

12 Dieser Ausdruck ist der Titel der Rezension von Andreas Nentwich (1997: ZB4), wobei er auch in
anderen Rezensionen genannt wird, wie z.B. in der von Andrea Köhler (1997: 35) oder in der Rezension von Julia Encke (1998: 42). Früher war es der Titel einer berühmten Erzählung von Peter
Weiss aus dem Jahr 1961.

13 Folgende Ausgabe wird hier zitiert: Zoë Jenny (1999), *Das Blütenstaubzimmer*, München, btb. Es
wird nachfolgend das Kürzel BR verwendet, gefolgt von der jeweiligen Seitenzahl.

teuer erlebt und spielt. Selbst die wöchentlichen Treffen mit der Mutter werden abrupt eingestellt, nachdem die Mutter sich entscheidet mit einem Maler, in den sie sich verliebt hat, in ein anderes Land zu ziehen. Auch der Vater wird sich neu verheiraten, mit Eliane, einer alkoholabhängigen Frau, die zum Jähzorn tendiert und nach kurzer Zeit, ohne ein Wort der Erklärung, das Haus verlässt, um ihrem Leben eine neue Richtung zu verleihen.

Im zweiten Teil des Buches, der viel länger ist als der erste, wird recht detailliert das Wiedersehen mit der Mutter nach 12 Jahren Abwesenheit geschildert. Jo hat gerade ihr Abitur gemacht, als sie im Alter von 18 Jahren beschließt, ihre Mutter in dem kleinen Ort in Italien zu besuchen, wo sie mit ihrem neuen Lebenspartner lebt. Dieser Besuch wird sich auf zwei Jahre verlängern. Nach dem unerwarteten Unfalltod des Lebensgefährten bekommt die Mutter eine Depression und Jo versucht ihr zu helfen und sie zu unterstützen, in der vergeblichen Hoffnung, endlich ihre Aufmerksamkeit zu verdienen. Sie entdeckt zum Beispiel ein Paar blaue Kinderschuhe und erfährt, dass die Mutter diese für sie gekauft und danach vergessen hat, sie ihr zu schicken (BR: 40). Der Ausdruck „Ich warte auf ihre Stimme, aber sie ruft mich nicht" charakterisiert demzufolge sehr eindringlich die Beziehung zwischen Mutter und Tochter. Die Mutter ist egoistisch und oberflächlich und deshalb nicht in der Lage, eine emotionale Bindung zur Tochter aufzubauen, sie geht sogar so weit, ihrem jüngeren Freund ihre Tochter als ihre Schwester vorzustellen. Schließlich verschwindet sie mit dem Freund zusammen, ohne jede Erklärung, und verlässt so ihre Tochter ein zweites Mal.

Jo ihrerseits lebt am Rande der Gesellschaft, denn sie ist weder Studentin noch geht sie einer geregelten Arbeit nach, sie gehört also weder einer konkreten gesellschaftlichen Gruppe an noch übt sie irgendeine Funktion innerhalb der Gesellschaft aus.[14] Nichtsdestotrotz ist es ihr sehnlicher Wunsch, sich in die Gesellschaft einzufügen, sich nützlich zu fühlen, und wenn es nur als Kunde der Konsumgesellschaft ist (vgl. Stocker 2002: 384): „Während ich mir das anschaue, stelle ich mir die Leute vor, die zum Telefon springen, um die Nummer zu wählen. Ich wäre jetzt gern jemand, der etwas von diesen Dingen unbedingt braucht" (BR: 72).

---

14 In den zwei Jahren, die sie bei ihrer Mutter verbringt, arbeitet Jo provisorisch beim lokalen Postamt, so lange sie sich nicht entscheiden kann, was sie in Zukunft machen soll.

Die Hauptperson leidet unter der Abwesenheit der Mutter und der fehlenden Zuneigung seitens des Vaters, sie stellt sich allerdings nie die Frage, wer daran schuld sein könnte. In den letzten beiden Jahren versuchte sie noch die Einsamkeit zu durchbrechen und suchte jemanden, den sie lieben könnte: sie lernt in einer nahen Kneipe andere Leute kennen, sie teilt Erfahrungen mit Rea, einem Mädchen in ihrem Alter, das mit seinen Eltern verkracht ist, sie geht auf eine Technoparty und lässt sich auf eine unverbindliche sexuelle Beziehung ein, die zu einem Schwangerschaftsabbruch führt, den sie kurz und bündig anspricht, ohne einen Anflug von schlechtem Gewissen oder Emotionen (BR: 88).

Entschlossen einen letzten Versuch der Annäherung an die Anderen zu wagen, besucht sie ihren Vater in seinem neuen Haus, in dem er mit seiner neuen Frau, die im siebten Monat schwanger ist, und seiner pubertären Stieftochter wohnt. Sofort ist ihr klar, dass es auch hier keinen Platz mehr für sie gibt. Anders als im traditionellen Bildungsroman, in dem die Hauptperson den Weg beschreitet, der sie letztendlich zur sozialen Integration und zur Persönlichkeitsfestigung führen wird, schreitet hier die junge Hauptperson der totalen Einsamkeit entgegen (vgl. Obiols 1999: 31). Selbst die Hoffnung, mit ihrer Freundin Rea zusammen alles zu verlassen und in die Ferne zu ziehen, wird im Endeffekt enttäuscht, zumal, wie die Freundin sagt, das Leben „nirgendwo anders" ist (BR: 95). Der Roman endet an einem kalten Morgen mit der auf einer Gartenbank sitzenden Ich-Erzählerin, die auf die „Decke aus Schnee" wartet, während auf der Bank neben ihr zwei ältere Frauen sie misstrauisch beäugen. Am Ende des Romans angelangt, weiß der Leser aber trotzdem nicht, ob Jo ihr Leben aufgeben wird oder ob sie versuchen wird, ganz für sich allein einen neuen Sinn für ihr Leben zu finden.

Auch dieser Roman, ähnlich wie der vorherige, endet also mit Hinweisen auf das Alter und den Schnee, in einer Anspielung auf die Einsamkeit und Hoffnungslosigkeit der Figuren. Für den aufmerksamen Leser ist die Tatsache, dass Jo, bevor sie das väterliche Haus verlässt, ihre erste bewusst grausame Tat begeht, besonders beunruhigend: sie entfernt die Trennwand aus Glas, die beide Fische voneinander fernhielt und sie davon abhielt sich gegenseitig zu fressen, aus dem Aquarium (BR: 121; vgl. Irgang 1997: L5).

III.

Auch in Peter Stamms Erstlingsroman *Agnes* findet man den Schnee und die Kälte als Metaphern für die menschlichen Beziehungen am Ende dieses Jahrtausends. Von der Literaturkritik enthusiastisch aufgenommen, wurde dieser Roman zugleich als „Höhepunkt in der Schweizer Literatur der neunziger Jahre" (Reinacher 2003:176) bezeichnet. Die Handlung beginnt und endet mit dem Hinweis auf die bittere Kälte, die in dieser Zeit herrschte. Im Text selber finden sich viele Anspielungen nicht nur auf den häufig wehenden eiskalten Wind und auf die eisigen Gewässer des Sees, sondern auch auf die Kälte, die die Personen häufig fühlen.

Der Roman beginnt sozusagen *in medias res* und verkündet in lakonischen und direkten Sätzen das, was erzählt werden wird: „Agnes ist tot. Eine Geschichte hat sie getötet. Nichts ist mir von ihr geblieben als diese Geschichte" (AS: 9).[15] Es handelt sich erneut um die Geschichte einer gescheiterten Liebe, der Liebe zwischen einer jungen 25-jährigen Amerikanerin und einem schon 40-jährigen Schweizer Schriftsteller und Journalisten: Die Beziehung dauerte nur neun Monate,[16] verwandelte sich aber schließlich in Literatur. Der Leser wird auf diese Weise mit zwei parallel verlaufenden Geschichten konfrontiert: die eine ist die "wahre" Geschichte[17] von der Liebesbeziehung zwischen Agnes und dem anonymen Erzähler, die andere ist die virtuelle Geschichte ihrer Beziehung, die er auf Agnes Vorschlag hin in den Computer schreibt, was ihm ermöglicht, unterschiedliche Enden zu inszenieren (vgl. Rowińska-Januszewska 2009: 96).[18] Agnes, eine Physikdoktorandin, die an einer Arbeit

---

15 Folgende Ausgabe wird hier zitiert: Peter Stamm (2001), *Agnes*, München, btb. Es wird nachfolgend das Kürzel AS verwendet, gefolgt von der jeweiligen Seitenzahl.

16 Agnes und der Erzähler lernen sich im April kennen und ziehen im September zusammen (AS: 65); im Oktober verlässt Agnes ihren Freund, aber im darauffolgenden Monat überredet er sie, zurück nach Hause zu kommen. In der Silvesternacht verlässt sie ihn ein weiteres Mal, dieses Mal jedoch für immer.

17 Die Bezeichnung „wahr" wird hier in Anführungszeichen gesetzt, da es sich hier um eine fiktionale Geschichte handelt und nicht um wirklich Geschehenes. Hiermit soll eine klare Unterscheidung zwischen der fiktionalen Geschichte und der anderen von einer der Personen im Buch in den Computer geschriebenen Geschichte ermöglicht werden.

18 Die Geschichte, die der anonyme Erzähler über Agnes schreiben wird, wird ab dem neunten Kapitel parallel zur „wahren" Geschichte verlaufen. Im Textkorpus ist sie durch Kursivdruck kenntlich gemacht.

über die Symmetrien von Kristallgittern schreibt,[19] ist eine nicht sehr soziale junge Frau (AS: 20): als Freundinnen hat sie nur die drei Mädchen, mit denen sie zusammen Cello spielt. Selbst die Beziehung zu ihren Eltern ist nicht vorhanden. Der Ich-Erzähler, ein kalter und rationaler Mann, für den die Freiheit wichtiger als das Glück ist (AS: 110), schreibt gerade ein Buch über amerikanische Pullmann-Luxuseisenbahnen, für das er in der öffentlichen Bibliothek in Chicago recherchiert. In genau dieser Bibliothek lernen sich der Erzähler und Agnes kennen.

Die virtuelle Geschichte, die als eine Art Spiel anfängt, welches die Beziehung des Paares aus der Nähe verfolgt und zu deren Annäherung beitragen sollte, führt letztendlich zum endgültigen Bruch. Wenn die Geschichte über die Gegenwart hinausgeht, nimmt das Paar ein Verhalten an, das die perfekte Übereinstimmung von beiden Geschichten erzwingt, was dem Erzähler durchaus gefällt: „Wenige Tage nach unserem Ausflug an den See stieß ich in der Geschichte in die Zukunft vor. Jetzt war Agnes mein Geschöpf. Ich fühle, wie die neugewonnene Freiheit meine Phantasie beflügelte" (AS: 61). Besonders interessant ist hier, dass alles, was der Leser weiß, ihm aus der subjektiven und distanzierten Perspektive des Erzählers übermittelt wird, der als jemand auftritt, dem man kein Vertrauen schenken kann: die Erinnerungen, die er in einer einfachen und objektiven Sprache in den Computer eingibt, stimmen nicht immer mit dem wirklichen Geschehen überein, eine Tatsache, derer sich der Leser recht schnell bewusst wird, anhand der Gespräche des Erzählers mit Agnes. Dieser Erzähler hält sich auch nicht mit langen Beschreibungen auf, die meisten Informationen übermittelt er durch den Dialog, nur dass die Dialoge zwischen den Beziehungspartnern nicht sehr aufschlussreich sind: „Wir sprachen nur stichwortartig über uns selbst, diskutierten statt dessen über Kunst und Politik, über die Präsidentschaftswahlen im Herbst und über die Verantwortung der Wissenschaft" (AS: 21). Die Interessen und das Temperament der beiden Beziehungspartner sind so unterschiedlich, dass weder richtige Kommunikation zwischen ihnen existiert noch großartige Zärtlichkeitsbekundungen. Für sie scheint es nur möglich das Glück mittels der Kunst zu erreichen:

---

19 Es sei darauf hingewiesen, dass diese Symmetrien für das bloße Auge nicht erkennbar sind, da es sich um Strukturen handelt, die chaotisch aussehen.

Wir gingen ins Art Institute of Chicago und suchten, ob wir ein Nebel- oder Rauchbild fänden oder ein Bild von glücklichen Menschen. Vor Seurats Un Dimanche d'été à l'Ile de la Grande Jatte *blieben wir lange stehen. Seurat hatte keine glücklichen Menschen gemalt, aber das Bild strahlte eine Ruhe aus, die dem, was wir suchten, am nächsten kam.* (AS: 67)

Vor dem Bild stehend versuchen sich die beiden mit den Figuren auf der Leinwand zu identifizieren, aber selbst in diesem Fall driften ihre Meinungen auseinander. Als sie später die Beziehung wieder aufnehmen, bleibt der Dialog immer noch schwierig, so dass meistens Schweigen zwischen ihnen herrscht: „Wir standen lange auf dem Dach, ohne zu sprechen, und schauten in den Himmel" (AS: 127).

Nachdem Agnes das Kind, das sie erwartete und das ihr Freund nicht wollte, verliert, entfernt sie sich noch mehr vom Leben und von den Anderen. Und als sie wegen der Kälte auf der Terrasse krank wird, verbringt sie die Tage zu Hause im Bett: Agnes friert weiterhin, obwohl das Haus gut geheizt ist. Der Erzähler, der von der Fortsetzung seiner virtuellen Geschichte wie besessen ist,[20] ist außerstande, seiner Freundin die Aufmerksamkeit und die Zärtlichkeit zu geben, die sie so nötig hat. Stattdessen beendet er seine Geschichte mit einem Happy End, das Agnes über den Verlust des Babys hinwegtrösten könnte. Da ihm dieses Ende aber nicht gefällt – er fühlt, „es war mir nicht gelungen, es war nicht lebendig, nicht wahr" (AS: 139) –, entscheidet er sich dafür, eine andere Version zu schreiben, bei der Agnes von Schnee bedeckt alleine im Wald erscheint.

In der Silvesternacht geht der Erzähler alleine auf eine Feier, da Agnes sich noch nicht von ihrer Erkältung genesen fühlt. Als er schon ziemlich spät nach Hause kommt, erkennt er, dass Agnes, nachdem sie die zweite Version der Geschichte gelesen hat, verschwunden ist. Der Leser weiß nach Beenden des Romans nicht, was wirklich mit Agnes passiert ist, obwohl der Erzähler versucht ihm glauben zu machen, dass Agnes gestorben ist, als sie versuchte das Ende der Geschichte, das er geschrieben hatte, nachzuleben. Es gibt jedoch nur eine Sicherheit: die virtuelle Geschichte ist tatsächlich zu Ende. Wie in Zoë

---

20 Siehe dazu „Es war mir, als lebte ich nur noch in der Geschichte, als sei alles andere unwichtig, unwirklich, als sei es Zeitverschwendung zu essen, zu schlafen" (AS: 140).

Jennys Roman bleibt auch hier das Ende der Hauptperson offen. Der Schnee aber fällt weiter.

In den drei kurz analysierten Debütromanen steht also das Individuum mit seinen Unsicherheiten und Ängsten im Mittelpunkt. Der politisch-soziale und historische Kontext ist hier nicht relevant. Der Grund für diese Paradigmenänderung liegt vor allem in der Entwicklung der Gesellschaft selber, die am Ende des 20. Jahrhunderts keine Sicherheiten mehr zu geben vermag, was den Menschen immer mehr in die Einsamkeit und Verlorenheit treibt. Daraus folgt, dass die Menschen, sei es in Berlin, Chicago oder in einer Schweizer Kleinstadt wie Chur, deprimiert und angsterfüllt einer Welt gegenüberstehen, von der man nicht mehr weiß, wohin sie sich bewegt und in der alle Bereiche des sozialen und privaten Lebens mit Misstrauen und Zweifel angesehen werden und die Institutionen, wie z.B. die Familie, sich in ihren Grundfesten erschüttert sehen.[21] Diese Situation bringt geschwächte Individuen mit strukturgeschädigten Persönlichkeiten und ohne moralische Unterstützung hervor. Die Literatur – und nicht nur die in der Schweiz – kann es nicht einfach ignorieren.

---

21 Zu dieser Frage siehe das Buch des bekannten britischen Soziologen Anthony Giddens mit dem Titel *Runaway World: How Globalization is Reshaping our Lives*, das 1999 veröffentlicht wurde.

Benutzte Literatur

ALTWEGG, Jürg (1997), „Der Schmerz des Schweizers". In: *Frankfurter Allgemeine Zeitung*, Nr. 204, 3, September 1997, S. 42.

BUCHELI, Roman (2005), „Angenommen, es gibt sie. Gedanken und Stichworte zur neueren Schweizer Literatur". In: *Manuskripte. Zeitschrift für Literatur*, 45/168, S. 5–24.

DREIER, Ricarda (2005), *Literatur der 90er-Jahre in der Sekundarstufe II*. Baltmannsweiler, Schneider Verlag Hohengehren.

ENCKE, Julia (1998), „Landschaft unterm Fußnagel". In: *Frankfurter Allgemeine Zeitung*, Nr. 65, 18. März 1998, S. 42.

FESSMANN, Meike (1997), „Die Rückkehr ist der Sprung nach vorn". In: *Süddeutsche Zeitung*, Nr. 140, 21. Juni 1997, S. IV.

GREINER, Ulrich (2001), „Im Schnee". In: *Die Zeit*, Nr. 36, 30. August 2001, S. 37.

HAGE, Volker (1999), „Die Enkel kommen". In: *Der Spiegel* 41.

HIELSCHER, Martin (2000), „Generation ohne Mentalität. Aspekte eines Wandels". In: *ndl*, 4, S. 174–182.

HUONDER, Silvio (2009), *Adalina*. München, Nagel & Kimche.

IRGANG, Margrit (1997), „Vom schwierigen Jungsein in unserer Zeit". In: *Süddeutsche Zeitung*, Nr. 237, 15. Oktober 1997 (Beilage), S. L5.

JENNY, Zoë (1999), *Das Blütenstaubzimmer*. München, btb.

-- (2001), *O Quarto do Pólen*, trad. de João Bouza da Costa, Lisboa, Editorial Presença.

KEDVEŠ, Alexandra M. (1997), "Verdrehtes Palimpsest". In: *Schweizer Monatshefte für Politik, Wirtschaft, Kultur*, 77/6, S. 36–37.

KÖHLER, Andrea (1997), „Abschied von den Eltern". In: *Neue Zürcher Zeitung*, Nr. 206, 6. September 1997, S. 35.

LIPOVETSKY, Gilles, Serroy, Jean (2008), *La Culture-Monde. Réponse à une société Désorientée*. Odile Jacob.

MATT, Beatrice von (1997), „Fort aus dieser sinnlos schönen Landschaft". In: *Neue Zürcher Zeitung*, Nr. 68, 22. März 1997, S. 35.

MÜLLER, Kai (1997), „Ein Mann schaut heimwärts". In: *Berliner Zeitung*, Nr. 196, 23. August 1997, S.V.

NEIDHART, Christoph (1997), „Jugend gescheitert, Cousine tot". In: *Die Weltwoche*, Nr. 18, 1. Mai 1997, S. 3.

NENTWICH, Andreas (1997), „Klagloser Abschied von den Eltern". In: *Frankfurter Rundschau*, Nr. 254, 1. November 1997, S. ZB4.

NIZON, Paul (1970), *Diskurs in der Enge. Aufsätze zur Schweizer Kunst*. Bern.

OBIOLS, Isabel (1999), „Zoë Jenny novela la soledad de los hijos de la generación del 68". In: *El País*, Nr. 8018, 1. Mai 1999 (La Cultura), S. 31.

PULVER, Elsbeth (1997), „Verlorenheit". In: *Drehpunkt*, Nr. 99, S. 71–72.

REINACHER, Pia (1997), „Die Lebenslügen der Eltern". In: *Tages-Anzeiger*, 05.09.1997.

-- (2003), *Je Suisse. Zur aktuellen Lage der Schweizer Literatur.* München, Nagel & Kimche.

ROWIŃSKA-JANUSZEWSKA, Barbara (2009), „Liebe, Tod und virtuelle Realität. Zum Roman *Agnes* von Peter Stamm". In: Dariusz Komorowski (Hrsg.), *Jenseits von Frisch und Dürrenmatt. Raumgestaltung in der gegenwärtigen Deutschschweizer Literatur.* Würzburg, Königshausen & Neumann, S. 95–108.

SABALIUS, Romey (1995), „Kategorisierungsprobleme in der schweizerischen Gegenwartsliteratur". In: Gerhard P. Knapp, Gerd Labroisse (Hrsg.), *1945–1995 Fünfzig Jahre deutschsprachige Literatur in Aspekten.* Amsterdam, Rodopi, S. 161–182.

SCHWAB, Hans-Rüdiger (2005), „,Wir brauchen eine Vergangenheit, an die wir glauben. (*Er lächelt müde.*)' Thomas Hürlimann und die Auseinandersetzung mit der Zeit von 1933 bis 1945 in der deutschsprachigen Schweizer Gegenwartsliteratur". In: Michael Braun, Birgit Lermen (Hrsg.), *Begegnung mit dem Nachbarn(IV): Schweizer Gegenwartsliteratur.* Sankt Augustin, Konrad-Adenauer-Stiftung.

STAMM, Peter (2001), *Agnes.* München, btb.

-- (2003), *Agnes.* Trad. de Luísa Lara, Porto, Ambar.

STEINERT, Hajo (1997), „Cobain statt Jagger". In: *Die Zeit*, Nr. 43, 17. Oktober 1997, S. 8.

STOCKER, Günther (2002), „Träumen des Aufwachsens. Drei Variationen aus der Schweizer Literatur der neunziger Jahre". In: *Weimarer Beiträge*, 48/3, S. 380–398.

WEIDERMANN, Volker (2000), „Danke, Florian". In: *taz*, 27.06.2000.

WILDENHAIN, Michael (1997), „Die Vergeblichkeit des Aufbruchs". In: *die tageszeitung*, 9./10 August 1997, Nr. 5300.

WIRTH, Michael (1997/98), „Die Beschwörung des Intakten". In: *Schweizer Monatshefte*, 77./78. Jahr, Heft 12/1.

ISABEL HERNÁNDEZ (UNIVERSIDAD COMPLUTENSE DE MADRID)

Industrie und Politik geben sich die Hand.
Machtinszenierungen und Vergangenheitsbewältigung in Adolf Muschgs Roman *Kinderhochzeit* (2008)[1]

2008 veröffentlichte Adolf Muschg seinen Roman *Kinderhochzeit*. Erneut haben wir es hier mit einem Prosawerk zu tun, in dem Familiengeschichte und Zeitgeschichte im Familienporträt dreier Generationen literarisiert werden. Erneut wird hier ein Stück deutscher und Schweizer Zeitgeschichte lebendig gemacht und dem kulturellen Gedächtnis eingegliedert. Und erneut wird hier literarisch gegen das Vergessen der eigenen Geschichte gearbeitet, denn die Dynastiegeschichte, die hier vorgestellt wird, ist zugleich eine Zeitgeschichte. Beide bilden den Rahmen für eines der wenig ruhmreichen Kapitel der Schweizer Geschichte, mit dem man – wie auch im Roman – noch nicht ins Reine gekommen ist.

Ausgehend von diesem Gedanken liegen der folgenden Analyse des Textes die Idee und die historische Erfahrung zugrunde, dass Macht und Gewalt im letzten Jahrhundert eine in der Geschichte noch nie dagewesene Form und Ausprägung erfahren haben, die in den totalitären Systemen Wirklichkeit geworden sind. Denn erst in diesem Jahrhundert wurden die technischen Voraussetzungen und Möglichkeiten geschaffen und entwickelt, um die Menschen mit dem Einsatz aller Mittel und Zwänge zu beherrschen und zu unterdrücken. Deswegen kann man wohl vom 20. Jahrhundert behaupten, dass es sich in seinen zerstörerischen Ausmaßen weit von der bisherigen Geschichte Europas abhebt und in vielem noch unerforscht geblieben ist. Es gibt zahlreiche Daten und Epochenzusammenhänge, die zur Charakterisierung und zum Verständnis dieser komplizierten Epoche dienen können, nicht zuletzt die großen Wirtschaftskrisen, die als Arbeits- und Gesellschaftskrisen das politische Denken und Verhalten auf das Nachhaltigste beeinflusst und beeinträchtigt haben. Es waren die großen Veränderungen um die Jahrhundertwende, die

1   Dieser Beitrag ist im Rahmen eines vom spanischen Ministerio de Ciencia e Innovación und dem Fondo Europeo de Desarrollo Regional (FEDER) finanzierten Forschungsprojektes über „El discurso de la memoria en la narrativa alemana a partir de 1990" (FFI2009-09489) entstanden.

neben dem Fortschrittsglauben auch schon die Krisenstimmungen des technischen Zeitalters hervorgebracht haben, die jetzt unseren Alltag prägen. Aber entscheidende Bedeutung hat doch vor allem ein neues Phänomen in der Geschichte der Menschheit, über dessen Erklärung und Deutung bis heute tiefe Meinungsverschiedenheiten in Politik und Wissenschaft herrschen: Das Phänomen des modernen Totalitarismus, das nur als Folge der großen Labilität und Unsicherheit des aus vorherigen Bindungen gelösten modernen Menschen zu verstehen ist, der nach neuer Identität sucht und danach strebt, sein Bedürfnis nach Idealen zu befriedigen.

Wenn wir die Geschichte dieser Zeit heute überblicken, gibt es selbstverständlich deutlich hervortretende große Zäsuren und Weichenstellungen. Das aber gilt besonders auch nach den beiden Weltkriegen für den tiefen Einschnitt um die Jahrhundertmitte – 1945 –, dessen Folgewirkung bis heute entscheidende Bedeutung hat, denn die großen Konstellationen der Weltpolitik und auch die innere Verfassung der heutigen Gesellschaften und Staaten datieren wesentlich aus diesen in jeder Hinsicht schwierigen Jahren.

Kinderhochzeit beginnt als kritisches Buch über die Schweiz und die schlimmste totalitäre Zeit, die Europa je erlebt hat: die NS-Zeit. Adolf Muschg versucht in diesem Roman eine Rekonstruktion der Vergangenheit im Rahmen ihrer Bewältigung, wie sie seit Jahren in der deutschen Literatur stattfindet und durch eine Vielzahl von in der Regel nostalgisch gefärbter Kindheitserinnerungen, die eigene, von den Zeitereignissen in mehrfacher Hinsicht bedingte Familiengeschichte – und damit nicht selten die eigene Identität – zu rekonstruieren versucht.[2] Neben Erzählern, die ihre Kindheit Revue passieren lassen, Erlebnisse aus der Zeit des Zweiten Weltkrieges aufarbeiten und so in erster Linie der Elterngeneration ein Gedächtnis zu erschreiben suchen, tritt dieser Roman Muschgs auf, dessen Protagonisten auch indirekt als Nachgeborene Teil dieser Geschichte gewesen sind.[3] Muschg verschmilzt Geschichte und Gegenwart in Biographien und Erfahrungswelten, die sich zwischen der Hit-

---

2   Zum Familiengedächtnis und seiner Popularität im aktuellen literarischen Diskurs siehe Hernández, Isabel (2010), „„Dieses Jahrhundert, es war entsetzlich". Familien- und Zeitgeschichte aus der Sicht Hanna Johansens" (Sandberg 2010: S. 137-152).

3   In der Regel verfahren die Autoren anders als Muschg, wenn sich die nachgeborenen Protagonisten auf den nicht leicht zu gehenden Weg in eine fremde Vergangenheit machen und darin vor allem die Schwierigkeiten der Aneignung eines nicht miterlebten Geschehens reflektieren.

lerzeit und unserer globalisierten Gegenwart erstrecken.[4] Zwangsarbeiter im Dritten Reich, Kindermissbrauch, Schweizer Kollaborateure, von Soldaten vergewaltigte Frauen, Informationsüberflutung, Jugendkriminalität, amerikanisches Sektenwesen, Flüchtlingspolitik, Klimawandel, Irak-Krieg und viele andere Themen, die uns heute alle betreffen, kommen im Verlauf einer Handlung ans Licht, deren tragende Motive Liebe, Treue, Schuld, Verrat und unaufgearbeitete Geschichte sind.

Hauptschauplatz der Handlung ist die fiktive Stadt Nieburg am Rhein – reales Vorbild ist eigentlich Rheinfelden –, die seit dem Wiener Kongress von der deutsch-schweizerischen Grenze in zwei Hälften geteilt ist. Der wirtschaftlich wichtige Teil liegt auf der deutschen Seite: Dort haben die weiblichen Nachkommen der Industriellenfamilie Bühler über drei Generationen die Wirtschaft – und damit auch die Politik – regiert, was zu einem engen Geflecht wechselseitiger Abhängigkeiten zwischen Industrie und Stadt geführt hat. Insgesamt gab es in dieser Stadt mit ungefähr 8000 Einwohnern über vier Jahre lang rund 4000 Zwangsarbeiter. Protagonist des Romans ist eigentlich der Schweizer Historiker Klaus Marbach.[5] Als ehemaliges Mitglied der 1996 gegründeten Bergier-Kommission zur Untersuchung der Neutralitäts- und Flüchtlingspolitik und des Verbleibs von Vermögenswerten, die im Zweiten Weltkrieg in die Schweiz transferiert worden waren,[6] dringt er bei Weiterfor-

---

4   Diese Zeitspanne integriert den Roman in den aktuellen literarischen Diskurs über das kulturelle Gedächtnis, denn gerade im Bezug auf den Nationalsozialismus markiert das Verschwinden der Generation der Zeitzeugen einen bedeutenden Einschnitt im kommunikativen Verständnis nicht nur Deutschlands, sondern auch der Schweiz. Siehe dazu Assmann, Aleida (2004), *Das kulturelle Gedächtnis an der Millenniumschwelle*, Konstanz, UVK; Assmann, Aleida / Frevert, Ute (Hrsg.) (1999), *Geschichtsvergessenheit – Geschichtsversessenheit. Vom Umgang mit deutschen Vergangenheiten nach 1945*, Stuttgart, DVA; Assmann, Aleida (2006), *Der lange Schatten der Vergangenheit. Erinnerungskultur und Geschichtspolitik*, München, Beck; Assmann, Jan (Hrsg.) (1988), *Kultur und Gedächtnis*, Frankfurt, Suhrkamp.

5   Die Figur Klaus Marbachs erschien schon in Adolf Muschgs zweiten Roman *Gegenzauber* (1967). Roman Bucheli sieht gerade in dieser Figur einen deutlichen Nexus zwischen *Kinderhochzeit*, seinem Gottfried-Keller-Buch (1977) und dem Roman *Der Rote Ritter* (1993). Diese drei Bücher werden „zu einer Triade der verlorenen Kinder. Denn mit Keller teilt Klaus Marbach die Vaterlosigkeit und eine untilgbare, erdrückende Schuld gegenüber der Mutter, und alle drei – Keller, Parzival und Marbach – suchen zwanghaft nach dem, was ihnen zum wahren Leben fehlt, zum Menschsein, zur Ganzheit." Bucheli, Roman (2008), „Les enfans du paradis. Adolf Muschg ist mit dem Roman „Kinderhochzeit" ein grosses vielstimmiges Kunstwerk gelungen", *Neue Zürcher Zeitung*, 20/21.09.2008.

6   Der Bergier-Bericht existiert tatsächlich: 2002 stellte die Kommission in 30 Einzelpublikationen und 25 Studien – insgesamt rund 12000 Seiten – die Ergebnisse der Untersuchungen zur Wirtschafts- und Flüchtlingspolitik der Schweiz während des Zweiten Weltkrieges vor. Siehe dazu: Unabhängige Expertenkommission Schweiz – Zweiter Weltkrieg (1999), *Die Schweiz und die*

schungen Schritt für Schritt vor in die deutsch-schweizer Geschichte der Hit-
lerzeit. Klaus Marbach setzt diese Forschungen privat fort, denn er möchte am
bislang unerforschten Fall der Stadt Nieburg die etwas unklaren Verhältnisse
der kriegswichtigen Aluminium-Industrie mit den nationalsozialistischen
Mächten während der Jahre 1933 bis 1945 erforschen: „Ich wüßte gern, wie
das Dritte Reich an einer Industriestadt wie Nieburg passiert ist, so dicht an
der Grenze. Die Leute könnten auch Schweizer sein" (Muschg 2008: 46). Damals expandierten Schweizer Firmen nach Deutschland, um ungeachtet der
Neutralität die deutsche Kriegswirtschaft zu beliefern, wobei sie nie gezögert
haben, auch mit Zwangsarbeitern zu produzieren. Marbachs Ziel ist es, am
Beispiel des Mikrokosmos dieser oberrheinischen Industriestadt die Tragfä-
higkeit der Zivilgesellschaft vor dem geschichtlichen Hintergrund des Dritten
Reichs zu studieren – eigentlich aber versucht er seine Frau, die Juristin Ma-
non de Montmollin, zu vergessen, die er bei der Arbeit in der Kommission
kennengelernt hatte und die ihn kürzlich verlassen hat. Was bei Marbachs
Forschungen herauskommt, ist furchtbar, so furchtbar wie die bösen Mächte
an sich, die dies alles in Bewegung gesetzt haben: Der unternehmerische Geiz
der Schweizer Industrie, die von den verschiedenen Regimes, die die Augen
verschlossen, gefördert wurde, resultierte gegenüber einem in Trümmer liegenden Europa in einer geheimen Allianz von Industriellen und Politikern, die
seitdem das Bild der kleinen Stadt geprägt hat. Eines dieser Industrieunter-
nehmen, das dank dieser „blinden" Politik zu einem Imperium wurde, war
gerade das Aluminiumwerk (ALUBUAG) der Familie Bühler, der wichtigste
Arbeit- und Geldgeber der Region, dessen Alleinerbin die weibliche Hauptfigur des Romans ist. Imogen Selber-Weiland ist Jahrgang 1940 und wurde als
Kriegskind noch von der Ideologie des Dritten Reichs geprägt. Im ersten Kapitel findet Kommissar Emil Isele gerade Imogen ermordet in ihrer Wohnung
auf. Ihr Leben war immer von dunklen Geheimnissen umgeben, die Klaus
Marbach am Ende ans Licht bringen wird. Aber nicht nur sie: Jede Figur im
Roman scheint von bösen Geheimnissen umgeben zu sein, die alle in den
Mauern des Bühler'schen Anwesens hausen. „Das Böse in Nieburg, ich möchte
wissen, wo es herkam und wie man ihm widersteht" (Muschg 2008: 50) ist die
Frage, die Klaus Marbach in seinen Recherchen antreibt. Marbach besucht

---

Flüchtlinge zur Zeit des Nationalsozialismus. Bern.

zunächst die Mutter Imogens an deren letztem Lebenstag. Sie berichtet ihm über die Anfänge und die Geschichte des Unternehmens und überlässt ihm ein stenographisches Notizbuch ihres Vaters Christoph Bühler aus dem Jahr 1923, in dem beschrieben wird, wie dieser bereits mit Hitler in Kontakt war und ihn zum Putsch überredet haben soll; auch war er dabei, als der künftige Führer bei Schweizer Industriellen für seine Ziele warb. Trotzdem waren es immer die Frauen mit ihren vaterlosen Söhnen, die das Schicksal der Familie bestimmt haben.[7] Durch die 80jährige Constanze erfährt Marbach, dass Hitler einst bei ihrer Mutter Antoinette gewesen war und mit dieser vielleicht den Knaben gezeugt hat, der neun Monate später angeblich tot zur Welt kam. Die letzte in dieser Frauenreihe ist die Ermordete: Die einzige Enkelin des Firmengründers, die den heimatvertriebenen Sohn eines SS-Offiziers, Iring Selber, geheiratet hat. Mit ihm führt sie eine unkonventionelle Ehe, in der die beiden schon seit Jahren getrennt wohnen. Muschg spielt damit auf die unauslöschliche innere Prägung an, die die deutsche Kriegsgeneration und selbst ihre Nachkommen noch durch die Schuld der Väter und Mütter erfahren haben.

Trotz Geheimnissen und Machenschaften hat die ganze Stadt jahrelang von den engen Beziehungen dieser Familie zur Industrie und Politik profitiert, vor allem eine 1975 theoretisch als gemeinnützig ins Leben gerufene Stiftung zur Förderung Nieburgs, von der ihre sieben Kuratoren dank jeweils 20000 Euro Einkommen pro Monat recht gut leben. Alle sieben haben die Schulbank mit Imogen geteilt, alle sind seit der Kindheit in sie verliebt und immer noch von ihr abhängig und bilden einen Freundeskreis, dem sie den bezeichnenden Namen „Stillstand" gegeben haben, der dafür sorgt, dass sich gar nichts in ihren Leben und in ihrer Umgebung ändert. Klaus Marbach lernt die sieben Freunde kennen und wird in diesen Kreis eingeführt, nachdem er sich nach dem Begräbnis von Frau Bühler-Weiland der Tochter Imogen vorgestellt hat, die sofort ein Interesse an ihm findet und ihm eine Wohnung im Kutscherhaus ihrer Villa am Rheim überlässt, damit er von dort aus seine Nachforschungen anstellen kann. Er befragt alle Freunde einzeln und gemeinsam, aber was er von ihnen erfährt, ist nicht viel und widerspricht dem Bergier-Bericht in vie-

---

7   Imogens Großmutter Antoinette ist immer beim Industriemagnaten Bühler geblieben, dessen Seitensprünge sie mit ihren eigenen beantwortet; ihre Tochter Constanze heiratete unstandesgemäß die große Liebe ihres Lebens, und obwohl er ihr bald untreu wird, bleibt sie bis zu seinem Tode bei ihm; Imogen heiratet einen Taugenichts, bloß weil sie sich für den Vaterlosen seit der Kindheit engagiert hatte.

lerlei Hinsicht: Ihre Väter waren keine schlimmen Nazis, sondern allenfalls Mitläufer, Nieburg war nie besonders hitlerfreundlich und sein Bürgermeister war der einzige in Deutschland, der vor und nach 1945 amtieren durfte. Keiner von ihnen war ein richtiger Verbrecher, und keiner tat sich durch nennenswerten Widerstand hervor. Eigentlich schwammen alle mit dem Strom und bereicherten sich durch dunkle Geschäfte, die bisher geheim geblieben sind. Sonderbar ist auch, dass keiner der Nachkommen dieser Generation eine Familie gegründet hat, vielleicht weil sie immer auf Imogen fixiert waren und sich ausschließlich aus immer noch geheimen aber doch erahnbaren Gründen um den Fortbestand der Stiftung und das Vertuschen ihrer Machenschaften gekümmert haben. Bald erfährt er, dass vor ihm schon etliche Mitglieder des Kreises das Kutscherhaus der Villa bewohnt und möglicherweise engere Beziehungen mit Imogen gepflegt haben. Was aus Marbachs Befragungen hervorgeht, ist aber doch charakteristisch für die Nachfolgergeneration – ein differenziertes gesellschaftliches Panorama mit Licht- und Schattenseiten, in dem alle vom Krieg betroffen sind: Alle haben in der Kindheit und auch im Erwachsenenalter große Erschütterungen erfahren – Vaterlosigkeit oder Selbstmord der Mutter –, wobei sie das Modell der älteren Generation nachgebildet und weiter die Verstrickungen zwischen Industrie und Politik am Leben gehalten und somit ein deutliches Muster von Schuld und Sühne reproduziert haben.

Was also am Anfang wie ein Kriminalroman aussieht, ist in der Tat noch ein Beispiel literarischer Vergangenheitsbewältigung, die auch eine Familiengeschichte Revue passieren lässt, um dabei ein Stück Zeitgeschichte zu rekonstruieren. Dass Muschg wie so viele andere Schriftsteller auf eine Familiengeschichte zugreift, um dieses Fragment unaufgearbeiteter Geschichte literarisch zu erforschen, hat seine Gründe: Genealogische Zusammenhänge gestatten in besonderem Maße die Darstellung einer scheinbar homogenen Zeit in narrativen Vorgängen und rechtfertigen einen linearen Entwicklungsfortlauf der Handlung. Noch wichtiger vielleicht ist bei Muschg, wie diese Verwandschaftsverhältnisse auf die Identitätsbildung der Protagonisten Einfluss genommen haben. Was diese Freunde in der Kindheit haben erleben müssen, war so zerstörerisch, dass einige von ihnen – beispielsweise Iring – ein größenwahnsinniges Selbstbild aufgebaut und damit Karriere gemacht haben.

Wichtiger Teil der Vergangenheitsrekonstruktion, die Klaus Marbach im Roman vornimmt, ist ein altes Photo,[8] das in einem im Archiv gefundenen Zeitungsbericht erhalten geblieben ist. Eigentlich kreist die ganze Geschichte um dieses Bild, das eine Kinderhochzeit zeigt, die am 1. Mai 1949 in Nieburg stattfand. Diese Hochzeit war Teil eines Festzugs, bei dem Jungen und Mädchen Szenen aus Wilhelm Hauffs Märchen *Das kalte Herz* darstellten. Imogen erscheint dort als Braut, Iring als Bräutigam. Der luxuriös ausgestattete Zug blendet nicht nur die materielle Not jener Jahre aus, sondern vereint beide Teile der Stadt in Unschuld. Marbach identifiziert die Jungen auf dem Bild als die Mitglieder der Stiftung zur Förderung Nieburgs, d.h. diejenigen, die nun als Erwachsene die Nieburger Elite repräsentieren. Das vergilbte Photo der Kinderhochzeit, die dem Roman den Titel gibt, ist nicht nur eine einmalige Dokumentation einer Anstrengung, die finstere Vergangenheit einer anrüchigen Kollaboration mit Nazi-Deutschland unter einer dubiösen Freundschaft beider Städte zu begraben, „die Kinderhochzeit ist auch eine Brücke zwischen öffentlichen und privaten Verstrickungen, politischem und psychologischem Roman" (Kaiser 2009: 341). Das Foto birgt also die deutsche Geschichte des 20. Jahrhunderts in sich. Je mehr Marbach darüber forscht, desto tiefer gerät er in die politischen und wirtschaftlichen Verstrickungen der Kriegsgeneration und ihrer Nachkommen: Diese Kinder sind letzten Endes auch Opfer des Nationalsozialismus. Irings Leben – wie auch das Imogens und im Endeffekt auch das Klaus Marbachs – ist nichts anderes als „die Flucht aus der Kindheitskatastrophe in Egowelten und Rollenspiele, aus Ohnmacht in Machtphantasien" (Kaiser 2009: 335). Auch wenn politische und wirtschaftliche Macht das Hauptthema des Romans bilden, muss der Autor nicht direkt von der Macht reden und sie benennen, wenn er sie sichtbar machen will. Es genügen die kleinsten Andeutungen, denn der Leser erkennt sofort, was hier gemeint ist.

Dass Muschg sich als Erzähler eines der Mitglieder der Bergier-Kommission ausgedacht hat, erlaubt dem Autor vieles ans Licht zu bringen und sich frei darüber zu äußern. Alles, was diese reichen Industriellen und Politiker erreicht haben, ist durch den Einsatz schrecklicher Lügen geschaffen

---

8 „[La photographie] permet de garder la mémoire du temps et de l'évolution chronologique", so Jacques Le Goff über ein Medium, das dem Phänomen Erinnerung als einem System persönlicher Bedeutungsschwerpunkte entgegenzulaufen scheint (Le Goff 1988: 161). Es ist auffallend, dass bei den meisten der literarischen Vergangenheitsrekonstruktionen, die in den letzten Jahren auf dem Markt erschienen sind, Photographien eine überaus wichtige Rolle spielen.

worden. Die Ergebnisse der von der Bergier-Kommission geführten Untersuchung haben 2002 ein für allemal für Klarheit in der öffentlichen Diskussion über die Beschäftigung der Schweiz mit dem Nationalsozialismus gesorgt. So wie diese Arbeit Klarheit im Öffentlichen schafft, wird Marbachs private Untersuchung für Klarheit im persönlichen Bereich der Hauptfiguren und seiner selbst schaffen. Denn neben der Macht der Politik und der Industrie thematisiert der Roman auch die Grundlage menschlicher Unterdrückung im modernen Staat: die Lüge. Mehr noch als die Komplexität des modernen Lebens, ja mehr noch als die Verschiedenheit der Personen sind es die sie umgebenden und sie prägenden gesellschaftlichen Formen ihrer Umwelt, die verschiedene Formen von Lügen hervorbringen und gedeihen lassen. Sowohl Klaus Marbach als auch Imogen Selber-Weiland entdecken als Ursache ihrer Leiden die verschiedenen Lügen ihrer Vorfahren, und beide versuchen, durch die Demaskierung und Analyse dieser Lügen jene unerbittlich wahre Diagnose unserer und der vorherigen Zeit zu erstellen, welche nötig ist, um danach sterben oder weiterleben zu können.

So forscht er in der Familie der Aluminium-Dynastie weiter und untersucht nebenbei, ob der Spekulant und Spieler Erich Marbach zufällig sein Vater sein könnte. Außerdem wendet er sich einem anderen Objekt zu: dem abwesenden Gatten Imogens. Seit dreißig Jahren von ihr getrennt wohnt er in Berlin und leitet die sogenannte „Academy of Signs and Sense". Plötzlich verschwindet er spurlos aus Berlin; Marbach findet ihn nach aufwendiger Suche unter dem Decknamen Dimitrij Kuhlmann in Herrnhut, wo er auch stirbt: Constanzes Adoptivtochter Judith, eine Halbindianerin, intrigiert im Auftrag einer amerikanischen Sekte, um die Kontrolle über den todkranken Iring und das Familienvermögen zu erlangen. Die Reise zu Selber wird zum paradigmatischen Versuch Marbachs, sein eigenes Selbst als ein Ganzes wiederherzustellen. Denn im Allgemeinen geht die Entwicklung Klaus Marbachs dahin, sich selbst zu entdecken und weniger zu belügen; dies wird ihm um so leichter, je mehr er gleichzeitig die breite Skala und tiefe Intensität der Verlogenheit seines Wiedersachers Iring Selber entdeckt. Beider Mütter wurden vergewaltigt; beide sind im Ungewissen, was den Vater betrifft – Selbers Vater war ein SS-Mann, doch der Grossvater scheint Jude gewesen zu sein; Marbach könnte sogar das Enkelkind Hitlers sein, ebenso wie das illegitime Enkelkind des reichen Bühlers, also mit Imogen verwandt. Nach diesen überraschenden

Entdeckungen verliert sich Marbachs Interesse an der NS-Vergangenheit unerwarteterweise immer mehr, weil er zunehmend in die Probleme miteinbezogen wird, mit denen die Stadt und ihre Einwohner seit Jahrzehnten als Folge der vielen Lügen und dieses geheimnisvollen Handelns zusammen erlebt haben.

Wie bei Muschgs Romanen üblich, haben wir es hier auch mit einem Roman über die Liebe, die Unmöglichkeit von Liebe und den Tod zu tun. Alle Mitglieder der Familie Bühler, sowohl Imogen als ihr Mann Iring, finden am Ende den Tod. Stets wurde der Tod in einer Fülle sozialer Situationen und Zusammenhänge als Kontroll- und Zwangsmechanismus benutzt. Auch in politischen und sozialen Zusammenhängen wird unter bestimmten Umständen von den Mitgliedern der Gemeinschaft die Bereitschaft zum Tod gefordert. Die Verknüpfung zwischen der Todesbereitschaft des Einzelnen und dem Fortbestand der Gruppe oder der Gesellschaft wird in diesen Fällen deutlich. Eben weil die Individuen fortwährend die Möglichkeit der Opferbereitschaft ihres eigenen Lebens für das Leben der Gemeinschaft vor Augen haben, ist die soziale Verbindung untereinander stark und dauerhaft geknüpft. In derartigen Verherrlichungen tödlicher Gewaltsamkeit entlarven sich die Todesdrohung und die Zumutung der Opferbereitschaft des Einzelnen in der Tat als Instrumente der sozialen Kontrolle – also als eine weitere Form von Macht.

Imogen Selber-Weiland nutzt diese Möglichkeiten des Todes als Mittel sozialer Kontrolle aus, indem sie durch ihren Selbstmord ihre Schuld zu tilgen und die Zukunft anders zu bestimmen versucht: Klaus Marbach wird allein ihr Imperium erben, ein Vermögen, an dem viel Blut und viele Tränen des 20. Jahrhunderts kleben. Die Stiftung soll nicht erhalten bleiben. Marbach will aber davon nichts wissen und mit Hilfe seiner Frau vernichtet er die letzte Fassung des Testaments. Fünf Jahre später hat Constanzes Adoptivtochter wieder ein Imperium aufgebaut, bei dem die damals in Imogen verliebten alten Herren immer noch ihre Macht erhalten haben. Alles ist also beim Alten geblieben – der Tod hat nicht bewirkt, dass die Vergangenheit ein für alle Mal aufgedeckt wird.

Die private Spurensuche Klaus Marbachs hat sich anscheinend als wenig fruchtbar erwiesen, er gibt sie auf und vernichtet sein Material. Er, der sich auf die Spuren des Nationalsozialismus in der Schweiz begeben hatte, ist in einem Labyrinth menschlicher Beziehungen gelandet, die ihn schmerzlicherweise zu sich selbst geführt haben. Am Ende bleibt doch alles begraben: Nicht nur das

Ehepaar Imogen–Iring, auch Nieburg vergräbt seine Vergangenheit, Marbach alle seine im Sommer über die Nieburger Industriegeschichte und ihre Verquickung mit Nazideutschland gemachten Aufzeichnungen. Von ihm selbst weiß man am Ende auch nichts mehr – seine Spur verliert sich unweit eines Bergdorfs im Tessin, gerade so, als habe er sich in Luft aufgelöst. Professionelle Suchmannschaften, die schließlich ausgeschickt werden, finden Klaus' Ausrüstung, außerdem eine vergrabene Urne, die jedoch nicht wie erwartet Imogens Aschen enthält, sondern Christoph Bühlers Notizbuch aus dem Jahr 1923. Einige Seiten – diejenigen, die das Treffen mit Hitler betreffen – hat Klaus Marbach unleserlich gemacht. Er selbst wird nie gefunden, sodass alles, was eigentlich ans Licht hätte kommen sollen, im Ungewissen bleibt und nichts geklärt wird: Vergangenheitsbewältigung scheint für Schweizer Literaturschaffende ein schwieriges Thema zu sein, denn die meisten Schweizer Autoren tun sich mit der Auseinandersetzung mit diesem Teil ihrer Geschichte schwer. Und gerade das zeigt Muschg durch den überraschenden Entschluß Marbachs, alles zu vernichten, in diesem komplexen aber vielsagenden Roman am besten.

Kinderhochzeit „ist ein Buch über geteilte Städte, geteilte Länder, geteilte Menschen" (Tewsen 2008: S. 48) , bei dessen Lektüre die Vergangenheit erneut ihre Prägekraft erweist. Aber indem die Verdrängung der Katastrophengeschichte des vorigen Jahrhunderts durch einen Historiker erzählt wird, bewahrt der Roman sie in sich auf, und gerade hierin hat er sein zeitkritisches Gewicht, nicht in dem, was an historischem Material vergraben wird.

Mehrere Kritiker haben Muschg vorgeworfen, er wäre an diesem Roman an der Fülle der Handlungsstränge und literarischen Anspielungen gescheitert.[9] Der Autor selber, für den die allgemeine Kränkung, die der Bergier-Bericht in der Schweiz ausgelöst hat, einer der Ausgangspunkte für diesen Roman war,[10] weiß aber ganz genau, „dass ein Buch manchmal erst nach zehn Jahren seine Wirkung entfaltet, weil zur Zeit des Erscheinens keiner kapiert hat, wovon es eigentlich handelt" (Herrmann 2008).

....

9   Siehe u.a. Mohr, Peter (2008), „Suchen ist schöner als Finden. Treue, Schuld und unaufgearbeitete Geschichte: Adolf Muschgs neuer Roman „Kinderhochzeit" überhebt sich an seinen Ambitionen", *Esslinger Zeitung* am WE, 27./28.09.2008; Moor, Peter (2008), „Dramatische Schnitzeljagd im Opernformat. Neuer Roman von Adolf Muschg". *Berner Zeitung*, 18.08.2008, S. 35.

10 Siehe dazu Wolfgang Bocks über die realen Hintergründe des Romans unter http://www.badische-zeitung.de/rheinfelden/das-adelt-schon-ein-wenig--6168701.html [letzter Abruf 02/09/2011].

© Frank & Timme   Verlag für wissenschaftliche Literatur

Benutzte Literatur

BORCHMEYER, Dieter (2008), „Mehr Rätsel als Roman. „Kinderhochzeit" von Adolf Muschg". In: *Die Zeit*, 27.11.2008.

EBEL, Martin (2008), „Wenn die Romanlektüre zu einer komplizierten Schnitzeljagd wird". In: *Tages-Anzeiger*, 13.09.2008.

HERRMANN, Andreas (2008), „Die Faszination der Grenzstädte. Adolf Muschg fährt mit Klaus Marbach von Basel nach Görlitz und Dresden." In: *Dresdner Neueste Nachrichten*, 19.09.2008.

ISENSCHMID, Andreas (2008), „Rätselhaftes Geschick. Adolf Muschgs Roman „Kinderhochzeit" ist ein Buch mit sieben Siegeln. Ganz alle lassen sich wohl nicht erbrechen". In: *NZZ am Sonntag*, 21.09.2008.

KAISER, Gerhard (2009), „Kinder der Finsternis? Adolf Muschgs Roman Kinderhochzeit", *Hofmannsthal-Jahrbuch* 17, 331–352.

LE GOFF, Jacques (1988), *Historie et mémoire*. Paris, S. 161.

MUSCHG, Adolf (2008), *Kinderhochzeit*. Suhrkamp, Frankfurt.

SANDBERG, Beatrice (Hrsg.) (2010), *Familienbilder als Zeitbilder. Erzählte Zeitgeschichte(n) bei Schweizer Autoren vom 18. Jahrhundert bis zur Gegenwart*. Frank & Timme, Berlin, S. 137–152.

STRELKA, Jospeh P. (1992), *Literatur und Politik. Beispiele literaturwissenschaftlicher Perspektiven*. Peter Lang, Frankfurt.

TEWSEN, Isabell (2008), „Als Opfer war Mutter stark". In: *Schweizer Illustrierte* 41, 06.10.2008, S. 48.

GONÇALO VILAS-BOAS (UNIVERSIDADE DO PORTO)

Afrika als Schauplatz im Neuen Schweizer Roman: Lukas Bärfuss' *Hundert Tage*[1]

Das Thema Macht hat bei aller Komplexität eine Grundkonstante: Sie äußert sich in Hierarchien, in der eine Seite die Oberhand hat. Nachvollziehen lässt sich das in allen menschlichen Handlungsfeldern, öffentlichen oder privaten, politischen, religiösen, wirtschaftlichen sowie in persönlichen Beziehungen.

Im Folgenden werde ich mich mit diesem Themenkomplex beschäftigen, indem ich die verschiedenen Manifestationen von Macht in Lukas Bärfuss' Roman *Hundert Tage* analysiere.[2]

Die Handlung spielt überwiegend in Ruanda und nimmt die Schweizer Entwicklungshilfe in den Blick – als ein Beispiel für die westliche Hilfe auf der Nord-Süd-Achse, die besonders in Afrika oft nicht erfolgreich war. Es wird auch hier wie in Isabel Hernández' Beitrag in Breslau also um den „Süden als Schauplatz im neuen Schweizer Roman" gehen.

In der gegenwärtigen Deutschschweizer Literatur ist die Handlung oft im Ausland angesiedelt. Einmal, um zeitweise aus der Enge zu flüchten, oder aber auch – in einer Haltung der *philie*, wie Pageaux sie nennt, – um Horizonte zu erweitern und mit der Fremde in einen Dialog zu treten. Man verlässt Europa, nähert sich anderen Kontinenten und kann sich als Schweizer, ohne eine koloniale Vergangenheit berücksichtigen zu müssen, Afrika zuwenden, wie das in den letzten Jahren mehrere Autoren gemacht haben. Urs Widmer publizierte 1996 seinen Roman *Im Kongo*, dessen Handlung teilweise in diesem Land

<hr>

1   Die Arbeit ist Teil des Forschungsprojektes „Interidentitäten/Interkulturalitäten" des *Instituto de Literatura Comparada Margarida Losa da Faculdade de Letras da Universidade do Porto* und wird durch die *Fundação para a Ciência e a Tecnologia* im Rahmen des Projektes «PEst-OE/ELT/UI0500/2011» gefördert. Ich möchte mich bei Susanne Munz für ihre Hilfe bei der Textbearbeitung bedanken. Der Titel verweist auf den Untertitel des Vortrags von Isabel Hernández: Isabel Hernández, „„Kennst Du das Land, wo die Zitronen blühen?' Der Süden als Schauplatz im neuen Schweizer Roman", in Dariuz Komorowski (Hrsg.), *Jenseits von Frisch und Dürrenmatt. Raumgestaltung in der gegenwärtigen Deutschschweizer Literatur*, Königshausen & Neumann, Würzburg 2009, S. 49–61.

2   Bärfuss, Lukas (2008), *Hundert Tage*, Göttingen, Wallstein. Im Text wird der Roman mit HT und der entsprechenden Seitenzahl bezeichnet.

angesiedelt ist. 2011 wurde Annemarie Schwarzenbachs Roman *Das Wunder des Baumes*, den sie 1942 verfasste, aus dem Nachlass verlegt. Alex Capus hat 2007 den Afrikaroman *Eine Frage der Zeit* herausgebracht. Und 2008 erschien Lukas Bärfuss' Roman *Hundert Tage*.

Zuerst ist Lukas Bärfuss (geb. 1971) als Dramatiker bekannt geworden, in seinen Stücken und auch seiner Prosa geht es ihm um die „Darstellung menschlicher Abgründe und Unzulänglichkeiten" (Behrens 2010: 2). Er sagt, der Schriftsteller habe die Verantwortung, nicht zu schweigen. Roman Bucheli charakterisiert die Werke von Bärfuss folgendermaßen:

Seine Bücher handeln von den Nöten und den Abgründen der Menschen, sie handeln davon mit großer erzählerischer und sprachlicher Virtuosität, mit dem Impetus des emphatischen Zeitgenossen und mit einer Ernsthaftigkeit, die wir nicht mit Humorlosigkeit verwechseln sollten, nur weil sie weitgehend auf Ironie und Sarkasmus verzichtet. (Bucheli 2009: 1)

Bärfuss will ein engagierter Autor sein, er will nicht schweigen, auch nicht zu der Verantwortung und Schuld seines Landes bei einem Genozid. Er vertritt eine intervenierende Literatur, die durch Fiktionen oder Parallelwelten den Leser zum Nachdenken zwingt.

Zunächst möchte ich jedoch einige Überlegungen zur Problematik von Entwicklungshilfe voranstellen, um den Roman besser kontextualisieren zu können. Das Problem der Sinnhaftigkeit von Entwicklungshilfe ist universal, ebenso wie die Skandale, die mit ihr einhergehen. Wir sprechen hier also nicht von einem spezifisch Schweizer Problem, wohl aber von Schweizer Institutionen und Firmen, die in der Entwicklungshilfe involviert sind: Hilfe und Profit gehen dabei oft Hand in Hand. Dazu geht es auch um Macht, wenn staatliche Hilfen als Teil der Außenpolitik angesehen und als solche instrumentalisiert werden. Es entsteht das Problem, dass die Geber die Verwendung der Gelder kontrollieren wollen, dabei das finanzielle Engagement auch mit eigenen Interessen verknüpfen und die Entwicklungshilfe so auch zur "Wirtschaftsförderung der Geberländer" (Niggli 2008: 104) wird, denn „die Geber ziehen es vor, ihre eigenen Projekte durchzuboxen" (ebd.: 139). Deshalb „dient nicht jede Entwicklungshilfe der Entwicklung" (ebd.: 85). Soll die Hilfe tatsächlich der Besserung der Lage der Ärmsten dienen, dann kann das im Allgemeinen nur geschehen, wenn lokale Interessen mit denen der Geber in Einklang gebracht werden, um zu garantieren, dass die Gaben nicht verloren gehen. Die erschreckenden und skandalösen Tatsachen im Hintergrund sind folgende: Ca. 2,5 Milliarden Menschen leben mit zwischen einem und zwei Dollar pro Tag, und ca. eine Milliarde, die sogenannte *bottom billion*, unterhalb dieser Grenze. Die meisten Regierungen sind nicht bereit, die von den Vereinten Nationen festgelegten 0,7 % des Bruttoinlandsprodukts für Entwicklungshilfe aufzubringen, die Schweiz stellt da keine Ausnahme dar. Suchen wir nach Erfolgsgeschichten der fördernden Zusammenarbeit, so sind diese eher in Asien und Lateinamerika zu finden als in Afrika. Es herrscht eine Art „Afropessimismus", wie Niggli behauptet (ebd.: 126) – ausgelöst durch Fälle von Korruption sowohl auf der Geberseite wie auf Seiten der zentralen Regierungsmitglieder oder „dezentralisierten Despoten" (ebd.: 129) nach der politischen Unabhängigkeit einiger afrikanischer Staaten.

Die Schweiz selbst hatte nie Kolonien, konnte also ihre Politik freier entwickeln als die ehemaligen Kolonialmächte und als Ziel der Entwicklungshilfe einige konkrete Länder, die sogenannten „Schwerpunktländer", auswählen. Gemäß einer gesetzlichen Festlegung sollte die Entwicklungshilfe in erster Linie „die ärmeren Entwicklungsländer, Regionen und Bevölkerungsgruppen" unterstützen und einer Verbesserung der „Ernährungs- und Gesundheitslage […]" dienen (Klöti 1999: 715), wobei sich in diesem Zusammenhang in der Schweiz zwei Lager ausmachen lassen, die „Befürworter solidarischer und ungebundener Transfers *und* einer an Wirtschafts- und Handelsinteressen gebundenen Hilfe" (ebd.: 716).

Mich interessiert hier die Hilfe für Ruanda, „während vieler Jahre ein Schwerpunktland schweizerischer Entwicklungspolitik" (ebd.: 719), da die Handlung des Romans von Lukas Bärfuss dort unter Schweizer Entwicklungshelfern im Jahr 1994 lokalisiert ist, gerade in der Zeit, in der der Genozid in diesem Land stattfand. In einer kurzen Notiz am Anfang des Buches heißt es: *„Die historischen Tatsachen in diesem Buch sind verbürgt, die handelnden Personen erfunden"* (HT: 4). Daher ein Blick auf die historische Situation, um die Handlung einordnen zu können. Ruanda war Anfang des 20. Jahrhunderts eine deutsche Kolonie (1899–1919), die am Ende des ersten Weltkrieges an Belgien überging. Die lokale Macht befand sich wie schon im 19. Jahrhundert in der Hand der Tutsi. Unter der belgischen Kolonialherrschaft verschärfte

sich die rassistische Differenzierung, die Bevölkerung Ruandas wurde verpflichtet, die Stammeszugehörigkeit in ihrem Ausweis einzutragen und die
Hutu wurden von den Belgiern favorisiert. Des Weiteren wurden von der belgischen Kolonialmacht Ende der 50er Jahre ca. 50% der Tutsi in der Verwaltung durch Hutu ersetzt. Sogar die katholische Kirche begann, sich von den
Tutsi zu distanzieren und den Hutu zuzuwenden. Das alles steigerte die Ani-
mositäten zwischen beiden Gruppen. Schon 1959 hatten die Hutu die Vorherrschaft errungen und damit begonnen, Tutsi umzubringen. D.h., als die Schweiz
und andere Westmächte anfingen, das Land zu unterstützen, wussten sie
schon, mit welchem Konfliktherd sie es zu tun hatten. 1962 erlangte Ruanda
die Unabhängigkeit, die Rivalität hatte sich aber nicht vermindert. Es entstand
eine Art Hass zwischen beiden Stämmen, in dessen Folge viele Tutsi zur Auswanderung gezwungen wurden.

Ab 1990 begann die Tutsi *Rwanda Patriotic Front* (RPF) den Hutu-Staat anzugreifen, während die westlichen Mächte das Hutu-Regime des Präsidenten
und Diktators Juvénal Habyarimana unterstützten. Trotz einiger Bemühungen
kam es zu keiner friedlichen Einigung zwischen den beiden Bevölkerungsgruppen. Hutu-Milizen, wie *Interahamwe* und *Impuzamugambi*, trugen zum
Hass gegen die Tutsi bei, auch Radiosender waren ein beliebtes Instrument,
um den Hass gegen die Tutsi zu schüren. Zu einer Eskalation des Konfliktes
zwischen Tutsi und Hutu kam es, als das Flugzeug mit dem ruandischen Präsidenten und dem Hutu-Präsidenten von Burundi am 6. April 1994 abgeschos-
sen wurde. Man weiß bis heute nicht, wer dieses Verbrechen angeordnet hatte,
jedoch stellte es einen gefährlichen Zündstoff dar, da beide Seiten sich be-
schuldigten, das Flugzeug bei der Landung in Kigali beschossen zu haben. Als
der kanadische UN-General Dallaire vor der sich abzeichnenden Ausweitung
des Konflikts zwischen Hutu und Tutsi in seinem Appell vom 8. April 1994
warnte und die Vereinten Nationen zu einem schnellen Eingreifen aufforderte,
um den vorhersehbaren Völkermord noch zu verhindern, blieben seine Worte
ungehört. Während der folgenden 100 Tage töteten Hutu – häufig mit Mache-
ten – zwischen 500.000 und einer Million Tutsi. Insgesamt fielen also bis zu
75% der in Ruanda lebenden Tutsi diesem Völkermord zum Opfer. Tutsi-
Frauen wurden vergewaltigt, Männer gefoltert – unbeschreibliche Grausamkeiten wie das Abhacken von Händen und Füßen wurden begangen, bevor
man die Menschen umbrachte. Auch viele Hutu, die sich weigerten, am Völ-

kermord teilzunehmen und den Tutsi halfen, wurden Opfer der marodierenden Banden. In diesem Zusammenhang sollte aber auch erwähnt werden, dass früher besonders in Burundi auch viele Hutu von den Tutsi getötet worden waren. Erst die Rebellenarmee der RPF hatte den Genozid beenden können, auch wenn viele Menschenrechtsverletzungen auf sie zurückzuführen waren.

Amerikaner und Briten weigerten sich zunächst, das Wort „Genozid" auf die Situation in Ruanda anzuwenden, um zu verhindern, dass weitere Truppen geschickt werden mussten, wie es Dallaire dringend gefordert hatte. Die Amerikaner hatten sogar vor, die UNO-Truppen ganz aus Ruanda abzuziehen. Auch die christlichen Kirchen, besonders die katholische, schwiegen zum Völkermord, da sich auf beiden Seiten Katholiken befanden. Die wenigen Muslime hatten dagegen den Tutsi auf der Flucht geholfen.

Erst 1995 gelangten die Tutsi an die Macht. Von einem Frieden konnte aber noch lange nicht gesprochen werden, denn nun wurden die Hutu verfolgt und zur Flucht gezwungen. Die Massaker im Kongo waren eine direkte Folge dieser Unruhen.

Einige Texte und Filme haben sich mit dieser Thematik auseinandergesetzt. Als bekanntester gilt der Film *Hotel Ruanda* von Terry George (2004), in dem es darum geht, wie der Direktor des Hotels *Mille Collines* Flüchtlinge aufnahm, Hutu-Verfolger bestach und so 1268 Tutsi das Leben rettete. Der englische Film *Shooting dogs* von Michael Caton-Jones (2005) handelt von den Geschehnissen in der Technischen Schule in Kigali und ist eine harte Anklage an die westlichen Mächte, die keine Hilfe geleistet hatten. Auch einige Romane von afrikanischen Schriftstellern wie Boubacar Boris Diop aus dem Senegal oder Véronique Tadjo aus der Elfenbeinküste sind zu dem Thema erschienen. Die deutschen Hanna Jansen und Anke Pönicke schrieben jeweils ein Kinderbuch über die Ereignisse und ihre Folgen. Von Rainer Wochele erschien der Roman *Der General und der Clown*, in dem er auf General Dallaires erfolglose Versuche, den Genozid zu stoppen, eingeht und sich auf die Schuldproblematik konzentriert, die auch nach zehn Jahren immer noch besteht. Hans Christoph Buch veröffentlichte den Roman *Kain und Abel in Afrika*, ein Buch, das auf seine persönlichen Erfahrungen 1995 in Ruanda gegründet ist und die zweite Welle des Völkermords behandelt und auch die Ereignisse von 1994 einbezieht. Auch Buch besuchte das Hotel *Mille Collines* in der Hauptstadt Kigali. Lukas Bärfuss' *Hundert Tage* gehört auch in diese Reihe. Sein Roman zeichnet sich durch einen polyskopischen Blick auf die Ereignisse aus, verschiedene Figuren kommen zur Sprache, wenn auch zum Teil nur innerhalb des Diskurses von David. Durch diese Diskurse werden verschiedene Formen und Ebenen von Macht dargestellt: Einmal die Nord-Süd-Achse in Form der Schweizer Entwicklungshilfe in Ruanda, des Weiteren die Interessen der Weltbank an entwicklungspolitischer Zusammenarbeit. Dazu kommt der geschichtliche Konflikt zwischen Hutu und Tutsi, bei dem sich die Gruppen in gegenseitiger Unterdrückung und Verfolgung abwechselten. Im engeren Rahmen wird die berufliche Hierarchie in der Regierung des Landes, aber auch in der Direktion der Schweizer Entwicklungshilfe in den Personen der Direktorin Marianne und des Vize-Direktors Paul thematisiert. Hinzu kommt der Blick auf die Macht, die David über seine afrikanischen Angestellten hat (den Gärtner Théoneste und die Putzfrau Erneste). Als letzter Aspekt von Macht wird die Macht der Männer über die Frauen in Ruanda in den Blick genommen.

Die Handlung in Bärfuss' Roman spielt also mitten in diesem Völkermord. Als Textstruktur haben wir eine Erzählrahmung: ein Ich, ein Bekannter der Hauptfigur David Hohl, spricht mit diesem im Schweizer Jura über Davids Ruandazeiten. David Hohls Erlebnisse werden von dem Erzähler wiedergegeben. Dabei verwendet er „eine behutsame Sprache, schreibt beobachtend, nicht anprangernd und ohne Erklärungen oder gar Lösungen abzuliefern" (Meier 2008). Der Grund dafür liegt in der gewählten Erzählperspektive: Die gerahmte Narrative hat einen einzigen Perspektiventräger, die Hauptperson, auch wenn diese in ihrem eigenen Text hie und da die Perspektiven anderer Personen wiedergibt. Der Haupttext ist von David, nur manchmal interferiert der Erzähler ersten Grades ganz kurz, so zum Beispiel auf den ersten Seiten, in denen er die Ausgangssituation präsentiert: „Nein, fährt David fort" (HT: 13). Davids Erzählung umfasst ca. 98% des Textes, der Leser glaubt eigentlich eine Ich-Erzählung zu lesen, da der Erzähler nur auf den ersten drei Seiten auftritt als ein ehemaliger Kollege von David. Der Mann sei gebrochen, „eine innere Zerrüttung" (HT: 5) mache sich bei ihm bemerkbar, so charakterisiert der Erzähler sein Gegenüber. Der Erzähler kann nicht verstehen, warum David nicht bei den Evakuierungen in Kigali dabei war, als klar wurde, dass es zu einem Völkermord kommen würde, zu „eine(r) perfekt organisierte(n) Hölle" (HT: 8). Der zweite Teil in Ich-Form, also Davids Diskurs, ist ein Versuch, eine detaillierte Antwort auf diese Frage zu geben.

Von Anfang an weiß der Leser, David ist wegen Agathe, einer Hutu-Frau, die er zum ersten Mal auf dem Brüsseler Flughafen traf und die er in Kigali wiedersehen wird, in Ruanda geblieben. Die Erzählung von David beginnt mit den letzten Tagen in der Hauptstadt, in der schon die Milizen ihr Unwesen treiben und die Luft erfüllt ist von Leichengeruch. Er hat sich in seinem Haus versteckt, um nicht evakuiert zu werden und bleibt also während der hundert Tage des Genozids in Kigali, nachdem die „Rebellen", wie die RPF von der Direktion der Entwicklungshilfeorganisation und der Regierung genannt wird, von Uganda aus das Land anzugreifen beginnen. Als Reaktion darauf fangen die Hutu systematisch an, die Tutsi zu töten. Hier kommt die rassistische Ebene der Macht zum Ausdruck: Zuerst waren die Tutsi an der Macht, dann wurden sie mit der Unabhängigkeit durch die Hutu abgelöst. Nie gab es ein richtiges Zusammenleben, die eine Gruppe übte stets Macht über die andere aus, wobei die westliche Welt die eine Gruppe oder die andere, je nach eigenen Interessen, unterstützte. Im Roman werden die Hutu die ‚Kurzen' genannt, die Tutsi die ‚Langen', selten werden die Namen der beiden Stämme genannt.

Der 24-jährige David Hohl reist 1990 nach Afrika. Er durchläuft den frustrierenden Weg eines Entwicklungshelfers, der voller Ideale nach Ruanda kommt und sich damit begnügen muss, Bürokratisches zu erledigen: „Ich habe an das Gute geglaubt, ich wollte Menschen helfen wie alle von der Direktion, und nicht nur, um einen Einzelnen aus der Misere zu ziehen, sondern um die Menschheit weiterzubringen" (HT: 7). Sein Vorgesetzter Paul glaubt an seine Arbeit in der Direktion, hat viele Kontakte zu den von der Schweiz unterstützten Projekten, die der Leser kennen lernt, weil er sie David zeigt. Die Ausrichtung der Schweizer Politik wird in Frage gestellt und zwar zunächst politisch: Die Schweiz steht eindeutig auf der Seite der regierenden Hutu und deren rassistisch eingestellter, diktatorischer Regierung, die die Tutsi diskriminiert. Aber nicht nur die Schweiz, sondern auch Belgien und Frankreich u. a. unterstützten den Diktator, der äußerlich die Ordnung garantiert. Über 220 Hilfsorganisationen befanden sich zu der Zeit in Ruanda, die aber alle schnellstens das Land verließen, als es zu ‚heiß' wurde. Die Schweizer kritisierten zwar halbherzig die Diktatur, arrangierten sich aber mit den Verhältnissen, die eine gewisse Ordnung zu garantieren schienen, denn so konnte man wenigstens die Büchse der Pandora geschlossen halten (HT: 80). Das Schweizer Engagement konzentrierte sich auf die Förderung des Bohnenanbaus sowie den Unterhalt einer Forstschule, einem etwas fragwürdigen Unternehmen in einem Land, in dem es kaum Wälder gab und deshalb weder Schüler Arbeit in diesem Bereich (HT: 33)[3] fanden noch die Bauern sich für den Schutz der Wälder interessierten, allenfalls für Brennholz (HT: 34). 50 Millionen Franken wurden in die Kaffeeproduktion investiert, zu einer Zeit, in der die westliche Welt die Preise stürzen ließ. Die Schweiz unterstützte eine Genossenschaft, die am Ende des Romans zugrunde geht. Sie unterstützte ein Radio, das zum wichtigsten Propagandainstrument wurde, um den Hass gegen die Tutsi zu schüren und die Hutu zum Töten aufzufordern. Zudem bezahlte die Direktion die Honorare eines Schweizers Ratgebers des Präsidenten.[4] Paul, vehementer Verteidiger dieser Unterstützung, ist am Ende verzweifelt, weil alles, wofür er ehrlich kämpfte, zugrunde geht: „Ich habe mein Leben verschwendet" (HT: 151), so lautet die Bilanz eines Menschen, der nur die positiven Seiten der Hilfe, nicht aber deren mögliche Konsequenzen sehen wollte.

Die Spannung im Text – eine Art Macht des Textes über den Leser – fängt damit an, dass der Leser schon am Anfang weiß, dass der Erzähler in der Schweiz ist, sich also hat retten können, und dass eine Evakuierung stattgefunden hat. Erst dann wird die eigentliche Geschichte chronologisch präsentiert. Der größte Teil des Textes ist also, wie bereits gesagt, eine Art Antwort, eine Rechtfertigung des Erzählers zweiten Grades. Die Nachrichten sind alarmierend (HT: 36), die Katastrophe nähert sich (HT: 29f), das macht Davids Arbeit noch frustrierender. Die Macht der ‚Kurzen' wird von David gesehen, ergänzt durch die Perspektive seines Chefs, des kleinen Paul, aber auch durch andere, die den Präsidenten Hab unterstützen. Eine kritische, unabhängige Stimme tritt in der Person von Missland auf, einem in Kigali tätigen Schweizer. Jedoch schadet es Misslands Ansehen unter den übrigen Entwicklungshelfern, dass er sich dezidiert für Frauen, insbesondere die Tutsi-Frauen interessiert (HT: 45). Sein Diskurs kontrastiert stark mit dem von Paul, der einen ethisch begründeten Diskurs führt, dessen Irrtümer jedoch bald an den Tag treten. Missland hingegen befindet sich außerhalb des übrigen Machtgefüges und nutzt seinen Status als Europäer, um leichteren Zugang zu Frauen zu bekommen. Seine Haltung ist dabei eine viel humanere und politisch korrektere: Die Schuld soll

---

3   Es war ein teures Unternehmen: Jeder Schüler kostete 30.000 SFr.

4   Es handelte sich um den kanadisch-schweizer Finanzexperten Charles Jeanneret, im Roman ‚Jeannot' genannt.

nicht nur den Schwarzen zugeschoben werden, sondern auch bei den westlichen Kolonialmächten gesehen werden (HT: 46). Er stellt David eine Reihe von Fragen, die wichtig für eine Kritik sind, auch wenn er selber keine Antwort gibt: „Warum arbeiten zweihundert verschiedene Organisationen in diesem Land? Warum gibt es keinen Hügel ohne Entwicklungsprojekt? Woher kommt dieser unglaubliche Drang, den Hintern des Präsidenten mit unserem Geld zu stopfen?" (HT 49) Dabei mangelt es an Organisationen in Nachbarländern, sie seien zu unsicher, betont Missland.

Als „contact zone" Davids, um Pratts Begriff zu benutzen, dient von vornherein die Schweizer Vertretung, d.h. sein Büro und sein Haus. Hier treffen sich Schweizer und ruandische Interessen, besonders der Hutu, um eine Art Gemeinsamkeit zu bilden. David ist ein Mitglied dieser Zone. Diese wird durch die Unruhen eine Verschiebung erfahren. Als die Schweizer das Land verlassen, bleibt David zurück, sein Haus wird weiterhin seine „contact zone" bleiben, aber mit anderen Funktionen: Hier trifft er eine Gruppe Tutsi, die ihm helfen werden.

Europäer und darunter die Schweizer mögen die Menschen in Ruanda, weil sie laut Missland keine Schwarzen seien trotz der Hautfarbe, sie seien „afrikanische Preußen, pünktlich, die Ordnung liebend, von ausgesuchter Höflichkeit. Sie spucken niemals auf den Boden, hassten Musik und waren ganz miserable Tänzer [...] In der Genügsamkeit und Ordnungsliebe erkannten wir Schweizer uns wieder" (HT 50, 55). Und sie fügten sich. Die dargestellte Wirklichkeit zeigt auch eine andere Facette, die der Korruption, wie z.B. die des Gouverneurs eines Dorfes, der nur einem Projekt für elternlose Kinder zustimmt, wenn die Direktion ihm eine Straße baut und ein Telefon installiert (HT 98). Später sagt Missland, man solle hinterfragen, wer hinter dem Völkermord stehe, er sei zu gut organisiert, um spontan zu sein (HT: 142).

Als Kontrast zu Misslands Vorstellungen steht die Haltung von Agathe, einer Hutu-Frau, die David fasziniert, seit er sie zum ersten Mal im Brüsseler Flughafen gesehen hat. Sie will zurück nach Belgien, sie interessiere sich nicht für ihr Land, erklärt sie, ihr Interesse gelte den Männern, sie habe vor, das Leben zu genießen, das könne sie keinesfalls in Ruanda. Langsam wird sie vom Hass gegen die Tutsi eingenommen und beteiligt sich an deren Verfolgung. Exemplarisch für die Macht, die sie als Hutu gegenüber Tutsi-Frauen hat, ist die Szene mit ihr und Erneste in Davids Haus. Sie geht in die Küche, lässt ein

Glas fallen, „meinte, jetzt sei die Kakerlake dort, wo sie hingehöre, auf dem Boden nämlich. […] Sie beugte sich über die bemitleidenswerte Erneste, Speichel spritzte aus ihrem Mund, sie war erfüllt von Abscheu, von Hass, von Zorn […]" (HT: 128). Erneste kann sich nicht wehren, verletzt sich an einer Scherbe, was Agathe nicht weiter bekümmert, erst als David einschreitet, kann sich die Putzfrau um die Wunde kümmern.

Die internationale Presse richtet jetzt ihr Augenmerk verstärkt auf die Tutsi, man versucht ihre Lage zu verstehen. Und die westlichen Länder können beim besten Willen die Hutu nicht mehr unterstützen, man rechnet mit einem Machtwechsel und will den Weg schon vorbereiten.

Eine andere Ebene von Macht wird beim päpstlichen Besuch in Ruanda sichtbar. Das Kirchenoberhaupt ist eindeutig ein westlicher Machthaber. Eine große Menschenmenge versammelt sich, um ihn zu sehen und zu hören. David konzentriert sich in seiner Erzählung überwiegend auf die Ausführungen des Papstes zur Sexualmoral. Der Papst verteidigt die Enthaltsamkeit vor der Ehe und das Verbot von Präservativen, es interessiert ihn kaum, was für Bräuche im Lande dominieren und wie hoch die Zahl der AIDS-Kranken und Hungernden ist. Ein Minister stellt diese Politik in Frage, indem er dem Papst Fragen stellt:

Was soll ich ihnen sagen, Heiliger Vater, wenn sie mich fragen, was sie mit der Liebe tun sollen? Und was soll ich dem jungen Mann sagen, der zu ewiger Untätigkeit und zu Arbeitslosigkeit verdammt ist und der keine Ahnung hat, wie er seine Triebe kontrollieren kann, den aber die Gesetze der Kirche und der Gesellschaft zur Keuschheit zwingen, die er aber unmöglich leben kann? […] Wie soll ich sie trösten, wenn ich doch ins Himmelreich kommen und dazu die katholische Moral leben will, die mir nur wie die Zementierung der weißen Vorherrschaft erscheint. (HT: 70)

Der Papst kann natürlich nicht auf diese Fragen eingehen, er begnügt sich mit der Wiederholung der Position der Kirche. Diese ist machtpolitisch nichts anderes als die Fortsetzung der westlichen Kolonialpolitik. Der Minister wird unmittelbar nach dem päpstlichen Besuch abgesetzt.

Als die Tutsi-Truppen schließlich bei Kigali sind, fliehen die Hutu ihrerseits und David flieht mit ihnen, zuerst in ein Camp, in dem die „besseren" Leute sind und in dem die Machtverhältnisse beibehalten werden: Die, die Chefs draußen waren, sind es auch hier, die Verteilung geschieht weiterhin durch ihre Hände. Immerhin ist es im Vergleich zu anderen Lagern kein schlechtes Camp. Die internationalen Organisationen helfen jetzt denen, die bis vor kurzem Mörder waren, sie unterstützen die Menschen, ohne auf ihre Herkunft zu achten. David will aber zu einem anderen Camp, einem sehr armseligen, weil er weiß, dass sich dort Agathe befindet. Sie hat sich mit Cholera infiziert und liegt im Sterben. Mit Agathes Tod sieht David keinen Grund mehr, in Ruanda zu bleiben. Er hatte nicht aus humanitären Gründen auf Evakuierung verzichtet, sondern aus individuellen.

Die letzte Seite definiert die Erzählzeit: „Ich habe in den Jahren danach versucht, jede Aufregung von meinem Leben fernzuhalten" (HT: 196). Es ist eine mögliche Antwort auf die „third space"-Problematik (Neumann 132). Ruanda ist nicht mehr kolonial, sucht seinen eigenen postkolonialen Weg und wird resemantisiert. Nach dem kolonialen europäischen und postkolonialem Diskurs, zu dem auch die Schweiz gehörte, wenn auch nicht gerade auf der ethisch richtigen Seite, wenn es je eine gab, wird Ruanda neu definiert. Es geht nicht mehr um einen genau bestimmbaren Raum, sondern um einen instabilen. In diesem einst zur Hölle gewordenen Raum versucht David trotz allem eine menschliche Seite zu finden, die sich weder als kolonial noch postkolonial versteht. Dabei lehnt er vieles ab, was seine Chefs als offizielle politische Haltung der Schweizer Behörden verteidigten: dass nämlich die richtige Ordnung die der Macht sei.[5]

David liest Bücher und Berichte, liest, die Schweiz habe am meisten in diesem Land investiert:

Unser Glück war immer, dass bei jedem Verbrechen, an dem je ein Schweizer beteiligt war, ein noch größerer Schurke seine Finger im Spiel hatte, der alle Aufmerksamkeit auf sich zog und hinter dem wir uns verstecken konnten. Nein, wir gehören nicht zu denen, die Blutbäder anrichten. Das tun andere. Wir schwimmen darin. Und wir wissen genau, wie

5 Sigrid Weigel schreibt: „Nicht im Gegensatz der Kulturen, sondern zwischen ihnen liegt der Ort, von dem aus der Gegen-Diskurs entwickelt werden soll" (in Birgit Neumann 2009: 132f.). Das definiert die Position der Hauptfigur.

man sich bewegen muss, um obenauf zu bleiben und nicht in der roten Soße unterzugehen. (HT: 197)

Mit der Macht der Sprache gelingt es dem Autor in einem meist ruhigen Ton und aus einer zeitlichen Distanz heraus zu zeigen, wie die Macht der Schweiz und anderer westlicher Länder, gebraucht wird, um von oben herab zu entscheiden, was für die Länder in Afrika am besten sei. Die Grenzen werden undeutlich, aber der Leser weiß, dass dieser Teil Afrikas zu einem Teil Spiegel der offiziellen Schweiz wird.

Verstärkt wird der Eindruck der verhängnisvollen Verstrickung von Europäern in die Geschehnisse durch die Perspektive, die sich aus der Erzählsituation ergibt, durch die Erwähnung der Rolle französischer Soldaten, der Passivität von UNO und Blauhelmsoldaten und schließlich durch die Behauptung einer Mitschuld sogar der Entwicklungshilfe (Behrens 2010: 5).

Alle dieser Beschuldigungen sind aber perspektiviert, das letzte Urteil gehört dem Leser. Unangenehm scheint es zu sein, dass Bärfuss durch Afrika über die Schweiz redet, Afrika wird zum Spiegel eines Teils des Landes. Durch seine Reise nach Afrika kam David mit verschiedenen Arten von Macht in Berührung, er erlebte auf öffentlicher wie auf privater Ebene Machtkonflikte. Sein Wille, anderen zu helfen, die Welt zu verbessern, wurde zu einer leeren Phrase, weil die Weltmechanismen es ihm nicht erlaubten, sich selbst zu verwirklichen. Davids Ideale wurden zunichte gemacht, schuldig sind die Außenwelt und er selbst. Der Leser möchte ihn aber nicht im Stich lassen, sondern verstehen. Er hat sich zurückgezogen und erzählt, er scheint ein Mensch geworden zu sein, der sich von seinen früheren Idealen entfernt hat, Ideale, die er sowieso nie hat verwirklichen können. Er spürt auf den verschiedenen Ebenen seine eigene Ohnmacht, auch in der privaten Beziehung zu Agathe, die ihm auch schon seine Ohnmacht attestiert hatte. „Bärfuss malt schwarz, aber er richtet nicht" (Halter 2008). Oder um einen anderen Kritiker zu zitieren: „Das ist exakt die Selbstzufriedenheit, die Bärfuss im Buch karikiert. Schon in Ruanda sprach man von Zusammenarbeit. Genau dieses „Zusammen" führte dazu, dass man der Regierung jeden Wunsch von den Lippen ablas" (Signer 2011).

Der Leser bekommt genug Material geboten, um nachzudenken, nicht in der Hektik der Erlebnisse, sondern in der schneeigen ruhigen kalten Landschaft des Jura, um zu verstehen, warum David ein gebrochener Mann geworden ist und wie jemand mitschuldig werden kann trotz der besten Intentionen. Dem Autor geht es weniger um die Entwicklungshilfe als um das moralische Dilemma eines Menschen, um die Verantwortung eines Landes, aber besonders um die eines einzelnen, um die Macht und Teilhabe an der Macht.

Gonçalo Vilas-Boas

Benutzte Literatur

BÄRFUSS, Lukas (2008), *Hundert Tage*. Göttingen, Wallstein.

BEHRENS, Mark (2010), „Lukas Bärfuss". In: *KLG*. München, edition text + kritik, S. 2.

BUCHELI, Roman (2009), *Laudatio auf Lukas Bärfuss, Mara-Cassens-Preis*, Hamburg, 8. Januar 2009, S. 1–6, hier S. 1. www.wallstein-verlag.de/LaudatioBaerfuss..., gesehen am 20.08.2010.

HALTER, Martin (2008), „Die Schweiz schwimmt in den Blutbädern, die andere anrichten". In: *Tages-Anzeiger*, 11. März 2008, S. 3, gesehen am 20.08.2010.

MEIER, Belinda (2008), „gutes säen und böses ernten – lukas bärfuss' ,hundert tage'". In: *ensuite-kulturmazin*, Nr. 64/April 2008.

NEUMANN, Birgit (2009), „Imaginative Geographien in kolonialer und postkolonialer Literatur: Raumkonzepte der (Post)Kolonialismusforschung". In: Wolfgang Hallet/Birgit Neumann (Hrsg.), *Raum und Bewegung in der Literatur. Die Literaturwissenschaften und der Spatial Turn*. Bielefeld, transcript Verlag.

NIGGLI, Peter (2008), *Der Streit um die Entwicklungshilfe. Mehr tun – aber das Richtige.* Zürich.

SIGNER, David, „Wenn Schweizer Afrika retten wollen". In: *Die Weltwoche*, 13/2008, S. 3, gesehen am 16.4.2011.

© Frank & Timme   Verlag für wissenschaftliche Literatur

TERESA MARTINS DE OLIVEIRA (UNIVERSIDADE DO PORTO)

Die Macht der Ohnmacht in Alain Claude Sulzers
Zur falschen Zeit[1]

Das Patriarchat ist wohl eine der ältesten und am längsten bestehenden Macht-instanzen mit Einfluss nicht nur im privaten, sondern auch im gesellschaftli-chen, sozialen und politischen Bereich. Über die Entwicklung des Patriarchats, namentlich über seinen Ursprung, Höhepunkt, Fall und (vorgesehenen) Aus-klang wurde und wird reichlich spekuliert und kann uns hier nicht weiter beschäftigen. Es reicht, daran zu erinnern, dass die Bibliographie der ver-schiedensten Orientierungen zum Ausdruck bringt, dass im Laufe des 20. Jahrhunderts (mit Ausnahme von wenigen Jahren um die beiden Kriege) ein effektiver Rückgang der Macht der Männer und der Väter, ohne gleichwertige Reduktion der Macht des Patriarchats festzustellen ist. Das Ende des 20. Jahr-hunderts wird als eine Zeit der Unklarheit betrachtet, was die männliche Macht betrifft, mit Radikalisierung der Multiplizität der Machtressourcen und der Machttypen. Auf der einen Seite scheint die allmähliche Verbleichung der Vaterfigur als (Er)Zeuger, Erzieher und Ernährer einen Höhepunkt erreicht zu haben: Wie Dieter Lenzen behauptet, werden diese Funktionen vom Staat, von anderen Männern und von Frauen übernommen, wie dies die wachsende Anzahl alleinerziehender Mütter bezeugt, und sogar die letzte Bastion der männlichen Kraft, die des Zeugers, scheint in der Perspektive vieler Feminis-tinnen durch die Popularisierung von neuen medizinischen Fortschritten kompromittiert. Auch konstruktivistische und diskursanalytische Annäherun-gen an die Genderfrage, die sogar das Konzept einer sexuellen Identität in Frage stellen, haben schwere Folgen für die Selbstverständlichkeit der Macht des Männlichen in der Gesellschaft.[2]

---

1   Die Arbeit ist Teil des Forschungsprojektes "Interidentitäten/Interkulturalitäten" des *Instituto de Literatura Comparada Margarida Losa da Faculdade de Letras da Universidade do Porto* und wird durch die *Fundação para a Ciência e a Tecnologia* im Rahmen des Projektes «PEst-OE/ELT/UI0500/2011» gefördert. Ich möchte mich bei Simone Tomé für ihre Hilfe bei der Textbearbeitung bedanken.
2   Zur Geschichte der Vaterschaft im 20. Jahrhundert, siehe u.a. Lenzen 1991: 219 – 260.

Gleichzeitig aber verbreiten sich entgegengesetzte Tendenzen, die für eine Wiederherstellung der Wichtigkeit der Männer in der Familie plädieren. Aus einer vor allem konservativen psychologischen und soziologischen Warte wird von der Wichtigkeit der männlichen Referenzfigur gesprochen. Der „Hunger nach dem Vater" wird neu entdeckt und vor allem von einer langatmigen Selbsthilfe-Literatur popularisiert. „Iron John", das im Jahre 1999 veröffentlichte Buch des amerikanischen Schriftstellers Robert Bly, das über ein Jahr in der Bestseller-Liste in den USA stand und inzwischen auch ins Deutsche übersetzt wurde, soll uns als Beispiel dienen. Das Weiterbestehen der Väterbücher, auch in der Schweiz des 21. Jahrhunderts, kann man mit diesem Vaterhunger in Verbindung setzen. Über die Evolution dieses Subgenres, das in Deutschland als Gerichtstaghaltung an die Vätergeneration von Seiten der Kriegskinder in den 70er und 80er Jahren anfing, und über seine Variationen in der Schweiz nach der Jahrtausendwende, gibt uns Beatrice Sandberg reichhaltige Informationen (Sandberg 2006:156–171).[3]

Auch Alain Claude Sulzer, der bekannte Schriftsteller und Jurymitglied des Ingeborg-Bachmann-Wettbewerbs, der mit dem Roman *Der perfekte Kellner* (2004) einen großen Erfolg feierte,[4] bemächtigte sich des Themas in seinem nun neunten, 2010 veröffentlichten Roman *Zur falschen Zeit* und gab ihm eine neue und wenn auch nicht überraschende, so doch kuriose Wende.[5]

Sulzers Roman kann als eine aus den Beziehungen zwischen Vater und Sohn beschriebene vergleichende Geschichte des Patriarchats und seiner Macht (oder Mächte) ab Mitte des 20. Jahrhunderts mit speziellem Interesse für die Bedeutung, die Gesellschaft und Familie der Homosexualität beimessen, gedeutet werden. In meinem Beitrag werde ich analysieren, wie Geschlechter- und Machtverhältnisse zueinander in Beziehung gesetzt werden und ob diesem immer noch frakturierenden Thema (die Homosexualität des eigenen Vaters), erzählt aus einer dezentrierten Perspektive, auch subversive Vorschläge für die Machtverhältnisse und für ästhetische Optionen entsprechen. Ich werde ebenfalls dem Aspekt nachzugehen versuchen, wie das ge-

---

3 Zu "Väterbücher" s. ebenfalls Vogt 1998.

4 Neben anderen Auszeichnungen erhielt Sulzer für diesen Roman 2008 den Schillerpreis und den französischen Preis "Prix Médicis étranger", für *Privatstunden* 2009 den Hermann-Hesse-Preis.

5 *Zur falschen Zeit* wurde im Jahre 2010 beim Verlag Galiani Berlin veröffentlicht; im laufenden Text zitiert als ZfZ.

wählte Thema und die entsprechenden Erzählstrategien von den Lesern rezipiert werden, d. h., welche Macht der Text auf den Leser ausübt.

In der Geschichte sind verschiedene Zeitebenen, verschiedene Orte und verschiedene Erzählweisen, denen unterschiedliche sozio-kulturelle Realitäten entsprechen und zu denen auch verschiedene Entdeckungs- und Verschweigungsstrategien gehören, die miteinander in einem Text verwoben sind, der sich verschiedenen Leseniveaus öffnet.

Die Zeit, deren Zentralität im Roman durch den Titel hervorgehoben wird, pendelt zwischen drei verschiedenen Ebenen, nämlich dem Ende der 40er/Anfang der 50er Jahre, der Zeit der Jugend und des Todes von Emil Ott, Vater des Ich-Erzählers; dem Anfang der 70er Jahre, der Zeit der Jugend des Ich-Erzählers, als die Haupthandlung stattfindet, und eine lange und diffuse Zeitspanne bis zur Gegenwart, die auch die Zeit des Schreibens ist, mehr als 30 Jahre später, und die nur in wenigen Schnappschüssen erhellt wird. Diesen Zeitebenen entsprechen verschiedene Organisationsmodelle der Familie und ihrer jeweiligen Machtauswirkungen. Die Familie von Emil Ott, Vater des Ich-Erzählers, entspricht dem Familienmodell aus der Mittelschicht in der Nachkriegszeit, mit dem Ehepaar und einem Sohn. Hans Ott, Emils Vater, ein relativ erfolgreicher Kaufmann, selbstzufrieden und borniert, ist offenkundig der Machtinhaber und die Autoritätsfigur, Schweizer Pendant zum deutschen Mann der Adenauerzeit. Im Sohn erhofft er sich einen Nachfolger, im Geschäft und als Oberhaupt einer neuzugründenden Familie (Hermann Kafka lauert deutlich hinter der Figur; auf Bourdieus Modell zur Vater-Sohn Beziehung, das mit den Vater-Sohn Geschichten des Romans in Verbindung gesetzt werden kann, komme ich später noch zu sprechen).

Auf die Homosexualität des Sohnes reagiert Hans Ott mit Zorn und Entsetzen und mit dem Versuch, sie als eine psychiatrische Krankheit zu bändigen. Die Mutter wird als eine ängstliche und vom Mann total dominierte Frau beschrieben, die in ihrer Unbeholfenheit von der Andersartigkeit des Sohnes niedergeschlagen ist. Ihre nicht mehr als angedeuteten Liebesgefühle kann sie nicht äußern, geschweige denn durchsetzen: die Somatisierung ihrer Unbeholfenheit und Ohnmacht führt letztendlich zum Tod an Krebs kurz nach dem Selbstmord des Sohnes. Emil selbst lässt sich von derselben kontrollierenden Macht des Patriarchats bändigen. Auf die etwas hilflose Revolte nach der ersten Internierung folgt das Sichfügen: Er geht noch zwei- oder dreimal freiwillig in Behandlung, wählt eine berufliche Karriere als Lehrer, nimmt sich eine Freundin und heiratet sie. Verschiedene Informationen über die kurze Periode nach der Hochzeit – mit der jungen Frau als tüchtige Hilfskraft im Geschäft des Schwiegervaters und Emil als geschätzten Lehrer – erwecken im Leser den Eindruck einer spießigen Mittelstandsidylle, die ihren Höhepunkt in den Sommerferien im Süden hat, während denen Emil seine Frau vermutlich schwängert. Aber gleichzeitig verfolgt er ein heißes und riskantes Liebesabenteuer mit einem jüngeren männlichen Kollegen, von dem er vor kurzem zu einem Liebesverhältnis verführt wurde. Die heiße Liebe zwischen Emil und S. Enz (auf den lautmahlerischen und ausdruckskräftigen Namen komme ich später noch kurz zurück) führt beide auf eine Reise nach Paris, die an den letzten Tag von Vrenchen und Sali aus Kellers *Romeo und Julia auf dem Dorfe* denken lässt und somit den Tod als natürliche Folge dieser von der Gesellschaft nicht gebilligten Verbindung andeutet. Das Leben nehmen sie sich aber erst aus Angst vor der Bekanntmachung des Geschehenen, als die Mutter des Freundes mit Emils Preisgabe vor Familie und Gesellschaft droht.

Verglichen mit dieser streng konservativen Familie aus den 50er Jahren scheint die Familie von Emils Sohn (dem Ich-Erzähler) positiv zu kontrastieren. Der Ich-Erzähler selbst beschreibt seine häuslichen Verhältnisse als angenehm und die Mutter als „anständig" (ZfZ: 16). Wieder wird uns das Bild einer zeittypischen Familie präsentiert. Die Handlung spielt im Jahr 1971. Oberflächlich wird die Konstellation der christlichen Heiligen Familie hier noch einmal nachgeahmt. Ein Blick in die Tiefe zeigt uns als typische Veränderung, dass die traditionellen Ernährungs- und Erziehungsfunktionen von der Mutter übernommen wurden. Zwar ersetzt der Stiefvater den Vater und pflegt mit dem Ich-Erzähler eine freundschaftliche Beziehung, aber er hält sich von paternalen Funktionen demonstrativ fern. Auch die Mutter hat mit dem Ich-Erzähler eine korrekte Beziehung, wie es ihrem eigenen Wesen entspricht und von der extremen Ordnung und Reinheit des Familienhauses, die der Sohn oft als übertrieben und penibel empfindet, metaphorisch dargestellt wird (vgl. ZfZ: 16).

Dieser Machtverlagerung vom Vater auf die Mutter, die typisch für die Entwicklung der Familienorganisation der 70er Jahre in Mitteleuropa ist und im Roman durch den Tod des leiblichen Vaters potenziert wird, entspricht aber keiner Veränderung, was die Akzeptanz der Homosexualität betrifft. Der

Ich-Erzähler, dem es immer deutlicher bewusst wird, dass über den Vater und sein Los ein großes Schweigen herrscht, ahnt dunkel, dass die Mutter sich anstrengt, alle Spuren der Identität des Vaters auszuwischen.

Kurz nach seiner Rückkehr aus Paris, seiner Initiationsreise, in der er André, den ehemaligen Freund des Vaters, aufsucht und von der sexuellen Orientierung des Vaters erfährt, thematisiert die Mutter einmal das Geschehen und erzählt ihm Näheres über die Erpressungsgeschichte, die den Vater in den Tod führte (vgl. ZfZ: 223–227). Danach geht die Parisreise des Ich-Erzählers in die Familiengeschichte als eine jugendliche Eskapade ein, und er und die Mutter scheinen den verstorbenen Vater und sein nun bekanntes Schicksal endgültig verdrängt zu haben. Den schnappschussartigen Bekenntnissen des Ich-Erzählers entnimmt der Leser jedoch, dass das nicht ganz der Fall ist. Das spätere Leben des Ich-Erzählers wird aber nur extrem vage erwähnt, so dass selbst der sehr aufmerksame Leser nicht mehr als einen lückenhaften und verwischten Lebenslauf zusammenstellen kann. Er ist Jurist, als Gerichtsschreiber tätig, hat selber einen Sohn, den er über die Geschichte und die sexuelle Orientierung des Großvaters nie aufklärt.

Dem Leser wird klar, dass das Schweigen über die Homosexualität des eigenen Vaters, das in den 70er Jahren während und gleich nach der kurzen Reise nach Paris für einen Moment aufgehoben wurde, wieder einsetzte und das über einen Zeitraum, der sich über dreißig Jahre erstreckte. In diesem Schweigen kann man die Ursache des Romans finden, der viele Jahre später geschrieben wird, und dieses Schreiben kann als Versuch gedeutet werden, dem Schweigen ein Ende zu setzen.

Auf den ersten Blick scheint der Roman tatsächlich beweisen zu wollen, und Andrés Freund behauptet dies explizit, dass Emils homosexuelle Tendenzen "zur falschen Zeit" gelebt wurden: „Ich meine, ich bin überzeugt, er war ein Opfer der Umstände. Es war die falsche Zeit. Man kann die Zeit nicht ändern" (ZfZ: 85).

Ein genauerer Blick legt nahe, dass es sich mehr um einen „falschen Ort" handelt, denn Paris, wo André schon Ende der 40er Jahre Zuflucht fand, ist in den 70ern weiterhin der Ort, wo die Homosexualität auch gelebt werden kann. Dagegen erscheint die Schweiz als ein Raum der Enge und der Tabuisierung von andersartigen sexuellen Orientierungen. Die Tatsache, dass der Handlungsort nie genau erläutert wird, trägt zu der Generalisierung der homophobischen Tendenzen bei, und die Motive der Uhr und der extremen Ordnung der Mutter zeigen, wie das Private sich auch auf das Öffentliche bezieht, um ein Bild des typisch schweizerischen Benehmens entstehen zu lassen.[6]

In diesem Spiel zwischen Erzählen und Verschweigen, das im Roman nicht nur beschrieben, sondern auch inszeniert wird, muss die Erzählsituation besonders hervorgehoben werden. Diese wird von einem Ich-Erzähler und von einem auktorialen Erzähler geteilt, der erst im 6. Kapitel, fast in der Mitte des Romans, erscheint. Die Kritik spricht von diesem Wechsel als „unerwartet" und „etwas abrupt" (Neumann 2010: 1). Unabhängig von der Befremdung, die er im Leser bewirken mag: Tatsache ist, dass der Perspektivenwechsel und die Allwissenheit, die die auktoriale Erzählsituation ermöglicht, Einblick nicht nur in die intimsten Gedanken vom jugendlichen Emil und in seine Einführung in das homosexuelle Leben gibt. Sie ermöglicht auch einen Einblick in das Denken der verunsicherten Eltern, vor allem des Vaters, dessen Charakterzüge differenzierter erscheinen: zu seiner Verzweiflung und Borniertheit gesellt sich eine große emotionale Fragilität gegenüber einer Situation, die er nicht bewältigen kann und von der er in der Negation und im Schweigen Zuflucht sucht.

Anzunehmen, daß es keine Absicht war, daß es ihm [Emil] einfach so passierte, daß ihm solche Gesten – wegwerfende Handbewegungen – ungewollt unterliefen, wäre womöglich noch schlimmer gewesen. Darüber wollte er [Hans Ott] gar nicht nachdenken. Sie waren nicht füreinander geschaffen, zu fremd, zu verschieden, zu stolz. [...] Er hatte mit Irene nicht darüber gesprochen. Obwohl ihm die Worte Professor Hedingers in der vergangenen Nacht schlaflose Stunden bereitet hatten, war er nicht imstande gewesen, sie in ihrer Gegenwart zu wiederholen. Sie hatte auch nur leichthin nachgefragt. Und sie tat, als entgingen ihr seine Nervosität und deren Ursache. (ZfZ: 108–109)

----

6   Im Text liest man, dass die Mutter und der Stiefvater Großstädte vermeiden. Der Süden wird als Ort potenzieller Transgression dargestellt, und als solcher von der Mutter streng überwacht: "Unwillkürlich fiel mir das Fischerdorf Vernazza in den Cinque Terre ein, wo meine Eltern und ich in diesem Jahr die Sommerferien verbracht hatten, und ich erinnerte mich an die eigenartige Unruhe, in die der Anblick der beiden Männer meine Mutter versetzt hatte, die sich eines Mittags im Speisesaal unseres Hotels niedergelassen hatten [...] Am übernächsten Tag hatten wir Vernazza verlassen, zwei Tage früher als ursprünglich geplant" (ZfZ: 56).

Nicht zu vergessen ist aber, dass die krimihafte und spannende Haupthandlung die Vatersuche behandelt, die der Ich-Erzähler unternimmt. Filtriert von einer Zeitspanne von über dreißig Jahren und in einem Text voller Leerstellen öffnet sich dem Leser ein Subtext voll von neuen und widersprüchlichen Offenbahrungen und voll von widersprüchlichen Machtbeziehungen, in dem die Erwähnung eines Sohnes von Seiten des Ich-Erzählers nicht genug ist, seine latente Homosexualität zu kaschieren.

Die bereits erwähnte zweistimmige Erzählung von Emils Geschichte kontrastiert mit der offensichtlich zurückhaltenden und lückenhaften Erzählung des Ich-Erzählers über seine eigenen Erfahrungen. Diesem vorsichtigen Schreiben über das eigene Fühlen und Denken gesellt sich ein Netz von Motiven, die den Text durchkreuzen und seine Oberfläche transparent machen für eine andere Tatsache, die dem Text kryptisch unterliegt. Sulzers zurückhaltende Erzählweise, die voller Leitmotive, sprechender Details und *mises en abîmes* ist, evoziert Erzählweisen aus dem neunzehnten Jahrhundert. Die Kritik spricht von Echos von Kleist, Gottfried Keller, Kayserling, Thomas Mann[7] und von einer „sanfte[n] altmodische[n] Erzählweise" (Neumann 2010) und lobt die „psychologisch-symbolistische Manier des späten 19. Jahrhunderts" und „die erotischen und authentischen Beschreibungen", die den richtigen Ton nie überschreiten (Winkels 2010: 2–3).

So öffnet sich eine neue Lektüre für die Reise nach Paris: Das plötzliche Interesse für die Vaterfigur, an einem bestimmten Moment des Übergangs zwischen der Jugend und dem Erwachsensein, das ähnliche Aussehen von Vater und Sohn und die Wiederholung vieler Motive suggerieren den Sohn als Doppelgänger des Vaters oder umgekehrt.

Wie so oft bei den Väterbüchern des 21. Jahrhunderts wird die Vater-Suche zu einer Ich-Suche. Die Fahrt nach Paris auf der Fährte der Uhr des Vaters ist Metapher einer Fahrt ins Innere des Selbst, in der die Uhr eindeutig symbolische und indexikalische Dimensionen erhält und zu einem sexuellen Fetisch wird (Tilman Krause nennt sie ein Dingsymbol).[8] Die Abfahrt im Nachtzug nach Paris, die Trostlosigkeit und die widerliche Atmosphäre des *wagon-lit*

---

7   Winkels spricht von einem Kleistton und deutet auf das Motto hin, das dem Roman *Wellen* von
    Eduard von Keyserling entstammt (Winkels 2010: 1–3).

8   Neben dem Leitmotiv der Uhr, das Krause ein Dingsymbol nennt (vgl. Krause 2010: 2), wird die
    Handlung von dem Leitmotiv der Photos und des Fotografierens durchkreuzt.

(vgl. ZfZ: 45) hat seine Fortführung in den verwischten Erinnerungen der ersten Nacht des Ich-Erzählers in Paris (vgl. ZfZ: 59–61), unter dem Einfluss des Alkohols und noch klarer in dem ekelhaften Traum voller Evozierungen und Metaphern aus dem skatologisch-sexuellen Bereich in dem Keller der Pariser Metro. Auch die Figuren, die die Aufmerksamkeit des Ich-Erzählers in Paris auf sich ziehen und die mit ihm in Verbindung treten, tragen zum Eindruck von Homoerotik bei (der geheimnisvolle junge Nachtgefährte (vgl. ZfZ: 59–61), der Kellner (vgl. ZfZ: 48), André (vgl. ZfZ: 66ff.) und sein junger Freund (vgl. ZfZ: 85–86).

Der Roman scheint die These von Pierre Bourdieu zu illustrieren, laut deren die Vater-Sohn Beziehung erst dann erfolgreich ist, wenn das Erbe erfolgreich weitergegeben wird (Bourdieu 1997: 83–84). Die erste Vater-Sohn-Geschichte des Romans beschreibt die tragische Geschichte eines Sohnes, der seiner eigenen Unfähigkeit, das vom Vater für ihn vorgesehene Erbe erfolgreich zu empfangen, zum Opfer fällt. Die zweite Vater-Sohn Beziehung ist ein Gegenbild zu der ersten: Emil, der in der ersten Geschichte der Vaterfigur, dem Urteil der patriarchalen Gesellschaft und seiner eigenen Unfähigkeit unterliegt und gleichzeitig nicht imstande ist, gegen die bestehende Norm zu rebellieren, bekommt in der zweiten Erzählebene ganz andere Charakterzüge. Von dem Ich-Erzähler und von dem auktorialen Erzähler beschrieben, bekommt er heroische Züge: Als schöner unverstandener Jüngling, in seiner tragischen, weil von der Gesellschaft nicht akzeptierten Liebe, und als Protagonist eines ebenfalls melodramatischen Todes (beide Liebhaber gehen freiwillig und zusammen in den Tod) appelliert er an das Mitgefühl der Leser.

Das Schreiben erschöpft sich aber nicht in einer Denkmalsetzung des jung verstorbenen Vaters und in der Heroisierung seiner tragischen Geschichte. Es ist ebenfalls eine Hymne an die (homosexuelle) Liebe mit Emil in der Figur eines großen Liebhabers und Märtyrers, und es ist ein Plädoyer für die Akzeptanz dieser andersartigen Männlichkeit und der Idee eines homosexuellen Vatertums.

Zwischen Sohn und Vater, *ego* und *alter-ego*, entsteht eine dialektische Beziehung: wenn, wie Lenzen behauptet, der Sohn Produkt des Vaters ist, aber dieser auch als Produkt des Sohnes zu betrachten ist, da erst der Sohn seinen

Zeuger zum Vater macht,[9] so wird diese Tatsache im Falle von autobiographischen Romanen der Vatersuche besonders deutlich. In ihnen existiert der Vater im Text nur in dem Umriss, den der Sohn für ihn zeichnen möchte.

Zur falschen Zeit wird, wie gesagt, zweistimmig erzählt, aber die Hauptperspektive ist die des Ich-Erzählers. Mit einem Zeitunterschied von über dreißig Jahren erzählt, vermischen sich Vater und Sohn in einer empathischen Erinnerung. Emil ist in diesem Sinne die Schöpfung des eigenen Sohns, der ihn nach seinem Bilde zeichnet. Auf diese Weise hebt der Erzähler den Fehler der ersten Geschichte auf und kann dem eigenen Vater ein perfekter Erbe werden.

In dieser Beziehung darf man auch nicht vergessen, dass der Ich-Erzähler sich selbst als Vater eines Sohnes darstellt, was nicht identisch mit einer „Heterosexualisierung" ist.[10] Zwar darf man nicht übersehen, dass der Ich-Erzähler kein „Coming-outer" ist: Er denunziert zwar die Unbarmherzigkeit und die Strenge des konservativen Großvaters und die tödlichen Kräfte des Patriarchats in den 50er Jahren und er setzt dem jung verstorbenen, homosexuellen Vater ein Denkmal, aber die eigene Beziehung zur Homosexualität überschreitet nie bloße Andeutungen. Auf der anderen Seite kann man erwägen, dass es ihm gerade um dieses Verschweigen geht und auch um eine Andersartigkeit des Vaterseins. Der Ich-Erzähler spricht nie davon, dass er selbst eine Frau hatte, was den Sohn als alleinige Konstruktion des Vaters suggeriert, wie der Ich-Erzähler selbst von der Mutter als ihre Selbstkonstruktion inszeniert wurde; Emil, den Vater, hat sie symbolisch getötet.

Sandberg isoliert als gemeinsamen Nenner für die facettenreiche autobiographische Literatur der Gegenwart „der Wille zur Veröffentlichung von Privatheit" (Sandberg 2006: 158). Nun handelt es sich bei Sulzer um keine echte Autobiografie, sondern eher um eine fingierte Vatersuche. Inwiefern aber die zwei Vater-Sohn-Geschichten als ein Echo der eigenen Familienbeziehungen des Autors bzw. seiner eigenen Wunschvorstellungen einer idealen Vaterfigur gelesen werden dürfen, konnte und wollte ich nicht nachgehen. Tatsache ist, dass der Ich-Erzähler nicht Sulzer ist, auch erschöpft sich in seiner Perspektive

....

9   Über das Aufeinanderverwiesensein von Vater und Sohn und die Variationen dieser Vorstellung in der Geschichte der Vaterschaft, siehe z. B. Lenzen 1991: 254-257.

10 In dieser Beziehung interpretiere ich den Text anders als Krause, der von einer Heterosexualisierung des Helden spricht, die er als ein Manko des Romans darstellt (Krause 2010: 2).

die Perspektive des Textes nicht. Im Gegenteil, die verschwiegene, verschweigende Erzählweise erlaubt verschiedene und entgegengesetzte Deutungen.

Es ist eindeutig, sogar aus einer oberflächlichen Lektüre des Romans erkennbar, dass es dem Autor wichtig war, Einfühlung für die tragische Geschichte des jungen Emils zu erzeugen. Dass Sulzer formal und inhaltlich ein wohl bekanntes und populäres Genre, das der Väterbücher, aufgreift und dass er sogar als veraltet anmutende Erzählstrategien abbildet, verschafft ihm bestimmt den nötigen Sicherheitsraum, um ein lange tabuisiertes Thema (die homosexuelle Vaterschaft und die homosexuelle Liebe und Erotik) seiner letzten Schockelemente zu berauben. Bei einer genaueren Lektüre wird klar, dass es dem Autor nicht nur um Denkmalsetzung oder Nacherzählung von Vergangenheitserlebnissen gehen kann, sondern um die Denunzierung des Schweigens über die Homosexualität und auch um die homosexuelle Vaterschaft. Trotz vieler Veränderungen ist ersteres heute noch wie in den 50er und in den 70er Jahren in vielen Kreisen (nicht nur) der Schweizer Gesellschaft die häufigste Lösung, wenn es die eigene Familie betrifft. Zur Thematik der homosexuellen Vaterschaft muss man feststellen, dass trotz der vielen öffentlichen Debatten die Angst vor gesellschaftlicher Diskriminierung weiterbesteht und dass sogar die rechtliche Lage der homosexuellen Väter sich nur langsam verändert.

Dass die gendertheoretischen und feministischen Forschungen den Autor anscheinend nicht berührt haben, lässt bestimmt manche Genderforscher (und ForscherInnen) perplex. Aus einer gendertheoretischen Perspektive betrachtet, scheint der Text sich in einem ziemlich konservativen Kreis mit Essenzialismus (wie der Name des Geliebten des Vaters zeigt) und Vaterhunger zu drehen. Auch scheinen ziemlich obsolete Vorstellungen hinter den stereotypierten Frauenfiguren des Romans zu lauern, wie schon in der Kritik bemerkt wurde. Trotzdem bietet dieser Text Möglichkeiten, nicht nur Vorurteile bei einigen der letzten Bastionen des patriarchalischen Denkens zu überwinden, sondern auch das Weiterbestehen von Unfähigkeiten, das Schweigen zu brechen zu denunzieren.

Benutzte Literatur

BOURDIEU, Pierre (1997), „Das väterliche Erbe. Probleme der Vater-Sohn Beziehung". In: Bosse, Hans und Vera King, *Männlichkeitsentwürfe: Wandlungen und Widerstände im Geschlechterverhältnis*. Frankfurt/New York, Campus, S. 83–91.

FTHENAKIS, Wassilios E. und Arndt Ladwig (2003), „Homosexuelle Väter", *http://www.familienhandbuch.de/cms/Elternschaft_Homosexuelle.pdf* (Zugriff 30.12.2011)

KRAUSE, Tilman (2010), „Der richtige Weg kann der falsche sein". In: *Welt Online*, 24.07.2010 http://www.welt.de/die-welt/kultur/literatur/article8613590/Der-richtige-Weg-kann-der-falsche-sein.html (Zugriff am 20. 05. 2011)

LENZEN, Dieter (1991), *Vaterschaft. Vom Patriarchat zur Alimentation*. Reinbeck bei Hamburg, Rowohlt Taschenbuch Verlag.

NEUMANN, Gunther (2010), „Emotionale Gefangenschaft". In: *Der Standard/Album* – Printausgabe (13/14. November 2010) http://derstandard.at/1288660345356/Emotionale-Gefangenschaft (Zugriff 21. 05. 2011).

NZZ On-line (2011), „Homosexuelle Paare sollen Kinder adoptieren können", 16.11.2011 (Zugriff 31.12.2011).

SANDBERG, Beatrice (2006), „Schreibende Söhne. Neue Vaterbücher aus der Schweiz: Guido Bachmann. Christoph Keller. Urs Widmer und Martin R. Dean". In: Breuer, Ulrich und Beatrice Sandberg (Hrsg.), *Grenzen der Identität und der Fiktionalität, Autobiographisches Schreiben in der deutschsprachigen Gegenwartsliteratur*. München, IUDICIUM Verlag, S. 156 – 172.

VOGT, Jochen (1998), „Er fehlt, er fehlte, er hat gefehlt ... Ein Rückblick auf die sogenannten Väterbücher". In: Stephan Braese (Hrsg.), *Deutsche Nachkriegsliteratur und der Holocaust*. Frankfurt/Main, New York, Campus Verlag, S. 385 – 399.

WINKELS, Hubert (2010), „Die Spur der Uhr". In: *Zeit. Literaturbeilage http://www.familienhandbuch.de/cms/Elternschaft_Homosexuelle.pdf*

JOANNA FLINIK (AKADEMIA POMORSKA W SŁUPSKU)

Zu literarischer Artikulation der Machtverhältnisse im Migrantenleben

Die Menschenbewegungen des 20. und 21. Jahrhundert sind ein wichtiger Impuls für die literarischen Bilder des Anderen/ des Fremden/ des Ausländers/ des Migranten in der Deutschschweizer Literatur. Das Sich-Bewähren-Müssen gegenüber fremder (Staats-)Macht, in fremder Landschaft und im fremden sozialen Geflecht, sowie die Suche nach der infolge der Migration und des Nirgendwo-Heimisch-Werdens verlorenen Identität sind entscheidend bei der (de-)konstruktiven Erzählperspektive der Deutschschweizer Migrationsprosa, die unterschiedliche Aspekte der Machverhältnisse in moderner Gesellschaft beleuchtet.

Seit den 70er Jahre gibt es Versuche, diese neue Literatur mit einem Sammelbegriff abzugrenzen. Der Literatur von Migranten (es gibt eine große Bandbreite der Gattungsbegriffe im Hinblick auf die Thematik, Autorschaft, kulturelle Situierung wie: Gastarbeiterliteratur (Ackermann 1983, S. 58), Gastliteratur (Seibert 1987, S. 338f), Migrantenliteratur (vgl. Heinze 1986), Emigrantenliteratur (Biondi 1984, S. 84), Literatur der Betroffenheit (vgl. Bondi/Schami 1981), interkulturelle Literatur (Chiellino 2000) wird eine wichtige Vermittlerrolle zugeschrieben. Der Zusammenprall der Ausländer mit dem fremden sozialen, ökonomischen und kulturellen Umfeld, in welchem das Neue erlebt wird, waren jedoch wichtige Motivationsgründe für die Entstehung einer neuen Literatur (Kuruyazici 2000: 127).

Die deutschsprachige Literatur von Autoren aus dem Ausland wurde nicht nur unterschiedlich bezeichnet, sondern wurde durch unterschiedliche Fragestellungen erfasst (Was alles gehört dazu? Muss die „Migrantenliteratur" von Migranten geschrieben werden oder Migration als Thema behandeln?) Der Begriff Gastarbeiterliteratur entstand in den siebziger Jahren, wurde aber selbst von Autoren als Benennung eines literarischen Phänomens in Frage gestellt, denn „Nicht literarische Texte werden von den ausländischen Autoren erwartet, sondern ‚Gastarbeiterliteratur' wie Kochrezepte oder Gebrauchsanweisungen von irgendwelchen technischen Geräten" (Ackermann 1986: 62).

Zu einer wesentlichen Umwertung haben Franco Biondi und Rafik Schami mit der von ihnen eingeführten Bezeichnung „Literatur der Betroffenheit" beigetragen. Chiellinos Auffasung nach soll die Literatur, die von ausländischen Autoren geschrieben wird, als „Interkulturelle Literatur" bezeichnet und als „Topographie der Stimmen" (2000: 54) betrachtet werden, da der fremdsprachliche Aspekt dieser Literatur betont werden soll. Dem entsprechend gliedert er die schreibenden Migranten in vier Gruppen: Die erste Gruppe vertreten Autoren, die in der ersten Phase der Migration in nationalen Sprachen des Einwanderers geschrieben haben. Zu der zweiten Gruppe werden Autoren zugerechnet, die sich bewusst für Deutsch als sprachkünstlerisches Mittel ihres Schaffens entschieden haben. Die dritte Gruppe bilden junge Autoren, die im Einwanderungsland ihrer Eltern geboren und/oder aufgewachsen sind und Deutsch ihre Muttersprache ist. Zu der vierten Gruppe gehören jene Autoren, die zurück kehrten, die sich jedoch in ihren Werken mit dem Thema der Migration literarisch auseinandersetzten. Der Terminus Ausländerliteratur wird auch mit der Absicht begründet, das Spannungsfeld zwischen Kulturen und Sprachen in der Fremdsprache dichterisch zu reflektieren. Für einen so verstandenen Schreibprozess ist weder der Einwanderungsland noch Heimatland bestimmend (Ackermann 1986: 67).

Heidi Rösch (1998) weist in ihrer Untersuchung auf den Unterschied zwischen den Bezeichnungen „Migrationsliteratur" und „Migrantenliteratur" hin: Unter dem Begriff Migrantenliteratur wird die gesamte schriftstellerische Tätigkeit von eingewanderten Autoren verstanden. Im Gegensatz dazu orientiere sich die Bezeichnung Migrationsliteratur an der Gesellschaft des Ankunftslandes als Ort der Literaturproduktion und -rezeption (Rösch 1998) voraus. Eine solche Forschungsposition betont vor allem die thematische Bandbreite und die Erzählperspektive der Werke und nicht allein die Herkunft der Autoren.

Von der geläufigen Gliederung der Migrantenliteratur nach Generationen unterscheidet sich Cheesmans (2006) Auffassung. Im Zentrum seines Interesses stehen verschiedene Wahrnehmungs- und Darstellungsmuster der Autoren mit einer Migrantenherkunft hinsichtlich ihrer Auseinandersetzung mit der sogenannten „Bürde der Repräsentation" der Minderheit („the Burden of Representation"). Cheesman bemerkt, dass selbst wenn diese Autoren den Einwanderungsland nicht nur als den Aufenthalts-, sondern auch den Lebensort bestimmen, werden sie als Migranten identifiziert. Besondere Aufmerksamkeit schenkt Cheesman der Frage, auf welche Art und Weise, d.h. mit welchen sprachkünstlerischen Mitteln, aus welcher Erzählperspektive diese Autoren die politisch-kulturell-soziale Bürde in ihren Texten behandeln: „I put forward the idea that different writers (and writers at different stages in their cariers) adopt different strategies in order to cope with the „burden of representation" which is imposed upon them as migrant/minority artists by the public" (Cheesman 2006: 471).

In seinen Überlegungen sondert er vier Kategorien ab (2006: 477): 1. Axialism, 2. Refusal (Ablehnung), 3. Parodic Ethnicisation (Parodistische Ethnisierung) und 4. Glocalism. Axialism bedeute dauernde Infragestellung der Identität hinsichtlich der Nationalität, Rasse, Ethnie, Religion, u.a.. Diese Gruppe der Autoren behandle Themen wie das Leben an der Grenze zwischen Sprachen und Kulturen. Die zweite Gruppe der Autoren nimmt sich der Vorgeschichte der Migranten, ihrem Leben in der Heimat. Die dritte Erzählperspektive befasse sich mit Zuschreibungen der stereotypen ethnischen Eigenschaften: „Stereotypes are neither pedagogically resisted and nuanced, nor ignored (or dismissed with a gesture), but are over-fulfilled to the point of absurdity" (Cheesman 2006: 482). Die letzte betrachte die Migration aus einer breiteren Sicht, in der gesellschaftliche Faktoren eine wichtige Funktion erfüllen und als eine transnationale Literatur, die sogenannte „fünfte Literatur" (2006: 484) fungieren lässt. Die unterschiedlichen Formen der Migrationsliteratur weisen auf die Komplexität des Begriffes hin. Dass diese Literatur einen großen Beitrag zur gegenseitigen Verständigung zwischen den Kulturen und Sprachen wird von Kuruyazici (2000: 127) hervorgehoben. In diesem Zusammenhang ist auf die These von Hoffman (2006: 224) zu verweisen, dass die Bedeutung der Migrationsliteratur darin liege, dass sie die Existenz der Migranten und ihre Schwierigkeiten mit der Eingliederung, mit der Selbstfindung im Ankunftsland zum literarischen Subjekt gemacht hatte, und dadurch ihnen die Überwindung ihrer Opferrolle ermöglich hat.

Da die Migranten als eine soziale Gruppe innerhalb einer Mehrheitsgesellschaft darstellen, werden sie aus dieser Position oft mit der soziologischen Kategorie der Macht/Gewalt konfrontiert, die sich in einer sozialen Beziehung zwischen Menschen erleben lässt. Max Webers Definition der Macht als einer Chance, den eigenen Willen auch gegen Widerstreben anderer durchzusetzen, setzt gesellschaftliches Umfeld der zwischenmenschlichen Kommunikation voraus.

Demzufolge ist jede Auseinandersetzung mit der Macht immer auch die Auseinandersetzung mit der Gesellschaft und ihrer Struktur. Die Literatur ist das Medium, welches die Themen, wie die Gesellschaft, deren Normen, Beschränkungen und auch Möglichkeiten, sowie das Wechselspiel zwischen dem Individuum und einer Gruppe, d.h. soziale Abhängigkeiten, gern aufgreift und reflektiert.

Die Migrantenliteratur zeigt ein breites Themenspektrum, das mit der Position der Migranten in der schweizerischen Gesellschaft, ihrem Alltagsleben und den sich verändernden politisch-sozialen Bedingungen eng zusammenhängt. In dieser Vielfältigkeit muss betont werden, dass die literarische Darstellung von Problemen der Migranten im Alltag aus verschieden Perspektiven angeboten wird. Die Literatur von Dragica Rajic, Catalin Dorian Florescu, Dante Andrea Franzetti, Francesco Micieli, Melinda Nadj Abonji, Aglaja Veteranyi, Yusuf Yesilöz, Franco Supino gehört zu jenen Autoren der deutschsprachigen Schweiz.

Viele von diesen Romanen sind autobiographisch geprägt, denn aus dem Blickwinkel des eigenen Ichs werden die Migranten in der fremden Gesellschaft, in der Arbeitswelt und in der Familie geschildert. Im 20. Jahrhundert wird das eigene Ich zum Gegenstand der Literatur und gerade der Bezug der literarischen Reflexion auf das Individuum ermöglicht die Darstellung von Machtpositionen in der gesellschaftlichen Interaktion. Die Aufmerksamkeit auf das eigene Körper, das Hervorheben der Autonomie des Eigenen, Möglichkeiten der Selbstentfaltung, Beschränkungen und Abhängigkeiten in der Gesellschaft, lassen viel Handlungsraum für die Macht und die Machtausübung: Erziehung, Familie, Schule, ökonomische Zwänge, staatliche Behörden legitimieren oder lassen die Machtausübung und Gewaltanwendung zu.

Durch die Einbeziehung von Fiktion und Wirklichkeit, von Vergangenheit und Gegenwart, der Kommunikation zwischen Ich und Gesellschaft entsteht in den Texten der Migranten eine antagonistische Struktur. Diese Dualität wird vom persönlichen Erfahrungshintergrund beschrieben, so dass der Migrantenliteratur die Erfahrungen der alltäglichen Existenz der Autoren zugrunde liegen und derer Rolle als Migrant bestimmt wird. Machtausübung, individuelle und institutionelle Macht, gewalttätige Übergriffe und vor allem das *conditio humana* in der machtbeherrschten Welt, die Reaktionen und Haltungen gegenüber der Macht: Empörung, Angst, Resignation, Destruktion bis hin zum Identitätsverlust, aus der Perspektive der Täter wie der Opfer finden ihren Ausdruck in der Literatur. So steht auch die Literaturwissenschaft vor der Aufgabe, zu erforschen, wie sich die Absicht der Migranten, in die Fremde zu gehen, die Entschlossenheit auszuwandern, herausbildet, welche Eigenschaften von Individuen und sozialen Gruppen diesen Prozess begünstigen.

Migration findet schon lange nicht mehr als eine freie Bewegung von Menschen statt, die aus diversen Gründen ihren Lebensort wechseln möchten. Diese Bewegungen verlaufen zwischen Nationen, innerhalb oder außerhalb eines Sprachraums und werden heutzutage als ein Prozess statistisch erfasst und soziologisch erforscht. Sie bedeuten auch eine selbstverständliche Inanspruchnahme des Rechts der Menschen auf Freizügigkeit. Die Migrationsliteratur erklärt auf vielfältige Weise diese Migrationsbewegungen und ist mit der Schwierigkeit konfrontiert, dass es sich im Falle der Migration keineswegs um ein in Hinsicht auf ihre Erscheinungsformen, Bedingungen, Begründungen oder Zwecke einheitliches Phänomen handelt. In der Literatur kommt die Einsicht zum Ausdruck, dass verschiedene, auch in sich heterogene Gruppen von Migranten, oft uneinheitlichen Bedingungen unterliegen: es ist zu differenzieren, ob Migranten das Zielland als Gastarbeiter, Vertriebene, Flüchtlinge, Asylbewerber, oder durch den sogenannten Familiennachzug erreichen, ob Migranten hoch qualifizierte Gastarbeiter oder Intellektuelle oder als unqualifizierte Arbeitskräfte ankommen, denn die Migrantenliteratur beleuchtet die oft vorkommenden ungleichen Ausbildungsniveaus, Aspirationen, ökonomische Zwänge, politische Abhängigkeiten. Daraus ergibt sich eine unterschiedliche Wahrnehmungsperspektive sowohl des eigenen Ichs in der fremden Landschaft als auch des fremden Einheimischen in den neuen Lebensumständen. Melinda Nadj Abonji stellt in ihrem mit dem Deutschen Literaturpreis ausgezeichneten Roman *Tauben fliegen auf* (2010) die Migrantenfamilie Kocsis dar. Zwei Perspektiven zeichnen sich ab: die der Eltern und die der zugewanderten Töchter. Während sich die eingebürgerten Eltern als unterlegene Mitglieder der Schweizer Gesellschaft betrachten, bemühen sich die Töchter um die völlige Anerkennung des Ichs als des vollwertigen Gliedes der Gesellschaft. So kann auch Zweifel gehegt werden daran, ob über die Migration überhaupt unter Nichtberücksichtigung von Kontexten gesprochen werden kann. Formen, Bedingungen der Migration unterscheiden sich sichtbar nach den Absichten, Wahrnehmungsperspektiven und Kontexten, in denen sie verortet werden.

Da die Migrantenliteratur unter spezifischen Bedingungen entsteht, die stark mit soziopolitischen Faktoren verknüpft sind, ist es deswegen auch wichtig, die Macht als soziologische Kategorie in Bezug auf die in der Migrantenliteratur thematisierten Interaktionen in der literaturwissenschaftlichen Erforschung zu berücksichtigen. Dabei sei anzumerken, dass Macht sich von Begriffen wie Herrschaft und Autorität unterscheidet und mit Hilfe von Gewalt wirkt. Die Macht ereignet sich sowohl innerhalb von Familien als auch zwischen einander nicht bekannten Personen, öffentlich und im privaten Bereich, als direkte körperliche Gewalt oder wird durch staatliche Institutionen ausgeführt. Wie die Migrantenliteratur zeigt, wird die Macht gewöhnlich gegen den Willen der Opfer ausgeübt, aber auch manchmal mit einem stillen Einverständnis der Migranten, die bei der Gestaltung einer neuen Existenz in der Fremde die gewollten oder ungewollten Gewalttaten in Kauf nehmen. Migranten begreifen, oft schmerzlich, dass sie in der Ankunftsgesellschaft als fremd wahrgenommen werden. Die Wahrnehmung dieser ihnen entgegengebrachten zurückhaltenden oder sogar feindlichen Haltung ruft unterschiedliche Reaktionen hervor, die oft auf Machtverhältnissen und vielfältigen Formen der Gewaltausübung beruhen und die „zur Verletzung der physischen und psychischen Integrität" (Scherr 2004: 204) führen. Erpressung, Abwehr, Entfremdung begleiten nicht selten diese Prozesse, die in die Literatur Eingang finden.

Das Individuum/der Migrant muss sich mit Rollenzuschreibungen in der Gesellschaft auseinandersetzen, es stellt die eigene Identität in Frage. Um das eigene Ich bewahren zu können, muss es auch Teilbefriedigung, Ambivalenz und Ambiguität aushalten. Interaktionen im sozialen Umfeld ermöglichen eine Betrachtungsweise, der die Machtasymmetrie und die dichotomische Wahrnehmung des Fremden und Eigenen zugrunde liegen. Eine der Formen der asymmetrisch verteilten Macht ist die von Popitz ausgearbeitete „Verletzungsmacht" (Endreß 2004: 178), die darauf zielt, dass andere beleidigt werden und sich gezwungen fühlen, die Gewaltakte hinzunehmen. Dieses Konzept berücksichtigt beide Perspektiven, sowohl des Täters als auch des Opfers, denn „Verletzungsmächtigkeit, also das Verletzten-Können, und Verletzungsoffenheit, also das Verletzt-Werden-Können, werden (…) als die grundlegenden Charakteristika jeder Vergesellschaftung begriffen" (ebd.: 178). So erfährt die Ich-Erzählerin in M. N. Abonjis Roman *Tauben fliegen auf* (2010) die verbale Gewalt. Die offen geäußerten Vorurteile beweisen die Hartnäckigkeit der Einheimischen gegenüber Fremden, um diese einzuschüchtern oder verängstigen:

Hier wird nicht gepfiffen wie in Italien oder in der Mongolei, rief ein Nachbar, jedes Mal, wenn Nomi und ich durch die Zähne gepfiffen haben, Italien kann ich ja noch verstehen, sagte Nomi, aber Mongolei? Seit ihr hier seit, ist alles verludert! Und „verludert" fand ich gar nicht schlimm, aber „seit ihr hier seid" ging mir nicht mehr aus dem Kopf, ich, die in Tränen ausbrach, ich, die stolz darauf war, dass wir, Nomi und ich, offenbar etwas bewirken konnten. (Abonji 2010: 51)

Die literarischen Beispiele machen deutlich, dass sich die Machtasymmetrie in Bezug auf die Migranten nie ganz überwinden lässt. Die Ich-Erzählerin in M. Nadji Abonjis Roman ist sich dessen klar, als sie eines Tages in der Toilette der Cafeteria, des kleinen Familienbetriebes ihrer migrierten Eltern, mit Fäkalien beschmutze Wand sieht. Den für die Erzählerin völlig unakzeptable und unangenehme Vorfall, nachdem die Kocsis „Papierschweizer" geworden sind und sich als brave und mündige Bürger der Schweizer Gesellschaft erweisen, will ihre Mutter verharmlosen, indem sie die Tochter beruhigt, dass es sich um einen „Einzelfall" (ebd.: 291) handelte. Die Tochter will sich aber von diesem nicht distanzieren, indem sie meint: „ich will über diesen Einzelfall reden, der offenbar zu unserem Schicksal gehört" (ebd.). Die Mutter wird als perfekte Migrantin dargestellt: Antizipation von Erwartungen anderer, Toleranz für Erwartungen der Mehrheitsgesellschaft und unvollständige Bedürfnisbefriedung charakterisieren sie deutlich und weisen darauf hin, dass Machtverhältnisse im Migrantenleben unaufhörlich sind, denn – nach jahrelangem Aufbau einer zufriedenstellenden Existenz – sagt sie: „Wir haben hier noch kein menschliches Schicksal, wir müssen es uns zuerst erarbeiten" (ebd.). Durch die Bemühungen der Mutter, sich und ihrer Familie ein menschenwürdiges Dasein in der Fremde zu erarbeiten, wird sie zu einer idealen Migrantin, die versucht ihr Ausländersein durch die völlige Anpassung an die Schweizer Gesellschaft zu kompensieren. Als infolge des Balkan-Krieges viele Flüchtlinge und politisch Verfolgte in die Schweiz kommen, reagiert sie wie die Mehrheit der Schweizer Gesellschaft mit Befürchtungen: „Es kommen jetzt so viele Jugos, da sind die Schweizer abweisend, wir wären auch abweisend in ihrer Lage, verstehst du? (…) Wenn eine Masse kommt, dann kannst du keine Anteilnahme erwarten an einem Einzelschicksal (…)" (ebd.: 180). Auf den Vorwurf der Tochter, die von der Mutter mehr Verständnis für das Schicksal der Ausländer erwartete, das sie vor Jahren selbst erlebt hat, antwortet sie rechtfertigend: „Damals habe ich das noch nicht begriffen" (ebd.: 181). Aus dieser Situation lassen sich zwei unterschiedliche Muster der sozialen Integration der Migranten ablesen: einerseits strebt die Mutter das Kollektive an, andererseits bevorzugt die Tochter das Individuelle. „Kollektivismus und Individualismus entsprechen klassischen soziologischen Konzeptionen für zwei dominante Muster der Integration" (Karstedt 2004: 273). Die Mutter will um jeden Preis an Gemeinsamkeiten mit dem (Schweizer) Interaktionspartner festhalten und sich so verhalten, dass es von ihrer Kommunikationspartner akzeptiert wird. Aber die Ich-Erzählerin bemerkt die Gefahren einer solchen Haltung für das Individuum, nämlich das widerstandslose Aufgehen in den Erwartungen der anderen (der schweizerischen Mehrheit), „nicht immer ähnlicher werden der Tapete, dem Teppich, der Wanduhr, der Vitrine, und das Essen, es schmeckt nicht mehr nach uns, nein, ich (…) will verschwinden aus diesem halbierten Leben" (Abonji 2010: 293f). Wie dieses Beispiel zeigt, ist das Verhalten der Mutter orientiert an der Gruppenzugehörigkeit mit der geringen Autonomie und dem hierarchischem Denken, sowie das Vermeiden der Ungleichheit und folglich der Exklusion einhergehen. Die Tochter, als die Seconda in der Schweizer Gesellschaft, ist dagegen bereit, ihre individualbezogenen Werte und ihre autonomen Bedürfnisse gegenüber der Schweizer Mehrheitsgesellschaft offen auszusprechen. Dass aber der Sozialisationsprozess, d.h. der Übergang von der Position der Abgrenzung (ich und die Schweizer) zur Position der Eingliederung und der geistigen Vernetzung mit der Schweizer Gesellschaft, und das damit zusammenhängende Gefühl der Zugehörigkeit bei ihr unbewusst stattfand, bemerkt sie selbst mit Überraschung und Erschrecken, als sie bei der Stellenausschreibung für den Familienbetrieb, die Cafeteria, schreibt „Schweizerinnen bevorzugt" (ebd.: 88), obwohl sie selber dazu meint: „Ich, die es geschrieben hat, denke an uns, an die Familie Kocsis, was es bedeutet, wenn wir Schweizerinnen bevorzugen. Nichts. Es bedeutet nichts, es ist einfach so, sage ich mir" (ebd.: 88). Nichtsdestoweniger ist bei der Wahrung ihrer Identität grundlegend wichtig, die Einmaligkeit und Unwiederholbarkeit ihrer Identität zu manifestieren, auch wenn es den Erwartungen der Eltern nicht entspricht und „persönlicher Aufbruch für sie die Abkehr von der Familie bedeutete" (ebd.: 309).

Die verschiedenen migrierten Eltern, die in den Texten der Migranten vorgestellt werden, verlangen Respekt und Gehorsam von ihren Kindern. Dabei werden in mehreren Fällen auch körperliche Bestrafungen verwendet. Die Eltern machen ihren Kindern auch keine zufrieden stellenden Identifikationsangebote. Die Eltern nehmen Identifikationskonflikte ihrer Kinder selten wahr und sind zur Auseinandersetzung mit den Kindern und derer mit der Migration zusammenhängenden Problemen selten bereit, wie die Texte von A. Veteranyi oder C. D. Florescu zeigen. „Wir müssen uns anpassen", sagt die Mutter der Ich-Erzählerin in Melinda Nadj Abonjis Roman (ebd.: 300).

Diese Aussage macht den Wunsch der Eltern deutlich, dass ihre Kinder sich wie sie selber an die Migrationssituation anpassen und zeigt das bei Eltern fehlende Verständnis den Kindern gegenüber. Die Wünsche und Bedürfnisse der Kinder migrierter Eltern werden oft nicht berücksichtigt oder nicht ernst genommen. Die Ich-Erzählerin in Melinda Nadji Abonjis Roman rebelliert gegen die Eltern und gegen ihre Vorstellung eines besseren Lebens, denn „Nomi und ich haben uns nie entschieden, hierher zu kommen" (ebd.: 299) ähnlich die Protagonisten des Romans *Der kurze Weg nach Hause* von Florescu, drei junge Männer, die infolge der Migration ihrer Eltern oder eines Elternteils zu jeweils verschiedenen Zeitpunkten ihrer Kindheit nach Zürich gezogen sind. Sie müssen sich in einer neuen fremden Situation wiederfinden, denn „am ersten Tag in Zürich war die Kindheit vorbei gewesen" (Florescu 2010: 35).

Der Wunsch der Ich-Erzählerin in Abonjis Roman, Geschichte zu studieren, würde der Vater kategorisch abweisen, denn er erhofft sich für seine Tochter eine bessere Zukunft, die für ihn einen erlernten Beruf bedeutet:

aus diesem Grund habe ich dem Vater noch nicht erzählt, dass ich Geschichte studiere, weil es für ihn am weitesten von dem entfernt ist, was sinnvolles Studium ist. [...] Am besten aber Rechtsanwältin! Ein Beruf schwarz-auf-weiss, nennt das Vater, das brauchen die Menschen immer, weil sie immer streiten, und dann verdienst du viel Geld und kutschierst mich in einer Limousine durch die Welt. (Abonji 2010: 98f.)

Diese Szene verdeutlicht, wie sehr institutionelle Macht der Mehrheitsgesellschaft das Familienleben der Migranten beeinflusst. Nicht die Interessen der Kinder sind wichtig, sondern das Sichern eines Lebensunterhalts. Die trotz der Einbürgerung unsichere Existenz der Eltern Kocsis, das Sich-Bewähren-Müssen in der Schweizer Gesellschaft, wie die Mutter Kocsis, die „als Putzfrau, Kassiererin, Mädchen für alles, Wäscherin, Büglerin, Kellnerin, Buffettochter" (ebd.: 45) arbeitete, belasten ihre Betrachtungsweise und beweisen nur, wie schwierig die Migrantenexistenz aufgebaut ist, dass nur ein fester Beruf mit Hochschulausbildung den Kindern eine Überlebenschance bietet. Trotz Freude über das Erwerben der Cafeteria „in bester Lage, direkt beim Bahnhof mit perfekter Inneneinrichtung, zahlbarem Mietzins und Gartensitzplätzen" (ebd.: 44) bemerkt der Vater nüchtern „dass es garantiert auch nicht geklappt hätte, wenn wir keine Schweizer wären!" (ebd.: 46) und die Mutter ergänzt: „Und unser Leumund nicht topp tipp wäre" (ebd.). Der nach J. Galtung eingeführten Typologie von Gewaltformen zufolge (Galtung 1975: 12) ist die Familie Kocsis sowohl der direkten/persönlichen als auch der indirekten/strukturellen Gewalt ausgeliefert, die sich „in ungleichen Machtverhältnissen und folglich in ungleichen Lebenschancen" (Galtung 1975: 12) äußert. Im Prozess des Heimisch-Werdens verfügen die Eltern nicht genügend über das soziale, ökonomische, kulturelle Kapital, um mit Bourdieu zu sprechen, um die schmerzlich empfundene Kluft zwischen In- und Ausländern zu überwinden. Das Streben der Eltern nach Anpassung bis zur Verleugnung eigener Bedürfnisse verdeutlicht, dass die Eltern die Krise infolge der Migration nicht produktiv verarbeitet haben. Sie befinden sich weiterhin in einem Machtverhältnis, einem Ungleichverhältnis, einem Verhältnis eines Unterlegenen zu einem Machthaber.

Die Verlegung des Lebenszentrums in die Schweiz hat Folgen auch für die Sprachkenntnisse. Beide sprachlichen Phänomene: Erwerb und Bewältigung der neuen Sprache und Einfluss der neuen Lebenssituation auf die Muttersprache, tragen zum Erlebnis von Fremdheit im Ankunftsland bei und verstärken die Beheimatung im Ursprungsland. Micielis Erzähler im Roman *Meine italienische Reise* (1996) ist sogar der Meinung:

Mein alltäglicher Gang zur Schule war eine Auswanderung. Von der Muttersprache in die Staatssprache. "Scuola elementare", hinter großen Mauern. Die Gassen, die Plätze, die Bäume, die Häuser, die Olivenhaine, die Kastanienwälder waren Muttersprache. Alles Albanisch, fünfhundertjährig und mehr, den Türken entzogen. Im Laufe der Zeit ist es Italo-Albanisch geworden und stirbt in diesem Jahrhundert. Schreibe also nicht Muttersprache, nicht Staatssprache, sondern Fremdsprache, ich schreibe Deutsch. (Micieli 1986: 221)

Die mangelnde Beherrschung des Deutschen stellt eine Barriere dar, bei den Versuchen der Annäherung, des Zusammenlebens in alltäglichen Situationen. Die erste Einbürgerungsprüfung haben die Eltern der Ich-Erzählerin in Abonjis Roman nicht bestanden, denn

ein paar Fragen hätten sie gar nicht verstanden [...] Mutter, die der Prüfungskommission ein besonders ausgefallenes Strudelrezept aufgetischt hat, weil sie das Wort Sudel nicht gekannt hat, das schweizerische Wort für Fresszettel, die Beamten, die ihr angeboten haben, sie könne sich auf einem Sudel Notizen machen. (Abonji 2010: 147)

Die fehlenden Kenntnisse der Sprache des Ankunftslandes verstärkt die durch die Migration entstandene Situation eines Machtlosen, die die Mutter der Ich-Erzählerin in Abonjis Roman treffsicher beschreibt: „es sei unangenehm, ständig zu schwitzen, wenn man Deutsch spricht, und wahrscheinlich schwitze man so, weil man wisse, dass man falsch spreche, auch wenn man sich noch so Mühe gäbe" (ebd.: 149). Mit dem Gefühl der Verunsicherung und „Hilflosigkeit" (ebd.) geht ein Gefühl der Handlungsunfähigkeit und Unterlegenheit gegenüber dem Privilegierten, dem eigentlichen Mächtigen einher, weil „ein Mensch, der in einer Sprache Fehler macht, als dumm gilt" (ebd.). Als die Ich-Erzählerin als Kind infolge des Familiennachzugs zu den Eltern kam, konnte sie kein Deutsch und beim Erlernen der Fremdsprache war sie auf die Eltern angewiesen, die damit auch Schwierigkeiten hatten: „Bis ich die Bedeutung der Wörter begriff, dauerte es lange, auch deshalb, weil meine Eltern sie auf ihre Art betonten oder unabsichtlich abänderten. Der Ausweis war der *Eisweis*, die

Wartefrist die *Wortfrisch* und die Niederlassung klang aus ihrem Mund wie *Niidärlasso*" (ebd.: 46f).

Die Migrationsliteratur zeigt, dass den Migranten in vielerlei Hinsicht die Möglichkeit einer machtfreien Interaktion nicht gegeben ist, weil die gesellschaftliche Macht nicht proportional verteilt wird. Die Wahrnehmung des Fremden von der Mehrheitsgesellschaft des Einwanderungslandes basiert oft auf der Ausgrenzung und Reduktion des ausländischen Handlungspartners. Die vorhandenen Ungleichverhältnisse zwischen Migranten und Einheimischen führen bei den Ausländern oft zu Unterlegenheitsgefühlen. Verunsichert durch die Ablehnung der Mehrheitsgesellschaft, gewöhnen sich die Migranten an Verhaltensweisen, die durch das Gefühl des Abhängig-Seins, der Unterlegenheit bedingt werden. Folglich versuchen die Migranten, sich anzupassen, damit sie möglichst unauffällig ihre sozialen Rollen erfüllen können. Eine solche Verhaltensweise wird an der Gestalt der Mutter Kocsis in Abonjis Roman exemplifiziert. Sie ist bestrebt, sich als ordentlicher Mensch zu zeigen und Situationen zu verhindern, in denen man im Mittelpunkt steht. Die Mutter will wegen der Toilettenbeschmierung keine Anzeige bei der Polizei erstatten, obwohl dies die Ich-Erzählerin für wichtig hält „das bleibt unter uns, hat Mutter gesagt, was? Ja, bringt nichts, das an die große Glocke zu hängen" (ebd.: 290). Die Mutter versucht der Tochter den Status der Familie in der Fremde zu erklären:

Die einzige Chance ist, sich hochzuarbeiten, und das, glaub mir, gelingt dir nicht, wenn du dich nicht taub oder dumm stellst. […] ja, schweigen können, Sachen wegstecken, und wenn hinhören, dann eben nur mit halbem Ohr; hätten dein Vater und ich eine richtige Ausbildung, könnten wir vielleicht – dann hätten wir die Möglichkeit, den Mund aufzumachen, aber so? (ebd.: 297f.)

Diese Szene verdeutlich eine, aus dem Gefühl der Unterlegenheit heraus entstehende Verhaltensweise der Mutter, die ein Versuch ist, alles Mögliche zu tun, um eine Gemeinsamkeit mit den Schweizern hervorzuheben und ihr Ausländersein herabzusetzen. Die abwehrende Haltung der Tochter gegen das Dulden sozialer Ungleichheit der migrierten Mutter zeigt, dass beide Töchter der von Eltern unbewusst projizierten gesellschaftlichen Gewalt ausgeliefert sind, die sich im Verhalten der Mutter zuspitzt, denn

Gewalt umfasst also nicht nur Tun, sondern auch Unterlassen: Die Nicht-erfüllung konkreter Fürsorgepflichten, aber auch die bloße Hinnahme sozialer Strukturen, die bestimmten Menschen [...] geringere Chancen zur Entfaltung ihrer Potentiale einräumen, als bei einem gegebenen Stand der Entwicklung von Wissenschsft, Technik und Kultur menschenmöglich wäre. (Nummer-Winkler 2004: 21)

Das Erkämpfen einer Gemeinsamkeit mit der fremden Gesellschaft eines Ankunftslandes kann auch misslingen, was die Romane von Aglaya Veteranyi zeigen. Im Roman *Warum das Kind in der Polenta kocht* (1999) werden einerseits die Wünsche der Zirkus-Familie nach einem besseren Leben im Westen dargestellt, andererseits wird die reale Situation der Familie präsentiert, die als ausgeschlossen, arm und ungebildet dargestellt wird. Veteranyi zeigt, dass die Familie keinen Anhaltspunkt zum Leben in der Fremde findet. Mit der Hilflosigkeit der eigenen Lebenslage geht die mangelnde Interaktion mit der Gesellschaft einher, was auch der Protagonistin in Radka Donnells Roman *Die letzte Heloise* (2000) eigen ist.

Nicht nur die gesellschaftlichen Strukturen ermöglichen die Machtausübung in den zwischenmenschlichen Interaktionen. Der Migrant fühlt sich oft auch der institutionellen Macht ausgeliefert. Die kurdischen und türkischen Männer in Yusuf Yesilöz Roman *Der Gast aus dem Ofenrohr* (2002) warten in einem Asylheim auf Entscheidungen der Behörden. Die Migranten betrachten diesen Aufenthaltsort als einen Hoffnungsschimmer für erträumtes besseres Leben, das Heim bedeutet ihnen Sicherheit. Die Beherbergung der Asylanten im Dorf wird jedoch nicht von allen Dorfbewohnern akzeptiert. Die Fenster des Heims sind vergittert, um die Asylbewerber vor Angriffen der Einheimischen zu schützen. Paradoxerweise erweist sich der Ort der erhofften Freiheit zugleich als ein Raum, in dem die Ausländer sowohl der individuellen als auch der institutionellen Macht ausgeliefert sind. Schmerzlich erleben hier die angekommenen Kurden und Türken die Aufnahme in die Schweizer Gesellschaft. Dies macht den Asylanten klar, dass diese Aufnahme nur teilweise möglich ist und auf Grenzen stößt. Diese Grenzen setzt ihnen der mächtige Einheimische.

Eine andere Form der institutionellen Macht ist die Schule als eine grundlegende Sozialisationstitution, sowie zahlreiche der Eingliederung der Ausländer dienende Kurse, die einerseits Fachwissen, andererseits aber auch Werte und Normen einer Gesellschaft vermitteln. Konkretes Wissen wird von den Migranten für die Einbürgerungsprüfung verlangt: „die Bundesräte, das Parlament, die direkte Demokratie, die Staatsgründung, Fragen zur Schweizer Geschichte" (Abonji 2010: 146). Das Erlernen der schweren Wörter, das Kennenlernen des politischen Systems der Schweiz lösen eine Kette von bewussten oder unbewussten Vergleichen und Assoziationen mit der alten Heimat, mit „Errungenschaften der eigenen Kultur" (ebd.: 148f).

In der deutschschweizerischen Migrantenliteratur bilden schulische Erlebnisse der Migrantenkinder einen der wichtigsten Aspekte der literarischen Darstellung des Migrantenlebens in der Fremde. Die mit den Eltern zugewanderten Kinder besuchen neben der regulären Volksschule, auch einen Zusatzunterricht in der eigenen Sprache, die sogenannten "Kurse in heimatlicher Sprache und Kultur". Franco Supino, Sohn einer süditalienischen Arbeiterfamilie, aufgewachsen in Solothurn, schreibt in seinem Roman *Musica Leggera* über das Aufwachsen als Kind von Immigranten:

Am Mittwochnachmittag verfluchen wir, dass wir Italiener sind und die vom Konsulat angebotenen ‚corsi di lingua e cultura' zu besuchen gezwungen werden. Nicht nur wenn die Sonne scheint und alle andern Fussball spielen (wie ich denke) oder in der Badeanstalt sich amüsieren (wie Maria denkt), auch wenn es regnet und Winter ist. Wir fluchen und ärgern uns, und wir wollen nichts lernen oder nicht so viel, auf jeden Fall nicht soviel wie in der Schweizer Schule. Mit der Zeit wird das Fluchen zum Ritual, denn allmählich haben wir die Überzeugung unserer Eltern übernommen, dass wir nämlich für etwas Erhabenes leiden. Wir teilen mehr und mehr deren Ansicht, dass richtige Italiener außerhalb Italiens diese Kurse besucht haben müssen, mittwochnachmittagelang, acht Jahre lang, während die übrige Welt sich vergnügt, und dass diejenigen Zweitgenerationsitaliener, die nicht von ihren Eltern zu diesen Kursen gezwungen werden, keine richtigen Italiener sein können. (Supino 1995: 21f.)

Das Verhältnis zur Sprache und Kultur der Eltern und der Heimat ist kompliziert, denn es werden hier zwei Haltungen beschrieben, die unterschiedlich begründet werden. Bei der Konfrontation der heimatlichen Sprache und Kultur mit der des Ankunftslandes ist die Haltung der Eltern eindeutig. Ihrem Bestreben, die Kultur ihrer Heimat zu pflegen, begegnen ihrer Kinder oft nur zögernd. So muss denn der Sohn am freien Nachmittag den italienischen Zusatzunterricht besuchen, obwohl er lieber mit anderen Kindern Fußball spielen würde. Bei ihm ist die Haltung gegenüber der Sprache und Kultur des Heimatlandes kompliziert und zwiespältig, denn er hängt nicht so sehr an Heimat wie die Eltern und steht der neuen/fremden Kultur aufgeschlossener gegenüber. Doch mit der Zeit stellt er fest, dass dieser Nachmittagsunterricht ihm Identität stiftet. Das sich während dieser Kurse entwickelnde Gefühl der Gruppenzugehörigkeit ist eine Form der Abwehr gegenüber der Machtposition der Schweizer Behörden.

Der Schriftsteller und Journalist Dante Andrea Franzetti erzählt in seinem Roman *Cosimo und Hamlet* die Geschichte eines Brüderpaars italienischer Herkunft in Zürich. Der Ältere der beiden, Gianluca, wurde in der Schule von drei Jungen verprügelt. Der Vater geht darauf mit dem kleineren Bruder in die Schule, um die Sache zu klären:

Die Lehrerin war groß, etwas größer noch als mein Vater, und sehr dünn, sie hatte blonde kurze Haare und helle spröde Lippen. Ihre Stimme war weich und warm, sie sprach sehr langsam und deutlich.
– Reden Sie wie immer, sagte der Vater, – ich versteh Sie gut. [...]
– Ja, also, die Jungen sagen, Gianluca habe so ein Fähnchen mitgenommen, ein Italien-Fähnchen, ich habe nichts dagegen, aber Sie wissen, diese Schwarzenbach-Initiative, Gianluca habe auch gesagt, Italien werde Fußballweltmeister, und die Schweizer könnten nicht Fußball spielen. [...] Sehen Sie, ich befürworte das Verhalten der drei Jungen nicht, sie werden sich bei Gianluca entschuldigen, auch ihre Eltern befürworten es nicht.
– Ich verlange eine Untersuchung. Mein Sohn hat eine gebrochene Nase, ein Auge ist ganz geschwollen, und die Lippe hat genäht werden müssen.
– Ich verstehe Sie, aber eine Untersuchung, jetzt vor der Abstimmung, Brunos Vater ist ja selber in dieser Partei ... Ja, also – es ist vielleicht

besser, wenn Gianluca erst nächste Woche wieder zur Schule kommt, er ist ja ein guter Schüler. (Franzetti 1987: 74f.)

Aus dem Zitat lassen sich die Verhältnisse zwischen der Schweizer Schule und den Migranten demonstrieren. Der Vater rechnet mit einem sachlichen Gespräch, und ist überzeugt, dass gegen die drei Schüler Konsequenzen gezogen werden. Das Verhalten der Lehrerin ist korrekt und sie beteuert den Vater, dass sich die Jungen bei seinem Sohn entschuldigen werden. Doch diese wohlwollende Freundlichkeit der Lehrerin endet, als der Vater nach der ärztlichen Untersuchung seines Sohnes fordert. Für die Lehrerin gilt die Verurteilung der Gewalttätigkeit der Jungen als unumstritten, doch zugleich macht sie auf die verstärkten fremdenfeindlichen Reaktionen hinsichtlich der „Überfremdung der Schweiz" und die Schwarzenbach-Initiative aufmerksam. Zu berücksichtigen ist an dieser Stelle auch das sehr langsame und deutliche Sprechen der Lehrerin, die von vornherein die dominierende Position der Schweizer Schule in der Interaktion mit Migranten demonstrieren soll.

Das andere Beispiel für die negative Erfahrung der dominanten Position der Mehrheitsgesellschaft in der wohlgeordneten Institution der Schule ist die Einschulungszeit des Ich-Erzähler-Kindes in Micielis Roman *Ich weiss nur, dass mein Vater große Hände hat* (1986). Das Kind erlebt die fehlende Sensibilität des Lehrers, der auf die andere Kultur des angekommenen Kindes keine Rücksicht nimmt: „In der Schule dürfen wir nicht albanesisch sprechen. Albanesisch ist keine Sprache, sagt der Lehrer. Er spricht nur italienisch. Niemand verstehe uns. Jetzt weiss ich, warum meine Eltern nicht verstanden werden im Ausland" (Micieli 1986: 55). Aus der Analyse dieser literarischen Beispiele lässt sich ein Bild des Schweizer Schulsystems entnehmen, das in seiner institutionalisierten Form für das Anders-Sein, die heimatliche Kultur von Migrantenkindern wenig Verständnis aufbringt und auf die fremdenfeindliche Atmosphäre in der Schule und die oft klischeehaften Äußerungen nur abwartend reagiert.

Die oben angeführten Beispiele zeigen, dass die schweizerische Migrantenliteratur verschiedenartige Darstellungen der Macht behandelt. Damit trägt sie wesentlich zur Auseinandersetzung mit aktuellen Problemen und gesellschaftlichen Veränderungsprozessen bei. Die Migrantenliteratur verdeutlicht, dass das Phänomen Macht direkt oder indirekt, privat-persönlich oder öffentlichstaatlich, legitim oder illegitim das Leben der Migranten auf diversen Ebenen – sei es die Arbeitsstelle, die Familie, die Schule – begleitet und beeinflusst. Selten ist die Machtanwendung, verstanden als Zufügung von Verletzungen und Leiden gegenüber Individuen und sozialen Gruppen, das Thema der politischen Debatten und in den Massenmedien eher verharmlost oder verleugnet. Dem gegenüber will die Migrantenliteratur die Macht als konfliktreiches gesellschaftliches Phänomen widerspiegeln und so die Probleme der Gesellschaft vorwegnehmen.

Joanna Flinik

Benutzte Literatur

ABONJI, Melinda Nadj (2010), *Tauben fliegen auf.* 6. Aufl., Salzburg u.Wien, Jung und Jung.

ACKERMAN, Irmgard (1983), „Gastarbeiter"literatur als Herausforderung". In: *Frankfurter Hefte*, 38/1 (1983).

-- / Weinrich Harald (Hrsg.) (1986), *Eine nicht nur deutsche Literatur. Zur Standortbestimmung der „Ausländerliteratur".* München, Piper.

BIONDI, Franco (1985), „Von den Tränen zu den Bürgerrechten". In: *Zeitschrift für Literaturwissenschaft und Linguistik*, Jahrgang 14, Heft 56, Göttingen.

-- / Schami Rafik (1981), „Literatur der Betroffenheit". In: Schaffernicht (Hrsg.), *Zuhause in der Fremde*. Fischerhude, Atelier im Bauernhaus, S. 124–136.

CHEESMAN, Tom (2006), „Juggling Burdens: Black, Red, Gold and Turquoise". In: *German Life and Letters*, 59, S. 471–487.

CHIELLINO (2000), *Interkulturelle Literatur in Deutschland. Ein Handbuch.* Weimar, Metzler Verlag.

DONNELL, Radka (2000), *Die letzte Heloise.* Zürich, Theodor-Schmid-Verlag.

ENDRESS, Martin (2004), „Entgrenzungen des Menschlichen. Zur Transformation der Strukturen menschlichen Weltbezuges durch Gewalt". In: Heitmeyer/Soeffner (Hrsg.), *Gewalt. Entwicklungen, Strukturen, Analyseprobleme.* Frankfurt am Main, Suhrkamp, S. 174–201.

FLORESCU, Catalin Dorian (2002), *Der kurze Weg nach Hause.* Zürich, Pendo Verlag.

FRANZETTI, Dante Andrea (1987), *Cosimo und Hamlet.* Zürich, Nagel & Kimche.

GALTUNG, Johan (1975), *Strukturelle Gewalt. Beiträge zur Friedens- und Konfliktforschung.* Reinbek, Rowohlt.

HEINZE, Hartmut (1986), *Migrantenliteratur in der Bundesrepublik Deutschland. Bestandsaufnahme und Entwicklungstendenzen zu einer multikulturellen Literatursynthese.* Berlin, Express Edition.

HOFFMANN, Dieter (2006), *Arbeitsbuch deutschsprachige Prosa seit 1945. Band 2. Von der neuen Subjektivität zur Pop-Literatur.* Tübingen, Francke Verlag.

KARSTEDT, Susanne (2004), „Typen der Sozialintegration und Gewalt: Kollektivismus, Individualismus und Sozialkapital". In: Heitmeyer/Soeffner (Hrsg.), *Gewalt. Entwicklungen, Strukturen, Analyseprobleme.* Frankfurt am Main, Suhrkamp, S. 269–292.

KURUYAZICI, Nilüfer (2000), „Multikulturelle Lebensformen und ihre Wiedergabe in literarischen Texten". In: Durzak (Hrsg.), *Literatur im multikulturellem Dialog. Festschrift zum 60. Geburtstag von Hans-Christph Graf v. Nayhauss.* Band 15, Bern, Peter Lang Verlag.

MICIELI, Francesco (1986) *Ich weiß nur, dass mein Großvater große Hände hat. Tagebuch eines Kindes.* Gümligen, Zytglogge.

-- (1996) *Meine italienische Reise*. Gümligen, Zytglogge.

NUNNER-WINKLER, Gertrud (2004), „Überlegungen zum Gewaltbegrif". In: Heit-meyer/Soeffner (Hrsg.), *Gewalt. Entwicklungen, Strukturen, Analyseprobleme*. Frankfurt am Main, Suhrkamp, S. 21–61.

RÖSCH, Heidi (1998), „Migrationsliteratur im interkulturellen Diskurs". http:// www.fulbright.de/roesch_ Migrationsliteratur, Stand am 02.10.2011.

SEIBERT, Peter (1987), „Zu den Entwürfen von „Gastarbeiter-" und Ausländerlitera-tur." In: *Land der begrenzten Möglichkeiten*. Frankfurt am Main, Olten, Wien, Bü-chergilde Gutenberg.

SUPINO, Franco (1996), *Musica leggera. Roman*. 2. Aufl., Zürich, Rotpunktverlag.

VETERANYI, Aglaja (1999), *Warum das Kind in der Polenta kocht*. Stuttgart, Deutsche Verlags-Anstalt (DVA).

YESILÖZ, Yusuf (2002), *Der Gast aus dem Ofenrohr*. Zürich, Rotpunktverlag.

Zu den Autorinnen und Autoren

Roman K. Abt und Gesche Gerdes

„Bauern" und „Frauen". Literarisierungen von Macht in ländlichen Lebensräumen der deutschsprachigen Schweiz

Gesche Gerdes hat in Leipzig und Salamanca Germanistik, Hispanistik und Erziehungswissenschaft studiert. Seit 2010 promoviert sie in Neuerer deutscher Literaturwissenschaft zur aktuellen feministischen Generation und ihrer Ästhetik in verschiedenen Medien. Sie ist Sprecherin der Graduiertenschule „Practices of Literature" an der Universität Münster.

Roman K. Abt hat – nach einer Ausbildung im Verlagswesen in Zürich – in Leipzig Kulturwissenschaften, Philosophie und Soziologie studiert. Seit 2010 arbeitet er als Wissenschaftlicher Mitarbeiter von Prof. Dr. Monika Dommann am Historischen Seminar der Universität Basel an seiner Dissertation zu Wechselwirkungen zwischen Weltgetreidehandel und Milchverwertung in der Schweiz nach 1850.

Daniel Annen

Gesellschaftliche Macht und „Falschmeldungen aus dem Himmel". Der Gottesbezug bei Meinrad Inglin, Max Frisch und Thomas Hürlimann

Daniel Annen, 1954 in Schwyz geboren, studierte an der Universität Zürich Germanistik, Musikwissenschaft und Volksliteratur. Er doktorierte mit einer Arbeit über Meinrad Inglin bei Karl Fehr. Studienaufenthalte in Paris. Heute unterrichtet er seit 1980 an der Kantonsschule Schwyz Deutsch und Französisch. – Daniel Annen war in den Siebzigerjahren massgeblich an der Katalogisierung des handschriftlichen Inglin-Nachlasses in der Kantonsbibliothek Schwyz beteiligt. Rezensionen und Aufsätze zu literarischen oder linguistischen Fragestellungen in verschiedenen schweizerischen Zeitungen, Zeitschriften und

Büchern, daneben auch Vortragstätigkeit vor allem zu sprachlichen, literarischen und volkskundlichen Themen. Mitarbeit bei der Konzeption von Schulbüchern. Organisation verschiedener literarischer und musikalischer Veranstaltungen und Leitung von Autorenabenden und Diskussionspodien.

Jürgen Barkhoff

„Wie fallen die Schwalben?' ,Perfekt, Herr Bundespräsident". *Inszenierungen der Macht bei Thomas Hürlimann*

Jürgen Barkhoff ist Professor in German am Department of Germanic Studies in der School of Languages, Literatures and Cultural Studies am Trinity College Dublin, University of Dublin. Promotion 1994, danach Fellow am Kulturwissenschaftlichen Institut in Essen/NRW. 2002–2005 Direktor des Centre for European Studies am Trinity College, 2007–2011 Registrar der Universität. Hauptforschungsgebiete: Literatur und Anthropologie, Medizin und Psychologie um 1800 sowie Schweizer Gegenwartsliteratur. Aufsätze zu Frisch, Hohler, Muschg, Hürlimann und Schertenleib und zu Schweizer Oekoliteratur. Zuletzt erschien: Hg. (mit Valerie Heffernan): *Schweiz schreiben. Zur Konstruktion und Dekonstruktion des 'Mythos Schweiz' in der Literatur*. De Gruyter 2010.

Rainer Diederichs

Vom Hexenkind Meretlein in Kellers Grünem Heinrich *oder die Gefährlichkeit christlichen Übereifers*

Rainer Diederichs, 1941 in Jena geboren, Schulen in Köln, lebt seit 1963 in Zürich. Buchhandelslehre, Verlagspraktikum und Studium der Germanistik mit Promotionsabschluss. Von 1970 bis 2006 berufliche Tätigkeit als wissenschaftlicher Bibliothekar an der Zentralbibliothek Zürich, Lehrtätigkeit an der Volkshochschule und Universität Zürich. Seit 2000 Präsident der Gottfried Keller-Gesellschaft.

Anna Fattori

„[W]ir sehen weit hinaus auf frömde Gefilde von Glük". Spuren von Macht und Machtverhältnissen in Salomon Gessners Idyllenwelt

Anna Fattori ist außerordentliche Professorin für Deutsche Literatur an der Universität Roma ›Tor Vergata‹. Beiträge insbes. zu Robert Walser und zur deutschsprachigen Schweizer Literatur der Gegenwart (u.a. Thomas Hürlimann, Jürg Amann, Margrit Baur, Erika Burkart, Max Frisch, Peter Bichsel, Hugo Loetscher). Weitere Schwerpunkte ihrer Forschungen bilden der deutsche Roman des 18. Jahrhunderts (insb. Jean Paul), die deutsch-englischen Literaturbeziehungen, die Erzähltheorie und die Stilistik. Zuletzt erschienen: (Mithrsg. zusammen mit Margit Gigerl) *Bildersprache – Klangfiguren. Spielformen der Intermedialität bei Robert Walser*, Akten der römischen Tagung 8.-10. November 2007, München: Fink 2008. Mitarbeit an Kultursendungen der ›Radio della Svizzera Italiana‹.

Joanna Flinik

Zu literarischer Artikulation der Machtverhältnisse im Migrantenleben

Joanna Flinik: Dr.phil., Studium der Germanistik an der Universität in Poznan. 2006 Promotion über Hinterpommern-Literatur in der deutschsprachigen Literatur nach 1945. Seit 2006 Adjunkt im Institut für Neophilologie, Lehrstuhl für Germanistik. Gastvorträge im Rahmen des Erasmus Teaching Programmes an der Universität in Szeged. Stipendiatin des Herder-Instituts in Marburg. Forschungsschwerpunkte: Literaturgeschichte nach 1945, Regionalliteratur, (verlorene) Heimat, Erinnerungsliteratur, polnisch-deutsche Literaturbeziehungen, Deutschschweizer Literatur, Migrantenliteratur (transnationale Literatur) im deutschsprachigen Raum, autobiographisches Schreiben.

Ana Isabel Gouveia Boura

Machtverhältnisse in Hermann Hesses Der Wolf

Ana Isabel Gouveia Boura ist Professorin an der Philosophischen Fakultät der Universität Porto, ist Dozentin für Literaturwissenschaft, Deutsche Literatur- und Kulturgeschichte, Kinder- und Jugendliteratur und Internationale Beziehungen. Sie ist Mitglied des *CITCEM – Centro de Investigação Transdisciplinar – Cultura, Espaço, Memória* und der *APEG (Associação Portuguesa de Estudos Germanísticos)*. Ihre Forschungsschwerpunkte sind Raum in der Literatur, Familie in der Literatur, Kinder- und Jugendliteratur und Literaturwissenschaft.

Regina Hartmann

Die Macht des Wortes: Gottfried Kellers frühe Lyrik im politischen Kampf

Regina Hartmann, Dr. habil., Professorin für Deutsche Literaturgeschichte und Kulturwissenschaft am Institut für Germanistik der Universität Szczecin. Forschungsprojekt: *Literarische Texte als Zeugnisse kultureller Selbst- und Fremddeutung im Ostseeraum.* Forschungskooperation mit norwegischen, schwedischen, dänischen, deutschen und polnischen Partnern. Veröffentlichungen in diesem Rahmen u.a.: *Deutsche Reisende in der Spätaufklärung unterwegs in Skandinavien (2000); (Hg.): Literaturen des Ostseeraums in interkulturellen Prozessen (2005)* und *(Hrsg.): Grenzen auf der Landkarte – Grenzen im Kopf? Kulturräume der östlichen Ostsee vom 19. Jh. bis zur Gegenwart (2010)* sowie zahlreiche Aufsätze zu Fragen der Selbst- und Fremddeutung im Kontext interkultureller literarischer Kommunikation von der Aufklärung bis zur Postmoderne.

Isabel Hernández

Industrie und Politik geben sich die Hand. Machtinszenierungen und Vergangenheitsbewältigung in Adolf Muschgs Roman Kinderhochzeit (2008)

Isabel Hernández: Geb. 1965 in Madrid. Professorin für deutsche Literatur mit Schwerpunkt Literatur der deutschen Schweiz an der Universität Complutense Madrid. 1993 Dissertation über den Begriff „Heimat" in der deutschschweizer Literatur am Beispiel des Werkes von Gerold Späth. Zahlreiche Beiträge und Artikel zu Zeitschriften und Sammelbänden vor allem über Schweizer Autoren des 19. und 20. Jahrhunderts, insbesondere zu Gotthelf, Keller, Meyer, Frisch, Dürrenmatt, Späth , Hasler und Leutenegger u.a. Zahlreiche Publikation im Bereich der Komparatistik. Übersetzerin deutschsprachiger Literatur: Goethe, Schiller, Kleist, Heine, Gotthelf, Keller, Meyer, Jünger, Kafka, Frisch, Bichsel u.a. 2005/06 Humboldtstipendiatin an der Otto-Friedrich-Universität Bamberg, wo sie an einem Forschungsprojekt über deutsche und spanische Literatur des Realismus gearbeitet hat. Zahlreiche Gastprofessuren im Ausland (Bamberg, Münster, Osnabrück, Padova, Buenos Aires, Mendoza, La Plata, Sao Paulo).

Jens Hobus

„Einbildung ist selbst die Macht". Macht und Ohnmacht im Werk Robert Walsers

Jens Hobus: Jahrgang 1970, Studium der Deutschen Philologie an der Technischen Universität Berlin und Kulturwissenschaften an der Humboldt-Universität Berlin. Abschluss 2004 mit der Arbeit *Zur poetologischen Funktion von Bild und Schrift in Robert Walsers Prosa.* Promotion an der Fakultät I der TU Berlin am Institut für Literaturwissenschaft im Februar 2009 mit der Dissertationsschrift *Poetik der Umschreibung. Figurationen der Liebe im Werk Robert Walsers.* Die Arbeit ist im Juni 2011 bei Königshausen und Neumann erschienen. Jens Hobus ist seit dem Wintersemester 2009/2010 Lehrbeauftragter an der TU Berlin. Arbeitsgebiete: Ästhetik und Poetik um 1900 (Liebe als ästhetisches Phänomen, Masochismus-Theorie), Dramentheorie, Nachgeschichte der Shoa, Comicliteratur.

Ján Jambor

Zur Macht der Fiktion im Bereich der alltäglichen Vorstellungskraft in Peter Stamms Agnes

Mgr. Ján Jambor, PhD., geb. 1972 in Martin, arbeitet am Institut für Germanistik an der Universität Prešov, Slowakei, als Leiter des Lehrstuhls für deutsche Literatur. Schwerpunkte in Forschung, Lehre und Übersetzung: Deutschsprachige Schweizer Literatur vom ausgehenden 19. Jh. bis zur Gegenwart, Theorie und Geschichte der Kriminalliteratur, Transtextualität, Intermedialität und Metafiktionalität. Monographie *Die Rolle des Zufalls bei der Variation der klassischen epischen Kriminalliteratur in den Bärlach-Romanen Friedrich Dürrenmatts* (2007), Übersetzung von Peter Stamms *Agnes* (2006) und *Ungefähre Landschaft* (2010), Aufnahme: der Übersetzung von Peter Stamms Hörspiel *Blitzeis* (2010). Aktuelle Projekte: Habilitationsschrift *Transtextualität, Intermedialität und Metafiktionalität in Peter Stamms „Agnes"*, Übersetzung des Romans *Hunkeler macht Sachen* von Hansjörg Schneider.

Dariusz Komorowski

Kritik als Berufung. Der Intellektuelle und der Staat am Fallbeispiel Carl Albert Loosli (1877–1959)

Dariusz Komorowski: Studium der Germanistik und Niederlandistik an der Universität Wrocław/Breslau. 2000 Promotion über das Schaffen von Jürg Laederach. Seit 2001 Adjunkt im Institut für Germanistik an der Universität Wrocław im Lehrstuhl für die Literatur und Kultur der deutschsprachigen Länder und Schlesiens. Seit 2005 Leiter der Forschungsstelle für Deutschschweizer Literatur an der Universität Wrocław. Autor einer Monographie über das Schaffen von Jürg Laederach *Bewegungsästhetik in den Romanen von Jürg Laederach* (2002), Mitherausgeber des Bandes *Die Schweiz ist nicht die Schweiz. Studien zur kulturellen Identität einer Nation* (2004) und Herausgeber von *Jenseits von Frisch und Dürrenmatt. Raumgestaltung in der gegenwärtigen*

Deutschschweizer Literatur (2009) und eines Arbeitsbuches für die Studierenden *Ausgewählte Quellen im Diskursfeld <Identitäten>. Die Schweiz* (2009).

Maria de Lurdes das Neves Godinho

"Lob der Freiheit" oder die Suche nach demokratischen Werten in Europa bei der Schriftstellerin und Fotojournalistin Annemarie Schwarzenbach

Maria de Lurdes das Neves Godinho ist seit 1992 Dozentin am Instituto Politécnico de Leiria. Ihr Studium Moderner Sprachen und Literaturen (Englisch und Deutsch), schloss sie 1983 an der Universidade de Coimbra ab. Von 1986 bis 1992 war sie Lektorin für portugiesische Sprache, Kultur und Literatur an den Universitäten Bayreuth, Bamberg und Erlangen-Nürnberg. 1998 MA in Deutscher und Vergleichender Literatur an der Universidade de Coimbra. 2004 veröffentlichte sie beim Verlag Minerva *O Marquês de Pombal em Obras de Reinhold Schneider e Alfred Döblin. Dois Retratos Ficcionais Alemães do Século XX* (*Der Marquis von Pombal in Werken Reinhold Schneiders und Alfred Döblins. Zwei deutsche fiktionale Porträts des 20. Jahrhunderts*). Derzeitig arbeitet sie an ihrer Doktorarbeit an der Universidade do Porto zu den Reiseberichten und journalistishen Texten Annemarie Schwarzenbachs.

Ofelia Martí Peña

Die Sprachmächtigkeit der Machtlosen. Max Frischs Stellungnahme zur Machtfrage in der Gesellschaft und deren literarische Bearbeitung

Ofelia Martí Peña, geb. in Madrid. Professorin für deutsche Literatur am Institut für Deutsche Philologie der Universität Salamanca (Spanien). Forschungsschwerpunkte: Literaturgeschichte des 20. Jahrhunderts, Erzähltheorie und -geschichte sowie Schweizer Literatur. Verschiedene Publikationen zum modernen Roman, zur Prosa des Expressionismus, zur experimentellen Prosa, zum literarischen Journalismus in der Schweiz und zum literarischen Schaffen von Max Frisch, Peter Bichsel, Peter Stamm, Dieter Kühn, Christa

Wolf, Peter Handke (u.a.). Tätigkeit als Herausgeberin: *Peter Bichsel. Ein Treffen mit dem Schriftsteller über sein Werk*, Salamanca 1994. *Dieter Kühn. Ein Treffen mit dem Schriftsteller über sein Werk*, (zusammen mit Brigitte Eggelte) Bern/Berlin: Peter Lang, 2001. *Eine Insel im vereinten Europa? Situation und Perspektive der Literatur der deutschen Schweiz* (zusammen mit Isabel Hernández), Berlin: Weidler, 2006.

Teresa Martins de Oliveira

Die Macht der Ohnmacht in Alain Claude Sulzers Zur falschen Zeit

Teresa Martins de Oliveira ist Professorin für deutschsprachige Literatur und Literaturwissenschaft an der Geisteswissenschaftlichen Fakultät der Universität Porto. Forschungsschwerpunkte: vergleichende Literatur, Genderforschung; deutschsprachige (Frauen-)Literatur der Gegenwart; Judentum und weibliche Identität in der deutschsprachigen Literatur des 19. und 20. Jahrhunderts; Publikationen zu Fontane, Eça de Queirós, Kafka, Elsa Bernstein, Annemarie Schwarzenbach, Max Frisch, Eveline Hasler, Pascal Mercier, u.a.

Anabela Mendes

Ach wie grandios, dass sie eine so harte Mutter hatte! Begegnung, Subjektivität und Erfahrung bei Renée Schwarzenbach-Wille und Annemarie Schwarzenbach

Anabela Mendes: Germanistin und Professorin an der Abteilung für Germanistikstudien der Geisteswissenschaftlichen Fakultät der Universidade de Lisboa. Forschungsmitglied des *CECC, Universidade Católica Portuguesa*. Wissenschaftlerin und Dozentin für moderne und zeitgenössische deutschsprachige Literatur, deutsche Kultur, Kunstästhetik und –philosophie, Theatertheorie und –ästhetik, sowie Soziologie der Schauspielkünste. In denjenigen Arbeitsfeldern Verweisung auf eine große Anzahl von Veröffentlichungen. Regelmäßige Teilnahme an nationalen und internationalen Symposien. Tätigkeit als Übersetzerin für Werke der deutschsprachigen Dramaturgie. Drama-

turgin und Regisseurin für universitäre und professionelle Theaterproduktio-
nen. Unternehmung von experimentellen Theater- und Performanceprojekte
im Inland und im Ausland. Konzeption und Organisation von internationalen
Kolloquien über eine breite Verschiedenheit von Themen und Autoren in
Lisboa, Berlin und Pangin (India).

Malcolm Pender

Vier Darstellungen von der Macht der Natur in der Deutschschweizer Literatur

Malcolm Pender ist emeritierter Professor für Deutschstudien an der
Strathclyde-Universität in Glasgow (GB). Neben zahlreichen Artikeln über
Deutsch-Schweizer Literatur in Fachzeitschriften veröffentlichte er u.a. folgen-
de Bücher: *Max Frisch: His Work and its Swiss Background* (1979), *The Creative
Imagination and Society: The German-Swiss 'Künstlerroman' in the Twentieth
Century* (1985), *Contemporary Images of Death and Sickness: A Theme in German-Swiss Literature* (1998). Er ist Mitherausgeber von *Rejection and Emanci-
pation. Writing in German-speaking Switzerland 1945–1991* (mit M. Butler)
(1991), *25 Years Emancipation? Women in Switzerland 1971–1996* (mit J.
Charnley und A. Wilkin) (1998), und *The Making of Modern Switzerland,
1848–1998* (mit M. Butler and J. Charnley (2000). Er ist Mitbegründer des
Centre for Swiss Cultural Studies an der Fremdsprachenabteilung der Strathclyde Universität sowie Mitherausgeber der Zeitschrift *Occasional Papers in Swiss
Studies*, die einmal pro Jahr vom Schweizer Zentrum herausgegeben wurde
und für die er auch selbst Beiträge schrieb. 2002 bis 2004 war er einer der Or-
ganisatoren des von *Präsenz Schweiz* unterstützten 'Swiss Fellow'-Programm in
Grossbritannien. Seit der Emeritierung veröffentlicht er weiter zum Thema
Deutschschweizer Literatur

Steffen Richter

Tunnelblicke. Zur literarischen Repräsentation von Machtverhältnissen anhand einer schweizerischen Infrastruktureinrichtung

Steffen Richter: 1969 geboren in Freiberg/Sachs.; 2002 Komparatistische Promotion zu postavantgardistischen Ästhetiken in Frankreich, der BRD und Italien (Universität Essen); seit 2002 freier Journalist und Literaturkritiker für *Neue Zürcher Zeitung, Welt, Frankfurter Rundschau*; 2004–09 wöchentlicher Literaturkolumnist des *Tagesspiegel*; 2008–09 Koordinator des Masterstudiengangs Angewandte Literaturwissenschaft an der FU Berlin; 2009 Visiting Professor an der Duke University North Carolina, USA; seit 2009 Wissenschaftlicher Mitarbeiter im Institut für Germanistik an der TU Braunschweig.

Hugh Ridley

Richard Wagner, Gottfried Keller und die Macht

Hugh Ridley: em. Professor am University College, gelegentliche Publikationen zu Mann, Benn und zur amerikanischen Literatur. Alterswerk noch nicht abgeschlossen.

Kerstin Gräfin von Schwerin

„[W]ir werden alle etwas sehr Kleines und Untergeordnetes im späteren Leben sein". Macht und Entfremdung in Robert Walsers Roman Jakob von Gunten

Kerstin Gräfin von Schwerin: Studium der Germanistik und Kunstgeschichte an den Universitäten Leipzig und Hamburg; Promotion über Robert Walser mikrografische Entwürfe *Aus dem Bleistiftgebiet*; Lehrbeauftragte an der Universität Hamburg; Präsidentin der Robert Walser-Gesellschaft; Forschungsschwerpunkte: Deutsche Literatur der Goethezeit und der Jahrhundertwende;

 © Frank & Timme   Verlag für wissenschaftliche Literatur

Literatur der DDR; Literatur aus der Schweiz, besonders Robert Walser; Literatur und bildende Kunst; Intermedialität

Dorota Sośnicka

Der unablässige Machtkampf zwischen Matriarchat und Patriarchat: Zu den Machtkonstellationen in Otto F. Walters Roman Zeit des Fasans

Dorota Sośnicka, Univ.-Prof. für die deutschsprachige Literatur, Leiterin des Lehrstuhls für Literatur und Kultur Österreichs und der Schweiz am Institut für Germanistik der Universität Szczecin. Germanistikstudium und 1998 Promotion an der Adam-Mickiewicz-Universität in Poznań (*Wie handgewobene Teppiche: Die Prosawerke Gerhard Meiers*, Bern [u.a.]: Lang, 1999); 2009 Habilitation an der Universität in Łódź mit der Arbeit *Den Rhythmus der Zeit einfangen: Erzählexperimente in der Deutschschweizer Gegenwartsliteratur unter besonderer Berücksichtigung der Werke von Otto F. Walter, Gerold Späth und Zsuzsanna Gahse* (Würzburg: Königshausen & Neumann, 2008). DAAD- und Humboldt-Stipendiatin, Mitglied u. a. der Internationalen Alfred-Döblin-Gesellschaft sowie der Gesellschaft für Erforschung der Deutschschweizer Literatur. Zahlreiche Publikationen zur Erzähltheorie und zur deutschsprachigen Gegenwartsliteratur, insbesondere zur Literatur der deutschen Schweiz.

Virginia Spyratou

Über Aspekte weiblicher Macht im Werk von Verena Stefan und Gertrud Leutenegger

Studium (2000) und Promotion (2007): Nationale und Kapodistrische Universität Athen, Fachbereich für Deutsche Sprache und Literatur Wissenschaftliche Schwerpunkte: Literatur des 19. & 20. Jahrhunderts, feministische Literaturtheorie, Gender-Studies, Literatur und Film, interkulturelle Erziehung, Erwachsenenbildung. Berufliche Tätigkeit (seit 2006): Sekundarschullehrerin in Griechenland.

László V. Szabó

Machtstrukturen in Erzählwerken von C. F. Meyer

Geboren in Neumarkt (Rumänien), Studium der Germanistik und Anglistik an der Universität Veszprém (heute: Pannonische Universität Veszprém) in Ungarn, seit 1997 dort tätig am Germanistischen Institut (seit 2006 als Dozent), Lehrveranstaltungen im Bereich moderne deutschsprachige Literatur. 2005 Promotion in Budapest über den Einfluss der Philosophie Friedrich Nietzsches auf Hermann Hesse. Publikationen zu Schiller, Gottfried Keller, Joseph Victor von Scheffel, Nietzsche, Hermann Hesse, Thomas Mann, Rudolf Pannwitz und anderen, daneben auch Übersetzungen, Essays, Aphorismen.

Gennady Vasilyev

Hermann Hesses Machtkonfrontation. Reale und illusionäre Macht: Zur Zusammenwirkung von Eliten in Glasperlenspiel *(1943)*

Gennady Vasilyev: Geb. 1968, Dr. phil., Studium an der Pädagogischen Universität in Moskau, Fakultät für Russische Sprache und Literatur. 1993/1994 Studium an der Universität Wien, Institut für Germanistik. 1999 Dissertation *Tradition und das Neuertum in Romanen von Jakob Wassermann 1897–1914*. 2000–2002 Franz Werfel-Stipendium. Seit 2005 Univ. Dozent, Lehrstuhl für Fremdsprachen, Staatliche Universität- „Wirtschaftshochschule", Nishnij Novgorod. Wissenschaftliche Schwerpunkte: Germanistik (Österreichische Literatur der Jahrhundertwende, Deutsche Romantik) Slawistik, künstlerische Übersetzung, deutschsprachige Landeskunde, interkulturelle Kommunikation.

© Frank & Timme Verlag für wissenschaftliche Literatur

Filomena Viana Guarda

Die Macht der Gefühle in der Schweizer Literatur der Jahrtausendwende

Filomena Viana Guarda, Professorin für Neure Deutsche Literatur an der Geisteswissenschaftliche Fakultät der Universität Lissabon; promovierte mit einer Arbeit über die Ironie in Martin Walsers Prosawerk. Mitglied des *Research Centre for Communication and Culture* an der Katholischen Universität Portugals. Arbeitsschwerpunkte: Schweizerische Prosa aus dem 20. Jh. und Deutsche Prosa nach 1945. Zur Zeit Beschäftigung mit dem Thema "Erinnerung und Gedächtnis" in den Romanen der zweiten u. dritten Generation. Mitherausgeberin von *Rahmenwechsel Kulturwissenschaften* (Königshausen & Neumann, 2010); *Conflict, Memory Transfers and the Reshaping of Europe* (Cambridge Scholars Publishing, 2010); *Kulturbau. Aufräumen, Ausräumen, Einräumen* (Peter Lang, 2010).

Gonçalo Vilas-Boas

Afrika als Schauplatz im Neuen Schweizer Roman: Lukas Bärfuss' Hundert Tage

Gonçalo Vilas-Boas ist Professor für deutschsprachige Literatur an der Geisteswissenschaftlichen Fakultät der Universität Porto, Portugal. Seine Doktorarbeit war über Wolfgang Koeppen. Er hat Artikel zur deutschsprachigen Literatur geschrieben. Seine Hauptforschungsgebiete sind: Schweizer Literatur des 20. Jahrhunderts (u.a. Robert Walser, Annemarie Schwarzenbach, Max Frisch, Friedrich Dürrenmatt, Urs Richle, Christoph Geiser, Christian Kracht, Urs Widmer, Martin R. Dean), Literatur zum Labyrinth im Bereich der vergleichende Literarturwissenschaft und zur Reiseliteratur im 20. Jahrhundert, besonders nach Persien/Iran. Er ist Präsident des *Instituto de Literatura Comparada Margarida Losa* an der Universität Porto.

Annarosa Zweifel

Die Darstellung der Macht in der deutschsprachigen Schweizer Lyrik des 20. Jahrhunderts

Annarosa Zweifel Azzone, geboren in Verona. Lehrtätigkeit an der Universität Bocconi (Mailand) und Verona. Ab 1986 Professorin für deutsche Literatur an der Philosophischen Fakultät der Universität Padua. Beiträge und Artikel insbesondere zu Goethe, Eduard von Keyserling, Gottfried Keller, Kurt Marti, Erika Burkart, Hugo Loetscher. Forschungsschwerpunkte: Deutsche Literatur der Dekadenz, Schweizer Literatur des Realismus und Lyrik des 20. Jahrhunderts. Übersetzerin deutschsprachiger Literatur (Thomas Mann, Joseph Roth, Eduard von Keyserling, Gottfried Keller, Kurt Marti, Erika Burkart).

LITERATURWISSENSCHAFT

T Frank & Timme

LITERATURWISSENSCHAFT

Band 7 Rosvitha Friesen Blume: Ein *anderer* Blick auf den *bösen* Blick.
Zu ausgewählten Erzählungen Gabriele Wohmanns aus femini-
stisch-theoretischer Perspektive. 136 Seiten.
ISBN 978-3-86596-097-9. ISBN 3-86596-097-9. EUR 24,80

Band 8 Brigitte Krüger/Helmut Peitsch/Hans-Christian Stillmark (Hg.):
Lesarten. Beiträge zur Kunst-, Literatur- und Sprachkritik.
168 Seiten.
ISBN 978-3-86596-093-1. ISBN 3-86596-093-6. EUR 24,80

Band 9 Lavinia Brancaccio: China accommodata. Chinakonstruktionen
in jesuitischen Schriften der Frühen Neuzeit. 268 Seiten.
ISBN 978-3-86596-130-3. EUR 29,80

Band 10 René Granzow: Gehen oder Bleiben? Literatur und Schriftsteller
der DDR zwischen Ost und West. 134 Seiten.
ISBN 978-3-86596-159-4. EUR 19,80

Band 11 Alfrun Kliems/Ute Raßloff/Peter Zajac (Hg.): Intermedialität.
Lyrik des 20. Jahrhunderts in Ost-Mittel-Europa III. 388 Seiten.
ISBN 978-3-86596-022-1. EUR 39,80

Band 12 Ines Theilen: *White hum* – literarische Synästhesie in der
zeitgenössischen Literatur. 242 Seiten.
ISBN 978-3-86596-191-4. EUR 29,80

Band 13 Jean-Luc Gerrer (Hg.): Anklage, Nachdenken und Idealisierung.
Literatur über die ehemaligen deutschen Ostgebiete/Zeugnisse von
Flucht und Vertreibung. 84 Seiten. Nur als E-Book erhältlich.
ISBN 9783-386596-201-0. EUR 14,90

Frank & Timme

LITERATURWISSENSCHAFT

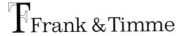

Frank & Timme

Band 21 Steffen Groscurth/Thomas Ulrich (Hg.): Lesen und Verwandlung. Lektüreprozesse und Transformationsdynamiken in der erzählenden Literatur. 230 Seiten. ISBN 978-3-86596-328-4. EUR 34,80

Band 22 Cristina Spinei: Über die Zentralität des Peripheren: Auf den Spuren von Gregor von Rezzori. 318 Seiten. ISBN 978-3-86596-337-6. EUR 28,00

Band 23 Nikolaos Karatsioras: Das Harte und das Amorphe. Das Schachspiel als Konstruktions- und Imaginationsmodell literarischer Texte. 266 Seiten. ISBN 978-3-86596-353-6. EUR 29,80

Band 24 Lea Müller-Dannhausen: Zwischen Pop und Politik. Elfriede Jelineks intertextuelle Poetik in *wir sind lockvögel baby!* 296 Seiten. ISBN 978-3-86596-362-8. EUR 36,00

Band 25 Antje Göhler: Antikerezeption im literarischen Expressionismus. 538 Seiten. ISBN 978-3-86596-377-2. EUR 59,80

Band 26 Gökçen Sarıçoban: Zwischen Tradition und Moderne. Lebensvorstellungen und Wahrnehmungsweisen in Selim Özdoğans Roman „Die Tochter des Schmieds". 114 Seiten. ISBN 978-3-86596-393-2. EUR 24,80

Band 27 Stephan Krause/Friederike Partzsch (Hg.): „Die Mauer wurde wie nebenbei eingerissen". Zur Literatur in Deutschland und Mittelosteuropa nach 1989/90. 270 Seiten. ISBN 978-3-86596-398-7. EUR 29,80

Band 28 Dolors Sabaté Planes/Jaime Feijóo (Hg.): Apropos Avantgarde. Neue Einblicke nach einhundert Jahren. 310 Seiten. ISBN 978-3-86596-407-6. EUR 39,80

TFrank &Timme

LITERATURWISSENSCHAFT

Band 29   Maja Razbojnikova-Frateva: „Jeder ist seines *Un*glücks Schmied".
           Männer und Männlichkeiten im Werk von Theodor Fontane.
           334 Seiten. ISBN 978-3-86596-409-0. EUR 49,80

Band 30   Sven Pauling: „Wir werden Sie einkerkern, weil es Sie gibt!"
           Studie, Zeitzeugenberichte und Securitate-Akten zum Kronstädter
           Schriftstellerprozess 1959. 148 Seiten. ISBN 978-3-86596-419-9.
           EUR 24,80

Band 31   Gonçalo Vilas-Boas/Teresa Martins de Oliveira (Hg.):
           Macht in der Deutschschweizer Literatur. 446 Seiten.
           ISBN 978-3-86596-411-3. EUR 49,80

$\mathbb{T}$Frank & Timme